Wolfgang Hein (Hrsg.)

Umweltorientierte Entwicklungspolitik

TC - III -

D1703096

SCHRIFTEN
DES DEUTSCHEN ÜBERSEE-INSTITUTS
HAMBURG

-- Nummer 14 --

Wolfgang Hein (Hrsg.)

Umweltorientierte Entwicklungspolitik

Zweite, erweiterte Auflage

Hamburg 1995

Gesamtherstellung: Deutsches Übersee-Institut, Hamburg
Textverarbeitung: Margita Gutmanis

ISBN 3-926953-13-6
Copyright Deutsches Übersee-Institut
unveränderter Nachdruck, Hamburg 1995
Hersteller: ZEITGEMÄßER DRUCK
                CALLING P.O.D.

DEUTSCHES ÜBERSEE-INSTITUT

Das Deutsche Übersee-Institut ist ein Institutsverbund bestehend aus:

- dem Institut für Allgemeine Überseeforschung
- dem Institut für Asienkunde
- dem Deutschen Orient-Institut
- dem Institut für Iberoamerika-Kunde
- dem Institut für Afrika-Kunde

Das Deutsche Übersee-Institut hat die Aufgabe, gegenwartsbezogene, regionale und überregionale Forschung zu betreiben und zu fördern. Im Bereich der überregionalen Forschung stehen die Entwicklungen der Nord-Süd- und der Süd-Süd-Beziehungen im Mittelpunkt des Interesses.
Das Deutsche Übersee-Institut ist bemüht, in seinen Publikationen verschiedene Meinungen zu Wort kommen zu lassen, die jedoch grundsätzlich die Meinung des Autors und nicht unbedingt die des Instituts darstellen.

Inhaltsverzeichnis

Vorwort

Im Verlaufe der 1980er Jahre wurde immer deutlicher, daß die uns akut bedrohenden Umweltprobleme weniger als ursprünglich befürchtet mit der Knappheit natürlicher Ressourcen als "inputs" für Industrie und Landwirtschaft zusammenhängen als vielmehr mit den Rückständen dieser Produktion, die die natürliche Absorptionskapazität der Umwelt übersteigt: Die Beseitigung von Müll, vor allem von sog. Sondermüll, die Lagerung radioaktiver Abfälle, die Belastung von Gewässern und Grundwasser, aber auch von Lebensmitteln durch Umweltgifte der verschiedensten Arten und, in besonderem Maße, die Belastung der Atmosphäre durch Rückstände der Verbrennung fossiler Energieträger sowie industrieller Emissionen verschiedenster Art (Waldsterben, Ozonloch, Treibhauseffekt) stellen wohl die gegenwärtig am häufigsten diskutierten Umweltprobleme dar.

Das wachsende Bewußtsein von der Bedrohlichkeit dieser Entwicklungen für das globale Ökosystem weist auch einer *umweltorientierten Entwicklungspolitik* einen globaleren Stellenwert zu, als zunächst häufig angenommen wurde. "Umweltverträglichkeit" kann nicht mehr allein auf die lokalen und regionalen Umweltauswirkungen - wie etwa im Konzept einer "nachhaltigen" landwirtschaftlichen Entwicklung - bezogen werden, sondern muß Auswirkungen auf das globale Ökosystem berücksichtigen, wie sie am Beispiel des Treibhauseffektes am deutlichsten werden, aber auch etwa bei den anderen oben genannten Beispielen der Umweltbelastung durch Rückstände eine Rolle spielen. Denkt man daran, wie groß noch der Nachholbedarf der meisten Entwicklungsländer etwa im Bereich der Energiegewinnung oder auch in der Entwicklung der chemischen Industrie ist, dann wird deutlich, wie schwierig es sein wird, das gegenwärtige Niveau der weltweiten Umweltbelastung auch nur einzufrieren. So betonte ein indischer Wissenschaftler (J.M.Dave) auf dem "Weltkongreß Klima und Entwicklung", der im November 1988 in Hamburg stattfand, daß Indien sich einer Strategie, den Ausstoß von CO_2 bis zum Jahre 2005 um 20% zu verringern, nicht anschließen könne: Vielmehr implizierten die gegenwärtigen indischen Entwicklungspläne bis 2005 ein *Wachstum* der Emission von Treibhausgasen um 150%; selbst bei optimaler Ausnutzung alternativer Energiequellen könnte das *Wachstum* des Ausstoßes an CO_2 bestenfalls um 20 bis 22% verringert werden.

Im Anschluß an Heft 1/90 der Zeitschrift *Nord-Süd aktuell*, in dem verschiedene Aspekte der Problematik "Umwelt und Entwicklung in der Dritten Welt" ausgeleuchtet werden, erschien es dringend notwendig, den Stand der Diskussion um

die entwicklungspolitischen Schlußfolgerungen aus der dort zumindest ansatzweise geleisteten Bestandsaufnahme zusammenzutragen. Dies ist das Ziel des
hier vorgelegten Sammelbandes. Wie eigentlich unvermeidbar, war es auch in
diesem Fall notwendig, einen Kompromiß zwischen dem Anspruch auf Vollständigkeit und dem Wunsch, den Erscheinungstermin des Bandes nicht allzusehr
herauszuschieben, zu finden. Diesem Kompromiß fielen eine Reihe geplanter
Beiträge zum Opfer, die in einigen Bereichen gewisse Lücken hinterlassen, so
vor allem im Hinblick auf die institutionellen Aspekte umweltorientierter Entwicklungspolitik, eine ökologisch verträgliche Erschließung der Amazonasregion
sowie die mehr urban-industriellen Aspekte der Umweltproblematik. Dennoch
denke ich, daß der Band das angestrebte Ziel, einen Überblick zum Diskussionsstand über "umweltorientierte Entwicklungspolitik" zu geben, doch weitgehend
erfüllt.

In einem einleitenden Teil beleuchten fünf Beiträge die Herausforderung an eine
neue umweltorientierte Entwicklungspolitik aus verschiedenen Positionen (u.a.
entwicklungstheoretische Implikationen, Entwicklung eines humanökologischen
Ansatzes für Agrar- und Entwicklungspolitik, zum Konzept der "nachhaltigen
Entwicklung"). Darauf folgen einige Beiträge, die sich primär mit institutionellen
Aspekten beschäftigen (u.a. mit den grundsätzlichen Schwierigkeiten einer konsequenten Umweltorientierung in entwicklungspolitischen Institutionen; mit der
Problematik des ökologischen Wissenstransfers sowie mit den verschiedenen
institutionellen Trägern wie BMZ, Nichtregierungsorganisationen und interna-
tionalen Organisationen). Darauf folgen Beiträge zu einzelnen Bereichen der
Entwicklungspolitik:

- Entwicklungsprobleme des Energiesektors
- Probleme und Möglichkeiten der Nutzung des Tropenwaldes
- umweltbezogene Agrarentwicklung
- industrielle Abfallprobleme.

Auf eine detaillierte Vorstellung der einzelnen Beiträge soll hier verzichtet werden; ich habe versucht, sie in meinem einleitenden Artikel über die Probleme der
Kompatibilität zentraler entwicklungspolitischer Ziele aufzunehmen und dadurch
noch einmal ihren Stellenwert im Rahmen des Gesamtthemas des Sammelbandes zu verdeutlichen.

Hamburg, Februar 1991   Wolfgang Hein

Zur zweiten, erweiterten Auflage

Die erste Auflage dieses Bandes war bereits ein gutes halbes Jahr nach ihrem
Erscheinen vergriffen - das ist der beste Beleg für das große Interesse, das
gegenwärtig an der Wechselbeziehung zwischen Umweltbedrohung und den
Problemen der Entwicklungsländer besteht. Daß dieses Thema gerade jetzt so
im Mittelpunkt des Interesses steht, hängt sicherlich auch mit der bevorstehen-
den Konferenz der Vereinten Nationen für Umwelt und Entwicklung (UNCED)
zusammen, die bekanntlich im Juni dieses Jahres in Rio de Janeiro stattfinden
wird. Im Hinblick auf dieses Ereignis ist der Sammelband um zwei Beiträge
ergänzt worden: Der erste geht der Frage nach, ob diese Konferenz den Ausgangspunkt für eine Erneuerung des Nord-Süd-Dialogs bilden könnte, während
sich der zweite mit den Positionen von Nichtregierungsorganisationen des
Südens im Zusammenhang mit UNCED beschäftigt.

Hamburg, Februar 1992   Wolfgang Hein

Teil I:

Umweltorientierte Entwicklungspolitik - theoretische Fragen

Wachstum - Grundbedürfnisbefriedigung - Umweltorientierung: Zur Kompatibilität einiger entwicklungspolitischer Ziele

Wolfgang Hein

1. Einleitung

In der brasilianischen Serra dos Carajás werden zur Zeit in einem umfangreichen Regionalentwicklungsprogramm die vielleicht größten Eisenerzlager der Welt - verbunden mit Kupfer-, Mangan-, Bauxit-, Nickel- und Zinnvorkommen - erschlossen und, ergänzt durch die Bereitstellung elektrischer Energie durch den Bau von Großkraftwerken, zur Grundlage eines schwerindustriellen Entwicklungspols gemacht; ein Programm zur land- und forstwirtschaftlichen Entwicklung rundet - rein oberflächlich betrachtet - die Erschließung der Region ab. Der Companhia Vale do Río Doce, die den Abbau der Bodenschätze betreibt, wird dabei ein hohes Maß an ökologischer Rücksicht nachgesagt[1]. Angesichts der Wirtschaftskrise des Landes erscheint die Erschließung zusätzlicher wirtschaftlicher Ressourcen geboten, die Konzentration industrieller Entwicklung im Südosten und die relative Überbevölkerung des immer wieder von Dürren heimgesuchten Nordostens legen die intensivere Nutzung zumindest von Teilen des extrem dünn besiedelten Amazonastieflandes nahe. Trotz aller umweltpolitischen Argumente für die Erhaltung des Regenwaldes scheint es aus sowohl unter dem Gesichtspunkt des weiteren Wirtschaftswachstums Brasiliens als auch von der Perspektive einer verbesserten Grundbedürfnisbefriedigung der armen ländlichen Bevölkerung her unausweichlich zu sein, die Regenwaldregion intensiver wirtschaftlich zu nutzen - brasilianische Politiker verwehren sich dann auch in scharfer Form gegen die Einmischung ausländischer Umweltschützer[2].

In einer Vielzahl von Analysen sind die katastrophalen ökologischen Implikationen des Carajás-Projektes beschrieben worden: Von der umfangreichen Abholzung durch die Nutzung von Holzkohle zur Eisenverhüttung über die noch weitergehende Regenwaldzerstörung durch spontane Siedler bis hin zu den vielfältigen Problemen mit Großwasserkraftwerken vor allem in tropischen Regionen[3]. Offensichtlich spielen hier eine ganze Reihe von Faktoren zusammen:

- einfache Planungsfehler, die bestimmte ökologische Konsequenzen nicht vorhergesehen haben;

- der ökonomische Druck auf Brasilien, der zu einer Priorisierung der Export-produktion geführt hat (rasche Erschließung der Bodenschätze; landwirt-schaftliche Projekte vorwiegend exportorientiert bzw. unmittelbar importsub-stituierende wie Zuckerrohranbau im Rahmen des Pro-Alcool-Programms);

- Kostenerwägungen, die der ökologisch bedenklichen Nutzung der Holzkohle gegenüber anderen Verhüttungsverfahren den Vorzug gegeben haben;

- vor allem aber läßt die Verelendung in anderen Regionen des Landes und der dadurch geschaffene Migrationsdruck eine vernünftige regionale Entwick-lungsplanung gar nicht zu; der größte Teil der Regenwaldzerstörung in Carajás geht nicht auf das Erschließungsprojekt direkt zurück, sondern auf die hier-durch ausgelöste spontane Migration (für den der Ausbau der Infrastruktur sowie die vom Projekt erwarteten ökonomischen Chancen die wichtigsten Voraussetzungen bildeten) und Spekulation zurück[4].

Eine ganze Reihe anderer Beispiele - wie etwa die Regenwaldzerstörung in den indonesischen Außeninseln durch das Transmigrationsprojekt[5] oder das indische Narmada-Flußentwicklungsprogramm[6] - lassen sich aufführen, die zeigen, daß die Auswirkungen eines Projektes, zumal eines Großprojektes, nur im Zusam-menhang der jeweiligen gesamtgesellschaftlichen Entwicklungsdynamik (einschl. der internationalen Einbettung) adäquat analysiert werden können und nicht durch projektimmanente Umweltverträglichkeitsprüfungen[7]. Letztlich ist die sehr enge und häufig eindimensionale Optik bei der Konzipierung von Entwicklungs-projekten und -strategien eine der Hauptursachen für das Scheitern so vieler entwicklungspolitischer Ansätze (oder zumindest für die falschen Erwartungen, die geweckt wurden) - in der Umweltdiskussion ist die Notwendigkeit einer interdisziplinären und holistischen Betrachtungsweise nur sehr viel augenfälliger als in vielen anderen gesellschaftlichen Bereichen.

Die Notwendigkeit einer globalen Betrachtungsweise ist spätestens mit dem zunehmenden Bewußtwerden der Gefahren, die durch das sog. "Ozonloch" sowie den "Treibhauseffekt" drohen, klar geworden. Auch die Diskussion um das "Waldsterben" sowie um "Tschernobyl" haben dazu ihren "Beitrag" geleistet. Wenn man von der besonderen Problematik der Fluorchlorkohlenwasserstoffe absieht, hängen alle diese Probleme sehr eng mit dem Energiesektor zusammen, was wiederum praktisch alle Bereiche gesellschaftlicher Entwicklung betrifft - bis hin zur Brennholzknappheit in den ländlichen Regionen der Dritten Welt. Zeichnet sich in den Industrieländern immerhin die Möglichkeit einer Entkop-pelung von Wirtschaftswachstum und Energieverbrauch ab, so scheint es in den meisten Entwicklungsländern angesichts des noch extrem niedrigen Pro-Kopf-Verbrauchs an Energie völlig undenkbar zu sein, signifikante Entwicklungsfortschritte ohne einen zunehmenden Energieverbrauch zu erreichen[8]. Doch auch in anderen Bereichen - einschließlich der für die Grundbedürfnisbefriedigung bei wachsender Bevölkerung so zentralen Nahrungsmittelproduktion - zeichnet sich die weitere Ausweitung ökologisch bedenklicher Praktiken ab, wie der wachsende Einsatz von Kunstdünger und Pestiziden, die zunehmende Anwendung kaum ausgereifter neuer biotechnologischer Verfahren, wachsende Müllberge vor allem von biologisch nicht abbaubaren Stoffen (Plastik etc.) und nicht zuletzt ein zunehmend katastrophaler Wassermangel.

Diese Sammelband vereint verschiedene allgemeine Beiträge über die notwendige generelle Umorientierung von "Entwicklung" und von Entwicklungspolitik mit einer Reihe von Auseinandersetzungen mit einzelnen umweltpolitischen Problembereichen. In diesem einführenden Beitrag möchte ich nicht so sehr die sonst übliche zusammenfassende Vorstellung der folgenden Artikel liefern, sondern eher versuchen, den Problembereich "Umwelt und Entwicklung" anhand einer Diskussion über die Kompatibilität zentraler entwicklungspolitischer Ziele genauer zu charakterisieren. Wo immer möglich, wird auf abweichende Sichtweisen der Probleme sowie auf die detaillierte Behandlung einzelner Aspekte an anderer Stelle in diesem Band hingewiesen.

Zunächst wird das Konzept einer "dauerhaften Entwicklung" als Ziel umweltorientierter Entwicklungspolitik ausgehend vom Brundtland-Bericht etwas genauer unter die Lupe genommen, um dann darauf aufbauend einige gängige Thesen zur Inkompatibilität der entwicklungspolitischen Ziele "Wachstum", "Grundbedürfnisbefriedigung" und "Umwelterhaltung" zu diskutieren und zwar anhand folgender Konflikte:

- "Wachstum vs. Umwelt", der jetzt schon "klassische" Ausgangspunkt der globalen Umweltdiskussion;
- "Verbesserung der Grundbedürfnisbefriedigung vs. Umwelt", wobei einerseits betont wird, daß die Ernährung einer wachsenden Bevölkerung notwendigerweise mit einer stärkeren Umweltbelastung einhergeht, andererseits auch etwa ökologisch orientierte Regulierungen (z.B. Einschränkungen bei Brennholz, Holzkohle, moderne Abfallverwertung, Auflagen für Betriebe im informellen Sektor) gerade auch die Armen betreffen;
- "Verbesserung der Grundbedürfnisbefriedigung + Umwelt vs. Wachstum", eine typische Kombination von Ansätzen, die von der Kritik der orthodoxen wachstumsorientierten Entwicklungspolitik ausgeht und basisorientierte, auf lokale Selbstversorgung zielende Projekte vorschlägt.

Eine solche Diskussion erscheint vor allem deshalb notwendig, weil offenbar - trotz der scheinbaren Allgegenwart der Umweltproblematik auch im entwicklungspolitischen Zusammenhang - viele Fachdiskussionen noch so weiterlaufen, als spielten Umweltprobleme keine Rolle. Die entwicklungstheoretische Diskussion beschäftigt sich noch weitgehend mit der Frage, wie andere Entwicklungsländer den Beispielen Taiwans und Südkoreas folgen können[9]. Der Präsident der Weltbank verwies in einem Heft von *Finanzierung und Entwicklung* zum Thema "Versöhnung von Entwicklung und Umwelt" auf die Erfahrungen der Weltbank, die die Ansicht bestätigten, daß Umweltaspekte in allen Bereichen der Entwicklung eine Rolle spielten (Heft 4/89). Im folgenden Heft 1/90 wird über die "Lehren des Schuldenjahrzehnts", die "Linderung der Armut in Lateinamerika", "Hunger im gesamtwirtschaftlichen Zusammenhang" und über verschiedene Probleme des Bildungswesens in Entwicklungsländern geschrieben, ohne daß Umweltzusammenhänge mit auch nur einem Wort erwähnt werden. Dieser Aspekt wird im Beitrag von *Udo Ernst Simonis* "Ökologie, Politik und Wissenschaft" noch einmal grundlegend diskutiert.

2. Dauerhafte Entwicklung

Daß man in letzter Zeit so viel über "dauerhafte Entwicklung" redet, verweist darauf, daß in unserer Vorstellung von "Entwicklung" bisher etwas fundamental falsch gewesen sein muß - eigentlich ist es doch selbstständlich, daß ein angestrebter gesellschaftlicher Entwicklungsprozeß "dauerhaft" sein sollte. Nun kommt es allerdings nicht zum ersten Mal vor, daß ein Prozeß, der von vielen als "Entwicklung" angesehen wird, sich bei genauerem Hinschauen als eine Form gesellschaftlichen Wandels entpuppt, die es eigentlich nicht verdient, im normativen Sinne als "Entwicklung" bezeichnet zu werden: Genau in diese Richtung zielte die Kritik der lateinamerikanischen Dependenzdiskussion der 1960er Jahre, die deutlich machte, daß dem Wachstums- und Industrialisierungsprozeß der lateinamerikanischen Länder einiges fehlte, um zu einer mit Westeuropa oder Nordamerika vergleichbaren Entwicklung zu führen - statt einer integrierten Entwicklung nationaler Wirtschaftsstrukturen ist der Prozeß in Lateinamerika durch eine wachsende "strukturelle Heterogenität" gekennzeichnet; statt einer sukzessiven Integration der gesamten Bevölkerung in einen Prozeß "moderner" sozioökonomischer Entwicklung kam es zur Marginalisierung wachsender Teile der Bevölkerung[10].

Viele Dependenztheoretiker vertraten die Auffassung, daß angesichts dieser sich zuspitzenden sozioökonomischen Probleme selbst die anfänglichen Wachstums- und Industrialisierungsprozesse nicht "dauerhaft" sein würden; die Krise der 1980er Jahre kann ihnen als Bestätigung dienen[11]. Das Ausblenden zentraler Dimensionen gesellschaftlicher Entwicklung aus einer Entwicklungsstrategie

kann sich also "rächen", indem die induzierte Dynamik in diesen nicht-berück-
sichtigten Dimensionen Probleme erzeugt, die nach einer gewissen Zeit zur
Bremse dieser Dynamik werden. Die lange Zeit ausgeblendeten Grenzen der
natürlichen Voraussetzungen für gesellschaftliche Entwicklung drohen so zur
Bremse der gesamten Entwicklung des neuzeitlichen Industriesystems zu werden.

Aus diesen Überlegungen lassen sich zwei Schlußfolgerungen für eine sinnvolle
Definition "dauerhafter Entwicklung" ziehen:

- Das Konzept "dauerhafte Entwicklung" gewinnt seine Bedeutung erst durch
  die Klärung des Bezugspunktes. Die "dauerhafte Entwicklung" eines ökologischen Teilsystems - wie etwa eines Fischteiches - ist ganz offensichtlich etwas
  total anderes als diejenige des Wirtschaftswachstums einer Volkswirtschaft
  oder eben des weltweiten sozio-ökologischen Systems.

- Zumindest mittel- bzw. langfristig zeigt sich, daß dieser Bezugspunkt nicht
  beliebig definiert werden kann; die Größe des notwendigen Bezugsrahmens
  hängt offenbar von der historischen Entwicklung der Dimension der sozio-
  ökonomischen Beziehungen der Menschen untereinander sowie der Transformation von Natur durch den Menschen ab. Die Globalisierung gesellschaftlicher Entwicklung und das enorme Ausmaß der Nutzung natürlicher Rohstoffe sowie die Belastung der Natur durch Emissionen und andere Rückstände des Produktions- und Konsumptionsprozesses, die die Absorptionskapazität der Natur seit längerem überschreitet, machen offensichtlich, daß die
  Konzipierung "dauerhafter Entwicklung" nur noch auf der Ebene der gesamten
  Biosphäre, d.h. unter Einbezug der Aktivitäten und Interaktionen aller Menschen untereinander sowie mit der sie umgebenden Natur, sinnvoll ist[12].

Seit der Veröffentlichung des sog. Brundtland-Berichts der Weltkommission für
Umwelt und Entwicklung ("Unsere gemeinsame Zukunft") ist das Konzept
"dauerhafter Entwicklung" in aller Munde. Die hier gegebene Definition ist
zunächst einmal sehr umfassend:

"Dauerhafte Entwicklung ist Entwicklung, die die Bedürfnisse der Gegenwart befriedigt, ohne zu
riskieren, daß künftige Generationen ihre eigenen Bedürfnisse nicht befriedigen können....Im
wesentlichen ist dauerhafte Entwicklung ein Wandlungsprozeß, in dem die Nutzung von Ressourcen, das Ziel von Investitionen, die Richtung technologischer Entwicklung und institutioneller
Wandel miteinander harmonieren und das derzeitige und künftige Potential vergrößern,
menschliche Bedürfnisse und Wünsche zu erfüllen."[13]

Diese Definition ist allerdings auch so allgemein, daß sich praktisch alle auf
einen so definierten Entwicklungsprozeß einigen können, zumal wenn der
Befriedigung der Grundbedürfnisse Priorität gegeben wird, aber gleichzeitig

auch eine weitere Erhöhung des Lebensstandards in den Industrieländern - bei
einer rationelleren Ressourcennutzung - für möglich angesehen und ein weiteres
Wachstum in den Industrieländern sogar als Voraussetzung für eine Verbesserung der Grundbedürfnisbefriedigung in den Entwicklungsländern betrachtet
wird.[14] Hier stellt sich die Frage, ob nicht der *politischen Akzeptanz des Berichts*
wegen Ziele miteinander verbunden werden, die eigentlich inkompatibel sind. Es
fehlt im Brundtland-Bericht eine Definition von "Entwicklung", die auf das Verhältnis Gesellschaft-Natur bezogen ist. Osvaldo Sunkel liefert eine solche Definition:

> "'Entwicklung' kann definiert werden als ein fortschreitender Prozeß der Transformation der
> natürlichen Umwelt in eine konstruierte und "artifizialisierte" Umwelt. In diesem Prozeß werden
> neue Güter und Dienstleistungen geschaffen, die zur Vermehrung des Wohlstands und der wirt-
> schaftlichen Produktivität der Bevölkerung beitragen. Zugleich und ebenfalls mit diesem Transfor-
> mationsprozeß fortschreitend wird jedoch die Fähigkeit der Umwelt beeinträchtigt, eine solche
> Entwicklung zu tragen. Je höher der Grad der "Artifizialisierung", umso kritischer ist das Problem
> der Erhaltung, der Rückgewinnung und der Erweiterung der natürlichen ökologischen Basis.[15]

Diese vom Entwicklungsbegriff ausgehenden Überlegungen erlauben es, die
Problematik "dauerhafter Entwicklung" genauer zu bestimmen: Eine Transformation von Natur zur Befriedigung menschlicher Bedürfnisse muß im Zusammenhang eines Kreislaufes geschehen, in dem die Umwelt sich immer wieder
regenerieren kann. Das impliziert eine Vielzahl von bekannten Aspekten wie
etwa die Erhaltung einer lebenserhaltenden Zusammensetzung der Atmosphäre,
keine Überbeanspruchung der Absorptionsfähigkeit von Wasser, Luft und Erde
durch Rückstände der Produktion, Erhaltung von Naturlandschaften, Erhaltung
der Artenvielfalt, sowie wahrscheinlich viele heute noch unbekannte Problembereiche bei gleichzeitig gezielterer Transformation von Natur zur Befriedigung
menschlicher Bedürfnisse.

An diesem Punkt etwa setzt die Humanökologie mit ihrer Forderung nach einer
"vorsorgenden und präventiven Umweltpolitik" ein; der Beitrag von *Bernhard
Glaeser* in diesem Band stellt die Grundlagen der Humanökologie dar und diskutiert an einem Fallbeispiel die Grundlagen einer humanökologisch orientierten
Entwicklungspolitik.

Hans-Jürgen Harborth (ebenfalls in diesem Band) zeigt die Fragwürdigkeit der
relativ optimistischen Zukunftsvision des Brundtland-Berichts auf, indem er auf
vorherrschende Einstellungen in Industrie- und Entwicklungsländern hinweist
(wenig Bereitschaft zur Aufgabe des gegenwärtigen Lebensstils in den Industrieländern; Orientierung an "nachholender Entwicklung" in der Dritten Welt); die
Einführung umweltorientierter Technologien in einzelnen Bereichen wird die
vorhersehbar wachsende Belastung der Umwelt durch das kurzfristig nicht zu
stoppende Bevölkerungswachstum und die Tendenzen zur Annäherung des Pro-

Kopf-Ressourcenverbrauches in den Entwicklungsländern an die typischen Werte der Industrieländer nur marginal reduzieren können. Forderungen nach einem radikal veränderten Lebens- und Entwicklungsstil liegen nahe - doch liegt das Problem nicht so sehr in der konzeptionellen Fantasie, auf der Grundlage von ökologischen Kenntnissen Utopien zum Verhältnis Natur-Gesellschaft zu entwerfen, als im Mangel *realistischer Strategien* der Transformation der tatsächlichen Dynamik der Weltgesellschaft von heute in eine solche der "dauerhaften Entwicklung". Aus diesem Grund soll die Auseinandersetzung mit Entwicklungszielen, die tatsächlich oder nur scheinbar mit den Prämissen einer dauerhaften Entwicklung inkompatibel sind, im Mittelpunkt dieses einleitenden Beitrags stehen, wobei wir zunächst von der zitierten Definition des Brundtland-Berichtes einschließlich der Sunkelschen Ergänzung ausgehen.

3. Wachstum vs. Umwelt

Der angenommene Konflikt zwischen "Wachstum" und "Umwelt" stand praktisch am Beginn der ganzen gegenwärtigen Umweltdiskussion. Nicht umsonst wurde der erste Bericht an den "Club of Rome", der im Jahre 1972 weltweit Aufsehen erregte, unter dem Titel "Die Grenzen des Wachstums" veröffentlicht. Er erschien in einer Zeit, da - im Zusammenhang mit der Wirtschaftskrise der Endsechziger-Jahre sowie der Studentenbewegung - die sozioökonomischen und wertemäßigen Grundlagen des Wirtschaftsbooms der Nachkriegsära in Industrie- wie Entwicklungsländern in Frage gestellt wurden; die Kritik an den inhumanen Implikationen einer primär wachstumsorientierten Entwicklungsphilosophie betraf zunächst die strukturellen Implikationen in den Entwicklungsländern (Armut, wachsende ökonomische Abhängigkeit) und die sozio-kulturellen Charakteristika der Nachkriegsentwicklung in den Industrieländern[16]. Eine umweltorientierte Wachstumskritik traf also eine bereits sensibilisierte und teilweise mobilisierte Öffentlichkeit.

Besonders die Entwicklungsperspektiven in der Dritten Welt erschienen düsterer als je zuvor; die zu erwartende Ressourcenknappheit gab Anlaß zu extremem Pessimismus: der landwirtschaftlich nutzbare Boden würde nicht reichen, um die rasch wachsende Bevölkerung zu ernähren, eine Vielzahl von wichtigen industriellen Rohstoffen sei bald erschöpft und in wenigen Jahrzehnten zu erwartende Erschöpfung der Ölquellen würde den Entwicklungsländern jede Chance nehmen, sich auf der Basis einer ähnlich billigen Energiequelle zu industrialisieren, wie sie den heutigen Industrieländern zur Verfügung stand.

Ein gutes Jahrzehnt später schien die Welt für viele wieder in Ordnung zu sein: Umfangreiche Explorationen von Bodenschätzen bei gleichzeitigen Rohstoff-Sparstrategien in den Industrieländern sowie die Entwicklung von neuen Werk-

stoffen, die knappe Rohstoffe substituieren konnten, schienen die Warnungen
vor einer drohenden Ressourcenknappheit gegenstandslos zu machen. Trotz
Versorgungskrisen in einzelnen Regionen stiegen die Weltgetreidevorräte bis
1987 auf zuvor nie geahnte und ökonomisch problematische Höhen, so daß
verbreitet die These vertreten wurde, das Ernährungsproblem sei - angesichts
noch erheblicher Produktivitätsreserven - keine Folge von Ressourcenknappheit,
sondern lediglich eine Frage der Verteilung[17]. Die Umweltdiskussion konzentrierte sich erst einmal auf Bereiche unmittelbar erfahrbarer Belastung und
Bedrohung der Umwelt primär in den Industrieländern (Verschmutzung von
Luft und Gewässern, Rückstände von Pflanzenschutzmitteln in der Nahrung,
Bedrohung vieler Pflanzen und Tierarten, Sicherheitsprobleme von Kernkraftwerken).

Erst als in den vergangenen Jahren das "Ozonloch" und vor allem der "Treibhauseffekt" in den Mittelpunkt der Umweltdiskussion traten, erweiterte sich der
Fokus der Diskussion wieder: Wenn es nötig sein sollte, die Emission von Treibhausgasen, vor allem CO_2 *weltweit* zu reduzieren, um eine globale Klimakatastrophe zu verhindern, dann trifft das vor allem die Entwicklungsperspektiven
der Länder der Dritten Welt, die ja vergleichsweise noch einen erheblichen
"Aufholbedarf" an Emissionsmengen besitzen und keineswegs an eine Reduktion
ihres gegenwärtigen Niveaus von Energieverbrauch denken. Die Diskussion um
den Treibhauseffekt scheint mehr als andere Aspekte der Umweltkrise die Aufmerksamkeit erneut auf ein globales Ressourcenproblem zu konzentrieren: Jetzt
geht es allerdings nicht so sehr um die Ressourcen für den Produktions*input*,
sondern primär um die Absorptionsressourcen der Natur für die *Rückstände* der
Produktion. Treibhausgase werden zunehmend zu einem zentralen Problem, die
Beseitigung von Müll, vor allem von sog. Sondermüll, die Lagerung radioaktiver
Abfälle, die Belastung von Gewässern und Grundwasser, aber auch von Lebensmitteln durch Umweltgifte der verschiedensten Arten stellen verschiedene
Aspekte der "Rückstandsproblematik" dar.

Damit stand die Wachstumsproblematik wieder voll im Mittelpunkt der Diskussion: Selbst bei einer raschen Verbreitung der in den 80er Jahren entwickelten
Umwelttechnologien sowie regenerativer Energiequellen scheint es auch heute
noch extrem unwahrscheinlich, daß ein Prozeß nachholender Entwicklung in der
Dritten Welt bei gleichzeitiger Reduktion der weltweiten Emission von Treibhausgasen möglich ist; sowohl die energiepolitische Orientierung der Schwellenländer (vgl. etwa den Artikel von *Stephan Paulus* in diesem Band) als auch
pessimistische Prognosen der Internationalen Energie-Agentur im Hinblick auf
eine signifikante Substitution fossiler Energieträger etwa durch Solar- und Windenergie[18] weisen in diese Richtung.

Es erscheint also zunächst einmal konsequent, daß sich die umweltorientierte Kritik am Brundtland-Bericht vor allem an den Thesen der Autoren stört, langfristige Wachstumsraten von 3-4% in den Industrie- und 5-6% in den Entwicklungsländern (bei einer Verfünf- bis Verzehnfachung der weltweiten Industrieproduktion) seien unter Stabilisierung des globalen Ökosystems erreichbar und seien auch notwendig, um eine Zuspitzung sozialer und politischer Konflikte zu vermeiden.

Radikaler noch als die Kritik von Harborth[19] ist die Position des australischen Wissenschaftlers Ted Trainer:

"Various analyses have concluded that there is no realistic chance of renewables plus remaining fossil fuels providing present rich world energy use per capita to all (...). Again it is irresponsible for the Brundtland Report firstly to neglect any quantitative discussion of these issues and secondly to leave the reader with the clear impression that there is no need for people in the overconsuming countries to change their ways and no need to radically restructure the global economy. A number of recent works have concluded that there is no solution to these problems apart from accepting the need for the overgrown countries to move down to far lower rates of resource and energy use per capita, i.e. to undertake fundamental change in their economic systems and their lifestyles, towards a conserver society."[20]

Trainers Argumentation greift nicht nur die üblicherweise genannten natürlichen Schranken für eine Generalisierung des heutigen Lebensstandards der Industrieländer auf die Entwicklungsländer auf, sondern betont, daß die gegenwärtigen Wirtschaftssysteme der Industrieländer untrennbar verknüpft seien mit dem, was er als "indiscriminate growth strategy" bezeichnet; wenn diese Strategie eine gewisse Verbesserung der Situation der Ärmsten in der Dritten Welt bringen sollte, dann nur "auf Kosten" eines noch rascheren Wachstums und einer weiter zunehmenden Ressourcenverschwendung in den Industrieländern. Die These, daß der Wachstums- und Innovationszwang des kapitalistischen Wirtschaftssystems den Weg in die ökologische Katastrophe weist, war in der meist marxistisch beeinflußten, radikalen Ökologiediskussion vor allem der 1970er Jahre sehr verbreitet; Profitmaximierung impliziere die Entwicklung immer neuer Methoden der Naturausbeutung und versuche die Grenzen immer weiter vorwärtszutreiben, wobei kurzfristige private Gewinne angestrebt würden, ohne die langfristigen gesellschaftlichen Kosten zu berücksichtigen[21]. Die ja zunächst aus durchaus "etablierten" politischen Kreisen wie dem Club of Rome stammende Forderung nach einer Politik des "Nullwachstums" mündete also zumindest in einer verbreiteten Rezeptionslinie in eine Stärkung radikaler Systemkritik ein.

Diese Auseinandersetzung kann an dieser Stelle nicht vertieft werden; zwei Aspekte sind jedoch m.E. zentral, um die Diskussion um Wachstum und Entwicklung aus der Sackgasse zu bringen:

(1) Kaum jemand in dieser Diskussion bemüht sich um eine *differenzierte Analyse des Wachstumsbegriffes*. Als Nicht-Ökonom fühle ich mich auch nicht berufen, dies hier nachzuholen, doch erscheint mir ein Hinweis nötig: Obwohl zweifelsohne historisch "Wirtschaftswachstum" verbunden war mit einem rasch wachsenden Verbrauch natürlicher Ressourcen, ist dies nicht notwendigerweise der Fall; *das Wachstum des Volkseinkommens als Summe aller Wertschöpfungen in einer Volkswirtschaft betrifft eine ganz andere Dimension der Beschreibung wirtschaftlicher Aktivitäten als der auf den Prozeß stofflicher Transformation bezogene Begriff des Ressourcenverbrauchs.*

Der Begriff der "Tertiarisierung" kennzeichnet eine typische Entwicklungsrichtung industrialisierter Gesellschaften; per definitionem schafft eine Dienstleistung einen Beitrag zum Wirtschaftswachstum, ohne Rohstoffe - mit der Ausnahme von Energie - zu verbrauchen. Dienstleistungen können rohstoffintensive Kapitalgüter voraussetzen und viel Energie verbrauchen (etwa im Transportsektor), sie können aber auch - etwa im Kultur- und Bildungsbereich - weitgehend rohstoffneutral sein. So spricht vieles dafür, daß wachsende Einkommen in den Industrieländern bereits zu einem beträchtlichen Teil für derartige Dienstleistungen (Unterhaltung, Fitness-Center, Sport usw.) ausgegeben werden. Ähnliches gilt für eine wachsende Bedeutung von Dienstleistungen im Vorfeld der industriellen Produktion (Beratungsunternehmen, Design etc.) sowie im Bereich des Marketing[22].

Darüber hinaus ist es zweifelsohne möglich, auch ein *Wachstum der industriellen und landwirtschaftlichen Produktion bei zurückgehendem Ressourcenverbrauch* zu erreichen. Dies wird grundsätzlich von niemandem mehr bezweifelt, obwohl der Miniaturisierung, der effizienteren Nutzung der Rohstoffe und dem Energiesparen natürlich auch Grenzen gesetzt sind. Sicher ist die Kritik an der Annahme des Brundtland-Reports, eine Verfünf- bis Verzehnfachung der weltweiten Industrieproduktion sei durchaus mit einer Strategie "dauerhafter Entwicklung" verträglich, nicht einfach zurückzuweisen - andererseits wäre es aber tatsächlich wünschenswert, das Potential und die Bedingungen für eine Steigerung der Industrieproduktion ohne zusätzliche Umweltbelastung (unter Berücksichtigung sowohl von möglichen Änderungen im Produktionsprozeß als auch in der Produktzusammensetzung der industriellen Erzeugnisse) abzuschätzen.

(2) Andererseits ist auch klar, daß eine "Weltentwicklungspolitik" (vgl. dazu wiederum den Beitrag von Harborth), die die natürlichen Voraussetzungen für ein menschenwürdiges Leben aller gegenwärtig lebender Menschen wie auch zukünftiger Generationen erhalten will, angesichts der bereits bestehenden Belastung und der kaum mehr abwendbaren kurz- bis mittelfristigen Zunahme dieser Belastung *die Rahmenbedingungen markt- und wachstumsorientierten Wirtschaftens massiv verändern muß.*

Ziel dieser politischen Eingriffe muß es primär sein, umweltpolitisch nötige Umorientierungen in Signale des Marktes umzusetzen und damit auch zu erwartende gesellschaftliche Kosten in die Produktionskosten zu inkorporieren. Wo derartige Maßnahmen nicht greifen, sind auch administrative Verbote bzw. Begrenzungen nötig - wie etwa bei der Emission schädlicher Abgase, der Produktion von FCKWs usw. In einer bereits sehr stark (und in Zukunft wahrscheinlich noch zunehmend) internationalisierten Weltwirtschaft sind dazu auch immer mehr internationale Vereinbarungen (vgl. dazu Kap. 6) nötig, um zu verhindern, daß umweltbedingte Produktionseinschränkungen und -kostensteigerungen in einem Land zu Standortvorteilen in anderen Ländern werden. Dies betrifft gerade auch die Entwicklungsländer: So sehr sie darum bemüht sein müssen, bestehende Standortvorteile zu nutzen, um etwa im industriellen Bereich mit den Industrieländern konkurrieren zu können, so wenig darf dies - letztlich ja im Interesse der betreffenden Länder selbst - auf Kosten der Umwelt gehen. In bezug auf die Konkurrenzvorteile einer Landwirtschaft, die sich nicht um die langfristige Erhaltung der Bodenfruchtbarkeit bemüht, wurde bereits der Begriff des "ecological dumping"[23] geprägt; in die offiziellen Verhandlungen der aktuellen GATT-Runde scheint er jedoch bisher noch keinen Eingang gefunden zu haben.

Diese Überlegungen verweisen darauf, daß "Wirtschaftswachstum" ganz allgemein gesehen kein Hindernis für dauerhafte Entwicklung darstellen muß; es kommt immer auf den Charakter dieses Wachstums an, der wiederum in starkem Maße von den politischen Rahmenbedingungen beeinflußt werden kann. Es geht darum, das Wachstum des Verbrauchs natürlicher Ressourcen sowie der Belastung der Gewässer und der Atmosphäre zu stoppen - in diesem Sinne ist etwa eine *wachsende* landwirtschaftliche Produktion durch intensive, umweltgerechte Landnutzung einer extensiven Viehzucht mit *stagnierender* Wertschöpfung durchaus vorzuziehen. Auch spricht grundsätzlich nichts gegen ein weiteres Wirtschaftswachstum in den Industrieländern, wenn es sich in ökologisch angepaßten Bahnen vollzieht und einen - auch ökologisch angepaßten - Prozeß nachholender Entwicklung in den Entwicklungsländern nicht verhindert. Eine Politik forcierten "Nullwachstums" in den Industrieländern dürfte vor allem zu einer derartigen Zuspitzung sozialer, politischer und evtl. militärischer Konflikte führen, daß das eigentliche Ziel einer umweltgerechten, bedürfnisorientierten Reorientierung der Transformation von Natur dabei eher in Gefahr gerät, unter die Räder zu kommen.

4. Grundbedürfnisbefriedigung vs. Umwelt

Sowohl in der Version des Club of Rome als auch in der Perspektive vieler anderer Autoren bezogen sich die "Grenzen des Wachstums" nicht nur auf das Wirtschaftswachstum und dem - wie erwartet wurde - damit notwendigerweise wachsenden Verbrauch natürlicher Ressourcen, sondern auch auf das *Bevölkerungswachstum*. Die Diskussion über "Bevölkerung und Umwelt" deutet darauf hin, daß auch eine rein grundbedürfnisorientierte Strategie bereits Risiken für die Umwelt mit sich bringt, und zwar in zweierlei Hinsicht:

(1) Der Anbau von *Grundnahrungsmitteln* muß in ausreichendem Umfang gewährleistet sein; im Verlaufe der vergangenen zwei Jahrzehnte hat sich zwar gezeigt, daß hier weltweit größere Spielräume bestehen als Anfang der 70er Jahre befürchtet wurde, doch ist die Ausnutzung dieser Spielräume mit erheblichen ökologischen und sozialen Risiken verbunden: Dies betrifft zuallererst den umfassenden Einsatz sog. Hochertragssorten im Rahmen des Konzepts der "Grünen Revolution", die einen wesentlichen Anteil an den Ertragssteigerungen im Getreideanbau hatten, aber abhängig sind von einem erheblichen Einsatz von Kunstdünger und Pflanzenschutzmitteln. Beides trägt sowohl bei der Produktion als auch beim Verbrauch erheblich zur Umweltbelastung bei; die rasche technische Transformation der Landwirtschaft hat darüber hinaus häufig die soziale Polarisierung gefördert.

Weiterhin hat sich herausgestellt, daß der Naßreisanbau - zentral für die Ernährung der rasch wachsenden Gesellschaften Süd- und Südostasiens - zur Anreicherung der Erdatmosphäre mit Methan beiträgt - nach dem Kohlendioxyd das zweitwichtigste Treibhausgas (schätzungsweise zu 24% für die Erwärmung während der vergangenen hundert Jahre verantwortlich[24]).

(2) Armut führt dazu, daß Grundbedürfnisse sehr häufig durch nicht gerade umweltverträgliche Aktivitäten befriedigt werden; die sog. "spontane Migration" und unangepaßte Anbaumethoden in Regenwaldgebieten, Kochen und (evtl.) Heizen mit Brennholz und Holzkohle anstatt mit Gas oder Elektrizität, mangelnde Entsorgungsysteme in großen städtischen Slumgebieten sowie für die Unternehmen des informellen Sektors, verbunden mit entsprechender Belastung von Wasser, Boden und Luft, sind bekannte Probleme. Je akuter in einer Gesellschaft Armutsprobleme sind, desto verzweifelter werden natürlich auch Verdienstmöglichkeiten gesucht, desto "notwendiger" wird der Raubbau an den natürlichen Ressourcen und desto weniger Ressourcen stehen für eine "ökologische Modernisierung" etwa der Infrastruktur zur Verfügung.

Die Perspektiven verdüstern sich noch dadurch, daß Armut (und damit zusammenhängende Aspekte wie fehlende öffentliche Systeme sozialer Sicherheit, mangelnde Bildungsmöglichkeiten, instabile Einkommensquellen) und Bevölkerungswachstum sich gegenseitig verstärken - jedenfalls solange die Armen nicht akut vom Hungertod bedroht sind[25]. Soziale Sicherheit zu schaffen ist dann primär Aufgabe der Großfamilie; je mehr Kinder man hat, desto größer ist die Chance, die eine oder andere Einkommensquelle zu erschließen, desto eher ist auch eine minimale Altersvorsorge gesichert. Auch hierauf geht der Artikel von Harborth genauer ein.

Grundbedürfnisbefriedigung als entwicklungspolitisches Ziel kann damit natürlich nicht zur Disposition gestellt werden. Doch auch hier stellt sich heute die Frage nach dem "Wie?" nicht nur unter dem Gesichtspunkt der größten Wirksamkeit im Bereich der Armutsbekämpfung, sondern auch im Hinblick auf die ökologischen Implikationen - das betrifft vor allem die Einbettung grundbedürfnisorientierter Projekte und Strategien in allgemeine entwicklungspolitische Konzepte. Auf die Komplexität des Zusammenhangs zwischen Wachstumsförderung und Armutsbekämpfung ist in den vergangenen zwei Jahrzehnten immer wieder hingewiesen worden. Der Grundkonflikt bewegte sich immer zwischen der These, eine effektive Verbesserung der Grundbedürfnisbefriedigung der Armen könne nur über die Verbindung von Wachstumsförderung und Verteilungspolitik *(Redistribution with Growth)* erreicht werden, und der Annahme, eine wachstumsorientierte Politik müsse notwendigerweise bei der Förderung der die wirtschaftliche Dynamik tragenden Ober- und Mittelschichten ansetzen und sei damit mit einer echten Grundbedürfnisorientierung inkompatibel[26]. Es liegt nahe, die armutsorientierte und die umweltorientierte Kritik an Wachstumsstrategien miteinander zu verbinden und auf dieser Basis einen Ansatz "angemessener Entwicklung" *(appropriate development)* zu entwickeln, der die Förderung der Grundbedürfnisbefriedigung der Armen verbindet mit einem geringeren Ressourcenverbrauch (sprich: geringerem Wachstum) auf seiten der Reichen; hierauf wird im folgenden Abschnitt genauer einzugehen sein.

Auf seiten der etablierten Entwicklungspolitik dominierten eindeutig Strategien, die "Redistribution with Growth" verbinden mit (zumindest auch) umweltorientierten Komponenten wie der Geburtenkontrolle und agroforstwirtschaftlichen Ansätzen - wobei auch der redistributive Aspekt im Zusammenhang mit dem Strukturanpassungsprozeß der 80er Jahre sich primär konzentrierte auf den Versuch, - etwa über die Preispolitik - die Einkommen von den Städten zugunsten ländlicher Regionen umzuverteilen, sowie den Staat als Agenten der Umverteilung zu ersetzen durch den Versuch verbesserter Integrationsmöglichkeiten informeller Wirtschaftstätigkeiten in den privaten Sektor[27].

Es entspricht der einleitenden Feststellung über die immer noch verbreitete Ausklammerung der Umweltkomponente aus vielen Diskussionen, daß auch im gerade erschienenen Weltentwicklungsbericht mit dem Schwerpunktthema "Armut" von Umweltproblemen kaum die Rede ist. Nichtsdestoweniger ist eine von der Strukturanpassung her bestimmte Armutsbekämpfung - abgesehen einmal von der Frage, ob sie ihre sozialen Ziele erreicht - unter ökologischen Gesichtspunkten in höchstem Maße riskant:

- Armutsbekämpfung wurde weitgehend als Strategie der "Modernisierung der Landwirtschaft" angesehen, d.h. vor allem der Verbreitung von Hochertragssorten im Getreideanbau, der Förderung oft großräumiger Bewässerungssysteme usw. Die Weltbank sieht diese Strategie immer noch als erfolgreich an[28], obwohl dieselben internationalen Agrarforschungszentren, die die Hochertragssorten und teilweise auch die dazugehörigen agrochemischen und -technischen Pakete entwickelt haben, heute eher davon abrücken zugunsten einer stärkeren Anpassung des Saatguts an lokale Gegebenheiten mit entsprechenden Möglichkeiten, weniger Kunstdünger und Pflanzenschutzmittel einzusetzen, sowie einer stärkeren Konzentration auf traditionelle lokale Getreidesorten, die bisher vernachlässigt wurden[29]. Unter Umweltgesichtspunkten muß angesichts der wachsenden ländlichen Umweltprobleme auch in der Dritten Welt gefragt werden, ob trotz mittelfristiger Erfolge bei der Steigerung der Flächenerträge durch die weltweite *Standardisierung* von Anbaumethoden nicht doch längerfristig nur eine *Anpassung der Anbaumethoden an lokale ökologische Gegebenheiten* dauerhafte ländliche Entwicklung (und Produktion von Grundnahrungsmitteln für eine wachsende Weltbevölkerung) garantieren kann.

- So wünschenswert es sein mag, eine Verbesserung der Situation der Armen eher durch die Förderung wirtschaftlicher Aktivitäten im informellen Sektor als durch direkte staatliche Einkommenstransfers zu verbessern, so sehr muß man sich über die ökologischen Risiken von ständig am Rande des Existenzminimums arbeitenden Kleinstunternehmen im klaren sein; auch wenn diese Betriebe etwa im Bereich des Recyclings eine erstaunliche Rolle spielen und mit teuren Ressourcen sehr viel sparsamer umgehen als moderne Großunternehmen, kümmern sie sich anderseits kaum um eine adäquate Entsorgung von Abwässern, Sondermüll usw. Ihre wirtschaftliche Lage zwingt sie auch dazu - z.T. gefördert durch hochsubventionierte Elektrizitätstarife bzw. durch simplen "Stromklau" -, veraltete, meist in der Energieausnutzung höchst ineffiziente Maschinen zu verwenden[30]. Öffentliche Programme für entsprechende Entsorgungssysteme sowie zur Förderung umweltfreundlicher Technologien in diesem Bereich sind für die meisten Entwicklungsländer nicht bezahlbar.

- Es gibt bisher sehr wenig erfolgreiche Programme der Geburtenkontrolle, die ohne moralisch extrem bedenkliche Formen von Zwang und Ausnutzung der Notlage der betroffenen Frauen einen effektiven Rückgang der Geburtenraten erreicht hätten[31]; der Rückgang der Geburtenraten war fast überall sozusagen eine "Begleiterscheinung" sozioökonomischer Modernisierung im Zusammenhang mit Urbanisierung und einer Verbesserung von Systemen sozialer Sicherheit. So wünschenswert aus anderen Gründen eine Verlagerung der Förderungsschwerpunkte auf die ländliche Entwicklung und die Förderung des informellen Sektors sein mag, so sehr stärkt eine solche Politik auch eher soziale Strukturen, in denen Kinderreichtum mehr als Vorteil denn als Belastung angesehen wird.

Vieles spricht dafür, daß die Verschuldungskrise und die Austeritätsprogramme der Strukturanpassung wahrscheinlich mehr an ökologischem Schaden gerade auch im Bereich der reinen Überlebensanstrengungen der Armen mit sich gebracht haben, als die in derselben Periode häufiger gewordenen umweltorientierten Projekte gutgemacht haben (vgl. o. den Pkt.2); aber auch solche grundbedürfnisorientierten Strategien, die unmittelbarer an der Armutsbekämpfung ansetzen als die Weltbankpolitik des vergangenen Jahrzehnts, sind nicht notwendigerweise Strategien "dauerhafter Entwicklung".

5. Grundbedürfnisse + Umwelt vs. Wachstum

Die Problematik von Marginalisierung und struktureller Heterogenität einerseits - eng verknüpft mit der Verbreitung von Armut in der Dritten Welt - sowie die Gefahr einer fundamentalen Bedrohung des weltweiten Ökosystems sind beides Problembereiche, die zu Forderungen nach einer *grundsätzlich anderen Entwicklung* Anlaß gegeben haben. Wer die ökologische Bedrohung mit einbezog, hat schon seit längerem diese Alternative nicht entlang der tradionellen Diskussion über Sozialismus/Kommunismus als Alternative zum Kapitalismus gesehen, sondern eher als lokale und kooperative Strukturen betonende Alternative zur Industriegesellschaft mit ihren durch Konkurrenz verknüpften Makrostrukturen. Da die akute Bedrohung der Umwelt primär von den Makrostrukturen (Umweltbelastung durch Großindustrie, Verkehr und durch Konsumgewohnheiten, die vor allem von diesen Makrostrukturen gefördert werden; Bedrohung traditioneller Subsistenzproduktion) herzukommen scheint, liegt die Vision einer durch kooperative Strukturen auf lokaler und regionaler Ebene abgesicherten Grundbedürfnisbefriedigung bei gleichzeitig optimaler Anpassung an die Umwelt nahe, also einer Strategie, *die Grundbedürfnis- und Umweltorientierung miteinander verknüpft und der an globalem Wachstum orientierten Industriegesellschaft gegenüberstellt.*

Eine ganze Reihe von Kritiken am Brundtland-Bericht argumentieren mit unterschiedlicher Akzentsetzung und Radikalität in diese Richtung. Nicht jeder würde allerdings den Ausgangspunkt so optimistisch und selbstsicher formulieren wie Ted Trainer[32]:

"The most tragic aspect of the current development literature is that there is so little understanding of any alternative to telling those millions presently hungry and impoverished to wait for a generation or two until more indiscriminate growth results in more trickle down, when *there are abundant appropriate development strategies which could enable them to solve their own basic problems, often in a matter of months, if people had access to a reasonable share of the existing capital and land.*" (Hervorhebg. W.H.)

Die folgende Charakterisierung "angemessener Entwicklung" - in der Tendenz, wenn auch nicht in allen Einzelheiten - entspricht der verbreiteten Vorstellung eines möglichen *alternativen Entwicklungskonzeptes*, wie es etwa auch in den Überlegungen zu einer "eigenständigen Regionalentwicklung"[33] zum Ausdruck kommt und weitgehend auch den Ideen eines "Ecodevelopment"[34] entspricht:

"The principles of appropriate development focus on assisting poeple to build highly cooperative and self-sufficient village and local regional economies, as independent as possible from national und international economies and from any need to import goods, technology, experts or capital, and therefore from the need to export. Appropriate development recognises the impossibility and the undesirability of striving for the levels of industrialisation and affluence characteristic of the rich countries and it is based on the development of highly productive, permanent local ecosystem (especially forests) providing largely free inputs for households and small scale village industries."

Je nachdem wie man "as independent as possible" versteht - d.h. grundsätzlich in Anbetracht eines möglichen Verzichts auf außerregionale Produkte, die nicht (wie Salz etwa) unbedingt zum Überleben notwendig sind, oder mehr im Sinne einer ökonomisch vertretbaren Unabhängigkeit - kann dieses Konzept mehr oder weniger radikal interpretiert werden. Die radikalste Version wäre sicherlich nur ein Konzept für die sehr wenigen kleinen Gesellschaften, die noch so gut wie gar nicht in nationale und internationale Wirtschaftskreisläufe integriert sind - anderenfalls wäre eine solche Form nur mit brutalster Gewalt durchsetzbar. Ein Pol Pot-Konzept vertritt sicherlich kaum jemand, der Ideen "angemesser Entwicklung" befürwortet. Eine Reihe von Argumenten unterstützen eine solche Strategie regional bzw. lokal orientierter Entwicklung, so u.a.[35]:

(1) Im Vergleich zu einer stark exportorientierten Landwirtschaft, die die Bauern in starke Abhängigkeit von der Weltmarktentwicklung (Preise) und von Exporteuren (etwa: Transnationale Konzerne oder nationale Marketing Boards) bringt, kann eine ökologisch angepaßte, diversifizierte, primär auf die Produktion von Grundnahrungsmitteln ausgerichtete Landwirtschaft - bei einigermaßen günstigen klimatischen Bedingungen - ein höheres Maß an Ernährungssicherheit bedeuten.

(2) Eine diversifizierte Landwirtschaft kann sich enger an die natürlichen Voraussetzungen anpassen als Exportmonokulturen und ist weniger anfällig gegenüber Schädlingsbefall.

(3) Eine stärkere lokale bzw. regionale Self-reliance etwa auch in den Bereichen der Herstellung von Produktionsmitteln (Handwerkszeug, Transportmittel usw.) und der Vermarktung kann in erheblichem Umfange die lokalen Fertigkeiten im handwerklich-technischen wie auch im organisatorisch-unternehmerischen Bereich fördern.

(4) Die stärkere Orientierung auf lokale Rohstoffe und Lebensmittel reduziert nicht nur die Abhängigkeit der entsprechenden Region, sondern hilft überhaupt dabei, die Gebrauchswerte bestimmter Pflanzen und Rohstoffe zu erkennen bzw. traditionelle Kenntnisse zu bewahren und sie der qualitativen Verarmung durch die weltweite Verbreitung standardisierter Produkte entgegenzusetzen.

(5) Zweifellos können durch die Reduktion des weltweiten Warentransportes in erheblichem Maße Energie gespart und damit der Verbrauch nichterneuerbarer Rohstoffe sowie die Emission von Treibhausgasen gebremst werden.

Dies ist aber nur die eine Seite der Medaille; eine Reihe dieser Aspekte sind sicherlich für die Konzeption von grundbedürfnisorientierten Entwicklungsprojekten in ländlichen Regionen der Dritten Welt beachtenswert. Dies aber würde die weltweite ökologische Bedrohung etwa durch den Treibhauseffekt nur unwesentlich verringern. Andererseits fehlt aber - gerade bei den Versuchen, Projekte und Tendenzen in einer Reihe von einzelnen Bereichen zu realisieren - der *Bezug auf die aktuelle Dynamik weltweiter Entwicklung.* Dadurch bleibt völlig unklar, (a) wie eigentlich der Umstrukturierungsprozeß von einer sehr stark interdependenten Welt hin zu eigenständiger regionaler Entwicklung sozio-ökonomisch aussehen soll und (b) wie überhaupt die bestehenden politischen Machtstrukturen, in denen die Interessen an weltweiten Märkten und - zumindest - nationaler wirtschaftlicher Integration eindeutig dominieren, "geknackt" werden sollen.

Auch bei einer recht gemäßigten Interpretation des skizzierten Entwicklungskonzeptes ergäben sich Grundfragen jeder regionalen Wirtschaft, die zum Ausgangspunkt erheblicher Konflikte werden könnten: Für was ist man bereit, mehr zu bezahlen und evtl. ein geringeres technologisches Niveau hinzunehmen, wenn man die entsprechenden Produkte in der Region selbst herstellt ? Auf welche Produkte, die in der Region nicht herstellbar sind, will man verzichten ? Ist die Produktion für außerregionale Märkte (etwa: nationale Zentren, Ausland) so prekär, daß man sie leichtherzig aufgeben würde? Versucht man diese Fragen für verschiedene Regionen innerhalb von Dritte-Welt-Ländern durchzudenken, so erscheint es fraglich, ob zum einen auch die ärmere Bevölkerung überall Interesse an regionaler Eigenständigkeit hat und zum anderen, ob eine solche Entwicklung unbedingt umweltverträglicher wäre.

Einige Aspekte sind schon bei oberflächlicherer Kenntnis der Problematik zu erkennen: In gebirgigen Regionen *sind bestimmte Formen des Kaffee- und Tee-Anbaus (etwa Kaffee in der traditionellen Form mit Schattenbäumen, die zusätzlich zu den Kaffeesträuchern selbst den Boden an den erosionsgefährdeten Hängen festhalten) umweltangepaßter als der Anbau von Grundnahrungsmitteln* für den lokalen Konsum. Abgesehen davon sprechen viele Studien dafür, daß der klein-bäuerliche Kaffee- und Tee-Anbau bei einer für die Kleinbauern günstigen Organisation von Weiterverarbeitung und Export selbst bei mäßigen Weltmarkt-preisen höhere Einkommen ermöglichen als die Produktion von Grundnah-rungsmitteln für den nationalen Markt. Die Orientierung ländlicher Regionen auf eine regionale Selbstversorgung läßt die Frage der *Versorgung der großen Städte mit Grundnahrungsmitteln* offen - immerhin leben in vielen Ländern der Dritten Welt bereits mehr als 50% der Bevölkerung in den Städten, die selbst ja auf den wirtschaftlichen Austausch nicht nur mit der sie unmittelbar umgeben-den Region angewiesen sind. Ein weiterer Aspekt betrifft die inhärenten *Skalen-vorteile industrieller Produktion.* Der Verweis auf diesen Aspekt impliziert noch keinen technologischen Determinismus: Tatsächlich gibt es viele Möglichkeiten für kleinere und mittlere Unternehmen in der Dritten Welt, lokale und nationale Produktions- und Infrastrukturprobleme technisch angepaßter zu lösen als trans-nationale Unternehmen mit ihrem standardisierten Technologieangebot - ande-rerseits können auch die Produzenten moderner angepaßter Technologie nicht davon leben, von ihnen entwickelte Technologie etwa für die Regulierung klei-nerer Bewässerungssysteme nur für die drei, vier Projekte in der engeren Region zu produzieren. Eine gewisse Marktgröße ist immer Voraussetzung für eine einigermaßen kostengünstige Entwicklung von Technologie[36].

Das Schicksal der sandinistischen Revolution in Nicaragua demonstiert in typi-scher Weise einige zentrale Probleme eines Versuchs, eine grundbedürfnisorien-tierte, umweltschonende Entwicklung zu fördern. Zunächst einmal wurde das Problem, binnen kurzer Zeit den Entwicklungsweg einer gesamten Gesellschaft "umzupolen", erheblich unterschätzt; die Kontrolle der politischen Macht auf zentralstaatlicher Ebene, einige generelle Konzepte und die schwer koordinier-bare Unterstützung einer Vielzahl ausländischer Experten (und "Möchte-Gern-Experten") reichen nicht aus, *den notwendigerweise langsamen Lernprozeß einer ganzen Gesellschaft vom einzelnen Kleinbauern, über lokale Unternehmer, Verwal-tungsinstanzen bis in die Ministerien und nationalen Entwicklungsbehörden auf wenige Jahre zu komprimieren* - versucht man es trotzdem, sind Fehlentscheidun-gen, Fehlinvestitionen und Konflikte die notwendige Konsequenz.

Der Versuch, das Steuer rasch von einer weltmarkt- und profitorientierten Wirtschaft mit enorm ungleicher Einkommensverteilung herumzureißen auf eine grundbedürfnisorientierte Produktions- und Verteilungsstruktur läßt sich nicht mit leichten staatlichen Eingriffen in marktwirtschaftliche Mechanismen erreichen, sondern scheint *nur über weitreichende Staatsintervention mit weitgehend zentraler Lenkung der Wirtschaft* erfolgversprechend zu sein; in allen bekannten Fällen hat dies allerdings - auch bei vorauszusetzendem guten Willen - bürokratischen Leerlauf, Selbstprivilegierung der Staatsklasse und langfristig eher große Reibungsverluste im produktiven Bereich mit sich gebracht. Schließlich schauen etablierte Kräfte auf nationaler wie auf globaler Ebene einer solchen Herausforderung nicht tatenlos zu; selbst wenn man den Widerstand der herrschenden Kräfte des "alten" Nicaraguas im Verbund mit den USA sowie einigen authentischen demokratischen Kräften weitestgehend für das Scheitern des sandinistischen Projektes verantwortlich machen und die oben genannten Aspekte nicht berücksichtigen würde, stellt dieser Widerstand einen *realen Faktor* dar, den jede alternative Weltentwicklungspolitik zu berücksichtigen hat. Wenn etwa Trainer darauf verweist, "high levels of military expenditure are essential for securing our empire" (d.h. der Kontrolle des Nordens über die Weltressourcen")[37], dann heißt das eben auch, daß ein alternatives Weltentwicklungsmodell eben nicht in frontaler Konfrontation mit diesem "Empire" durchzusetzen ist.

Angesichts der weitgehenden Mißerfolge recht unterschiedlicher Versuche eigenständiger nationaler Entwicklung (oder zumindest einer vom kapitalistischen Weltsystem losgelösten Entwicklung) - von Nicaragua über Cuba und Tansania bis Birma[38] bei andererseits durchaus vorhandenen Erfolgen protektionistischer Strategien im 19. und frühen 20.Jahrhundert[39], stellt sich die Frage, *ob die weltweite Entwicklung der Jahrzehnte seit dem 2.Weltkrieg die Perspektive einer eigenständigen Entwicklung eines bestimmten, abgrenzbaren Territoriums nicht doch hat obsolet werden lassen.* Solange man diese Frage allein aus der Perspektive der Kritik an dem für alle (zumindest ökologischen) Übel verantwortlichen Industriesystem sowie eines von transnationalen Konzernen getragenen Internationalisierungsprozesses sieht, erscheint eine lokal/regionalistisch- und grundbedürfnisorientierte Entwicklung als *die* Alternative, die vielleicht allein die Voraussetzungen für "dauerhafte Entwicklung" schaffen kann.

Man muß allerdings sehen, daß dieser Prozeß globalen Zusammenwachsens auch ein Prozeß der "Globalisierung" von Kommunikation, Kultur und Wissenschaft darstellt - auf dessen Basis dann einerseits für alle vorteilhafte Informationsflüsse bei der Technologieentwicklung, Skalenvorteile bei der Produktion sowie ein weltweiter kultureller Austausch entstehen können, andererseits aber auch durchaus problematische Standardisierungs- und kulturelle Nivellisierungstendenzen, verbunden mit der tendenziellen Globalisierung europäisch-nordamerikanischen Raubbaus an der Natur, eingebettet in ein starkes, wenn auch in

Einzelfällen gebrochenes Nord-Süd-Gefälle an Macht und Wohlstand. Berücksichtigt man diese historische Entwicklungstendenz mit ihren vielfältigen Implikationen, in die wir fast alle in der einen oder anderen Weise eingebunden sind, dann erscheint der Versuch, diesen "Strom der Geschichte"[40] umzulenken, aussichtslos, ihn aber in umweltverträglicher Weise zu zähmen, als absolute Notwendigkeit, um den Untergang zu vermeiden. Schließlich ist ein *weltweites* Konzept unabhängiger lokaler Entwicklung ein Widerspruch in sich; eine globale Diskussion solcher Ideen - wie etwa im *"ifda-dossier"* der "international foundation for development alternatives" mit *einer* weltweit verbreiteten Auflage von 24.000 Exemplaren - setzt bereits einen Kommunikations- und ökonomischen Kontext (u.a. die technisch-wirtschaftlichen Grundlagen der Produktion und Verbreitung von Medien) voraus, der diese Ideen selbst sprengt.

6. Wachstum + Grundbedürfnisbefriedigung + Umwelt: Zeigt die Formel des Brundtland-Berichts doch einen gangbaren Weg auf?

Die in diesem Beitrag dargestellten Aspekte der Wachstumskritik, der - auch ökologischen - Problematik der Grundbedürfnisbefriedigung einer weiterhin rasch wachsenden Weltbevölkerung, aber auch der Schwierigkeiten, völlig andere wirtschaftspolitische Ordnungsvorstellungen, die eine ex-ante Konzipierung begrenzten Wachstums in einzelnen Entwicklungsregionen bei Null-Wachstum in den Industrieländern ermöglichten, überhaupt erst zu konzipieren, geschweige denn zu realisieren, lassen es unumgänglich erscheinen, wieder auf den Versuch des Brundtland-Berichts zurückzukommen, die drei genannten entwicklungspolitischen Ziele miteinander zu verknüpfen. Dabei trifft die bereits genannte Kritik zweifellos zu, daß eine genaue Analyse der Verknüpfung der dort genannten Wachstumsziele mit den umweltpolitischen Notwendigkeiten "dauerhafter Entwicklung" unterbleibt, was vor allem deshalb problematisch ist, weil aufgrund der bisherigen Erfahrungen erhebliche Zweifel an der Realisierbarkeit dieser Verknüpfung angebracht sind. Eine quantitative Analyse, wie sie Ted Trainer fordert, wird natürlich weder in diesem Beitrag noch - angesichts des aktuellen Diskussionsstandes - in wirklich umfassender Weise auch in den anderen Beiträgen dieses Sammelbandes geleistet werden können (vgl. dazu weiter unten). Zu einem besseren Verständnis des Verhältnisses zwischen globaler Entwicklung und global orientierter Umweltpolitik einerseits und Ansätzen eigenständiger lokaler/regionaler Entwicklung andererseits kann eine schon relativ alte Veröffentlichung Johan Galtungs beitragen, in der der Autor globale Entwicklung mit den Konzepten "Alpha-" und "Beta-Strukturen" analysiert, die m.E. sehr hilfreich sind, um das Verhältnis der Ansätze eigenständiger lokaler/regionaler Entwicklung - einschl. der "ecodevelopment"-inspirierten Projekte - zur globalen Entwicklung zu verdeutlichen:

"The alpha/beta distinction refers to two ways of organizing social systems .... In the alpha structure relations are vertical, those at the top condition those lower down, and interaction, particularly lower down is characterized by marginalization, fragmentation, and segmentation. In the beta structure relations are, or at least can be more horizontal. Conditioning is mutual, interaction is characterized by participation, togetherness, integration. Examples of the former would be bureaucracies and corporations, or universities and other big research organizations; of the latter would be some villages, clans, tribes and friendship circles."[41]

Im Hinblick auf die Fähigkeit, ökologische Probleme zu lösen, hält Galtung das Potential von "Alpha-Strukturen" für recht gering, da diese zwei Grundprinzipien von Ökosystemen nicht entsprächen, nämlich den Prinzipien der *Diversität* und der *Homöostasie*, der Selbstregulierung. "Alpha-Strukturen", wie etwa Bürokratien, suchten grundsätzlich nach dem universell richtigen Ansatz zur Lösung eines Problems, anstatt verschiedene Lösungsmöglichkeiten nebeneinander bestehen zu lassen; gleichzeitig fehlten ihnen eingebaute Regulierungsmechanismen der Selbstbeschränkung - Wachstum ist ihr grundsätzliches Prinzip. Das Ziel des Umweltmanagements in "Alpha-Strukturen" kennzeichnet Galtung so: "*it is not the task of ecomanagement to reduce the pressure on nature; the task of ecomanagement is to make it possible to increase this pressure.*"[42]

Die Gesamtheit von sozialen Einheiten, die als "Beta-Strukturen" organisiert sind, ist dagegen natürlichen Ökosystemen viel ähnlicher; sie sind charakterisiert durch Vielfalt und eine inhärente Logik, die ihre Größe begrenzt. Galtung betont jedoch auch die Grenzen von "Beta-Strukturen": Zum einen ihre große Abhängigkeit von der Natur und damit ihre Verletzbarkeit gegenüber Ungleichgewichten in der Natur selbst; weiterhin kommt es natürlich immer wieder vor, daß auch "Beta-Strukturen" ihre Mini-Umweltkatastrophen produzieren, indem etwa Bauern die Fruchtbarkeit von Böden falsch einschätzen. Schließlich:

"And then there is the third and rather basic limitation: we no longer live in a beta world. We live in a world where alpha structures play an important role, a world where the beta mechanisms of a fishing village which may have eked out an equilibrium with non-human nature for centuries is upset by pollutants discharged by the upstream industry or by the destruction of breeding ground for fish by trawlers, and so on."[43]

Galtung betont konsequenterweise, daß eine effektive Umweltpolitik beide Strukturtypen miteinander verknüpfen muß, wobei sehr verschiedene Ansatzpunkte - je nach konkreter Situation - sinnvoll sein können: In einer von "Alpha-Strukturen" dominierten Gesellschaft müßte eine Politik entsprechend dem Slogan "Strengthen beta, push alpha back, modify alpha" vorherrschen; in einer traditionellen, von fragmentierten "Beta-Strukturen" dominierten Gesellschaft könnte dagegen der Aufbau von "Alpha-Strukturen" als Medium der Kommunikation zwischen "Beta-Strukturen" sinnvoll sein. Das Konzept der "Öko-Entwicklung" favorisiert von einigen ihrer Ziele her die Entwicklung von "Beta-Strukturen" (self-reliance, Aktivierung der Basis, angepaßte Technologien), muß allerdings im Sinne des Ziels der globalen Umwelterhaltung sowie der Vergrößerung des Spielraums von Aktivitäten auf "Beta-Ebene" notgedrungenermaßen auch "Alpha-Strukturen" beeinflussen. In diesem Sinne wäre es dringend nötig gewesen, diese von Galtung angeregten Überlegungen zu vertiefen, was allerdings meiner Kenntnis nach nicht geschehen ist.

Akzeptiert man, daß weltweite Entwicklung ohne Alpha-Strukturen nicht möglich ist, dann stellt sich die Frage nach ihrer Transformation im Sinne einer Strategie dauerhafter Entwicklung oder wie *Manfred Wöhlcke* es in seinem Beitrag formuliert, eine Überwindung "der sozialen und ökologischen Destruktivität der Gesamtgesellschaft". Einen wesentlichen Teilaspekt behandelt der Artikel von *Udo E.Simonis*, nämlich die Notwendigkeit einer die ökologische Herausforderung annehmende Veränderung von Politik- und Wissenschaftsverständnis hin zu ganzheitlichen Denkweisen nach dem Vorbild dynamisch vernetzter Systeme.

Ein Schlüsselsektor für die Verknüpfung globaler Umwelterhaltung und wirtschaftlicher Entwicklung ist offensichtlich - spätestens seit der Erkenntnis der Brisanz des "Treibhauseffekts" - der Energiesektor. Eine Reihe von Beiträgen in diesem Sammelband beschäftigt sich mit der Frage, welche Modifikation der Energiegewinnung und -versorgung nötig und möglich sind, um eine Förderung wirtschaftlicher Entwicklung in der Dritten Welt bei gleichzeitiger Eindämmung des Treibhauseffektes zu erreichen.

So vielfältig die technischen Möglichkeiten auch sind (vgl. die Beiträge von *Georg Schäfer, B.Zymla u.a.* und *Klaus Knecht*), so sehr scheint die Konzipierung einer solchen Energiepolitik doch der Quadratur des Kreises gleichzukommen, wenn man die damit zusammenhängenden Probleme der industriellen Entwicklung eines bevölkerungsreichen Landes im Einzelnen untersucht (vgl. den Indien-Artikel von *Stephan Paulus*) - zumal bei vielen der Anwendungsmöglichkeiten von Wind-, Solar- oder Kleinwasserkraftwerken noch unklar ist, wie groß ihr Beitrag mittelfristig zur Substitution fossiler Brennstoffe sein kann.

Ein Anfang dieses Jahres vorgelegtes Programm des Bundesministeriums für Forschung und Technologie[44] entwirft allerdings ein optimistisches Szenario, das davon ausgeht, daß auch bei steigendem Energiebedarf im Zusammenhang mit einem wirtschaftlichen Aufschwung in Industrie- und Entwicklungsländern durch rationelle Energieverwendung und eine breite Kooperation auf dem Gebiet der erneuerbaren Energien die Chancen für eine erheblich geringere Umweltbelastung gegeben seien. Im Verlaufe eines Jahrzehnts könnten - bei einer konsequenten politischen Förderung - Windkraftanlagen bereits einen spürbaren Anteil an der Energieversorgung in windgünstigen Regionen erreichen; zusammen mit einer raschen Verbreitung photovoltaischer Anlagen, die unter bestimmten Bedingungen bereits konkurrenzfähig Strom liefern, könnte die entsprechende Verfügbarkeit von Energie zur Förderung exportorientierter land-

wirtschaftlicher und gewerblicher Unternehmen in bisher abseits gelegenen
Regionen beitragen und die Abwanderung aus dem ländlichen Raum vermindern. Solarthermische Kraftwerke könnten in Ergänzung mit Wasserkraft die
lokale und regionale Stromversorgung weitgehend übernehmen, womit auch
größere industrielle Investitionsvorhaben in bisher überwiegend ländlich struk-
turierten Regionen möglich würden.

Verbesserte Erwerbsmöglichkeiten und wachsende Einkommen sowie eine
preiswerte und sichere Energieversorgung würden gleichzeitig Brennholz immer
mehr als Hauptenergieträger in ländlichen Haushalten zurückdrängen; Wiederaufforstung mit positiven Auswirkungen auf Umwelt und Wasserhaushalt hätte
eine Chance.

Ein solches Szenario setzt in beträchtlichem Umfang einen Transfer umweltorientierten Wissens aus den Industrieländern in Entwicklungs- und Schwellenländer voraus; der Beitrag von *Armin Bechmann und Brigitte Fahrenhorst* setzt
sich genauer mit den damit zusammenhängenden Problemen auseinander.
Eberhard Bruenig zeigt - ebenfalls im wesentlichen auf der Alpha-Ebene - Perspektiven auf, durch die massive Förderung einer dauerhaften Forstwirtschaft vor
allem in den noch bestehenden Regenwaldgebieten der zu erwartenden Klimaveränderung entgegenzuwirken, während *Karl Fasbender* die Möglichkeiten einer
umweltverträglichen landwirtschaftlichen Nutzung von Regenwaldregionen im
Rahmen des indonesischen Transmigrationsprogrammes diskutiert.

Um den hier skizzierten Veränderungen in einer Reihe von Einzelbereichen eine
Durchschlagskraft zu verleihen, die tatsächlich zu einer Veränderung des Charakters globaler Wachstumsprozesse führt, sind allerdings einschneidende Maßnahmen nötig, die eine wirksame Verteuerung umweltbelastender Produktion im
Energiesektor und in anderen industriellen Bereichen zur Folge haben müßten -
eine Verteuerung, die die entstehenden gesellschaftlichen Kosten dieser Produktion zumindest teilweise zurückverlagert in die verursachenden Industriezweige[45]. Andererseits müssen solche Maßnahmen auf globaler Ebene gleichzeitig die Tatsache berücksichtigen, daß fast ausschließlich die Industrieländer
für die in mehr als einem Jahrhundert bereits akkumulierte Belastung der Atmosphäre verantwortlich sind - was nun den Entwicklungsländern die Chance
nimmt, ihren eigenen Industrialisierungsprozeß in ähnlicher Weise auf der Basis
billiger Rohstoffe und unter Überlastung der Absorptionskapazität der Natur
voranzutreiben.

Wenn man also von den Entwicklungsländern Maßnahmen verlangt, die eine
zusätzliche Belastung für ihren eigenen industriellen Entwicklungsprozeß darstellen - etwa zur Verteuerung von Energie führen - bzw. die das, was man den
"nachholenden Ressourcenverbrauch" nennen könnte, gezielt begrenzen sollen,

dann können sie mit einigem Recht Kompensationsforderungen an die Industrieländer stellen. Grundsätzlich wird das in den entwicklungspolitischen Institutionen des Nordens anerkannt; für das Bundesministerium für Wirtschaftliche
Zusammenarbeit wird das im Beitrag von *Hans-Peter Schipulle*, Referatsleiter für
Umweltschutz im BMZ, zum Ausdruck gebracht. Der Beitrag von *Cord Jakobeit*
über die sog. "debt-for-nature-swaps", die gerade auch von der Weltbank stark
gefördert werden, stellt einen - wenn auch nicht unumstrittenen - Versuch dar,
umweltorientierte Politik mit einem Schuldenabbau in Entwicklungsländern zu
verbinden, was ebenfalls einen Ressourcentransfer in den Süden bedeutet (bzw.
den Verzicht auf einen mit der ursprünglichen Kreditvergabe verbundenen
Rück-Transfer).

Hilfsmaßnahmen im Rahmen der konventionellen Entwicklungspolitik können
allerdings kaum zu Kompensationszahlungen in einem Umfang führen, wie sie
aufgrund der eigentlich nötigen Umweltauflagen beim Industrialisierungsprozeß
in den Entwicklungsländern gerechtfertigt wären - zumal wenn sie durch Entwicklungen konterkariert werden, die weiterhin einen Teil der Umweltkosten der
Industrieproduktion des Nordens auf den Süden abschieben, wie es im Falle des
polemisch so genannten "Mülltourismus" in die Entwicklungsländer geschieht.
Der Beitrag von *Andreas Bernstorff* weist auf diesen Bereich hin. Er verweist
allerdings auch auf neuere Tendenzen, in verstärktem Maße Müll in osteuropäi-
sche Länder zu "exportieren". Aus ganz anderer Perspektive diskutiert *Elmar
Römpczyk* die Auswirkungen der neuen Ost-West-Beziehungen auf die Möglichkeiten einer stärker umweltorientierten Entwicklung im Süden: Die Reorientierung der europäischen Privatindustrie auf Investitionsmöglichkeiten im Osten
verstärkt weltwirtschaftliche Marginalisierungstendenzen im Süden, die allerdings auch den Entwicklungsländern einen größeren Spielraum für eigenständige
Entwicklungsanstrengungen geben könnten - evtl. unterstützt durch den Austausch von Erfahrungen im Bereich der Umweltsanierung mit den osteuropäischen Ländern.

Im Zusammenhang mit der notwendigen internationalen Koordinierung umweltpolitischer Maßnahmen zeigt m.E. Ernst U. von Weizsäcker einen grundsätzlich
gangbaren Weg in die richtige Richtung auf: Sein hypothetisches Ergebnis einer
Weltumweltkonferenz (vgl. Kasten) sieht eine erhebliche Steuerumschichtung
vor, indem die Emissionsmenge an Kohlendioxyd zu einer zentralen Besteue-
rungsgrundlage werden soll, wobei ein Fonds zur Zahlung von CO_2-Absorp-
tionsprämien und Artenvielfaltsprämien sowie zur Finanzierung umweltorientierter Entwicklungsprojekte vorgesehen ist.[46] Die existentielle Bedrohung durch
den Treibhauseffekt sowie die insgesamt zentrale Rolle der damit vor allem
verbundenen Sektoren (Energie und Erhalt der Tropenwälder) lassen es sinnvoll
erscheinen, daß weltweite Vereinbarungen zunächst hier ansetzen. Dies schließt
vor allem auf nationaler Ebene die Berücksichtigung differenzierterer Kalküle
zur Berücksichtigung der Rückverlagerung der implizierten sozialen und ökologischen Kosten nicht aus.

Mögliches Konferenzergebnis bei einem Welt-Umweltbewußtsein der Phase II:

1. Eine Welt-Umweltkonvention wird verabschiedet und von allen wichtigen Ländern ratifiziert.

2. Die Konvention enthält unter anderem folgende Bestimmungen:

a) Eine in 10 Jahren auf 100 DM/Tonne CO_2 ansteigende CO_2-Abgabe in *allen* Ländern (einschließlich Entwicklungsländern). Zusätzlich eine Abgabe von 5 DM/Tonne geschätzter CO_2-Emissionen aus der Vergangenheit; die Industrieländer müßten diese Abgabe also im wesentlichen alleine entrichten.

b) Eine nach dem Treibhausäquivalent berechnete Abgabe auf die Produktion anderer Treibhausgase einschließlich der noch wirksamen Emissionen aus der Vergangenheit.

c) Eine CO_2-Absorptionsprämie von 10 DM/Tonne CO_2 (geschätzt) auf dem Land (als Anreiz, Wald zu erhalten und kahle Gebiete aufzuforsten).

d) Eine Artenvielfaltsprämie, die so hoch ist, daß artenreicher Urwald lukrativer wird als Eukalyptusmonokulturen oder andere Biomasseplantagen.

e) Ein generelles und international kontrolliertes Brandrodungsverbot. Zuwiderhandlung führt je nach Schwere zum Verlust von hohen Anteilen der Prämien nach c) und d).

f) eine Atomstromabgabe in allen Ländern, damit nicht der Ausbau der Kernenergie als Hauptresultat der Treibhauspolitik übrigbleibt.

3. Das finanzielle Aufkommen der Treibhaus- und der Atomstromabgaben wird grundsätzlich zu 20% als Beitrag zu einem Klimafonds verwendet. 80% verbleibt im Lande (durch anderweitige Steuersenkung, vgl. Kap. 11). Bei den am wenigsten entwickelten Ländern (LLDC) verbleibt 100% des Aufkommens im Lande. Das Geld aus dem Fonds wird zunächst für die Prämien nach 2.c) und 2.d) verwendet. Vom verbleibenden Rest wird je ein Drittel verteilt

- an UNEP;
- an die Weltbank oder UNDP für einen revolvierenden Fonds

Fortsetzung Konferenzergebnis Phase II

für zinslose Umweltinvestitionskredite sowie für Kompensationszahlungen an Firmen im Norden, die ihr Know-how für umwelt- und klimaschonende Technologien (außer Kernenergie) zur Verfügung stellen;

- an UNFPA (United Nations Fund for Population Activities). Damit soll UNFPA auch in die Lage versetzt werden, Regierungen beim Aufbau von Rentenfonds oder Arbeitslosenfonds zu helfen, soweit dies als entscheidend für die Senkung der Geburtenrate angesehen wird.

Der Fonds soll rechtlich so gestaltet werden, daß Privatleute dem Fonds unbegrenzt steuerfreie Spenden und Erbschaftsvermächtnisse übertragen können.

4. Bilaterale Schuldenerlaßverträge in Höhe von mindestens der Hälfte der gegenwärtigen Gesamtverschuldung mit „grüner Konditionalität" werden abgeschlossen.

5. Drastische nationale Umsteuerungsmaßnahmen gegen Landverbrauch, Wasserverbrauch, Mineralienverbrauch und Umweltverschmutzung in allen OECD-, RGW- und neuindustrialisierten Staaten. Ziel: ein „neues Wohlstandsmodell".

6. Sämtliche über 10 Millionen Dollar hinausgehenden Nord-Süd-Wirtschaftsaktionen (Kredite, Entwicklungsprojekte, Investitionen, Firmenkäufe, Handelsvereinbarungen) werden daraufhin überprüft, ob sie zur Zerstörung der Umwelt, zum Raubbau, zur Biotopgefährdung beitragen. Die Überprüfung wird durch eine von UNEP eingerichtete Nord-Süd-paritätische Kommission durchgeführt. Ohne Zustimmung der Kommission darf das Projekt nicht in Angriff genommen werden.

aus: **Ernst U. von Weizsäcker, Erdpolitik, Darmstadt 1989, S.211f.**

Der genannte Fonds sowie die Punkte 4 (Schuldenerlaß) und 5 (Maßnahmen gegen Ressourcenverbrauch nur in den Industrieländern) hätten einen erheblichen Umverteilungseffekt zugunsten vor allem der am wenigsten entwickelten und am höchsten verschuldeten Länder. Vor allem aber dürfte die Besteuerung von Emissionsmengen zu erheblichen Reallokationen von Investitionen nicht nur hin zu emissionsarmen bzw. -freien Energieträgern führen, sondern auch weniger energieintensive Produktionsformen in vielen Entwicklungsländern erheblich fördern. Da der Transport von Solarenergie oder auch von elektrischer Energie (gewonnen evtl. aus Wasserkraft) erheblich teurer als der von Erdöl ist, dürfte auch auf diesem Wege ein umweltfreundlicher Standortvorteil für viele Entwicklungsländer entstehen. In jedem Falle ist eine solche Form internationaler Koordination und Normensetzung eine Voraussetzung dafür, daß ein verschärfter Druck auf die Umwelt als Folge internationaler Konkurrenz abgewendet werden kann; eine entsprechende Politik würde die umweltorientierte Innovationstätigkeit erheblich beschleunigen. Wie schwer es allerdings ist, zu international verbindlichen umweltpolitischen Vereinbarungen zu kommen, verdeutlicht der Beitrag von *Jutta Nachtigäller*.

Was bedeutet ein solcher Ansatz nun im Hinblick auf die oben dargestellten entwicklungspolitischen Zielkonflikte? Zweifellos ist das Konzept grundsätzlich *marktwirtschaftlich* orientiert und damit auch nicht auf eine prinzipielle Begrenzung von Wirtschaftswachstum fixiert[47]. Wesentliches Ziel ist, das Wachstum umzuorientieren auf andere regenerative Energieformen und Sektoren, die nicht oder zumindest erheblich weniger umweltbelastend sind als viele gegenwärtig wichtige Industriebereiche (etwa weite Bereiche des Dienstleistungssektors); bisher umweltbelastende Industriesektoren können häufig durch andere Produktionsverfahren, Miniaturisierung usw. umweltfreundlicher produzieren. Diese Perspektiven entsprechen durchaus denen des Brundtland-Berichts; der Maßnahmenkatalog v.Weizsäckers ist jedoch gleichzeitig konkreter und weitreichender als die Vorschläge der Weltkommission für Umwelt und Entwicklung. Für die Entwicklungsländer wäre es allerdings zentral, sich in einem solchen Prozeß der Umorientierung nicht nur auf das Aushandeln möglichst hoher Transferleistungen zu konzentrieren, sondern vor allem auch darauf, bei der Entwicklung umweltfreundlicher Technologien und Produktionsmethoden den Anschluß nicht zu verlieren[48] - gerade in der Entwicklung von Technologien, die den lokalen natürlichen und sozialen Bedingungen angepaßt sind und von der an standardisierten Problemlösungen oder Großprojekten orientierten Technologieentwicklung transnationaler Konzerne abweichen, haben kleinere Unternehmen der Entwicklungsländer beträchtliche Spielräume. *Karin Gauer* und *Hans Sutter* zeigen in ihrem Beispiel zur Lösung industrieller Abfallprobleme in Tansania Möglichkeiten des Einsatzes angepaßter Technologie in der Lederherstellung auf, die durchaus auch in Ländern der Dritten Welt entwickelt werden könnten.

Welche Auswirkungen sind von einer solchen Strategie für die arme Bevölkerung in der Dritten Welt zu erwarten? Sicher sind sie von höheren Strom- und Benzinpreisen direkt bzw. indirekt betroffen; wenn allerdings zur gleichen Zeit dezentralisierte Systeme regenerativer Energiegewinnung massiv gefördert werden, muß diese Erhöhung gar nicht so drastisch ausfallen. Schließlich ist zu bedenken, daß die Politik der Subvention umweltpolitisch bedenklicher Formen öffentlicher Dienstleistungen und anderer Güter des Grundbedarfs einen sehr gefährlichen Ersatz für eine sinnvolle Politik der Einkommensverteilung und der Förderung besonders armer Regionen darstellt.

Die Grundbedürfnisorientierung verweist nun allerdings unmittelbar auf den anderen Pol des oben skizzierten Konzepts von Johan Galtung, die *"Beta-Strukturen"* der Dorfgemeinschaften, Stämme, Freundschaftsgruppen: Jede armutsorientierte Politik muß bei ihnen ansetzen, ihre wirtschaftlichen Chancen stärken und - was dafür in den meisten Fällen die Voraussetzung darstellt - ihr politisches Gewicht vergrößern. Wie oben angemerkt, garantiert eine armutsorientierte Politik allerdings nicht von vornherein umweltfreundlichere Entwicklung, auch dann nicht, wenn sie primär auf Selbstversorgung bzw. regionale Versorgung ausgerichtet ist. Auf Aspekte wie die verbreitete Benutzung von Holz als Brennstoff, Probleme bei der Abfallentsorgung, Benutzung alter, nicht sehr energieeffektiver Maschinen usw. ist bereits hingewiesen worden. Andererseits läßt sich nur von den Beta-Strukturen her eine stärkere Konzentration von Konsum und Produktion auf "echte" Bedürfnisse - bei weitgehender Erhaltung ihrer kulturellen Prägung - erreichen; die Schaffung zusätzlicher Bedürfnisse durch die Absatzinteressen konkurrierender Industriezweige könnte so zumindest begrenzt und die Ressourcenverschwendung verringert werden.

Der Ansatz an den Beta-Strukturen ist aber nicht nur eine Frage der Grundbedürfnisbefriedigung in den Entwicklungsländern, sondern auch einer neuen Konzeption von "Wohlstand" überhaupt. Hierauf beruht (neben der Forderung nach einer "Weltumweltkonvention") der zweite Pfeiler von Weizsäckers "Erdpolitik":

Ein neues Wohlstandsmodell müsse einen "historischen Wandlungsprozeß vom heutigen Verschwendungswohlstand zu einer neuen *Kultur* (Hervorhebg. im Original, W.H.)" darstellen. Wohlstand dürfe nicht am Bruttosozialprodukt gemessen werden, das etwa durch einen schweren Verkehrsunfall sprunghaft ansteige, man müsse eine Art "Nettowohlstand" definieren, wobei vor allem die Resultate von Tätigkeiten zu berücksichtigen wären, die nicht Erwerbsarbeit darstellten. Staatliche Entscheidungen in den Bereichen des Rentensystems, des Bildungswesens und vor allem der Besteuerung könnten "das Schaffen von Nettowohlstand stärker betonen und belohnen als bisher". Die Verdrängung umweltbelastender Aktivitäten, die kaum dem Nettowohlstand dienen, durch umweltbewußte Eigenarbeit könnte dazu beitragen, daß viele Umweltprobleme, die heute enorme Summen zu ihrer "Reparatur" verschlingen, gar nicht erst entstehen (Reduktion der Nachfrage nach kommerzieller Energie durch Wärmedämmung, Installation von Solarkollektoren mit einem beträchtlichen Anteil von Eigenarbeit; Reduktion des "energieaufwendigen, umweltschädlichen Medizinbetriebs" durch bessere persönliche Gesundheitsvorsorge ("gesünderes Leben"))[49].

Diese Überlegungen verweisen auf die zentrale Bedeutung, die der Veränderung der "Beta-Strukturen" zukommt:

- die Veränderung der Konsum- und Lebensgewohnheiten kann selbst zu einer erheblichen Entlastung der Umwelt führen und kann darüber hinaus über eine Veränderung der Nachfragestrukturen auch die durch die Alpha-Strukturen verursachten Umweltbelastungen reduzieren;
- auch durch eine stärkere Eigenproduktion im Rahmen der Beta-Strukturen kann eine mehr den Bedürfnissen entsprechende Versorgung erreicht werden, was vor allem in der Dritten Welt ganz zentral auch die Bekämpfung des Hungers einschließt - unter ökologischen Gesichtspunkten ist ein entsprechendes Bewußtsein und eine Unterstützung aus den Alpha-Strukturen heraus allerdings notwendig;
- ein starkes Umweltbewußtsein an der Basis ist eine wesentliche Voraussetzung für eine Kontrolle der Entwicklung des Alpha-Sektors.

Die Frage der umweltorientierten Mobilisierung von Beta-Strukturen steht nicht im Mittelpunkt dieses Sammelbandes; in einigen Beiträgen wie etwa den von *Detlev Ullrich und Edith Kürzinger-Wiemann, Kurt Egger und Susanne Rudolph und Ernst A. Brugger* wird allerdings auch speziell auf die Ebene umweltorientierter Aktionsgruppen bzw. kleinbäuerlicher Produktion eingegangen.

So wichtig für die Zukunft angesichts der in der Nachkriegszeit vor allem in den Entwicklungsländern übermächtigen Bedeutung der Alpha-Strukturen eine Stärkung der sozialen Strukturen an der Basis ist, so sehr ist allerdings auch klar, daß diese Stärkung nicht - wie etwa in der "Umwelt+Grundbedürfnisse"-These häufig impliziert - zu einer vollständigen Verdrängung der Alpha-Strukturen führen wird, ja daß eine umweltorientierte "Wende" der globalen politischen und ökonomischen Strukturen mit entsprechender Technologie-Entwicklung (etwa: Solarkollektoren, Wärmedämmung als Forschungsergebnisse aus dem Alpha-Bereich, unterstützt möglichst durch *staatliche* Förderungsmaßnahmen) und verbesserten weltweiten Rahmenbedingungen für die Armutsbekämpfung geradezu Voraussetzung ist. Man wird also wohl mit durchaus nötigen Akzentverschiebungen und teilweise auch der Bereitschaft zu radikaleren Maßnahmen an den Grundlinien des Brundtland-Berichts weiterdenken und -arbeiten müssen.

Eine *duale Strategie*[50], die versucht, eine umweltorientierte Entwicklungspolitik *gleichzeitig* "von oben" und "von unten" anzugehen wird am ehesten Aussicht auf Erfolg haben. Grundlegende Veränderungen im Alpha-Bereich, wie etwa eine einschneidende emissionsorientierte Energiesteuer, entsprechende Veränderungen in der Energieversorgung und im privaten Verbrauch, erhebliche technologische Umorientierungen auch in anderen Industriebereichen und staatliche Aktivitäten im nationalen wie im internationalen Bereich zur dezidierten Unterstützung dauerhafter Entwicklung, müssen dazu führen, daß aus einer Einstellung des "Umweltmanagement", wie es Galtung kennzeichnete, eine Politik der Umwelterhaltung wird. Diese Politik im Makro-Bereich muß mit einer ökologisch angepaßten Grundbedürfnisstrategie verbunden werden; die Politik in beiden Bereichen muß sich in einer Weise miteinander ergänzen, daß *nicht mehr Kinder als notwendig für die eigene soziale Absicherung* angesehen werden und so ein Geburtenrückgang ohne repressive Maßnahmen erreicht werden kann. Nur eine ähnliche ganzheitliche Perspektive der *Weltentwicklung* wird es ermöglichen, wirklich dauerhafte Entwicklung in allen ihren Facetten zu diskutieren.

Anmerkungen

1) Zur Erschließung der Carajás-Region vgl. u.a. Gerd Kohlhepp, *Kurzgutachten über das Regionalentwicklungsprogramm "Grande Carajás"(Ost-Amazonien)*, Tübingen 1985; ders., *Amazonien*, Köln 1986; Dennis J. Mahar, *Government Policies and Deforestation in Brazil's Amazon Region*, Washington (World Bank) 1989.

2) Gang und gebe sind Aussagen wie der Amazonas "sei kein ökologisches Reservat der Menschheit, der Amazonas gehört uns" (der ehemalige Außenminister Sodre, zit. nach *Kölner Stadt-Anzeiger* vom 10.3.1989) oder "Niemand weiß besser als wir Brasilianer, daß Amazonien vor der Zerstörung geschützt werden muß - vor einem zerstörerischen Prozeß, den die industrialisierten Länder längst vollzogen haben, um sich zu entwickeln, indem sie irrational die grüne Hülle ihrer Territorien verwüsteten." (der damalige Präsident Sarney, zit. nach *Frankfurter Rundschau* vom 20.3.1989).

3) Zu Wasserkraftwerken im Amazonas-Becken vgl. die in Anm.1 zitierten Arbeiten; eine umfangreiche kritische Studie zu den Effekten von Großstaudämmen haben Edward Goldsmith und Nicholas Hildyard vorgelegt: *The Social and Ecological Effects of Large Dams*, 3 Bde., Camelford/Cornwall (The Wadebridge Ecological Centre) 1987.

4) Vgl. etwa Mahar, a.a.O., S.19, 37f.; ähnlich ist die Situation im Zusammenhang mit der indonesischen Transmigration, wozu hier noch ein viel weitergehender holzwirtschaftlicher Raubbau als in Brasilien kommt (vgl. Karl Fasbender/Susanne Erbe, *Transmigration in Ost-Kalimantan* (Universität Bielefeld/HWWA Institut für Wirtschaftsforschung, Wirkungen der Trans-

migration, Nr.4), Bielefeld/Hamburg 1988, S.152-156; zur Holzwirtschaft: Robert Goodland, "Umweltpolitische Entwicklungen in Indonesien", in: *Aus Politik und Zeitgeschichte*, Nr. B 33-34/1985, S.7).

5) Vgl. zusammenfassend Fasbender/Erbe a.a.O. sowie den Artikel von Karl Fasbender in diesem Band.

6) Vgl. etwa Graham Searle, *Major World Bank Projects. Their impact on People, Society and the Environment*, Camelford/Cornwall 1987, S.3-55.

7) Etwas genauer ausgeführt habe ich diese Überlegungen in W.Hein, "Die ökologische Dimension der Politik von Weltbank und IWF", in: *Nord-Süd aktuell*, Nr.3/1988, S.340-347.

8) Vgl. dazu etwa J.N.Dave, "Policy Options for Developments in Response to Global Atmospheric Changes - Case Study for India for Green House Effect Gases". Paper presented at World Congress "Climate and Development", Hamburg, Nov.7-10, 1988; auch den Beitrag von Stephan Paulus in diesem Band.

9) So z.B. auch 1988/89 in den *Blättern des IZ3W*, einer Zeitschrift, die - der links-alternativen Szene nahestehend - ansonsten ökologischen Problemen gegenüber sehr aufgeschlossen ist.

10) Vgl. aus dem Zusammenhang der Dependenz-Diskussion speziell zu diesen beiden Konzepten, Armando Córdova, *Strukturelle Heterogenität und wirtschaftliches Wachstum*, dt. Frankfurt/M. 1973, auch verschiedene Beiträge in Dieter Senghaas (Hg.), *Peripherer Kapitalismus*, Frankfurt/M. 1974.

11) Man sollte nicht vergessen, daß die Dependenz-Theorie ihre Forderung nach radikaler Abkoppelung ja gerade aus der These ableitete, daß die protektionistische Modernisierungsstrategie der CEPAL aufgrund der Logik transnationaler Konzerne und ausländischer Kreditgeber bei strukturell vorprogrammierter interner Stagnation (Ziel letztendlich: Realisierung von Gewinnen durch Abzug von Devisen) in die Krise führen müßte. Eine Zurückweisung der Abkoppelungsstrategie invalidiert noch nicht notwendigerweise ihre Kritik am *Cepalismo*.

12) Einen konsequent holistischen Analyseansatz liefert die sog. "Gaia-Hypothese", die Anfang der 70er Jahre vom britischen Naturwissenschaftler James Lovelock unter Anknüpfung an verschiedene frühere Ansätze zur Analyse der "Biosphäre" entwickelt. Den Ausgangspunkt bildete weniger die Umweltdiskussion, als - im Anschluß an Ergebnisse der Weltraumforschung - die Frage, wieso die Erde im Gegensatz zu anderen Planeten des Sonnensystems über einige Milliarden Jahre hinweg eine relativ stabile, Leben ermöglichende Atmosphäre erhalten konnte. Die Erdatmosphäre ist im Vergleich zur Atmosphäre anderer Planeten durch einen sehr hohen Anteil von Sauerstoff und einen extrem niedrigen von Kohlendioxyd gekennzeichnet und wird stabil gehalten durch das Entstehen von Leben und die kontinuierliche Interaktion mit dem Leben auf der Erde. Zur genaueren Darstellung dieser Hypothese und der Auseinandersetzung mit ihr vgl. u.a. Peter

Bunyard, Edward Goldsmith (Hgg.), *GAIA, The Thesis, the Mechanisms and the Implications*, Wadebridge/ Cornwall 1988 sowie Norman Myers (Hg.), *GAIA - Der Öko-Atlas unserer Erde*, dt. Frankfurt/M. 1985, vor allem S.12-21.

13) Weltkommission für Umwelt und Entwicklung: *Unsere gemeinsame Zukunft* (Brundtland-Bericht), Greven, 1987, S. 46 u. 49.

14) Vgl. Brundtland-Bericht, S.92f.; zur Kritik daran vgl. Hans-Jürgen Harbordt, *Dauerhafte Entwicklung. Zur Entstehung eines neuen ökologischen Konzepts*, Berlin 1989 (WZB-papers Nr. FS II 89-403) sowie den Beitrag desselben Autors in diesem Band.

15) Osvaldo Sunkel, "El desarrollo sustentable: del marco conceptual a una propuesta operacional para Chile" in: *ifda dossier* nr.75/76, Jan.-April 1990, S.51f. (Übersetzg. W.H.).

16) Die Kritik an Wachstumsstrategien unter den Bedingungen abhängiger Entwicklung war eine der primären Stoßrichtungen der Dependencia-Diskussion; vgl. dazu die in Anm.10 zitierten Veröffentlichungen, vor allem aber auch Andre Gunder Frank, *Kapitalismus und Unterentwicklung in Lateinamerika*, dt. Frankfurt/M. 1969, Eduardo Galeano, *Die offenen Adern Lateinamerikas*, dt. Wuppertal 1973 und Samir Amin, *Le développement inégal*, Paris 1973, die einen enormen Einfluß auf die internationale Diskussion genommen haben. Das wichtigste einzelne Werk in der Kritik an der sozio-kulturellen Entwicklung in den Industrieländern stellt wohl Herbert Marcuse, *Der eindimensionale Mensch* (dt. Neuwied/Berlin 1967) dar.

17) Dies war sowohl der Tenor verschiedener Publikationen der Weltbank (vgl. u.a. *Weltentwicklungsbericht 1986*, verschiedene Beiträge in J.Price Gittinger/Joanne Leslie/Caroline Hoisington (Hgg.), *Food Policy. Integrating Supply, Distribution, and Consumption*, Baltimore (Weltbank) 1987) als auch der kritischer Publikationen wie Joseph Collins/Frances Moore Lappé, *Vom Mythos des Hungers*, dt. Frankfurt/M. 1980, wobei Ursachenanalysen und Politikempfehlungen sich allerdings diametral voneinander unterscheiden.

18) So die Energieverbrauchs- und Emissionsprognose der IEA von Januar 1990 (zit. nach *Neue Zürcher Zeitung* vom 2.2.90).

19) Vgl. Brundtland-Bericht, S.53-56 (allgemeine Wachstumsprognosen), S.212 (zur langfristigen Perspektive der Weltindustrieproduktion).

20) Ted Trainer, "A Rejection of the Brundtland Report", in: *ifda dossier*, Nr.77/Mai/Juni 1990, S.76.

21) Die These der Nichtberücksichtigung der langfristigen gesellschaftlichen Kosten wurde (ohne eine radikal systemkritische Perspektive) bereits Ende der 1940er Jahre von K. William Kapp entwickelt (vgl. Kapp, *Volkswirtschaftliche Kosten der Privatwirtschaft*, Tübingen 1958 - engl. Erstauflage, Cambridge/Mass. 1950); vgl. später zum Zusammenhang zwischen Ressourcenverschwendung und Produktionsweise: Dieter Hassenpflug, *Umweltzer-*

störung und Sozialkosten. Die Umwelt-Krise des Kapitalismus, Berlin (W) 1974; André Gorz, *Ökologie und Politik*, Reinbek 1977 (franz. Erstauflage 1975); Otto Ullrich, *Weltniveau. In der Sackgasse des Industriesystems*, Berlin(West) 1979.

22) Es ist erstaunlich, wie wenig die Vertreter der "Grenzen-des-Wachstums"-These sich mit dieser Frage der "Tertiarisierung" auseinandersetzen, die ja seit der berühmten Studie von Jean Fourastié (*Die große Hoffnung des XX.Jahrhunderts*, Köln 1954) auf der Tagesordnung steht und die Diskussion über die sog. "nachindustrielle Gesellschaft" entscheidend geprägt hat. Selbst der Brundtland-Bericht geht auf diesen Aspekt nicht genauer ein; vgl. aber André Danzin, "Die 'Software-Gesellschaft'", in: Aurelio Peccei u.a., *Der Weg ins 21. Jahrhundert. Alternative Strategien für die Industriegesellschaft*, dt. München 1983.

23) Vgl. die "Declaration of Geneva" vom 20.2.1990, abgedruckt in *Nord-Süd aktuell*, Nr.1/1990, S.132f.

24) Vgl. Deutscher Bundestag, Referat Öffentlichkeitsarbeit (Hg.), *Schutz der Erdatmosphäre: Eine internationale Herausforderung*; Zwischenbericht der Enquête-Kommission des 11.Dt.Bundestages "Vorsorge zum Schutz der Erdatmosphäre, S.363-365.

25) Vgl. dazu etwa Weltbank, *Weltentwicklungsbericht 1984*, S.59-62 sowie den Beitrag von Hans-Jürgen Harborth in diesem Band.

26) Vgl. einerseits die "klassische" Studie Hollis Chenery u.a., *Redistribution with Growth*, Oxford 1974, andererseits die Kritik von Ted Trainer, a.a.O., S.79f.; die aktuelle Weltbankstrategie der Armutsbekämpfung ersetzt "redistribution" durch "promoting economic opportunities of the poor" (vgl. World Bank, *World Development Report 1990*, Washington, D.C. 1990).

27) Vgl. *World Development Report 1990*, vor allem die Kap. 7 und 8.

28) Vgl. ebda., S.59f.

29) Vgl. dazu etwa FAO, *Sustainable agricultural production: implications for international agricultural research*, Rom 1989.

30) Im Abschnitt "Städtisch-industrielle Problemfelder", in: Joachim Tschiersch u.a.: *Ökologische Problembereiche und mögliche Handlungsansätze in Entwicklungsländern*, Köln 1984 (Forschungsberichte des BMZ, Nr.61), S.18-22 werden einige dieser Probleme angesprochen.

31) Vgl. dazu verschiedene Beiträge in *Peripherie*, Nr.36/1989.

32) Dieses und das folgende Zitat aus: Trainer, a.a.O., S.82; vgl. dazu ausführlicher: F.E.Trainer, *Developed to Death: Rethinking Third World Development*, London 1988.

33) Vgl. dazu verschiedene Beiträge in Ulrich Klemm/Klaus Seitz (Hgg.), *Das Provinzbuch*, Bremen 1989, vor allem Klaus Seitz, "Eigenständige Regionalentwicklung im Horizont der Einen Welt", S.230-244 sowie die Literaturübersicht von Ulrich Klemm zu "Eigenständige Regionalentwicklung", S.294-298.

34) Vgl. u.a. Bernhard Glaeser (Hg.), *Ecodevelopment: Aspects and Problems of an Alternative Rural Development Strategy*; Sonderheft der Zeitschrift *Vierteljahresberichte* Nr.70/1977; ders. (Hg.), *Ecodevelopment. Concepts, Projects, Strategies*, Oxford 1984; Ignacy Sachs, *Stratégies de l'Ecodéveloppement*, Paris 1980.

35) Vgl. etwa Klemm/Seitz, a.a.O.; Collins/Lappé, a.a.O.; Wanda Krauth/Immo Lünzer, *Öko-Landbau und Welthunger*, Reinbek 1982; verschiedene Beiträge in Bernhard Glaeser (Hg.), *The Green Revolution revisited*, London 1987.

36) Vgl. etwa zu den sozial und technologisch relativ günstigen Implikationen des Kaffee-Anbaus in Costa Rica Tilman Altenburg/Wolfgang Hein/Jürgen Weller, *El desafío económico de Costa Rica - desarrollo agroindustrial como alternativa*, San José/Costa Rica 1990 sowie Wolfgang Hein, "Costa Rica: Kaffee-Exportwirtschaft als Ausgangspunkt sozio-ökonomischer Entwicklung?", in: *Nord-Süd aktuell*, Nr.4/1988, S.478-486; zu ähnlichen Schlußfolgerungen kommt Joachim Betz im Zusammenhang mit der kleinbäuerlichen Teeproduktion in Sri Lanka ("Tea Policy in Sri Lanka", in: *Nord-Süd aktuell*, Nr.4/1988, S..487-495).

37) Trainer, "A Rejection...", S.83.

38) Vgl. dazu etwa das Themenheft 10/11/1982 der Zeitschrift *Peripherie* ("Befreiungsbewegungen an der Macht?") sowie Werner Biermann/Jean-Marc Fontaine, "Bauern und Bürokraten. Die Krise des tanzanischen Transformationsmodells", in: *Peripherie*, Nr.28/1987, S.19-40.

39) Vgl. dazu aus entwicklungstheoretischer Sicht (auch zu den Anfangserfolgen sozialistischer Entwicklungsländer), Dieter Senghaas, *Von Europa lernen*, Frankfurt/M. 1982.

40) So Folker Fröbel in einem Round-Table-Gespräch in Berlin (16.6.90); das Gespräch wird in editierter Form in *PERIPHERIE*, Nr.39/40/1990 erscheinen.

41) Johan Galtung, "Perspectives on Environmental Politics in Overdeveloped and Underdeveloped Countries", in: Glaeser 1984, a.a.O., S.12; vgl. dazu auch Johan Galtung, *Development, environment and technology. Towards a technology for self-reliance*, New York 1979 (UNCTAD;TD/B/C.6/23/Rev.1).

42) Galtung, Perspectives ..., S.17.

43) Ebda., S.19.

44) BMFT, *Erneuerbare Energien für die Dritte Welt*, Bonn, 07/90.

45) Eine Forderung, wie sie etwa schon früh von K.William Kapp vertreten wurde (vgl. Kapp.,a.a.O.) und auch von Ernst Ulrich von Weizsäcker in seinem Buch *Erdpolitik* (Darmstadt 1989) übernommen wurde (vgl. Teil III, Realpolitische Lösungsansätze).

46) Vgl. v.Weizsäcker, a.a.O., S.210-213.

47) V.Weizsäcker läßt sich in seinem Buch nicht auf eine genaue Diskussion über "Wirtschaftswachstum" ein, zumal er dafür plädiert, das Konzept des Bruttosozialprodukts durch das Konzept des "Netto-Wohlstands" zu ersetzen (S.253f.).

48) Vgl. z.B. zur Dominanz transnationaler Konzerne in der Entwicklung der Solartechnologie Günter Birnbaum/Jürgen Häusler/Georg Simonis, "Internationale Verflechtung im Bereich der Solartechnologie. Konsequenzen für die Dritte Welt", in: Jörg Freiberg/Wolfgang Hein/Thomas Hurtienne/ Theo Mutter (Hgg.), *Drei Welten - eine Umwelt*, Saarbrücken 1984, S.227-255.

49) Vgl. v.Weizsäcker, a.a.O., 17.und 18. Kapitel.

50) Die Anklänge an das Konzept der "Dualwirtschaft" (vor allem vertreten von Joseph Huber; vgl. u.a.: *Die zwei Gesichter der Arbeit. Ungenutzte Möglichkeiten der Dualwirtschaft*, Frankfurt/M. 1984) sind durchaus beabsichtigt, obwohl hier der Begriff "duale Strategie" durch den entwicklungspolitischen Bezug in einen anderen Kontext gestellt ist.

Die Diskussion um dauerhafte Entwicklung (Sustainable Development): Basis für eine umweltorientierte Weltentwicklungspolitik?

Hans-Jürgen Harborth

Vorbemerkungen

Der strategische Begriff einer dauerhaften Entwicklung (Sustainable Development)[1] taucht in den siebziger Jahren auf und hat im folgenden Jahrzehnt und bis heute in der internationalen Ökologiedebatte einen prominenten Platz eingenommen. Weithin bekanntgeworden ist er vor allem durch den sogenannten Brundtland-Bericht "Unsere gemeinsame Zukunft" (1987), in dem er eine zentrale Rolle spielt.

In seiner einfachsten Interpretation bedeutet "sustainability ... making things last, making them permanent and durable. What is being sustained can be an object of choice - an economy, a culture, an ethnic grouping, an industry, an ecosystem or sets of ecosystems ..." (Pearce 1988:598). Unter welchen Bedingungen kann ein ökologisches Teilsystem, etwa ein Wald oder ein Fischbestand in einem bestimmten Gewässer, so genutzt werden, daß die langfristige Ertragskraft nicht gemindert oder gar zerstört wird? Die Beschäftigung mit diesem Problem und die daraus resultierenden Lösungsansätze haben eine lange, bis weit ins Mittelalter zurückreichende Tradition. Die allgemein geläufige Faustregel "Nicht mehr Holz schlagen als nachwächst!" ist eine Anwendung dessen, was heute unter dem Stichwort "maximum sustainable yield" diskutiert wird (Walters 1986; Gans, 1988).

Charakteristisch für die Ökologiedebatte der letzten fünfundzwanzig Jahre ist eine zunehmende Hinwendung zu Problemen des Ganzen: der heutigen und zukünftigen Menschheit, der Gesamtheit der Pflanzen- und Tierarten, des Globus, der Biosphäre. Die bekanntesten Veröffentlichungen aus dem Ökologie-Bereich beschäftigen sich mit solchen globalen und zukunftsorientierten Problemen und weisen dies in ihren Titeln oder Untertiteln aus: Das *Raumschiff Erde*

(Boulding 1966), *Bericht des Club of Rome zur Lage der Menschheit* (Meadows et al. 1972), *Die Ökologie des Menschen* (Ehrlich/Ehrlich 1972), *Die Menschheit am Wendepunkt* (Mesarovic/Pestel 1974), *Wir haben nur eine Zukunft* (RIO-Bericht an den Club of Rome 1977), *Global 2000* (1980), *Unsere gemeinsame Zukunft* (Brundtlandbericht 1987) oder der vom Worldwatch Institute jährlich herausgegebene Band *Zur Lage der Welt. Daten für das Überleben unseres Planeten*. Diese Erweiterung des Blickwinkels kam nicht zufällig. Sie war und ist eine logische Antwort auf die Erkenntnis, daß immer mehr Umweltprobleme in den letzten zwanzig, dreißig Jahren sich als grenzüberschreitend im umfassenden Sinn des Wortes, ja als global herausgestellt haben, und daß diese Probleme darüber hinaus nach Zahl, Art und räumlich-zeitlicher Reichweite bisher unbekannte Dimensionen angenommen haben. Die heute am stärksten wahrgenommenen und diskutierten globalen Probleme sind das Ozonloch, der erwartete Treibhaus-effekt sowie bestimmte Industrieunfälle (Perrow 1987). Noch immer nicht sind alle Auswirkungen des Atomunfalls von Tschernobyl bekannt, dessen strahlende Emissionswolke sechsmal um den Erdball gezogen ist. Aber selbst wenn die Auswirkungen des Tuns oder Lassens eines lokal begrenzten Teilsystems A, etwa einer Chemiefabrik oder eines auf den Weltmeeren schwimmenden Großtan-kers, nicht den gesamten Globus treffen, sondern "nur" die Nachbarregionen B und C, so wird doch deutlich, daß ökologische Sicherheit und Dauerhaftigkeit unter heutigen Bedingungen sich nicht mehr lokal oder regional definieren und gewährleisten lassen. Im zweiten Bericht an den Club of Rome hieß es dazu:

"Heute und in Zukunft können wir also die Welt nicht mehr als eine Ansammlung von mehr als 150 Nationen und einer Reihe von politischen und wirtschaftlichen Blöcken sehen. Sie ist ein aus untereinander abhängigen und sich gegenseitig beeinflussenden Nationen und Regionen bestehendes System geworden, in dem keiner von den Auswirkungen eines größeren Ereignisses oder einer weitreichenden Aktion in irgendeinem anderen Punkt der Erde verschont bleibt." (Mesarovic/Pestel 1974:25).

Ulrich Beck hat für diesen Sachverhalt den Terminus der globalen "Risikogesell-schaft" geprägt (Beck 1986).

Auch die Zielvorstellung einer dauerhaften Entwicklung ist - jedenfalls im heute überwiegend diskutierten Kontext - global ausgerichtet und bezieht gleichzeitig alle Menschen, auch die heute noch nicht geborenen, in ihren Betrachtungs- und Verantwortungsbereich mit ein. Volker Hauff, deutsches Mitglied der Welt-kommission für Umwelt und Entwicklung, schreibt im Vorwort der von ihm besorgten deutschen Ausgabe des Brundtland-Berichts:

"Unter 'dauerhafter Entwicklung' verstehen wir eine Entwicklung, die den Bedürfnissen der heutigen Generation entspricht, ohne die Möglichkeiten künftiger Generationen zu gefährden, ihre eigenen Bedürfnisse zu befriedigen und ihren Lebensstil zu wählen. Die Forderung, diese Entwicklung 'dauerhaft' zu gestalten, gilt für alle Länder und alle Menschen. Die Möglichkeit kommender Generationen, ihre eigenen Bedürfnisse zu befriedigen, ist durch Umweltzerstörung in den Industrieländern ebenso gefährdet wie durch Umweltvernichtung durch Unterentwicklung in der Dritten Welt." (Hauff in: Brundtland-Bericht 1987:XV)

Die Begriffskombination "Sustainable Development" enthält also auch normative Elemente, unter anderem das Bekenntnis zum gleichen Recht auf eine lebenswerte und dauerhafte Umwelt sowie einen ausreichenden Lebensstandard für alle heutigen und zukünftigen Menschen. Ignacy Sachs sprach hier von "synchronischer" Solidarität mit allen heute lebenden und von "diachronischer" Solidarität mit allen zukünftigen Menschen (Sachs 1984:218). Es sollte hier allerdings nicht unerwähnt bleiben, daß eine solche Solidarität sich inzwischen auch für die Reichen auszahlt: Erst eine - nunmehr effektive - Ausrottung der Armut eröffnet überhaupt die Chance, daß die sprichwörtliche armutsbedingte Umweltzerstörung und die armutsbedingte Bevölkerungsvermehrung wirksam gestoppt werden können. Beide Faktoren haben durchaus globale, also auch die Reichen treffende Auswirkungen, worauf noch einzugehen ist.

In einer - noch sehr allgemeinen, dafür aber vielleicht konsensfähigen - Formulierung der Weltbank-Autoren Goodland und Ledec wird 'sustainable development' beschrieben als:

"a pattern of social and structural economic transformation (i.e.'development') which optimizes the economic and other societal benefits available in the present without jeopardizing the likely potential for similar benefits in the future" (Goodland/Ledec 1986, zit. in Barbier 1987:105).

Das Konzept einer anzustrebenden dauerhaften Entwickung setzt zweierlei voraus: Erstens wird impliziert, daß es auch solche Entwicklungsziele und -wege gibt, - womit natürlich die gegenwärtig tatsächlich verfolgten gemeint sind -, die nicht auf Dauer bestehen können, weil sie über kurz oder lang die ökologischen Grundlagen der Erde zu zerstören drohen. Zweitens wird "Entwicklung" als Ziel aber keineswegs aufgegeben, und dies bedeutet, wenn der Begriff nicht in sich widersprüchlich sein soll, daß eine andere als die bisher verfolgte, nämlich eine ökologisch und sozial dauerhafte Entwicklung denkbar und realisierbar sei. Dabei wird eine 'andere Entwicklung', nicht nur für die Entwicklungsländer, sondern gerade auch für die als über- oder fehlentwickelt geltenden Industrieländer, für dringend erforderlich wie auch für grundsätzlich machbar angesehen. Insofern kann sich "Entwicklungspolitik" heute nicht mehr allein auf die Dritte, sondern muß sich auf die gesamte Welt beziehen. In diesem Sinne steht also "Weltentwicklungspolitik" - Ernst U. v. Weizsäcker spricht von "Erdpolitik" - zur Debatte.

1. Die Herausforderung: Ein entwicklungspolitisches und ökologisches Dilemma

Die Debatte um die Notwendigkeit einer weltweiten Strategie der dauerhaften Entwicklung kann verstanden werden als der Versuch, eine konstruktive Antwort auf ein entwicklungspolitisches und gleichzeitig ökologisches Dilemma zu geben. Dieses Dilemma läßt sich in etwa so skizzieren:

1. Der von den Industrieländern eingeschlagene Weg einer "harten" Industrialisierung kann schon aus ökologischen Gründen nicht endlos weitergegangen werden, sondern droht via Umweltzerstörung und Ressourcenerschöpfung die Biospäre aller Menschen zu zerstören.

2. Wenn es der großen Mehrheit der in den Entwicklungsländern lebenden Menschen - z.Zt. 75 - 80 % der Weltbevölkerung - gelingen sollte, von heute auf morgen das Beispiel der Industrieländer nachzuahmen, so wäre dies der sofortige und sichere ökologische Untergang der Menschheit. Genau diesen Weg aber wollen offenbar fast alle Entwicklungsländer gehen.

3. Drei Problemverstärker verschärfen das ohnehin schon konflikträchtige Dilemma: a) eine armutsbedingte Umweltzerstörung; b) analog dazu ein armutsbedingtes Bevölkerungsverhalten (das die Geburtenrate hochhält) und c) eine - durch eine entsprechende Theorie abgestützte - Wachstumsideologie, die immerwährendes Wachstum, sowohl für die Entwicklungsländer als auch - und gerade - für die Industrieländer, die als "Wachstumsmotor" für die Dritte Welt fungieren sollen, für notwendig und machbar hält.

Ich möchte die drei Aspekte dieses Konfliktszenarios im folgenden etwas näher beleuchten.

1.1 "Harte" Industrialisierung - ein ökologisches Katastrophenmodell

Die Spur, die die heute industrialisierten first-comer in der Biospäre des Erdballs hinterlassen, wird immer breiter und verheerender. Weil gerade in letzter Zeit immer wieder zu hören und zu lesen ist, das Ressourcenproblem habe sich erledigt - offenbar eine Sinnestäuschung, hervorgerufen durch das heute wieder niedrige Preisniveau vieler Rohstoffe und durch einen extrem kurzen Betrachtungshorizont -, sei mit einem Beispiel aus dem Bereich der nicht erneuerbaren Ressourcen begonnen: Erdöl, ohne das eine moderne Industriegesellschaft nicht existieren könnte. Zunächst einmal: Es sind ganz überwiegend die Industrieländer gewesen, die sich bisher aus dem in Jahrmillionen entstandenen, einmaligen

Vorrat in den vergangenen hundert Jahren bedient haben. Der verbleibende Rest wird, trotz der in den letzten Jahren neuentdeckten Reserven, noch ca. 45 Jahre reichen, und zwar bei vorausgesetzt konstant gehaltenem (!) Verbrauch (MWV 1989 I:10). Auf die der OECD angeschlossenen marktwirtschaftlichen Industrieländer - die heute ca. 15 % der Weltbevölkerung repräsentieren - entfallen zur Zeit immer noch 55 - 57 % des Welt-Erdölverbrauchs (MWV 1989 II:49). Von irgendeiner Vorhalte-Politik für die Nachzügler von heute und morgen kann keine Rede sein.

Nach Berechnungen der GTZ (im vorliegenden Band) waren 1988 die Industrieländer - OECD und sozialistische Länder, jedoch ohne China - mit mehr als 72% an den weltweit durch Verbrennung fossiler Energiequellen verursachten Kohlendioxid-Emissionen beteiligt, und fast die gesamte Produktion (nicht der Verbrauch) von FCKW stammt aus den Industrieländern (Simonis/v. Weizsäcker 1989:18). Eine Minderheit von kaum einem Fünftel der Weltbevölkerung ist damit in der Lage - und im Begriff -, die befürchtete globale Klimakatastrophe bzw. die Zerstörung des stratosphärischen Ozonschildes maßgeblich zu verursachen und auszulösen.

Dies sind im übrigen nicht die einzigen Hinweise für die Umweltunverträglichkeit des "harten" Industrialisierungsmodells. Systematische Untersuchungen und die beinahe täglichen Berichte der Medien über Umweltverschmutzungen (wie es früher noch zaghaft-optimistisch hieß) bzw. über teilweise irreversible Umweltzerstörungen, sind in der jüngsten Vergangenheit so zahlreich und detailliert erschienen, daß hier Stichworte genügen können: Verschlechterungen - bis hin zu Vergiftungen und dem Verlust - von Böden und Wäldern, von Binnengewässern und Meeren; Luftbelastungen; die Anhäufung bzw. das ratlose oder vorsätzliche Herumschieben von gefährlichen, biologisch nicht - oder nur in unvorstellbar langen Zeiträumen - abbaubaren Stoffen ("persistent stock pollutants"); Industrie- und Tankerunfälle, die nach Zahl, Art und zeit-räumlicher Reichweite bisher unbekannte Dimensionen erreicht haben.[2] Hinzu kommt, daß auch viele der in den Entwicklungsländern massiv auftretenden ökologischen Probleme (Wöhlcke 1987, 1989 I) mit ihrer von den Industrieländern forcierten Weltmarktintegration direkt zu tun haben. Dazu gehören z.B. die energie- und chemieintensiven, weltmarktorientierten landwirtschaftlichen Monokulturen, der ökologisch und sozial oft verheerende Ferntourismus, die Auslagerung gefährlicher Produktionen und Deponien in die Dritte Welt. Die Einflüsse der industrialisierten Zentren auf die ökologischen Probleme der Peripherien reichen umso weiter, je genauer man die jeweiligen Ursachenketten zurückverfolgen kann und will. So scheint sich der Anteil der Industrieländer am Verschwinden der Tropenwälder auf den ersten Blick auf das zu beschränken, was sie für ihren Möbelholz- und Papierbedarf schlagen lassen - und was gleichzeitig Platz für ihre Viehfarmen

schafft. Aber es sind doch die Motorsägen und Bulldozer, die in vielen Fällen
erst die Schneisen schlagen, auf denen dann die einheimischen "Landlosen"
nachrücken und mit Brandrodung das Zerstörungswerk weiter vorantreiben.
Und dann: Woher kommen die "Landlosen"? Das ist oft eine lange Geschichte,
meist eine alte oder moderne Kolonialgeschichte (z.B. Collins/ Lappé 1978;
Eckholm 1979, Harborth 1986:119-121, Wöhlcke 1989 II:106 ff.). So wichtig und
überfällig die Aufdeckung solcher Ursachenketten auch sein mag: Die systematische Suche nach *exogenen* Ursachen für *alle* Probleme der Unterentwicklung -
und in neuerer Zeit auch der ökologischen Fehlentwicklung - kann den Blick für
die heutige Rolle der einheimischen Eliten verstellen und dazu führen, "daß die
endogenen Entwicklungsfaktoren zu wenig beachtet und der Grad relativer
Autonomie sowie die Selektions- und Anpassungsspielräume der Drittweltstaa-
ten unterschätzt werden." (Wöhlcke 1988:10).

1.2   Aufholende Industrialisierung - aufholende Umweltzerstörung und Ressourcen-erschöpfung

Die Umweltunverträglichkeit des "harten" Industrialisierungsmodells der first-
comer konnte - und kann - nur deshalb eine Zeitlang kaschiert oder übersehen
werden, weil und solange die große und wachsende Mehrheit der Weltbevölkerung dieses Modell eben noch nicht vollständig adaptiert hat. Die Tragfähigkeit
des "Raumschiffs Erde" (Boulding 1966) wäre sofort - und wahrscheinlich ein für
allemal - überfordert, wenn den Entwicklungsländern von heute auf morgen das
gelingen würde, was ihnen jahrzehntelang angeraten und beschrieben worden ist,
und was sie in der Tat nach wie vor in ihrer großen Mehrheit anstreben: die
"aufholende Entwicklung" nach den bekannten Vorbildern des Nordens. Diese
Schlußfolgerung ergibt sich bereits aus dem im vorigen Abschnitt Gesagten.
Dazu ein Beispiel aus einem Schlüsselbereich, der die Aspekte Ressourcenerschöpfung und Umweltzerstörung gleichermaßen umfaßt.

In der folgenden Grafik ist auf der Ordinate der Pro-Kopf-Verbrauch an kommerzieller Energie im Jahr 1987, umgerechnet in Öleinheiten, angezeigt. Auf der
Abszisse finden sich die - einzelnen Ländergruppen zugeordneten - Bevölke-
rungszahlen, so daß die Säulen das jeweilige Produkt aus Pro-Kopf-Verbrauch
und Bevölkerungszahl, und somit den Gesamtverbrauch der betreffenden Län-
dergruppe darstellen.

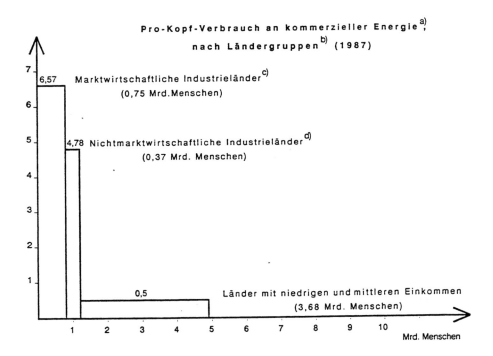

Zahlenquelle: *Weltentwicklungsbericht 1989: 194/195; 202/203; in Verbindung mit: XI ff.;* 188-191; 265.

Anmerkungen: a) Kommerzielle Energie: "die handelsüblichen primären Energieformen Erdöl, Erdgas und verflüssigtes Erdgas, feste Brennstoffe (Stein- und Braunkohle u.a.) sowie Primärstrom (mit Wasser- und Kernkraft sowie geothermisch erzeugte Elektrizität), jeweils umgerechnet in Erdöleinheiten." (265), jedoch ohne Brennholz und andere herkömmliche Brennstoffe.
b) Weltbank-Einteilung nach dem Pro-Kopf-Einkommen und anderen Kategorien, wie z.B. Zugehörigkeit zur OECD.
c) In der Quelle ausgewiesen als Mitglieder der OECD (Organization for Economic Cooperation and Development), bestehend aus 24 marktwirtschaftlichen Industrieländern, hier jedoch ohne Griechenland, Portugal und die Türkei, die zu den Ländern mit mittlerem Einkommen zählen (xi/xii).
d) In der Quelle ausgewiesen als "nicht berichtende Nicht-Mitgliedsländer", zu denen die Sowjetunion und 9 andere Länder zählen, die sich 1987 noch als sozialistisch bezeichneten (xi), jedoch ohne China.
e) 42 Länder mit *niedrigem* Einkommen (unter 480 $ pro Kopf) und einer Gesamtbevölkerung von 2,82 Mrd. Menschen; plus 53 Länder mit *mittlerem* Einkommen (481 bis unter 6000 $ pro Kopf) und einer Gesamtbevölkerung von 1,04 Mrd. Menschen (189).

Es läßt sich auf einen Blick ablesen: Wenn auch die große Mehrheit der armen Weltbevölkerung ihren derzeitigen Pro-Kopf-Verbrauch von 0,5 Tonnen auf das OECD-Niveau von ca. 6,5 Tonnen (bzw. auf 4,8 Tonnen in den sozialistischen Ländern) steigern könnte, so würde dies eine Vervielfachung der Welt-Energieproduktion voraussetzen. Dies würde u.a. bedeuten: baldige Erschöpfung solcher Energieträger wie Erdöl und Erdgas; Rückgriff auf Kohle und Atomenergie, und dies alles mit entsprechenden Zusatzrisiken: Treibhausgase; Luftverschmutzungen, Unfall- und Endlagerprobleme. Im Brundtland-Bericht wird eine Hochrechnung für das Jahr 2030 vorgestellt, die bereits als "Szenario mit hohem Energieverbrauch" gilt, obwohl noch nicht einmal das heute von den Industrieländern beanspruchte hohe Niveau als von allen Ländern erreicht vorausgesetzt wird. Danach "müßte 1,6mal soviel Öl, 3,4mal soviel Erdgas und fast doppelt soviel Kohle produziert werden wie im Jahre 1980... Die Kapazitäten der Atomenergie müßten sich gegenüber 1980 verdreißigfachen - dies entspricht der Errichtung eines neuen Atomkraftwerks mit einer Kapazität von 1 Gigawatt Elektrizität alle zwei bis vier Tage." (Brundtland-Bericht 1987:173). Solche Szenarien sind nicht nur "alarmierend" (S. 172), ihre zusätzlichen Ressourcen- und Umweltbelastungen, Risiken und Kosten wären so gigantisch, daß sie als schlechterdings nicht realisierbar oder gar dauerhaft durchhaltbar eingestuft werden müssen.

Bereits dieses eine Beispiel zeigt, daß hier eine Minderheit von industrialisierten first-comern nebst ihren Counterparts in den Entwicklungsländern in einem Gesamtsystem (Globus) einen Verbrauchs- und Belastungsstandard pro Kopf beansprucht, der nur solange (eine Zeitlang) aufrechterhalten werden kann, wie die Mehrheit ihn nicht hat. Einen solchen Standard kann man in Anlehnung an Harrod (1958:208) einen *"oligarchischen"*, d.h. nicht verallgemeinerbaren Verbrauchsstandard nennen - oder auch einen "undemokratischen".

Der Energiesektor mit seiner doppelten, ökologisch relevanten Problematik der Ressourcenerschöpfung und der Umweltbelastung ist keineswegs das einzige Beispiel. So hat die in Industrieländern heute übliche Bestandsdichte an Autos mit Sicherheit oligarchischen Charakter. Beispielsweise "bläst ein durchschnittliches amerikanisches Auto jährlich sein Eigengewicht an Kohlenstoff in die Atmosphäre" (WIR 88/89:60). Und 1985 entfielen auf 1000 US-Amerikaner 557 Personenautos, auf 1000 Einwohner des indischen Subkontinents mit seinen 800 Millionen Menschen aber nur zwei (StJb 1988:700). Weiter: Es versteht sich von selbst, daß die im ersten Abschnitt genannten CO_2- und FCKW-Emissionen der Industrieländer, die allein schon die Biosphäre des gesamten Globus zu zerstören drohen, nicht verallgemeinerbar sind. Gleiches gilt für die Inanspruchnahme des absolut knappen Stauraums des Raumschiffs Erde für die sogenannte "Endlagerung" von biologisch nicht abbaubaren "persistent stock pollutants", so z.B. für die Jahrtausende strahlenden Nuklearabfälle oder für andere Giftmüllsorten.

Oligarchischen Standard hat wahrscheinlich auch der Weltluftverkehr (Tourismus, Geschäftsreisen, Luftfracht, Militärflüge), der sich zur Zeit alle zehn Jahre
verdoppelt.

Systematische Untersuchungen - und entsprechende internationale Überein-
kommen - über global tolerierbare Maximalstandards für die Entnahme von
reproduzierbarem oder nicht reproduzierbarem Umweltkapital bzw. für Belastung mit Schadstoffen (Harborth 1989: 82-85) sind erst in Ansätzen erkennbar,
etwa für den Bereich der global verkraftbaren CO_2- oder FCKW-Emissionen
(Kaiser/v. Weizsäcker et al. 1990). Ältere Beispiele sind Fischerei-Abkommen.
Immerhin sind in den letzten Jahrzehnten auf diesem Gebiet von wissenschaftlichen und politischen Institutionen eine Fülle von Vorarbeiten erbracht worden
(Hartje 1985, Wöhlcke 1989 I: 29ff.), auf denen eine ökologisch orientierte "Weltinnenpolitik" weiterbauen könnte.

Die Existenz und Duldung oligarchischer Verbrauchs- und Belastungsstrukturen
widerspricht nicht nur dem Postulat der Gerechtigkeit, sie verzögert und verhindert auch das notwendige Gegensteuern[3]: Solange eine solche Situation andau-
ert, wird die doppelte Illusion begünstigt, die industrialisierten first-comer könnten weitermachen wie bisher, und die Entwicklungsländer seien lediglich late-
comer und könnten und sollten weiterhin alle Anstrengungen unternehmen, so
schnell wie möglich die Standards der Industrieländer zu erreichen - die in Wirklichkeit nicht für alle erreichbar, d.h. nicht demokratisierbar sind. Es hat in der
Tat den Anschein, als ob diese illusionäre Einschätzung in der Welt von heute
immer noch eine breite Mehrheit hätte, zumal wenn sie sich gepanzert hat mit
einem nahezu unbegrenzten Vertrauen in technologische Problemlösungsstrate-
gien ("cornucopian technocentrism", Turner 1988: 5).

2.3   Drei Problemverstärker

Etwa seit der ersten großen Umweltkonferenz von Stockholm im Jahr 1972 hat
sich zur Gewißheit verdichtet, daß es so etwas wie *armutsbedingte* Umweltzerstörungen gibt. Bereits in der Erklärung von Cocoyok (1974), in der die Ergebnisse
eines UNEP/UNCTAD-Symposiums über Rohstoffnutzung, Umweltschutz und
Entwicklung festgehalten wurden, heißt es, "daß die andauernde Armut in vielen
Entwicklungsländern die Leute oft gezwungen (hat), auch das letzte Stückchen
Land auf die Gefahr großer Bodenerosionen hin anzubauen oder in die herun-
tergekommenen und übervölkerten Städte zu wandern." (Cocoyok-Erklärung
1974/1975:2). Den Zustrom verarmter Landbewohner - die teilweise selbst schon
"Umweltflüchtlinge" sind - in die schnell wachsenden Metropolen der Dritten
Welt nennt Eckholm "run-away-urbanization" (1982:31). Dort aber erwarten die
Zuwanderer neue - auch ökologische, insbesondere hygienische - Probleme, zu

deren Verstärkung sie dann unfreiwillig noch beitragen (z.B. Wöhlcke 1987:44-
50). Weitere Beispiele sind die Überweidung und sonstige Überbeanspruchung
von zu eng gewordenen Lebensräumen, das Schlagen lebender Bäume zu Heiz-
zwecken und die massenhafte Brandrodung - die allerdings nicht nur von Landlosen, sondern oft maßgeblich von staatlichen Stellen, von Straßen- und Stau-
dammbauern, Viehzüchtern, Goldsuchern, sonstigen Spekulanten oder allen
zusammen zu verantworten sind. Zur Zeit werden so jährlich 5 Mrd. Tonnen
Kohlendioxid freigesetzt, die sich zu den 20 Mrd. Tonnen addieren, die zum
Zweck der Energiegewinnung jährlich ausgestoßen werden (NZZ, 7.3.90).
Systematische und umfassende Untersuchungen über armutsbedingte Umweltzerstörungen in einzelnen Ländern und Bevölkerungsgruppen scheint es noch
nicht zu geben. Immerhin sind genügend Fälle bekanntgeworden, die den beschriebenen Wirkungszusammenhang belegen. Die Zahl der sehr Armen der
Erde wird heute auf ca. 1 Mrd. geschätzt, (WBB 1990, zit. nach FR v. 15.6.1990),
ganz abgesehen von der Tatsache, daß mehr als die Hälfte (rd.3 Mrd.) der heutigen Weltbevölkerung in den 42 ärmsten Ländern mit einem Pro-Kopf-
Einkommen von weniger als 480 $ lebt, und daß allein dieser Teil der Weltbevöl-
kerung sich innerhalb von ca. 37 Jahren verdoppelt haben wird (WEB 1989:244).

Damit ist der zweite Problemverstärker angesprochen, der eine Analogie zu dem
eben erwähnten Wirkungszusammenhang darstellt: ein *armutsbedingtes Bevölkerungsverhalten*. Noch 1798 hatte der Engländer Malthus äußerste Armut als
den Punkt genannt, an dem sie sich nicht mehr vermehren würde:

"Während dieser Zeit der Not sind die Bedenken gegenüber einer Heirat und die Schwierigkeit,
eine Familie zu erhalten so groß, daß die Bevölkerung auf demselben Stand bleibt." (Malthus
1798/1977:24).

Man weiß heute: Die Ärmsten der Armen, selbst wenn sie am absoluten Existenzminimum dahinvegetieren, bekommen nicht weniger Kinder, sondern eher
mehr. Man glaubt auch zu wissen, welche Gründe in erster Linie hierfür maß-
gebend sind: Kinder als mithelfende Arbeitskräfte und als Alterssicherung;
ferner eine geplant hohe Geburtenrate, um angesichts hoher Säuglings- und
Kindersterblichkeit sicherzugehen, daß genügend Kinder tatsächlich überleben,
wobei in vielen Kulturen unbedingt ein Sohn erwünscht ist, dem allein die Rolle
der Alterssicherung obliegt. So muß - im statistischen Durchschnitt - in Indien
"ein Ehepaar mindestens fünf bis sechs Kinder haben, damit wenigstens ein Sohn
das Erwachsenenalter erreicht." (Radtke 1985:65)

Solche auf die materielle Existenzsicherung zielenden Motive werden vor allem
in der ökonomischen Literatur herausgestellt (z.B. WEB 1984:59-61), und sie
erlauben in der Tat eine wichtige Schlußfolgerung: Eine notwendige, wenn auch
keineswegs bereits hinreichende Bedingung für eine freiwillige Begrenzung der

Geburtenhäufigkeit ist eine Absicherung der Existenz, z.B. durch ein regelmäßiges Arbeits-Einkommen, durch eine gute Gesundheitsversorgung - die insbesondere die Säuglings- und Kindersterblichkeit wirksam bekämpft - sowie durch eine zuverlässige Alterssicherung. Während der ersten Weltbevölkerungskonferenz 1974 in Bukarest sei dieser Zusammenhang auf die eingängige Formel gebracht worden: "Entwicklung ist das beste Verhütungsmittel." (zitiert bei Radtke 1985:67)

Nicht zu vernachlässigen sind aber eine Reihe weiterer Gründe, die die Geburtenhäufigkeit, auch bei sehr armen Bevölkerungsschichten, positiv beeinflußt: "Gerade für Menschen, die in absoluter Armut leben und sonst nicht viele Anlässe zur Freude haben, stellt ein Kind ein Erlebnis dar, das sie - allen Nöten zum Trotz - 'die Dimension der Freude, der Schönheit und des Spielerischen' erfahren läßt." (Radtke 1985:65). Religiöse Vorstellungen, wie auch ethnische oder nationale Prestigevorstellungen ("Großes Volk", "große Nation") dürften eine erhebliche Rolle spielen (Mansilla 1984:107, 144 und Mansilla 1986:29 ff.). In der Tat gibt es Staaten, deren Regierungen nicht Bevölkerungsbeschränkung, sondern -wachstum propagieren. Dazu gehörten - um 1985 - Malaysia, die Ölstaaten im Persischen Golf, Uruguay, Chile, Irak, Kamerun, Zaire, Gabun, die Zentralafrikanische Republik und der Sudan (Radtke 1985:79).

Eine ganz andere Frage ist, ob auch die Frauen, die die Lasten der Schwangerschaft und der Kinderaufzucht zu tragen haben, solche Vorstellungen immer teilen. Spezielle Fragen wirft die Bevölkerungsvermehrung in den städtischen Elendszonen der Dritten Welt auf. Es gibt Hinweise dafür, daß gerade hier bei den Frauen eine relativ große Bereitschaft zur Geburtenkontrolle vorhanden ist (Eckholm 1982:41-43), daß die Geburtenrate aber doch - sozusagen unfreiwillig - hoch bleibt, unter anderem, weil empfängnisverhütende Methoden entweder zu kompliziert oder zu teuer sind, oder weil sie, nicht zuletzt von Männern, abgelehnt werden.

Daß es armutsbedingtes Bevölkerungsverhalten gibt, kann nicht bestritten werden. Ob allerdings das Bevölkerungswachstum in den Entwicklungsländern ursächlich für die Armut oder nur ihr Symptom sei: dies ist eine relativ fruchtlose Diskussion, die sehr oft in Live-Disputen zu gegenseitigen Schuldzuweisungen gerät. Während der ersten Bukarester Weltbevölkerungskonferenz 1974 sind sie wohl an der Tagesordnung gewesen (Radtke 1985: 66-70). Dem "Ihr seid zu Viele!" wurde und wird von den Entwicklungsländern entgegengehalten: "Jede weitere Person in einem Industrieland verbraucht erheblich mehr und übt erheblich mehr Druck auf die natürlichen Ressourcen aus als jede weitere Person in der Dritten Welt." (Brundtland-Bericht 1987:97) Solche Diskussionen lenken leicht von dem einfachen Tatbestand ab, daß die Weltbevölkerung weiter zunehmen wird, solange die bitterste Armut nicht ausgerottet ist, und daß jede

weitere Zunahme der Weltbevölkerung die ökologischen Probleme der Umweltzerstörung bzw. der Ressourcenerschöpfung erheblich verschärfen wird. Man
kann dies beispielhaft nachvollziehen, wenn man das in der Grafik dargestellte
Energieverbrauchs-Szenario in der Weise dynamisiert, daß man die in wenigen
Jahrzehnten zu erwartende Verdopplung und vielleicht Verdreifachung der
Weltbevölkerung auf der Abszisse einträgt und sich die Konsequenzen für Umwelt und Ressourcenvorräte ausmalt.

Armutsbedingte Umweltzerstörung und armutsbedingtes Bevölkerungsverhalten:
die ökologischen Auswirkungen beider Verhaltensweisen, selbst wenn sie nur das
Faß der Umweltbelastungen zum Überlaufen bringen, das die Industrieländer
bereits zu 80 oder 90 Prozent gefüllt haben mögen, beschränken sich keineswegs
auf die Armen selbst. Die Auswirkungen können - Beispiel Brandrodung/ Treibhauseffekt - auch die Reichen, wo auch immer auf der Welt, nachhaltig treffen.
Es sei denn, diese besännen sich doch noch - nunmehr erzwungenermaßen - auf
ihre "Solidarität" und setzten alles daran, die Armut in der Welt, insbesondere
die Massenarmut in der Dritten Welt, ein für allemal zu beseitigen.

Der dritte Problemverstärker ist das Axiom der modernen post-keynesianischen
Wachstumstheorie und deren Hauptaussage: *Immerwährendes exponentielles
Wachstum* (des Sozialprodukts pro Kopf) sei notwendig und - stillschweigend
unterstellt - auch machbar. Die Begründung für dieses merkwürdige Postulat,
das bei jedem unbefangenen Nicht-Ökonomen, der die Implikationen einer
Zinseszinsfunktion kennt, Ratlosigkeit und Kopfschütteln verursacht, kann man
in jedem Lehrbuch zur "Wachstumstheorie" nachlesen. Von besonderer Bedeutung im vorliegenden Zusammenhang ist die Forderung, daß auch und gerade (!)
die Industrieländer kräftig weiterwachsen müßten, unter anderem, weil sie als
"Wachstumsmotor" für die unterentwickelten Länder fungieren müßten. Diese
These wird auch im Brundtland-Bericht vertreten (Brundtland-Bericht 1987:53
ff.). Eine Auseinandersetzung mit dem Wachstumsimperativ ist an dieser Stelle
weder möglich noch beabsichtigt (z.B. Zinn 1980). Hier kommt es allein auf die
Feststellung an, daß exponentielles Wachstum "ad infinitum" (!), sowohl für die
Entwicklungsländer wie eben auch für die Industrieländer, so etwas wie die
weltweit "herrschende Lehre" ist, die von der Mehrheit der mit diesem Thema
befaßten Theoretiker, Politiker und Praktiker vertreten wird - und die inzwischen
wohl auch Common-Sense-Charakter angenommen hat. Dieser von weit rechts
bis ziemlich weit links, und von "oben nach unten" reichende mächtige Konsens
hat durchaus ökologische Relevanz: Er legitimiert im Zweifel zunächst einmal
alles, was Wirtschaftswachstum verspricht, und er erschwert bereits im Vorfeld
jede ernsthafte Diskussion über - ökologisch begründete - Wachstumsbegren-
zungen, über qualitatives oder gar "Nullwachstum" bzw. über den möglicherweise
anstehenden Abbau von "Über-" oder "Fehlentwicklungen", insbesondere in den
Industrieländern.

2.   Implikationen einer Strategie der dauerhaften Entwicklung

2.1   Ansätze zu einer konstruktiven Antwort - eine Zwischenbilanz

Das Spektrum der Reaktionen auf das skizzierte entwicklungspolitische und ökologische Dilemma ist außerordentlich weit gefächert. Es reicht von purer Ignoranz oder Verdrängung - mit entsprechender Nichtreaktion - über verschiedene Varianten eines forschen Optimismus ("Anpacken - nicht aussteigen", wie z.B. Wicke 1990:164 fordert), über mehr oder weniger strukturkonservative bzw. strukturverändernde Reformansätze bis hin zum tiefsten Pessimismus und Fatalismus derjenigen, die keinen Ausweg mehr sehen (unter den letztgenannten übrigens nicht wenige, die sich besonders intensiv mit der Materie befaßt haben).

Wo ist die Diskussion um dauerhafte Entwicklung einzuordnen? Wer für eine Strategie der dauerhaften Entwicklung wissenschaftlich gearbeitet hat und/oder politisch dafür eintritt, teilt im allgemeinen die im ersten Teil geschilderte Einschätzung des gegenwärtigen Trends: So wie bisher kann und darf es nicht weitergehen! Und implizit: Es ist nicht mehr viel Zeit, aber es *ist* noch Zeit zur Kurskorrektur. Auch über das oberste Ziel herrscht weitgehend Einigkeit. Die Grundbedürfnisse - einschließlich der Erhaltung befriedigender Umweltbedingungen - für alle gegenwärtigen und zukünftigen Menschen müssen gesichert werden. Dabei wird "Entwicklung", die nicht immer mit Wachstum gleichgesetzt werden muß, als durchaus wünschbar und als (immer noch) machbar unterstellt. Diese Grundposition findet sich in allen im Vorwort erwähnten Welt-Szenarios, angefangen von der Meadows-Studie bis hin zum Brundtland-Bericht.

Konsens über diese Grundposition vorausgesetzt, ist auch über die folgenden vier Schlußfolgerungen weitgehend Einigkeit zu erzielen:

Erstens: Für die arme Mehrheit der Weltbevölkerung ist materielles und in diesem Sinne durchaus "aufholendes" - Wachstum unumgänglich. Aber dies muß auf eine umweltverträgliche Art und Weise geschehen, wie dies im sogenannten "Ecodevelopment"-Ansatz thematisiert wird (Sachs 1974/76, 1984; Riddel 1981; Glaeser 1984 I und II). Angestrebt wird mindestens die Erreichung eines für alle geltenden materiellen Mindestniveaus ("floor") (Dag Hammarskjöld-Bericht 1975/76; Galtung 1976:84).

Zweitens: Die Höhe des für alle Menschen maximalen Wohlstands wird begrenzt ("ceiling"), nicht nur durch die Art und den Umfang des Kapitalstocks und des technischen Wissens, sondern eben auch durch ökologisch relevante Determinanten wie:

- die Bestände und Bestandsveränderungen nicht erneuerbarer Ressourcen;

- die Bestände und Bestandsveränderungen erneuerbarer Ressourcen;

- die Umweltbelastungen und

- die Zahl und die Zunahme der Bevölkerung.

Bei gegebenem Kapitalstock und gegebener Technik ist durch diese Faktoren auch ein maximales "demokratisches" Wohlstandsniveau ("ceiling") für alle Menschen determiniert (Harborth 1989:82-85). Diese Grenze ist auch von den Industrieländern einzuhalten - die sie vielleicht längst überschritten haben. Diesen beharrlich verdrängten bzw. vehement bestrittenen Zusammenhang bringt Galtung so auf den Punkt:

"But there is also the corresponding problem of the industrialized countries: to define and live according to the idea of a social maximum, a 'ceiling', beyond which we should not go. And that leads us straight into the 'negative' reason for arguing in favour of new and lower consumption life styles." (Galtung 1976:84)

Drittens: Wegen des grundsätzlich unbegrenzten Zeithorizonts ("alle in Zukunft lebenden Menschen") ist der Verbrauch nicht erneuerbarer Ressourcen zu beenden. Er ist allenfalls als Übergangslösung bis zum Umstieg auf andere Verbrauchs- und Produktionsstrukturen bzw. auf Substitute zu rechtfertigen. Einen "quasi-sustainable use of nonrenewables" schlägt Salah El Sarafy (1989) vor. In den Worten von Herman E. Daly erfordert dieses Verbrauchskriterium "that any investment in the exploitation of a nonrenewable resource must be paired with a compensating investment in a renewable substitute (e.g. oil extraction paired with tree planting for wood alcohol)" (Daly 1990:4). Hinzuzufügen wäre: soweit es Substitute *gibt*. Analog zu dieser Schlußfolgerung ist die weitere Belastung des absolut knappen Stauraums des Raumschiffs Erde mit nicht abbaubaren Schadstoffen ("persistent stock pollutants", Pearce 1976) zu stoppen. Für die übergangsweise noch zulässigen Abbauraten (bei nicht substituierbaren Nonrenewables) bzw. Umwelt-Belastungsquoten und deren Ver- bzw. Zuteilung sind Kriterien zu entwickeln. Wie die verschiedenen internationalen Konferenzen über globale Klimaprobleme zeigen, bleibt hier wohl kein anderes Kriterium als der Zwang zur Einigung auf dem Verhandlungsweg.

Viertens: Die prinzipiell erneuerbaren Ressourcen der Erde landwirtschaftliche Nutzflächen, Seen, Flüsse, Meere, Wälder und die darin existierenden Arten, schließlich die erdnahen und -fernen lebenswichtigen Gasschichten - dürfen weder überbelastet noch gar zerstört werden. Die "maximum sustainable yields" (Walters 1986; Gans 1988) bzw. "safe minimum standards" (Bishop 1978) sind zu ermitteln und einzuhalten. Analoges muß für Schadstoffe und Abfälle gelten, auch wenn sie über kurz oder lang abbaubar sind ("flow pollutants", Pearce 1976; Turner 1988:18). Von einem bestimmten Belastungsniveau an dürfen die Zuflüsse die Abflüsse nicht mehr übersteigen.

Zu allen hier genannten ökologischen und öko-sozialen Einzelaspekten sind, insbesondere in den achtziger Jahren, von den verschiedensten Fachdisziplinen wichtige theoretische und praxisbezogene Vorarbeiten geleistet worden. Darunter sind vor allem solche zur Beobachtung, Beschreibung und Deutung von Phänomenen, z.B. von chemischen Kreisläufen, sowie der - oft komplizierten - Ursachenketten (z.B. Treibhauseffekt; armutsbedingte Umweltzerstörung), weiter solche zur Formulierung von bedingten Prognosen, Zielen und Strategievorschlägen (Harborth 1989:62-79, dort weitere Literatur).

Je weiter man in der Ziel-Mittel-Hierarchie hinabsteigt zu den konkreten Maßnahmen, die von Individuen oder Gesellschaften (vom Dorf bis zur Weltgemeinschaft) im Interesse einer dauerhaften Entwicklung zu ergreifen wären, desto brüchiger wird der Konsens über das, was und von wem, wo und wann zu tun oder zu unterlassen ist. Bis heute gibt es noch kein ausformuliertes - und international sanktioniertes - Konzept der dauerhaften Entwicklung. Auch der Brundtland-Bericht, der für die Propagierung der Idee viel getan hat, wird diesem Anspruch nicht gerecht. So zutreffend und mutig seine Problem- und Ursachenanalyse ist, so redundant und doch gleichzeitig defizitär und widersprüchlich sind seine Strategieempfehlungen (Harborth 1989:47-60). So fordert er etwa "dauerhaftes *Wachstum*"(!), und zwar "schnelleres wirtschaftliches Wachstum sowohl in den Industrie- wie in den Entwicklungsländern ..." (Brundtland-Bericht 1987:92).

Immerhin gibt es in der gegenwärtigen Ökologiediskussion zwei Strategieansätze, die eine wegweisende Rolle spielen könnten: Ökologische Modernisierung auf der einen und ökologischer Strukturwandel auf der anderen Seite. Beide verstehen sich, im Gegensatz zu Nachsorge- und Reparaturstrategien, als präventive Ansätze, und beide können, im Sinne eines Kontinuums, ineinander übergehen und aufeinander aufbauen (Jänicke 1988:16; Prittwitz 1988).

2.2   Ökologische Modernisierung und/oder ökologischer Strukturwandel?

Ökologische Modernisierung zielt darauf, "die vorhandenen Produktionsprozesse und Produkte durch technische Innovationen umweltfreundlicher" zu gestalten (Jänicke 1988:15). Angestrebt werden also Veränderungen *innerhalb* der gegebenen - nicht *der* gegebenen - Strukturen, und zwar im wesentlichen durch die Erfindung und den forcierten Einsatz ressourcensparender und umweltfreundli-

cher Techniken, durch Recycling und den Einsatz von Substituten, so daß eine
"Entkoppelung" des Wirtschaftswachstums von Ressourcenverbrauch und Umweltbelastung erreichbar erscheint, zumal wenn diese Prozesse durch vorsorgende Umweltpolitik bzw. ökologische Wirtschaftspolitik flankiert und gestützt
werden (Simonis 1990 II: 3-19). Es ist hier nicht möglich, die in der Tat bemer-
kenswerten Perspektiven nachzuzeichnen, die eine solche Strategie der ökologischen Modernisierung schon heute erkennen läßt. Solche Perspektiven gibt es
gerade auch für den neuralgischen Energiesektor (Brundtland-Bericht
1987:195 ff.; Flavin/Durning 1988: 47 ff.; Pollock/Shea 1988: 87 ff.).

So richtig und vielversprechend solche Schritte in Richtung auf eine ökologische
Modernisierung sind, es kann doch nicht ausgeschlossen werden, daß sie allein
nicht ausreichen bzw. nicht rechtzeitig greifen. Viele zweifellos nützliche Erfin-
dungen ("inventions") sind nicht ohne weiteres in die Tat umzusetzen ("innovations"), weil Partikularinteressen, etwa der Industrie (Jänicke 1979; 1988) oder
auch der Konsumenten bzw. der Wahlbürger (Meyer-Abich 1990: 150 ff.) solche
Lösungen zeitweise, wenn nicht nachhaltig verhindern. Außerdem fällt auf, daß
bei der diesbezüglichen Diskussion die Industrieländer und *deren* Lebensstandard im Vordergrund stehen, während von der Dritten Welt mit den dort ebenfalls steigenden Lebensansprüchen wenig die Rede ist. Es darf im übrigen nicht
übersehen werden, daß die Variante der ökologischen Modernisierung auch eine
defensive Funktion hat. In dieser Perspektive lautet die Frage *nicht*: Wie hoch
kann unser aller Lebensstandard sein, damit die "äußeren Grenzen" nicht überschritten werden? sondern sie lautet: Was muß und kann *technisch* geschehen,
damit wir unseren gewohnten Lebensstandard aufrechterhalten und steigern
können? Natürlich ist eine solche Fragestellung legitim, aber ihr defensiver
Charakter mag auch hin und wieder zum Wunschdenken, auch zum Glauben an
irgendwelche Wunderwaffen verführen[4] - und damit ein weiteres Hinausschie-
ben dringend notwendiger und auch machbarer Veränderungen begünstigen.

Zur mittel- und langfristigen Perspektive einer Strategie der dauerhaften Entwicklung gehören daher auch Überlegungen, ob grundsätzliche Veränderungen
der Strukturen selbst, genauer: von Wirtschafts- und Gesellschaftsstrukturen
sowie damit korrespondierender Verhaltensstrukturen notwendig sein könnten
(DHB 1975/1976; Gerau 1978; Jänicke 1988; Prittwitz 1988). Hier haben Analysen und Strategievorschläge der "Self-Reliance-" und "Ecodevelopment"-
Diskussion der siebziger Jahre wichtige Denkanstöße gegeben (Harborth 1989:
20-32; Hein 1990: 40 f.), zumal sie sowohl die Problematik der Unterentwicklung
wie auch der "Überentwicklung" gleichzeitig zu berücksichtigen versuchten. Aus
der Fülle der Hypothesen und Anregungen, wie sie etwa der bekannteste Vertreter der Ecodevelopment-Schule, Ignacy Sachs, in seinem programmatischen
Aufsatz "Developing in Harmony with Nature: Consumption Patterns, Time and
Space Uses, Resource Profiles, and Technological Choices" (1984) gegeben hat,

seien hier zwei Elemente herausgegriffen, die im Rahmen einer ökologisch orientierten Strategie der dauerhaften Entwicklung eine wichtige Rolle spielen könnten - und die Veränderungen von Wirtschafts- und Verhaltensstrukturen voraussetzen würden:

- die Idee der Dezentralisierung von Produktions-, Konsum- und Machtstrukturen und

- die Idee alternativer Lebensstile in den Industrieländern.

Den Hintergrund für den ersten Aspekt bietet eine Verhaltenshypothese: Wie Menschen miteinander umgehen, so gehen sie auch mit der Natur um. Weil "man's use of Nature is inextricably intertwined with man's use of Man, ... remedies of destructive use of environment must be found within the social system itself." (Bennett 1976: 311). Und dann speziell: "Concern for ecology should not be separated from a concern of social *equity* among nations and inside nations" (Sachs 1980: 322. Hervorhebung: H.-J. H.). So gehört zu den zentralen Aussagen des Dag-Hammarskjöld-Berichts die These, menschengemachte Umweltzerstörungen in einer Region seien in der Regel entweder in kolonialistischer Manier von außen hineingetragen worden, oder sie resultierten aus sozialen Ungleichheiten im Inneren (DHB 1975/1976: 30-36). Solche fremdbestimmten bzw. aufgezwungenen Eingriffe in lokale Ökosysteme seien nur dann zu vermeiden oder zu bekämpfen, wenn es eine genügend starke Gegenmacht vor Ort gebe, d.h. wenn eine "Demokratisierung" und "Dezentralisierung" der Macht gegeben und geschaffen worden sei (DHB 1975/1976: 36). Und die Schußfolgerung:

"...ein harmonisches Verhältnis zwischen der Gesellschaft und ihrer natürlichen Umwelt steckt voller unerforschter Möglichkeiten. Die Verknüpfung des Begriffs der ökologischen Entwicklung mit dem der lokalen 'self-Reliance' - das Bestreben jeder einzelnen Selbstverwaltungs-Einheit, eine möglichst große Zahl ihrer Probleme auf der Grundlage der Ressourcen ihres ökologischen Systems zu lösen - eröffnet weite Perspektiven ..." (DHB 1975/1976: 34).

Eine solche Dezentralisierung von Produktion, Konsum und Macht, wenn sie denn zu realisieren ist, würde offenbar auch dazu beitragen,

- Transportvorgänge aller Art - darunter auch so gefährlicher wie Öl- und Gifttransporte um den halben Erdball - zu reduzieren;

- die Abhängigkeit vom Weltmarkt und seinen Risiken zu vermindern;

- die Möglichkeiten zur Externalisierung sozialer Kosten, d.h. zu "Problemverschiebungen" (Jänicke) zu verringern bzw. entsprechende Anreize zu minimieren (Beispiel: Was man selbst essen will, vergiftet man nicht);

- und schließlich - die andere Seite der Medaille -, ökologische Angriffe von außen und von innen rechtzeitig und effektiv abzuwehren.

Trotz der Fehlschläge, die insbesondere das Self-Reliance-Konzept in der *Praxis* der vergangenen 15 Jahre erlebt hat, und trotz des Widerstandes der etablierten, auf Economies of Scale, Spezialisierung und weltweiten multilateralen Austausch setzenden Theorie, sollte es sich lohnen, die oben genannten Perspektiven in Theorie und Praxis auszuloten. Und dies, wohlgemerkt, nicht nur im Bereich der Dritten Welt, sondern gerade auch im Bereich der Industrieländer (Galtung 1975: 16).

Der zweite Aspekt hängt mit dem ersten eng zusammen. Er besagt: Das Pendant zur Unterentwicklung der Dritten Welt sei die Überentwicklung der Ersten Welt (Galtung: "underdevelopment and its partner, overdevelopment", 1975: 13; ähnlich Glaeser/Vyasulu 1984: 27; Sachs 1984: 209). Wenn also die Erste Welt tatsächlich "oligarchische", das heißt hier: überhöhte Komsumstandards beansprucht, und wenn alle Möglichkeiten ausgeschöpft wären, diese Standards durch ökologische Modernisierungen sozusagen nachträglich zu demokratisieren, dann müßte dieser "Überkonsum" abgebaut werden. Wie dies ohne politische Eruptionen in den Industrieländern vonstatten gehen könnte, dies war unter anderem der Gegenstand einer ebenfalls in den siebziger Jahren, insbesondere im Umfeld der schwedischen Dag-Hammarskjöld-Foundation geführten Diskussion (Cocoyok 1974: 5; DHB 1975/1976; Galtung 1976; 1979; 1984; Galtung/ Wemegah 1978; Sachs 1980; 1984).

Bei der Erörterung der Frage "Wieviel ist genug?" verfolgten die Autoren weniger die Attitüde des erhobenen Zeigefingers, sondern sie bemühten sich um Argumente, wie ein ressourcenintensiver und umweltschädigender Lebensstil einer "überentwickelten" Gesellschaft verändert werden könnte, ohne daß dies grundsätzlich zu Einbußen an Lebensqualität führen müsse. An erster Stelle werden hier oft die - immer noch hohen - Militärausgaben in allen Teilen der Welt genannt. Daß es darüber hinaus in dem großen Sozialprodukts-Kuchen eine erhebliche Manövriermasse gibt, erläutert Ignacy Sachs so:

"In the final product it may be useful to differentiate between goods and services corresponding to socially legitimized needs (that is authentic use-values), pseudo-use values that are at best 'positional goods' (see Hirsch 1976) in inequality-ridden societies and non-values. The latter consist of the parcel of GNP that does not serve any constructive purpose and corresponds to the rapid increase of managing and transactional costs of our societies brought about by the diseases of affluence, the accidents inherent in contemporary urban life styles and transportation modes, the environmental disruption, the diseconomies of scale of the megamachine and its twin, the megabureaucracy."(Sachs 1984: 211)

Insbesondere der letztgenannte Teil des Sozialprodukts ist unter der Bezeichnung "kompensatorische" oder "defensive" oder "Folgekosten der Produktion" in den vergangenen Jahren intensiv untersucht worden (Leipert 1982; 1987; Wicke 1986). Trotz der konzeptionellen und praktischen Schwierigkeiten ihrer Messung ist doch soviel klar, daß diese Ausgaben beträchtliche Größenordnungen und steigende Tendenz haben. Implizit folgt hieraus die strategische Idee: ist es nicht möglich, gegebene Wirtschafts-, Gesellschafts- und Verhaltensstrukturen so zu verändern, daß solche Kompensationsanstrengungen erst gar nicht notwendig (um die "Not zu wenden") werden?

Einen weiteren Aspekt dieser Diskussion hat vor allem Johan Galtung beigetragen. Seine These ist, daß "alternative", das heißt im wesentlichen bescheidenere Lebensstile für die Menschen in den Industrieländern nicht nur zumutbar, sondern sogar attraktiv seien (Galtung 1976; 1979; 1984; Galtung/Wemegah 1978). Eine solche alternative Gesellschaft "may be built on the twin pillars of reduced material consumption, through patterns of self-reliance and togetherness, love and creativity, and faith." (Galtung 1979: 52) Der Vorwurf der Utopie ist hier schnell bei der Hand, aber Galtung verweist darauf, daß eine bereits beachtliche Zahl von Menschen in den Industrieländern ernsthaft und dauerhaft versuchten, nach solchen Vorstellungen zu leben, und er glaubt auch Hinweise dafür zu haben, daß es noch sehr viele gebe, die einem solchen Lebensstil positiv gegenüberständen. Ganz ähnliche Vorstellungen finden sich in Ernst U. von Weizsäkkers "Erdpolitik" (1989: 264 ff.).

3. Ausblick

Eine ausgearbeitete Strategie der dauerhaften Entwicklung, die insbesondere die beiden Seiten des Problems, nämlich Unterentwicklung und Über- oder Fehlentwicklung gleichzeitig zu berücksichtigen hätte, gibt es noch nicht. Nach wie vor dominieren dort, wo Strategieansätze formuliert werden, "Arbeitsteilungen" zwischen solchen Wissenschaftlern und Politikern, die sich vorwiegend mit Problemen der Industrieländer beschäftigen, und solchen, die vorwiegend mit Problemen der Entwicklungsländer befaßt sind. Im übrigen hat die gegenwärtige Diskussion um eine sinnvolle globale Strategie der dauerhaften Entwicklung, obwohl sie viel verzweigter ist, viel Ähnlichkeit mit der Diskussion nationaler umweltpolitischer Strategieansätze etwa in der Bundesrepublik Deutschland: Übereinstimmung, daß es so wie bisher nicht weitergehen könne und dürfe; ein fast einhelliges "Bekenntnis" zum Vorsorgeprinzip; eine ausgeprägte Skepsis gegenüber strukturverändernden Maßnahmen (wie sie etwa in der Erklärung von Cocoyok aus dem Jahr 1974 sowie im Dag-Hammarskjöld-Bericht von 1975 gefordert worden waren); stattdessen eine Konzentration der Erwartungen und Hoffnungen auf eine ökologische Modernisierung, die - auch wenn die Terminologie eine andere ist - vor allem im Brundtland-Bericht in zahlreichen Varianten zum Ausdruck kommen; die Realität, die nach wie vor von kurativen, schadensbegrenzenden, kompensierenden Nachsorgeaktivitäten gekennzeichnet ist; schließlich ein gespaltenes öffentliches Bewußtsein, das Meyer-Abich so charak-

terisiert hat: " Ja, auf das Umweltbewußtsein kommt es an, und solange es noch
nicht stark genug ist, können wir einstweilen getrost weiter auf Kosten der Natur
unseren Wohlstand fördern oder unsere Geschäfte machen." (Meyer-Abich
1990: 152)

Daß die Erste Welt ihren verschwenderischen und umweltzerstörenden oligarchischen Lebensstil - sogar im wohlverstandenen Eigeninteresse - revidieren
müsse, scheint nicht nur der Mehrheit der unmittelbar Angesprochenen immer
noch eine absurde Idee zu sein. Eine Absage an das Modell der aufholenden
Entwicklung (mit der Verheißung unbegrenzter Wohlstandssteigerung) muß
gerade auch für die Benachteiligten von heute und morgen (die sich immer noch
als "Nachzügler" verstehen) eine fast unerträgliche Vorstellung sein. Gerade im
Hinblick auf die offensichtliche Bereitschaft der Entwicklungsländer, Strukturen
und Verhaltensweisen des Nordens nachzuahmen, kommt den Industrieländern
die wichtige Rolle zu, mit glaubwürdigen und nachvollziehbaren Beispielen für
dauerhafte Entwicklung voranzugehen.

Leopold Kohr begann sein 1962 erschienenes Buch *Die überentwickelten Nationen* mit dem folgenden Zitat: " 'Die klassische Entwicklung einer Theorie',
schreibt William James, 'läuft in der Regel durch folgende drei Stadien: Zuerst
wird sie als unsinnig angegriffen; dann gibt man zu, daß sie zwar richtig sei, aber
belanglos und eine Binsenwahrheit; und schließlich wird sie als so wichtig betrachtet, daß ihre Gegner behaupten, sie hätten sie selbst entdeckt.' " (Kohr
1962/1983: 4). Die in den letzten Jahren lawinenartig angeschwollene Diskussion
um Theorie und Praxis dauerhafter Entwicklung läßt vermuten, daß das ihr
zugrundeliegende Paradigma der gleichzeitigen Unter- und Überentwicklung im
Begriff ist, vom zweiten in das dritte Stadium einzutreten.

Anmerkungen

1) Andere Übersetzungen sind: "nachhaltige" oder "langfristig tragfähige" oder -
   im gegebenen Kontext - auch "zukunftsfähige" (Simonis) Entwicklung.
2) Einen synoptischen Überblick über das Gesamtspektrum heutiger und zukünftiger Umweltbelastungen bietet Bechmann 1987, auch wiedergegeben bei
   Wöhlcke 1989. I:20.
3) Hier sind Differenzierungen und Präzisierungen erforderlich. Nicht alle
   oligarchischen Standards sind per se ökologisch bedenklich.
   Nicht alle tragen z.B. von vornherein die Tendenz zur Verallgemeinerung
   (zur "Demokratisierung") in sich. So gibt es zwar genügend Anlaß anzunehmen, daß die Mehrheit der Weltbevölkerung den Besitz eines Autos anstrebt,

aber der Wunsch, an den Bayreuther Festspielen oder am Pferderennen von Ascot teilzunehmen, könnte auch in Zukunft auf eine Minderheit beschränkt bleiben. (Eine andere Sache ist, daß gerade bei der Konkurrenz um absolut knappe "Positionsgüter" (Hirsch 1980) die "sozialen Grenzen des Wachstums" zum Vorschein kommen, die den Status-Eliten das Leben beschwerlich und teuer machen. Ökologisch bedenklich muß das nicht sein.) Aber auch, wenn ehemals oligarchische Standards demokratisiert werden, muß dies nicht in jedem Fall zu ökologischen Überlastungen des Gesamtsystems führen. Zunächst einmal gibt es Güter, die heute erst von einer Minderheit der Weltbevölkerung besessen, gebraucht oder verbraucht werden, deren Demokratisierung ökologische Grenzen jedoch nicht entgegenstehen. Zu diesen Gütern dürften - ökologisch verträgliche Produktionsprozesse vorausgesetzt - viele Dinge des täglichen Bedarfs gehören. Ferner gibt es Fälle, in denen der Übergang von oligarchischen auf demokratische Nutzungen zwar schwere Schäden in lokal begrenzten Teilsystemen, jedoch nicht im Gesamsytem (Globus) anrichten. Der Ferntourismus bietet hierfür einiges Anschauungsmaterial.

Es wird weiteren Untersuchungen vorbehalten bleiben, das Spektrum derjenigen Güter und Dienstleistungen zu identifizieren und zu vervollständigen, die nicht verallgemeinerbar sind, weil ein solcher Versuch die Tragfähigkeit des Gesamtsystems überbeanspruchen würde.

4) So genießt z.B. das Projekt eines amerikanischen Klimaforschers allerhöchste Aufmerksamkeit und Förderung, mit Hilfe großer Tanker Eisenpulver in die Meere der Antarktis zu schütten, um so eine explosionsartige Vermehrung der Algen zu induzieren, die wiederum das klimagefährdende Kohlendioxid absorbieren sollen. (*Der Spiegel* 22/1990: 229 ff.)

Literaturverzeichnis

Zur Zitierweise: Einige Literaturangaben enthalten eine doppelte Jahreszahl, z.B. Cocoyok 1974/75. Dabei bezeichnet die erste das Jahr der Erstveröffentlichung, die zweite das Erscheinungsjahr der Literaturstelle, auf die hier Bezug genommen wird.

Ahmad, Y.J./El Sarafy,S./Lutz,E.(Eds.) (1989): *Environmental Accounting for Sustainable Development,* World Bank. Washington D.C.
Barbier, E. B. (1987): "The Concept of Sustainable Economic Development", in: *Environmental Conservation*, Vol. 14, No. 2, Summer 1987, pp. 101-110
Bechmann, Arnim et al. (1987): *Landbau-Wende. Gesunde Landwirtschaft - Gesunde Ernährung. Vorschläge für eine neue Agrarpolitik,* Frankfurt
Beck, U. (1986): *Risikogesellschaft. Auf dem Weg in eine andere Moderne,* Frankfurt

Bennett, J.(1976): *The ecological transition: Cultural anthropology and human adaptation*, Oxford

Bishop, R.(1978): "Endangered Species and Uncertainty. The Economics of Safe Minimum Standard", in: *American Journal of Agricultural Economics*, Vol. 61, No.1

Boulding, K. E. (1966): "The Economics of the Coming Spaceship Earth", in: Jarret, H.(Ed.) (1966): *Environmental Quality in a Growing Economy*, Baltimore

Brundtland-Bericht (1987): *Weltkommission für Umwelt und Entwicklung, Unsere gemeinsame Zukunft*, Deutsche Ausgabe herausgegeben von Volker Hauff, Greven: Eggenkamp Verlag. Englisch: *World Commission on Environment and Development, Our Common Future*, Oxford and New York 1987

Cocoyok (1974/1975): Erklärung von ..., verabschiedet von den Teilnehmern des UNEP/UNCTAD-Symposiums über Rohstoffnutzung, Umweltschutz und Entwicklung (8.-12.Okt. 1974 in Cocoyok, Mexiko), in: BMZ (Hg.), *Entwicklungspolitik*. Materialien Nr. 49, Bonn 1975: 1-9

Collins/Lappé (1978): *Vom Mythos des Hungers. Die Entlarvung einer Legende*, Frankfurt

Dag-Hammarskjöld-Bericht (1975/1976): "Was tun? Teil 1: Plädoyer für eine andersartige Entwicklung", in: *Friedensanalysen 3*, Frankfurt, 1976, S. 17-44

Daly, H.E. (1990): "Toward some operational principles of sustainable development", in: *Ecological Economics 2* (1990): 1-6

Eckholm, E. (1979): *The Dispossessed of the Earth: Land Reform and Sustainable Development*, Washington D. C.: Worldwatch Institute

Eckholm, E. (1982): *Down to Earth. Environment and Human Needs*, New York, London

Ehrlich, A./Ehrlich, P. (1972): *Bevölkerungwachstum und Umweltkrise. Die Ökologie des Menschen* (1. amerikanische Auflage 1970), Frankfurt.

El Sarafy, Salah (1989): "The proper calculation of income from depletable natural resources", in: Ahmad/El Sarafy/Lutz (eds.), 1989: 10-18

Flavin, C./Durning, A.(1988): "Energieeinsparung: Erhöhung der Wirksamkeit von Energie", in: *Worldwatch Institute Report 88/89*: 47-86

Galtung, J. (1975): "Self-Reliance and Global Interdependence. Some Reflections on the "New Industrial Order"", SID-European Regional Conference 1975 (Conf.Doc.No 12-e), Linz

Galtung, J. (1976): "Alternative Life Styles in Rich Countries", in: *Development Dialogue*, 1, Uppsala: 83-96

Galtung, J. (1979): "Soft Alternatives", in: *Mazingira*, Oxford (UK), No 10: 50-54

Galtung, J. (1984): "Perspectives and Environmental Politics in Overdeveloped and Underdeveloped Countries". in: Glaeser (ed.), 1984:9-21

Galtung.J./Wemegah,M. (1978): "Overdevelopment and Alternative Ways of Life in High IncomeCountries", in: *Internationale Entwicklung* (Wien) IV: 5-11

Gans, O. (1988): "Erneuerbare Ressourcen: Ökonomisch-naturwissenschaftliches Konzept, entwicklungspolitische Optionen". in: Körner, H. (Hg.), *Probleme der ländlichen Entwicklung in der Dritten Welt*(= Schriften des Vereins für Socialpolitik NF 173): 155-180

Gerau, J. 1978): "Zur politischen Ökologie der Industrialisierung des Umweltschutzes", in: Jänicke 1978

Glaeser, B. (Ed.) (1984): *Ecodevelopment: Concepts, Projects, Strategies*, Oxford etc.(Pergamon)

Glaeser, B. (1984): *Ecodevelopment in Tanzania. An Empirical Contribution on Needs, Self-Sufficiency, and Environmentally Sound Agriculture on Peasant Farms*, Berlin

Glaeser, B./Vyasulu, V. (1984): "The Obsolescence of Ecodevelopment?" in: Glaeser (Ed.) 1984: 23-36

Global 2000 (1980): *Der Bericht an den Präsidenten*. Frankfurt

Goodland, R./Ledec, C. (1986): *Neoclassical Economics and Principles of Sustainable Development*, Office of Environmental and Scientific Affairs, The World Bank, Washington D.C.

Harborth, H.-J. (1986): "Ökologiedebatte und Entwicklungstheorie", in: Simonis, U. E. (Hg.), *Entwicklungstheorie und Entwicklungspraxis. Eine kritische Bilanzierung* (Schriften des Vereins für Socialpolitik NF154), Berlin: 103-150

Harborth, H.-J. (1989): *Dauerhafte Entwicklung (Sustainable Development). Zur Entstehung eines neuen ökologischen Konzepts*, Wissenschaftszentrum Berlin (FS II 89-403). Berlin

Harrod, R. F. (1958): "The Possibilities of Economic Satiety - Use of Economic Growth for Improving the Quality of Education and Leisure", in: Committee for Economic Development, *Problems of United States Economic Development*, New York, Vol.I: 207-213.

Hartje, V. J. (1985): "Umweltprobleme in der Dritten Welt. Was kann der Norden tun?" in: *Aus Politik und Zeitgeschichte*, B 33/85 vom 17.08.1985

Hein, W. (1990): "Umwelt und Entwicklungstheorie - Ökologische Grenzen der Entwicklung in der Dritten Welt?" in: *Nord-Süd aktuell* (Hamburg), Jg. IV, Nr. 11990: 37-52

Hirsch, F. (1980): *Die sozialen Grenzen des Wachstums. Eine ökonomische Analyse der Wachstumskrise* (1. amerikanische Auflage 1976), Reinbek

Jänicke, M. (Hg.) (1978): *Umweltpolitik*, Opladen

Jänicke, M. (1979): *Wie das Industriesystem von seinen Mißständen profitiert*, Opladen

Jänicke, M. (1988): "Ökologische Modernisierung. Optionen und Restriktionen präventiver Umweltpolitik", in: Simonis 1988:13-26

Kaiser, K./v.Weizsäcker, E.U. (1990): *Internationale Konvention zum Schutz der Erdatmosphäre*, Vorläufiger Endbericht (unter Mitarbeit von Raimund Bleischwitz und Stefan Comes), Bonn

Kohr, L. (1962/1983): *Die überentwickelten Nationen*, Salzburg

Leipert, C. (1982): *Bruttosozialprodukt, defensive Ausgaben und Nettowohlfahrts-Messung*, IIUG discussion paper, dp 82-6, Berlin

Leipert, C. (1987): *Folgekosten des Wirtschaftsprozesses und volkswirtschaftliche Gesamtrechnung. Zur Identifikation von steigenden kompensatorischen Ausgaben in der Sozialproduktsrechnung*, Projektbericht, IIUG rep 87-22, Berlin

Malthus, Th.R. (1798/1977): *Das Bevölkerungsgesetz*, München

Mansilla, H. C. F. (1984): *Nationale Identität, gesellschaftliche Wahrnehmung natürlicher Ressourcen und ökologische Probleme in Bolivien*, München

Mansilla, H. C. F. (1986): *Die Trugbilder der Entwicklung in der Dritten Welt*, Paderborn, München, Wien, Zürich

Matthews, W. (Ed.) (1976): *Outer Limits and Human Needs. Resources and Environmental Issues in Development Strategies*, Uppsala, Dag Hammarskjöld Foundation

Meadows, D. et al. (1972): *Die Grenzen des Wachstums*, Bericht des Club of Rome zur Lage der Menschheit, Stuttgart

Mesarovic, M./ Pestel, E. (1974): *Menschheit am Wendepunkt*, 2. Bericht an den Club of Rome zur Weltlage, Stuttgart

Meyer-Abich, K.-M. (1990): "Ursacheneindämmung durch Bewußtseinsbildung", in: Simonis (Hg.) (1990 I): 149-159

MWV (Mineralölwirtschaftsverband) (1989): (I) *Jahresbericht*, Hamburg. (II) *Mineralölzahlen*, Hamburg

Pearce, D.W. (1976): "The Limits of Cost Benefit Analysis as a Guide to Environmental Policy", in: *Kyklos*, 29, Fasc.1

Pearce, D.W. (1988): "Economics, Equity, and Sustainable Development", in: *Futures*, Vol.20, No 6, Dec.1988: 598-605

Perrow, Ch. (1987): *Normale Katastrophen. Die unvermeidbaren Risiken der Großtechnik*, Frankfurt

Pollock Shea, C.(1988): "Erneuerbare Energien", in: WIR 88/89: 87-127

Prittwitz, V. (1988): "Gefahrenabwehr - Vorsorge - Ökologisierung. Drei Idealtypen der Umweltpolitik", in: Simonis 1988: 49-63

Radtke, A. (1985): "Bevölkerungspolitik und Familienplanung in der 2. Hälfte des 20. Jahrhunderts", in: Oberhoffer/Radtke, *Bevölkerungswachstum, Entwicklungsarbeit und Familienplanung. Kirchliche Erfahrungen in der Dritten Welt*, Aachen (Misereor): 57-92

Riddel, R. (1988): *Ecodevelopment. Economics, Ecology and Development. An Alternative to Growth Imperative Models*, Westmead, Farnborough (UK)

RIO-Bericht an den Club of Rome (1977): *Wir haben nur eine Zukunft. Reform der internationalen Ordnung (=RIO)*, Leitung: Jan Tinbergen. Amsterdam (1976; engl. Fassung), Opladen

Sachs, I. (1974/1976): "Environment and Styles of Development", in: Matthews (Ed.) 1976:41-65

Sachs, I. (1980): "Culture, Ecology, and Development", in: I. Altman et al. (eds.), *Human Behavior and Environment*, Vol.4: Environment and Culture, New York, London: 319-343

Sachs, I. (1984): "Developing in Harmony with Nature: Consumption Patterns, Time and Space Uses, Resource Profiles, and Technological Choices", in: Glaeser (Ed.) 1984: 209-227

Simonis, U.E. (Hg.) (1990 I): *Basiswissen Umweltpolitik. Ursachen, Wirkungen und Bekämpfung von Umweltproblemen*, Die Beiträge der RIAS-Funkuniversität. Berlin

Simonis, U.E. (1990 II): *Bedingungen zukunftsfähiger Entwicklung*, Wissenschaftszentrum Berlin

Simonis, U.E./v.Weizsäcker, E.U. (1989): "Globale Umweltprobleme", in: *Globale Umweltprobleme. Globale Umweltpolitik* (= Nr.3/1989 der Materialien der Stiftung Entwicklung und Frieden), Bonn:12-35

Statistisches Jahrbuch 1988 für die Bundesrepublik Deutschland, Wiesbaden

Turner, R.K. (1988): "Sustainable Resource Conservation and Pollution Control: An Overview", in: Turner, R. K. (Ed.) (1988): *Sustainable Environmental Management. Principles and Practice*, Boulder, Colorado: 1-25

Walters, C. (1986): *Adaptive Management of Renewable Resources*, London

v.Weizsäcker, E.U.(1989): *Erdpolitik. Ökologische Realpolitik an der Schwelle zum Jahrhundert der Umwelt*, Darmstadt

Weltbevölkerungsbericht (WBB) (1990) der Vereinten Nationen. New York.

Weltentwicklungsberichte (der Weltbank) (WEB), verschiedene Jahrgänge. Deutsche Ausgabe. Washington D.C.

Wicke, L.(1986): *Die ökologischen Milliarden*, München

Wicke, L.(1990): "Ursacheneindämmung auf volkswirtschaftlicher Ebene", in: Simonis (Hg.) (1990 I): 160-170

Wöhlke, M. (1987): *Ökologische Aspekte der Unterentwicklung. Fakten, Tendenzen und Handlungsbedarf in bezug auf den Umwelt- und Ressourcenschutz in der Dritten Welt*, Ebenhausen (Stiftung Wissenschaft und Politik)

Wöhlke, M. (1988): *Endogene Entwicklungshemmnise und qualitative Probleme des gesellschaftlichen Wandels in Lateinamerika*, Ebenhausen (Stiftung Wissenschaft und Politik)

Wöhlcke, M.(1989 I): *Probleme und Zielkonflikte der internationalen Entwicklungspolitik im Umweltbereich*, Ebenhausen (Stiftung Wissenschaft und Politik)

Wöhlcke, M. (1989 II): *Der Fall Lateinamerika. Die Kosten des Fortschritts*, München

Worldwatch Institute Report (WIR): *Daten für das Überleben unseres Planeten*, Deutsche Fassung. Verschiedene Jahrgänge. Frankfurt

Zinn, K.G. (1980): *Die Selbstzerstörung der Wachstumsgesellschaft. Politisches Handeln im ökonomischen System*, Reinbek

Abkürzungen

DHB	*Dag-Hammarskjöld-Bericht*
FR	*Frankfurter Rundschau*
MWV	Mineralölwirtschaftsverband (Hamburg)
NZZ	*Neue Zürcher Zeitung*
StJb	*Statistisches Jahrbuch*
UNCTAD	United Nations Committee on Trade and Development
UNEP	United Nations Ecological Programme
WBB	*Weltbevölkerungsbericht der Vereinten Nationen*
WEB	*Weltentwicklungsbericht* (der Weltbank)
WIR	*Worldwatch Institute Report*

Ein humanökologischer Ansatz
für Agrar- und Entwicklungspolitik

Bernhard Glaeser

Der folgende Beitrag nähert sich dem Vorhaben einer umweltorientierten Entwicklungspolitik von der Humanökologie her, also von Überlegungen über das Verhältnis und die Interaktionsbeziehungen zwischen Mensch und Umwelt. Nach Ausführungen zum Gegenstandsbereich Umweltpolitik und Humanökologie wird der Versuch gemacht, mit Hilfe der humanökologischen Annahmen zunächst Voraussetzungen für eine entsprechende Agrarpolitik, sodann den Vorschlag zu einer Entwicklungspolitik abzuleiten.[1]

1. Umweltpolitik und Humanökologie

Ein Beispiel

Beginnen wir mit einem Beispiel. Das internationale "Forum Agrarpolitik" der Grünen Woche 1988 in Berlin befaßte sich gezielt und erstmals mit Umweltfragen. Die Veranstaltung wurde durch vier Referate eingeleitet. Es sprachen der Präsident des Deutschen Bauernverbandes, der Regierende Bürgermeister von Berlin, der Bundesminister für Ernährung, Landwirtschaft und Forsten sowie der Bundesminister für Umwelt, Naturschutz und Reaktorsicherheit.

Alle - im übrigen informative - Referate thematisierten Umwelt, ein jedes aus der Sicht und spezifischen Rollensituation des Referenten:

- Der Bauernpräsident betonte, daß de Verbesserung der Trinkwasserqualität die Einkommen der Landwirte mindere.
- Der Bürgermeister stellte die grenzüberschreitende Luftverschmutzung un die Notwendigkeit umweltaußenpolitischer Kontakte mit den östlichen Nachbarländern in den Mittelpunkt.
- Der Landwirtschaftsminister ließ die Bereitschaft durchblicken, au umweltfreundliche Maßnahmen in der Agrarpolitik einzuschwenken, muß jedoch auf seine Partei (die bayerische CSU), die Bauernlobby und die Vertragspartner der Europäischen Gemeinschaft in Brüssel Rücksicht nehmen.
- Der Umweltminister warf die Frage nach der umweltpolitischen Zielegenerierung auf: Natur habe schließlich keine Interessenvertreter.

Bei der Analyse der Kernaussagen fällt auf, daß sie Teilaspekte behandeln, auf andere Fachpolitiken rekurrieren oder gar Umweltschutz als Hindernis bei der Durchsetzung von Partikularinteressen betrachten. Lediglich die Frage nach den umweltpolitischen Zielen betrifft Umweltpolitik in ihrer Ganzheit und nicht nur Teilaspekte[2]. Hinter der Zielegenerierung nämlich steckt die philosophische Problematik einer ethischen Begründung ebenso wie die juristische Problematik eines Eigenrechts der Natur; beides zusammengenommen entscheidet über einen anthropozentrischen oder biozentrischen Ansatz in der Umweltpolitik.

Die zentrale *These* dieses Beitrags lautet nun, daß ein umfassender, medienübergreifender Umweltschutz auf humanökologischer Basis entwickelt werden kann. Diese These soll zunächst aus den Prinzipien der Humanökologie, sodann anhand zweier Anwendungsbeispiele, der Agrar- und der Entwicklungspolitik, belegt werden.

Humanökologie

Zunächst zur Humanökologie. Der Gegenstandsbereich der Humanökologie läßt sich wie folgt umschreiben: Humanökologie befaßt sich mit den Beziehungen und Interaktionen zwischen dem Menschen und seiner Umwelt beziehungsweise zwischen Gesellschaft und Natur. Historisch gesehen lehnt diese Definition sich an die klassische Ökologiedefinition von Ernst Haeckel (1866, S.286) an, der Ökologie als "die gesamte Wissenschaft von den Beziehungen des Organismus zur umgebenden Außenwelt" faßte. Eine spezielle Ökologie wäre aus naturwissenschaftlicher Sicht diejenige der Spezies Homo sapiens, also die Humanökologie, die sich mit den besonderen Beziehungen zwischen Mensch und Umwelt befaßt.

Aus sozialwissenschaftlicher Sicht ist dabei darauf zu achten, daß der Mensch - in der Begrifflichkeit des Aristoteles gesprochen   nicht nur ein zôon lógon échon, also ein vernunftbegabtes Tier ist, sondern auch ein zôon politikón, ein soziales Lebewesen, dessen Naturinteraktionen gesellschaftlich bestimmt sind, also etwa über technische und ökonomische, aber auch über wissenschaftliche und kulturelle Prozesse vermittelt werden. Diese Prozesse haben zur Degradierung und Ausbeutung, zur Erschöpfung und Kastrierung der äußeren Natur geführt - bis endlich das Menetekel des Endes der menschlichen Lebensgrundlagen in historische Nähe gerückt ist.

Hier setzt Umweltpolitik ein: meist mit dem Ziel, Umweltschäden nachträglich und partiell zu reparieren. Hier setzt aber auch Humanökologie ein: in der theoretischen Grundlegung einer vorsorgenden und ganzheitlichen Umweltpolitik.[3]

Medizinisches Paradigma

Umweltverschmutzung ist der Anlaß für humanökologische Forschung, der Störfall, der anregt, über die regulären Beziehungen nachzudenken. Als Vorbild dient das medizinische Paradigma, innerhalb dessen Gesundheit erst durch Krankheit definiert werden kann. Der medizinische "Störfall" wird hier als Anlaß für die Entwicklung der Physiologie als Organismustheorie und der heilenden Medizin als Organismuspolitik genommen. Dies gilt in dreifacher Weise:

- Genetisch: als Motiv und Anregung, den "Normalfall" zu untersuchen;
- Systematisch: als Instrument zur Bestimmung des Normalfalles aus seinem Gegenteil;
- Politisch: als Begründung für die gesellschaftliche Bedeutung theoretisch-humanökologischer Konstrukte.

Auf dieser Basis ist verbeugendes Handeln möglich. Prävention im medizinischen Sprachgebrauch heißt, frühzeitige Maßnahmen zur Erhaltung der Gesundheit zu ergreifen. Dabei bedeutet Primärprävention, die krankheitsfördernden Voraussetzungen für die Entstehung von Krankheit zu vermindern. Die Sekundärprävention strebt an, die Krankheit selbst - deren Verlauf ma kennt -t zu verhindern. Schließlich soll die Tertiärprävention die Rückfälligkeit ausschließen.

Präventive Maßnahmen sind daher abhängig von

- Zielvorstellung: Zieldefinition und Grad der Gesundheit als Norm;
- Krankheitsdefinition: Ursache, Wirkung, Nebenwirkung;
- Therapiemöglichkeiten: therapeutischen und prophylaktischen Maßnahmen.

Das humanmedizinische Instrumentarium kann nun auf Umwelt und Umweltpolitik übertragen werden. Anstelle des menschlichen Organismus tritt Umwelt im Sinne des Ökosystems beziehungsweise der Biosphäre. Umweltpolitische Ziele, Schadensdefinitionen und Maßnahmenkataloge sind in dieser Analogie nur ganzheitlich sinnvoll.

Aus Sicht der Medizin ist die Abtrennung des Individuums von der Umwelt ein phylogenetisches Grundprinzip. Bei Menschen bildet die Haut die "Demarkationslinie". Jede menschliche Handlung kann als Reaktion auf diese Tatsache gedeutet werden: Aus der Trennung von Individuum und Umwelt erwächst der Stimulus für jegliches Verhalten. Aus der Spannung dieser Trennung entsteht Humanökologie als integrativer und ganzheitlicher Ansatz, der das Wechselspiel zwischen Mensch und Umwelt als System, das womöglich steuerbar ist, begreifen will.

Produktion - Prozeß zwischen Natur und Gesellschaft

Humanökologie steht somit als Grundlagendisziplin zwischen Natur- und Sozialwissenschaft. Betont man den sozialwissenschaftlichen Aspekt, insbesondere den
Ausgangspunkt der Umweltzerstörung durch die Gesellschaft, ist sie vorwiegend
"politische Ökologie". Dies ist nicht im Sinne einer bereits etablierten Fachwis-
senschaft zu verstehen; eher sollte man vorsichtiger von einem Erkenntnisinteresse sprechen, das verschiedene Disziplinen vereinigt. Ein solches Interesse
bekundet sich in der These, daß Natur als ökonomische Ressource verwertet
wird.

In diesem Sinne erschließt Natur sich der menschlichen Gesellschaft vor allem in
der Produktion, sei es in der Industrie oder Landwirtschaft. Beide Produktions-
sphären lassen sich als menschgesteuerte Input-Output-Systeme der Naturverwertung beschreiben. Erneuerbare und nicht erneuerbare Ressourcen wie Energie, mineralische Rohstoffe oder Bodenfruchtbarkeit gehen als Input in das
System ein. Nach ihrer Umwandlung sind als Output industrielle und landwirtschaftliche Erzeugnisse entstanden, außerdem Nebenprodukte wie Abwärme,
Abfälle oder Schadstoffe. Weitere Neben- und Folgeerscheinungen im Input-
Bereich sind Ressourcenerschöpfung wie Rohstoffabbau oder Bodenzerstörung,
im Output-Bereich Belastungen für das ökologische Natursystem. Kurz: Als
vorherrschende Mensch-Umwelt-Interaktion sind Raubbau, Ausbeutung und
Zerstörung der Natur durch die Gesellschaft mit Hilfe des technisch organisierten Produktionssystems zu beobachten.

Dieses Naturverwertungssystem nimmt jedoch nicht nur den Produktionsfaktor
"natürliche Ressourcen" auf, sondern benötigt menschliche Arbeitsleistungen als
weiteren Faktor für den Umwandlungsprozeß. Der produzierende Mensch tritt
in dem Naturverwertungsprozeß selbst als abbaufähige und erneuerbare
Ressource auf.

Mit derartigen interaktiven Prozessen im Verhältnis von Gesellschaft und Natur
befaßt sich Humanökologie und liefert damit zum einen einen Erklärungsansatz
zur Struktur der Umweltzerstörung. Zum anderen stellt sie mit eben diesem
Ansatz die einheitliche Basis bereit, auf welcher - unter normativen Vorzeichen -
Umweltpolitik aufbauen kann.

Es folgen nun zwei Beispiele für Fachpolitiken auf humanökologischer Basis,
zunächst in Abschnitt 2 die Voraussetzungen für eine humanökologische
Agrarpolitik, sodann darauf aufbauend und deutlicher praxisbezogen in Abschnitt 3 der Vorschlag einer humanökologischn Entwicklungspolitik anhand
eines konkreten Falles.

2. Voraussetzungen einer humanökologischen Agrarpolitik

Produktion und Reproduktion

Der Bogen zur Landwirtschaft soll mit Hilfe des bereits erwähnten Begriffspaares der "Naturverwertung durch menschliche Arbeitsleistung" geschlagen werden. Werner Bätzing (1988a) spricht in diesem Zusammenhang von Produktion und Reproduktion: Produktion von Nahrungsmitteln erfordert die Reproduktion des Agroökosystems, nämlich mit Hilfe von Regenerierungs- und Pflegearbeiten. Produktion ist von der Reproduktion nicht abzutrennen: Ursprünglich mußte Naturlandschaft erst in Kulturlandschaft verwandelt werden, ehe sie landwirtschaftlich oder viehwirtschaftlich genutzt werden konnte. Dies geschah durch menschliche Arbeit. Später ist die so entstandene Kulturlandschaft, das Agroökosystem, zu pflegen und zu regenerieren - etwa durch Bodenlockerung oder ausgleichende Nährstoffzufuhr -, wenn es nicht degradieren soll.

Dabei gilt tendenziell folgender Zusammenhang: Je mehr reproduktive Arbeit eingesetzt wird, desto funktionsfähiger ist das kulturell überformte Ökosystem. Umgekehrt: Je geringer die reproduktive Arbeit ausfällt, desto größer wird die Gefahr der Umweltzerstörung. Ohne reproduktive Arbeit würden beispielsweise das anthropogene Ökosystem "Alm" und mit ihm die Almwirtschaft schnellstens kollabieren; sie sind ohne die stetige Pflege durch den Almhirten nicht überlebensfähig (Bätzing 1988).

Was und in welcher Kombination der Mensch in einem gegebenen Agroökosystem produziert, ist bis zu einem gewissen Grade naturbedingt. Es gelten die bekannten Standortvorteile und -nachteile. Landwirtschaftliche Produktion ist jedoch *auch* kulturell bestimmt, etwa durch Ernährungsgewohnheiten, Arbeitsorganisation und -techniken, Tradition bis hin zu religiösen Tabus. Die Natur erteilt keine Vorschriften - dies anzunehmen wäre ein naturalistischer Fehlschluß -, auf Fehlverhalten reagiert sie allerdings.

Agrarkultur

Den skizzierten humanökologischen Zusammenhang, die produzierende Interaktion zwischen Mensch und Natur im ländlichen Raum, nennen wir Agrarkultur. Agrarkultur umfaßt

- die standortgerechte Nahrungsproduktion,
- das Pflegen (lateinisch: colere, cultura) der Produktionsgrundlagen,
- ein standortbezogenes Ernährungsverhalten mit entsprechenden Präferenzen,
- das Zusammenleben der Bewohner,

- Arbeitsteilung in der Familie und im Dorf,
- die dörfliche Agrarverfassung mit ihren Eigentums- und Nutzungsrechten sowie der Erbfolgeregelung und
- Feste und Riten, vor allem bei Geburt, Hochzeit und Tod.

Der modernere, auf einen Teilaspekt verengte Begriff zu Agrar*kultur* ist Land*wirtschaft*. Der Bauer reduziert sich zum Landwirt und Unternehmer. Dies bedeutet: Der abstrakte Homo oeconomicus, ein Produkt aus Geldwirtschaft und Nutzenmaximierung, verdrängt den konkreten Landmenschen, der in ein kulturelles *und* soziales, in ein ökologisches *und* wirtschaftliches Gefüge eingepaßt war; kurz, der in einem ganzheitlich-humanökologischen Zusammenhang stand. Mit der wirtschaftlichen Spezialisierung sind Kultur- und Geschichtsverlust, aber auch Naturverlust - etwa Verlust an ökologischer Diversität - und damit häufig Umweltzerstörung verbunden.

Agrarpolitik

Fassen wir zusammen: Die Einheit von produktiver und reproduktiver Arbeit, in den Agrarkulturen eine Selbstverständlichkeit, geht in der modernen Landwirtschaft verloren. Erhaltung der gewachsenen und gestalteten Kulturlandschaft, Arten- und Biotopschutz werden agrarpolitisch wie auch umweltpolitisch von der Lebensmittelherstellung völlig abgetrennt - ein Beispiel für partialisiertes Denken und Handeln anstelle von Ganzheit.

Will man unter dem politischen Gesichtswinkel Handlungsanleitungen zur Erhaltung oder Wiederherstellung einer ganzheitlichen, das heißt produzierenden und umweltschonenden, Landwirtschaft bereitstellen, dann sind agrar- und umweltpolitische Strategien zu entwickeln, welche die natur- und kulturerhaltenden Arbeiten in die Produktion reintegrieren oder - in umweltökonomischer Terminologie - ihre sozialen Kosten betriebswirtschaftlich internalisieren.

So viel in Kürze dazu, was eine theoretische Humanökologie - als Ansatz zur Erklärung von Mensch-Umwelt-Beziehungen - begrifflich und historisch zu einer ganzheitlichen Agrar- und Umweltpolitik beitragen kann. Es folgt nun, hierauf aufbauend, das politiknahe agierende Fallbeispiel für ganzheitliche Entwicklungs- und Umweltpolitik.

3. Vorschlag und Fallbeispiel einer humanökologischen Entwicklungspolitik

Andamanen und Nikobaren

Das zweite Beispiel einer Fachpolitik auf humanökologischer Basis führt uns in eine Entwicklungsregion, auf die zu Indien gehörige Inselgruppe der Andamanen und Nikobaren. Die im folgenden entwickelten Vorschläge stellen ein Stück politiknaher Beratung dar und sind damit sehr viel deutlicher als die bisherigen Ausführungen anwendungs- und umsetzungsorientiert[4]. Die Inselgruppe wurde erstmals im 2.Jahrhundert unserer Zeitrechnung von dem Geographen Claudius Ptolemäus aus Alexandria erwähnt. Port Blair wurde von den Briten als Strafkolonie für ihr indisches Kolonialreich gegründet. Während des zweiten Weltkrieges standen die Inseln unter japanischer Besetzung, bis sie nach der indischen Unabhängigkeit 1947 als zentral verwaltetes Union Territory mit begrenzter Selbstverwaltung Indien angeschlossen wurden.

Die Andamanen und Nikobaren liegen 1200 km östlich des indischen Festlandes und bilden die Reste der ehemaligen Landbrücke zwischen Burma und Sumatra. Sie erstrecken sich zwischen 6° und 13° nördlicher Breite und fallen damit in die tropisch-regenreiche Zone mit 200 Regentagen jährlich. Dichter tropischer Regenwald ist die Vegetation der meist vom Menschen unberührten Inseln, die an den Küsten von Mangrovenwäldern gesäumt werden. Weißen Sandstränden sind Korallenbänke in flacher See vorgelagert. Die Gesamtfläche beträgt 8300 qkm.

Die meisten der etwa 550 Inseln sind unbewohnt. Der indische Zensus gibt die Bevölkerungszahl für 1981 mit 190.000 an - nach 50.000 im Jahre 1971. Hiervon sind 22.000 negride Ureinwohner und asiatische Zuwanderer tribalen Charakters, die zum Teil noch immer in völliger Abschottung von der Zivilisation leben. Der Rest der Bevölkerung verteilt sich auf die sogenannten Einheimischen (locals), Nachkommen der indischen Sträflinge in und um Port Blair, sowie auf die Einwanderer und Administratoren vom Festland, die seit 1947 die wirtschaftliche und politische Oberschicht bilden.

Zwanzig Prozent der Bevölkerung sind landwirtschaftlich tätig. Auf 48.000 ha werden vorwiegend Reis und Gemüse angebaut neben Kokospalmen und Obstbäumen; Selbstversorgung wird nicht erreicht. Tropenhölzer werden in Sägemühlen verarbeitet: 182.000 cbm im Jahre 1984. Die Fischerei ist trotz eines vielfältigen Fischbestands kaum entwickelt. Industrielle Fertigungen gibt es mit Ausnahme der Sägemühlen nicht.

70 Bernhard Glaeser

Drei Modelle

Soweit in Kürze die Bestandsaufnahme. Welches sind nun die in Indien diskutierten entwicklungspolitischen Vorschläge? Drei Projekte entzünden die Phantasie:

- Ein Freihafen mit zollfreier Produktions- und Handelszone nach dem Vorbild Hongkong; hiervon wird ein Sogeffekt für die indische Wirtschaft erwartet.
- Ein gigantisches Tourismuszentrum nach dem Vorbild von Goa; eine zollfreie Ladenzone soll die Attraktivität noch erhöhen.
- Eine Raketenbasis und Testanlage; diese sind wegen der vielen Regentage wohl kaum realisierbar.

Je nach Grad der Akzeptanz dieser Projekte lassen sich drei unterschiedliche entwicklungspolitische Modelle ableiten:

- das Modell ökologischer Bewahrung oder "Konservierung",
- das Modell "Makropolis",
- das Modell humanökologischer Entwicklung, das zwischen den beiden Extremen angesiedelt ist.

Die Befürworter der ökologischen Bewahrung argumentieren wie folgt: Es handele sich um die letzten nahezu intakten ökologischen und humanökologischen Systeme auf dem Globus, die infolgedessen zu bewahren seien. Jede weitere Einwanderung und wirtschaftliche Entwicklung würden das Gleichgewicht zwischen Mensch und Natur stören und seien zu beenden. Bei dem Modell ökologischer Konservierung handelt es sich also zugleich um ein Modell sozialer Stagnation.

Makropolis ist wie folgt zu skizzieren: Der Naturhafen auf Great Nicobar im Süden der Inselgruppe wird ausgebaut, die Insel selbst in ein Hongkong zweiter Art verwandelt. Dies könnte etwa bedeuten, daß als Folge eines gewaltigen Einwanderungsschubs die dann hier lebenden 5 Millionen Einwohner sich auf 533qk verteilen, das heißt eine Dichte von knapp 10.000 Einwohner je Quadratkilometer erreichen. Die Folge wäre mit großer Sicherheit eine Ausdehnung auf weitere Inseln. Dies würde den Verlust der letzten naturbelassenen Gebiete bedeuten, den Verlust des Lebensraumes der dort lebenden Naturvölker, aber auch den Verlust an kultureller Identität der indischen Einheimischen gegenüber den Neuzuwanderern. Überdies erscheint Makropolis auch ökonomisch unrealistisch, da im Gegensatz zu Hongkong Infrastruktur und Hinterland (New Territories und die Volksrepublik China) fehlen.

Humanökologische Entwicklung

Bleibt der Vorschlag einer humanökologischen Entwicklung, die mit dem Ziel der Natur- und Sozialverträglichkeit zwischen den Extremmodellen angesiedelt ist. Die angestrebte Versorgungsunabhängigkeit vom indischen Mutterland erfordert eine Intensivierung der Landwirtschaft. Die Küstenfischerei wird in beschränktem Maße ausgebaut. Auf der Basis beider werden kleinere verarbeitende Industrien errichtet, die der Selbstversorgung der Bevölkerung dienen, aber Überschüsse auch exportieren können. Realistischerweise werden die vorgesehenen Freihandelspläne fallengelassen. Befürwortet wird dagegen eine vorsichtige Ausweitung des Tourismus ohne lärmende und landschaftszerstörende Aktivitäten. Schließlich wird eine zurückhaltende Einwanderungspolitik betrieben.

Die Basis des humanökologischen Wirtschaftsmodells stellen die landwirtschaftlichen Maßnahmen dar. Daher ist in diesem Punkt etwas mehr ins Detail zu gehen, um zu klären, inwieweit sie natur- und umweltverträglich sein können. Vorgeschlagen wird eine landwirtschaftliche Intensivierung auf agroökologischer Basis, die ressourcenarm, energiesparend und fruchtbarkeitserhaltend produziert; darüberhinaus - in einem Prozeß der Reproduktin Naturlandschaften und Biotope erhält, was wiederum genetische Ressourcen und Artendiversität bewahrt. Ein solches System der Agroforstwirtschaft oder des Ecofarming, des ökologisch orientierten Landbaus, könnte wie folgt ausehen:

- In den Tallagen wird Reis ohne Bewässerung angebaut, mit Gemüse alternierend.
- An den Berghängen wird sogenanntes multi-storey cropping, das heißt ein Mischfruchtsystem bestehend aus Obstbäumen, Bananenstauden und niederwüchsigen Leguminosen betrieben. Horizontale Konturlinien werden gegen Erosion angelegt.
- Auf den Hügelkuppen schließlich wird der Regenwald belassen, um den Wasserhaushalt nicht zu stören und Regenerosion zu verhindern.

Wie sozialverträglich sind die vorgeschlagenen wirtschaftlichen und landwirtschaftlichen Maßnahmen? Die sogenannten Naturvölker werden, soweit sie bisher unbehelligt geblieben sind, dieses auch weiterhin sein und können, wie sie es gewohnt sind oder wünschen, im Austausch mit ihrer physischen Umwelt leben. Ihre Sitten, Gebräuche und Werte werden nicht angetastet.

Für die indischen Einheimischen ist mehr wirtschaftliche und damit in der Folge mehr politische Eigenständigkeit Konsequenz der vorgeschlagenen Maßnahmen. Landwirtschaftliche Intensivierung, Kleinindustrie, Fischerei und Tourismus produzieren höhere Einkommen und zusätzliche Arbeitsplätze, ohne daß es zu

Überfremdung und Verlust an kultureller Identität kommen muß. Die Maßnahmen bauen auf vorhandenen Traditionen auf; Zuwanderer sorgen für die überschaubare Ausweitung der kulturellen, wirtschaftlichen und politischen Basis der
gesellschaftlichen Entwicklung.

Soweit das Fallbeispiel eines humanökologisch orientierten Umwelt- und Ent-
wicklungsszenarios, das anstrebt, theoretische Überlegungen in politische Empfehlungen umzusetzen und dabei die betroffenen natürlichen sowie soziokulturellen Umwelten berücksichtigt. Daß seine landwirtschaftliche Basis auch realisierbar ist, haben die Erfolge ähnlicher Ansätze in Afrika gezeigt (Egger und
Martens 1987).

4. Zusammenfassung

Es wurde versucht, das humanökologische Paradigma als Basis für umfassenden, in sich stimmigen Umwelt- und Ressourcenschutz plausibel zu machen.
Die Bedingungen einer humanökologisch orientierten Landwirtschaft, Einheit
von Produktion und Reproduktion im Agroökosystem, wurden freigelegt. Folge-
rungen für Agrar- und Entwicklungspolitik wurden gezogen.

Aus der Betrachtung der Beispiele scheint deutlich zu werden, daß Modernisierung oft die Gefahr der ökologischen, aber auch der sozialen und kulturellen
Nichtverträglichkeit in sich birgt. Andererseits scheint aber auch die Hut davor
angebracht, vorindustrielle Produktionsweisen romantisch zu verklären; soziale
Stagnation liegt nahe. Als eine mögliche Lösung zwischen beiden Irrwegen
wurden entwicklungspolitische Perspektiven unter humanökologischen Bedingungen paradigmatisch entworfen.

Anmerkungen

1) Der folgende Beitrag ist eine veränderte und ergänzte Version meines Auf-
    satzes "Ganzheitlichkeit im Umweltschutz -mehr als nur ein Schlagwort?"
    Universitas, 2/1990, S.105-113.
2) Aus Platzgründen muß das Beispiel für sich selbst sprechen. Zum Verhältnis
    von partieller und ganzheitlich-vorsorgender Umweltpolitik vgl. Glaeser
    1989 mit genaueren empirischen Belegen.
3) Die folgenden Gedanken entstammen den einführenden Kapiteln des Ban-
    des Glaeser, (Hrsg.) 1989.

4) Im Jahre 1987 nahm ich auf Einladung des Administrative Staff College in Hyderabad an einem Expertenseminar in Port Blair teil, das vorbereitende Politikoptionen zur Entwicklung und Umweltgestaltung der Inselgruppe zur Information des indischen Parlaments entwickeln sollte. Die im folgenden stark verkürzt dargestellten Vorschläge wurden ausführlicher als Beitrag eines in Indien erschienenen Sammelbandes entwickelt (Glaeser 1989a).

Literaturhinweis

Aristoteles (1961): *Metaphysik*, The Loeb Classical Library. London: Heinemann; Cambridge (Massachusetts): Harvard University Press

Bätzing, Werner (1988): *Die Alpen. Naturbearbeitung und Umweltzerstörung*, Frankfurt am Main: Vervuert (4.Auflage)

Bätzing, Werner (1988a):"Umweltkrise und reproduktive Arbeit", in: *Kommune*, 5, S.69-7

Egger, Kurt und Brigitt Martens (1987):"Theory and Methods of Ecofarming and their Realization in Rwanda, East Africa", in: B. Glaeser (Hrsg.), *The Green Revolution Revisited*, London: Allen & Unwin, S.150-17

Glaeser, Bernhard (Hrsg.) (1984): *Ecodevelopment - Concepts, Projects, Strategies*, Oxford: Pergamon Press

Glaeser, Bernhard (1989): *Umweltpolitik zwischen Reparatur und Vorbeugung*, Opladen: Westdeutscher Verlag

Glaeser, Bernhard (Hrsg.) (1989): *Humanökologie. Grundlagen präventiver Umweltpolitik*, Opladen: Westdeutscher Verlag

Glaeser, Bernhard (1989a):"An Ecodevelopment Approach for the Andaman and Nicobar Islands", in: B. . Virmani und Klau J. Voll (Hrsg.), *Economic Development Alternatives. Andaman and Nicobar Islands*, New Delhi/ Bombay: Vision Books, S.120-132

Haeckel, Ernst (1866): *Generelle Morphologie der Organismen. Band 2: Allgemeine Entwicklungsgeschichte der Organismen*, Berlin: Reimer

Ökologie, Politik und Wissenschaft
Drei allgemeine Fragen

Udo E. Simonis

*"Die Umweltprobleme Deutschlands werden
die Umweltprobleme vieler Länder sein."*
Karl W. Deutsch, 1988

*"Mexico kann sich keine saubere
Industrie leisten. Wir haben die
Wahl zwischen einer verschmutzenden Industrie
oder gar keiner Industrie."*
Marcello Javelly, Mexikanischer Minister für
Umweltschutz, November 1984

Eine Voreinschätzung

Das Thema meines Beitrages läßt viele Fragen zu und legt zugleich drei Fragen
nahe:

- Zum einen die Frage danach, wie praktizierte Politik und tradierte Wissenschaft in Industrie- und Entwicklungsländern auf den Bedeutungszuwachs des
  Wissensgebietes Ökologie reagiert haben - und wie sie hätten reagieren können.

- Zum zweiten die Frage danach, wie Politik und Wissenschaft auf die Belastung
  und die Zerstörung der Ökosysteme, die natürliche Umwelt des Menschen,
  reagiert haben - und wie sie reagieren sollten.

- Wenn nicht auszuschließen ist, daß praktizierte Politik und tradierte Wissenschaft nicht zu den Vorreitern, sondern zur Nachhut bei der Entwicklung
  ökologischen Denkens und Handelns gehören, besteht eine dritte Frage darin,
  wie die Entwicklung ökologischen Denkens und Handelns in Politik und Wissenschaft im Vergleich zur Gesellschaft im allgemeinen und zur Ökologiebewegung im besonderen gediehen ist.

Die zahlreichen Umweltprobleme, mit denen wir es heute auf der Welt zu tun
haben, sind nicht nur Folge der etablierten Wirtschafts- und Technologiestruktu-
ren, der prekären Abhängigkeit der industriellen Wirtschaftsweise von nicht-
erneuerbaren Ressourcen und der raschen Akkumulation nicht-abbaufähiger
Abfallstoffe. Sie sind auch Folge einer sozialen Innovationsschwäche - im Sinne
einer mangelnden Anlehnung der ökonomischen und technischen Systeme an
ökologische Selbsterneuerungs- und Regelmechanismen. Sie entstehen also oder
verstärken sich aufgrund gravierender Mängel der politischen Steuerung, insbesondere in den unmittelbar umweltrelevanten Politikbereichen. Die Wissenschaften können und müssen Beiträge zur Überwindung dieser Innovationsschwäche
liefern, wobei eine Orientierung an der Ökologie naheliegt bzw. ihre Durchdrin-
gung mit ökologischen Fragestellungen ansteht.

1. Ökologie als Leitwissenschaft
oder: Zur Notwendigkeit der Strukturanpassung ökonomischer und technischer Systeme

Wir müssen mit einer Klarstellung beginnen: "Ökologie" läßt sich als synoptische
Wissenschaft mit methodischen Grundlagen und Forschungsansätzen verschiedener Fächer und Wissensbereiche begreifen, als Wissenschaft vom Systemgan-
zen (Gerd Weigmann) - oder, wie es im Untertitel des Ökologie-Buches von
Odum und Reichholf heißt: als "Brücke zwischen den Natur- und Sozialwissenschaften". Eine solche Wissenschaft ist erst im Entstehen begriffen - die Brücke
trägt noch nicht. Ökologie ist aber auch eine existierende Teildisziplin der
Naturwissenschaften (biologische Ökologie)...

Ernst Haeckel hatte 1866 den Begriff Ökologie näher bestimmt: Ausgehend von
dem griechischen Begriff oikos = Haus, Haushalt, Wohnung, beschrieb er Ökologie als die Lehre von der Anpassung der Organismen an ihre Umweltbedingungen. Der Physiologie als Lehre von den Funktionen eines Organismus stellte
er die Ökologie als Lehre von der "Ökonomie der Natur" gegenüber. Zeitgenös-
sische Autoren definieren Ökologie als "Wissenschaft von der Struktur und den
Funktionen der Natur, von den Beziehungen der Organismen untereinander und
mit ihrer Umwelt" - wobei hier als Umwelt der Komplex aus Faktoren und
Fremdorganismen begriffen wird, die auf einen Organismus einwirken. Die
biologische Ökologie ist damit eine der Wissenschaften, die nicht die Dinge
selbst innerhalb ihrer eigenen Kategorien, sondern das Beziehungsnetz zwischen
ihnen untersucht.

Hierin - in Zielrichtung und methodischem Ansatz, Anspruch und Denkweise -
liegt begründet, daß *Ökologie* in jüngster Zeit zu einem Kernbegriff der nationalen und globalen Diskussion werden konnte. Er erlaubt und erleichtert die Er-

kenntnis, daß auch der Mensch nur Teil der Natur ist, daß er mit seinem Tun natürlichen Gesetzmäßigkeiten und Grenzen des Wachstums unterliegt, die nach Jahrhunderten der technisch-wissenschaftlichen Entwicklung und Jahrzehnten der industrie-wirtschaftlichen Produktion vielfach überschritten sind - mit der Bedrohung seiner eigenen Überlebensfähigkeit.

Die "Logik" der biologischen Evolution hat in den *natürlichen Ökosystemen* Beispiele geschaffen für langfristig funktionierende, sich selbst stabilisierende Systeme. Die Ökologie als biologische Wissenschaft beschreibt natürliche Ökosysteme dementsprechend mit Hilfe dynamischer, vernetzter Modelle mit komplexen Rückkopplungsmechanismen. Eine Anwendung solcher Modelle auf anthropogen gesteuerte Systeme, also auf ökonomische, technische und politische Systeme, könnte wegweisend sein für die anstehende Veränderung eben dieser Systeme, das heißt: für eine ökologische Strukturanpassung von Wirtschaft, Technik und Politik.

Entsprechende Problemlösung durch Kooperation von Wissenschaftlern und Praktikern verschiedener Fachrichtungen zu erwarten, setzt jedoch voraus, daß zunächst gewisse Grundlagen für ein gemeinsames Denken und Handeln entwikkelt und erprobt werden. Hinsichtlich der Analyse und Therapie konkreter Umweltprobleme kann dabei ein Vergleich von ökologischen und ökonomischen Systemen und deren Funktionsweise besonders nützlich sein (vgl. Weigmann).

Natürliche ökologische Systeme und *ökonomische Systeme der industriellen Wirtschaft* haben eine Reihe von gemeinsamen Merkmalen, die teilweise freilich nur formale Analogien sind: Ökologische und ökonomische Systeme bestehen aus belebten und unbelebten Elementen; sie haben jeweils eine spezifische Organisationsform; sie benötigen Betriebsenergie, verbrauchen und produzieren, wirken nach außen, werden gesteuert...

Ein spezielles Problem der Prozeßsteuerung von *natürlichen Ökosystemen* ist das allen Populationen innewohnende Bestreben, die Vertreter der eigenen Art zu vermehren. Dies führt zum Wachstum der Populationen und müßte ohne Steuerung der Vermehrung zwangsläufig das System sprengen, da Ressourcen - wie Raum und Nahrung - nur begrenzt im System verfügbar sind. Tatsächlich werden Populationen in stabilen Ökosystemen jedoch durch verminderte Zugänge (Zuwachsrate) und/oder erhöhte Abgänge (Sterblichkeit oder Abwanderung) auf ein Niveau gebracht, das ein Gleichgewicht bewirkt. Nur in der Aufbauphase von natürlichen Ökosystemen haben Populationen eine hohe Zuwachsrate, die danach bald zurückgeht oder auf Null reduziert wird.

Typisch für *natürliche Ökosysteme* sind also logistische, nicht exponentielle Wachstumskurven; die Wachstumsgrenze liegt in der gegebenen "Umweltkapazität" bzw. der "Belastbarkeit des Systems". Die funktionelle Geschlossenheit natürlicher Ökosysteme bewirkt also ein hohes Maß an internen Rückkopplungen, an Vernetzungen, die eine "dynamische Stabilität" zur Folge haben: Effiziente Nutzung vorhandener Stoffe und Energiemengen führt zu Stoffkreisläufen, zu einem "natürlichen Recycling" und bedeutet für die Umgebung des Systems ein Minimum an Belastungen durch Stoff- und Energieemissionen. Die Überlebensfähigkeit eines natürlichen Ökosystems erfordert also Stabilität; Stabilität wiederum entsteht durch Mechanismen der Selbstregulation des Stoff- und Energieeinsatzes, das heißt der Schonung der zur Verfügung stehenden Ressourcen.

Im Gegensatz zu dieser natürlichen Funktionsweise werden vom Menschen *genutzte Ökosysteme*, wie zum Beispiel die Nutzung des Bodens für land- und forstwirtschaftliche Zwecke, in aller Regel nicht so gesteuert, daß sie ein natürliches Gleichgewicht wahren, sondern so, daß sie hohe Erntemengen ermöglichen. Dementsprechend werden Zusatzstoffe und Zusatzenergie aufgewendet, um über eine künstliche Regelung das System an seiner natürlichen Funktionsweise zu hindern; das System wird außenabhängig.

Was die Funktionsweise der industriellen *ökonomischen Systeme* angeht, so resultiert deren umweltbelastende Wirkung daraus, daß sie im Vergleich zu ökologischen Systemen quantitativ und qualitativ unterschiedlich strukturiert worden sind (vgl. Weigmann):

- Sie werden nicht oder nicht hinreichend auf stofflich-energetische Wechselwirkungen im Systeminnern hin optimiert.

- Sie sind nicht so energieeffizient organisiert, daß Sonnenenergie als Steuerungsenergie ausreichte. Sie sind stark von der Zufuhr von Ressourcen (Stoffe und Energie) abhängig, und diese Zufuhr wirkt nicht sogleich prozeßsteuernd auf die Systeme zurück.

- Ihr interner Stoff- und Energiehaushalt läßt erhebliche Anteile der Stoff- und Energiemengen ungenutzt nach außen gelangen, die in Form von schädlichen Emissionen die natürlichen Systeme (und auch den Menschen) belasten.

- In ihnen ist Recycling mengenmäßig eher unbedeutend.

- Die Wachstumsprozesse werden nicht grundsätzlich systemintern begrenzt.

- Folgelasten ökologischer und ökonomischer Art werden überwiegend nicht von den Verursachern getragen, sondern externalisiert, das heißt, auf die Gesellschaft, auf zukünftige Generationen und auf die Natur abgewälzt.

Wegen dieser strukturellen Mängel der *internen* Steuerungs- und Regelmechanismen ökonomischer Systeme, die keine hinreichenden Vorkehrungen zur Messung, Bewertung und Vermeidung ökologischer Schäden aufweisen, entsteht mit steigendem Niveau der industriellen Produktion die Tendenz und letztlich die Bedrohung, daß man zunehmendes Geld-Einkommen gegen abnehmendes Natur-Kapital eintauscht...

Angesichts der Größenordnung der ökologischen Schäden, um die es in der Welt bereits faktisch geht und in Zukunft immer mehr gehen wird, wäre die Einführung des *ökologischen Prinzips* der allseitigen Vernetzung und Emissionssenkung (letztlich: Null-Emission schädlicher Stoffe) wegen des damit notwendigerweise verbundenen Innovationsschubs geradezu revolutionär zu nennen: Produkte und Technologie müßten ökologisch optimiert, die Organisationen und Institutionen, in denen sie vorbereitet und angewendet werden - das heißt Forschung und Herstellung, Labor und Betrieb - müßten umstrukturiert, in Aufgabenstellung und Funktionsweise umgepolt werden.

Dabei bedarf es in bezug auf die Anwendung ökologischer Prinzipien in ökonomischen Systemen vermutlich einiger "Übersetzungshilfen", vor allem der Einführung neuartiger Rechtsvorschriften. Hier aber liegt ein fundamentales Problem. In bezug auf Umweltschäden ist das nationale und internationale Rechtswesen - und die darauf basierende ökonomische und technologische Argumentation - stark geprägt vom "Prinzip der Zurechenbarkeit" (Nachweis der strikten Kausalität): Für Schäden haftet *der* Schädiger, dem der Geschädigte die Verursachung nachweisen kann. Angesichts komplexer Wechselwirkungen zwischen ökonomischen und ökologischen Systemen ist dieser Nachweis in aller Regel aber schwierig und führt daher allzu oft zur Handlungsblockade: Das vielbeschworene "Verursacherprinzip" kommt nicht oder zu spät zur Anwendung...

In einigen Ländern der Welt hat es aber durchgreifende Änderungen in den Rechtsprinzipien gegeben. In Japan genügt beispielsweise der statistische (epidemiologische) Kausalitätsnachweis, um umweltbelastende Unternehmen gesamtschuldnerisch zum Schadensersatz zu verpflichten. Dieses Haftungsprinzip hat dort - durch Richterrecht und nachfolgende Gesetzesänderung - die Umweltbelastung in Teilbereichen rasch verringert; es hat den Präventionsgedanken im Umweltschutz gestärkt und grundsätzlich emissionsarme technische Innovationen gefördert. In den USA ist nach dem Superfonds-Gesetz die sofortige Behebung einmal erkannter Umweltschäden möglich, ungeachtet des erfolgten Nachweises der strikten Kausalität.

Die konkrete Ausgestaltung umweltbezogener Haftungsprinzipien kann in der Praxis vielfältige Formen annehmen und reicht von der generellen Umwelt-Gefährdungshaftung über kollektive Altlastenfonds bis zur obligatorischen Umweltverträglichkeitsprüfung für alle entwicklungsplanerischen Projekte und Programme.

Es ist - um ein zweites Beispiel *interner* Steuerungs-und Regelmechanismen für
ökologische Systeme aufzugreifen - zunehmend klar geworden, daß das ökonomische Rechnungswesen (betriebliche Buchhaltung und volkswirtschaftliche
Gesamtrechnung) aus ökologischer Sicht dringend verbessert werden muß.
Ansätze dazu sind in Form der *"ökologischen Buchhaltung"* und der Ermittlung
eines *"Öko-Sozialprodukts"* vorhanden. Erfolgreiche Entwicklung und Anwendung solcher Bilanzierungskonzepte einmal unterstellt, entstünden damit
betriebliche Entscheidungshilfen und öffentliche Informationsinstrumente, die
zur Bestimmung und Förderung umweltverträglicher Projekte beitragen würden.
Solche Konzepte müßten allerdings allgemein eingeführt und gesetzlich verbindlich sein.

Ein erstes allgemeines Fazit: Durch Anlehnung an bzw. Nachahmung von ökologischen Steuerungs- und Regelmechanismen könnten die ökonomischen Systeme
erheblich umweltverträglicher gemacht werden. Hierbei käme es darauf an, daß
bestimmte, der Natur nachempfundene Grundregeln verstärkt Beachtung fänden, wie vor allem:

- Die Funktionsfähigkeit eines ökonomischen Systems und der Erfolg des Wirt-
  schaftens müssen vom Mengenwachstum unabhängiger werden, das heißt
  Übergang von exponentiellem zu logistischem Wachstum, Beachtung des
  Niveaus und der Qualität der Produktion statt Betonung der aggregierten
  Wachstumsrate;

- bessere Nutzung vorhandener Ressourcen, insbesondere höhere Energieeffizienz;

- Förderung des Recyclings, das heißt Zunahme der Mehrfachnutzung von
  Produkten und Stoffen;

- Minimierung stofflicher und gasförmiger Emissionen, letztlich: Reduzierung
  schädlicher Emissionen auf Null;

- biologisches Grunddesign, das heißt Entwicklung naturnaher Strukturformen
  in der Produktion.

Es ist unmittelbar einsichtig, daß die derzeitigen industriellen Systeme diesen
ökologischen Prinzipien nicht oder bestenfalls ansatzweise entsprechen. Dies
liegt zum Teil sicherlich an fehlenden innovativen Ideen und Vorschlägen zur
ökologischen Reform der industriellen Wirtschaftsweise, zum Teil aber auch an
der mangelnden Bereitschaft, bereits vorliegende Ideen und Vorschläge in die
Praxis umzusetzen.

2. Ökologie als Gegenstand der Politik
   oder: Umweltpolitik als gesellschaftliche Reaktion auf ökologische Krisenerscheinungen

Der Mensch hat den biblischen Auftrag, sich die Erde untertan zu machen, ganz offensichtlich fehlinterpretiert. Statt eines pfleglichen Umgangs mit der Natur findet eine rapide Ausbeutung und Überlastung statt: Natur wird direkt genutzt und indirekt durch Verarbeitung von Rohstoffen zu Produkten *(Umweltverbrauch)*, und sie wird durch Schadstoffe und Abfälle der Produktion belastet *(Umweltbelastung)*.

Ich kann es mir versagen, hier viele Zahlen über die Größenordnung und Struktur dieser beiden Seiten der Umweltpolitik vorzulegen, und verweise auf Literatur zum Thema. Die allgemeine Datenlage wird von Jahr zu Jahr besser - und die damit beschreibbare Problemlage leider auch immer bedrohlicher. Ich erinnere an den ersten Bericht an den Club of Rome und den Bericht "Global 2000", an den "Zehn-Jahresbericht des Umweltprogramms der Vereinten Nationen (UNEP)" und die Berichte des Worldwatch Institute "State of the World". Jeweils nur ein Beispiel zum Thema *Umweltverbrauch* bzw. *Umweltbelastung* muß daher genügen:

Nach Schätzungen der UNEP gelten weltweit 25.000 Pflanzenarten und mehr als 1.000 Tierarten als vom Aussterben bedroht. Da in den Tropenwäldern allein rund 40 Prozent aller Arten beheimatet sind, ist ein Hinweis auf eine Studie des Worldwatch Institute vom Oktober 1985 angezeigt, nach der jährlich 11,4 Mio. Hektar an geschlossenem Tropenwald abgeholzt bzw. gerodet werden; die Wiederaufforstungsrate wird dagegen auf weniger als 10 Prozent geschätzt. Nach neueren Berechnungen könnten die jährlichen Verluste an Tropenwald aber auch 16 Millionen Hektar betragen. Soviel nur zum Thema *Umweltverbrauch*.

Was die *Umweltbelastung* betrifft, will ich es hier ebenfalls bei einem Beispiel bewenden lassen. Bei der Energieerzeugung aus fossilen Quellen wird durch die Emission der mit der Verbrennung entstehenden Schadstoffe die chemische Zusammensetzung der Luft in globalem Maßstab verändert. Seit 1958 ist verläßlich nachweisbar, daß die Kohlendioxidkonzentration (CO_2) in der Atmosphäre stetig angestiegen ist. Auf Basis bestimmter Annahmen über die weitere Zunahme der Weltbevölkerung und ihrer Energienachfrage könnte im Verlaufe der nächsten fünfzig Jahre eine Verdoppelung des Kohlendioxidgehaltes der Atmosphäre eintreten, was zu einer dramatischen Veränderung des Klimas führen würde. Eine Vermeidung des "Treibhauseffektes" ist nicht mehr möglich, es geht nur noch um dessen Höhe - und natürlich um die erforderlichen Gegenmaßnahmen. Während über die Schadstoffe Schwefeldioxid und Stickoxide im

Zusammenhang mit den Themen Waldsterben, Wasser- und Bodenbelastung intensiv diskutiert worden ist und inzwischen entsprechende, wenn auch nicht ausreichende Entlastungsmaßnahmen getroffen worden sind, hat eine breite Diskussion über das Kohlendioxid gerade erst begonnen, eine weltweite Reduzierungsstrategie in Form einer "Klima-Konvention" steht zur Zeit auf der Tagesordnung mehrerer internationaler Konferenzen.

Ganz zweifellos geht es hier - wie auch in bezug auf andere Prozesse des Umweltverbrauchs und der Umweltbelastung - um das, was Alexander Kluge auf den Punkt gebracht hat: den "Angriff der Gegenwart auf die übrige Zeit". Wie aber hat die Gegenwart auf die Angriffe der Vergangenheit reagiert, was hat sich politisch entwickelt - national und international gesehen?

Als der *Umweltverbrauch* und die *Umweltbelastung* unübersehbar geworden waren, schuf man mit der staatlichen Umweltpolitik einen neuen Politikbereich, der mit der Regulierung der Umweltqualität betraut ist. In etwa 120 Ländern der Erde gibt es inzwischen irgendeine Art von fachlicher Umweltpolitik. Diese Vorgehensweise entspricht einem Politikverständnis, in dem jeder Politikbereich arbeitsteilig im Sinne einer Spezialpolitik für einen begrenzten Arbeitsbereich zuständig ist - unabhängig davon, ob enge Wechselwirkungen zwischen den einzelnen Bereichen bestehen, und ungeachtet des oft wiederholten Hinweises, daß es sich bei der Behandlung der Umweltproblematik um eine politische Querschnittsaufgabe *per se* handele.

Die Umweltpolitik wurde so zu einer Ressortpolitik, welche die Umweltprobleme, die durch den Produktionsprozeß erzeugt werden, zu beheben sucht, indem man sich um die bereits geschädigte Umwelt "sorgt". Diese nachsorgende (kurative) Politik hat seit den siebziger Jahren einige, wenn auch keineswegs ausreichende Ergebnisse gezeitigt, wie heute allgemein bekannt ist. Die Grenzen dieses Politiktyps sind entsprechend deutlich geworden: Er ist relativ teuer und unzuverlässig und im konkreten Fall nicht zielführend, weil er in aller Regel nicht an den Ursachen, sondern an den Symptomen der Umweltprobleme ansetzt. Die Nachsorge dominiert, über Vorsorge wird viel geredet. Zudem steht die nationale Sicht der Dinge im Vordergrund, während die Entwicklung einer internationalen Umweltpolitik im Grunde gerade erst begonnen hat.

Die in einigen Ländern rasch vorangekommene Entwicklung der Umweltschutzindustrie ist, soweit sie additive Techniken und Anlagen *("end-of-pipe-Technologie")* herstellt und verwendet, ambivalent: Einerseits wird mit solchen Techniken und Anlagen die Umweltqualität gegenüber einer Situation ohne Umweltschutz verbessert bzw. gesichert - und das ist für sich genommen sicherlich positiv zu bewerten. Andererseits ist der nachsorgende Umweltschutz ein Indikator für den Umfang an volkswirtschaftlichen Ressourcen, die eingesetzt werden müssen, um etwas wiederzuerlangen bzw. zu erhalten, was früher selbstverständlich und ohne Einschaltung aufwendiger Aktivitäten zu haben war. In diesem grundsätzlichen Sinne verstanden trägt die Umweltschutzindustrie von einer Schuld ab, die durch den umweltbelastenden Entwicklungspfad der Wirtschaft entstanden ist...

Ein zweites allgemeines Fazit: Die konventionelle Umweltpolitik garantiert noch nicht die ökologische Verträglichkeit der technischen und ökonomischen Systeme. Entsorgungstechnologien führen in aller Regel zur inter-medialen Problemverschiebung oder zur inter-regionalen Problemverlagerung, Recyclingtechnologien sind erst wenig verbreitet, aber auch mit steigenden Kosten pro Outputeinheit verbunden. Und was die Entwicklung integrierter, grundsätzlich emissionsarmer Technologien angeht (sogenannte *"saubere Technologie"*), so sind die betreffenden Anreiz- und Sanktionsmechanismen der Politik in den Industrieländern noch zu schwach ausgeprägt und in den Entwicklungsländern zumeist noch gar nicht vorhanden. Woran es insbesondere mangelt, ist eine *"ökologische Steuerreform"*, mit der umweltschädliche Produkte und Technologien steuerlich belastet und umweltverträgliche Produkte und Technologien begünstigt werden.

3. Ökologie und die Wissenschaft
oder: Addition versus Integration des ökologischen Denkens und Handelns

Ich möchte den dritten Teil dieses Beitrages mit einer These beginnen, eine Charakterisierung der Probleme einer umweltorientierten Wissenschaft geben und dann einige Gründe nennen, warum sich die Schulen, Universitäten und Forschungseinrichtungen stärker als bisher für ökologische Fragen engagieren sollten.

Die These lautet: "Es hängt wesentlich vom gesellschaftlichen Problemdruck ab, wie bestimmte Gegenstände und Probleme der Welt als fachliche Themen von den Wissenschaftlern wahrgenommen, erforscht und diskutiert werden." Der ökologische Problemdruck in den Gesellschaften der ersten, zweiten und dritten Welt ist gewaltig - und nimmt täglich zu. Wie aber haben die Wissenschaften die ökologische Herausforderung angenommen, erforscht und diskutiert?

Ein Symposium zu dieser Frage, das an der Freien Universität Berlin stattfand, kam zu einem deprimierenden Ergebnis: "Die Wissenschaften haben in eklatanter Weise vor der Umweltpolitik versagt. Die Universitäten nehmen das Bedürfnis nach ökologisch orientierter Forschung und Lehre nur unzureichend wahr, sie sind die Nachhut, nicht die Vorhut der öffentlichen Meinung; während man ihnen früher mangelnde gesellschaftliche Relevanz vorgeworfen hatte, ist heute ihre ökologische Ignoranz zu beklagen." So und ähnlich lauten die Kommentare.

Die Kritik an einzelnen Wissenschaften und ihren Vertretern war noch deutlicher. Da sei

- der *Ökonom*, der zu wenig von der Natur, nicht viel vom Menschen, kaum etwas von der Geschichte verstehe und im Grunde auch keine Ideen darüber habe, wie die Welt eigentlich aussehen sollte;

- der *Politikwissenschaftler*, der seine potentielle Stärke als Spezialist für Gesamtzusammenhänge nicht nutze;

- der *Zoologe*, der sich mit Bodentieren befasse, aber die Umweltprobleme am Horizont nicht aufziehen sähe;

- der *Toxikologe*, der eine Seite des "Buches der synthetisierten Stoffe" entziffern lerne, während die chemischen Synthetisierer schon wieder zehn neue Seiten zu diesem Buch hinzugeschrieben hätten;

- die *Jurisprudenz*, deren "Augenbinde" angesichts der eingetretenen und täglich neu geschehenden Umweltzerstörung befremdlich anmutet;

- und da sei schließlich die sträfliche Vernachlässigung der Frage der Umweltverträglichkeit in der *naturwissenschaftlichen Forschung und Entwicklung*...

Bewegen sich die Mitglieder der "hohen" Schulen also nicht auf dem Niveau der Gegenwarts- und der Zukunftsprobleme der industriellen Wirtschaft, erkennen sie nicht deren fundamental gestörtes Verhältnis zur Natur?

Fragt man nach den Ursachen dafür, daß trotz unverkennbar großer ökologischer Probleme vieles in Forschung und Lehre nicht so ist, wie es sein sollte, so erscheinen zwei konstitutive Elemente der Wissenschaft aus ökologischer Perspektive besonders problematisch:

- das Postulat der Werturteilsfreiheit und
- das Prinzip der fachlichen Spezialisierung.

In der Ökologiediskussion geht es in grundsätzlicher Weise um Fragen der *Bewahrung* und *Gestaltung* - und damit um Wertfragen. Ökologisches Denken und Handeln ist nicht wertneutral. So gesehen macht das Postulat der Werturteilsfreiheit die Wissenschaftler zu Mitläufern beim Wettlauf um Umweltverbrauch und Umweltbelastung und - in letzter Konsequenz - blind für die ökologische Herausforderung.

Ökologisches Engagement schließt Objektivität und Seriosität nicht aus, sondern macht sie aus Gründen der Glaubwürdigkeit sogar zwingend: Die Tatsachen müssen stimmen - und die Werte müssen begründet sein. Ökologisch engagierte Wissenschaft darf andererseits aber auch keinem strengeren Seriositätstest unterworfen werden als herkömmliche Wissenschaft. Angesichts der weltweit vorhandenen oder drohenden Umweltprobleme sollten die Wissenschaftler mehr oder besser ausdiskutiertes "Bewahrungswissen" produzieren, statt ihre Pluralität zu kultivieren. Das gilt für die etablierten Wissenschaftsstrukturen in den Industrieländern, es gilt aber leider auch für die entstehenden Strukturen in den Entwicklungsländern.

Die weitgehende fachdisziplinäre Spezialisierung von Forschung und Lehre erschwert ökologisches Denken und Handeln. Der Begriff *Ökologie* wurde zu einer Zeit geprägt (Ernst Haeckel, 1866), als sich die Naturwissenschaft schon voll auf den Weg der Spezialisierung begeben hatte. Diese Spezialisierung ist inzwischen so weit gediehen, daß eine ökologische Re-Orientierung eine gewaltige Anstrengung erfordert, ja vielleicht als Sisyphusarbeit erscheinen mag...

Wenn man sich jedoch einem Wissenschaftsbetrieb verschreibt, der zu sehr unter dem Druck der Spezialisierung steht, dann blendet man auch manches aus, was schon mit bloßem Auge und wachem Verstand begreifbar ist. So sind das *Waldsterben* und der *Artenschwund* schon früh für aufmerksame Laien sichtbar gewesen und auch beanstandet worden. Aber noch immer gibt es, in Industrie- wie in Entwicklungsländern, Wissenschaftler, die der Auffassung sind, daß die bislang diskutierten Verursachungsfaktoren nicht als wissenschaftlich erhärtet gelten könnten, und die deshalb keine entsprechenden Konsequenzen ziehen und keine durchgreifenden Maßnahmen einfordern. Und allzu oft wird die Auffassung vertreten, daß sich die armen Länder Umweltschutz gar nicht leisten könnten. Heute unterlassener Umweltschutz erhöht aber morgen die Kosten der Umweltpolitik - und manche Ergebnisse heute unterlassener Maßnahmen, wie Raubbau an nicht-erneuerbaren Ressourcen und Naturzerstörung, sind morgen selbst unter höchstem Aufwand nicht reparierbar.

Angesichts der schwerwiegenden ökologischen Krisenlage schrieb Frietjof Capra über die notwendige Änderung wissenschaftlicher Denkweisen schon vor Jahren: "Anstatt in isolierten Kausalketten zu denken, wäre es nötig, Denkmodelle nach dem Vorbild dynamisch vernetzter Systeme zu verwenden und dabei die Schranken der Einzelwissenschaft zu überwinden. Wir leben heute in einer in allen

Aspekten auf globaler Ebene verwobenen Welt... Um diese Welt angemessen beschreiben zu können, brauchen wir eine ökologische Anschauungsweise, welche das kartesianische Weltbild uns jedoch nicht bietet. Es fehlt uns also ein neues 'Paradigma' - eine neue Sicht der Wirklichkeit: unser Denken, unsere Wahrnehmungsweise und unsere Wertvorstellungen müssen sich grundlegend wandeln". (S. 10)

Ein solcher Paradigmenwechsel mag vielen als utopisch, als abgehoben von der Realität erscheinen. Doch gibt es auch eine Reihe eher pragmatischer Gründe, warum ein stärkeres ökologisches Engagement der Wissenschaft sinnvoll und lohnend erscheint. Fünf solcher Gründe möchte ich abschließend nennen:

1. *Motivation*: Im Gegensatz zur Grundmotivation der herkömmlichen Natur- und Sozialwissenschaft - nämlich: Beherrschung von Natur und Gesellschaft - erfordert und fördert die Umweltproblematik Solidarität: "Solidarität mit der Umwelt, der Mitwelt und der Nachwelt" (Günter Altner).

2. *Exploration*: Analyse und Therapie der Umweltprobleme erfordern und gestatten eine große Vielfalt von Ansätzen: theoretische und praktische, grundlagen- und anwendungsorientierte Forschung, Tisch- und Feldarbeit, universitäre und gesellschaftliche Arbeit, Vorbereitung im Industrieland und Einsatz im Entwicklungsland.

3. *Interdisziplinarität*: Die Umweltthematik transzendiert die Grenzen der Fachdisziplinen - und eröffnet zugleich die Möglichkeit, diese zu überwinden: Gespräche zwischen Ökonomen und Biologen, Chemikern und Politologen werden nützlich (Multidisziplinarität), die Zusammenarbeit in Forschungs- und Lehrprojekten wird möglich (Interdisziplinarität).

4. *Internationalität*: Umweltprobleme sind in aller Regel grenzüberschreitende Probleme, wofür nicht nur der "Treibhauseffekt", der "saure Regen", der "Müll-Export" und der "Tropenwald" Beispiele abgeben. Solche Problemkonstellationen weiten das Blickfeld, sie fördern die internationale Diskussion und erfordern internationale Kooperation; sie machen internationale Projekte erforderlich, und sie machen sie möglich.

5. *Organisation*: Organisatorisch betrachtet ist in bezug auf die wissenschaftliche Arbeit zur Umweltproblematik vieles denkbar, einiges wahrscheinlich, anderes unbedingt wünschenswert. Möglich ist sowohl die Förderung einer separaten eigenständigen Umweltforschung in Industrie- wie Entwicklungsländern, die integrierte Fachbereichsforschung und die kritische Doppelforschung - als auch der grundsätzliche Wandel der herrschenden Paradigmen in den etablierten Einzeldisziplinen und Fachbereichen.

An dieser Stelle soll keine Prognose darüber abgegeben werden, welche dieser verschiedenen Entwicklungslinien die wahrscheinlichste ist und welche Orientierung überwiegen wird. Wünschenswert aber ist, daß mehr geschieht: daß nicht nur einzelne Wissenschaftler, sondern die Wissenschaften insgesamt - in den Industrie- und in den Entwicklungsländern - größere Anstrengungen unternehmen und sich konsequenter als bisher den vielfältigen ökologischen Problemen dieser Welt widmen. Nur so, denke ich, ist zu verhindern, daß sich Königin Beatrix' düstere Prophezeiung erfüllt: "Langsam stirbt die Erde und das Unvorstellbare - das Ende des Lebens selbst - wird nun vorstellbar."

Literatur zum Thema

Bartelmus, P.: *Environment and Development*, Boston 1986

Bateson, G.: *Geist und Natur. Eine notwendige Einheit*, Frankfurt a.M. 1982

Binswanger, H.-C. u.a.: *Arbeit ohne Umweltzerstörung. Strategien für eine neue Wirtschaftspolitik*, Neuauflage, Frankfurt a.M. 1988

Böhme, G., Schramm, E. (Hg.): *Soziale Naturwissenschaft. Wege zu einer Erweiterung der Ökologie*, Frankfurt a.M. 1985.

Boulding, K. E.: *Ecodynamics*, Beverly Hills 1978

Capra, F.: *Wendezeit. Bausteine für ein neues Weltbild*, Neuauflage, Bern u.a. 1985

Franke, L.(Hg.): *Wir haben nur eine Erde*, Darmstadt 1989

Georgescu-Roegen, N.: *The Entropy Law and the Economic Process*, Cambridge/Mass. 1971

Haeckel, E.: *Allgemeine Entwicklungsgeschichte der Organismen*, Berlin 1866

Immler, H.: *Vom Wert der Natur. Zur ökologischen Reform von Wirtschaft und Gesellschaft*, Opladen 1989

Jänicke, M., Simonis, U. E., Weigmann, G. (Hg.): *Wissen für die Umwelt. 17 Wissenschaftler bilanzieren*, Berlin, New York 1985

Kapp, K. W.: *Soziale Kosten der Marktwirtschaft*, Neuauflage, Frankfurt a.M. 1983

Meadows, D. H. u.a.: *The Limits to Growth*, New York 1972

Michelsen, G., Siebert, H.: *Ökologie lernen. Anleitungen zu einem veränderten Umgang mit der Natur*, Frankfurt a.M. 1985

Odum, E. P., Reichholf, J.: *Ökologie. Brücke zwischen den Natur- und Sozialwissenschaften*, 4. Auflage, München 1980

Redclift, M.: *Sustainable Development*, London 1987

Sachs, I.: *Stratégies de l'écodéveloppement*, Paris 1980

Simonis, U. E.(Hg.): *Basiswissen Umweltpolitik*, Berlin 1990

Simonis, U. E.: *Beyond Growth. Elements of Sustainable Development*, Berlin 1990

Simonis, U. E., Weizsäcker, E. U. von, Hauchler, J., Böll, W.: *Globale Umwelt-probleme. Globale Umweltpolitik / The Crisis of Global Environment. Demands for Global Politics*, Materialien der Stiftung Entwicklung und Frieden, Nr. 3, Bonn 1989

Tolba, M. K. u.a.: *Die Umwelt bewahren*, Texte der Stiftung Entwicklung und Frieden, Bonn 1989

Umweltbundesamt: *Daten zur Umwelt 1984, 1986/87, 1988/89*, Berlin 1984, 1986, 1988

Weigmann, G.: in: Jänicke, Simonis, Weigmann, a.a.O.

Weizsäcker, E. U. von: *Erdpolitik*, Darmstadt 1990

Weltkommission für Umwelt und Entwicklung (Brundtland-Bericht): *Unsere Gemeinsame Zukunft*, Greven 1987

Wöhlcke, M.: *Umweltzerstörung in der Dritten Welt*, München 1987

World Resources Institute, International Institute for Environment and Development: *World Resources 1986, 1988*, New York 1986, 1988

Worldwatch Institute: *State of the World 1985, 1988*, New York, London 1985, 1988

Der neue West-Ost-Dialog
bietet dem Süden auch neue Chancen:
z.B. Impulse für umweltverträgliche Entwicklung

Elmar Römpczyk

Einleitung: Ein paar Sätze zur Eingrenzung dieses Beitrags

Keine seriöse politische oder wissenschaftliche Diskussion über die offenen
Fragen in den Süd-Ländern kann heute ohne Bezug zum neu entwickelten
West-Ost-Dialog geführt werden. Das gilt ganz allgemein für die entwicklungspolitische Diskussion[1]. Das gilt aber insbesondere für bestimmte Einzelpoliti-
ken, wie die internationale Handels- und Finanzpolitik und auch für den zentralen Parameter künftiger Entwicklung, die internationale Umweltpolitik.

Für Umweltpolitik im globalen Zusammenhang hat besonders der europäische
West-Ost-Dialog erhebliche Auswirkungen. Die seit Ende 1989 drastisch sicht-
bar gewordenen Dimensionen an Umweltzerstörung in der ehemaligen DDR, in
Polen, in der Sowjetunion haben sowohl die real existierende sozialistische
Wirtschaftspolitik diskreditiert als auch jedem Süd-Land sehr nachdrücklich
vor Augen geführt, daß Umweltpolitik nicht eine Fußnote der "normalen"
Politik ist, sondern integrierter Bestandteil sein muß. Wenn nicht, sind die
sozialen, ökologischen und politischen Kosten so hoch, daß sie den totalen
Zusammenbruch des Gesellschaftssystems bewirken können.

Die Öffnung nach Osten erlaubt den Westeuropäern den großen Sprung vor-
wärts. Im Zusammenhang mit der westeuropäischen Umweltdiskussion drohte
der privaten Wirtschaft immer deutlicher die Abkehr vom Wachstumsfetisch.
Da kommt die gesellschaftliche Revolution in Ungarn und Polen, der CSSR und
der DDR und nicht zuletzt die Marktwirtschaftsdiskussion innerhalb der sowje-
tischen Perestroika gerade recht.

Nicht nur, daß sich den westeuropäischen Investoren ganz allgemein Heimvor-
teile in diesem Prozeß bieten. Gerade im Umweltbereich benötigen die osteuropäischen Länder jetzt zunächst Reparaturmaßnahmen; keine komplizierten
und zeitaufwendigen Vorsorgeprogramme, sondern massive Nachbesserung ist
gefordert. Die ökologisch toten Flüsse Oder und Weichsel, Mulde und Pleiße
müssen erst wieder mit neuester Umwelttechnik aufgebaut werden. In den
Braunkohlerevieren der ehemaligen DDR kann in die Abbautechnik und die
Rekultivierung investiert werden. Bei der Energiegewinnung läßt sich zum

erstenmal Rauchgasentschwefelung einbauen. Kurz: westliche "end-of-the-pipe"-Technologien werden in großem Umfang im Osten gebraucht und eingesetzt werden müssen.

Dieser gravierende Einschnitt für die internationale Umweltpolitik (und natürlich die Wirtschafts- und Militärpolitik gleichermaßen) zeigt schon jetzt direkte Auswirkungen in Süd-Ländern, vor allem in Schwellenländern. Auch wenn in einem streng wissenschaftlichen Sinne noch keine Beweise geführt werden können, so erscheinen mir die folgenden Überlegungen dennoch als These und Diskussionsbeitrag zulässig.

Transnationale Umweltprobleme

Die Umweltprobleme eines Landes stehen immer auch in internationalen Zusammenhängen. Allerdings nicht so, daß die internationalen Bedingungen als Entschuldigung für unterlassene nationale Umweltsicherung ohne weiteres akzeptiert werden sollten.

Zu den spektakulären Umweltproblemen, für die heute und morgen im Norden und im Süden mit politischem und finanziellem Engagement Lösungen gefunden werden müssen, gehören inzwischen schon eine ganze Reihe miteinander verbundener Problemkomplexe. Jeder für sich ist hinreichend dramatisch und keiner davon ist spezifisch für den Süden oder den Norden. Sie sind bekannt, müssen aber dennoch immer wieder ins Bewußtsein gerückt werden[2]:

VERGIFTUNG DER BÖDEN, DES WASSERS, DER LUFT
DURCH CHEMISIERUNG DES ALLTAGSLEBENS

VERDECKTE GENETISCHE MANIPULATIONEN IN
WACHSENDEM UMFANG

KRIEG UND TERROR STÄNDIG IRGENDWO

ÜBERNUTZUNG DER WASSERRESERVOIRS

SCHNELLE WÜSTENBILDUNG WELTWEIT

ÜBERFORSTUNG DER WALDRESERVEN

UNBEWOHNBARKEIT DER STÄDTE

ÜBERFISCHUNG DER MEERE

ÜBERVÖLKERUNG

HUNGER

Mit dieser Aufzählung ist keine Priorisierung verbunden. Vielmehr scheint mir allen diesen Problemfeldern gemeinsam zu sein, daß eine systematische Auseinandersetzung mit jedem der Einzelkomplexe und ihrer gegenseitigen Verschränkung möglichst lange vermieden wird, indem der Scheinkonflikt zwischen Ökonomie und Ökologie behandelt wird.

Umweltprobleme in Süd-Ländern werden im Norden noch immer zu sehr als in sich ruhende Probleme wahrgenommen, z.b. die Zerstörung des tropischen Regenwaldes (Brasilien, Elfenbeinküste) oder die sich ständig weiter ausdehnende Wüstenbildung (Sudan, Mexiko). Verdrängt wird, daß diese "Einzelprobleme" sehr, sehr eng mit den oktroyierten Entwicklungsmodellen aus dem Norden verknüpft sind und daß sich diese Umweltprobleme unter bestimmten politischen Bedingungen (z.b. Militärdiktaturen) in zurückliegenden Jahren noch verschärft haben.

Dies erstaunt um so weniger als selbst in einem umweltpolitischen Vorreiterland wie der BRD immer noch der klassische Indikator BSP als Wachstumsmaßstab genommen wird und der Bau von Krankenhäusern zur Behandlung von Strahlenopfern oder von Smog-vergifteten Kindern als positive Wirtschaftsleistung gerechnet wird, ohne den direkten und langfristigen Schaden an der Umwelt dagegen zu halten.[3]

Auch die anhaltende Diskussion um Lösungswege für die Auslandverschuldung von Süd-Ländern vernebelt nur deren peripheren Nutzen für den Umweltschutz. Denn "debt-for-nature-swaps" besitzen nicht die erforderliche Dimension.[4]

Wer den realen Konflikt zwischen falsch verstandener Ökonomie und unbegriffenem Umweltschutz wahrnehmen will, muß die Millionen von Umweltflüchtlingen in den Trockengebieten des Südens und in den kriegsgemäß behandelten Tropenwaldzonen als Zeitbombe verstehen, die in den nächsten Jahren noch viel sozialen und politischen Sprengstoff freisetzen kann.[5] Nur kann sich kein Süd-Land diese Freisetzung leisten.

Ein Süd-Land, bei dem der neue West-Ost-Dialog mit dem Zusammenbruch einer a-ökologischen/autoritären Marktwirtschaftsökonomie zusammenfällt, ist Chile.[6] Chile zeigt m.E. gegenwärtig in nuce, daß die aktuelle Minderung von Entwicklungshilfe aus dem Norden den Vorteil bieten kann, schneller zu einer neuen, umweltverträglichen Entwicklungspolitik zu gelangen als mit dieser traditionellen Hilfe.

Reaktionen eines Süd-Landes: Chilenische Umweltpolitik

Das chilenische Militärregime zeichnete sich durch eine fast vollständige Vernachlässigung von Umweltpolitik aus, im Gegenteil: Seine Politik trug erheblich
zu den heutigen Umweltproblemen des Landes bei. Sensibilität für Umweltfragen ist daher in der chilenischen Gesellschaft z.Zt. nur punktuell anzutreffen.
Aber sowohl einige Nicht-Regierungsorganisationen (NROs) als auch eine
Reihe führender Köpfe der neuen Administration wollen rasch dringend erforderliche nationale Lösungen konkreter Umweltprobleme erreichen. Sie benötigen dazu sehr wohl Erfahrungsaustausch mit anderen Gesellschaften (z.B. der
BRD), sehen aber immer deutlicher, daß der West-Ost-Dialog weit weniger
Möglichkeiten für die Technische und die Finanzielle Zusammenarbeit läßt als
noch vor Jahresfrist angenommen. Die folgende Skizze konkretisiert einige der
drängenden Umweltprobleme in Chile, über die zunehmend mehr öffentliche
Information verbreitet wird[7]:

Herausforderung Nr.1:   *Überfischung des Meeres*

Zwischen 1985 und 1988 wurden im Durchschnitt 6,3 Mio. Jahrestonnen an
Fischereiprodukten eingebracht, d.h. etwa 6% des weltweiten Ertrages. Dabei ist
das Fangvolumen in den 10 Jahren zwischen 1979 und 1988 um ca. 110% gestiegen. Für Chile hat der Fischereisektor in diesen letzten Jahren einen strategischen Stellenwert innerhalb der Volkswirtschaft erlangt: durch den Export von
Fischprodukten erzielte das Land 1989 rd. 850 Mio. Dollar Einnahmen oder 12%
der gesamten Exporterlöse. Allerdings resultierten 90% dieser Erlöse aus
Fischmehl und Fischöl.

Die Bedeutung der Seefischerei für den nationalen Arbeitsmarkt zeigt sich an
etwa 60.000 Kleinfischern, gut 8.000 Hochseefischern und etwa 19.000 Arbeitern
in Fischfabriken. Damit absorbiert der Fischereisektor weniger als 1% der
Erwerbsbevölkerung. Es handelt sich folglich um einen technologisch und kapi-
talmäßig sehr gut ausgestatteten Produktionsbereich. Eine sehr kleine Gruppe
von Unternehmen kontrolliert 80% der Exporte dieses Sektors, darunter eine
Unternehmergruppe, die alleine 70% der Fischexporte beherrscht.[8]

Die Militärregierung hatte zugunsten des Fischereisektors erhebliche Exportför-
derung betrieben. Japanische, russische, spanische Fabrikschiffe haben mit Einwilligung der Militärregierung auch innerhalb der chilenischen Hoheitsgewässer
mit großen Schleppnetzen den Meeresboden förmlich abgesaugt, ohne Rücksicht
auf Jungfische oder geschützte Arten und den größten Teil gleich zu Fischöl und
Fischmehl verarbeitet. Dieser unkontrollierte Ressourcen-Abbau hat nicht nur
zu starken ökologischen Schäden und damit zum mittelfristigen Entzug von

Produktionsfaktoren für Chiles Entwicklung geführt. Vielmehr haben die ausländischen Fabrikschiffe auch so gut wie keine Sekundäreffekte etwa für die einheimische Fischindustrie oder die Werften oder maritime Dienstleistungen zugunsten Chiles erbracht.

Beide, die nationale wie die transnationale Fischexportindustrie haben bewirkt, daß eine ganze Reihe von Fischsorten, speziellen Muschelsorten, Krebsen und Seeigeln durch Überfischung von der Ausrottung bedroht sind. Diese Politik hat außerdem dazu geführt, daß der interne Konsum für die unteren Sozialschichten drastisch gefallen ist. Sogar der durchschnittliche Pro-Kopf-Verbrauch an Meeresprodukten ist von 7 kg p.a. (1970-73) auf 4,7 kg (1983-85) gefallen. Die Überfischung hat also keineswegs nur (abstrakt)-ökologische Konsequenzen, sondern wirkt sich schon jetzt unmittelbar auf die Ernährungsqualität großer Teile der Bevölkerung aus (statt Fischeiweiß müssen billigere Surrogate gesucht werden). Die längst erkennbar gewordene Vernichtung wichtiger nationaler Entwicklungs-Ressourcen wird - bei gleichbleibender Tendenz - innerhalb kürzester Zeit zur Freisetzung von Arbeitskräften führen und damit sozialpolitische Zielsetzungen der neuen Regierung gefährden.

Die derzeit im Parlament und von der Regierung vorbereitete Diskussion einer Novellierung des Fischereigesetzes muß sich daher mit einer Fülle sehr unterschiedlicher Fragestellungen zu diesem Thema befassen, und zwar vom Ressourcenschutz bis hin zur Behandlung ausländischer Unternehmer. Selbst die den Militärs naheliegende Frage nach der nationalen Souveränität über die chilenischen Gewässer wird angesprochen werden müssen.[9]

Diese politische Diskussion wird sich zudem mit dem Thema "Vergiftung der chilenischen Küstengewässer durch Industrieabfall" befassen müssen. Großer ökologischer und ökonomischer Schaden entsteht durch Direkteinleitungen von industriellen Abwässern. Diese stammen aus den Kupferminen und Kupferhütten im Norden (I. und II. Region), der Fischverarbeitungsindustrie (Fischmehl), den Zellulosefabriken im Süden und dem urbanen Müll, die allesamt ohne Vorbehandlung über die Flüsse oder direkt ins Meer geleitet werden. Bedauerlicherweise gehört der chilenische Staat in seiner Eigenschaft als wichtiger Mitbesitzer großer Kupferbetriebe zu den schlimmsten Wasser-, Boden- und Luftverschmutzern im Lande.

Herausforderung Nr.2: Überforstung

Allein in den ersten 4 Monaten dieses Jahres hat der Holzexport aus Chile um 14% gegenüber dem gleichen Zeitraum 1989 zugenommen. Die wichtigsten Aufnahmemärkte sind Japan, Belgien, die BRD, Südkorea und die USA. Nach ersten fehlgeschlagenen Versuchen zu Ende der 70er Jahre haben sich ausländische Unternehmen ab 1986 sehr massiv in der Holzexplotation und -ausfuhr engagiert. Besonders eifrig sind japanische Konzerne, nachdem der Raubbau an den tropischen Regenwäldern Südostasiens dort gravierende ökologische Probleme erkennen ließ. Zwar hat auch Brasilien japanische Holzfirmen im Amazonas investieren lassen, die Militärregierung Chiles war vor dem Hintergrund ihres Wirtschaftsliberalismus jedoch erheblich entgegenkommender.

Schon seit 1974 hat die Militärregierung - durch Dekrete abgestützt - die systematische Abholzung der chilenischen Naturwälder durch ausländische Konzerne gefördert und hat die anschließenden Aufforstungen mit schnellwachsenden Kiefernkulturen bis zu 75% der Kosten subventioniert. Wirtschaftspolitisches Ziel der Regierung Pinochet war die rasche Ausweitung der chilenischen Exportpalette mit "nicht-traditionellen" Gütern - dazu gehörte u.a. das Rundholz.

Vor allem japanische Konzerne haben seit Ende der 70er Jahre bis heute Primärwälder wahrscheinlich in der Größenordnung von 100 Mio. Tonnen in erster Linie zu Holzchips zerkleinert, zu Zellulose verarbeitet oder in hochwertiges Computerpapier verwandelt, aber vor allen Dingen haben sie den Rohstoff Holz exportiert. Schätzungen sprechen von etwa 50.000 ha Wald, die z.Zt. durch den Raubbau jährlich vernichtet werden. Durch die beschleunigte Expansion seit der 2. Hälfte der 80er Jahre in der Region von Valdivia (X. Region) bedrohen diese Konzerne heute real etwa 2,5 Mio ha Naturwald (die einzige Regenwaldzone der gemäßigten südlichen Breiten) mit Abholzung. Die Bedrohung resultiert dabei auch aus der Tatsache, daß inzwischen wahrscheinlich 30% von allem Holzeinschlag illegal erfolgen, mangels staatlicher Kontrollmöglichkeiten.[10]

Seit 1990 operieren 9 Holzchips-Unternehmen in den drei wichtigen Waldregionen im Süden des Landes, die größten davon sind Mitsubishi und Marubeni. Trotz der bisherigen Subventionierung von Wiederaufforstungsinvestitionen arbeiten diese Konzerne ohne jegliche ökologische Verantwortung: Selber bescheiden sie sich mit einem sehr kleinen Eigenbesitz an Waldflächen. Vielmehr kaufen sie ihr Rohholz für die Holzchips von Dritten auf. Die Großunternehmen entziehen sich auf diese Weise real vorhandenen oder künftig zu erwartenden Auflagen. Nur zwei der großen Holzunternehmen bilden hiervon Ausnahmen mit jeweils 50-60.000 ha eigenem Wald und entsprechendem forstwirtschaftlichen Verhalten.

Die Möglichkeiten für ausländisches Kapital, den hochwertigen chilenischen Rohstoff Holz mit nur minimalsten Sekundäreffekten für die regionale Entwicklung indiskriminiert auszubeuten, führen zwangsläufig nicht nur zu ökologischen Folgen, sondern zu einer ganzen Reihe weiterer Konsequenzen: unmittelbare Existenzbedrohung für einzelne Indianervölker im Süden Chiles (vor allem die Pehuenche); unmittelbare Gefahr der Ausrottung für Nationalpflanzen wie die

Araucarie und etwa 50 weitere Species; aber auch die Wüstenbildung oder extreme Austrocknung von etwa 20 Mio.ha Boden (vor allem in den nördlichen Provinzen) bis hin zum Export von inzwischen etwa 74.000 Reptilien, 12.000 Vögeln und anderen seltenen Tieren.

Mangelnde ökologische Sensibilität einerseits, deutliche Nähe zu wirtschaftspolitischen Positionen des Pinochet-Regimes andererseits zeigen sich gegenwärtig in Kommentaren der politischen Rechten. Der folgende Leitartikel in Chiles einflußreichster Tageszeitung El Mercurio verdeutlicht, welche Widerstände die neue Regierung überwinden muß:

FORSTSEKTOR

In diesem Sektor sind verschiedene Investitionsvorhaben von bekannten internationalen Unternehmen geplant. Die japanische Firma Daio Paper, an vierter Stelle unter den japanischen Zellulose- und Papierherstellern, möchte in der X. Region den Betrag von 520 Millionen Dollar über einen Zeitraum von 10 Jahren investieren, und zwar mit dem Ziel, Kiefern und Eukalyptus anzupflanzen, um dann später eine Zellulose- und Zeitungspapierfabrik zu betreiben. Ebenso hat Papeles Mitsubishi über die Absicht informiert, 10.000 Hektar Eukalyptus in der Nähe von Concepcion anzupflanzen, um die eigene Papierherstellung in Japan zu stabilisieren. Schweizer Kapitalgeber sind bereit, 100 Millionen Dollar in der VII. Region zu investieren, um eine Zellulosefabrik mit einer Kapazität von 70.000 Tonnen aufzubauen.

Man hat zurecht hervorgehoben, daß die Natur unser Land mit übermäßigem Reichtum ausgestattet hat. Aber in der Vergangenheit wurde dieses Rohstoffpotential - mit Ausnahme des Kupfers - niemals intensiv genutzt; die Nutzung blieb weit unterhalb der Möglichkeiten, die die freie Marktwirtschaft in Chile während der vergangenen 16 Jahre geschaffen hatte.
Man konnte ebenso mit einer nachhaltigen Subventionspolitik für Waldanpflanzungen rechnen wie mit einem erfolgreichen Zugang zu internationalen Märkten. Auf diese Weise wurden die Bedingungen für eine große produktive Dynamik geschaffen. Gegenwärtig exportiert das Land eine Produktpalette im Wert von 800 Mio. Dollar. Auf der Basis der praktisch schon realen Investitionen, insbesondere im Zusammenhang mit den geplanten Zellulosefabriken, kann man nach 3 Jahren mit einem Exportwert von 1.300 Mio. Dollar rechnen.

Die eingangs genannten Investitionsvorhaben bestätigen, daß für weitere Investoren gute Möglichkeiten bestehen. ...
Insgesamt muß man sich jetzt sorgen, daß diese Investoren auch die entsprechende Infrastruktur in Form von Häfen und Lastwagen für den Abtransport der verschiedenen Produkte vorfinden. Sollte es hier keine ausreichende Vorarbeit geben, könnte dies die neuen Investitionen im Forstsektor zu Fall bringen mit den entsprechenden Kosten, wie Verlust von Arbeitsplätzen und geringeren Deviseneinnahmen für das Land. ...
(El Mercurio, 17-6-90)

Herausforderung No.3: Industrielle Verschmutzung

Der beschleunigte, aber unkontrollierte Industrialisierungsprozeß während der Militärdiktatur hat Santiago heute in die neben Mexiko-Stadt am stärksten verschmutzte Metropole Lateinamerikas verwandelt. Dabei gibt es eine Anzahl klar identifizierbarer, sehr gefährlicher Verschmutzerquellen:

- Luftverschmutzung in Santiago (in %):

Quelle	NOx	KW	CO	SOx
Verkehr	83	78	98	10
Energie-produktion	9	0,6	0,2	37
Industrie-produktion	–	5	1	42
sonstige	8	16,4	0,8	11

Verkehr im Einzelnen:

Quelle	NOx	KW	CO
Privatautos	44	58	66
Taxis	12	15	17
Benzin-Busse	7	22	15
Diesel-Busse	24	3	1

Quelle: F. Soler Riesco: Medio Ambiente en Chile, S.109-121

Von der Bevölkerung der Hauptstadt werden (absolut und unter gesundheitlichen Gesichtspunkten) die privaten Busse und der Individualverkehr in der 4,5-Mio.-Stadt als stärkste Luftverschmutzer wahrgenommen. Es gab bisher keine Zulassungsbeschränkung für Busse und keine Festlegung für Buslinien, so daß sich auf den lukrativen Routen ins Stadtzentrum alle drängeln, dadurch teilweise äusserst schwach besetzt sind, Staus verursachen und wegen nicht vorgeschriebener Filter und schlechter Benzin- und Dieselqualität die hohe Luftverschmutzung eine akute Gesundheitsgefährdung für die Bewohner aller Stadtviertel (auch der reichen) darstellt.

Santiago bietet zugleich die stärkste Konzentration an verarbeitender Industrie in Chile. Besonders die Industrieabfälle der chemischen Industrie, der Metallverarbeitung, der Farbenproduktion und letztlich aller sonstigen Branchen einer Schwellenland-Großstadt führen zu derart starken Belastungen des Bodens, der Oberflächengewässer und der Luft, daß nach westdeutschem Maßstab 3/4 des Jahres Smog-Alarm gegeben werden müßte. Dabei sind die Synergie-Effekte dieser einzelnen Belastungsquellen noch viel schwerer zu erfassen als etwa in der BRD.

- Umweltzerstörung durch Kupferproduktion:

Besonders drastisch sind die Belastungen aus dem Bergbausektor, vor allem (aber nicht allein) aus dem Kupferbergbau. Chile ist immer zuerst Kupferland gewesen und ist es auch trotz der erweiterten Exportpalette noch immer. Die

Kupferexporte machen noch immer mehr als 50% der Exporterlöse aus. In den letzten Jahren haben "neue" Metalle an Bedeutung gewonnen, wie Lithium, Zink, Blei und auch Gold.

Die Umweltverschmutzung durch die Kupfer- und die gesamte Bergbauproduktion bezieht sich in erster Linie auf den SO_2-Ausstoß der Kupferschmelzen, der Stahlschmelzen und der Kohlekraftwerke. Der gesamte Jahresausstoß liegt z.Z. bei 2,13 Mio. Tonnen, davon allein etwa 1 Mio. Tonnen durch den Kupfersektor. Da Chile eine nicht übermäßig schwefelhaltige Kohle fördert, verbrennen die Kraftwerke zwar 3 Mio. Tonnen Kohle pro Jahr, der SO_2-Ausstoß liegt landesweit aber nur bei 120.000 t. Entscheidend ist allerdings auch in Chile die lokale und regionale Konzentration von Schadstoffen, und die ist z.T. unmittelbar lebensgefährdend für Pflanzen, Tiere und Menschen. So stößt eines der Kohlekraftwerke allein 70 t SO_2 pro Tag aus (Tocopilla). In einem anderen Fall (Kupferhütte La Ventana) werden neben SO_2-Abgasen täglich 7 t Arsen-Gase an die Umgebung abgegeben. In der größten Kupfertagebaustätte Chiles (Chuquicamata) fallen gar 30-35 t Arsen-Gase an, was nach Bekanntwerden zu einer fluchtartigen Auswanderung der gesamten Bevölkerung der Ortschaft mit gleichem Namen geführt hat.

Das Bergbauministerium zeigt sich sehr sensibel für diese Fragen und arbeitet an einer Emisionsverordnung speziell für die Kupferindustrie - nicht zuletzt, weil die ökologischen Folgekosten dieser Verschmutzung übermäßige Ausmaße anzunehmen drohen.[11]

Analyse ist gut - Handeln ist besser

Wenn der Eindruck richtig ist, daß der neue West-Ost-Dialog (in den deutschdeutschen Beziehungen von Anbeginn eine Frage von Unter- und Überordnung) den Schwellenländern in solchen zukunftsweisenden Bereichen wie Umweltpolitik neue Handlungsmöglichkeiten eröffnet, dann muß als nächstes die Frage nach der Handlungsorientierung gestellt werden. Mit neuen Handlungsspielräumen muß dann auch die Loslösung von den Parametern der imitativen Wirtschafts- und Politikentwicklung versucht werden.[12]

Auf der Grundlage guter Analyse muß das noch bessere Handeln folgen. Worauf sollte sich das Handeln im Bereich Umweltpolitik konzentrieren? Zunächst gehe ich auf die wiederum in Chile erkennbaren ersten Schritte im öffentlichen Bereich und bei den NROs ein, um dann daraus einige verallgemeinerbare Konsequenzen zu ziehen.

Umweltpolitische Lösungsansätze des chilenischen Staates

Am internationalen Umwelttag (5.6.90) hat der Präsident das Dekret zur Gründung der Interministeriellen Nationalen Umweltkommission unterzeichnet und
den Minister für Nationales Eigentum (Bienes Nacionales) als Vorsitzenden
eingesetzt. Damit ist die formell-institutionelle Spitze der staatlichen Umweltpolitik geschaffen. Vervollständigt werden soll diese Struktur Zug um Zug durch
die Einrichtung einer Umweltabteilung in jedem wichtigen Fachministerium, die
Einrichtung eines Nationalen Umweltinformationsdienstes, den Aufbau eines
Nationalen Umweltkontrollsystems sowie durch den Aufbau von Regionalbüros
des Planungsministeriums bzw. deren instrumentelle Verstärkung. Die Institutionalisierung der Umweltpolitik erfolgt also sehr deutlich durch den Zentralstaat. Die Militärs hatten der neuen Regierung durch ein entsprechendes Haus-
haltsgesetz gezielt jeglichen Spielraum für institutionelle oder personelle Veränderungen in der Administration genommen. Die neue Umweltpolitik erfordert
aber erhebliche öffentliche Anstrengungen. Um das umweltpolitische Instrumentarium wie geplant aufbauen zu können, hat daher die Weltbank ein Gesamtpa-
ket von etwa 220 Mio. Dollar in Aussicht gestellt und damit zugleich auch die
Bedeutung einer nationalen Umweltpolitik für Chile unterstrichen.

In dem vorläufigen Programmprofil, auf das sich Regierung und Weltbank bisher
verständigt haben, werden einige der hier genannten Instrumente weiter präzi-
siert:

- Profilierung einer nationalen Umweltpolitik unter Einschluß der erforderlichen ökonomischen Folgenabschätzung mit der dazugehörigen Gesetzgebung
  und den technischen Anweisungen,

- Vorschläge zur weiteren Konkretisierung des organisatorischen und institutionellen Aufbaus, um effizientes Management der natürlichen Ressourcen zu
  erreichen,

- Aufbau eines Systems für Umweltverträglichkeitsprüfungen, einschließlich der
  Kriterien für die Operationalisierung des Systems,

- Ausbildung für die ministeriellen Planungs- und Durchführungsorgane auf
  nationaler und auf regionaler Ebene,

- Aufbau einer Umwelt-Datenbank durch Verknüpfung der verschiedenen
  schon im Lande vorhandenen Datenzentren.

Die erste konkrete Maßnahme der neuen Administration war zunächst jedoch
die Berufung einer "Sonderkommission zur Entgiftung Santiagos" durch den
Staatspräsidenten. Die Sonderkommission will zunächst einmal nichts anderes
als das Niveau der Luftverschmutzung spürbar senken. Sie hat sich dafür kurzfri-

stige und mittel- bis langfristige Ziele gesetzt. Diese betreffen die zeitweilige Stillegung von Industriebetrieben im Stadtgebiet (bei hoher Smog-Konzentration bis zu 40% der Betriebe) und die Einschränkung des privaten und des kollektiven Straßenverkehrs in der Größenordnung zwischen 10 und 20% bis zum Jahresende. Vorgeschrieben werden wird auch ein besserer Verbrennungsgrad in Ottomotoren und die Absenkung des Partikelausstoßes bei Dieselmotoren, aber auch die Qualitätsverbesserung von Benzin und Diesel. Diese technischen Maßnahmen sollen begleitet werden durch ein Ausbildungsprogramm in den Schulen und durch Verbreitung von Umweltinformationen über Presse und Fernsehen. Schließlich soll auch die Benutzung der beiden Metrostrecken attraktiver (billiger) gemacht werden. U.a. durch Erfahrungsaustausch mit der BRD wurde zudem ab Anfang Juni in den einzelnen Stadtteilen von Santiago ein "Grünes Telefon" eingerichtet, über das jedermann konkrete Verstöße gegen den Umweltschutz der Kommission melden kann. Im günstigen Fall wird in den einzelnen Stadtteilen auch so etwas wie ein Umweltberatungsbüro funktionieren, wo die Bürger konkrete Ratschläge einholen können.[13]

Abgesehen von diesen ersten Maßnahmen und der umweltpolitischen Planung fehlt der neuen Administration bisher noch ein konsistentes Umweltgesetz und ein dazu erforderliches Monitoring-System. Gespräche mit Politikern der modernen (neuen) linken Regierungsparteien in Santiago zeigen aber sogar schon Interesse an weit komplexeren Themen, wie Änderung des BSP-Indikators als Fortschritts-Indikator zugunsten einer ökologischen Kostenrechnung für Volks- und Betriebswirtschaft.[14] Trotz West-Ost-Dialog erfolgt auch von deutscher Seite immer noch konkrete Beratung und begrenzte Unterstützung zur Weiterentwicklung dieser Überlegungen: Die Friedrich-Ebert-Stiftung (FES) arbeitet in Chile inzwischen u.a. mit Journalisten aller Medien zusammen, um inhaltliche Beiträge der Massenmedien zur Schärfung des Umweltbewußtseins im Lande zu fördern. Von der neuen Administration wird derzeit ein regionales Entwicklungskonzept unter Einschluß von Umweltschutz und Förderung kleiner und mittlerer Industrien erarbeitet (günstigere Energieversorgung, leichtere Abfallbewältigung) und durch nationale und externe Finanzierung (darunter die Deutsche Gesellschaft für Technische Zusammenarbeit (GTZ) und die Carl-Duisberg-Gesellschaft) abgesichert.[15]

Die Bereitschaft zur Entwicklung einer nationalen Umweltpolitik ist bei der neuen Regierung sehr wohl erkennbar; aber auch die klare Zurückhaltung (Angst?), für die markanten Umweltbelaster harte und eindeutige Verhaltensmaßregeln festzuschreiben. Deswegen sucht die Regierung eine breite Unterstützung in der Bevölkerung und die Zusammenarbeit mit NROs und anderen gesellschaftlichen Organisationen wie Parteien und Gewerkschaften und nicht zuletzt auch weitsichtigen Unternehmern.

Bei Vorgabe eindeutiger Rahmenbedingungen wollen durchaus nicht wenige umweltbewußte Einzelpersonen und Umwelt-NROs bis hin zu sensibilisierten Unternehmern die dringend erforderlichen ersten Schritte tun bzw. fördern, um zu einer umweltverträglichen Entwicklungspolitik für dieses Land zu gelangen.

Umweltpolitische Initiativen von NROs

Unter den nicht-öffentlichen Forschungsinstituten hat sich vor allem das CIPMA (Centro de Investigación y Planificación del Medio Ambiente) einen Namen gemacht. Das Zentrum hatte nach seiner Gründung 1979 während der 80er Jahre insgesamt drei große Umweltkonferenzen mit Beteiligung ausländischer Fachleute organisiert, die überwiegend als akademisch-naturwissenschaftliche Veranstaltungen charakterisiert waren. Von diesen Veranstaltungen gingen und gehen Anstöße für chilenische Wissenschaftler unterschiedlicher Disziplinen aus, intensiver und vor allem disziplinübergreifend die chilenischen Umweltprobleme zu erforschen. Die internationale Unterstützung für diese Veranstaltungen reichte von der Friedrich-Ebert-Stiftung über die Ford-Foundation bis zur UNESCO.[16]

Nach Beendigung der Militärdiktatur betreibt das CIPMA zwar immer noch eine eng an die Universität angelehnte Arbeit, hat aber 1990 einen Zyklus von Schwerpunkt-Themen (darunter Energiesektor, Kupfersektor, Rolle staatlicher Institutionen, Umwelt-Informationssystem) eingeleitet, an dem vor allem auch die Vertreter der angesprochenen Sektoren teilnehmen. Diese Zusammensetzung aus Wissenschaftlern und Unternehmern und zuständigen Spitzenpolitikern ist das wesentlich Neue an CIPMAs Umweltarbeit: die Grundlage schaffen für eine konzertierte Aktion.

Wegen der wachsenden Umweltprobleme im eigenen Land, wegen der erwarteten europäischen Handelsbarrieren aus Umweltschutz-/Konsumentenschutzgründen nach 1992, wegen der auch in den USA schon angewandten Importrestriktionen für belastetes chilenisches Obst etc. suchen auch in den Provinzen die Unternehmer die Zusammenarbeit mit den jeweiligen Universitäten, um kostengünstig umweltverträglichere Produktionsverfahren zu entwickeln (Papier-, Zellulose-, Kupfer-, Fischindustrie).

Parallel zur anwendungsorientierten Wissenschaft hat sich die Arbeit von aktionsorientierten NROs im Umweltbereich in letzter Zeit deutlich verstärkt. Hier engagieren sich zusehends qualifizierte Personen, die ein breites fachliches Spektrum ebenso abdecken (Geologen, Biologen, Juristen, Mediziner, Soziologen, Journalisten) wie ein breites soziales Spektrum (von engagierten Sozialisten und Christdemokraten über Parlamentsabgeordnete bis zu Unternehmern). Und nicht wenige dieser Personen haben als Exilierte unmittelbare Erfahrungen in West- und Ost-Europa sammeln können und erhalten zumindest einen zusätzlichen Anstoß für ihr jetziges Umwelt-Engagement durch den aktuellen West-Ost-Dialog. Die politisch Linksstehenden sind zwangsläufig stärker von der europäischen Entwicklung beeindruckt und treten in Chile desto deutlicher für rasche erste Schritte zur nachhaltigen Bewirtschaftung der Wälder im Süden, der Meeresfischerei und für klare gesetzliche Regelungen im Kupferbereich ein.

Zu den namhaftesten dieser NROs zählt heute das Nationale Komitee zur Verteidigung von Flora und Fauna (CODEFF). Das Komitee wurde vor 20 Jahren als Naturschutzgruppe gegründet und hat es trotz Militärdiktatur geschafft, sich dezentral auf Landesebene zu organisieren, um auf diese Weise in dem endlos langen Land die öffentliche Aufmerksamkeit auf viele kleine Umweltprobleme und auf die großen zu lenken. CODEFF ist eine Organisation mit etwa 80 Mitgliedern, aber durch die zahlreichen Kampagnen und die gute Pressearbeit ist die Wirkungskraft zur Bewußtseinsbildung in der Bevölkerung erheblich größer. Seit der Installierung der neuen Administration (14.3.1990) erhalten CODEFF und ähnliche NROs Unterstützung durch die FES und andere europäische Institutionen, um ihre gesellschaftliche Bildungsarbeit im Umweltbereich noch gezielter in die Entwicklung eines horizontalen Dialogs zwischen Problemverursachern (Unternehmen), politischen Entscheidungsträgern (Parlamentskommissionen) und dem "Normalbürger" einzubringen.

Von der Zahl her arbeiten die meisten der Umwelt-NROs weniger auf nationaler, sondern fast ausschließlich auf regionaler oder gar nur lokaler Ebene. Aber auch bei diesen Gruppen hat der West-Ost-Dialog Wirkung gezeigt. CEPAUR z.B. ist eine solche eher regional aktive NRO. Ihr Leiter (Manfred Max-Neef) ist Träger des alternativen Nobelpreises für Wirtschaft[17] und vertritt nachdrücklich eine aus dem jeweiligen Land heraus zu entwickelnde "Barfuß-Ökonomie", die zuerst nach den tatsächlichen Bedürfnissen der konkret betrachteten Menschen fragt und dann die umweltverträgliche Transformation der vorhandenen Ressourcen betreibt, um wirklich nachhaltige Entwicklung zu erlauben (also das genaue Gegenteil dessen, was durch die Militärregierung in Chile intensiv betrieben wurde).

NROs wie CODEFF und CEPAUR werden von der neuen Administration in die Entwicklung ihrer neuen Technologiepolitik sowie der Förderung mittlerer Industrieunternehmen mit einbezogen. Zumindest Teile der neuen Regierung suchen diesen Weg einer stärkeren Partizipation gesellschaftlicher Gruppierungen mit inhaltlichen Zielsetzungen, um sowohl die neue Demokratie besser zu verankern, aber auch, um etwas weniger abhängig von den Erruptionen der West-Ost-Politik zu werden.[18]

Resumé

Auch wenn nicht mit Eindeutigkeit bestimmt werden kann, wieviel Einfluß der aktuelle West-Ost-Dialog auf eine stärkere Selbstbesinnung im Süden tatsächlich hat, so sind die empirischen Eindrücke aus einem Schwellenland wie Chile doch eher eine Bestätigung dieser These. Im Bereich der Umweltpolitik und des Umweltbewußtseins ist der Wille zur Loslösung von den tradierten Entwicklungsmodellen der westlichen wie der östlichen Industrieländer allenthalben erkennbar. Dabei ist Loslösung nicht identisch mit Ausscheren aus dem politischen, wirtschaftlichen, kulturellen Beziehungsgeflecht zu den Staaten des Nordens. Im Gegenteil: der Süden ist auch weiterhin an Kooperation interessiert und teilweise auch von ihr abhängig. Die Anforderungen an die Inhalte dieser Kooperation wandeln sich jedoch. Im Bereich der umweltpoltischen Beziehungen lassen sich einige Themen konkretisieren:

- Qualifizierung der ortsansässigen Menschen und ihrer NROs zur optimalen Einbringung ihrer Kenntnisse und Erfahrungen in den Prozeß der politischen und wirtschaftlichen Entscheidungsfindung. Die in Chile und anderen Ländern Lateinamerikas durch Terrorismus, Militärdiktaturen und ökonomische Gewalt verursachte Zerstörung von Lebensbedingungen hat zu Frustrationen, zu hoher gesundheitlicher Belastung, zur Verarmung großer Bevölkerungsteile während der 80er Jahre und zu erheblicher Zerstörung natürlicher Ressourcen geführt. Heute ist die Notwendigkeit und vor allem der Wille zu qualitativ anderer Entwicklung in diesen Süd-Ländern vorhanden. NROs und Regierungsstellen sind identifizierbar für partnerschaftliche Zusammenarbeit mit den Europäern, den Nordamerikanern, den Japanern, den Australiern.

- Qualifizierung der Bürokratie für synergetisches Denken beim Planen und Durchführen der neuen Entwicklungspolitik. Der Einsatz neuer Planungsmethoden und moderner Kommunikationsmittel ist in einem Land wie Chile oder Brasilien an einzelnen Stellen schon weiter entwickelt als etwa in der BRD (von den osteuropäischen Ländern ganz zu schweigen). Aber die breite Nutzung dieser Möglichkeiten muß allerdings noch eingeübt werden, um auch zu modernem politischem Management zu finden, bei dem die nationalen politischen Zielsetzungen sich mit den regionalen Möglichkeiten (z.B. einer umweltverträglichen Wirtschafts- und Technologiepolitik) verknüpfen lassen.

- Erfahrungsaustausch mit umweltverträglichen Produktionsprozessen muß Westeuropa trotz des hohen Engagements im Osten auch dem Süden anbieten. Denn das technologische Herrschaftswissen macht dann keinen Sinn mehr, wenn der Süden wegen ökonomischer Beschränkungen nicht in der Lage ist, seine eigenen industriellen Transformationsprozesse auf dem geringst möglichen Verschmutzungniveau zu halten, während der Norden hier sehr wohl laufend Fortschritte macht.

- Nutzung neuer Kommunikations- und Handlungssträge in den Nord-Süd-Beziehungen, die auch bei nunmehr verringertem Mitteleinsatz des Nordens möglich erscheinen. Dabei kommt es darauf an, den dezentral organisierten Transnationalen Konzernen nicht den Handlungsraum zu überlassen, der sich durch das Zurückweichen des öffentlichen Sektors ("Entwicklungshilfe" etc.) auftut. Der Zentralstaat im Norden wie der im Süden muß eindeutige Gesetzesgrundlagen und Verordnungen schaffen, die die Umweltbeeinflussung durch die Industrieunternehmen kontrollieren helfen. Gleichzeitig bieten die neuen Kommunikationstechniken die Möglichkeit, daß NROs und ihre Netzwerke im Norden und Süden direkte Beziehungen zueinander unterhalten.

Ähnliche Direktbeziehungen lassen sich zwischen den Gemeinden und Regionen zwischen Nord und Süd entwickeln und dieses alles wiederum in enger Kooperation mit den Informationsmedien. Letztere sind per definitionem sehr wichtig für die Realisierung eines horizontalen Dialogs zwischen Schadensverursachern und Kritikern sowie den politischen Entscheidungsträgern im Umweltbereich. Die folgende Skizze versucht, diesen Zusammenhang graphisch festzuhalten:

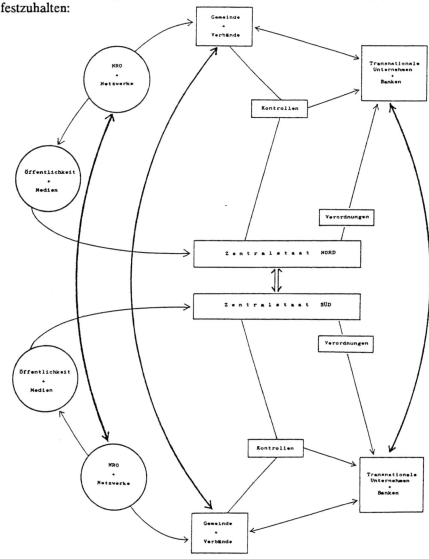

Anmerkungen

1) Vgl. die neue Grundsatzposition der Lateinamerikanischen Wirtschaftskommission der Vereinten Nationen (CEPAL) in *"Transformación productiva con equidad* (etwa: Industrielle Produktion und soziale Gerechtigkeit),
Santiago 1990. Darin werden dem Süden (Lateinamerika) gute Chancen im
internationalen Wirtschaftsgefüge dann eingeräumt, wenn im Süden die
Notwendigkeit zu systemischer Entwicklungspolitik erkannt und akzeptiert
wird. Darunter wird etwa die Abkehr von den niedrigen und sozial ungerechten Löhnen ebenso verstanden wie die rationale Nutzung der natürlichen Rohstoffe und die Abstimmung zwischen Bildungssystem, technologischer Infrastruktur, Energiepolitik und modernem Verwaltungsapparat.

2) "Sie sind bekannt" bedeutet, daß von Rahel Carson's *Silent Spring* (1962)
über *Global 2000*, den Bericht der Brundtland-Kommission, *Our Common
Future* bis hin zu Schulbüchern, wie Wolfgang Engelhardts *Umweltschutz*
(1985) auf allen sozialen Ebenen diese Themen schon angesprochen wurden.

3) Vgl. z.B. die Diskussionsbeiträge in der Anhörung des Wirtschaftsausschusses des Deutschen Bundestages (10-5-89) in dessen Mittelpunkt die
unzureichende Funktionalität des BSP als Indikator für umweltverträgliches
Wirtschaftswachstum stand (Teilnehmer u.a.: Biedenkopf, Binswanger,
Wicke, Leipert). Vgl. aber auch verschiedene Publikationen von Christian
Leipert (Wissenschaftszentrum Berlin) zum Thema aktuelle Ökonomie
ohne Berücksichtigung sozialer und ökologischer Kosten.

4) Auf die wenigen Millionen Dollar Umfang für debt-for-nature-swaps macht
Dieter Oberndörfer in seinem Gutachten für das Kanzleramt am Beispiel
der Länder Costa Rica, Ecuador, Bolivien aufmerksam: *Schutz der tropischen Regenwälder durch Entschuldung* (1989). Dazu sollte vielleicht auch
die dazugehörige Rezension von E. Römpczyk in *E+Z* No.5/1989 gelesen
werden. (Vgl. auch den Beitrag von Jakobeit in diesem Band, W.H.).

5) Hochrechnugen der Vereinten Nationen für Entwicklungstrend der sogenannten "Umweltflüchtlinge" gehen innerhalb des nächsten Jahrzehnts von
bis zu 1 Milliarde Menschen aus.

6) In Chile herrschte zwischen dem 11.9.1973 und dem 14.3.1990 die straffste
und wahrscheinlich auch blutigste Militärdiktatur in Südamerika.

7) In den chilenischen Printmedien erscheinen inzwischen etwa 1.000 Meldungen pro Monat zu Umweltthemen.

8) Die Daten wurden in den ersten Monaten 1990 aus chilenischen Tageszeitungen zusammengetragen.

9) Vgl. die erste Nummer der neuen Zeitschrift von CODEFF: *Ecotribuna*, Santiago, Juli 1990, worin Informationen zum Thema Fischereigesetz zusammengetragen sind, die die Arbeit der Parlamentarier erleichtern sollen.

10) In Chile sind in jüngster Zeit zahlreiche Aufsätze, Broschüren, Sammelbände erschienen, aus denen sich diese Daten zusammentragen lassen; z.b.: Comisión Chilena de Derechos Humanos: *El Probleme del medio ambiente en Chile* (August 1989); F. Soler Rioseco (ed.): *Medio ambiente en Chile*; CODEFF: *Consideraciones para una política forestal en el gobierno de transición* (1989).

11) Einen guten Überblick über die Probleme des Kupfersektors bietet: Centroo de Estudios del Cobre a la Mina: *Copper Policies and the Chilean Economy: 1973-1988* (veröffentl. September 1989).

12) Mit imitativer Entwicklung ist das gesamte Paket aus ideologischer, technologischer und struktureller Aufbauhilfe gemeint, das im Anschluß an den 2. Weltkrieg von den USA und dann von Westeuropa aus der Dritten Welt aufgedrängt wurde; mit Hilfe der Weltbank, aber vor allem mit all dem, was unter "Entwicklungshilfe" bis heute subsumiert wird. Das Protestbuch von Brigitte Erler gegen diese Verwerfungen in den traditionellen Nord-Süd-Beziehungen ist nur eine der jüngeren Anklageschriften - aber zweifellos zur Lektüre empfohlen.

13) Die Comision Especial de Descontaminacion de la Region Metropolitanaa hat im April 1990 ihr *Programa de descontaminación ambiental del area metropolitana de Santiago* herausgegeben. Daraus sind die meisten dieser Angaben entnommen.

14) Gesprächspartner waren u.a. der Senator und Fraktionsvorsitzende derr Sozialistischen Partei, Ricardo Nunez; bzw. der Generalsekretär der anderen wichtigen Linkspartei (PPD), Sergio Bitar. Beide setzten sich in ihren Parteien für umweltpolitische Zielsetzungen ein.

15) Im Innenministerium besteht ein eigenes Staatssekretariat für Regionalentwicklung. Dort werden entsprechende politische Programme erarbeitet.

16) Zu den wichtigsten Publikationen von CIPMA gehören die Veröffentlichungen dieser Konferenzbeiträge.

17) Der Alternative Nobelpreis ($ 100.000) wird von der privaten schwedischen Stiftung für Verantwortungsbewußte Lebensführung (Right Livelihood Foundation) vergeben. Stifter ist Jakob von Uexküll. 1988 hatte ein weiterer Lateinamerikaner, der heutige Chef der brasilianischen Umweltbehörde, Jose Lutzenberger, diesen Preis für hervorragende Ergebnisse im ökologischen Landbau erhalten.

18) Zu dem Teil der politischen Führung, die diesen Entwicklungsweg mit betreibt, gehört der sozialistische Staatssekretär für Regionalentwicklung im Innenministerium aber auch der sozialistische Wirtschaftsminister. Eine stärker außenwirtschaftlich geprägte Perspektive vertritt dagegen das dominierende christdemokratische Finanzministerium.

Literaturhinweise

CODEFF: *Consideraciones para una política forestal en el Gobierno de Transición 1990-1994*, Santiago, Nov. 1989

CODEFF: *Actualidad Ecológica*, Zeitschrift, Santiago, versch. Nummern 1989

CIPMA: *Medio Ambiente en Chile*, Santiago, Aug. 1985

UNEP/PNUMA: *Una agenda para el desarrollo sustentable de la América Latina y el Caribe* (zur Veröffentlichung vorb.), 1990

Oberndörfer, Dieter: *Schutz der tropischen Regenwälder (Feuchtwälder) durch ökonomische Kompensation*, Freiburg, Sept. 1989

Teil II:

Umweltpolitische Zusammenarbeit zwischen Industrie- und Entwicklungsländern - allgemeine Aspekte

Umweltorientierte Entwicklungspolitik: Schwierigkeiten, Widersprüche, Illusionen

Manfred Wöhlcke

Die weltweite ökologische Problematik beschränkt sich längst nicht mehr auf die ethischen und ästhetischen Aspekte der Milieuminderung, sondern beeinträchtigt in zunehmendem Maße die kollektive Lebensqualität und entwickelt sich allmählich zu einer Bedrohung für das Leben selbst.[1]

Der vorliegende Beitrag befaßt sich mit den Problemen und Zielkonflikten der internationalen Entwicklungspolitik im Umweltbereich Es soll versucht werden, den deutlichen Widerspruch zwischen der verbreiteten Umwelt-Rhetorik und der anhaltenden Umweltzerstörung verständlich zu machen sowie aufzuzeigen, welche Schwierigkeiten im politischen Bereich gemeistert werden müssen, um die Effizienz der internationalen Umweltpolitik - auch und besonders bezüglich der Entwicklungsländer - zu verbessern. Dabei geht es um die ganze Bandbreite ökologischer Probleme: die Vernichtung großräumiger Biotope; die Überausbeutung der lebenden Ressourcen; die forcierte Ausbeutung der fossilen und mineralischen Ressourcen; die Verschmutzung und Vergiftung; die Verbauung und Erschließung; die Vernichtung landwirtschaftlicher Nutzfläche und die Zerstörung der natürlichen Bodenfruchtbarkeit. Je nach Region steht das eine oder das andere Problem im Vordergrund.

Aus der Perspektive der westlichen Industrienationen besteht an dieser Problematik ein zunehmendes Interesse, weil die Umweltproblematik der Entwicklungsländer mittlerweile eine solche Dimension angenommen hat, daß nicht nur die Erfolge der Entwicklungshilfe entwertet und gefährdet werden, sondern aus dem Drittwelt-Bereich eine erhebliche Verschärfung der globalen Umweltkrise zu befürchten ist.

Die ökologische Problematik hat viele Erscheinungsformen und viele Ursachen in jeweils situationsspezifischen Mischungen. Einfache Lösungen gibt es nicht. Gefragt sind also nicht wohlfeile, aber untaugliche Patentrezepte, sondern differenzierte und breitgefächerte Strategien für eine ökologische Disziplinierung des globalen zivilisatorischen Prozesses, und zwar in allen Bereichen, d.h. im Sinne von Umweltverträglichkeitsprüfungen aller relevanten politischen und wirtschaftlichen Entscheidungen. Dabei kommen grundsätzlich zwei *komplementäre* Strategien in Betracht, nämlich ökologische *Konservierung* (Sparen, Schonen und Verzicht; z.b. Naturschutzgebiete) und ökologische *Modernisierung* (umweltgerechte Technologieentwicklung; z.B. Katalysatoren).

Eine Einzelmaßnahme erscheint im Hinblick auf die Entwicklungsländer allerdings höchst dringlich, aber sie wird dennoch kaum ernsthaft angepackt, nämlich die Geburtenkontrolle. Es ist nicht zu erwarten, daß in der Dritten Welt eine effiziente Entwicklungs- und Umweltpolitik betrieben werden kann, solange man dieses Problem nicht besser als bisher in den Griff bekommt. Statt eine wirksame Politik der Geburtenkontrolle zu betreiben, wird häufig darüber spekuliert, wie viele Menschen auf der Erde *theoretisch* leben könnten. Diese Frage ist ziemlich müßig, weil es ja darum gehen muß, wie viele Menschen auf der Erde *tatsächlich* leben können, d.h. unter den realen sozio-ökonomischen und ökologischen Bedingungen. Letztere wandeln sich zwar - entweder eigendynamisch oder geplant -, aber offensichtlich nicht in einer solchen Weise, daß die weltweite demographische Expansion befriedigend aufzufangen wäre. De facto ist die Erde bereits heute überbevölkert. Dies erkennt man unter anderem daran, daß das ökologische System weltweit aus dem Gleichgewicht gerät und daß Millionen von Menschen unter- oder fehlernährt sind, keine Arbeit finden, miserabel wohnen, keine ärztliche Versorgung haben usw. Im übrigen muß gefragt werden, ob das Bevölkerungswachstum wirklich bis an die äußerste Grenze der ökologischen Belastbarkeit "ausgereizt" werden muß und ob es besonders erstrebenswert ist, eine möglichst hohe Bevölkerungsdichte zu erreichen. Letzteres ist nicht nur deswegen unsinnig, weil die kollektive Lebensqualität dadurch kontinuierlich gemindert wird, sondern auch deswegen, weil die Umwelt- und Ressourcenprobleme in diesem Falle ständig an den Rand großräumiger Katastrophen führen würden.

Quantitative und qualitative Entwicklung

Ein sinnvoller Entwicklungsprozeß muß langfristig und selbsttragend auf drei gleichzeitig zu verfolgende Ziele ausgerichtet sein: a) Existenzsicherung (Grundbedürfnisbefriedigung der gesamten Bevölkerung); b) Sozialverträglichkeit (angemessene Verteilung der gesellschaftlichen Rechte, Pflichten und Erträge, und zwar nicht im Sinne egalitärer Utopien, sondern im Sinne des sozialen Friedens und der sozialen Gerechtigkeit in einer offenen, mobilen und kompetitiven Gesellschaft); c) Umweltfreundlichkeit (schonender Umgang mit der Natur, der Landschaft, den Böden und den Ressourcen sowie Erhaltung eines Milieus, das der physischen wie psychischen Befindlichkeit der Menschen zuträglich ist).

Um einen derartigen Entwicklungsprozeß zu ermöglichen, ist es insbesondere nötig, die gesellschaftlichen *Makrostrukturen* in der Dritten Welt entsprechend zu beeinflussen, denn es ist wenig aussichtsreich, mit sektoralen Programmen - z.B.

auch im Rahmen der Entwicklungshilfe - einen dauerhaften Erfolg zu erzielen, wenn die Makrostrukturen ihnen ständig und sehr dynamisch entgegenwirken. Die Sensibilisierung für die *Qualität* des gesellschaftlichen Prozesses hat zwar in den letzten Jahrzehnten auch in manchen Entwicklungsländern zugenommen, konnte bislang aber keinen nennenswerten Niederschlag in der praktischen Politik finden, weil die Verursacher und Profiteure des vorherrschenden Entwicklungsstils zwar weniger zahlreich, aber doch erheblich einflußreicher sind als deren Opfer.

Zunächst einmal geht es in sehr vielen Fällen um den ganz generellen und allseits beklagten Widerspruch zwischen Ökonomie und Ökologie.[2] Wirtschaftliche Nutzung und Erschließung ist ja fast immer mit ökologischen Schäden verknüpft, so sehr man auch versucht, sie zu vermeiden. So führt auch die stärkere Beachtung des Umweltaspekts in der Entwicklungspolitik nur im Falle der ausgesprochenen Umweltprojekte zu einem Schutz der Umwelt, ansonsten aber zu einer geplanten und gebilligten Schädigung, die zwar geringer ist, als wenn dasselbe Projekt ohne Umweltauflagen durchgeführt würde, aber doch größer, als wenn man es ganz unterlassen hätte.

Das Spannungsverhältnis zwischen Ökonomie und Ökologie berührt sehr wesentlich die Problematik der quantitativen bzw. qualitativen Entwicklung. Entwicklungsprozesse zeigen spezifische Mischungen von quantitativen und qualitativen Dimensionen, die sich zur *Entwicklungsdynamik* und zum *Entwicklungsstil* zusammensetzen. Eine sinnvolle Entwicklungspolitik muß bemüht sein, *beide* Aspekte in ihren Interdependenzen zu optimieren (abgesehen vom karitativen Aspekt, der in der Entwicklungspolitik natürlich auch eine Rolle spielte). Allerdings besteht häufig eine Tendenz, entweder mehr das eine oder mehr das andere anzustreben, wobei die Tendenz zur Optimierung der Entwicklungsdynamik sicherlich überwiegt und letztlich immer wieder zu Frustrationen führen muß, weil der Zug in diesem Fall sozusagen etwas schneller in die falsche Richtung fährt (im Journalismus Brasiliens ist hierfür der Begriff "capitalismo selvagem" [= wilder Kapitalismus] geprägt worden). Umgekehrt hat es keinen Sinn, einen Zug in die passende Richtung zu stellen, wenn dort keine Gleise liegen. Eine möglichst hohe Entwicklungsdynamik ist also unangebracht, wenn sie mit einem destruktiven Entwicklungsstil verknüpft ist, und der ideale Entwicklungsstil taugt nichts, wenn keine selbsttragende Entwicklungsdynamik zustande kommt.

Die entwicklungspolitische Hauptaufgabe besteht letztlich darin, die vielfältigen Einzelinteressen nach der Priorität des langfristigen Gemeinwohls zu koordinieren und zu disziplinieren. Dabei muß Umweltschutz ein wichtiges Ziel sein. Eine gute und knappe Kennzeichnung ökologischer *Schutzgüter* ist folgende:

"Bei den Schutzgütern stehen die Erhaltung der menschlichen Gesundheit und der Tragfähigkeit der Ökosysteme als Grundlage menschlicher Existenz an erster Stelle. Daneben treten Schutzgüter wie Erhaltung und Verbesserung der Lebensqualität, Artenschutz, die Erhaltung von Kulturgütern und von Siedlungs- und Landschaftsbildern".[3]

Diese Schutzgüter haben einen evidenten Bezug zu qualitativer Entwicklung, sie stehen aber teilweise im Konflikt mit ökonomischen Zielen, und zwar insbesondere in jenen Bereichen, in denen nicht eine ökologische *Modernisierung*, sondern eine ökologische *Konservierung* erforderlich ist (s. oben). "Agrobusiness" und "Agrikultur" sind zwei Begriffe, welche diese Spannung deutlich machen. Die angemessene Balance in der Bewertung ökologischer Schutzgüter und ökonomischer Ziele kann sicherlich nicht durch spontane Definition von sogenannten Experten erfolgen, sondern sie ist Teil einer komplizierten und widersprüchlichen kulturellen Entwicklung,[4] die der wirtschaftlichen und technischen Entwicklung zum Teil vorausläuft (Prävention) und ihr zum Teil hinterherhinkt (Nachsorge). Dabei ist es immer schwierig, die Eigendynamik der wirtschaftlichen und technischen Entwicklung politisch zu beeinflussen, und zwar besonders dort, wo die Konsequenzen von Neuerungen nicht zu überblicken sind.

Können sich arme Länder Umweltschutz nicht leisten?

In den Ländern der Dritten Welt hört man häufig das Argument, die Kosten für Umweltschutz könne sich ein armes Land nicht leisten. Dieses Argument ist interessengebunden und in mehrfacher Hinsicht irreführend:

Erstens gibt es viele Umweltschutzmaßnahmen, die nichts oder wenig kosten bzw. keine oder nur geringe Einkommensausfälle produzieren (z.B. Ausweisung von Naturschutzgebieten, Schutz gefährdeter Tierarten u.ä.). Zweitens wird übersehen, daß in diesen vermeintlich armen Ländern vielfach eine geradezu erstaunliche Verschwendung von Ressourcen erfolgt, die einer sinnvollen entwicklungspolitischen Nutzung entzogen werden (Luxuskonsum und Fluchtkapital der oberen Schichten, übermäßige Rüstung, Selbstprivilegierung zahlreicher staatlicher und parastaatlicher Institutionen, Mißwirtschaft, Fehlplanung, Korruption). Drittens wird die Armut durch die Umweltzerstörung und Ressourcenplünderung ja keineswegs überwunden, sondern im Gegenteil langfristig verschärft. Die Hauptursachen der Armut liegen in der relativen Überbevölkerung und einer schlechten Struktur- und Sozialpolitik, und genau dort muß man sie auch bekämpfen, d.h. nicht an der falschen Front. Viertens stellt sich die Frage, wie sich jene Entwicklungsländer eigentlich arrangieren, die über bestimmte Ressourcen - z.B. Regenwälder - gar nicht verfügen. Ist Zaire z.B. besser entwickelt, weil es seinen Regenwald abholzen kann, als Südkorea, das gar keinen Regenwald hat? Im übrigen werden die Kosten der Milieuschädigung im Laufe der Zeit immer höher, und die Mittel für den Umweltschutz werden nie frei, sondern sie müssen immer dem gesamten Volkseinkommen in Konkurrenz zu anderen Verwendungszwecken entnommen werden. Dies gilt ja auch für die Industrienationen: Diesen wachsen nicht frei verfügbare Überschüsse für den Umweltschutz zu, sondern sie stellen dafür einfach mehr Mittel bereit. Auch die Entwicklungsländer könnten für den Umweltschutz sicherlich erheblich mehr Mittel bereitstellen, wenn der politische Wille vorhanden wäre und wenn das Volkseinkommen sinnvoller verteilt und verwendet würde.

Institutionen und Programme

In diesem Zusammenhang muß die Rolle des *Staates* erwähnt werden. In den meisten Entwicklungsländern kann von einer Umweltpolitik im eigentlichen Sinne keine Rede sein, obwohl es an differenzierten Umweltschutzgesetzgebungen nicht mangelt. Hauptakteur einer effektiven Umweltpolitik muß der Staat sein, aber diesem obliegt in den meisten Entwicklungsländern nicht in erster Linie die Durchsetzung des langfristigen Gemeinwohls im Spannungsfeld konkurrierender Interessen, sondern er ist eher ein Transmissionsriemen der dominanten Wirtschafts- und Machtlobbies. Diesbezüglich darf auch die große Bedeutung der Korruption nicht übersehen werden. Da hinter dem Umweltschutz keine dominanten Wirtschafts- und Machtlobbies stehen, verhält sich der Staat meistens "pragmatisch", d.h. er bescheidet sich im wesentlichen mit ökologischer Rhetorik, symbolischen Gesten und Laissez faire.

Die umweltpolitischen Absichtserklärungen der meisten Entwicklungsländer stehen in einem deutlichen Gegensatz zu ihrer tatsächlichen Umweltpolitik[5]. Sofern von einer Umweltpolitik im eigentlichen Sinne überhaupt die Rede sein kann, besteht sie in aller Regel aus einer (punktuellen) *Nachsorge*.[6] Nachsorge beseitigt allerdings nicht, sondern sie mindert allenfalls ökologische Schäden. Im übrigen lassen sich viele ökologische Schäden nicht beliebig "nachsorgen".

Umweltpolitik ist einer jener Bereiche, in denen sich ein akzeptabler Zustand nicht durch Selbstregulierung einstellt. Ungelöste Umweltprobleme erledigen sich nicht mit der Zeit, sondern sie potenzieren sich in der Form andauernder Zerstörung und steigender "Altlasten". Der Staat ist gefordert, das langfristige Gemeinwohl - d.h. die Erhaltung akzeptabler Umweltbedingungen auch für die künftigen Generationen - gegen wenige "große" und viele "kleine" Umweltsünder durchzusetzen. Zahlreiche umweltpolitische Maßnahmen gegen die vielen "kleinen" Umweltsünder sind unpopulär, weil sie aus der Perspektive partikulärer Interessen mehr ökonomischen Schaden als ökologischen Nutzen produzieren. Dennoch sind solche Maßnahmen notwendig, weil auch kleine ökologische

Schäden langfristig zu großen Schäden kumulieren. Realistischerweise kann zur Zeit auch von einer effizienten Umweltpolitik kaum mehr als eine *Verlangsamung* der Umweltzerstörung und Ressourcenplünderung erwartet werden.

Zum programmatischen Aspekt der internationalen Umweltpolitik ist zu sagen, daß sie immer noch einen vorzugsweise deklaratorischen und symbolischen Charakter hat, was nicht ausschließt, daß sektoral und regional sinnvolle Maßnahmen mit großer Effizienz durchgesetzt werden. In der politischen Rhetorik genießt die Umweltpolitik zwar eine hohe Priorität, nicht aber in der Praxis. So verliert auch das große Engagement im Rahmen der internationalen Umweltpolitik an Glaubwürdigkeit, wenn man bedenkt, wie widersprüchlich und mühsam die Realisierung ökologischer Ziele im Rahmen einzelstaatlicher Politik ist, und dies gilt auch für die westlichen Industrienationen (obwohl sie mit Abstand die vergleichsweise beste Umweltpolitik betreiben). Für die Ökologisierung der Entwicklungshilfe bedeutet dies, daß sie in der Praxis schwerlich erfolgreicher verlaufen kann als die Ökologisierung der sozio-ökonomischen Prozesse in den Gesellschaften der Entwicklungshilfe-Geber[7], in aller Regel wird sie sogar sehr viel schlechter verlaufen, wofür im folgenden einige Argumente vorgebracht werden.

Entsprechend ihrer geringen Priorität leidet die internationale Umweltpolitik unter einer prekären personellen, finanziellen und materiellen Ausstattung. Die Forschungsförderung ist vergleichsweise bescheiden, und der Dialog zwischen Forschung und Politik ist unzureichend[8]. Dies gilt für die westlichen Industrienationen bedingt, in extremer Form jedoch für die meisten Entwicklungsländer (sowie die sozialistischen Staaten), aber auch für die Institutionen der internationalen Umweltpolitik einschließlich ihrer entwicklungspolitischen Variante.

Die institutionellen Probleme der internationalen Umweltpolitik sind vor allem folgende: Verteilung der geringen Mittel und der bescheidenen Kompetenzen auf viele Institutionen; Zuwendungs- und Zielkonkurrenz zwischen umweltpolitischen Institutionen und anderen Institutionen (z.B. zwischen Ministerien desselben Staates, häufig sogar zwischen Abteilungen derselben Institution, etwa der Weltbank); Zwänge, die vorhandenen personellen und finanziellen Kapazitäten laufend zu nutzen, obwohl vielfach unklar ist, wie deren Nutzung erfolgen muß, um optimale Ergebnisse zu erzielen (bürokratische Zwänge des sogenannten "Mittelabflusses"); unzureichende rechtliche Behandlung der ökologischen Problematik; Schwierigkeit, komplizierte Umweltprobleme im Rahmen nicht minder komplizierter politischer und wirtschaftlicher Strukturen zu lösen; beschränkte politische Einwirkungsmöglichkeit auf eigendynamische sozio-ökonomische Prozesse; Schwerfälligkeit von politischen Entscheidungen; Effizienz- und Kompetenzprobleme politischer Institutionen (insbesondere in den Entwicklungsländern, bei denen die allgegenwärtige Korruption häufig ein zusätzliches und erhebliches Störpotential schafft).

Ein weiteres Problem betrifft den unterschiedlichen Rhythmus politischer und ökologischer Abläufe. Umweltpolitik muß so differenziert sein wie der Differenzierungsgrad der ökologischen Probleme, d.h. adäquate Problemlösungen können sich nur aus dem Problem selber ergeben und nicht aus der an anderen Problemen "gewachsenen" Funktionslogik der bestehenden politischen Apparate. Ökologische Prozesse vollziehen sich in der Regel langsam und im Rahmen vieler kleiner Interdependenzen; um diese zu verstehen, bedarf es eines großen Fachwissens und geduldiger Analyse. Natürliche Systeme lassen sich sehr leicht stören und zerstören, aber die Reparatur gestörter oder gar zerstörter natürlicher Systeme ist in der Regel sehr schwierig: Es erfordert keinerlei ökologischen Sachverstand, um ein Gewässer zu verschmutzen, aber es erfordert sehr viel Sachverstand, um ein verschmutztes Gewässer zu regenerieren und weitere Verschmutzung zu verhindern. Ökologische Probleme lassen sich auch nicht "aussitzen", d.h. sie erledigen sich nicht von selbst, im Gegenteil: Sie haben eine Tendenz, sich zu verschärfen und "Altlasten" zu produzieren, wenn ihnen nicht ständig und effektiv "entgegengearbeitet" wird. Dies gilt auch für die ökologische Dimension von Projekten der Entwicklungshilfe. Deren Umweltfreundlichkeit ist durch die Planung und Implantierung keineswegs gesichert, sondern muß durch ständigen Einsatz erhalten werden.[9]

Umweltpolitische Kenntnisse und Instrumente

Eine entscheidende Begrenzung für effiziente umweltpolitische Maßnahmen liegt nicht zuletzt darin, daß die Ökologie eine *relativ junge Wissenschaft* mit großen Forschungslücken ist und daß ihre gesicherten Wissensbestände nur langsam in den politischen Institutionen diffundieren. Dies gilt um so mehr, wenn es um die Beurteilung ökologischer Zusammenhänge, z.B. in den Entwicklungsländern, geht.

Es ist nicht einmal sicher, ob die Entwicklungs- und Umweltexperten in jedem Fall mehr situationsgerechten Sachverstand haben als jene Menschen, die dauerhaft in jener spezifischen Situation leben bzw. bereits gelebt haben. Es entbehrt ja nicht einer gewissen Ironie, daß die Entwicklungs- und Umweltpolitik mit einem großen Aufwand viele Techniken und Verfahren wiederentdeckt, die bereits eine lange historische Tradition haben, z.B. der naturgerechte Landbau. Der sogenannte Fortschritt hat davon vieles zerstört und in Vergessenheit geraten lassen. Es ist z.B. lehrreich, die sozialen Sicherungssysteme und die landwirtschaftlichen Methoden in den präcolumbianischen Hochkulturen Lateinamerikas oder im vorkolonialen Afrika zu betrachten[10]. Über die buddhistische Lebensweise schreibt E.F. Schumacher: "Erstaunlich geringe Mittel führen zu überaus zufriedenstellenden Ergebnissen"[11]. Dies bedeutet natürlich nicht, daß mit den Rezepten der Vergangenheit die Probleme der Gegenwart gemeistert werden können, stimmt aber dennoch nachdenklich, wenn man die technokratische Hemdsärmeligkeit betrachtet, mit der heutzutage auf viele diffizile Probleme in den Entwicklungsländern losgegangen wird.

Das Abfragen von Kriterienkatalogen im Rahmen der Umweltverträglichkeits-prüfung (UVP) mag zwar einige Fragen klären, aber der springende Punkt - nämlich die angemessene Einschätzung eines konkreten ökologischen Systems - kann auf diese Weise kaum zufriedenstellend geleistet werden,

- weil wichtige Basisinformationen über den jeweiligen Standort häufig nicht zur Verfügung stehen;
- weil das weitere Projektumfeld ohne einen großen wissenschaftlichen Aufwand nicht angemessen einzubeziehen ist;
- weil undefinierte Ermessensspielräume bestehen und
- weil die Synergie ökologischer Prozesse mit formalisierten Check-Listen schwerlich erfaßt werden kann.[12]

Soziale und ökologische Prozesse sind multidimensionale und regional-spezifische Phänomene. Check-Listen stellen zwar ein sinnvolles heuristisches Raster zur Verfügung, können aber aufgrund ihrer Standardisierung den jeweils einzigartigen Bedingungen vor Ort - einschließlich aller potentiellen Nach- und Fernwirkungen - kaum gerecht werden, abgesehen davon, daß ihre Verwendung bereits ein Fachwissen voraussetzt, das möglicherweise nicht allen Projektmitar-beitern in ausreichendem Maße zur Verfügung steht.

Auch die Kosten-Nutzen-Analyse von Projekten mit negativen ökologischen Konsequenzen wirft einige Probleme auf:

- Oft betreffen Kosten und Nutzen verschiedene Gruppen von Menschen, d.h. nicht alle genießen den Nutzen und sind bereit, dafür auch die Kosten zu tragen, sondern einige genießen den Nutzen, und andere tragen die Kosten;
- die Kosten-Nutzen-Analyse läßt wichtige Dimensionen aus, die zwar das Leben und die Lebensqualität der Menschen betreffen, aber nicht ökonomisch zu fassen sind (Genozid, Vertreibung, Landschaftszerstörung, Artensterben);
- die ökologischen Konsequenzen von Projekten zeigen sich häufig erst nach längerer Zeit; ex ante herrscht eine Neigung vor, sie als möglichst gering einzuschätzen.[13]

In der Umweltpolitik gibt es ähnliche Schwierigkeiten wie im Falle des sogenann-ten Social Engeneering[14], daß sich nämlich die Umwelt ebensowenig nach technokratischen Vorgaben verhält wie die Gesellschaft. Während mit derartigen Maßnahmen bestehende Probleme teilweise gelöst werden können, werden nicht selten neue geschaffen: Die Durchsetzung der "grünen Revolution" hat z.B. die landwirtschaftliche Produktivität gesteigert, aber eine Reihe von sozialen und ökologischen Kosten produziert, ohne die Nahrungsmittelversorgung der Bevölkerung vielfach zu verbessern; die nachholende Industrialisierung war im Sinne sektoraler Modernisierung erfolgreich, ist aber mit ungelösten Problemen der Sozial- und Umweltverträglichkeit verknüpft; der Kapitalimport hat manche Entwicklungsreserven mobilisiert, aber in eine Überschuldung geführt, in der die meisten Entwicklungsreserven gelähmt und die Umweltbelastungen verstärkt werden; die Investitionen im urban-industriellen Bereich haben zu sektoralen Fortschritten geführt, zugleich aber hypertrophe Konzentrationen begünstigt, welche die erreichten Fortschritte entwerten und gefährden.

Ein weiteres Problem der internationalen Entwicklungs- und Umweltpolitik besteht darin, daß die konkreten Maßnahmen in aller Regel kleinräumig sind und sich auf das unmittelbare Projektumfeld konzentrieren. In jedem einzelnen Bereich der ökologischen Problematik wirken viele Ursachen in einer situationsspezifischen Mischung zusammen, wobei es zu einer Überlagerung von regionalen durch überregionale Ursachen kommt. Ein Problem von umweltorientierten Projekten besteht darin, daß sie (einigen wenigen) regionalen Ursachen entgegenwirken können, nicht aber den überregionalen Ursachen. Diesen kann nur mit einer Wirtschafts- und Entwicklungspolitik entgegengewirkt werden, im Rahmen derer der Umwelt- und Ressourcenschutz als wichtiges gesellschaftliches Ziel integriert ist. Andernfalls bleiben entscheidende großräumige Aspekte, nämlich die *soziale und ökologische Destruktivität der Gesamtgesellschaft*, ausgeblendet. Alle noch so guten Einzelprojekte werden letztlich von bescheidener Wirkung bleiben, wenn es z.B. nicht gelingt, das Bevölkerungswachstum zu begrenzen, die politische Effizienz zu steigern, die Verteilungsstruktur zu verbessern und die allseitige Umweltzerstörung und Ressourcenplünderung gesamtgesellschaftlich zu kontrollieren.

Ein damit zusammenhängendes Dilemma besteht darin, daß sich die internationale Entwicklungs- und Umweltpolitik ja nicht in einem gesellschaftlich "freien" Raum realisiert, sondern im Rahmen bestimmter Macht-, Besitz- und Privilegienstrukturen. Wenn diese respektiert werden, ist eine sinnvolle Entwicklungs- und Umweltpolitik häufig nur sehr begrenzt möglich; wenn sie aber nicht respektiert werden, ist sie praktisch überhaupt nicht möglich, weil sie gar nicht erst implementiert werden kann.

Weitere Probleme der internationalen Umweltpolitik im allgemeinen und der umweltorientierten Entwicklungspolitik im besonderen ergeben sich aus den vorherrschenden politischen Strukturen und Ideologien. In der Politik dominieren ja nach wie vor vielfach Denkstrukturen, die einer vorausschauenden Bewältigung ökologischer Probleme im Wege stehen. Der verbreitete Realismus oder Pragmatismus, d.h. die bevorzugte Beschäftigung mit Problemen akutesten

Handlungsbedarfs sowie die Konzentration auf das sogenannte Machbare, beides verleitet häufig zu einer Unterschätzung jener Probleme, die sich langsam und zunächst wenig spektakulär kumulieren und allmählich so akut und komplex werden, daß im Rahmen der bestehenden gesellschaftlichen und politischen Strukturen nur noch wenig "machbar" ist. Das Machbare ist in diesem Falle häufig nicht viel mehr als eine nachsorgende Schadensbegrenzung.

Nationale Interessen und globale Verantwortung

Ein ganzes Bündel von Schwierigkeiten ergibt sich aus dem Konflikt zwischen der Verfolgung nationaler Interessen und der Wahrnehmung globaler Verantwortung. Die Vorstellung, internationale Umweltprobleme durch internationale Kooperation zu lösen, klingt einleuchtend, darf jedoch nicht darüber hinwegtäuschen, daß das Gros der internationalen Umweltproblematik das Ergebnis unzureichender *nationaler* Umweltpolitik in den einzelnen Staaten ist. Die internationale Umweltpolitik würde sich weitgehend erübrigen[15], wenn die Umweltpolitik der einzelnen Staaten innerhalb ihres jeweiligen Staatsgebiets zufriedenstellend wäre. Die Verlagerung nationaler Unzulänglichkeiten in den internationalen Bereich führt zu einer Verschleppung zahlreicher Probleme und zu einer Anonymisierung der Verantwortung. Realistischerweise kann die internationale Umweltpolitik nicht sehr viel mehr leisten, als globale Umweltstandards auszuarbeiten, modellhafte Projekte durchzuführen und die "ökologischen Nachzügler" zu ermuntern. Sie kann kein Ersatz, sondern allenfalls eine *Ergänzung nationaler Umweltpolitik sein*.

Häufig erschöpft sich die internationale Umweltpolitik in wohlmeinenden, aber unverbindlichen Absichtserklärungen und in symbolischen Aktivitäten. Falls verbindliche Regelungen getroffen werden, so erfolgt die Einigung vielfach auf dem kleinsten gemeinsamen Nenner und nicht auf der Basis des jeweils höchsten Umweltstandards; die Schwierigkeiten internationaler Abstimmung führen darüber hinaus zu Verzögerungen, während derer sich die zur Lösung anstehenden ökologischen Probleme verschärfen.

Davon abgesehen leidet die internationale Umweltpolitik unter erheblichen Zielkonflikten im Rahmen aller Außenbeziehungen sowohl der Industrienationen wie der Entwicklungsländer. Der sinnfälligste Zielkonflikt dieser Art besteht wohl zwischen dem Interesse am Handel mit tropischen Hölzern und dem Interesse an der Erhaltung der Regenwälder. Es kommt hinzu, daß die in der internationalen Umweltpolitik tätigen Organisationen und Personen im nationalstaatlichen Rahmen häufig kein ausreichendes politisches Mandat und Gewicht haben, um die vereinbarten Maßnahmen konkret durchsetzen zu können.

Ein wichtiges Problem besteht auch bezüglich der Einmischung in innere Angelegenheiten. Selbstverständlich geht es hierbei auch um einen legitimen Aspekt staatlicher Souveränität. Andererseits wird diese Formel häufig überstrapaziert, indem sie zur Verteidigung mißlicher politischer, ökonomischer, sozialer oder ökologischer Zustände eingesetzt wird[16]. Die Amazonas-Staaten bieten zur Zeit ein gutes Beispiel dafür, wie die internationale Kritik an der verheerenden Zerstörung dieses größten zusammenhängenden Waldgebiets der Erde mit einer harschen Betonung der Souveränität abgewehrt wird. Bei den Entwicklungsländern gibt es aber nicht nur Probleme mit ihren überzogenen Souveränitätsansprüchen, sondern auch mit ihren internen Voraussetzungen für eine effiziente Umsetzung umweltpolitischer Maßnahmen. Internationale Umweltpolitik kann ja wie gesagt nicht erfolgreich sein, wenn die nationale Umweltpolitik unzureichend ist. Diesbezüglich gibt es in der Dritten Welt zahlreiche Defizite.

In diesem Zusammenhang sollte das besonders aktuelle Problem der tropischen Regenwälder kurz angesprochen werden. Die Befürworter einer nachhaltigen forstwirtschaftlichen Nutzung der tropischen Regenwälder treten mit dem Argument auf, daß diese Wälder gerade dann zugunsten anderer Nutzungsformen (Landwirtschaft, Viehzucht) vernichtet werden, wenn sie keinen ökonomischen Nutzen (Holzeinschlag) abwerfen: Abgesehen von der Tatsache, daß dieses Argument meistens von den Nutznießern des Holzeinschlags vorgebracht wird, muß es differenziert beurteilt werden, denn es kann ja nur überhaupt dort gelten, wo die landwirtschaftliche Nutzfläche objektiv knapp ist. Dies ist in den meisten Entwicklungsländern - und zwar auch in Lateinamerika - aber gar nicht der Fall; dort kommt der Druck auf die Regenwälder vor allem dadurch zustande, daß einerseits starke Kapitalinteressen in der Erschließung und Ausbeutung dieser Ressourcen engagiert sind und daß andererseits die vorhandene landwirtschaftliche Nutzfläche höchst ungleich verteilt ist und ausgedehnte Ländereien gar nicht bewirtschaftet werden. Hierfür ist Brasilien ein sehr prägnantes Beispiel. Gegen eine rationale nachhaltige forstwirtschaftliche Nutzung der tropischen Wälder ist aus ökologischer Sicht an sich wenig einzuwenden, sofern sie in der Praxis so funktionieren würde wie in der Theorie. Die Gefahr ist jedoch groß, daß die nachhaltige Nutzung im Laufe der Zeit ökologisch immer nonchalanter betrieben wird und sich letztlich als Beginn der Zerstörung der Regenwälder erweist, d.h. es müßte sehr penibel darauf geachtet werden, daß die Formel "Walderhaltung durch nachhaltige Waldnutzung" nicht als Alibi für die Waldzerstörung benutzt wird. Ob hierfür in den betreffenden Staaten die notwendigen Voraussetzungen gegeben sind, darf wohl mit guten Argumenten bezweifelt werden. Dem widerspricht nicht, daß es einzelne Projekte gibt, in denen die nachhaltige Nutzung (zumindest vorläufig) zufriedenstellend funktioniert, aber es erscheint doch sehr fraglich, ob das Gros der tropischen Wälder nach diesem Modell erhalten werden kann.

Ein anderer aktueller Vorschlag geht dahin, den Entwicklungsländern einen Teil ihrer Schulden sozusagen als Tausch gegen einen entsprechenden Nutzungsverzicht an ihren natürlichen Ressourcen zu erlassen ("debt-for-nature-swaps").[17] Obwohl nach diesem Modell in einzelnen Fällen erfolgreich verfahren wurde, gibt es für seine Wirksamkeit auf breiter Front eine Reihe von sozusagen "technischen" Problemen (finanzielle Kapazität der Entwicklungsländer, ihre eigenen Schuldtitel trotz Rabatten und Währungskonversion aufzukaufen; Probleme der Kontrolle; großer Anteil von Schuldtiteln, die nicht auf dem freien Markt gehandelt werden u.ä.) Darüber hinaus gibt es einige grundsätzliche Bedenken:

- Wenn nicht die eigentlichen *Ursachen* der Verschuldung bekämpft werden, mag es zwar zeitweilige Entlastungen durch Schuldenerlaß geben, aber im Grunde muß man befürchten, daß die Verschuldung ein chronischer Zustand bleibt.

- Es wäre nicht nur äußerst schwierig, den vereinbarten Nutzungsverzicht in ausgewiesenen Regionen zu kontrollieren, sondern praktisch unmöglich, die Verlagerung der Umweltzerstörung in andere Regionen zu verhindern. Es wäre ja naiv anzunehmen, daß sich jene Interessen, die hinter der Umweltzerstörung und Ressourcenplünderung stehen, im Falle einer "debt-for-nature"-Vereinbarung im Nichts auflösen würden.

- Darüber hinaus entsteht die Frage, wie dauerhaft eine derartige Regelung sein könnte. Dabei ist die reichlich absurde Situation vorstellbar, daß die Industrienationen seitens jener Entwicklungsländer, die über Großbiotope verfügen, dauerhaft "erpreßbar" werden.

- Angesichts der Verschuldung mag in den Entwicklungsländern zwar eine große Versuchung bestehen, ihre Regenwälder zur Entlastung der Zahlungsbilanz abzuholzen, zwingend ist dies jedoch nicht, was man bereits daran erkennt, daß viele Entwicklungsländer gar nicht über Regenwälder verfügen. Bei einer Realisierung von "debt-for-nature-swaps" in einer finanziell relevanten Größenordnung käme es zu schwer verständlichen Ungerechtigkeiten bei der Behandlung der Schuldnerländer, denn jene, die über Großbiotope verfügen, würden dafür belohnt, daß sie sie nicht zerstören, und die anderen würden sozusagen dafür bestraft, daß sie keine haben, die sie zerstören könnten.

- Debt-for-nature-swaps könnten auch psychologisch falsche Signale setzen, weil sie die Eigenverantwortung der Entwicklungsländer für ihre Großbiotope mindern würden.

Mangelhafte Komplementarität zwischen Entwicklungshilfegeber und -empfänger

Seitens der Entwicklungsländer gibt es weitergehende Probleme, und zwar insbesondere mit ihren internen Voraussetzungen für eine effiziente Umsetzung umweltpolitischer Maßnahmen. Internationale Umweltpolitik kann ja nicht erfolgreich sein, wenn die nationale Umweltpolitik unzureichend ist (s. oben). Diesbezüglich gibt es in den Entwicklungsländern zahlreiche Defizite. Über die Schwierigkeiten mit OECD-Projekten wird bespielsweise folgendes festgestellt:

"The constraints identified were a general lack of political will or awareness of the need for environmental assessment; insufficient public participation; lacking or inadequate legislative frameworks; lack of an institutional base; insufficient skilled manpower; lack of scientific data and information; and insufficient financial resources. The extent to which any or all of these constraints are operative in the Third World varies from region to region and from country to country".[18]

Derartige Probleme bei der Umsetzung umweltpolitischer Kriterien in der internationalen Entwicklungspolitik werden vielfach festgestellt. Hier geht es also um die häufig mangelhafte Komplementarität zwischen Entwicklungshilfegeber und -empfänger. Die meisten Empfänger räumen dem Umwelt- und Ressourcenschutz zwar rhetorisch, aber nicht praktisch eine hohe Priorität ein. Sie wehren sich zwar nicht grundsätzlich gegen umweltfreundliche Projekte, hätten es aber lieber, wenn die in Umweltmaßnahmen gebundenen Mittel anders eingesetzt würden. Die Begründungen hierfür sind vielfältig, wohlklingend und meistens vordergründig.

So wird etwa das Argument vorgebracht, daß das Ziel der Nahrungsmittelversorgung im Konflikt mit umweltpolitischen Zielen stehen kann (z.B. Erschließung neuer landwirtschaftlicher Flächen versus Erhaltung des Regenwaldes). In diesem Fall erscheint es auf den ersten Blick einsichtig, dem erstgenannten Ziel Vorrang zu geben. Zwei Aspekte werden dabei aber außer acht gelassen: 1. Im Gegensatz zur politischen Rhetorik genießt eine ausreichende Nahrungsmittelversorgung für die gesamte Bevölkerung nur in den allerwenigsten Entwicklungsländern eine tatsächliche Priorität; in der Regel wird eine derartige Priorität aber behauptet, um andere Interessen zu verdecken. 2. Auch wenn es in bestimmten Regionen der Dritten Welt einen wirklichen Konflikt zwischen der Nahrungsmittelversorgung und dem Umweltschutz geben sollte und man sich einseitig für die Nahrungsmittelversorgung auf Kosten des Umweltschutzes entscheiden würde, dann könnte dieses Verfahren nur bis zur Ausschöpfung der letzten ökologischen Reserve betrieben werden, bis letztlich die Nahrungsmittelversorgung - einer bis dahin viel größeren Bevölkerung - nicht mehr gesichert werden könnte. Die richtige Strategie besteht also nicht in Umweltzerstörung, sondern in einer realistischen Umsetzung möglichst vieler jener Elemente, die zusammen und gewissermaßen idealtypisch im Konzept des sogenannten Ecodevelopment gebündelt sind.

Aus der mangelhaften Komplementarität zwischen Entwicklungshilfegeber und
-empfänger ergeben sich letztlich folgende Probleme:

- Die auf ihre Unverträglichkeit geprüften Projekte wirken im konkreten Milieu
  der Entwicklungsländer häufig wie seltsame Versatzstücke einer fremden
  Zivilisation und können nur ausnahmsweise einen innovativen Demonstra-
  tionseffekt auslösen (sofern ihre ökologisch positive Qualität überhaupt auf
  Dauer erhalten bleibt); sie erinnern in gewisser Weise an die High-Tech-
  Sektoren in den Entwicklungsländern (multinationale Unternehmen, Kern-
  kraftwerke, Kernwaffen, EDV, Raumfahrt u.ä.), die in einem merkwürdigen
  Kontrast zur Unfähigkeit dieser Länder stehen, die Bevölkerung mit dem
  Allernötigsten zu versorgen.

- Der Versuch, die Makrostrukturen in den Entwicklungsländern über den
  sogenannten Politikdialog zu beeinflussen, ist mühsam und selten erfolgreich,
  weil es hier wiederum um das Problem der Souveränität geht und weil hinter
  diesen Makrostrukturen gewichtige Interessen (übrigens auch seitens der
  Industrienationen) stehen. Wenn der Politikdialog überhaupt einigermaßen
  aussichtsreich sein soll, darf er nicht "überfrachtet" werden, d.h. er muß "pro-
  jektnah" bleiben; eine entwicklungspolitisch sinnvolle Korrektur von Makrostrukturen ist dadurch kaum möglich; sie wäre aber sehr wünschenswert, damit
  der Projekterfolg durch die negativen Wirkungen des Gesamtsystems nicht
  entwertet wird.

Mitverantwortung der Industrienationen

Die berechtigte und notwendige Kritik an der unzureichenden Umweltpolitik in
den meisten Entwicklungsländern darf natürlich nicht zum Umkehrschluß verleiten, daß die nationale wie die internationale Umweltpolitik der Industrienationen
zufriedenstellend wäre. Das Gegenteil ist der Fall. Zunächst muß daran erinnert
werden, daß die Industrienationen für das Gros der *globalen* Umweltprobleme
verantwortlich sind[19], auch wenn einige von ihnen (westliche Industrienationen)
in bestimmten Bereichen eine vergleichsweise gute - aber angesichts der bestehenden Probleme dennoch unzureichende - Umweltpolitik betreiben. Bezüglich
der ökologischen Problematik der Dritten Welt trifft die Industrienationen eine
Mitverantwortung in folgenden Bereichen:

1. Mitverantwortung als direkte Mitverursacher im Zuge der Verfolgung von
   Eigeninteressen (über Außenhandel[20], Auslandsinvestititionen [21] und
   Kredit[22] sowie zahlreiche andere Arten der Einwirkung auf den Entwicklungsprozeß in den Entwicklungsländern, z.B. über den Export von politischen Ideologien und Programmen);

2. Mitverantwortung aufgrund ihrer prominenten Position innerhalb der Staatengemeinschaft und der Weltwirtschaft ("Innovationsführerschaft");[23]

3. Mitverantwortung aufgrund ihrer sich selber zugewiesenen Rolle als Kulturnationen (Sensibilität für die ethischen und ästhetischen Dimensionen der Umweltzerstörung und Ressourcenplünderung);

4. Mitverantwortung als schlechtes Vorbild (die gegenüber den Entwicklungsländern kritisierte Umweltzerstörung und Ressourcenplünderung haben die Industrienationen selber jahrzehntelang praktiziert und tun es zum Teil noch immer).[24]

Die Zuständigkeit und Verantwortung für die Umweltpolitik liegt zuallererst beim jeweiligen Nationalstaat. Dies betrifft selbstverständlich auch die Staaten der Dritten Welt. Damit wird die globale Verantwortung der Industrienationen aber nicht hinfällig. Sie wird bislang allerdings eher zögernd wahrgenommen. Auch im Umweltbereich wäre es mehr als bislang erforderlich, sich an die Vorstellung einer internationalen Risikogemeinschaft und an der Notwendigkeit einer ökologischen Weltinnenpolitik zu orientieren.

Die ökologischen *Perspektiven* sind weltweit besorgniserregend, in einigen westlichen Industrienationen etwas weniger, in anderen etwas mehr, besonders besorgniserregend in den sozialistischen Staaten und in den Entwicklungsländern. Im Hinblick auf letztere hat die internationale Umweltpolitik die fortschreitende Milieuschädigung möglicherweise (punktuell) verlangsamen, aber nicht verhindern können. Die bereits in den ökologisch sensibilisierten Industrienationen schwer durchsetzbare Forderung, daß der wirtschaftliche und technologische Prozeß sozialverträglich und umweltfreundlich ablaufen müsse, klingt in der Dritten Welt geradezu utopisch, und es scheint nicht viel mehr für die These einer positiven Entwicklung zu sprechen als gegen sie, nämlich daß viele dieser Länder mit allen ihren Ambivalenzen auf immer größere und komplexere Probleme zusteuern. Es erscheint reichlich paradox, daß die ökologischen Kosten der sogenannten Entwicklung in der Dritten Welt sehr hoch sind, ihr sozialer Nutzen zugleich aber höchst bescheiden ist, da viele Menschen marginalisiert werden, d.h. wirtschaftlich nicht ausreichend integriert sind und hart am Rande des Existenzminimums leben müssen. Die internationale Entwicklungs- und Umweltpolitik steht insofern vor einer außerordentlichen Herausforderung, die ein großes und beharrliches Engagement seitens der Industrienationen verlangt, die aber ohne die Initiative und die Eigenverantwortlichkeit der Entwicklungsländer sicherlich nicht zu bewältigen ist.

Anmerkungen

1) Der vorliegende Beitrag basiert auf einer längeren Studie des Verfassers: *Probleme und Zielkonflikte der internationalen Entwicklungspolitik im Umweltbereich*, Ebenhausen (Stiftung Wissenschaft und Politik) 1989.

2) Dieses Begriffspaar hat sich aufgrund seiner sprachlichen Griffigkeit durchgesetzt, wobei beide Begriffe semantisch nicht korrekt verwendet werden. Unter Ökonomie wird hier die Gesamtheit des "Wirtschaftens" in allen finanziellen, technischen, materiellen und sozialen Aspekten verstanden. Mit Ökologie wird der Aufbau sowie die Veränderung des belebten und unbelebten Milieus angesprochen.

3) Bundesministerium für Wirtschaftliche Zusammenarbeit, *Umweltwirkungen von Entwicklungsprojekten. Hinweise zur Umweltverträglichkeitsprüfung (UVP)*, Bonn 1987, S. 9.

4) "Noch fehlen klare Ziel- und Wertvorstellungen, welche ökologische Qualität gesamtgesellschaftlich gewünscht wird, sowie Mechanismen zu vernünftiger Konsensbildung"; Tschiersch, Joachim E./Egger, Kurt/Steiger, Jürgen/Pfuhl, Alfred, *Ökologische Problembereiche und mögliche Handlungsansätze in Entwicklungsländern*, Köln 1984 (Forschungsberichte des Bundesministeriums für Wirtschaftliche Zusammenarbeit, Bd. 61), S. 40.

5) Vgl. Mayer-Tasch, Peter C./Merk, Kurt P., "Präventive internationale Umweltpolitik", in: Simonis, Udo E. (Hrsg.), *Präventive Umweltpolitik*, Frankfurt 1988, S. 259-270 (263ff).

6) Zum Vor- und Nachsorgeprinzip vgl. ebd., S. 259.

7) "Unter diesen Vorzeichen haben die Entwicklungsländer, die sich technologisch ins Schlepptau der Industriestaaten begeben, keine Chance für eine ökologisch verträgliche Entwicklung, solange die Industriestaaten nicht selbst einen ökologisch verträglichen Weg für ihre eigene Entwicklung gefunden haben" (Bechmann, Arnim, "Keine Zeit für Kompromisse", in: *Der Überblick*, Vol. 23, No. 1 [1987], S. 5-9 [8]).

8) Vgl. Junk, Wolfgang J., *Die Rettung der tropischen Regenwälder: Grundsätzliche Bemerkungen zur Behandlung dieses Themas auf den verschiedenen politischen Ebenen der Bundesrepublik Deutschland*, Plön (Max-Planck-Institut für Limnologie) 1989 (mimeo).

9) Vgl. Hartje, Volkmar J., "Umweltprobleme in der Dritten Welt. Was kann der Norden tun?", in: *Aus Politik und Zeitgeschichte*, Beilage zur Wochenzeitung Das Parlament, No. B33/34 (1985), S. 39f; Simonis, Udo Ernst/Hartje, Volkmar J., "Entwicklungshilfe", in: *Handwörterbuch des Umweltrechts*, Berlin 1986, S. 431.

10) "Methoden agroforstlicher Mischnutzung sind in vielen Tropengebieten Südostasiens, Afrikas und Südamerikas seit Menschengedenken erfolgreich betrieben worden. Sie konnten sich jedoch dem Ansturm der aus den gemäßigten Breiten importierten Produktionsmethoden nicht erfolgreich

widersetzen. Erst seit jüngerer Zeit beginnt eine Rückbesinnung auf die traditionellen Nutzungsformen, deren Wiedereinführung allerdings erheblich durch die mit den etablierten Nutzungsformen der gemäßigten Breiten verbundenen Wirtschafts- und Marktformen sowie durch mangelnde Kenntnisse auf seiten der hochtechnisierten Länder erschwert wird"; Junk, Die Rettung, S. 11.

11) Schumacher, E.F., *Die Rückkehr zum menschlichen Maß. Alternativen für Wirtschaft und Technik. "Small is Beautiful"*, Reinbek 1977, S. 52.

12) Vgl. Bechmann, Arnim u.a. (Hrsg.), *Entwicklungspolitik auf dem Weg zur ökologischen Wende? - Eine Zwischenbilanz*, Schriftenreihe des Fachbereichs Landschaftsentwicklung der TU Berlin, Berlin 1987, S. 160ff. Eine kritische Auseinandersetzung mit der UVP findet sich in: Bleischwitz, Raimund/ Unmüßig, Barbara, "Technokratisches Verständnis von Ökologie. Zur Umweltverträglichkeitsprüfung (UVP) von Projekten der bundesdeutschen Entwicklungshilfe", in: *epd - Entwicklungspolitik*, No. 4, 1988, S. a-f (e-f).

13) Vgl. Hein, Wolfgang, "Die ökologische Dimension der Politik von Weltbank und IWF", in: *Nord-Süd aktuell*, Vol. 2, No. 3 (1988), S. 344.

14) Vgl. Lachenmann, Gudrun, "Ecodevelopment - Ökosysteme ohne Menschen?", in: Bechmann, *Entwicklungspolitik auf dem Weg*, S. 93-110. Hier findet sich eine kritische Reflexion des technokratischen Gesellschaftsbildes, das im Rahmen der Entwicklungs- und Umweltpolitik vorherrscht und sich auch in der Sprache widerspiegelt (z.B. "Zielgruppe", "Akzeptanz" usf.).

15) Sie könnte sich im wesentlichen auf die "freien" Meere und die polaren Regionen beschränken und sich ansonsten auf Koordinierungsaufgaben bezüglich der "global commons" konzentrieren.

16) Vgl. folgendes Zitat: "Die Argumentation, man könne sich nicht in die inneren Angelegenheiten anderer Länder einmischen, ist in diesem Zusammenhang nicht stichhaltig. Mit dem gleichen Recht, mit dem die technischen und wirtschaftlichen Auflagen, die mit der Vergabe der Finanzmittel verbunden sind, von ausländischen Gutachtern überwacht werden, kann das auch im Umweltbereich geschehen" (Junk, *Die Rettung* ,S. 6).

17) Vgl. Oberndörfer, Dieter, *Schutz der tropischen Regenwälder durch Entschuldung. Perspektiven und Orientierungen*. Schriftenreihe des Bundeskanzleramtes, Band 5, München 1989.

18) Kennedy, William V., "Environmental Impact Assessment and Bilateral Development Aid: An Overview", in: Wissenschaftszentrum Berlin für Sozialforschung, IIUG pre 86-12, Berlin 1986, S. 5.

19) Es ist in diesem Zusammenhang interessant zu erwähnen, daß alleine die USA mit 5% der Weltbevölkerung rund 40% aller weltweit geförderten Rohstoffe und rund 25% des Weltenergieaufkommens verbrauchen. Die Industrienationen produzieren über 80% der weltweiten CO_2-Emissionen. Diese Liste läßt sich beliebig fortsetzen. Die Biosphäre ist bereits heute nicht nur in einzelnen Regionen, sondern auch global bedroht; falls die

Entwicklungsländer - die zudem eine sehr unbefriedigende Umweltpolitik betreiben - entsprechend nachziehen würden, würden die Degradierung des Milieus und die Erschöpfung vieler Ressourcen beschleunigt. Die hoffnungsvollen Erwartungen im Hinblick auf die ökologische Gesellschaft der Zukunft sind dabei wenig substantiell, weil die Zerstörung jetzt erfolgt und es keinesweg sicher ist, ob sich ein umweltverträglicher Gesellschaftstyp rechtzeitig und weltweit durchsetzen kann.

20) Zum Beispiel als Exporteure von ökologisch bedenklichen Produkten (einschließlich Giftmüll) und Importeure von Monokulturprodukten, Holz, mineralischen und fossilen Rohstoffen u.a.

21) Zum Beispiel im Bereich Chemie, Kraftfahrzeuge, Agrobusiness, Holzwirtschaft u.a.

22) Zum Beispiel große Infrastrukturprojekte.

23) Vgl. Körber-Stiftung (Hrsg.), *Die ökologische Wende - hat sie noch Chancen?* Bergedorfer Gesprächskreis zu Fragen der freien industriellen Gesellschaft, Protokoll Nr. 85, Hamburg 1988, S. 61.

24) Diesbezüglich ist ein Blick auf die Bundesrepublik Deutschland aufschlußreich, die im weltweiten Vergleich eine sehr gute Umweltpolitik betreibt; man denke z.B. an die Situation der Nord- und Ostsee sowie der meisten Binnengewässer, an den Artenschwund, das Waldsterben, die Landschaftszerstörung, die Schadstoffbelastung der Böden und der Nahrungsmittel, die Luftverschmutzung, die zahlreichen "Altlasten", die Massentierhaltung u.ä.

Konzept und theoretisches Fundament des Projekttyps "Ökologischer Wissenstransfer"

Arnim Bechmann/ Brigitte Fahrenhorst

1.Entwicklungsphasen von Umweltpolitik

Die Stockholmer UNO-Umweltkonferenz des Jahres 1972 wird häufig und nicht zu Unrecht als Beginn einer Ära der sich herausbildenden internationalen Umweltpolitik angesehen. Sie hat zugleich viele Regierungen angeregt, Umweltschutz als nationale politische Aufgabe in Angriff zu nehmen. Seitdem sind fast zwanzig Jahre vergangen, in denen dennoch die ökologische Bedrohung, Belastung und Zerstörung unseres Planeten weiter ungebrochen zugenommen hat. Aufwendig erstellte Untersuchungen, wie z:B.

- Global 2000, der Bericht an den Präsidenten (US-Regierung, 1980),
- Die Weltstrategie für die Erhaltung der Natur (UNEP, WWF, IUCN, 1979),
- Umwelt - weltweit (UNEP, 1982),
- Unsere gemeinsame Zukunft (Brundtlandreport, 1987)

belegen dies ausführlich und eindringlich.

In einer 1985 veröffentlichten Studie, in der die wichtigsten Globalberichte, die sich unmittelbar oder zum Teil Umweltproblemen widmen, systematisch ausgewertet wurden, wird dargestellt, daß die globalen Umweltbedrohungen auch in den vergangenen zwei Jahrzehnten ständig weitergewachsen sind (Bechmann, Fahrenhorst, Friedrich, 1985).

Auch neuere Untersuchungen, wie eine von der Stiftung "Wissenschaft und Politik" erstellte Studie (Wöhlcke, 1987) und der Bericht "Unsere gemeinsame Zukunft" der Weltkommission für Umwelt und Entwicklung (UNO, 1987, Brundtland-Report) bestätigen diese Entwicklungstendenzen uneingeschränkt.

Tab.1: Zukunftstrends der Umweltbelastung - weltweit

Zukunftstrends der Umweltbelastung

Trendschätzungen durch Globalstudien

Faktoren der Umweltbelastung	Ehrlich/Ehrlich 1969	Meadows/Meadows 1972	OECD-Bericht 1979	Global 2000 1980	Umwelt weltweit 1982
Luftverunreinigung durch					
– Ruß	▲			▲	
– Stäube	▲		▲	▲	
– Stickoxide	▲		▲	▲	
– SO₂ / SO_2	▲		■	▲	■
– Smog	▲		▲	▲	
– Schwermetalle	▲	▲			
– CO/CO₂ / CO/CO_2	▲	▲	■	▲	▲
Belastungen von Oberflächengewässern durch					
– Nährstoffe	▲		▲	▲	▲
– Salze		▲	▲	▲	
– Schwermetalle	▲			▲	▲
– Kohlenwasserstoffverbindungen	▲	▲	▲	▲	▲
– Abwärme		▲	▲	▲	
Belastungen von Grundwasser durch					
– Nitrat	▲		▲	▲	▲
– Kohlenwasserstoffverbindungen			▲	▲	▲
Belastungen von Küstengewässern und hoher See durch					
– Nährstoffe und Salze	▲		▲	▲	■
– Schwermetalle	▲		▲	▲	■
– Kohlenwasserstoffverbindungen	▲		▲	▲	■
– Radioaktivität			▲		
Belastungen an Küstengewässern durch Deichbaumaßnahmen				▲	
Belastungen des Bodens durch					
– Schwermetalle	▲				
– Nitratverbindungen	▲			▲	▲
– Kohlenwasserstoffe	▲	▲		▲	▲
Nährstoffverlust und Bodenverdichtung				▲	
Vernichtung von Bodenleben und Bodenfruchtbarkeit				▲	
Bodenerosion			▲	▲	
Bodenversalzung oder -versumpfung				▲	▲
Wüstenbildung			▲	▲	▲
Landschaftsverbrauch durch					
– Siedlung und Industrie			▲	▲	▲
– Verkehr			▲	▲	
– Touristische und freizeitbezogene Infrastruktur				▲	▲
– Militär	(▲)				
Lärmbelastungen durch					
– Verkehr	▲			▲	▲
– Bauwirtschaft					
– sonstige Industrie					

Faktoren der Umweltbelastung	Ehrlich/Ehrlich 1969	Meadows/Meadows 1972	OECD-Bericht 1979	Global 2000 1980	Umwelt weltweit 1982
»Diffuse« Verbreitung von gefährlichen Stoffen in der Alltagswelt					
– »Chemikalien	▲		▲	▲	
– Schwermetalle	▲		▲	▲	
– Radioaktivität	▲	▲		▲	▲
Schadstoffbelastungen von Nahrungsmitteln				▲	▲
Belastungen der Umwelt durch Abfälle					
– Haus- und Industriemüll	▲		▲	▲	
– Atommüll	▲		▲	▲	
– Abwässer	?			▲	
– Abwärme	▲	▲		▲	▲
Dezimierung und Ausrottung von Pflanzen und Tieren	▲		▲	▲	
Verarmung und Zerstörung von Biotopen und Ökosystemen	▲		▲	▲	
Vernichtung von Genpotentialen				▲	▲
Zerstörung der Qualität des Landschaftsbildes	▲		▲	▲	
Zerstörung regenerierbarer Ressourcen					
– Agrarflächen				▲	▲
– Wälder/Holzbestand				▲	▲
– Fischgründe				▲	
– Trinkwasserressourcen			▲	▲	▲
– Weideland				▲	▲
Zunahme risikohaltiger technischer Anlagen					
– Atomkraftanlagen	▲			▲	
– Öltanker und -häfen			▲	▲	
– Talsperren und Stauseen	▲		▲	▲	▲
– Sondermülldeponien				▲	
– Atommülldeponien				▲	▲
Gefahrenpotentiale von ganzen Technologien					
– Atomenergienutzung	▲			▲	▲
– Verkehrssystem					▲
Veränderungen des globalen Klimas durch CO₂-Anstieg	▲		▲	▲	
Gefährdung der Ozonschicht durch Fluorkohlenwasserstoffe			▲	▲	
Saurer Regen			▲	▲	▲
Atmosphärische Radioaktivität				▼	

Zeichenerklärung:

▲   wachsender Problemdruck/Belastungszunahme

■   stagnierender Problemdruck/Belastungsstagnation

▼   sinkender Problemdruck/Belastungsrückgang

Quelle: Bechmann, Fahrenhorst, Friedrich; 1985, S. 41ff.

Nationale und internationale Umweltpolitik sehen sich damit grundsätzlich den gleichen Problemlagen gegenüber wie zu ihrer Geburtsstunde Anfang der 70er Jahre. Dennoch befinden sie sich weder in der gleichen Situation noch besitzen sie das gleiche Maß an politischer Unschuld wie damals. Sie haben in der Zwischenzeit Erfolge erzielt, Erfahrungen gewonnen, Lernprozesse vollzogen und Niederlagen eingesteckt.

Fallstudien zur Entwicklung von Umweltpolitik in verschiedenen Industrie- und Entwicklungsländern (Bechmann, 1987) legen die Vermutung nahe, daß sich Umweltpolitik überall nach dem gleichen Phasenschema entwickelt. Jedes Land hat dabei sein eigenes Tempo, in dem es die einzelnen Phasen durchläuft, und gestaltet jede Phase entsprechend seiner eigenen ökonomischen Situation und politischen Kultur aus. In der Regel läßt sich das in der Tabelle 2 dargestellt Phasenschema erkennen.

In der Bundesrepublik endete die Vorphase von Umweltpolitik ca. 1968/69. Die Konstitutionsphase dauerte von 1971 bis ungefähr 1975/76. Die Implementations- und Konfliktphase begann Mitte der 70er Jahre und dauert bisher noch an. Gleichzeitig gibt es seit einigen Jahren Hinweise darauf, daß der Übergang in die Neuorientierungsphase möglich wird. Solche Hinweise liefern u.a. die Diskussion um den Ausstieg aus der Kernenergie, die Debatte über die ökologische Modernisierung der Gesellschaft oder das Umbauprogramm der Grünen.

Schwellen- und Entwicklungsländer, die den Weg der nachholenden Industrialisierung beschreiten, durchlaufen umweltpolitisch gesehen die gleichen Entwicklungsphasen. Dies geschieht in der Regel jedoch mit einem Time-Lag gegenüber den Industrienationen, insbesondere gegenüber den Vereinigten Staaten von Amerika, Japan und der Bundesrepublik Deutschland.

2. Die Verantwortung der Industrieländer

Die heute vorherrschenden globalen Umweltbelastungen lassen sich auf zwei Ursachenkomplexe zurückführen. Dies sind:

- die im Prozeß der Industrialisierung in zunehmenden Maße eingesetzten umweltbelastenden Technologien und die an sie geknüpften Produktions-, Kommunikations- und Konsumverhalten,

- physische Armut, die Menschen zu unökologischen Überlebens-Verhalten treibt.

Tab.2: Entwicklungsmuster von Umweltpolitik

PHASEN DER KONSTITUTION VON UMWELTPOLITIK

Vorphase
Politische Behandlung von Umweltproblemen als isolierte Einzelthemen

Thematisierungsphase
Ausgliederung und Neustrukturierung von Problemen unter den
Perspektiven "Umwelt" bzw. "Umweltschutz".

Konstitutionsphase
Konstitution von Umweltpolitik als eigenständiges Politikfeld, durch
- Programme
- Gesetze, medialer Art
- Institutionen, traditioneller Art

Implementations- und Konfliktphase

Staat	Gesellschaft
- Praktizierung von Umweltschutz	- Aufbau von Erwartungshaltungen
- Ausbau von Verwaltungen	- Kritik an unvollkommenen Maßnahmen
- Abwehr von Forderungen	- Gegenkonzepte
	- Wertewandel

Neuorientierungsphase
Ringen um Konzepte des vorsorgenden Umweltschutzes

Beide Ursachenkomplexe sind miteinander verknüpft und lassen sich unter dem Stichwort "Das globale Programm der Industrialisierung" zusammenfassen. Viele der Menschen, die heute in absoluter Armut, d.h. unterhalb der Existenz- schwelle, leben, sind "Opfer" von sozialen und ökonomischen Veränderungspro- zessen, welche weltweit durch das Verhalten der Industrienationen (Kolonialis- mus, Beeinflussung von ökonomischen und sozialen Lebensverhältnissen durch Handel, durch Industrialisierungsprojekte usw.) ausgelöst wurden.

Die Industrienationen sind zum "Vorbild" der Entwicklung für nahezu alle Staa- ten geworden. Von ihnen gehen bislang alle wichtigen und vorantreibenden Impulse in der Entwicklung von Naturwissenschaften, in der Entwicklung von Technologien und des Handels mit Waren (Weltmarkt) aus.

Das Konzept der "nachholenden Industrialisierung" bedeutet ja letztlich nichts anderes, als daß die Produktions- und Gesellschaftsstrukturen von europäischen oder nordamerikanischen Industriestaaten auf alle anderen Staaten dieser Erde übertragen werden. Dabei scheinen die jeweils nationalen Besonderheiten, unter denen das Programm der nachholenden Industrialisierung vollzogen wird, eher nebensächlicher Natur zu sein. D. h. Länder, die den Prozeß der nachholenden Industrialisierung durchlaufen, geraten unter den Druck, sich in ihrer sozialen und technischen Strukturen dem Vorbild "Industriestaat" mehr und mehr anzu- gleichen. Sie werden daher nicht nur mit den Schwierigkeiten zu ringen haben, die sich aus ihrer eigenen historischen Vergangenheit ergeben, sondern sich auch den Problemen gegenübersehen, mit denen die Industriestaaten konfrontiert sind. Aus umweltpolitischer Sicht ist dies die Problemkonstellation "umweltbela- stende Technologie und umweltgefährdende Verhaltensweisen".

Die Industriestaaten sind die Promotoren der derzeitigen Technologie- und Verhaltensentwicklung auf unserer Erde. Die Entwicklungs- und Schwellenlän- der folgen ihnen. Neuorientierungen und eine Lösung der globalen Umweltpro- bleme sind derzeit nicht ohne einen grundlegenden Wandel der Entwicklung in den Industriestaaten vorstellbar. Sie haben technologisch, ökologisch und politisch die globale Führungsrolle übernommen. Die Industriestaaten können sich der Verantwortung für ihr Handeln weder moralisch noch faktisch entzie- hen.

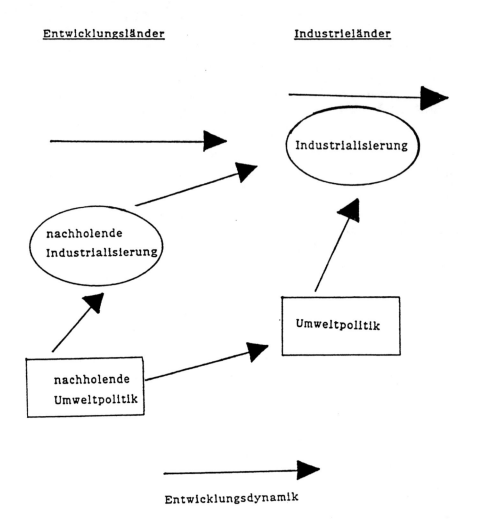

Abb. 1:Entwicklung der Industriegesellschaften - nachholende Industrialisierung - nachholende Umweltpolitik

3. Vier Stufen zur Problemlösung - Ein Versuch zur Interpretation des Erfolgssdefizites globaler Umweltpolitik

Globale Umweltpolitik hat ebenso wie nationale Umweltpolitik bisher allerdings den notwendigen Erfolg nicht erzielt. Dies muß festgestellt werden, obwohl gleichzeitig nicht bestritten werden soll, daß Umweltpolitik, auf nationaler und auf internationaler Ebene, in den vergangenen 20 Jahren sicherlich mit den gleichen Mitteln und der gleichen Intensität betrieben wurde wie jede andere Politik auch. Das Erfolgsdefizit von Umweltpolitik kann also nicht darauf zurückgeführt werden, daß diese Politik schlechter oder mit weniger Einsatz praktiziert wurde als Handelspolitik, Sozialpolitik oder die Politiken anderer Bereiche (vgl. Bechmann, 1987).

Das Erfolgsdefizit von Umweltpolitik ist vielmehr darin zu vermuten, daß diese vor Problemen steht, welche auf der Ebene, auf der das Problem identifiziert wird, nicht lösbar sind - d.h. Umweltprobleme sind nicht auf der Ebene lösbar, auf der sie auftreten. Diese zunächst paradox erscheinende Behauptung wird leicht nachvollziehbar, wenn man sich der konkreten Umweltproblematik zuwendet. Umweltprobleme entstehen vor allem, weil Technologien genutzt und soziale Verhalten praktiziert werden, die, wie immer sie auch modifiziert sind, umweltbelastend wirken. Durch Umweltschutzgesetze, die Schutzvorrichtungen an technischen Einrichtungen erfordern, die Grenzwerte festlegen, die Verhaltensmöglichkeiten beschränken und dergleichen mehr, können die Umweltfolgen moderner Technik und Verhaltensformen wohl gemindert, nicht aber grundsätzlich beseitigt werden.

Die Umweltpolitik der vergangenen zwei Jahrzehnte zielte vor allem darauf, umweltbelastende Technologien und Verhaltensformen soweit wie möglich zu zähmen. Man hoffte, durch die Verminderung der Belastung, die von einer Technologie ausgeht, schrittweise Umweltzerstörungen beenden zu können. Die Erfahrungen der vergangenen Jahrzehnte legten nahe, daß auch kleine, scheinbar unproblematische Umweltbelastungen, wenn sie breitbandig und langfristig auftreten, mindestens genauso große Schäden hervorrufen wie spektakuläre singuläre Umweltbelastungen. Wenn diese Vermutung richtig ist, so ist leicht einsehbar, daß die heute global auftretenden Umweltbelastungen nicht beseitigt werden können, solange die heute gängigen Technologien in großem Umfang genutzt werden. D. h. Umweltprobleme lassen sich auf der Ebene, auf der sie auftreten, z. B. als Folgen gängiger Technologien, nicht lösen, solange der Bezugsrahmen, also die derzeit genutzten Technologien und ausgeübten Verhaltensformen, nicht verändert wird.

Die heute auftretenden Umweltprobleme sind nach dieser Sichtweise nur beseitigbar, wenn das gesamte Bezugssystem, in dem sie entstehen, grundlegend umgebaut wird. Erst der Übergang zu einer ökologisch verträglichen Technologie und zu ökologisch verträglichen gesellschaftlichen Verhaltensweisen schafft die Vorbedingungen für eine nachhaltige Lösung von Umweltproblemen. Von dieser Situation sind wir heute noch weit entfernt.

Ein Problemlösungsprozeß kennt normalerweise vier Schritte (vgl. Abb. 2):

- Zunächst gilt es, das Problem als Problem zu erkennen. Solange ein Problem nicht wahrgenommen, d.h. übersehen oder verdrängt wird, liegt eine Problemlösung außerhalb des Möglichen.

- Im zweiten Schritt ist die Bedeutung des Problems zu erkennen. Wenn ein Problem in seiner Bedeutung verzerrt oder nicht angemessen erkannt wird, werden alle Lösungsversuche in die Irre führen.

- Problemlösungen lassen sich nur finden, wenn die Veränderbarkeit der Problemsituation erkannt wird. In schwierigen Problemsituationen erscheint es häufig, als gäbe es keine Möglichkeit der Veränderung. Dies liegt in der Regel daran, daß das Bezugssystem, in dem die Veränderung angestrebt wird, verzerrt oder nicht problemangemessen formuliert wird.

- Im vierten Schritt ist die Fähigkeit dessen, der zur Problemlösung beitragen will, angemessen einzubeziehen. D.h. es sind seine Handlungsmöglichkeiten zu identifizieren, die dazu beitragen können, daß das vorhandene Problem der Bedeutung gemäß akzeptiert und angegangen wird.

Wendet man dieses etwas abstrakte Schema auf die globale Umweltsituation an, so kann man feststellen, daß wir uns heute im Übergang von der zweiten zur dritten Stufe der Problemlösung befinden.

- Globale Umweltzerstörungen werden heute uneingeschränkt und überall als Problem wahrgenommen.

- Desgleichen ist die Bedeutung dieses Problems als langfristige Existenzbedrohung für die Menschheit anerkannt. Umstritten ist, zumindest noch in der politischen Diskussion, ob das für die globale Umweltproblematik auch bedeutet, daß die heute verwendeten Technologien und Verhaltensweisen grundsätzlich umweltbelastend sind und ob daher Umweltpolitik lediglich ihre Negativfolgen mindern, niemals aber aufheben kann.

- Die Einschätzung der Veränderbarkeit der globalen Umweltsituation hängt an der Einschätzung der Bedeutung der Probleme. Diejenigen, die die Bedeutung der globalen Umweltsituation geringer gewichten, d. h. innerhalb der bestehenden Bezugsrahmen für lösbar halten, glauben, daß die politisch gesetzten Stimuli verändert werden können, indem einzelne umweltpolitische Instrumente gezielt eingesetzt werden. diejenigen, die die Bedeutung der globalen Umweltprobleme höher einschätzen, d.h. als notwendige Folge der heute herrschenden Technologien sehen, glauben, daß grundlegende technologische und verhaltensmäßige Veränderungen notwendig sind, um die globale Umweltbedrohung zu beenden.

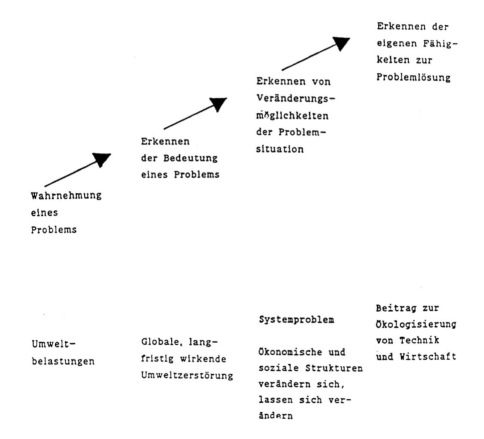

Abb. 2:Stufen eines Problemlösungsprozesses

- Die Fähigkeit zur Veränderung von Umweltproblemen muß deshalb auch wiederum im Hinblick auf die zugewiesene Bedeutung unterschiedlich eingestuft werden. Wenn es sich bei der Umweltzerstörung tatsächlich nur um Fehlleistungen handelt, die innerhalb des bestehenden Bezugssystems korrigiert werden können, so sind die Veränderungsmöglichkeiten tatsächlich unmittelbar vorhanden. Handelt es sich bei der globalen Umweltbedrohung um ein Strukturproblem, so bedeutet die Fähigkeit zur Problemlösung, daß eine Gesellschaft in der Lage ist, ihr technologisches System und ihre Verhaltensweisen, wenn auch vielleicht nur schrittweise, aber doch grundlegend, zu verändern. Die These, daß die Industrienationen die Verantwortung für die Lösung der Umweltprobleme haben, weil sie als einzige über ein ausreichendes Veränderungspotential verfügen, knüpft genau an diese Einschätzung an.

Soweit ich beurteilen kann, deuten derzeit alle Anzeichen darauf hin, daß die globale Umweltbedrohung, die wir wahrnehmen, unsere gesamte technologische Entwicklungslinie grundsätzlich in Frage stellt und daß es daher eine unserer Aufgaben ist, die bestehenden Technologien zu transformieren. Das bedeutet nicht nur, daß alle bereits vorhandenen Möglichkeiten ausgeschöpft, sondern daß noch viel Grundlagenforschung betrieben werden muß, bis ein breiter technologischer Wandel möglich werden wird. Hier sind vor allem die Naturwissenschaften, insbesondere die Biologie, aufgerufen, neue Wege zu suchen und zu weisen.

Die Lösung von Umweltproblemen wird, und das zeigen bisher alle Analysen von Umweltpolitik, nur möglich sein, wenn eine grundlegende Ökologisierung von Nutzungsmustern erfolgt. Umweltpolitische Strategien für die Zukunft, die die Erfahrung der Vergangenheit lernend verarbeiten, werden deshalb gezielt auf eine solche Ökologisierung von Nutzungsmustern hinarbeiten müssen. Dieser Prozeß (vgl. Bechmann, 1986) könnte und müßte in den Industrieländern seinen Ausgang nehmen und von da aus modellhaft weitergetragen werden.

4. Die Strategie der "Dauerhaften Entwicklung" - ein modernes Konzept der Entwicklungspolitik

Die ökologischen Probleme, die sich aus dem Entwicklungsmuster nachholender Industrialisierung ergeben, sind von der Brundtland-Kommission (Hauff (Hrsg.) 1987) mit Klarheit gesehen worden. Diese 1985 von den Vereinten Nationen eingesetzte Weltkommission für Umwelt und Entwicklung unterstreicht die Notwendigkeit des Technologietransfers aus den Industriestaaten in die Entwicklungsländer. Sie weist aber zugleich auch auf die sich aus diesem Entwicklungsmuster ergebenden Gefahren deutlich hin. In ihrem Bericht hebt die Brundtland-Kommission hervor, daß die Entwicklungsländer "nicht die Ressourcen (haben), heute die Industrialisierung voranzutreiben und die Schäden später zu reparieren; sie werden auch nicht die Zeit haben, bei der Geschwindigkeit des technischen Fortschritts" (Hauff (Hg) 1987, S. 214). Die Brundtland-Kommission empfiehlt daher, daß die Entwicklungsländer sich nicht nur durch Technologietransfer an den Industrieländern orientieren, sondern auch möglichst schnell versuchen, sich die Erfahrungen der Industrieländer mit den ökologischen Folgen dieser Technologien zunutze zu machen. "Sie (die Entwicklungsländer) können davon profitieren, wie die Industrieländer ihre Ressourcen- und Umweltverwaltung verbessert haben und dadurch die Beseitigung teurer Umweltschäden vermeiden" (Hauff (Hg) 1987, S. 214). Der Brundtland-Bericht empfiehlt für die Durchführung seines Konzeptes der "Dauerhaften Entwicklung" die Verwendung angepaßter ressourcensparender und geringere Umweltbelastungen verursachender Technologien. Parallel zum Technologietransfer, so schlägt er vor, soll ein größerer Know-How-Transfer (ökologischer Wissenstransfer, in unseren Worten) in bezug auf die mit der nachholenden Industrialisierung verbundenen Umweltschäden in Gang gesetzt werden.

Angesichts der Tatsache, daß die Industrieländer die nachholende Industrialisierung der Entwicklungsländer mitvorantreiben, und daß der Technologietransfer auch zum Vorteil der Industrieländer ständig zunimmt, sind die Industrieländer - nicht nur von der Brundtland-Kommission - aufgerufen,

- ihr Problemwissen über Umweltgefährdungen der transferierten Technologien unmittelbar mit dem Technologietransfer weiterzugeben,

- die Einführung und Entwicklung von Umweltpolitik in Entwicklungsländern nach besten Kräften materiell und durch fachliches Know How zu unterstützen.

Projekte des Typs "Ökologischer Wissenstransfer", wie das im Abschnitt 8 dargestellte, können im Sinne des Brundtland-Berichts als fachliche Teilbeiträge von Industriestaaten zu einer dauerhaften Entwicklung gesehen werden.

5. Das Konzept des ökologischen Wissenstransfers

Das hier vertretene Konzept des ökologischen Wissenstransfers zielt darauf ab, das time-lag zwischen umweltpolitischer Erfahrung in den Industriestaaten und umweltpolitischer Reaktion in den Entwicklungs- und Schwellenländern wesentlich zu verkürzen. Dieses Konzept des ökologischen Wissenstransfers beruht auf folgenden Erfahrungen und Annahmen:

- Umweltpolitik wird in der Regel erst dann in Gang gesetzt, wenn Umweltprobleme gesellschaftliche Entwicklungsprozesse zu hemmen oder zu hindern beginnen.

- Unter den Bedingungen nachholender Industrialisierung wird Umweltpolitik erst dann initiiert, wenn der Prozeß der nachholenden Industrialisierung bereits zu gesellschaftlich nicht mehr akzeptierten Umweltbelastungen geführt hat. Diese Situation tritt in der Regel deutlich später ein als die entsprechende umweltpolitische Reaktion in den initial industrialisierten Ländern.

- Mit Hilfe eines gezielten ökologischen Wissenstransfers sollte es möglich sein, die mit der Umweltthematik befaßten Institutionen in einem Land nachholender Industrialisierung in die Lage zu versetzen, möglichst frühzeitig erste Anzeichen von zukünftigen Umweltproblemen zu erkennen, fachlich angemessen zu identifizieren und den politischen Entscheidungsträgern ein leistungsfähiges Instrumentarium vorsorgender umweltpolitischer Handlungen zur Verfügung zu stellen.

- In Entwicklungs- und Schwellenländern befindet sich der Aufbau von Institutionen des Umweltschutzes in einer Situation, die der der Bundesrepublik der frühen 70er Jahre vergleichbar erscheint. Der innere Entwicklungsprozeß solcher Institutionen kann durch gezielten fachlichen Beistand von außen und durch die Nutzung von Erfahrungen aus den Industrieländern wesentlich beschleunigt werden.

Im Rahmen des Projekttyps "Ökologischer Wissenstransfer" wird diese Grundkonzeption zu einer Forschungs- und wissenschaftlichen Kooperationsstrategie ausgestaltet.

6. Rahmenbedingungen für ökologischen Wissenstransfer

Eine schematische Ankoppelung des ökologischen Wissenstransfers an den Technologietransfer aus den Industriestaaten würde jedoch nicht automatisch zu umweltpolitischen Erfolgen führen.

Ein rein kognitiver Transfer von Umweltwissen, der losgelöst von der Beachtung der jeweiligen natürlichen und gesellschaftlichen Rahmenbedingungen in den Transferländern vollzogen wird, wird im Empfängerland nach aller bisherigen Erfahrung als abstraktes Wissen aufgenommen, ohne in erfolgreiche Handlung umgesetzt zu werden. Vorsorgende Umweltpolitik und Vorbeugung gegenüber Umweltschäden sind nur auf der Basis eines Know-How-Transfers möglich, der zur umweltpolitischen Eigeninitiative in den jeweiligen Staaten führt. Für diese Eigeninitiative bildet die Erfahrung der Industrieländer mit den von ihnen entwickelten Technologien und Nutzungsmustern sowie deren ökologischen Folgen eine wichtige Grundlage.

Umweltpolitische Lösungsstrategien, die in den Industrieländern erfolgreich sind, müssen und werden in der Regel in Entwicklungsländern nicht in der gleichen Weise zu den gleichen Ergebnissen führen. Sie müssen vielmehr hinsichtlich der geographischen, politischen und kulturellen Rahmenbedingungen der betreffenden Entwicklungsländer transformiert und umgestaltet werden. Dies setzt für den Prozeß des ökologischen Wissenstransfers grundlegende Kenntnisse der jeweiligen natürlichen, gesellschaftlichen und politisch-administrativen Strukturen der betroffenen Entwicklungsländer voraus, welche ohne aktive Mitarbeit von Personen und Institutionen dieser Länder wohl kaum in den Transferprozeß eingebracht werden können.

Das Konzept des ökologischen Wissenstransfers geht deshalb davon aus, daß ein erfolgreicher Wissenstransfer nur in einer fachlich engen Kooperation zwischen in ihren Aufgaben ähnlich oder gleich ausgerichteten Institutionen wirksam ist. Diese Annahme schlägt sich in der Organisationsstruktur von Projekten des ökologischen Wissenstransfers nieder.

7. Der Projekttyp "Ökologischer Wissenstransfer"

Der Projekttyp "Ökologischer Wissenstransfer" soll durch Kooperation zwischen inhaltlich gleich gelagerten Institutionen oder Organisationen aus Industrie- und Entwicklungsländern dazu beitragen, das time-lag zwischen Umweltpolitik in Industriestaaten und Entwicklungsländern zu verkürzen. Projekte des ökologischen Wissenstransfers können in Stichworten wie folgt charakterisiert werden:

- Gegenstand des Transfers
  - Erfahrungen im Umgang mit Umweltproblemen und in den Industriestaaten entwickelten Technologien und Nutzungsmustern sowie den von ihnen ausgelösten Umweltproblemen, welche durch nachholende Industrialisierung in Entwicklungs- und Schwellenländern übertragen werden.
  - Kenntnisse über die im Hinblick auf die von diesen Technologien und Nutzungsmustern ausgehenden Umweltgefahren entwickelten umweltpolitischen Instrumente und deren Einsatz in den Industriestaaten.

- Akteure
  - Institutionen, die in den Industrieländern Umweltforschung und ökologische Politikberatung betreiben
  - sowie Institutionen, die die gleichen Funktionen in Entwicklungs- oder Schwellenländern bereits wahrnehmen oder potentiell wahrnehmen könnten, sofern sie sich die Voraussetzungen dafür schaffen.

- Aufgaben der Beteiligten
  - Aufgabe der Institutionen in Industrieländern
    - Systematisierung und Aufbereitung des Wissens über durch Technologien und industriegeprägte Nutzungsmuster verursachte Umweltgefahren sowie über Instrumente zur Begrenzung oder Vermeidung von Umweltbelastungen einschließlich der mit ihnen gewonnenen Erfahrungen.
    - Mitarbeit an der partnerbezogenen Aufbereitung von Problemwissen und Erfahrungen mit problemlösenden Instrumenten.
    - Unterstützung durch Beratung der Partnerinstitutionen und Analyse der durch den Transfer erzielten praktischen Ergebnisse.
    - Gestaltung und Organisation von Fortbildungsprogrammen für Teilnehmer der Partnerinstitutionen.
  - Aufgaben der Institutionen in Entwicklungs- und Schwellenländern
    - Identifikation der Problemsituation im eigenen Land.
    - Identifikation möglicher, durch sich anbahnenden Technologietransfer zu erwartender, Umweltgefährdungen.
    - Aufbereitung von Informationen über natürliche, gesellschaftliche und politisch-administrative Rahmenbedingungen für einen ökologischen Wissenstransfer.
    - Mitarbeit an der problembezogenen Aufbereitung des für den Transfer geeigneten Materials aus den Industriestaaten.
    - Analyse der durch den Transfer erzielten Ergebnisse, insbesondere im Hinblick auf Verbesserungsmöglichkeiten der Transfersituation und landesbezogenen Weiterentwicklung des umweltpolitischen Instrumentariums.
    - Mitarbeit an der Vorbereitung von Fortbildungsprogrammen für die eigenen Mitarbeiter.

- Organisatorische Rahmenbedingungen
  - Sprache:
    Es ist sinnvoll, daß in jedem Projekt des ökologischen Wissenstransfers mindestens ein Mitarbeiter beide Sprachen, in denen der Transfer stattfindet, flüssig beherrscht, um so die Übertragung von für den Transfer wichtigen Kenntnissen aus dem Industrie- in das Schwellen- oder Entwicklungsland zu erleichtern und andererseits die gesellschaftlichen und kulturellen Rahmenbedingungen für einen Transfer möglichst gut in die Arbeitsgruppe der in dem Industrieland angesiedelten Institution einbringen zu können.
  - Problemzugang:
    Es sollte gesichert sein, daß die Institution in beiden am Transfer beteiligten Staaten fachwissenschaftlich und institutionell einen umfassenden Zugang zu dem jeweils relevanten Wissen im eigenen Land besitzen oder sich erschliessen können.

- Kontakt:
  Der Arbeitskontakt zwischen beiden Institutionen sollte kontinuierlich gesichert sein und durch regelmäßige Treffen von Sachbearbeitern immer wieder gefestigt werden.
- Arbeitszeitraum:
  Projekte des ökologischen Wissenstransfers sollten zumindest einen mittelfristigen Arbeitshorizont haben, da sonst eine kontinuierliche Zusammenarbeit weder in Gang gesetzt noch aufrechterhalten werden kann.
- Absprachen:
  Zwischen den beteiligten Institutionen sollten klare Absprachen über Rechte und Pflichten am Projekt getroffen und auch von beiden Institutionen eingehalten werden.

Forschungsvorhaben zum Projekttyp "ökologischer Wissenstransfer" können in der derzeitigen Situation dazu beitragen, die notwendigen Strukturbedingungen für Projekte des ökologischen Wissenstransfers, die nach den bisherigen Erfahrungen hier nur sehr allgemein umrissen werden können, zu präzisieren und zu konkretisieren.

Im folgenden Abschnitt wird solch ein Forschungsvorhaben vorgestellt.

8. Inhalt und Ziel des Forschungsvorhabens "Ökologischer Wissenstransfer"

Das Forschungsvorhaben "Ökologischer Wissenstransfer - beispielhaft untersucht in Kooperation mit Institutionen in der Republik Korea und der Türkei" wurde am Institut für Landschaftsökonomie der TU Berlin im Frühjahr 1990 begonnen. Es wird von der Stiftung Volkswagenwerk finanziert. Es zielt im Rahmen des Projekttyps "Ökologischer Wissenstransfer" darauf ab, ein Modell zu entwickeln, mit dessen Hilfe Erfahrungen mit der Umweltverträglichkeitsprüfung (UVP) als Instrument einer vorsorgenden Umweltpolitik von der Bundesrepublik Deutschland in die Umweltpolitik und räumliche Umweltplanung der Türkei, der Republik Korea sowie evtl. später der Volksrepublik China transferiert werden können.

Das Forschungsvorhaben ist aufgrund seines o. g. Charakters als Kooperationsprojekt angelegt. Bereits vor seiner Inangriffnahme bestand eine wissenschaftliche Zusammenarbeit zwischen dem Institut für Landschaftsökonomie der Technischen Universität Berlin und den Kooperationspartnern in den Beispielländern, nämlich der Landwirtschaftlichen Fakultät der Cukorova-Universität in Adana/Türkei, dem Institut für Umwelt der Yonsei-Universität in Seoul/Korea und dem Fachbereich Architektur der Zhejiang-Universität in Hangzhou/VR China.

Zum jetzigen Zeitpunkt werden Forschungsarbeiten durchgeführt, die sich auf den theoretischen Hintergrund der Modellentwicklung sowie auf die Überprüfung und praktische Durchführung von Transfer ökologischen Know Hows zur Umweltverträglichkeitsprüfung an konkreten Projekten in den Beispielländern Türkei und Korea beziehen. Das Beispielland VR China soll langfristig in das Projektmodell "Ökologischer Wissenstransfer" einbezogen werden. Es wird daher im folgenden bereits als Teil (wenn auch als zukünftiger) des Forschungsvorhabens aufgeführt.

9. Organisatorischer Aufbau des Forschungsvorhabens

Das hier dargestellte Forschungsvorhaben "Ökologischer Wissenstransfer" ist als modular strukturiertes Projekt angelegt, d.h. es setzt sich aus mehreren Bausteinen zusammen, die sich um einen zentralen Baustein gruppieren. Das Zentralmodul leistet die Integration des Projektes. Die Länderbausteine sind als fallspezifische Projektbereiche an dieses Projekt angekoppelt. Sie sind untereinander austauschbar oder durch weitere Länderbausteine ergänzbar. Der Zentralbaustein hat die Entwicklung des Transfer-Modells sowie des Modells für die konkrete Durchführung am Fallbeispiel vor Ort zur Aufgabe. Die länderspezifische Ausarbeitung und Überprüfung der Modelle findet in den Länderbausteinen statt.

Diese Art des Projektaufbaus trägt sowohl einer länderübergreifenden als auch einer länderspezifischen Untersuchung Rechnung. Das im Zentralbaustein entwickelte Modell weist einen hohen Grad an Abstraktion auf. In den Länderbausteinen dagegen werden konkrete, d.h. weniger allgemeingültige Aussagen, gemacht.

Forschungs- und Transfergegenstand des Projektes ist das umweltpolitische Instrument der Umweltverträglichkeitsprüfung (UVP), das sich aufgrund seiner Eigenschaft als Instrument der Vorsorgepolitik sowie seiner Flexibilität und seines medienübergreifenden Charakters für Länder mit nachholender Industrialisierung besonders anbietet.

Die inhaltliche Ausgestaltung des zentralen Bausteins richtet sich auf die Entwicklungen und Erfahrungen der Bundesrepublik im Hinblick auf die UVP, um so die Handlungsanweisungen an die Länderbausteine zu formulieren. Zugleich werden in ihm die Arbeiten zur Strukturierung des Projekttyps "Ökologischer Wissenstransfer" geleistet.

Abb.3: Strukturaufbau des Forschungsvorhabens "Ökologischer Wissenstransfer"

10. **Die Einführung der Umweltverträglichkeitsprüfung für Vorhaben der wirtschaftlichen Entwicklung als ein Beitrag ökologischer Umgestaltung von Entwicklungspolitik**

Der Einführung der Umweltverträglichkeitsprüfung für Vorhaben der wirtschaftlichen Entwicklung kommt unter mehreren Gesichtspunkten eine hohe Bedeutung zu:

- Allein schon die Tatsache, daß Umweltverträglichkeitsprüfungen durchgeführt werden, hebt die Umweltgefahren, die in einzelnen Vorhaben stecken, in das Bewußtsein der Entscheidungsträger und der Allgemeinheit.

- Umweltverträglichkeitsprüfungen, sofern sie sinnvoll durchgeführt werden, leisten allemal ökologische Aufklärung. Ihre Ergebnisse können von Entscheidungsträgern zur Verbesserung ihres Entscheidungsverhaltens aus ökologischer Sicht verwendet werden (vgl. Abb. 4).

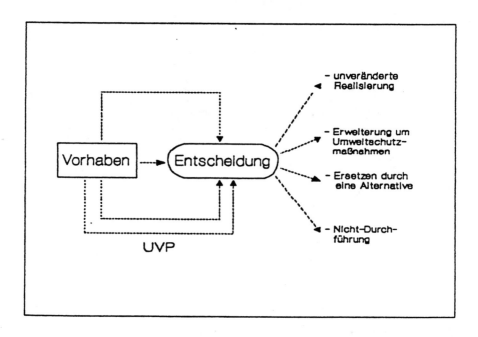

Abb.4: Die Umweltverträglichkeitsprüfung als Element der Entscheidungsvorbereitung

- Durch Umweltverträglichkeitsprüfungen wird Problemwissen über Umweltgefahren gesammelt. Jede Umweltverträglichkeitsprüfung erhöht den gesellschaftlich vorhandenen Erkenntnisstand über die Umweltgefahren einzelner Technologien. Sie schafft damit Voraussetzungen dafür, diese Gefahren abzuwenden oder wenigstens zu vermindern (vgl. Tab. 3).

- Umweltverträglichkeitsprüfungen sind zugleich ein Spiegel, in dem die strukturellen Schönheitsfehler unserer modernen Technologie und unsere gesellschaftlich dominierenden Verhaltensweisen sichtbar werden. Sie regen zur Suche nach ökologisch verträglicheren Technologien und Verhaltensweisen an. Umweltverträglichkeitsprüfungen können dazu beitragen, die wahre Bedeutung des globalen Umweltproblems angemessen zu erkennen und wirksame Lösungskonzepte vorzubereiten.

- **Eröffnung des Verfahrens**

- **Festlegung des Untersuchungsrahmens/Scoping**
  (mit Experten und Umweltverbänden)

- **Umweltverträglichkeitsuntersuchung (UVU)**
  - Analyse der Ausgangssituation
  - Prognose der Umweltwirkungen
  - Bewertung der Umweltwirkungen
  - Handlungsempfehlungen

- **Anhörung der Öffentlichkeit**
  (externe Experten und Umweltverbände)

- **Erstellung der Umweltverträglichkeitserklärung (UVE)**
  (Zusammenfassung der Ergebnisse der UVU und der
  Anhörung)

- **Entscheidung über das Vorhaben**
  (angemessene Berücksichtigung der UVE)

- **Nachkontrolle**
  (Überprüfung, ob Umweltauflagen erfüllt und die
  Aussagen zur Prognose der Umweltwirkungen ein-
  gehalten werden)

**Tab.3: Die wichtigsten Schritte im Verfahrensablauf einer Umweltverträglich-
keitsprüfung**

Die bisherigen Ausführungen machen damit nicht nur die Wichtigkeit, sondern
auch die Grenzen von Umweltverträglichkeitsprüfungen deutlich. Umweltverträglichkeitsprüfungen allein reichen noch nicht aus, um auf die Handlungsebene
zu gelangen (Ökologisierung von Technik), die erreicht werden muß, um die
globalen Umweltprobleme langfristig zu lösen und den gesellschaftlichen bzw.
technischen Entwicklungsprozeß in Richtung einer dauerhaften Entwicklung im
Sinne der Weltkommission für Umwelt und Entwicklung zu lenken.

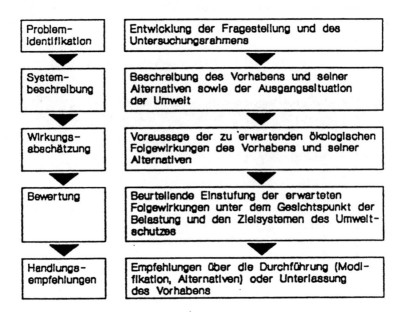

Tab.4: Inhaltlich zu bewältigende Arbeitsschritte einer Umweltverträglich-keitsuntersuchung

Umweltverträglichkeitsprüfungen sind daher langfristig nur als Einstieg in ein Konzept der Ökologisierung von Entwicklungspolitik zu sehen, welches mehrere Dimensionen hat.

- Zunächst gilt es, durch Umweltverträglichkeitsprüfungen ökologische Aufklärung über den Einsatz von Technologien und Planungsstrategien für Entwicklungen zu gewinnen.

- Im Rahmen einer ökologisch aufgeklärten Vorhabens- und Programmplanung sind die unter den gegebenen Umständen jeweils ökologisch sinnvollsten Lösungen von den Fachplanern zu suchen.

- Eine Ökologisierung von Entwicklungspolitik setzt voraus, daß nicht nur die Geberländer, sondern auch die Nehmerländer in der Lage sind, Umweltprobleme angemessen zu erkennen und zu beurteilen. Beide Partner müssen zugleich den politischen Willen entwickeln, erkannte Umweltgefahren, wenn irgend möglich, zu vermeiden. Dieses Maß an ökologischer Sensibilität und

Handlungsbereitschaft kann leichter erreicht werden, wenn ein möglichst direkter ökologischer Wissenstransfer aus denjenigen Industriestaaten, in denen das Umweltbewußtsein inzwischen deutlich entwickelt ist, in Schwellen- und Entwicklungsländer stattfindet.

- Es gilt, in Schwellen- und Entwicklungsländern vor allem die Institutionen zu stärken und zu unterstützen, die sich mit Umweltproblemen beschäftigen. Eine Ökologisierung von Entwicklungspolitik bedeutet daher auch verstärkte Förderung der direkten Kooperation zwischen Umweltschutzgruppen in Industriestaaten und in Entwicklungsländern sowie zwischen Umweltforschungsinstitutionen in beiden Typen von Ländern, ebenso eine direkte Zusammenarbeit von Umweltverwaltungen aus Industrie- und Entwicklungsländern.

- Langfristig kann Entwicklungspolitik jedoch nur zum wirksamen Abbau globaler Umweltbelastungen beitragen, wenn sie selbst dazu dient, fast ausschließlich ökologisch verträgliche, d.h. die Umwelt nicht belastende Technologien und Verhaltenssysteme zu transferieren. Dies wird erst möglich sein, wenn die Industriestaaten selbst genügend solcher Modelle anzubieten haben und sie praktizieren. Eine ökologisch orientierte Entwicklungspolitik muß deshalb darauf gerichtet sein, sowohl im eigenen Land die ökologische Transformation von Technologien, soweit es in ihren Möglichkeiten liegt, zu unterstützen, und andererseits sollte sie sich bemühen, vor allem und in erster Linie ökologisch unbedenkliche Technologien weiterzugeben.

Die wirtschaftliche Entwicklungspolitik der Bundesrepublik hat bisher noch nicht einmal die ersten beiden dieser Komponenten einer ökologisch wünschenswerten Entwicklungspolitik realisiert. Es wäre bereits ein Erfolg, wenn ihr dies in den nächsten Jahren gelingen würde. Der *Ausbau des ökologischen Wissenstransfer* ist ein Schritt, der in den kommenden Jahren unbedingt angestrebt werden sollte; politisch ließe er sich sicherlich ohne große Schwierigkeiten realisieren.

Die vierte und entscheidende Komponente, die *Ökologisierung von Technik und der vorrangige Transfer ökologisch verträglicher Technologien*, muß sicherlich als Mittel- und Langfristziel angesehen werden. Dies darf aber keinen Entscheidungsträger daran hindern, die heute bereits stellbaren Weichen in Richtung ökologisch dauerhafte Entwicklung tatsächlich zu stellen. Die Barsinghäuser Handlungsempfehlungen (vgl. DNR, 1988), welche anläßlich der Tagung "Strategien für eine ökologisch- und sozial-verträgliche Entwicklungshilfe - Der Deutsche Naturschutzring nimmt Stellung" im April 1988 in Barsinghausen verabschiedet wurden, geben Hinweise, wie eine solche Weichenstellung aussehen kann. Sie wenden sich mit Forderungen und Empfehlungen an diejenigen Institutionen, die ausschlaggebend für die politische und fachliche Gestaltung der bundesdeutschen staatlichen Entwicklungshilfe sind.

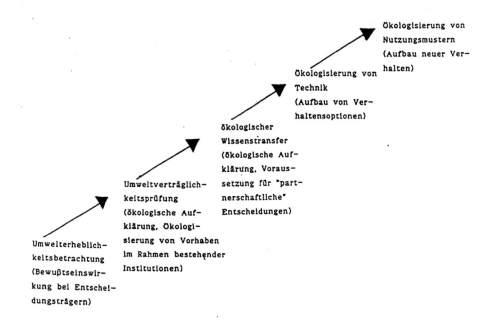

Abb.5: Die Umweltverträglichkeitsprüfung als Beitrag zur Ökologisierung von Entwicklungspolitik

Literatur

Bechmann, A., Michelsen, G. (Hrsg.): *Global Future - Es ist Zeit zu Handeln. Die Fortschreibung des Berichts an den Präsidenten,* Dreisam Verlag, Freiburg, 1981.

Bechmann, A., Fahrenhorst, B., Friedrich, C.: *Globale Umweltpolitik - Wissen ohne Konsequenz. Eine synoptische Darstellung der wichtigsten Weltmodelle und globalen Handlungsprogramme,* Werkstattberichte des Instituts für Landschaftsökonomie, Heft 10, TU Berlin, 1985

Bechmann, A., van Rijn, M., Winter, G.: Gesetz zur Durchführung der Umweltverträglichkeitsprüfung (UVP-Gesetz) - Entwurf mit Erläuterungen -, *SYNÖK-Report,* Heft 3, SYNÖK-Institut, Barsinghausen, 1986

Bechmann, A., Gustedt, E.: Erste Schritte zur Einführung der Umweltverträglichkeitsprüfung bei Vorhaben der wirtschaftlichen Zusammenarbeit - Ein Beitrag des Deutschen Naturschutzringes zur Arbeitsgruppe "Umweltwirkungen", Institut für Synergetik und Ökologie, *SYNÖK-Report* 8, Barsinghausen, 1987

Bechmann, A.: *Ökobilanz - Anleitungen für eine neue Umweltpolitik*. Heyne Verlag, München 1987

Bechmann, A.: Keine Zeit für Kompromisse - Nachholende Industrialisierung und Umweltzerstörung, in: *der Überblick*, Heft 1, 1987/2

Bechmann, A.: Globale Industrialisierung - globale Umweltzerstörung? - Ansatzpunkte für umweltbewußte Entwicklungshilfe, in: Bechmann, Ebbing, Fahrenhorst, Schweppe (Hrsg.), *Entwicklungspolitik auf dem Weg zur ökologischen Wende? - Eine Zwischenbilanz*, TU Berlin, 1987/3

Cupei, J.: *Umweltverträglichkeitsprüfung (UVP)*, Carl Heymann, Köln, 1986.

Deutscher Naturschutzring (Hrsg.): *Dokumentation "Umweltgerechte Entwicklungspolitik"*, DNR, Bonn, 1983.

Deutscher Naturschutzring: *Barsinghäuser Handlungsempfehlungen - Umweltverträglichkeitsprüfung für Vorhaben der Wirtschaftlichen Zusammenarbeit*, Bonn, 1988

Guernier, M.: *Die Dritte Welt: Drei Viertel der Welt*, München, 1980

Hartje, V.: *Umwelt- und Ressourcenschutz in der Entwicklungshilfe: Beihilfe zum Überleben?* Frankfurt/M., 1982

Hauff, V. (Hrsg.): *Unsere gemeinsame Zukunft - Der Brundtland-Bericht der Weltkommission für Umwelt und Entwicklung*, Eggenkamp Verlag, Greven, 1987

IUCN, UNEP, WWF (Hrsg.): *Weltstrategie zur Erhaltung der Natur*, Eigenverlag IUCN, Gland 1979

UNEP (Hrsg.): *Stockholmer Resultate*, Erich Schmidt Verlag, Berlin, 1973

UNEP (Hrsg.): *Umwelt - Weltweit. Bericht des Umweltprogramms der Vereinten Nationen (UNEP) 1972 - 1982*, Erich Schmidt Verlag, Berlin, 1983

US-Außenministerium (Hrsg.): *Vorschläge aus den USA für internationale Maßnahmen*, Erich Schmidt Verlag, Berlin, 1972

US-Regierung (Hrsg.): *Global 2000. Der Bericht an den Präsidenten*, Verlag Zweitausendundeins, Frankfurt/M., 1980

Wöhlcke, M.: *Ökologische Aspekte der Unterentwicklung - Fakten, Tendenzen und Handlungsbedarf in bezug auf den Umwelt- und Ressourcenschutz in der Dritten Welt*, Stiftung Wissenschaft und Politik, Ebenhausen, 1987

World Watch Institute (Hrsg.): *The State of the World 1984*, Norton & Co., New York, 1984

Einbeziehung der Umweltdimension in die Entwicklungspolitik der Bundesregierung

Hans-Peter Schipulle

1.   Der Treibhauseffekt als Herausforderung für die Entwicklungspolitik

Die weltweite Umweltkrise betrifft Nord und Süd gleichermaßen. Dies gilt für die Ursachen ebenso wie für deren Auswirkungen. Am deutlichsten wird dies am Beispiel der Bedrohung der Erdatmosphäre. Die den Treibhauseffekt und das Ozon-Loch verursachenden Gase (vor allem CO_2 und FCKW) stammen überwiegend aus den Wirtschaftsaktivitäten und dem Energieverbrauch der Industrieländer, aber auch (bis zu 20% der jährlichen CO_2-Zunahme) aus der Zerstörung von Tropenwäldern. Die Folgen bekommen alle Länder zu spüren. So ist zu befürchten, daß mit dem Anstieg des Meeresspiegels weite Küstengebiete in aller Welt im Wasser versinken. Schon jetzt müssen beispielsweise die Niederlande Milliarden-Beträge zum Unterhalt des Deich-Systems aufbringen, ähnliche Kosten haben die deutschen Küstenländer bereits eingeplant. Für die USA wird der Schutzaufwand auf mindestens 100 Milliarden Dollar veranschlagt. 1/6 von Bangladesch könnte überflutet werden, was jeden 4. seiner 110 Millionen Einwohner heimatlos machen würde. Die Erfahrungen der USA lassen erahnen, daß Dürren als Folge von Klimaverschiebungen große Getreideanbaugebiete zur Staubwüste machen können. In anderen Regionen kündigen sich katastrophale Überschwemmungskatastrophen mit unabsehbaren Opfern an Menschenleben und materiellen Schäden an.

Während der Norden die finanziellen Lasten einer Anpassung an die Erfordernisse des Umwelt- und Ressourcenschutzes und der Bewältigung von Umweltschäden noch tragen kann, stehen Entwicklungsländer der Zerstörung ihrer natürlichen Lebensgrundlagen immer hilfloser gegenüber: Übernutzung und falsche Bewirtschaftung von Boden- und Wasser-Ressourcen, von Flora und Fauna tragen bei zu Hungersnöten und Überschwemmungen, Verlandung von Staudämmen, Versalzung von Bewässerungsflächen und Umwandlung von Weiden und Feldern in wertloses Ödland.

Die hoffnunglose wirtschaftliche Situation der meisten Entwicklungsländer macht nicht nur die eigenständige Verwirklichung wirksamer Umweltschutzmaßnahmen illusorisch, sie verschärft die Umweltkrise nur noch weiter. Schul-

denlast und Verfall der Rohstoffpreise verleiten zu Raubbau am land- und forstwirtschaftlichen Potential, ständig ärmer werdende Menschen können bei ihrem
täglichen Kampf ums Überleben keine Rücksicht auf die Umwelt nehmen.

In der entwicklungspolitischen Diskussion herrscht heute Konsens bezüglich der
Schlußfolgerungen, die die Brundtland-Kommission 1987 aus ihren Analysen
zog: Es besteht eine direkte Wechselbeziehung zwischen Umwelt- und Entwicklung, die Umwelt- und Entwicklungskrisen können nicht separat bewältigt werden. Und: Ohne massive Hilfe von außen schaffen es die Entwicklungsländern
nicht mehr, aus dem Teufelskreis von Armut und Umweltzerstörung auszubre-
chen.

Interdependenz und Globalität sind die beiden wesentlichen Merkmale der
heutigen Umweltkrise. Diese Erkenntnis liegt im Kern der "Erklärung von Den
Haag" zugrunde, die Staats- und Regierungschefs aus 24 Industrie- und Entwicklungsländern am 11.03.1989 unterschrieben. Danach muß jedes Land seinen
Beitrag nach Maßgabe seines Entwicklungsstandes und seiner faktischen Verantwortung für die Verschlechterung des Zustands der Atmosphäre leisten. Und
da der größte Teil der Belastungen von Industrieländern ausgeht, diese auch
über die meisten Mittel zur Bewältigung der Probleme verfügen, haben sie eine
besondere Pflicht zur Unterstützung der Entwicklungsländer. Dies gilt vor allem
dann, wenn diese zur Erhaltung klimabedeutsamer Ressourcen besondere
Lasten zu tragen haben. Dazu gehört auch der Verzicht auf Raubbau an den
Tropenwäldern.

Zweifellos tragen Entwicklungsländer selbst einen beachtlichen Teil der Verantwortung für die Krise, in die sie geraten sind. Die Verschlechterung ihrer wirtschaftlichen Situation und viele Umweltprobleme lassen sich zurückführen auf
eine verfehlte Wirtschafts- und Finanzpolitik, auf mangelnde Bereitschaft für
eine durchgreifende Landreform oder auf Ineffizienz und Korruption der Verwaltung. Politischer Wille, hier Abhilfe zu schaffen, ist wesentliche Voraussetzung für eine erfolgreiche Entwicklungs- und Umweltpolitik.

Darüber hinaus besteht aber ein erheblicher, von den Entwicklungsländern nicht
zu bewältigender Finanzierungsbedarf für Maßnahmen zum Ressourcenschutz.
Hierzu liegen nur grobe Schätzungen vor. So wurden 1986 die Kosten zur Um-
setzung des Tropenwald-Aktionsplans auf rd. 8 Mrd. Dollar beziffert. Nach
Aussagen von UNEP ist die Hälfte der weltweiten Bewässerungsflächen bis zur
Unfruchtbarkeit versalzt; ihre Rehabilitierung kostet bis zu 2.000 Dollar pro ha.

Das World Resources Institute schätzt den jährlichen Gesamtbedarf an Umwelt-
Investitionen in der Dritten Welt auf 20 bis 50 Mrd. Dollar und hat eine Reihe
von Vorschlägen ausgearbeitet, wie diese Mittel aufgebracht werden können:

dies reicht vom Tausch von Schulden gegen Umweltschutznahmen (debt for nature) über Umweltabgaben bei der Nutzung oder Belastung natürlicher Ressourcen bis hin zur Mobilisierung privater Investitionen (vgl. WRI, Natural Endowments, 1989).

Das bisher im Rahmen der bi- und multilateralen EZ verfügbare Instrumentarium reicht weder zur Finanzierung der dringend notwendigen Umweltschutzmaßnahmen, noch gar zur Abwicklung eines etwa erforderlich werdenden Lastenausgleichs aus. Beispielsweise betragen die Aufwendungen der OECD-Länder für Forstvorhaben in Entwicklungsländern derzeit jährlich rd. 1 Mrd. Dollar, während die FAO die Kosten der zur Eindämmung von Bodenerosion und Desertifikation nötigen Aufforstungen von 55 Mio. ha auf jährlich über 2 Mrd. Dollar schätzt.

Ausgehend von dieser Erkenntnis verpflichteten sich die Unterzeichner der Haager Erklärung zur Entwicklung einer "neuen Strategie, neuer völkerrechtlicher Grundsätze einschließlich neuer, wirksamer Entscheidungs- und Durchsetzungsmechanismen zur Lebenserhaltung" und einschließlich der finanziellen Grundlagen für eine "angemessene und ausgewogene Unterstützung als Entschädigung" besonders belasteter Länder. Die Erarbeitung konkreter Aktionsprogramme zur Umsetzung dieser Zielsetzung in politische Realität stellt eine wesentliche Herausforderung für die Entwicklungspolitik der 90er Jahre dar.

Den Rahmen dafür werden vor allem die Verhandlungen über eine internationale Konvention zum Schutz der Erdatmosphäre und die sie ausfüllenden Vereinbarungen über zentrale klimarelevante Bereiche wie Waldschutz und Minderung der CO_2-Emissionen bilden, die in Vorbereitung der 1992 in Brasilien stattfindenden UN-Konferenz über Umwelt und Entwicklung geführt werden. Die westlichen Industrieländer haben bei mehreren Gelegenheiten, zuletzt bei dem Gipfeltreffen 1990 der EG in Dublin und der Gruppe der sieben westlichen Industrieländer in Houston deutlich gemacht, daß sie zu substantieller Unterstützung der Entwicklungsländer im Umweltbereich bereit sind und dabei sowohl an zusätzliche finanzielle Hilfe als auch an Verbesserungen der Schuldensituation denken.

Der wachsende Problemdruck und die zunehmende Besorgnis der Öffentlichkeit bezüglich der befürchteten Folgen weltklimatischer Veränderungen (für die sich häufende Naturkatastrophen und Wetteranomalitäten bereits als Indiz angesehen werden) zwingen die politisch Verantwortlichen, sich dieser Fragen anzunehmen. Bemerkenswert ist, wie schnell weltweit die Bereitschaft wuchs, sie auf die Tagesordnung nationaler Planungen und multilateraler Verhandlungen zu setzen. Doch von da bis zu konkreten, gar international abgestimmten Maßnahmen ist es noch ein weiter Weg.

Wie schwierig es wird, wenn nationale Wirtschaftsinteressen und finanzielle Mittel in größerem Umfang auf dem Spiel stehen, zeigten die Versuche, die Bestimmungen des Montrealer Protokolls zum Schutz der Ozonschicht (Emissionsbeschränkungen für FCKW und Hallone) zu verschärfen und Entwicklungsländern durch finanzielle und technische Hilfen den Beitritt zu erleichtern. Dem deutschen Beispiel eines ab 1995 wirksamen Verbots von Produktion und Verwendung von FCKW glauben andere Industrieländer nicht folgen zu können. Viele Entwicklungsländer machten deutlich, daß ein Verzicht auf diese Stoffe für sie nur in Frage käme, wenn ihnen die dadurch entstehenden Zusatzkosten erstattet würden. Bei der zweiten Vertragsstaatenkonferenz zum Montrealer Protokoll 1990 in London wurde hierfür ein eigener multilateraler Finanzierungsfonds geschaffen.

Bei Vereinbarungen über CO_2 und zum Waldschutz wird es freilich um ganz andere Dimensionen gehen, sowohl was die notwendigen Einschnitte in gewohnte Produktions- und Konsumweisen der Industrieländer als Haupt-Emittenten wie auch was die Kompensationsforderungen der Entwicklungsländer angeht. Diese haben erkannt, daß ihnen anders als zu Zeiten der UNCTAD-Verhandlungen über eine "neue Weltwirtschaftsordnung" mit dem Klimathema ein wirksamer Hebel zu Gebote steht, um ihr Interesse gegenüber den Industrieländern durchzusetzen. Die Dritte Welt wird sich nicht darauf einlassen, auf ihren Anteil an der Nutzung des weltweiten Ökosystems ohne Gegenleistung einfach zu verzichten und zuzusehen, wie der Norden weiterhin ungebremst jene Umweltgüter kostenlos beansprucht, auf denen er dank seiner Chancen zum ersten Zugriff seine wirtschaftliche Entwicklung aufbauen konnte.

Die multilateralen Finanzierungsinstitutionen haben sich auf die neuen Aufgaben im Umweltbereich eingestellt. Weltbank und Regionalbanken nahmen mit ihren Mitgliedsstaaten umfangreiche Sektorprogramme zur standortgerechten Landnutzung, zur effizienten Energienutzung, zum Waldschutz und zum Aufbau der für industriellen und städtischen Umweltschutz notwendigen Institutionen in Angriff und haben begonnen, diese mit den Strukturanpassungsprogrammen abzustimmen. Die Weltbank arbeitet an der Einrichtung eines neuen Finanzierungsmechanismus für Maßnahmen des globalen Umweltschutzes. Ihr kommt auch eine wichtige Führungsrolle bei der Geberkoordination großer Entwicklungsprogramme zu.

Beispiel dafür sind auf der Basis nationaler Tropenwald-Strategien oder von Umwelt-Aktionsplänen konzipierte Forstvorhaben in Bolivien, Brasilien, Guinea, Cote d'Ivoire und Madagaskar. In all diesen Fällen wurden Teilprojekte, die insbesondere auf den Schutz noch vorhandener Waldgebiete abzielen sowie Methoden ökologischer verträglicher Bewirtschaftungsformen erproben und verbreiten, im Wege der Kofinanzierung mit deutschen Mitteln gefördert.

Ihre Unabhängigkeit und Einflußmöglichkeiten auf entwicklungspolitische Weichenstellungen prädestinieren die Weltbank auch zur Koordinierung des umfassenden Pilotprogramms zur Erhaltung der Amazonaswelt, das der Weltwirtschaftsgipfel 1990 in Houston Brasilien angeboten hat. Dabei soll auch versucht werden, die internen und externen Rahmenbedingungen einzubeziehen, die für die Walderhaltung von Bedeutung sind, also Elemente der Landnutzungs-, Finanz-, Wirtschafts- und Energiepolitik ebenso wie Probleme der Außenwirtschaftsbeziehungen und der Verschuldung.

Um die bestehenden entwicklungspolitischen Instrumente effektiver für Aufgaben des Umweltschutzes einsetzen zu können, nutzen die Geberländer die Möglichkeiten des Erfahrungsaustausches im Rahmen des Entwicklungsausschusses der OECD, der hierzu eine Arbeitsgruppe Umwelt und Entwicklung einrichtete.

Dort werden die Verfahren der Umweltverträglichkeitsprüfung abgestimmt, Informationen über vorhandene Umweltstudien ausgetauscht und an der Verbesserung der konzeptionellen Grundlagen gearbeitet für Vorhaben wichtiger Bereiche wie schadstoffarme Energieversorgung, Selbsthilfeförderung beim Ressourcenschutz, Aufbau von Umweltinstitutionen, integrierter Pflanzenschutz etc.

2. Umweltschutz in der bisherigen Entwicklungspolitik der Bundesregierung

Von deutscher Seite können dabei vielfältige Erfahrungen eingebracht werden. Umweltschutz gehört seit Anfang der 70er Jahre zum Zielkatalog der Entwicklungspolitik der Bundesregierung. 1986 verankerte sie die Prüfung der Umweltverträglichkeit von Entwicklungsvorhaben in den vom Kabinett verabschiedeten Grundlinien der Entwicklungspolitik und erklärte darüber hinaus den Schutz der Umwelt und die Erhaltung der natürlichen Lebensgrundlagen zu einem der fünf fachlichen Schwerpunkte ihrer Zusammenarbeit mit Entwicklungsländern. Umgesetzt werden diese umweltpolitischen Ziele durch

- Unterstützung der Entwicklungsländer bei der Formulierung und Verfolgung ihrer eigenverantwortlichen Umweltpolitik;
- Förderung von konkreten Umweltschutzmaßnahmen der Partnerländer und die umweltgerechte Gestaltung aller Vorhaben der Entwicklungszusammenarbeit;
- Beiträge zu internationalen oder regionalen Anstrengungen bei der Lösung von Umweltproblemen.

Zentraler Ansatzpunkt für die Entwicklungszusammenarbeit im Umweltschutz ist, die Partner zu befähigen, ihre eigenen Umweltstrategien zu erarbeiten, sie bei der Gesetzgebung zu beraten, die Verwaltung bei der Umsetzung zu unterstützen und geeignetes Personal für diese Aufgaben auszubilden. Mit einer Reihe von Ländern wie Indien, Brasilien, Indonesien, Philippinen, Marokko, Türkei und Tunesien wurde der Umweltschutz ausdrücklich als besonderer Schwerpunkt der Zusammenarbeit vereinbart. Im Rahmen der Technischen Zusammenarbeit (TZ) werden derzeit 15 staatliche Umweltinstitutionen in verschiedenen Ländern gefördert.

Aber auch der Zusammenarbeit mit Nichtregierungsorganisationen (NRO) kommt im Umwelt- und Ressourcenschutz besondere Bedeutung zu. Denn ein dauerhafter und wirksamer Schutz natürlicher Ressourcen erfordert die Einbeziehung der Nutzer. Mitarbeiter von BMZ und Durchführungsorganisationen sind deshalb ausdrücklich gehalten, soweit möglich Kontakte zu NRO im Gastland sowie Kenntnisse und Erfahrungen von NRO in der Bundesrepublik zu nutzen. Dies gilt übrigens auch für die Umweltverträglichkeitsprüfung.

Positive Erfahrungen liegen mit verschiedenen Kooperationsformen vor wie etwa der Unterstützung internationaler Umweltschutz-NRO bei Naturschutzvorhaben (z.B. Korup-Nationalpark Kamerun), Mitwirkung bei der Planung von einzelnen Projekten (z.B. Abwasserreinigung an türkischen Meeresbuchten und Walderhaltung Madagaskar - beides Vorhaben in Vorbereitung u.a. mit internationalen und deutschen NRO) oder Benennung von Sachverständigen durch fachkundige NRO bei speziellen ökologischen Fragestellungen im Zuge von Projektplanungen und -prüfungen.

Der Erfolg von Umweltprogrammen hängt wesentlich davon ab, ob es den betreffenden Ländern gelingt, geeignete ökonomische Rahmenbedingungen zu schaffen und die notwendigen Reformen - etwa beim Bodenrecht oder der Ausgestaltung wirtschaftlicher Anreizsysteme wie Steuern, Abgaben und Subventionen - durchzuführen. Darum unterstützt die Bundesregierung gemeinsam mit Weltbank und anderen Gebern die Ausarbeitung nationaler Umwelt-Aktionspläne, die die Ursachen für Umweltzerstörung identifizieren und geeignete Maßnahmen vorschlagen. Erste positive Erfahrungen liegen in Madagaskar, Lesotho und Mauritius vor.

Umweltkomponenten sind in zunehmendem Maße Bestandteil bilateraler Vorhaben aller Sektoren. Dazu gehören standortgerechte Landnutzung, Maßnahmen zum Erhalt der Bodenfruchtbarkeit und verantwortungsvoller Umgang mit Pflanzenschutzmitteln in Agrarprojekten ebenso wie die Begrenzung von Schadstoffemissionen bei der Energieerzeugung und in Industrievorhaben oder die Lösung von Entsorgungs- und Sanitärproblemen bei Stadtsanierungen und Programmen zur Trinkwasserversorgung. Wesentlich ist dabei, durch entsprechende Gestaltung der Vorhaben die Ziele der Wirtschaftlichkeit und der Umweltverträglichkeit in Einklang zu bringen.

Die schwerwiegenden Umweltprobleme wirken sich auch auf die Prioritätensetzung bei den Förderanträgen der Entwicklungsländer aus. Projekte des gezielten Umwelt- und Ressourcenschutzes haben einen ständig wachsenden Anteil. Das Zusagevolumen stieg bei der TZ kontinuierlich von 146 Mio. DM 1984 auf 304 Mio. DM 1988 an. 1989 betrafen fast 20% aller Neuzusagen der Finanziellen (FZ) und Technischen Zusammenarbeit Umweltvorhaben - was nicht zuletzt auch für die deutschen Durchführungsorganisationen mit erheblichen Anpassungsproblemen bei der Umsetzung dieser 800 Mio. DM in den verschiedensten Sektoren verbunden ist. Mittel der FZ können seit 1988 auch bei Ländern, die üblicherweise Kredite erhalten, als Zuschuß gewährt werden.

Den größten Anteil an den Gesamtzusagen im Bereich Umweltschutz hatten 1989 Forstvorhaben sowohl in der Finanziellen (36%) wie auch in der Technischen Zusammenarbeit (35%). In der FZ folgten die umweltgerechte Entsorgung von Abwasser und Abfall sowie andere Maßnahmen des städtischen Umweltschutzes mit 35%. Industrieller Umweltschutz und Investitionen in ressourcenschonende Energieversorgung standen in der FZ mit 19% an dritter Stelle (TZ ebenfalls 19%), während in der TZ umweltbezogene Aktivitäten vor allem in der Landwirtschaft (31%) und beim Aufbau entsprechender Institutionen (15%) gefördert wurden.

3.   Umweltverträglichkeitsprüfungen als zentrales Instrument

Um sicherstellen, daß von den Beiträgen zur wirtschaftlichen Entwicklung der Partnerländer keine vermeidbaren Umweltbelastungen ausgehen, werden alle bilateralen Vorhaben einer Umweltverträglichkeitsprüfung (UVP) unterzogen. Als projektbegleitendes, flexibel gehandhabtes Instrument ermöglicht sie es, zu erwartende positive und negative Umweltwirkungen vorgeschlagener Projekte und Programme frühzeitig zu erfassen, diese bei der konzeptionellen Gestaltung und bei der Förderentscheidung zu berücksichtigen sowie ein Umweltmonitoring bei der Durchführung sicherzustellen. Geprüft werden dabei die direkten und indirekten Auswirkungen auf die menschliche Gesundheit und die natürliche Umwelt ebenso wie soziale und kulturelle Aspekte, etwa die Folgen von Umsiedlungen und Einflüsse auf Naturvölker oder Kulturdenkmäler in der Projektregion.

Indem mögliche Umweltbelastungen frühzeitig erkannt und praktikable Maßnahmen zu deren Begrenzung, Abwehr oder Kompensation indentifiziert werden, hilft die UVP Zeit und Kosten zu sparen, die mit der Bewältigung unvorhergesehener Umweltprobleme verbunden sind. Sie ermöglicht darüber hinaus die Berücksichtigung der Umweltinteressen betroffener Institutionen, Bevölkerungsgruppen und nichtstaatlicher Organisationen im betreffenden Land und leistet damit einen wichtigen Beitrag beim Aufbau institutioneller Kapazitäten für eine eigenständige Umweltpolitik.

Das BMZ setzte Anfang 1988 ein vertieftes UVP-Verfahren in Kraft. Es stützt sich auf die Erfahrungen mit älteren Prüfverfahren in BMZ und Durchführungsorganisationen und folgt den 1987 vorgelegten Vorschlägen einer vom BMZ eingesetzten Sachverständigengruppe. Es berücksichtigt darüber hinaus die Empfehlungen des OECD-Rates von 1985, 1986 und 1989 zur Anwendung der UVP in Entwicklungsprojekten.

Wesentliches Kennzeichen dieser UVP ist es, daß die Beachtung der Umweltdimension sowie wirtschaftliche, finanzielle, institutionelle und technische Aspekte voll in die bestehenden Abläufe der Planung und Steuerung bilateraler Vorhaben integriert werden. Umweltüberlegungen fließen damit unter der Verantwortung der Partner ein in Projektauswahl, Standortentscheidung und Durchführungskonzeption (vgl. Schaubild).

Das Verfahren zielt auf eine möglichst große Transparenz für die Entscheidungsträger. Ein Hilfsmittel dazu, jederzeit einen Überblick über Vorhaben mit besonderem Umweltbezug zu erhalten, sind die Umwelt-Kategorien, nach denen sie klassifiziert werden. Sie beschreiben den umweltbezogenen Handlungsbedarf, von UO (keine Belastungen zu erwarten) bis U3 (intensive Überwachung von Schutzmaßnahmen erforderlich) und U4, wo die aus ökologischer Sicht nicht mehr tragbaren Belastungen dazu führen, daß im Rahmen einer Gesamtbewertung und im Einvernehmen mit den Partnern Förderentscheidungen auf politischer Ebene zu treffen sind. Diejenigen Vorhaben, die Umwelt- und Ressourcenschutz zum überwiegenden und direkten Projektziel haben, werden mit einer zusätzlichen "UR"-Kennung versehen.

Als Hilfsmittel für Projektbearbeiter wurden "Materialien zur Erfassung und Bewertung von Umweltwirkungen" erarbeitet. Sie enthalten etwa 60 kurzgefaßte Beschreibungen der wesentlichen Umweltgesichtspunkte bestimmter Projekttypen aus den Bereichen Landnutzung, Infrastruktur, Bergbau, Industrie und Gewerbe. Darüber hinaus umfaßt die Sammlung Hinweise für vertiefende Umwelt-Studien sowie eine Zusammenstellung international gebräuchlicher Umweltstandards und Grenzwerte. Schließlich soll ein Katalog von Umweltschutzorganisationen in über 50 Entwicklungsländern die Einbeziehung verantwortlicher nationaler Behörden und Vertreter der betroffenen Bevölkerungsgruppen in den Entscheidungsprozeß erleichtern.

BMZ und Durchführungsorganisationen haben die Umsetzung des UVP-Verfahrens administrativ abgesichert. Im BMZ ist damit das Sektorreferat Umwelt-, Ressourcenschutz, Forstwirtschaft beauftragt. Hier wird die Anwendung des UVP-Verfahrens überwacht sowie im Rahmen von Evaluierungen und durch Mitwirkung an Entscheidungen über Projekte mit besonderem Umweltbezug auf die Einhaltung der konzeptionellen Vorgaben hingewirkt.

Schaubild: UVP - ein projektbegleitender Prozeß

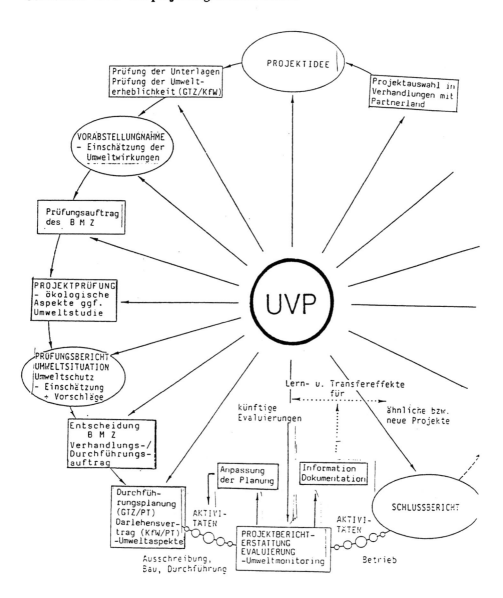

Die Durchführungsorganisationen, also GTZ, KfW (Kreditanstalt für Wieder-
aufbau), DEG (Deutsche Investitions- und Entwicklungsgesellschaft) und BGR
(Bundesanstalt für Geowissenschaften und Rohstoffen), haben eigene Umweltkoordinatoren eingesetzt und ihr Personal in der Handhabung der UVP-Me-
thodik gezielt geschult. Die UVP ist Bestandteil interner Organisationsanweisun-
gen, Gutachterrichtlinien und Bearbeitungsverfahren.

Wie sich bei den Beratungen in der Arbeitsgruppe des OECD-Entwicklungsaus-
schusses über die Erfahrungen mit der UVP gezeigt hat, ergibt sich eine bemerkenswerte Übereinstimmung zwischen den Geberländern bei der Bewertung der
bisherigen, weitgehend vergleichbaren Praxis.

UVP ist in der deutschen Entwicklungshilfe wie bei den meisten Gebern ein
integrierter Bestandteil der Entscheidungsprozesse bei der Projektauswahl,
-planung und -durchführung. Dies hat sich bewährt:

- Anders als bei der innerstaatlichen UVP als Teil verwaltungsrechtlicher Genehmigungsverfahren geht es bei der FZ und TZ um die Prüfung von in der
  Verantwortung der Entwicklungsländer liegenden Projekten zur Vorbereitung
  der Förderentscheidung der Bundesregierung sowie um die gestaltende Einflußnahme auf Planungen souveräner Partner.

- Bei umwelterheblichen Projekten ist auch die Option zu prüfen, ob eine Förderung wegen der damit bewirkten Umweltbelastungen unterbleiben sollte.
  Allerdings handelt es sich dabei keineswegs immer um eine echte "Null-Vari-
  ante" (bei Genehmigungsverfahren ist dies die Annahme, daß ein beantragtes
  Vorhaben überhaupt nicht zur Durchführung kommt). In der Entwicklungshilfe heißt die Alternative häufig: Förderung und damit Beitrag zur Verhinderung vermeidbarer Umweltbelastungen - oder Ablehnung einer Förderung,
  womit aber nicht ausgeschlossen werden kann, daß das Vorhaben durch den
  Partner ggf. mit Hilfe einer anderen Finanzierung und ohne geeignete
  Schutzmaßnahmen dennoch durchgeführt wird (sozusagen eine Variante
  "Null-minus"). Eine negative Förderentscheidung verhindert also nicht notwendiger Weise drohende Umweltschäden.

- Trotz steigenden Umweltbewußtseins bei den Projektträgern und den Regierungen ist die Umsetzung der UVP im Entwicklungsland oft schwierig. Hier
  bedarf es noch der weiteren Sensibilisierung aber oftmals auch einer personellen Aufstockung der speziellen Umweltfachkräfte in den Partnerstrukturen.
  Dies würde sich wesentlich positiver auf die Umweltverträglichkeit von Projekten auswirken, als etwa eine externe UVP-Kontrolle auf Geberseite oder eine
  stärkere Fomalisierung des Verfahrens.

- Die Integration der UVP in den Projektbearbeitungszyklus erlaubt es, die Umweltwirkungen auch bei sich im Planungs- und im Durchführungsstadium ändernder Projektauslegung jeweils neu zu analysieren und die Schutzmaßnahmen den gewonnenen Erkenntnissen und Erfahrungen anzupassen. Eine einmalige, formalisierte UVP könnte dies nicht leisten und wäre überdies mit großem administrativem Aufwand verbunden, ohne indes eine angemessene inhaltliche Auseinandersetzung mit den Umweltaspekten zu gewährleisten, wie vielfache Erfahrungen gezeigt haben. Letztlich hängt die Qualität des UVP-Verfahrens in der Entwicklungshilfe von der Aufgeschlossenheit und dem Engagement der an diesem Prozeß Beteiligten ab.

- Die Erfahrung zeigt, daß die Prüfungs- und Planungsphase besondere Bedeutung für die umweltfreundliche Gestaltung von Projekten hat. Daher ist die Feststellung wichtig, daß die Akzeptanz des jetzigen UVP-Verfahrens bei Mitarbeitern der beteiligten Institutionen erfreulich hoch ist. Dies ist nicht zuletzt auf die zahlreichen Schulungsprogramme, die regelmäßigen Arbeitskontakte der Umweltkoordinatoren sowie auf die Tatsache zurückzuführen, daß das Bewußtsein vom politischen Stellenwert der Umweltdimension in der Entwicklungspolitik allgemein erheblich gestiegen ist.

Die Vielzahl der Partner und der Sektoren der Zusammenarbeit wirft immer wieder Probleme bei der Anwendung von Bewertungskriterien in der UVP auf.

Die Materialien enthalten keine allgemeinverbindlichen Bewertungskriterien. Angesichts der in jedem Projektumfeld sehr unterschiedlichen ökologischen Bedingungen und umweltpolitischen Vorgaben der Partner sind Einzelfallbeurteilungen nötig. Sie basieren auf den Zielvorgaben des UVP-Konzepts (dauerhafte Entwicklung, Schutz menschlicher Gesundheit, Erhalt der Tragfähigkeit der Öko-Systeme usw.) und dessen methodischen Vorgaben (z.B. Kosten-Nutzen-Analysen, Überprüfbarkeit der Effektivität von Schutzmaßnahmen).

Die Beurteilung von Umweltwirkungen gestaltet sich besonders bei solchen Vorhaben schwierig, bei denen keine schadstoffbezogenen Belastungen zu befürchten, sondern die Folgen andersartiger Eingriffe in den Naturhaushalt (aber z.B. auch die Verbreitung von Tropenkrankheiten wie Malaria, oder die Verstärkung des Treibhauseffekts durch CO_2 und andere Gase) zu bewerten sind. Für solche Wirkungsformen gibt es bisher - auch im Rahmen von internationalen Vereinbarungen - keine festen oder gar quantitativen Regeln. Die Güterabwägung stellt in solchen, die Mehrzahl der umweltrelevanten bilateralen Projekte betreffenden Fällen hohe professionelle Anforderungen und muß in enger Zusammenarbeit mit den verantwortlichen Stellen im Entwicklungsland erfolgen.

Bei den schadstoffbezogenen Umweltbelastungen und Lärm ist zwischen Emissions- und Immissionsgrenzwerten zu differenzieren. Letztere legen fest, bis zu welchem Grad Luft, Wasser oder Boden vor allem mit Rücksicht auf die menschliche Gesundheit insgesamt belastet werden können. Die Festlegung von Immissionsgrenzwerten orientiert sich zwar an wissenschaftlichen Erkenntnissen bezüglich Dosis-Wirkungsbeziehungen, die für alle Menschengruppen gleich sind. Welche Toleranzgrenzen dabei in Kauf genommen werden, ist aber letztlich eine politische Entscheidung, die stark geprägt ist vom wirtschaftlichen, sozialen und kulturellen Entwicklungsstand eines Landes. Maßstab für Projektentscheidungen sind daher, wo vorhanden, in erster Linie angemessene lokale Standards, die häufig sogar strenger sind als die im Vergleich zu anderen Industrieländern (z.B. Schweden, Schweiz) z.T. weniger anspruchsvollen deutschen Maßstäbe.

Die Emissionsstandards sind in der Bundesrepublik dagegen vergleichsweise streng, weil anders bei der großen Zahl von Emittenten die Immissionsgrenzen kaum einzuhalten wären. Es ist aber auch Ausdruck des hohen technologischen Standes, der in Entwicklungsländern i.d.R. nicht anzutreffen ist. Die Erfahrung hat gezeigt, daß mit anspruchsvollen Schutzvorkehrungen oft erhebliche technische und wirtschaftliche Betriebsprobleme verbunden sind, die es zweckmäßiger machen, in Entwicklungsprojekten einfachere, damit aber auf Dauer wirkungsvollere und im Entwicklungsland auch selbständig anwendbare Umweltschutzkonzepte zu verfolgen. Bei besonders kritischen Schadstoffen (z.B. Schwermetallen) werden jedoch bei der Projektprüfung i.d.R. die deutschen oder international weit verbreiteten Anforderungen zugrunde gelegt (z.B. Zinnherstellung Vinto/ Bolivien, Fertigung elektronischer Teile in Pakistan).

Die UVP ist kein Allheilmittel zur Vermeidung von Umweltrisiken in der Entwicklungszusammenarbeit. Umweltwirkungen können im Rahmen der UVP nur dann ausreichend erfaßt werden, wenn das jeweilige Instrument der entwicklungspolitischen Zusammenarbeit eine eingehende Prüfung vorsieht. So erlauben z.B. die den Entscheidungen im Niederlassungs- und Technologieprogramm (KfW) oder die bei den Hermes-Bürgschaften im Rahmen rein kommerziell finanzierter Geschäfte zugrundeliegenden bankmäßigen Unterlagen lediglich Plausibilitätsprüfungen, die ggf. durch Einholung zusätzlicher Informationen ergänzt werden müssen (z.B. Zurückstellung einer Hermes-Bürgschaft für Erdölförderung, bis über die Botschaft Fragen möglicher Auswirkungen auf seltene Tierarten geklärt waren).

Auch die Endverwendung von allgemeinen Waren- und Strukturhilfen ist durch den Geber praktisch nicht zuverlässig auf Umweltwirkungen zu überprüfen. Dem kann durch vorzugsweisen Einsatz programmbezogener Hilfen bzw. durch Vereinbarungen mit den Empfängern über eigenverantwortliche Umweltkontrollen entgegengewirkt werden.

Häufig entzieht sich auch die Umsetzung von Schutzmaßnahmen dem Einfluß von außen, insbesondere nach Übergabe oder in der Betriebsphase von Projekten. Deshalb werden im Rahmen der UVP vielfach Empfehlungen zum Umweltmonitoring erarbeitet und erprobt. Sie sollen später eigenverantwortlich weitergeführt werden. Zunehmend werden auch Umweltbehörden in die Durchführungsplanung einbezogen, die v.a. bei Industrie- und Kraftwerkprojekten Schadstoffgehalte in Luft und Wasser überwachen.

Die UVP ist ein projektbezogenes Verfahren. Oft gibt sie zwar Hinweise für notwendige Rahmenbedingungen zur Erreichung von Umweltschutzzielen (z.B. Bodenrecht, Tarifstruktur bei Wasser und Strom, Subventionssystem für Düngemittel und Pestizide, Holzkonzessionen und Exportsteuern); zu deren Verwirklichung kann das Projekt selbst aber meist nur wenig beitragen.

Darum sollte die UVP als Instrument nicht überschätzt werden. Ihre wichtige Funktion erhält sie als integrierter Bestandteil einer Entwicklungspolitik, die sich selbst wiederum versteht als Teil einer auf Bewahrung der Umwelt und der natürlichen Lebensgrundlagen als gemeinsames Erbe der Menschheit ausgerichteten Kooperation zwischen Nord und Süd, also einer globalen Umweltpartnerschaft.

Literatur

Lester R. Brown, *Zur Lage der Welt 1987/88*, Worldwatch Institute Report, Fischer - Verlag Frankfurt, 1987

Bundespresseamt: *Schutz und Bewirtschaftung der Tropenwälder. Tropenwaldbericht der Bundesregierung*, Bonn/Mai 1990

Bundesministerium für wirtschaftliche Zusammenarbeit: *Umweltwirkungen von Entwicklungsprojekten, Hinweise zur Umweltverträglichkeitsprüfung (UVP)*, Bonn, 1987

Bundesministerium für wirtschaftliche Zusammenarbeit: *BMZ-aktuell*, Umweltverträglichkeitsprüfung (UVP) in der bilateralen Finanziellen und Technischen Zusammenarbeit - Erfahrungsbericht 1989, Bonn, Juni 1990

Deutscher Bundestag, *Zweiter Bericht der Enquete-Kommission Vorsorge zum Schutz der Erdatmosphäre zum Thema Schutz der tropischen Wälder*, Drucksache 11/7220, Bonn, 24.05.1990

Robert Repetto (World Resources Institute): *Promoting environmentally sound economic progress: what the North can do*, Washington, April 1990

Robert Repetto, *Economic Policy Reform for Natural Resource Conservation*, The World Bank, Environment Department Working Paper No. 4, Washington, May 1988

World Resources Institute, *Natural Endowments: Financing Resource Conservation for Development*, Washington, September 1989

Umweltbewegung und Entwicklungspolitik

Detlev Ullrich / Edith Kürzinger-Wiemann

Einleitung

Die Umweltbewegung in den hochindustrialisierten Wohlstandsgesellschaften des Nordens hat sich im Laufe der vergangenen zwei Jahrzehnte zu einer festen politischen Einflußgröße entwickelt, deren Meinungsbildungs- und Widerstandspotential von Politikern und staatlichen Entscheidungsträgern nurmehr um den Preis von Akzeptanz- und Glaubwürdigkeitsverlusten ignoriert werden kann. Galt das Interesse dieser Bewegung zunächst fast ausschließlich den Umweltproblemen, die sich im lokalen oder nationalen Rahmen, also gewissermaßen vor der eigenen Haustür abspielten, so läßt sich seit etwa Mitte der 80er Jahre eine zunehmende Internationalisierung ihres Wahrnehmungs- und Handlungshorizonts beobachten. Sichtbaren politischen Ausdruck findet diese Tendenz nicht zuletzt in einer wachsenden Kritik an den entwicklungspolitischen Aktivitäten nationaler und internationaler Geberorganisationen, denen vorgeworfen wird, Projekte mit verheerenden ökologischen Auswirkungen zu unterstützen und dadurch maßgeblich zur Umweltzerstörung in der Dritten Welt beizutragen.

Gleichzeitig machen seit einiger Zeit auch in den Entwicklungsländern umweltorientierte Basisbewegungen und nichtstaatliche Umweltorganisationen verstärkt von sich reden. Sei es, daß sie sich als Widersacher und Kritiker der staatlichen Entwicklungspolitik zu Wort melden, indem sie die ihr zugrundeliegende scheinrationale, da letztlich selbstmörderische Verwertungslogik anprangern; sei es, daß sie Beteiligungs- und Mitspracherechte einfordern, indem sie sich zu Fürsprechern und Protagonisten von Betroffeneninteressen machen; oder sei es, daß sie sich den staatlichen Institutionen, mehr noch aber den ausländischen Geberorganisationen als Nehmeralternative und als Träger von Entwicklungsprojekten anbieten, indem sie den entwicklungspolitischen Vorteil ihrer Nichtstaatlichkeit hervorheben.

In dem folgenden Beitrag soll zum einen dargelegt werden, wie sich die Umweltbewegungen hier und in der Dritten Welt gegenseitig beeinflussen und welche Konsequenzen sich daraus für die Entwicklungspolitik ergeben (Kap.1; verantwortlich: D.Ullrich). Zum anderen wird anhand eines Fallbeispiels (Mexiko)

beleuchtet, wie die Entstehung, Rolle und Entwicklung nichtstaatlicher Umweltorganisationen (im folgenden kurz Umwelt-NGOs genannt) sowohl durch die
nationalen wie auch durch die internationalen Rahmenbedingungen geprägt
werden (Kap.2; verantwortlich: E.Kürzinger-Wiemann).

1. Zur entwicklungspolitischen Bedeutung der Umweltbewegung[1]

Daß Probleme der Umweltverschmutzung und Naturzerstörung heute weltweit
eine zunehmende Beachtung finden, ist in erster Linie den vielfältigen Bürgerinitiativen, Organisationen und Verbänden zu verdanken, die den Umwelt- und
Naturschutz in den Mittelpunkt ihres Handelns gestellt haben. Obschon die
Motive, Ziele und Aktionsformen dieser hier unter dem Begriff der Umwelt-
NGOs zusammengefaßten gesellschaftlichen Akteure stark voneinander differieren, teilen sie sich das Verdienst, das öffentliche Bewußtsein für Umweltprobleme wachgerüttelt, geschärft und verallgemeinert zu haben. Mit ihrer Kritik an
den nationalen und internationalen Entwicklungsagenturen, ihrem Widerstand
gegen einzelne der von diesen mit öffentlichen Geldern geförderten Vorhaben
und ihrer Forderung nach einer Ökologisierung der Entwicklungspolitik haben
sie letztlich auch dazu beigetragen, daß die einseitige ideologische Orientierung
am wirtschaftlichen Wachstum inzwischen abgelöst wurde durch ein Entwick-
lungsverständnis, welches der Dimension der Umweltverträglichkeit und Nachhaltigkeit (sustainibility) einen Vorrang oder zumindest den gleichen Rang
einräumt wie dem herkömmlichen Wachstumsziel.

Die Bedeutung dieses Wertewandels sollte nicht unterschätzt werden, auch wenn
von Kritikern zu Recht eingewandt wird, daß er sich auf die entwicklungspolitische Praxis bisher kaum ausgewirkt hat und lediglich ein in die Zukunft gerichte-
tes Versprechen darstellt. Ebenso wie staatliche Politik in ihrer Gesamtheit
tendiert auch die Entwicklungspolitik dahin, den gesellschaftlichen Forderungen
nach einer Höherbewertung alternativer oder konkurrierender Zielsetzungen
(hier: des Umweltschutzes) in der Weise nachzugeben, daß sie diese zunächst
nur als Komplement aufnimmt und sie als additive Ziele neben anderen verfolgt.
Der ambivalente oder auch widersprüchliche Eindruck, den die Entwicklungspolitik dadurch in der Öffentlichkeit entstehen läßt, ist durchaus erwünscht, sorgt er
doch bei den Kritikern für ein milderes und differenzierteres Urteil.

Gleichwohl steht die Entwicklungspolitik vor einer neuen Bewährungsprobe und
muß sich eine andere Legitimationsgrundlage verschaffen, seitdem die Umweltbewegung die Dritte Welt in ihr Bewußtsein aufgenommen hat. Sie hat es nun
nicht mehr nur mit einer kleinen und darüber hinaus zersplitterten *pressure group*
von Dritte-Welt-Aktivisten zu tun, sondern mit Akteuren, deren Mobilisierungs-

potential und Einfluß auf die öffentliche Meinung ungleich größer sind. Als die BMZ-Aussteigerin Brigitte Erler vor reichlich fünf Jahren ihr Buch *"Tödliche Hilfe"* veröffentlichte, da löste sie zwar eine lebhafte Debatte über Sinn und Unsinn der Entwicklungshilfe aus; doch kam eigenartigerweise niemand auf die Idee, deswegen etwa einen Abbruch des von ihr kritisierten Entwicklungsprojekts in Bangladesh in Betracht zu ziehen. Als dagegen im Jahre 1987 mehrere Naturschutzorganisationen und Umweltverbände gegen ein bereits begonnenes, aus dem Entwicklungsetat mitfinanziertes Hotelprojekt an der Südwestküste der Türkei (Dalyan-Bucht) zu Felde zogen - aus Sorge um den Fortbestand eines der letzten Nistplätze der vom Aussterben bedrohten Meeresschildkröten im östlichen Mittelmeerraum - da schlugen die Wellen der öffentlichen Empörung derart hoch, daß dem BMZ keine andere Wahl blieb, als das Vorhaben einzustellen. Um den Schaden, den das Ansehen der Entwicklungspolitik dadurch erlitten hatte, zu reparieren, entschloß sich die Bundesregierung schließlich sogar, Sondermittel bereitzustellen, damit am selben Ort ein Sonderschutzgebiet eingerichtet werde. Dieser Vorgang, wie immer man ihn bewerten mag, hat der Entwicklungspolitik ein deutliches Zeichen gesetzt: Die Verletzung der Natur durch Projekte der Entwicklungszusammenarbeit bringt die öffentlichen Gemüter weit stärker auf als etwaige Unverträglichkeiten und Schäden im sozialen und ökonomischen Bereich, die früher die Achse der Kritik bildeten.

Das bedeutet freilich nicht, daß die Umweltbewegung nur für die verletzte und bedrohte Natur ein Mitgefühl empfände und blind wäre für die Überlebensinteressen derjenigen Menschen und Bevölkerungsgruppen, die diese als ihre Umwelt nutzen; selbst wenn es einige Organisationen von militant-ökologischem wie zugleich konservativem Zuschnitt gibt, die einer Erhaltung der Natur um ihrer selbst willen das Wort reden. Daß die Mehrzahl der Umwelt-NGOs durchaus in der Lage ist, den Kampf gegen die weltweite Umweltzerstörung mit sozialen Forderungen und dem Eintreten für die Rechte und Interessen der Betroffenen zu verknüpfen, hat sich erstmals deutlich während der Kampagne gegen den geplanten Zweiten Energiesektorkredit der Weltbank für Brasilien gezeigt. Kritisiert wurde, daß durch die im Amazonas geplanten Großstaudämme nicht nur große Flächen des tropischen Regenwaldes, sondern darüber hinaus Lebensräume der indianischen Völker vernichtet würden.

Es ist zwar nicht zu übersehen, daß das Interesse der hiesigen Umweltbewegung an dem Schicksal der tropischen Ökosysteme und insbesondere der Regenwälder durch die Sorge um globale Klimaveränderungen ausgelöst wurde. Durch die gemeinsamen Aktionen mit der Dritte-Welt-Bewegung, die 1988 in einer großangelegten Öffentlichkeitskampagne anläßlich der Jahrestagung von IWF und Weltbank in Berlin gipfelten und wenig später ihren Niederschlag in einem von über 70 NGOs unterzeichneten Regenwald-Memorandum fanden, gelang es

jedoch großen Teilen der Umweltbewegung relativ schnell, ihre entwicklungspolitische Unschuld abzulegen. Dabei kam ihr sicherlich zugute, daß sie ihren
Ursprung in einer breiten sozialen Bewegung hat, in der sich die unmittelbaren
Lebensinteressen großer Bevölkerungsgruppen mit den gesellschaftskritischen
Strömungen, die als Folge der Studentenbewegung entstanden sind, gekreuzt
haben. Hierdurch fällt ihr der Zugang zum Verständnis für die Umweltbewegungen in der Dritten Welt grundsätzlich auch leichter, als dies für Organisationen
der Fall ist, die der älteren Tradition der Naturschutzbewegung verhaftet sind.

Dennoch ist auch sie vor der Gefahr einer euro- und ökozentristischen Sichtweise nicht gefeit. Dies äußert sich auf verschiedene Weise; so z.B., indem autoch-
tone Gruppen, die sich im Kampf um die Bewahrung angestammter Land- und
Nutzungsrechte zusammenschließen, zu einem neuen historischen Subjekt und
zu Vorkämpfern einer mit der Natur versöhnten menschlichen Zivilisation ver-
klärt werden; oder indem Organisationen und Bewegungen, die sich in erster
Linie mit dem Ziel der sozialen, wirtschaftlichen und politischen Selbstbehaup-
tung gebildet haben (wie etwa die Gewerkschaft der Gummisammler in Brasilien, die durch ihren kürzlich ermordeten Führer, Chico Mendes, weltberühmt
geworden ist), vorrangig oder sogar ausschließlich als Umweltschutzbewegungen
wahrgenommen werden; oder schließlich indem schlicht die Besonderheiten der
gesellschaftlichen und politischen Rahmenbedingungen in den Entwicklungsländern außer acht gelassen werden. Weniger noch als hier kann sich die Umweltbewegung in der Dritten Welt den Luxus erlauben, ihre Ziele unabhängig von
der sozialen Frage (dem Kampf gegen die Armut) und unabhängig von der
politischen Frage (dem Kampf um Menschenrechte und Demokratie) zu verfolgen, es sei denn, sie will sich von den wichtigsten sozialen Bewegungen loskop-
peln, wie dies einige Umwelt-NGOs in der Tat, allerdings mit mäßigem Erfolg
tun.

Betrachtet man nun das Wechselspiel zwischen den Umweltbewegungen der
Ersten und der Dritten Welt, so fällt folgende Besonderheit auf: Die Dritte-
Welt-Orientierung der Umwelt-NGOs in den Ländern des Nordens korrespon-
diert mit einer Erste-Welt-Orientierung der Umwelt-NGOs in den Ländern des
Südens. Im Wissen, daß die Umweltbewegung in den Industrieländern ein höchst
wirkungsvoller Verstärker von sozialen und politischen Forderungen aus den
Entwicklungsländern ist, zumal wenn diese sich gegen konkrete Projekte der
staatlichen Entwicklungszusammenarbeit richten, gehen Organisationen und
Bewegungen in der Dritten Welt zunehmend dazu über, diese Forderungen mit
dem Umweltthema zu verknüpfen oder sie sogar jenem zu subordinieren. So ist
zu vermuten, daß die plötzliche Aufmerksamkeit, die Chico Mendes und Vertretern der Indianervölker des Amazonasgebiets außerhalb ihres Landes zuteil

wurde, zunächst überrascht hat. Und sie haben sicher eine Zeitlang gebraucht, um ihre Forderungen in Worte zu kleiden, die man in den Versammlungen der ausländischen Umwelt-NGOs und in den Amtsstuben der internationalen Entwicklungsbehörden hören wollte.

Dies gilt selbstverständlich nicht für die Intellektuellen, die ihrerseits Umwelt-NGOs gründen und im nationalen wie internationalen Rahmen meist als Vertreter und Vermittler der Interessen der sozialen Bewegungen ihres Landes agieren. Dabei kann es ihnen freilich ähnlich ergehen wie den natürlichen und unmittelbaren Repräsentanten dieser Bewegungen, nämlich daß sie außerhalb der eigenen Landesgrenzen weit mehr Beachtung finden und mitunter sogar zu Symbolfiguren des Widerstands gegen die Umweltzerstörung hochstilisiert werden.

Eben dies ist dem brasilianischen Ökologen José Lutzenberger passiert, der dank seines internationalen Renommees und nur deswegen von dem im vergangenen Jahr gewählten Staatspräsidenten Brasiliens, Collor de Mello, zum Leiter des nationalen Umweltsekretariats gekürt wurde, was sich als äußerst kluger politischer Schachzug herausgestellt hat, denn seitdem hat sich der weltweite Protest gegen die brasilianische Amazonaspolitik deutlich abgekühlt, und die Regierung ist wieder Herr im eigenen Hause, ohne daß dieser Standpunkt lautstark vertreten werden müßte. Dieses Beispiel zeigt, daß die herrschenden politischen Klassen in den Entwicklungsländern (ebenso übrigens wie die entwicklungspolitischen Institutionen des Nordens) inzwischen die Regeln, die das Wechselspiel zwischen den in- und ausländischen Umweltbewegungen bestimmen, sehr wohl beherrschen und recht erfolgreich verstehen, sie mit ihren eigenen Waffen zu schlagen.

Als Widersacher und Kritiker wird die Umweltbewegung von der nationalen und internationalen Entwicklungsbürokratie begreiflicherweise nicht sehr geschätzt. Sie bringt auf diese Weise Sand ins Getriebe der Verwaltung, setzt die Spitzen der Verwaltung einem öffentlichen Rechtfertigungsdruck aus, verhindert den Abfluß bereits bewilligter Gelder und löst unter Umständen sogar diplomatische Verwicklungen aus. Deswegen ist es das natürliche Bestreben der entwicklungspolitischen Institutionen, wenigstens Teile dieser Bewegung für eine Zusammenarbeit zu gewinnen. Nachdem sie von dem plötzlich erwachenden Umweltinteresse an der Entwicklungspolitik zunächst überrascht wurden und die Erfahrung machen mußten, daß man ungestraft dem Druck der Umweltverbände und -lobbys kaum ausweichen kann, haben inzwischen fast alle größeren Entwicklungsbehörden einen Katalog von Maßnahmen ersonnen, die darauf abzielen, integrierend, druckentlastend und akzeptanzsteigernd zu wirken. Hierzu gehören:

- regelmäßige Konsultationstreffen (oder andere Dialogformen) zwischen Administrations- und NGO-Vertretern, wie sie z.b. von der Weltbank, der Interamerikanischen Entwicklungsbank und neuerdings auch vom BMZ eingerichtet worden sind;
- Einführung von Verfahren der Umweltverträglichkeitsprüfung, mit deren Hilfe negative ökologische Auswirkungen von Vorhaben möglichst frühzeitig erkannt werden sollen;
- Umwidmung (oder auch Umdeklarierung) von Mitteln zugunsten von Projekten des Umwelt- und Ressourcenschutzes (das Geld mit grüner Farbe waschen, wie es die Worldbanker ausdrücken);
- die aktive Einbindung von Umwelt-NGOs in die Planung und Durchführung von Projekten, wie dies erstmals im größeren Stile im Rahmen des Tropenwaldaktionsplans - freilich verbunden mit viel Konfliktstoff -versucht wird;
- die Betrauung von NGOs mit der Übernahme bestimmter Beratungs- und Dienstleistungsaufgaben, die in manchen Fällen auch zur Übertragung der Projektträgerschaft führen kann;
- die Bereitstellung von zusätzlichen finanziellen Mitteln zur Unterstützung der Nord-Süd- und Süd-Süd-Kooperation zwischen Umwelt-NGOs.

Selbstverständlich bleiben diese Maßnahmen weit hinter den Erwartungen und Forderungen der Umweltbewegung zurück. Zumal in den Kernbereich der politischen und administrativen Entscheidungen versagt man ihr bis heute noch jeglichen Zutritt. Dies wird sich vermutlich so bald auch nicht ändern, zumindest solange nicht, wie es ihr nicht gelingt, diesen Zugang sich über das Instrument der Umweltverträglichkeitsprüfung und zwar via Öffentlichkeitsbeteiligung zu verschaffen.

Entwicklungs- und umweltpolitisch ergiebiger wäre es möglicherweise aber, wenn die Umwelt-NGOs sich nicht in den alltäglichen Planungs- und Entscheidungsprozeß einspannen ließen, sondern stattdessen sich noch stärker den sozialen Bewegungen in der Dritten Welt zuwendeten, die Kommunikation mit ihnen verbesserten und sie materiell unterstützten. Denn nicht nur, daß sich die Umweltbewegungen hier und in den Entwicklungsländern hinsichtlich der Rahmenbedingungen, ihrer gesellschaftspolitischen Bedeutung und sozialen Verankerung unterscheiden würden - außerdem mangelt es ihnen gemeinhin an all dem, woran Umwelt-NGOs bei uns gewöhnt sind. Vor allem fehlt es an Geld, um ein Büro, die nötige Ausstattung, Kampagnen oder gar eine regelmäßig erscheinende Zeitschrift finanzieren zu können. Ferner fehlt es an Verbindungen der unterschiedlichsten Art: zu einer Klientel, die Spenden aufbringen könnte, zu einem Netzwerk von Institutionen und Personen, die wissenschaftliche und politische Unterstützung leisten könnten, oder zu Organisationen im Ausland, die die erforderlichen Ressourcen beibringen könnten. Indem sie hier fördernd und helfend eingreift, würde die Umweltbewegung des Nordens nicht nur Solidarität üben, sondern zugleich der staatlichen Entwicklungszusammenarbeit einen großen Dienst erweisen. Eine Ökologisierung der Entwicklungspolitik ist nämlich langfristig nur dann zu erreichen, wenn sich in den Entwicklungsländern neben staatlichen Einrichtungen des Umweltschutzes auch starke und unabhängige Umwelt-NGOs herausbilden.

2. Nichtstaatliche Umweltorganisationen in Mexiko

2.1 Entstehungsgeschichte der mexikanischen UNGO's

Seit Ende der 70er Jahre sind in Mexiko eine Vielzahl von *nicht-staatlichen Akteuren* (z.B. Bürgerinitiativen, Selbsthilfegruppen, privaten Forschungs- und Beratungseinrichtungen), d.h. UNGOs (Umwelt-Nicht-Regierungsorganisationen), entstanden, die sich langsam zu einer noch wenig homogenen und nur teilweise konsolidierten *Umweltbewegung* entwickeln. Darunter soll der "...Verflechtungszusammenhang der Gruppen, Strömungen und Organisationen..., die als nicht-staatliche Akteure das Anliegen eines umfassend verstandenen Umweltschutzes auch auf politischer Ebene geltend machen und sich selbst einer solchen Bewegung zurechnen"[2] verstanden werden.

Es sind vor allem drei Gründe, davon zwei intern, einer extern verursacht, die zur Entstehung der UNGOs führten:

- Erstens verschärften sich die mexikanischen *Umweltprobleme* bzw. sie wurden so gravierend, daß sie von der Bevölkerung stärker wahrgenommen wurden und auch von der Regierung nicht mehr geleugnet werden konnten: z.B. die rapide Verschlechterung der Luftqualität in der Hauptstadt; die beschleunigte Verschmutzung von Boden, Luft und Wasser in den Bundesstaaten (z.B. Tabasco) mit rascher Expansion der Erdölförderung; Abholzung der (Tropen-)Wälder und Übernutzung landwirtschaftlicher Flächen.

- Zweitens wurden viele UNGOs als *Reaktion auf die* vielfach unzulänglichen Initiativen und Lösungsansätze der außerdem nicht ausreichend legitimierten autoritären *Regierung* gegründet, z.B. zur Bekämpfung der Luftverschmutzung, zur Erhaltung von Grünflächen, zur Bewältigung der Folgen des Erdbebens von 1985 sowie zur Verhinderung umweltschädlicher Vorhaben (z.B. des Einsatzes von Kernkraft zur Energiegewinnung).

- Drittens spielte ebenso wie bei der Etablierung der staatlichen Umweltpolitik das *internationale Umfeld* auch für die Entwicklung der UNGOs eine wichtige Rolle. Auf der einen Seite nutzte die mexikanische Regierung die Stockholmer Umweltkonferenz von 1972 (die Vorbereitungskonferenz fand 1971 in Mexiko statt), um ihre Rolle als Sprachrohr der Kräfte, die eine Neue Weltwirtschaftsordnung forderten, zu stärken und diese durch ein weiteres Problemfeld - die Umweltproblematik, für die in erster Linie die Industrieländer verantwortlich gemacht wurden, - zu ergänzen. Auf der anderen Seite wurde die Entstehung von UNGOs vor allem in den 80er Jahren durch Informationen über die Gründung "Grüner" Parteien sowie Diskussionen oder Aktionen der Umweltbewegungen in den USA und Europa deutlich beeinflußt.

Bei Analyse der Entstehungsgeschichte zeigt sich, daß diese sich in *drei Phasen* (vor 1980, 1980 bis 1985, nach 1985) vollzog, in denen jeweils verschiedene Faktoren bei der Gründung und Entwicklung der UNGOs eine Rolle spielten[3]. Das Gründungsjahr liegt nur bei 20% der UNGOs vor 1980, d.h. in der ersten Phase (Die älteste konstituierte sich bereits 1969.). Diese "älteren" UNGOs wurden überwiegend von aufgeklärten *naturwissenschaftlichen Spezialisten* getragen, die als erste auf ökologische Probleme, z.B. die Gefahren der Abholzung der Regenwälder, hinwiesen. Sie versuchten, eher als einsame Mahner den politischen Apparat entsprechend zu beeinflussen, zunächst mit geringem Erfolg.

In dieser ersten Phase sind aber auch einige eher (gesellschafts)politisch ausgerichtete UNGOs entstanden, die durch die Studentenbewegung von 1968 (sowohl die nationale als auch die europäische und amerikanische) beeinflußt waren und in ihre *Kritik des Wachstumsmodells* und des autoritären politischen Systems zunehmend ökologische Aspekte einbezogen. Darüber hinaus engagierten sie sich für den Aufbau *ökologischer Kommunen* auf dem Land; dies führte Anfang der 80er Jahre zur Gründung eines ersten lockeren Netzwerkes (Red de E-Comunicación/etwa: Netz für Ökologie-Kommunikation) führte.

Beide Arten dieser UNGO-Pioniere trugen wesentlich dazu bei, daß umweltschädigendes staatliches oder privates Handeln zumindest in der kritischen Presse allmählich einen Niederschlag fand: so z.B. die geplante Umsiedlung und der Staudammbau im Flußtal des Uxpanapá; die Erdölpolitik; der Unfall am Bohrloch Ixtoc, aus dem fast ein Jahr lang riesige Mengen Rohöl in den Golf von Mexiko flossen. Die Regierung mußte zumindest erste Ansätze einer "additiven Umweltpolitk" entwickeln.

Etwa ein Drittel der mexikanischen Umwelt-UNGOs entstanden in der zweiten Phase (1980 - 84), die zeitlich mit dem Wachstums- und Konsolidierungsprozeß der europäischen und amerikanischen Umweltbewegungen zusammentrifft, deren Aktionen und Veröffentlichungen zumindest von mexikanischen Intellektuellen mit großem Interesse verfolgt wurden. Den zentralen *Kristallisationspunkt* bildete dabei - ähnlich wie in Europa zehn Jahre zuvor - Anfang der 80er Jahre der Widerstand, den die Anwohner des Pátzcuaro-Sees, im Bundesstaat Michoacán, gegen den Bau eines *Forschungsreaktors* durch das Nationale Institut für Kernenergie (INEN) organisierten. Alle an Umweltfragen Interessierten waren in diesen Diskussionsprozeß in irgendeiner Form involviert.[4] Aufgrund unterschiedlicher politischer Sichtweisen kam es jedoch nicht zur Etablierung eines einheitlichen, nationalen Verbandes der Kernkraftgegner und der bestehenden vielfältigen Ökologiegruppen.

Fast die Hälfte der UNGOs wurde in der dritten Phase, d.h. offensichtlich in Reaktion auf das *erste nationale Treffen der UNGOs* 1985 gegründet, an dem etwa 100 Gruppen aus dem ganzen Land teilnahmen und auf dem die Kernenergie und der Vertrauensverlust der Regierung nach dem Erdbeben eine wichtige Rolle spielten. Erstmals wurde ein Manifest vereinbart und veröffentlicht, das die meisten der ökologischen Probleme des Landes ansprach. Insbesondere die Zahl der kleinen städtischen "Bürgerinitiativen" mit geringer sozialer Basis, die Kampagnen gegen den Autoverkehr, die Industrie und zur Erhaltung von Grünflächen organisierten, nahm in dieser Phase erheblich zu. Manche hatten jedoch nur eine kurze Lebensdauer, z.B. weil sie eine "Ein-Mann-Show" darstellten oder sich auf wenig relevante Detailprobleme konzentrierten, ohne ein umfassenderes Verständnis von Umweltschutz zu entwickeln.

In dieser Phase versuchten viele Betroffene, ihre *sozialen und/oder ökologischen Interessen* erstmals außerhalb der traditionellen politischen Kanäle (Staatspartei PRI mit ihren Organisationen, die zugelassenen Oppositionsparteien etc.) zu artikulieren, die das begrenzt autoritäre Regime dafür vorsah. Angesichts des staatlichen Legitimationsverlustes wurde der Kampf für soziale und ökologische Veränderungen durch vielfältige Selbsthilfeorganisationen der "Neuen sozialen Bewegung" bzw. der sogenannten "sociedad civil" getragen und mit der Forderung einer umfassenden Demokratisierung verbunden.

Durch die eigenen umweltpolitischen Aktivitäten (ökologische Rhetorik, Gründung des Umweltministeriums, Verkündigung vielfältiger Abkommen und Pläne) trug der Staat ab Mitte der 80er Jahre auch zur Gründung ihm genehmer UNGOs aktiv bei (z.B. im Anschluß an sogenannte "foros de consulta popular"). Zudem versuchte er, mal mit, mal ohne Erfolg, potentiell gefährliche Führer oder UNGOs zu kooptieren, für seine Ziele zu funktionalisieren und einem breiten (umwelt-)politischen Bündnis der UNGOs entgegenzuwirken.

2.2   Typologie der mexikanischen UNGOs

Ungeachtet der gemeinsamen Merkmale weisen die mexikanischen UNGOs eine große *Heterogenität* auf. Trotz mangelnder Trennschärfe der Begriffe wurde zur ihrer Typologisierung bisher aus den Reihen der UNGOs selbst nach "ecologistas" und "conservacionistas" unterschieden. Hinzu kommen die sogenannten "ecólogos" sowie Selbsthilfegruppen. Deshalb soll hier dieser einfachen Typologisierung gefolgt werden[6].

Der erste Typ, die Strömung, die sich selbst als *"ecologistas"* bezeichnet, rekrutiert seine Mitglieder vor allem aus der städtischen Mittelschicht. Meist waren diese bisher eher unpolitisch und engagieren sich - ähnlich amerikanischen oder europäischen Bürgerinitiativen - für lokal begrenzte Probleme, nach deren tatsächlicher oder scheinbarer Lösung die Gruppe auch wieder zerfallen kann. Viele dieser UNGOs verfügen nicht über ein breiteres Problembewußtsein und politische Strategien. Eine Verbreiterung der sozialen Basis erfolgt oft nicht, so daß teilweise das Verständnis für den Zusammenhang von ökologischen und sozialen Problemen fehlt.

Die Öffentlichkeitsarbeit bzw. Anprangerung ökologischer Mißstände in der Presse ist oft die zentrale oder sogar einzige Aktivität, manchmal auch das Hobby ihres dominanten Führers. Die große Resonanz in der Presse führt oft zur Überschätzung der tatsächlichen politischen Bedeutung. Viele dieser UNGOs sind aus politischer Unerfahrenheit oder wegen persönlicher Interessen ihrer Mitglieder, z.B. wegen des Wunsches, einen Quereinstieg in den Staatsapparat zu schaffen, relativ leicht vom Staat kooptier- oder funktionalisierbar.

Die sogenannten *"conservacionistas"*, der zweite Typ, kommen eher aus dem (natur)wissenschaftlichen Bereich, dem *Natur- und Tierschutz*. Sie werden meist stark von ähnlich ausgerichteten Institutionen in den USA beeinflußt, oft auch von diesen finanziell unterstützt. Im Mittelpunkt ihrer Arbeit steht der Schutz bedrohter Tierarten (z.B. Meeresschildkröten, Wale, Delphine, Schmetterlinge) und von Ökosystemen (z.B. Regenwald) durch die Einrichtung von Naturschutzgebieten. Ihnen wird deshalb von anderen UNGOs vorgeworfen, sich nur um Flora und Fauna zu kümmern, die sozialen Belange der betroffenen Bevölkerung jedoch nicht zu berücksichtigen sowie über eine geringe soziale Basis zu verfügen.

Einige dieser UNGOs befinden sich jedoch in einem Veränderungsprozeß: Aufgrund der Projekterfahrung wächst die Erkenntnis, daß zur Rettung bedrohter Arten die Sicherung ihres Habitats erforderlich ist, die ohne *Einbeziehung der* ansässigen und/oder betroffenen *Bevölkerung* nicht möglich ist: Nur wenn diese für die Arterhaltung gewonnen werden kann und dadurch eine Verbesserung ihrer sozialen Lage erfährt, wird sie die erforderlichen Bemühungen unterstützen. Insofern ist im Augenblick eine gewisse Annäherung zwischen verschiedenen UNGOs mit unterschiedlicher Herkunft, Arbeitsansatz und Politikverständnis zu verzeichnen.

Der dritte Typ umfaßt die *halbprofessionalisierten UNGOs* und *"ecólogos"*. Darunter versteht man die Wissenschaftler, die sich mit ökologischen Themen innerhalb oder außerhalb der UNGOs beruflich beschäftigen. Diese grenzen sich von den "ecologistas" ab, denen sie einen unseriösen Umgang mit Forschungsergebnissen und eine populistische Haltung vorwerfen. Viele ihrer Mitglieder arbeiten im Forschungsbereich, einige UNGOs finanzieren sich durch Projektmittel aus dem Ausland, andere übernehmen z.T. Consultingaufträge oder arbeiten punktuell mit staatlichen Behörden zusammen. Die soziale Herkunft der Mitglieder ist ebenfalls städtisch-mittelständisch, sie suchen jedoch für ihre Forschungsarbeit oft aktiv Kontakt zu Zielgruppen im ländlichen Raum und in ärmeren städtischen Bevölkerungsschichten.

Eher am Rande der Umweltbewegung steht bisher der vierte Typ, die städtischen und ländlichen *Selbsthilfeorganisationen*, so z.B. die Organisation der Bewohner des Stadtzentrums, Asamblea de Barrios, die sich nach dem Erdbeben 1985 zur Verteidigung ihrer Interessen (v.a. zur Erlangung von Wohnraum) gegen die staatliche Willkür organisierten, sowie die Interessenvertretungen von Kleinbauern, Fischern, Kunsthandwerkern etc. (z.B. in Michoacán, Chiapas, Oaxaca). Vor allem die letztgenannten verfügen meist über langjährige Erfahrung, haben z.T. einen regional begrenzten Aktionsradius, den sie durch den Zusammenschluß zu regionalen oder sektoralen Netzwerken kompensieren, denen Dienstleistungs- und Lobbyfunktionen zukommen.

Ihre zentrale Zielsetzung ist nicht die Behebung ökologischer Mißstände, sondern die Verbesserung der wirtschaftlichen und sozialen Lebenssituation der Mitglieder, die in der Regel den Unterschichten oder ethnischen Minderheiten angehören. Umweltprobleme finden hier jedoch allmählich Eingang in die Arbeit: Zum einen verschlechtert sich die Ressourcenlage der Kleinbauern aufgrund von Bevölkerungswachstum, Bodenknappheit, fehlendem Zugang zu Inputs und falschen relativen Preisen. Ein Ausweg aus dem Teufelskreis der Armut ist nur dann möglich, wenn z.T. in Vergessenheit geratene, einfache und preiswerte, traditionelle und/oder angepaßte bodenerhaltende Maßnahmen sowie flankierende Aktivitäten im Bildungs- und Gesundheitsbereich durchgeführt werden; zum anderen suchen UNGOs mit Sitz in den Provinzstädten oder einzelne, z.B. kleinbauernorientierte Netzwerke zunehmend den Kontakt zu ihnen.

Da städtische und ländliche Arme prioritär ihr kurzfristiges Überleben sichern müssen, können ökologische Gesichtspunkte, vor allem, wenn sie langfristiger Art sind (z.B. die durch Auspuffgase verursachten Gesundheitsschäden der Kinder, die in der Hauptstadt auf der Straße arbeiten,), erst dann berücksichtigt werden, wenn sich *Umweltmaßnahmen positiv auf die Einkommenssituation auswirken*, kostenneutral sind oder - zumindest eine Anschubfinanzierung bzw. -subventionierung erfolgt: z.B. wenn Kompostierung und Gründüngung, biologische Schädlingsbekämpfung, Kleinstbewässerungsanlagen etc. höhere Erträge und damit eine bessere Ernährung ermöglichen; wenn hygienische Maßnahmen die Gesundheit und damit Arbeitsfähigkeit der Familie verbessern; wenn getrennte Müllsammlung Gebühren senkt usw.. Die "Selbsthilfeorganisationen" machen deutlich, daß in Mexiko die Lösung von Umweltproblemen untrennbar mit der Bewältigung sozialer Fragen verknüpft ist. Diese Erkenntnis setzt sich jedoch vor allem bei den städtischen Mittelschichten erst allmählich durch.

2.3   Entwicklungspotential der mexikanischen UNGOs

Die UNGOs haben vor allem in fünf Bereichen *Erfolge aufzuweisen*:

- Erstens ist es zum großen Teil ihnen zu verdanken, daß die Umweltprobleme einen festen Platz in der mexikanischen öffentlichen Diskussion und in der parteipolitischen Rhetorik gefunden haben. Darüber hinaus sah sich der Staat zumindest zu symbolischen Handlungen, einem "nachsorgenden" "planning by desaster" und zur gesetzlichen Absicherung einer additiven Umweltpolitik gezwungen.

- Zweitens haben viele der UNGOs in einem wenig demokratischen Umfeld überlebt und sich intern zumindest ansatzweise konsolidiert. Darüber hinaus haben einige die Bedeutung einer breiteren sozialen Basis erkannt.

- Drittens konnte die Umweltbewegung eine Reihe von umweltschädlichen Maßnahmen verhindern: z.B. den Bau eines AKWs in Michoacán, die Realisierung des groß angelegten Kernenergieprogramms, die Erweiterung des städtischen Flughafens etc.

- Viertens ist es einer Reihe von UNGOs gelungen, einen Zugang zu ausländischen Informationen, Finanzmitteln und Diskussionsprozessen herzustellen. Dabei wird häufig versucht, z.B. Materialien für die eigene Arbeit zu nutzen, aber eine unkritische Übernahme zu vermeiden.

- Fünftens haben viele UNGOs interessante methodische Ansätze entwickelt und/oder erfolgreiche Maßnahmen, z.B. im Rahmen eigener Projekte, durchgeführt.

Es gibt jedoch auch noch eine Reihe von *Defiziten*, die den Einfluß der UNGOs bisher begrenzen:

1. Einer ganzen Reihe der noch jungen UNGOs fehlt noch die notwendige organisatorische, finanzielle und fachliche *Konsolidierung*. Viele der UNGOs sind deshalb "instabil", weil ihr Bestand und ihre Arbeit von einer einzigen oder einigen wenigen Führungspersönlichkeiten (líderes) abhängt. Mehr interne Demokratie und Partizipation könnten dem Abhilfe schaffen.

2. Zur Erlangung einer größeren sozialen und politischen Bedeutung erscheint eine stärkere *Professionalisierung und inhaltliche Spezialisierung* vieler UNGOs unumgänglich, die einerseits für die systematische Zusammenarbeit mit Umweltwissenschaftlern erforderlich ist, andererseits für die Auseinandersetzung mit staatlichen Institutionen. Die Verstärkung eigener (Aktions)Forschung, die systematischere Abrufung von Forschungsergebnissen, die größere Arbeitsteilung zwischen den UNGOs und deren intensivere Nutzung für den eigenen Arbeitsbereich scheint hierzu sinnvoll.

3. Für viele UNGOs ist es eine Überlebensfrage ob ein *pragmatischerer Arbeitsansatz* entwickelt wird, der sowohl neue nationale Finanzierungsquellen erschließen (Projektfinanzierung, Consulting-Arbeiten) als auch die Selbstfinanzierungskapazität erhöhen kann (Spenden, Verkauf umweltfreundlicher Produkte).

4. Von zentraler Bedeutung ist die *Verbreiterung der sozialen Basis*, nicht die weitere Sensibilisierung der diffusen Öffentlichkeit. Insbesondere müßten stärker direkt Betroffene zur Selbsthilfe motiviert, d.h. für die Wahrung ihrer eigenen Interessen (z.B. die Verhinderung einer Giftmüllverbrennungsanlage in der unmittelbaren Nachbarschaft) gewonnen werden. Nur wenn diese in Eigenverantwortung ihre Interessen vertreten, wobei sie von den UNGOs beraten oder finanziell unterstützt werden können, erhöht sich der außerparlamentarische Druck der "zivilen Gesellschaft" auf die wenig legitimierten politischen Repräsentanten und damit die Chance für die Lösung konkreter Probleme und die Demokratisierung der Gesellschaft.

5. Auffällig ist das geringe Gewicht, das bisher dem *Zusammenhang von Umwelt und Ökonomie* beigemessen wird. So wurde selten der Versuch unternommen, die Kritik am Wachstumsmodell und an staatlichen Maßnahmen mit

der Kalkulation ökonomischer und sozialer Kosten zu untermauern, sowie die eigenen Vorschläge mit pragmatischen Finanzierungsvorschlägen zu verbinden. Wenn der Rechtfertigung von Nicht-Handeln durch Mittelknappheit mit kreativen Vorschlägen begegnet wird, kann die Regierung unter größeren sachlichen und politischen Druck gesetzt werden.

6. Das *Verhältnis zwischen UNGOs und Staat* ist wie auch in Europa - von beiden Seiten ambivalent. So sind die UNGOs z.T. als Gesprächspartner und Berater inzwischen akzeptiert. Die Existenz unabhängiger UNGOs, auf die man Kritiker im Zweifelsfall verweist, dient aber auch der Legitimation des autoritären politischen Systems, zumal man für einzelne staatliche Maßnahmen immer die Zustimmung einiger Mitglieder der sehr heterogen Ökologiebewegung erhalten kann. Einige der UNGOs sind zudem nicht nur wegen ihres Know-hows, ihres Zugangs zu einer bestimmten Zielgruppe (z.B. zur Mobilisierung "preiswerter" Selbsthilfe) oder wegen ihres großes Ansehens in der Gesellschaft als Intellektuelle und Künstler funktional, sondern ermöglichen auch den Zugang zu externer Finanzierung. So tragen insbesondere die lokalen Partner der internationalen Naturschutzorganisationen erheblich dazu bei, das geringe staatliche Budget aufzubessern. Dies kann einerseits sinnvoll sein, da der Staat gezwungen wird, mit lokalen UNGOs zusammenzuarbeiten, andererseits besteht auch die Gefahr, daß die Kooperation zwischen lokalen und ausländischen NRO nur noch mit staatlicher Absegnung möglich wird. Darüber hinaus stellt der Staat in einzelnen Fällen eine Bedrohung für die Existenz und Arbeit der UNGOs dar: Zum einen versucht er, wie im politischen System üblich, die formalen oder informellen Führer vieler UNGOs zu kooptieren, um deren Bedrohlichkeit zu verringern. Zum anderen sehen sich manche NRO, die in politisch kritischen Regionen oder mit für den Staat bedrohlichen Zielgruppen (z.B. militanten Kleinbauern) arbeiten, Repressionen ausgesetzt.

7. Die *Verhandlungsmacht gegenüber dem Staat* kann nur durch die Bildung eines *Netzwerkes* gestärkt werden, das nicht nur den Informationsaustausch intensivieren, die Möglichkeiten der Arbeitsteilung ausschöpfen, sondern auch eine Diskussion über die Rolle der Umweltbewegung führen und Ansätze zu einer pragmatischen, alternativen Wirtschaftspolitik entwickeln kann. Eine derartige Diskussion wurde bisher nur von wenigen UNGOs geführt, da die meiste Energie für die Lösung interner Probleme, für eigene Projekte, Öffentlichkeitsarbeit, Aktionismus etc. verwendet wurde. Wie gezeigt, war dies partiell erfolgreich, hatte aber bisher wenig Einfluß auf die Wirtschafts- und Gesellschaftspolitik. Mit zunehmender Konsolidierung der Umweltbewegung scheint jedoch eine Einflußnahme auf die Debatte über Strukturanpassung, Außenöffnung und Modernisierung der Wirtschaft etc. eher möglich.

8. Trotz der schon beschriebenen Probleme erscheint es sinnvoll, im Einzelfall stärker die Erfolgsaussichten für den *Einsatz juristischer Mittel* zu prüfen. Wenn es gelingt, entsprechend kritisches juristisches Know-how aufzubauen, das auf dem Gebiet der Menschenrechte etc. bereits existiert, können Entscheidungen erzielt werden, die eine größere Verbindlichkeit als persönliche oder politische Zusagen haben, und der "Zivilen Gesellschaft" insgesamt Handlungsspielräume zur Durchsetzung ihrer Interessen gegenüber dem autoritären Staat eröffnen. Insbesondere könnte die Stellung umweltpolitisch engagierter staatlicher Funktionäre durch die Forderung nach der Einhaltung vorhandener gesetzlicher Vorschriften (gemäß dem Motto "exíjanmelo"; etwa: "es wird von mir verlangt") gestärkt werden. Dabei besteht jedoch auch die Gefahr, daß die Behörden nur noch auf Aufforderung oder Druck der UNGOs tätig werden, obwohl die Implementierung gesetzlicher Vorschriften zu ihren zentralen Aufgaben gehört.

9. Zur allmählichen Bewältigung der genannten Probleme bedarf es auch *externer Unterstützung*, sei es seitens ausländischer UNGOs, NGOs oder staatlicher Institutionen. Partizipation und Eigenverantwortlichkeit der mexikanischen UNGOs wird als Voraussetzung für partnerschaftliche Kooperation angesehen. Vor allem vier Breiche werden von den mexikanischen Organisationen genannt:

-   Erstens sollte das Schwergewicht auf längerfristig ausgerichteten Maßnahmen der Trägerförderung und der Unterstützung von Organisationsprozessen, weniger bei Projektfinanzierung liegen. Dabei sollte vor allem mit Netzwerken und Dachverbänden, weniger mit oft zufällig ausgewählten einzelnen UNGOs zusammengearbeitet werden.

-   Zusätzliche Informationen, insbesondere über angepaßte, preiswerte Technologien, Produkte, Hersteller sowie die Arbeitsweise von Institutionen der deutschen Umweltpolitik auf Gemeinde- und Bundesstaatsebene können auch künftig wichtige Anregungen geben.

-   Ausländische Beratungsleistungen sind nur dann hilfreich, wenn der Partner über ein fundiertes Grundverständnis der mexikanischen Problemlage verfügt und bereit ist, in einen partnerschaftlichen Dialog bzw. Lernprozeß einzutreten, anstatt die einseitige Übertragung ausländischer Konzepte anzustreben.

-   Von besonderer Bedeutung ist die Verstärkung von Lobbying sowohl gegenüber der deutschen Öffentlichkeit als auch gegenüber der mexikani-

schen Regierung. Häufig ist diese erst dann bereit, einen Mißstand wahr-
zunehmen, wenn sich die ausländische Presse des Problems angenommen
hat.

Eine Reihe der Aufgaben, vor denen die mexikanische Umweltbewegung steht,
gleicht den Problemen, die auch die europäische oder amerikanische Umweltschützer zu bewältigen haben. Der größte Unterschied liegt in jedem Fall in der
Bedeutung, die in Mexiko der Verbindung von sozialen und ökologischen Problemen zukommt. Forscher und Kooperationspartner aus Industrieländern
sollten sich der Gefahr bewußt sein, die Bedeutung dieses Zusammenhangs in
Entwicklungsländern zu übersehen oder zu unterschätzen.

3. Schlußbemerkung

Daß Entwicklungspolitik und Umweltpolitik heute häufig in einem Atemzug
genannt werden, liegt nicht allein an der vielbeschriebenen Umweltkrise in der
Dritten Welt und den Gefahren einer globalen Umweltveränderung. Die Rede
von der umweltorientierten Entwicklungspolitik ist auch und vor allem eine
Reaktion auf die Kritikoffensive der Umweltbewegung, die der Entwicklungspolitik
eine neue Art des Versagens, nämlich ökologische Blindheit zum Vorwurf gemacht und damit eine neue Legitimationskrise ausgelöst hat. Diese Krise hat sich
zwar schon zu Beginn der 80er Jahre angedeutet. Sie wurde jedoch lange Zeit
nicht sonderlich ernst genommen, bis sie vor etwa drei Jahren unerwartet eska-
lierte und dadurch einen vorläufigen Höhepunkt erreichte, daß sich die bis dahin
völlig unabhängig voneinander agierenden Bewegungen der Dritte-Welt-
Gruppen und der Umweltorganisationen zu einem Aktionsbündnis zusammen-
schlossen und den für sie typischen "thematischen Hermetismus" ansatzweise
überwanden.

Katalysiert wurde dieser Prozeß, der zu einer Überschneidung von Handlungs-
feldern geführt hat, durch die *Verschränkung zweier Hauptlinien des entwicklungspolitischen und umweltpolitischen Diskurses*: der Verschuldungsdebatte auf der
einen Seite und der Diskussion über Tropenwaldzerstörung und Klimakatastrophe auf der anderen. Verbunden damit haben die sozialen Bewegungen in der
Dritten Welt, die eine mehr oder weniger große Umweltorientierung aufweisen,
eine erhebliche entwicklungspolitische Aufwertung erfahren. Da ihre Kritik und
ihre Forderungen in den Umweltbewegungen der Länder des Nordens eine
überaus wirkungsvolle Verstärkung finden, können die entwicklungspolitischen
Institutionen sie künftighin nicht mehr ignorieren, müssen sie beteiligen - in
welcher Form auch immer - und werden auf diese Weise gewollt oder ungewollt
dazu beitragen, daß sie auch im innerstaatlichen Kontext an politischem Einfluß
gewinnen.

Anmerkungen:

1) Zum Abschnitt 1 vgl. u.a. folgende Literatur:
   - ARA/INFOE (Hrsg.): *Das Regenwald-Memorandum*, Mönchen-Gladbach 1989 (zu beziehen über: INFOE, Lockhütter Str. 141, 4050 Mönchengladbach)
   - ARA (Hrsg.):"'Naturerbe' Regenwald. Strategien und Visionen zur Rettung der tropischen Regenwälder", *Ökozid* Bd. 6, Gießen 1990
   - Bandyopadhyay, Jayanta/Shiva, Vandana: "Development, Poverty and the Growth of the Green Movement in India", in: *The Ecologist*, Vol. 19, Nr. 3, 1989 (S. 111ff)
   - BUND (Hrsg.): *Wie Weltbankmacht die Welt macht krank. Umweltzerstörung durch Weltbankprojekte*, Köln 1988
   - BUND (Hrsg.): BUND-Argumente "Umweltzerstörung in der Dritten Welt" (Red.: Edgar Endrukaitis-Tschudi), Köln 1990
   - Bundestagsdrucksache 11/2657: Beratung des Antrags der Fraktionen der CDU/CSU und FDP "Maßnahmen zur Verhinderung weiterer Umweltzerstörung und zum Schutz der Meeresschildkröte Caretta caretta in der Türkei im Rahmen deutsche Entwicklungszusammenarbeit; 125. Sitzung des Deutschen Bundestages am 16.2.1989
   - Deutscher Naturschutzring (Hrsg.): Dokumentation "Umweltgerechte Entwicklungspolitik", *Beiträge zum Natur- und Umweltschutz*, Heft Nr. 9, Bonn 1983
   - *Entwicklungspolitische Korreespondenz (Schwerpunktheft): Handeln gegen die Zerstörung. Umweltgruppen in der Dritten Welt*, Heft 1, 1990
   - Erler, Brigitte: "Tödliche Hilfe. Bericht von meiner letzten Dienstreise in Sachen Entwicklungshilfe", Freiburg 1985
   - Interamerican Development Bank: Proceedings of the Second Consultative Meeting with Public Agencies and Nongovernmental Organizations Concerned with Environmental Protection and the Conservation of Natural Resources, Washington, D.C., 24-26 May 1989
   - Lomann, Larry/Colchester, Marcus: "Paved with Good Intentions. TFAP's Road to Oblivion", in: *The Ecologist*, Vol. 20, No. 3, 1990 (S. 91ff)
   - Lutzenberger, José/Schwartzkopff, Michael: *Giftige Ernte. Tödlicher Irrweg der Agrarchemie. Beispiel: Brasilien*, Greven 1988 (insb. S. 205ff)
   - Müller-Plantenberg, Clarita: "Eine andere Ökonomie. Nachhaltiges Wirtschaften in Amazonien", in: *Lateinamerika. Analysen und Berichte*, Bd. 13, Hamburg 1989 (S. 110ff)
   - Salmen, Lawrence F./Eaves, A. Paige: *World Bank Work with Nongovernmental Organizations*, WPS 305, Washington, D.C., 1989
   - Stüben, Peter E.(Hrsg.): "Die neuen 'Wilden'. Umweltschützer unterstützen Stammesvölker. Theorie und Praxis der Ethno-Ökologie", *Ökozid* Bd. 4, Gießen 1988

- Unmüßig, Barbara: "Lobbyarbeit oder Basisbewegung - exklusive Alternativen?", in: *IZ3W*, Nr. 160, 1989 (S. 43ff)
- Yücel, Muzaffer/Scherfose, Volker: "Das geplante Hotelbauprojekt in Köycegiz/Dalyan an der türkischen Südküste und seine ökoöogischen Folgen", in: *UVP-Report*, Nr. 3, 1988 (S. 33ff).

2) Vgl. Rucht, D.: "Von der Bewegung zur Institution? Organisationsstrukturen der Umweltbewegung", in: Roth, R./ Rucht, D. (Hrsg.): *Bewegungen in der BRD*, Bonn 1987, S. 242.

3) Kürzinger, E./Hess, F./ Lange, J./ Lingnau, H./ Mercker, U./ Vermehren, A.: *Umweltpolitik in Mexico. Die Rolle der Nicht-Regierungsorganisationen*, DIE, Berlin 1990, insbes. S. 86 u. III, bzw. Tab. 1 und 2.

4) Vgl. González Martínez, A.: "La ola verde se acerca", in: *Ecología*, Nr. 0, México 1986, S. 35f.

5) Vgl. González Martínez, A., a.a.O., S. 39.

6) Vgl. die differenziertere Typologie, die ein Ergebnis der DIE-Untersuchung ist:

1) Aktionsgruppen (5% der Befragten 42 UNGOs):
Aktionsorientierung, Beschränkung auf ein Thema, prekäre Infrastruktur, ad-hoc-Finanzierung, Mobilisierung breiter Bevölkerungsgruppen für ein Thema (z.B. Kernkraft), begrenztes Umweltverständnis.

2) Forschungs-UNGOs (20%): Gewisse Professionalität und fachliche Spezialisierung, enge Kontakte zur Forschung, Anspruch der Umsetzung wissenschaftlicher Erkenntnisse in die Praxis, Konzeptionalisierung und Verbreitung neuer Ideen, Angehörige der Mittelschichten.

3) Engagierte Bürger (17%): Entspricht unseren städtischen Bürgerinitiativen; Akademiker und Intellektuelle; ökologische Freizeitbeschäftigung (Seminare, Festivals) mit privaten Mitteln, gute Kontakte zu anderen UNGOs, zu Presse und Staat.

4) Medienkünstler (7%): Allgegenwart in Medien bringt (vermeintliches) Gewicht bei Regierung, läßt aber politische Bedeutung überschätzen, fehlende soziale Basis, mögliche Kooptierung/Funktionalisierung durch Staat; Nutzung des Ansehens von Intellektuellen.

5) "Hautnahe Ökologie" (5%): Öffentlichkeitsarbeit durch ökologische Häuser; philosophischer Ansatz.

6) "Naturpark-Manager" (10%): Finanzierung durch ausländische Naturschutzorganisationen, Zusammenarbeit mit Forschung und staatlicher Administration bei Einrichtung von Naturschutzgebieten, Mittelbeschaffer und Berater für Staat, Spendenfinanzierung.

7) "Mobilisierende Berater" (36%): Mobilisierung zur Selbsthilfe und Beratung von Organisationsprozessen, interdisziplinäre Teams, städtische Intellektuelle, die aus Hauptstadt wegzogen, gute Beziehungen zu ausländischen Gebern, wichtige Katalysatorfunktion für Zielgruppen. Vgl. Kürzinger, E., et al., a.a.O., Teil 7.

Internationale Handlungsstrategien zum Schutz der Erdatmosphäre

Jutta Nachtigäller

Die Verhinderung der globalen Umweltkatastrophe stellt nach Einschätzung des UN-Generalsekretärs Pérez de Cuellar zum Ende dieses Jahrhunderts die größte Herausforderung an die internationale Politik und Wirtschaft dar. Die Diskussionen um eine wirksame Vorsorge-Umweltpolitik nehmen auf der Tagesordnung der Weltpolitik zunehmend den ersten Platz ein. Die Ursachen und weitreichenden Folgen der menschheitsbedrohenden Umweltgefahren sind hinreichend bekannt, auch wenn noch nicht alle komplizierten naturwissenschaftlichen Zusammenhänge im einzelnen geklärt sind. Ebenso sind die Technologie, das Know-how und die finanziellen Mittel in den Industrieländern vorhanden, um endlich auf internationaler Ebene politisch bindende Entscheidungen zur Abwehr der wichtigsten globalen Umweltprobleme durchzusetzen: die *Ausdünnung der Ozonschicht* sowie die drohende *Klimakatastrophe* als Folge des Treibhauseffekts, der vor allem durch den exzessiven Energieverbrauch primär in den Industrieländern sowie durch die die Vernichtung der Tropenwälder hervorgerufen wird. Das Kernproblem ist dabei der bisher eng mit wirtschaftlichen Wachstumsprozessen korrelierende Verbrauch fossiler Brennstoffe, der durch eine neue Wirtschaftspolitik drastisch gedrosselt werden muß.

So hat sich denn die internationale Staatengemeinschaft ein hohes Ziel gesetzt: Auf der 1992 in Brasilien geplanten 2. Internationalen Umweltkonferenz der Vereinten Nationen soll eine Klima-Konvention verabschiedet werden, in der sich die Staaten auf Strategien gegen die fortschreitende Erwärmung der Erde verpflichten wollen, die auf eine Reduzierung der den Treibhauseffekt begünstigenden CO_2-Emissionen und sonstiger klimaschädigender Spurengase, die Finanzierung von Energiesparmaßnahmen und alternativen Energieformen sowie auf Maßnahmen zur Erhaltung der Tropenwälder abzielen. Die Vorbereitungen für diese - 20 Jahre nach der ersten UN-Umweltkonferenz in Stockholm - anberaumte Konferenz, die von der Ökologiebewegung als Prüfstein für die Fähigkeit der internationalen Gemeinschaft zur Durchsetzung einer wirksamen Umweltpolitik betrachtet wird, laufen auf vollen Touren. Eine Umweltkonferenz jagt die andere, und alle Regierungen, internationalen Organisationen und NRO sind aufgerufen, Rahmenbedingungen und Richtlinien unter Beteiligung der Bevölkerung auszuarbeiten.

Schutz der Ozonschicht

Bis heute konnte jedoch nur ein recht bescheidener Erfolg erzielt werden. Die
1985 vereinbarte und 1988 in Kraft getretene *Wiener Konvention zum Schutz der
Ozonschicht* stellt das erste Rahmenabkommen dar, in dem sich die Unterzeichnerstaaten verpflichten, Regelungen zur Begrenzung von Aktivitäten durchzuführen, die die Ozonschicht schädigen können. Allerdings fehlen in dem Abkommen
konkrete Richtlinien, die erst im nachfolgenden *Protokoll von Montreal* (1987)
festgelegt wurden. Dieses Montrealer Protokoll ist das einzige völkerrechtlich
verbindliche Instrument zur Begrenzung von FCKW-Emissionen, die als die
wichtigsten Schadstoffe gelten, da sie zum Abbau der Ozonschicht ebenso wie
zur Verstärkung des Treibhauseffektes beitragen. Das Protokoll, das eine
50%ige Reduzierung bestimmter FCKW bis 1999 gegenüber dem Stand von 1986
vorsieht und darüber hinaus den Entwicklungsländern wegen ihres industriellen
Nachholbedarfs ausdrücklich eine geringere Einsparungsquote zugesteht, wurde
bald nach seiner Unterzeichnung von Wissenschaftlern und Ökologen als unzureichend betrachtet, da die Grenzwerte zu niedrig seien, die Zielvorgaben zu weit
in die Zukunft reichten und längst nicht alle klimaschädlichen Gase erfaßt worden seien.

In einer Folgekonferenz in London im Juni 1990 konnte das Montrealer Abkommen verschärft werden. Es sieht nun eine stufenweise Eliminierung der
FCKW bis zum Jahr 2000 vor, bis 1995 sollen sie um 50% und bis 1997 um 85%
reduziert werden. Auch drei weitere, die Ozonschicht zerstörende Substanzen
sollen ausgeschaltet werden: Halone, die insbesondere im Feuerlöschschaum
vorkommen, und Tetrachlorkohlenwasserstoff sollen bis zum Jahr 2000, Methyl-
chloroform bis 2005 nicht mehr produziert werden.

Dieses Ergebnis ist zwar ein wichtiger verbindlicher Schritt auf internationaler
Ebene zur Verhinderung der Klimagefahren. Angesichts der langwierigen,
öffentlichen Diskussionen im Vorfeld der Londoner Konferenz, in deren Verlauf
sich zahlreiche Regierungen - unter ihnen die Bundesrepublik, die EG und die
skandinavischen Länder - für eine Eliminierung der FCKW-Produktion bereits
bis 1995 oder 1997 stark gemacht hatten, ist dieser Beschluß allerdings nicht
durchgreifend genug. Norwegische Wissenschaftler hatten noch zu Beginn der
Konferenz einen umgehenden Ausstieg aus der FCKW-Produktion gefordert, da
nach ihren Berechnungen bestimmte FCKW in der Stratosphäre eine Lebensdauer von bis zu 400 Jahren hätten. Neben der zunehmenden Ausdünnung der
Ozonschicht in der Antarktis, Arktis und in Australien habe die Ozonschicht
auch über Nordamerika und Europa seit 1967 um 10% abgenommen. Die durch
den Ozonabbau hervorgerufene erhöhte UV-Strahlung gilt als krebsauslösend,
schwächt das menschliche Immunsystem und schädigt die Ökosysteme der Erde
und der Meere. Trotz dieser Warnungen konnten sich in London jedoch die
USA, UdSSR und Japan aufgrund von wirtschafts- und finanzpolitischen Bedenken durchsetzen.

Die Bundesregierung beschloß bereits im Mai eine nationale Verbotsverordnung für FCKW ab 1995, und die EG einigte sich Anfang Juni auf einer Konferenz in Luxemburg auf einen Ausstieg aus der FCKW-Produktion bis 1997.

Mit dem Beschluß von London ist den Chemiekonzernen immerhin noch weitere zehn Jahre die Herstellung von FCKW erlaubt, so daß nach Berechnungen von Greenpeace der Umwelt 11 Mrd.t mehr der ozonzerstörenden Chemikalien zugemutet werden, als es durch den FCKW-Ausstieg bis 1995 der Fall gewesen wäre. Nur wenn Wissenschaft und Öffentlichkeit ihren Druck auf Wirtschaft und Politik erheblich verstärken, wäre vielleicht im Rahmen der neuen Klima-Konvention eine raschere Ausschaltung der FCKW zu erreichen, vor allem, wenn bis dahin mehr in die Förderung umweltfreundlicher Ersatzstoffe investiert würde.

Ein großer Erfolg ist allerdings ein weiterer Beschluß der Konferenz: die Einrichtung eines *Internationalen Fonds zum Transfer alternativer Technologie* an die Entwicklungsländer als Ersatz für die ozonschädigenden FCKW. Mit diesem Fonds sollen neue, umweltfreundliche Technologien sowie Schulungsmaßnahmen und Forschungsarbeiten gefördert werden, die den Entwicklungsländern die Anwendung einer angepaßten Technologie ermöglichen. Der Fonds wird ab 1991 für drei Jahre mit einem Finanzvolumen von 160 Mio.$ ausgestattet werden; falls Indien und China dem Montrealer Protokoll beitreten, erhöht er sich um jeweils 40 Mio.$ für diese beiden bevölkerungsreichsten Länder, denen dann insgesamt ein Drittel des Fonds zustehen. Die Höhe der einzelnen Länderbeiträge richtet sich nach den entsprechenden Beitragsquoten bei der UNO. Ein 14-köpfiges Exekutivkomitee, das je zur Hälfte aus Vertretern der Industrie- und Entwicklungsländer besteht, soll in Zusammenarbeit mit der Weltbank, UNEP und UNDP die Aufgaben des Fonds überwachen. Dabei ist geplant, die Weltbank mit der Verwaltung des Fonds zu beauftragen, UNEP mit der Durchsetzung der umweltpolitischen Ziele des Protokolls und UNDP mit der Erstellung von Finanzierungs- und Investitionsstudien. Das Fonds-Sekretariat soll bei UNEP angesiedelt werden. Über nähere Einzelheiten der Aufgabenverteilung und Mittelvergabe wird das Exekutivkomitee in Kürze beraten.

Das Zustandekommen dieses internationalen Fonds ist insbesondere den langjährigen Bemühungen des UNEP-Exekutivdirektors Tolba zu verdanken, der die Industrieländer in den zahlreichen Umweltkonferenzen immer wieder zu einem Lastenausgleich für die von ihnen verursachten globalen Umweltprobleme aufforderte. Die Bereitstellung finanzieller Mittel war bisher vorwiegend an dem Widerstand der USA und Japan gescheitert. Durch das hartnäckige Drängen einiger Länder der Dritten Welt, vor allem Indiens und Chinas, die das Montrealer Protokoll nur unter der Bedingung unterzeichnen wollten, daß die

Industrieländer sich zum Transfer von Ersatztechnologie bereiterklärten, konnte schließlich eine Einigung erzielt werden. Indien hält allerdings die für sein Land bereitgestellte Summe von 40 Mio.$ für viel zu gering, um den Verzicht auf die gerade anlaufende Produktion von Millionen auf FCKW-Basis arbeitender Kühlschränke auszugleichen. Die Industrieländer erhoffen sich mit der Einrichtung des Technologiefonds den Beitritt weiterer 40 Länder der Dritten Welt zu dem Montrealer Abkommen, das bisher von 60 Ländern unterzeichnet worden ist.

Reduzierung der CO_2-Emissionen

Als weitaus schwieriger erweisen sich internationale Vereinbarungen zur Begrenzung der vor allem den Treibhauseffekt fördernden CO_2-Emissionen. In zahlreichen Konferenzen der drei letzten Jahre (Toronto, London, Den Haag, Helsinki, Noordwijk, Bergen, die beiden Wirtschaftsgipfel Paris und Houston) verabschiedeten die Regierungsvertreter der Industrieländer zwar Resolutionen, in denen sie auf die Notwendigkeit der Einschränkung von CO_2-Emissionen hinweisen, aber über das Ausmaß und den zeitlichen Rahmen konnte noch keine Einigung erzielt werden. Bisher liegen Empfehlungen über eine 20%ige Reduktion der CO_2-Emissionen bis zum Jahr 2005 vor (Toronto-Konferenz) sowie eine Stabilisierung der CO_2-Emissionen auf der Grundlage von 1988 bis spätestens zum Jahr 2000 (Konferenz von Noordwijk).

Die internationalen Umweltverbände machten mit ihrem *Statement of Policy Options to Curb Climatic Change* vom Mai 1989 deutlich, daß diese Empfehlungen nicht weit genug gehen. Sie schlugen eine globale CO_2-Reduzierung von mindestens 20% bis zum Jahr 2000 und von 50% bis zum Jahr 2015 vor.

Die Bundesrepublik spielt unter den Industrieländern eine Vorreiterrolle: Im Juni 1990 beschloß die Regierung immerhin eine Reduktion der CO_2-Emissionen um 20% bis zum Jahr 2005.

Die Enquete-Kommission des Bundestages "Vorsorge zum Schutz der Erdatmosphäre" empfiehlt in ihrem dritten Bericht eine weltweite Verringerung der Kohlendioxid-Emissionen von mindestens 50% bis zum Jahr 2050. Um dieses Ziel zu erreichen, müßten die Industrieländer mit ihren besonders hohen Pro-Kopf-Emissionen bis zum Jahr 2005 den Kohlendioxid-Ausstoß um 20-25% reduzieren, die osteuropäischen Länder und die Bundesrepublik - einschl. des Gebiets der ehemaligen DDR - sogar um 30%. Die Entwicklungsländer sollten lediglich die derzeitigen Anstiegsraten der jährlichen Emissionen verringern und den Anstieg des Kohlendioxid-Ausstoßes auf etwa 50% bis zum Jahr 2005 begrenzen.

Da die Verringerung der Kohlendioxid-Emissionen zu unpopulären Eingriffen in den Verbrauchs- und Produktionssektor führt, scheinen viele Politiker bestrebt zu sein, ernsthafte Entscheidungen zu verzögern. Insbesondere die USA, die tiefgreifende Eingriffe in ihr Wirtschaftssystem befürchten, schoben in der Klimadebatte politisches Handeln immer wieder mit dem Argument auf, daß genaue wissenschaftliche Beweise für den Zusammenhang zwischen CO_2-Emissionen und Atmosphärenerwärmung fehlten. "Erst forschen, dann handeln", war die Devise von Präsident Bush. Großbritannien, die UdSSR und Japan schlossen sich dieser Devise an, da auch sie ihre volkswirtschaftliche Leistungsfähigkeit gefährdet sehen. Wissenschaftliche Grundlage für konkrete Maßnahmen sollte ein Gutachten des IPCC (International Panel on Climate Change) sein, das 1988 von UNEP (United Nations Environmental Programme) und der WMO (World Meteorological Organization) zur Untersuchung der klimatischen Veränderungen gegründet worden war. Dieses Gutachten wurde im August 1990 anläßlich einer internationalen Klimakonferenz in Sundsvall, Schweden, zum ersten Mal öffentlich vorgelegt.

Nach dem Bericht halten die Wissenschaftler eine Reduzierung der globalen Treibhausgase um 60% für notwendig, um eine Stabilisierung der atmosphärischen Treibhausgaskonzentrationen auf dem gegenwärtigen Niveau gewährleisten zu können. Sie bestätigen den voranschreitenden Treibhauseffekt, der in den letzten 100 Jahren bereits eine Erwärmung um 0,5°C und ein Ansteigen des Meeresspiegels um 20 cm bewirkt habe. Wenn keine umgehenden einschneidenden Maßnahmen erfolgten, würde die Temperatur in jedem Jahrzehnt um 0,3°C steigen, bis 2025 um 1°C, gemessen an der heutigen Temperatur, und um 3°C vor Ende des nächsten Jahrhunderts. Der Meeresspiegel würde um weitere 20 cm innerhalb der nächsten 40 Jahre und um 1 m in 60-70 Jahren steigen. Andere wissenschaftliche Studien, z.B. die der Enquête-Kommission des Bundestages, kommen zu höheren Ergebnissen: +3-4,5°C in den Jahren 2030-2050. Die Folgen - Überschwemmungen der tiefliegenden Küsten, Dürreperioden, Probleme in der Nahrungsmittel- und Trinkwasserversorgung - würden zu mehreren 10 Mio. Umweltflüchtlingen führen und noch kaum überschaubare soziale und wirtschaftliche Spannungen hervorrufen.

Obwohl noch wissenschaftliche Ungewißheiten bestehen - z.B. lassen die unzureichenden Kenntnisse über das Zusammenspiel zwischen den Wolken, Ozeanen und dem Polareis bezüglich der Speicherung der Treibhausgase noch keine genauen Berechnungen über den Zeitpunkt der Folgen, ihre Größenordnung und spezifische regionale Ausprägung zu -, fordert das IPCC, ebenso wie die Enquête-Kommission, eine vertragliche Verpflichtung der Industrieländer auf eine umgehende Begrenzung der CO_2-Emissionen. Dies erfordere eine neue

Energiepolitik, die auf Erhöhung der Energieeffizienz, Energiesparen und die Förderung alternativer Energiequellen setze. Mit der vorhandenen Technologie könne der Energieverbrauch in den Industrieländern, der sich auf 70% des gesamten Welt-Energieverbrauchs beläuft, um die Hälfte reduziert werden. Die Forschung über die Einsatzmöglichkeiten erneuerbarer Energien müsse durch Bereitstellung von zusätzlichen Forschungsmitteln verstärkt werden. Auch in der Verkehrspolitik müsse eine Neuorientierung weg vom individualen Automobilverkehr in Richtung auf eine Verstärkung des öffentlichen Verkehrswesens vollzogen werden. Ökologisch angepaßte Produktionsweisen in der Landwirtschaft zur Verringerung der Methan- und anderer Spurengas-Emissionen sowie eine verbesserte Forstwirtschaft seien unumgänglich. Da den Entwicklungsländern nachholendes wirtschaftliches Wachstum zugestanden werden müsse, seien die Industrieländer aufgerufen, ihnen durch zusätzliche finanzielle Mittel und den Transfer neuer, umweltfreundlicher Technologien eine nachhaltige, Ökologie und Wirtschaftswachstum miteinander vereinbarende Entwicklung zu gewährleisten.

Die Bereitstellung dieser Mittel könnte nach einem Vorschlag der Entwicklungsländer anläßlich einer Tagung in Kairo 1989 aus den bisherigen Rüstungsausgaben der Industrieländer erfolgen. (Das Worldwatch Institute in Washington hat errechnet, daß es bis zur Jahrtausendwende rund 770 Mrd.$ kosten würde, weltweit den Trend der globalen Umweltzerstörung zu brechen. Dieser Betrag entspricht ungefähr den weltweiten jährlichen Militärausgaben). Ein anderer Vorschlag zielt auf die Einrichtung eines Klima-Fonds, in den die Industrieländer nach Maßgabe ihrer Kohlendioxid-Emissionen pro Kopf eine Abgabe zahlen sollen, um technische Innovationen, Investitionen in erneuerbare Energien und wirksame Kontrollmechanismen finanzieren zu können. Die Enquête-Kommission schlägt die Einrichtung eines internationalen Treuhandfonds vor, der zunächst mit einem Anfangsvolumen von 20 Mio. DM ausgestattet und später den Erfordernissen entsprechend erhöht werden soll.

Auf der Zweiten Weltklima-Konferenz in Genf (November 1990) soll der IPCC-Bericht auf Ministerebene diskutiert, und konkrete internationale Handlungsmaßnahmen sollen eingeleitet werden, die in die geplante Klima-Konvention einfließen sollen.

Erhaltung der Tropenwälder

Zum Schutz der Tropenwälder, deren Vernichtung neben klimatischen Veränderungen eine weiträumige Erosion von Böden, erhebliche Störungen des Wasserhaushalts, das Verschwinden Tausender von Tier- und Pflanzenarten sowie soziale und wirtschaftliche Schäden für die Tropenwaldländer selbst mit sich bringt, existiert bisher als wichtigstes international vereinbartes Instrument der *Tropenforstwirtschafts-Aktionsplan (TFAP)*, der 1986 unter Mitwirkung der FAO, UNDP, der Weltbank und dem World Resources Institute verabschiedet wurde. Er stellt einen völkerrechtlich unverbindlichen globalen Rahmenplan dar, der als Leitlinie für die Erarbeitung und Umsetzung von Forstsektorstrategien auf der Ebene der einzelnen Entwicklungsländer dienen soll. Damit bildet er gleichzeitig eine Koordinierungsgrundlage für internationale Entwicklungshilfemaßnahmen zum Schutz und zur nachhaltigen Bewirtschaftung der Tropenwälder. Sein Ziel ist es, für möglichst viele Tropenwaldländer in einer konzertierten Aktion mit allen interessierten Staaten und Organisationen nationale Tropenforstwirtschafts-Aktionspläne zu entwickeln und umzusetzen.

Die Wirksamkeit des TFAP ist allerdings aufgrund des konzeptionellen Rahmens und der bisherigen negativen Erfahrungen mit den vorliegenden nationalen Plänen sehr umstritten. Eine Untersuchung bereits erstellter Forstwirtschaftspläne des World Resources Institute zeigt, daß die für die kommerzielle Nutzung der Tropenwälder vorgesehene Marge von 25% häufig über 60% angehoben worden ist, der Anteil für Schutzmaßnahmen dagegen in der Mehrzahl der Fälle auf unter den vom Ansatz her zu geringen Prozentsatz von 8% gedrückt, in einzelnen nationalen Plänen sogar auf 0% gesenkt worden ist.

Internationale Umweltorganisationen betrachten daher den TFAP als gescheitert. Anläßlich von Verhandlungen innerhalb der FAO über eine Reform des TFAP gaben sie eine gemeinsame Erklärung ab, in der sie den TFAP als Instrument zur Erhaltung der Tropenwälder ablehnen. Als wichtigste Gründe dafür werden genannt:

- der Schutz der Wälder wird zu wenig berücksichtigt (vor allem die Primärwälder werden weiterhin der Zerstörung durch die Holzwirtschaft ausgesetzt),
- der Lebensraum und die Existenz der Ureinwohner sind gefährdet,
- wirksame Umweltverträglichkeitsprüfungen oder andere Kontrollmechanismen fehlen,
- die Beteiligung der lokalen Bevölkerung sowie der Umweltorganisationen ist nicht gewährleistet.

Die Enquête-Kommission des Bundestages lehnt hingegen den TFAP nicht völlig ab, sondern empfiehlt statt dessen eine Umstrukturierung des TFAP mit Schwerpunkt auf mehr Schutz- und Erhaltungsmaßnahmen.

Als dringlichste Maßnahme schlägt die Kommission in ihrem zweiten im Mai 1990 vorgelegten Bericht zum Thema "Schutz der tropischen Wälder" einen

Drei-Stufenplan vor: Ab 1990 soll die jährliche Vernichtungsrate so weit herab-
gesetzt werden, daß sie bis zum Jahr 2000 unter der Vernichtungsrate des Jahres
1980 liegt, wobei insbesondere die Primärwälder zu schützen sind. Spätestens bis
zum Jahr 2010 soll die Tropenwaldvernichtung gestoppt werden. Bis 2030 sollen
die Tropenwaldbestände wieder auf den Umfang des Jahres 1990 anwachsen.

Wichtigste Strategie dabei ist die Verabschiedung einer *Internationalen Tropen-
wald-Konvention,* in der sich die Industrieländer verpflichten sollen, programm-
gebundene finanzielle Mittel - möglichst in Form nicht rückzahlbarer Zuschüsse -
sowie Fachwissen und umwelt- und sozialverträgliche Technologien für die
Tropenwaldländer bereitzustellen. Dabei ist an die Einrichtung eines programm-
orientierten internationalen Treuhandfonds in Höhe von jährlich 10 Mrd.DM
gedacht, der gemeinsam von UNEP, der FAO und der Weltbank betreut werden
soll. Die Vertragsstaaten sollten gemäß ihren Beitragsquoten an die UNO in
diesen Fonds einzahlen. Die Mittelvergabe sollte nur aufgrund nationaler Tro-
penwaldschutzpläne der einzelnen Tropenwaldländer durchgeführt werden, die
auf nachhaltige Nutzung und den Schutz der Wälder abzielen.

Zum Schutz akut gefährdeter Tropenwaldflächen soll ein Sofortprogramm in
Höhe von 750 Mio.DM gestartet werden. Hilfsprogramme auf bilateraler wie
auch auf internationaler Basis seien für die Tropenwaldländer notwendig, wobei
auch die internationalen Organisationen, wie UNEP, die Weltbank, der IWF, die
FAO und ITTO (International Tropical Timber Organization) stärker einzubeziehen seien. Internationale Anstrengungen zum Abbau der Verschuldungsprobleme, z.B. Schuldenerleichterungen für die ärmsten Länder mit Gegenleistungen im Umweltschutz, sollen ebenso angestrebt werden wie ein verschärftes
Konzept der Umweltverträglichkeitsprüfung aller tropenrelevanten Vorhaben
und die Umsetzung nachhaltiger Bewirtschaftungsmethoden in der Agrarentwicklung. Die Kommission plädiert auch für die Intensivierung der internationalen Forschung, vor allem in der Tropenökologie, über den Zusammenhang
zwischen Tropenwaldökosystem und dem globalen Klima, über eine umwelt- und
sozialverträgliche Landnutzung und über die ökonomische Bewertung der Tropenwaldvernichtung.

Die Tropenwaldländer ihrerseits sollen sich verpflichten, die Primärwälder zu
erhalten, die Sekundärwälder (bereits eingeschlagene und nachgewachsene
Wälder) nachhaltig und umweltschonend zu bewirtschaften, die Waldbevölkerung zu schützen und neue Waldflächen aufzuforsten.

Konkretere Vorschläge macht ein Minderheitenvotum der Kommission, das für ein rascheres Ende der Tropenwaldvernichtung innerhalb von fünf Jahren plädiert. Den Industrieländern soll ein Importverbot für Tropenholz aus Primärwäldern auferlegt werden. Außerdem ist ein sofortiges Moratorium bei der Förderung von Umsiedlungsprogrammen, Staudämmen, Straßenbau und anderen Industrieprojekten durchzusetzen. Zentraler Finanzierungsmechanismus soll dabei ein *Internationaler Tropenwaldfonds* sein, der bereits 1992 durch UNEP oder einen neu zu schaffenden UN-Umweltrat in Höhe von mindestens 20 Mrd.DM jährlich einzurichten ist, um den Tropenwaldländern für den Verzicht auf die Nutzung der Hölzer Ausgleichszahlungen zu ermöglichen. Diese Mittel sind vorgesehen für:

- umfassende Schutzmaßnahmen zur Erhaltung der Primärwälder,
- die Einrichtung weitläufiger Naturschutzgebiete,
- Sicherung der Lebensräume und Schutz der Rechte der Waldbevölkerung,
- Wiederaufforstungsprogramme nach dem Prinzip der Erhaltung des Artenreichtums (keine Plantagen),
- nachhaltige Bewirtschaftungsmethoden,
- Verbesserung der Landwirtschaft und Nahrungsversorgung auf Flächen außerhalb der Wälder
- sowie Nutzung der Solarenergie zur Reduzierung des Brennholzverbrauchs.

Als Finanzierungsvorschläge stehen wiederum die Einzahlung der Vertragsstaaten gemäß den Beitragsquoten an die UNO zur Diskussion, der Vorschlag Norwegens über 0,1% des BSP, eine Tropenholzimportabgabe oder aber die Erhebung einer Energieverbrauchsabgabe. Mit der letzteren Finanzierungsform würde zusätzlich ein Anreiz zur Energieeinsparung und Energieeffizienz in den Industrieländern geschaffen: denn je stärker ein Land seinen Energieverbrauch reduziert, desto stärker verringert sich seine Einzahlungsverpflichtung. Regelungen über die Erhebung der Abgabe müßten auf nationaler Ebene getroffen werden.

Die Einrichtung eines Internationalen Tropenwaldfonds wird von UNEP und den internationalen Umweltorganisationen unterstützt. Diese Organisationen fordern auch, daß darüber hinaus die mittelbaren Ursachen der Tropenwaldvernichtung zu bekämpfen sind. Dazu ist eine Neuordnung der weltwirtschaftlichen Rahmenbedingungen mit verbesserten Austauschverhältnissen für die Dritte Welt notwendig, um den Verwertungsdruck auf die Wälder zu vermindern. Die transnationalen Konzerne und Banken sollten durch einen verbindlichen Verhaltenskodex kontrolliert werden. Ein ökologischer Umbau der Volkswirtschaften in den Industrieländern und eine Änderung der Konsumformen im Norden, aber auch der Eliten in der Dritten Welt, müßten dazu beitragen, daß die Anreize zur Exportsteigerung durch Übernutzung der Ressourcen in den Entwicklungsländern entfallen. Durch umfassende Entschuldungskonzepte mit dem Ziel einer weitgehenden Schuldenstreichung muß der Zwang der Tropenländer zum Devisenerlös reduziert werden. Von besonderer Bedeutung ist dabei eine Neuorientierung der entwicklungspolitischen Zusammenarbeit, die die alten Industrialisierungskonzepte aufgibt und sich statt dessen an den Grundbedürfnissen der Bevölkerung unter Berücksichtigung der sozialen und ökologischen Gegebenheiten orientiert. Dabei muß der Schwerpunkt auf dem Schutz der Primärwälder liegen. Zur Eindämmung des Brennholzverbrauchs ist ein neues Energienutzungssystem dringend erforderlich, wobei die solaren Energietechniken - Sonnenkollektoren, Photovoltaik, Solar-Wasserstoff-Technologien - intensiv weiterzuentwickeln sind.

Internationale Umwelt-Konvention

Diese drei Konventionen - die bereits verabschiedete Konvention zum Schutz der Ozonschicht, die Konvention zur Reduzierung energiebedingter Spurengasemissionen und die Konvention zur Erhaltung der Tropenwälder - könnten letztendlich in eine übergreifende *Internationale Konvention zum Schutz der Erdatmosphäre* übergeleitet werden, die umfassende Regelungen für eine internationale Umweltpolitik und einen internationalen Umweltfonds enthalten müßte.

Eine Finanzierungsmöglichkeit dieses Umweltfonds könnte ein Lösungsvorschlag des Wissenschaftszentrums in Berlin sein: die Einführung einer Welt-Ressourcensteuer auf die Verwendung fossiler Energieträger und nicht erneuerbarer mineralischer Rohstoffe. Damit könnte der Teufelskreis zwischen armutsbedingtem Ressourcenraubbau in den Entwicklungsländern und reichtumsbedingter Energie- und Rohstoffverschwendung in den Industrieländern gebrochen werden. Die Steuer könnte von einem Weltfinanzfonds erhoben werden. Für die Entwicklungsländer würde ein besonderer Anreiz darin bestehen, den Raubbau an den Ressourcen zu beenden, weil höhere Entgelte für Energie und Rohstoffe und längere Nutzungszeiten von Naturkapital zu gewinnen wären. Für die Industrieländer würden erhebliche Einsparungen beim kurativen Umweltschutz entstehen.

Die Internationale Umweltkonvention sollte darüber hinaus das Ziel einer dauerhaften, tragfähigen Entwicklung aller Länder haben, wie sie die Brundtland-Kommission fordert: eine Entwicklung, die die natürlichen Lebensgrundlagen intakt läßt, den Bedürfnissen künftiger Generationen Rechnung trägt und der Dritten Welt insbesondere die Überwindung der Armut ermöglicht.

Literaturhinweise:

Der Bundesminister für Umwelt, Naturschutz und Reaktorsicherheit: Pressemitteilung, 13.6.90

Der Bundesminister für Ernährung, Landwirtschaft und Forsten: *Schutz und Bewirtschaftung der Tropenwälder*, Bonn, Mai 1990

Die Grünen im Bundestag: *Klimaschutzprogramm. Erste Hilfe gegen Ozonloch und Treibhauseffekt*, Bonn, Mai 1988

dies.: *Auf dem Weg zu einer ökologisch-solidarischen Weltwirtschaft*, Bonn, August 1990

Enquête-Kommission des Deutschen Bundestages "Vorsorge zum Schutz der Erdatmosphäre": *Schutz der tropischen Wälder, Eine internationale Schwerpunktaufgabe*, Bonn, 1990

dies.: Der Tropenwald-Aktionsplan, FAO - WRI - IBRD -UNDP, Juni 1987

Greenpeace: *Montreal 1990 - Sterbehilfe für die Ozonschicht, 2. Akt?*, Juni 1990

Intergovernmental Panel on Climate Change: *Policymakers Summary of the Scientific Assessment of Climate Change*, Reports of Working Groups I and II, June 1990

dies.: *Overview and Conclusions, Climate Change: A Key Global Issue*, Draft July 1990

dies.: *Forestry Response Strategies, Problems of Temperate Forests*, November 1989

SPD-Materialien: *Das schreit zum Himmel! Klimagefahren und Ozonabbau. Herausforderung an die Politik*, Bonn, 1989

United Nations Environment Programme: *Protecting the Ozone Layer - a Resounding Success*, London, July 1990

von Weizsäcker, Ernst U.: *Erdpolitik. Ökologische Realpolitik an der Schwelle zum Jahrhundert der Umwelt*, Wissenschaftliche Buchgesellschaft Darmstadt, 1989

Weltkommission für Umwelt und Entwicklung: *Der Brundtland-Bericht, Unsere gemeinsame Zukunft*, Eggenkamp Verlag, Greven, 1987

World Resources Institute: *Tropical Forests: A Call for Action*, Washington D.C., 1985

Schuldentausch gegen Naturschutzverpflichtung
Wie sinnvoll sind Debt-For-Nature Swaps?

Cord Jakobeit

1. Verschuldung und Umweltzerstörung: Ein enger Zusammenhang

Spätestens seit 1982 - als Mexiko seine Zahlungsunfähigkeit erklärte - wurde klar, daß viele unterentwickelte Staaten der Dritten Welt in neue Teufelskreise gezwungen wurden. Das Primat der Devisenerwirtschaftung um jeden Preis erzwang, zumindest bei den LLDCs, die Festlegung auf die traditionellen Rohstoffexporte, wodurch die Weltmarktpreise für viele agrarische und mineralische Rohstoffe zurückfielen. Die Austeritätspolitik führte zu weiteren Kürzungen im Sozialbereich, der ohnehin schon nicht üppig ausgestattet war. Für die Menschen in der Dritten Welt brachte die Dritte Entwicklungsdekade statt der erhofften Fortschritte vielfach drastische Rückschritte. Zudem wurde die zukünftige Entwicklung mit einer schweren Hypothek belastet, die erst allmählich in das Bewußtsein einer breiteren Weltöffentlichkeit eindringt.

Statt eines schonenden Umgangs mit den natürlichen Ressourcen verschärfte die Schuldenkrise die Ausbeutung der Umwelt. Die letzten intakten Regenwälder der Erde verschwinden in immer schnellerem Tempo[1].Dabei geht es nicht nur um das leider immer noch begehrte Tropenholz: auf den frei werdenden Flächen wird extensive Rinderzucht betrieben, werden Monokulturen angelegt, die z.T. mit hohem Pestizideinsatz arbeiten, bzw. geht es schlicht um freie Flächen und Brennmaterial für die rapide wachsende Bevölkerung. Dabei wird erst allmählich klarer, daß auf diese Weise natürlicher Reichtum unwiederbringlich verschwindet und gleichzeitig ein klimatisches Bedrohungspotential aufgebaut wird, daß auch den bisher scheinbar abseits stehenden Norden nachhaltig betrifft. Die Schuldenkrise beschleunigt damit eine Entwicklung, die - kommt es nicht zur rechtzeitigen Umkehr - den ganzen Planeten bedrohen kann[2].

Vor diesem Hintergrund wird verständlich, warum ab Mitte der 80er Jahre versucht wurde, Lösungsansätze zu entwickeln, die Schuldenkrise und Umweltzerstörung verbinden. Worum genau geht es bei den sogenannten Debt-For-Na-

ture Swaps, einem Tauschhandel Schulden gegen Naturschutz? Welche bisherigen praktischen Umsetzungen dieses Konzeptes gibt es und was kann realistischerweise damit erreicht werden?

2. Wie Debt-For-Nature Swaps funktionieren

Nachdem es bereits unmittelbar nach Ausbruch der Verschuldungskrise zur
Bildung von Märkten gekommen war, auf denen Gläubigerbanken Schuldtitel
z.T. mit hohen Abschlägen handelten, wurden diese Märkte zunehmend auch für
nicht-kommerzielle Belange genutzt. Neben den Umwandlungen von Auslandsschulden in Beteiligungskapital an einheimischen Unternehmen (den Debt-To-
Equity Swaps[3]) entstand vor allem in den USA ein umfangreiches Schulden-
tauschgeschäft, bei dem Non-Profit-Organisationen gegen Auslandsschuldtitel
nationale Währungen für ihre Projekte im sozialen Bereich eintauschten. Auf
dieser Basis wurde dann Mitte der 80er Jahre in den USA ein Instrument entwickelt, bei dem nicht mehr soziale Belange sondern Interessen des Umweltschutzes im Vordergrund standen. Die Idee stammte aus Kreisen des US-amerikanischen World Wildlife Fund (WWF)[4], der - zusammen mit weiteren Organisationen im Umweltbereich und, in einem Fall, unter der Beteiligung zweier
europäischer Regierungen - die Idee seither am nachhaltigsten verfolgt hat. Bis
Anfang 1990 wurden 11 Debt-For-Nature Swaps unter Beteiligung von sieben
Ländern und verschiedenen Umweltschutzorganisationen realisiert.

Im typischen Fall eines Debt-for Nature Swaps werden Schuldentitel eines Landes der Dritten Welt zunächst mit einem möglichst hohen Abschlag auf den
Nominalwert von Natur- und Umweltschutzverbänden aus dem Norden auf dem
Sekundärmarkt von den privaten Gläubigerbanken erworben. Gleichzeitig werden Vereinbarungen mit den Regierungen der Schuldnerländer getroffen, die die
Schuldentitel möglichst in Höhe des Nominalwerts in die nationale Währung
bzw. in eine neue Schuldverschreibung in nationaler Währung umwandeln. Die
somit bereitgestellten Mittel fließen, gemäß der zu Anfang getroffenen Vereinbarung mit den Natur- und Umweltschutzverbänden aus dem Norden, einheimischen Nichtregierungs-Organisationen zum Zwecke des Natur- und Umweltschutzes zu[5].

Tabelle 1:
Debt-For-Nature Swaps bis März 1990, in US-$

Land	Zeit-punkt	Käufer	Kosten	Nominal-wert	Kosten in % des Nominal-werts	Gesamtwert der Schuld-verschrei-bung (1)
Boli-vien	7/87	CI	100.000	650.000	15,4	250.000
Costa	8/87	NPF/WWF/TNC	891.000	5.400.000	16,5	4.050.000
Rica	1/89	TNC (2)	784.000	5.600.000	14,0	1.680.000
	1/89	NL	5.000.000	33.000.000	15,2	9.900.000
	3/89	S	3.500.000	24.500.000	14,3	17.100.000
Ecua-	12/87	WWF	354.000	1.000.000	35,4	1.000.000
dor	4/89	WWF/TNC/MBG	1.068.750	9.000.000	11,9	9.000.000
Philip-pinen	6/88	WWF	200.000	390.000	51,3	390.000
Madagas-kar	8/89	WWF	950.000	2.100.000	45,2	2.100.000
Zambia	8/89	WWF	470.000	2.270.000	20,7	2.270.000
Dominik. Repub.	3/90	TNC	87.300	582.000	15,0	582.000

(1): Schließt die Zinseinkommen aus den Schuldverschreibungen nicht mit ein.
(2): Außerdem waren der WWF, die NPF und weitere US-Umweltorganisationen sowie der britische People's Trust for Endangered Species beteiligt.
WWF: World Wildlife Fund
TNC: The Nature Conservancy
MBG: Missouri Botanical Gardens
NPF: National Park Foundation of Costa Rica
NL: Niederlande
S: Schweden

Quelle: The Nature Conservancy, U.S. Debt-For-Nature Swaps to Date, Arlington, Virginia, 1989
und eigene Berechnungen und Ergänzungen

Im exemplarischen Beispiel eines Debt-For-Nature Swaps gibt es für die Beteiligten nur Vorteile: Die Gläubigerbanken sind einen unsicheren Kredit los, mit dessen vollständiger Rückzahlung sie ohnehin nicht mehr gerechnet hatten. Außerdem winken ihnen auf diese Weise neben den Abschlagszahlungen auf den eigentlichen Nominalwert zusätzliche Abschreibungs- bzw. Gewinnrückstellungsmöglichkeiten[6]. Die Schuldnerstaaten sparen die Bedienung einer Auslandsschuld mit knappen Devisen, die sie nunmehr für dringend benötigte Importe zur Verfügung haben. Außerdem ist es den Natur- und Umweltschutzverbänden aus dem Norden gelungen, mit relativ geringem Mitteleinsatz Landreserven zu sichern und viel für die bedrohte Natur im Schuldnerland zu bewegen. Dabei haben sich die Besitzverhältnisse nicht verschoben: Grund und Boden gehören weiterhin dem Schuldnerland; die Investoren erwerben keine Anteile oder Beteiligungen. Dennoch macht dieser idealtypische Fall klar, warum es seit 1987 erst relativ wenige Dept-For-Nature Swaps mit Natur- und Umweltschutzverbänden gegeben hat: Es bedarf eines komplizierten und langwierigen Abstimmungsprozesses, ehe alle Beteiligten zur Einwilligung bereit sind[7]. Außerdem müssen im Schuldnerland Natur- und Umweltschutzverbände gefunden werden, die mit Ausführung und Überwachung der Umweltschutzaufgaben nicht überfordert sind.

3. Die bisherige Umsetzung des Konzeptes

Der erste Debt-for-Nature Tausch wurde im Juli 1987 abgeschlossen[8]. Beteiligt waren eine amerikanische Umweltorganisation (Conservation International), Regierung und Zentralbank Boliviens und eine schweizerische Bank, die bereit war, bolivianische Auslandsverpflichtungen zu 15 Prozent ihres Nominalwertes zu verkaufen. Als Gegenleistung für eine Entlastung der Auslandsschulden um 650.000 US-$ erließ die bolivianische Regierung eine Verordnung, mit der fast 4 Millionen Hektar Regenwald unter Naturschutz gestellt wurden. Außerdem stellte die Regierung 250.000 US-$ in lokaler Währung für eine Naturschutz-Stiftung zur Verfügung. Geplant war auch die Erforschung einer ökologischen Nutzung des Waldes durch die Bewohner. In der bolivianischen Öffentlichkeit wurde heftig kritisiert, daß die Vereinbarung einem Verkauf von staatseigenem Land an eine amerikanische Umweltschutzorganisation nahekäme.

Die Kritik wurde bei den folgenden Swaps berücksichtigt. Die Schuldentitel wurden nicht mehr direkt gegen Land, sonderen gegen Schuldverschreibungen in lokaler Währung eingetauscht und in einen Fonds lokaler Umweltschutzorganisationen eingezahlt. Die Mittel aus diesen Fonds fließen den lokalen Umweltschutzorganisationen zu, die damit in neu ausgewiesenen Umweltschutzreservaten Überwachungsaufgaben und Projektarbeit durchführen. Für die erfolgreiche Umsetzung vor Ort bedarf es damit vor allem förderungswürdiger und unabhängiger Nicht-Regierungsorganisationen (NGOs), die an der Ausarbeitung der Detailvereinbarungen beteiligt werden und deren Kapazitäten ausreichen, den hohen Anforderungen gerecht zu werden. Es verwundert daher nicht, daß gerade in Costa Rica bisher die meisten Swaps mit dem größten Volumen abgeschlossen wurden. Das Land hat eine vergleichsweise starke Umweltschutzbewegung und auch ohne die Swaps bereits 12 Prozent des Territoriums für Naturreservate bzw. Biosphärenparks reserviert trotz natürlich auch hier vorhandener Widersprüche zwischen Anspruch und Umsetzung.

Nach den anfänglichen Swaps mit lateinamerikanischen Ländern wurde das Instrument ab 1988 auch auf den Philippinen und in zwei Fällen in Afrika angewandt: Mit Madagaskar und mit Zambia wurden im August 1989 Debt-For-Nature Swaps erstmals auch in Afrika vereinbart[9]. Dabei kann am Beispiel Madagaskars verdeutlicht werden, was für eine erfolgreiche Umsetzung des "debt-for-nature"-Konzeptes vorausgesetzt werden muß.

Unterstützt durch verschiedene Spender[10] kaufte der WWF Auslandsschulden Madagaskars in Höhe von 2,1 Millionen US-$ mit einem Mitteleinsatz unter 1 Million US-$ (Abschlag von über 50 %, s. Tabelle 1) von privaten Banken auf und stellte dafür von der Regierung erhaltene Gegenmittel in lokaler Währung für diverse Umweltschutzprojekte zur Verfügung. Es geht vor allem um die Erhaltung der vielfach bedrohten Tropenwaldreserven auf der Insel, die ca. 130.000 Arten enthalten, die es nur auf Madagaskar gibt. Mit den freigewordenen Mitteln sollen 400 Parkwächter beschäftigt und mehrere Umweltschutzprojekte in 12 Nationalparks und mehreren kleinen Biosphären finanziert werden. In den Umweltschutzprojekten des WWF geht es um realistische Alternativen für die lokale Bevölkerung, die bisher auf den Tropenwald zur Beschaffung von Brenn- und Baumaterialien angewiesen war. Dabei müssen lokale Umweltschutzgruppen erst entstehen: die Parkwächter sind Angestellte der verschiedenen Ministerien. Schwierige Aufgabe des WWF wird es sein, in drohenden Konflikten zwischen Staatsgewalt und lokalen Bedürfnissen zu vermitteln, indem gangbare Wege aufgezeigt werden, den Wald zu nutzen, ohne ihn zu vernichten.

Der bisher jüngste Debt-for-Nature Swap wurde zu Beginn des Jahres 1990 aus der Dominikanischen Republik gemeldet[11]. In einem auf vier Jahre angelegten Zeitraum können kommerzielle Schulden im Nominalwert von bis zu 80 Millionen US-$ in lokale Schuldverschreibungen umgewandelt werden, die der bedrohten Umwelt auf der Karibikinsel zugutekommen sollen. In einem ersten Schritt hat dabei die amerikanische "Nature Conservancy" Schuldtitel im Nominalwert von 582,000 US-$ aufgekauft. Das geplante gesamte Debt-for-Nature-Programm der Dominikanischen Republik stellt die bisherigen Größenordnungen in einem Punkt in eine neue Dimension: innerhalb von vier Jahren könnte der Gegenwert von ca. zehn Prozent der gesamten kommerziellen Schulden des Landes in das Umweltprogramm fließen. Bisher hatten Debt-for-Nature Swaps nur im Falle von Costa Rica - fünf Prozent der kommerziellen Schulden - eine nennenswerte Dimension erreicht.

Zur Zeit soll es Gespräche um eine Reihe weiterer Debt-for-Nature Swaps geben, unter anderem in Peru, Argentinien, Venezuela, Mexiko, Jamaica, der Côte d'Ivoire, Nigeria, Kamerun, Zaire, Niger und Indonesien. Das Modell wird auch für die schwierige ökologische Umorientierung in den reformwilligen osteuropäischen Staaten diskutiert.

Neben den bereits realisierten Swaps gab es allerdings auch einen Fall, in dem es nach zähen und langwierigen Verhandlungen nicht zum Abschluß kam. Den Protagonisten des Instruments erschien von Anfang an ein Land in Südamerika als der ideale Kandidat für diese Verbindung von Schuldenerlaß und Naturschutz: Brasilien[12]. Das Land hat einen Anteil von fast 10 Prozent an den gesamten Schulden der Dritten Welt und verfügt mit dem riesigen - gleichwohl zunehmend stärker bedrohten - Amazonas-Becken über etwa 30 Prozent der weltweit verbliebenen Regenwälder. Anfang 1989 wurden detaillierte Verhandlungen geführt, um brasilianische Schuldentitel im Nominalwert von bis zu 8 Milliarden US-$ in einen Debt-For-Nature Swap einzubringen. Das wäre für das Konzept eine völlig neue finanzielle Dimension gewesen, die ausgereicht hätte, weite Teile des Amazonas-Beckens zu schützen. Nach einem Besuch von zwei US-amerikanischen Senatoren in Brasilien, die das Instrument allzu energisch durchzusetzen versuchten, erklärte der damalige Präsident Sarney, daß Debt-For-Nature Swaps für Brasilien nicht in Frage kämen. Sarney stellte ein ambitiöses eigenes Umweltprogramm vor und erklärte, daß Swaps letztlich nur eine Rückkehr zum einstigen Kolonialsystem bedeuten würden[13]. Brasilien verlöre die Kontrolle über sein reiches Amazonas-Becken; den ausländischen Interessen aus dem Norden ginge es vornehmlich um das globale Klima, nicht aber um Brasiliens drängende ökonomische und soziale Probleme.

Durch ungeschicktes Verhalten wurde das Thema Debt-For-Nature Swap damit in den beginnenden brasilianischen Wahlkampf hineingezogen. Erst unter der neugewählten Regierung Collor de Mello wird einer Verbindung von Schuldenerlaß gegen Naturschutzverpflichtung wieder eine größere Chance eingeräumt.

4. Debt-For-Nature Swaps: Pro und Contra

Der Fall Brasilien macht nachdrücklich klar, wie sensibel die Materie von allen Beteiligten gehandhabt werden muß. Souveränitätsfragen, ethische und moralische Verletzbarkeiten und nationalistische Vorbehalte belasten ohnehin die gesamte Verschuldungsdebatte. Aus der Sicht vieler Staaten der Dritten Welt wurden ihnen die Gelder in den 1970er Jahren von den privaten Banken geradezu für Projekte und Investitionen aufgezwungen. Die Petrodollars mußten um jeden Preis in die Weltwirtschaft reintegriert werden. Heute bestehen die Banken und ihre Regierungen aus dem Norden darauf, daß die Dritte Welt auch noch die Zeche für diesen schlechten Rat zahlen soll[14]. Demnach könnte schon das Eingehen auf einen Debt-For-Nature Swap eine Akzeptanz der moralischen Legitimität der Forderungen der Gläubiger bedeuten. Wiederum wäre es der Norden - jetzt durch weltweit operierende Umweltschutzorganisationen wie den

WWF -, der die Tagesordnung dominiert und entscheidet, wie und zu welchem Zweck Ressourcen gebunden werden sollten. Aus der Sicht vieler Staaten und Menschen aus der Dritten Welt geht es stattdessen prioritär um etwas anderes: den raschen und vollständigen Schuldenerlaß. Debt-For-Nature Swaps bewegen sich dagegen nur im Rahmen der "marktgerechten" Formen, die keine durchgreifende Lösung in Aussicht stellen und allenfalls kosmetisch wirken können.

Kritisiert werden die Swaps auch wegen ihres geringen Umfangs. Bei Gesamtverbindlichkeiten von 1.300 Milliarden US-$ sind die bisherigen Größenordnungen von noch nicht einmal 100 Millionen US-$ nicht mehr als der berühmte Tropfen auf den heißen Stein. Die finanziellen Möglichkeiten von Natur- und Umweltschutzverbänden aus dem Norden geraten rasch an ihre Grenzen. Gäbe es mehr und umfangreichere Swaps, wären zudem die Privatbanken dazu in der Lage, die Abschläge auf den Nominalwert zu reduzieren. Der Preis für die Schuldentitel würde steigen - zum Nutzen der privaten Banken. Die komplizierten Verhandlungen und die langwierige Prozedur bis zum Anlaufen einer DebtforNature Vereinbarung lohnen aus der Sicht der Natur- und Umweltschutzverbände aus dem Norden allerdings auch nur, wenn der Abschlag auf den Nominalwert der Schuldtitel über 50 Prozent beträgt. Anderseits würde ein drastischer Verfall der Sätze auf den Sekundärmärkten die mögliche Hebelwirkung der Swaps in Frage stellen. Wenn Schuldner fest damit rechnen können, daß ihre Schulden ohnehin nicht mehr beglichen werden müssen, werden sie auch weniger dazu bereit sein, sich auf die langwierigen Verhandlungen über einen Debt-for-Nature Swap einzulassen und sich auf Jahre in einen bestimmten Bereich ihrer nationalen Politik hereinreden zu lassen. Es wird deutlich: Debt-for-Nature Swaps sind nur für die gegenwärtige Phase der Verschuldungskrise anwendbar; jede weitergehende Lösung des Problems - oder auch das fortgesetzte Aussitzen mit der Umwandlung von nichtbezahlberen Zinsen und Tilgung in noch höhere Verschuldung, die noch weniger rückzahlbar wird - setzt dem Ansatz mittelfristig klare Grenzen.

Auch die Probleme mit der Implementierung werden gegen diese neuen Instrumente ins Feld geführt. Es besteht die Gefahr, daß die Regierung eines beliebigen Dritte-Welt-Landes lediglich die Notenpresse bedient, um den eingegangenen Verpflichtungen nachzukommen. Außerdem gibt es keine Gewähr dafür, daß den Natur- und Umweltschutzverbänden des Südens - so sie überhaupt gefunden werden - wirklich ausreichende Kontroll- und Sanktionsmöglichkeiten in ihren Gebieten eingeräumt werden. Im Gegenteil - unabhängige Gruppen geraten womöglich auf diesem Wege unter die Kontrolle und direkte Aufsicht der nationalen Bürokratien. In den bisherigen beiden Swaps in Afrika müssen die Geber aus dem Norden zudem entgegen ihrer ursprünglichen Absicht mit Regierungsorganisationen zusammenarbeiten, deren Interessen sich nicht immer und vor allem nicht auch in Zukunft mit denen der Interessenten aus dem Norden decken müssen. An der konkreten Projektpolitik vor Ort wird u.a. kritisiert, daß dabei z.T. in Randbereichen der Biosphären Konzepte verfolgt werden - wirtschaftliche Holznutzung, Wiederaufforstung mit schnellwachsenden Industrieholzarten -, die mit Erhaltung des natürlichen Regenwaldes nur wenig zu tun haben.

Die Befürworter von Debt-For-Nature Swaps argumentieren dagegen, daß man das Instrument ohnenhin hoffnungslos überfordern würde, wolle man damit die Verschuldungskrise lösen. Die Swaps sind lediglich ein Weg, um die Krise zu begrenzen und in ihren verhängnisvollen Konsequenzen - der gnadenlosen Zerstörung der Umwelt - zu bekämpfen. Auch in diesem Lager hofft man auf einen baldigen Schuldenerlaß. Debt-For-Nature Swaps helfen in der Zwischenzeit beim Sammeln von Erfahrungen, wie man konkrete Umweltschutzpolitik unter den schwierigen Bedingungen in der Dritten Welt schaffen und ausbauen kann. Das Beharren auf einem sofortigen Schuldenerlaß mag moralisch gerechtfertigt sein, der täglich mehr zerstörten Umwelt hilft es jedoch nicht. Entstanden ist die Idee natürlich nicht zuletzt auch deshalb, weil auf diesem Wege den Natur- und Umweltschutzverbänden aus den USA der Zugang zu bisher verschlossenen Spendern erleichtert wurde.

Der WWF und andere Organisationen haben seit dem ersten Swap mit Bolivien im Jahre 1987 stets versucht, die Kritik zu berücksichtigen. Land wurde nicht mehr direkt erworben, die Zahlungen in nationaler Währung wurden über lange Zeiträume gestreckt, die Verträge wurden mit Kündigungsklauseln versehen und man hat sich darum bemüht, die Teilnahme lokaler Gruppen und Verbände auszuweiten. Kontrovers beurteilt wird, wie effektiv die lokalen NGOs arbeiten und inwieweit sie tatsächlich die Bevölkerung repräsentieren. In einigen Fällen - Haribon Foundation auf den Philippinen, Fundación Natura in Ecuador, Lidema in Bolivien, Pronatura in der Dominikanischen Republik - wurden lokale NGOs ausgewählt, die in den jeweiligen Ländern nicht nur unkritisch beurteilt werden. Ebenso wird der Erfolg der bisherigen Umweltschutzprojekte angezweifelt[15].

Es mag zu früh erscheinen, hier ohne Feldforschung und Vergleich der verschiedenen Projekte in verschiedenen Ländern ein abschließendes Urteil zu fällen, zumal gute und erfolgreiche Umweltschutzprojekte vor allem Zeit brauchen, um auf solider Basis wachsen zu können[16]. Der Streit um die "richtige" Projektkonzeption sollte auch nicht der Grund sein, warum man Debt-for-Nature Swaps befürwortet oder nicht. Nur eines ist sicher: Die Alternative - überhaupt keine Umweltschutzmaßnahmen auf absehbare Zeit - würde weder der Umwelt helfen, noch dazu beitragen, lokale Antworten zu finden und Erfahrungen in diesem Bereich zu sammeln.

Debt-For-Nature Swaps tragen dazu bei, den konkreten, sachbezogenen Dialog zwischen Nord und Süd wiederaufzunehmen. Dabei reden nicht nur Regierungen wieder miteinander, sondern auch die privaten Banken werden an ihre Mitverantwortung erinnert. Zudem besteht hier die Möglichkeit, daß basisnahe NGOs - und damit die betroffenen und die interessierten Menschen - dezentral und lokal begrenzt mitbestimmen können. Wo es diese NGOs noch nicht gibt, helfen die Swaps bei ihrer Entstehung und sorgen dafür, daß das Umweltbewußtsein in den betreffenden Staaten der Dritten Welt gesteigert wird.

Der Treibhauseffekt ist ein Musterbeispiel für die notwendige weltweite Zusammenarbeit und für eine neue Form von Interdependenz. Der Süden hat in diesem Zusammenhang einen Vorteil, der noch nicht überall wahrgenommen wurde. Hier gibt es große Areale, die bisher nicht in die ökonomische Verwertung einbezogen wurden, deren Wert aber immer stärker darin zu suchen sein wird, daß es bei diesem Zustand bleibt. Debt-For-Nature Swaps sind ein Weg, bei dem von allen Beteiligten eingesehen werden kann, daß in dieser Zukunftsfrage Kooperation einer weiteren Konfrontation vorzuziehen ist.

5. Ausblick: Der langfristige Vorteil

Der Wandel in der Konzeption von Debt-For-Nature Swaps zeigt einen Lernprozeß auf, bei dem klar werden muß, daß ohne eine Lösung der zugrundeliegenden ökonomischen Probleme, die zum Zusammenbruch der Ökosysteme in der Dritten Welt führen, eine langfristige Lösung nicht möglich ist. Es kann nicht darum gehen, Regenwald einzuzäunen und bewachen zu lassen. Benötigt werden langfristig gesicherte Mittelzuflüsse, um Wege aufzeigen zu können, wie die natürlichen Ressourcen zum Wohle der lokalen Bevölkerung so genutzt werden können, daß sie auf Dauer erhalten bleiben. Dieses Vorhaben muß daher auch mit der betroffenen Bevölkerung umgesetzt werden, nicht gegen sie. Debt-for-Nature Swaps verschaffen den Schuldnern die Möglichkeit, Herausforderungen zu begegnen, die kurzfristig und unter den Zwängen der Budgetdisziplin und der Konkurrenz um äußerst knappe finanzielle Mittel sonst kaum eine Chance hätten. Der angenehme Nebeneffekt eines schrumpfenden Schuldendienstes sollte dabei vor den erstgenannten Möglichkeit in den Hintergrund treten.

Langfristig ist die ökologisch sinnvolle Nutzung tropischer Regenwälder auch ökonomisch der kurzfristigen Abholzung überlegen. Es geht darum, die kurzfristigen Zwänge so lange zu überbrücken, bis die längerfristigen Konzepte ihre Überlegenheit auch tatsächlich beweisen können. Debt-For-Nature Swaps helfen, diese Erkenntnisse umzusetzen. Man überfordert diesen Ansatz, wenn man mehr erwartet.

Anmerkung

1. Es ist sicher kein Zufall, daß die 14 größten Schuldnerstaaten der Dritten
    Welt Entwaldungsraten erreicht haben, die noch in den 1970er Jahren
    schwer vorstellbar gewesen wären. Vgl. K. von Moltke und P. J. DeLong:
    "Negotiating in the global arena: debtfor-nature swaps", in: *Resolve*, No. 22,
    1990, S. 4.
2. In der Formulierung von C. Radtke und B. Unmüssig: "Debt-For Nature
    Swaps", in: *VDW intern*, Nr. 80, 1989, S. 11: "Die Schuldenkrise führt in den
    Ökozid."
3. Hierbei steht naturgemäß die Gewinnerwartung - nicht etwa ein soziales
    oder umweltbestimmtes Motiv - im Vordergrund.
4. Thomas E. Lovejoy, der damalige 'Executive Vice-President for Science' des
    WWF stellte das Konzept in der New York Times vor: "Debtor nations
    willing to protect natural resources could be made eligible for discounts or
    credits against their debts." T. E. Lovejoy: "Aid Debtor Nation's Ecology",
    in: *New York Times*, vom 4. 10. 1984.
5. Vgl. H. Bedarff, B. Holznagel und C. Jakobeit: "Debt-For-Nature Swaps:
    Environmental Colonialism or a Way Out from the Debt Crisis that Makes
    Sense?", in: *Verfassung und Recht in Übersee*, Nr. 4, 1989, S. 446-449. Vgl.
    auch Dies.: "Schuldenerlaß gegen Naturschutz, Debt-For-Nature Swaps -
    Ausweg oder Irrweg?" in: *Entwicklungspolitische Korrespondenz*, Nr. 4, 1990,
    S. 27-29.
6. Im November 1987 erließ das US-amerikanische Finanzministerium die
    "Revenue Ruling 87-124", mit der amerikanischen Spendern die Möglichkeit
    gegeben wurde, Steuerabzüge auf den Nominalwert (und nicht nur auf den
    z.T. erheblich kleineren tatsächlichen Gegenwartswert bei der Transkation)
    der Schulden geltend zu machen. Vgl. T. A. Hyde: *U.S. Taxes: The Issues*,
    und dies.: *U.S. Taxes: A Summary*, Washington, D.C.: WWF-USA, o.J.
7. Vgl. B. Cody: *Debt-For-Nature Swaps in Developing Countries: An Overview
    of Recent Conservation Efforts*, Congressional Research Service, The Library
    of Congress, Sept. 22, Washington, D.C., 1988, S. 18 f.
8. Vgl. zu den ersten Debt-For-Nature Swaps: R. P. Ball: *Debt-For-Nature
    Swaps: An Innovative Way to Finance Conservation*, Woodrow Wilson
    School, Princeton University, May 1989 (unveröffentl. Manuskript), S. 18-27,
    sowie H. Schreiber, *"Debt-For-Nature Swap" - An Instrument against Debt
    and Environmental Destruction*, Institut für Europäische Umweltpolitik,
    Bonn, Januar 1989, S. 20-24.
9. Daneben haben mehrere Industriestaaten damit begonnen, die für viele
    afrikanische Staaten bedeutsameren bilateralen öffentlichen Schulden gegen
    Naturschutzverpflichtungen zu erlassen.

10. U.a. von der amerikanischen Entwicklungsbehörde US-AID, aber auch von der Deutschen Bank.

11. Angaben von "The Nature Conservancy", Washington, D.C.

12. Vgl. B. Bramble and B. H. Millikan: *External Debt, Democratization, And Natural Resources In Developing Countries: The Case of Brazil*, National Wildlife Federation, Washington, D.C., June 27, 1989.

13. Vgl. J. Brooke: "Brazil Wants Foreign Aid to Fight Pollution, but No Strings", in: *New York Times*, vom 31.3.1989.

14. Vgl. J. Cartwright: "Conserving nature, decreasing debt", in: *Third World Quarterly*, Vol. 11, Nr. 2, April 1989, S. 114-127.

15. Vgl. Radtke/Unmüssig, a.a.O., S. 12 f. 16. Vgl. D. Page: "Debt-for-Nature Swaps - Experience Gained, Lessons Learned", in: *International Environmental Affairs*, Vol. 1, No. 4, Fall 1989, S. 286.

Teil III:

Wachstum des Energieverbrauchs in Entwicklungsländern ohne Verstärkung des Treibhauseffekts - Ist das möglich?

Perspektiven der Indischen Energiepolitik: Klimadiskussion, Umweltprobleme, Wirtschaftswachstum und Energiebedarf

Stephan Paulus

"The quantity of energy a nation needs
is largely determined
by what it is trying to do"

(Mintzer 1988: 30)

1. Einleitung

Die Globalisierung der Umweltprobleme, die sich in Phänomenen wie dem "Treibhauseffekt" und dem "Ozonloch" kristallisiert, wird Folgen für die Nord-Süd-Beziehungen haben. Zwar findet unbestritten das Gros der Umweltverschmutzung und des Ressourcenverbrauchs in den Industrieländern statt. Aber trotz Armut und materieller Unterversorgung unter großen Teilen der Bevölkerung in Ländern der Dritten Welt sehen sich auch die Entwicklungsländer wachsendem Druck seitens der Länder des Nordens ausgesetzt, ihren Beitrag zur ökologischen Sanierung des "Raumschiffs Erde" (K. Boulding) zu leisten.

Jene Anschauung, die Indiens ersten Premierminister Jawarhalal Nehru dazu verleitete, Staudämme und rauchende Schlote als die "neuen Tempel" Indiens zu bezeichnen, ist vielerorts in Verruf geraten. Vor allem die Verbrennung fossiler Energieträger und die weltweite Abholzung der Wälder werden für den Anstieg der Konzentrationen von Klimagasen in der Erdatmosphäre verantwortlich gemacht. Die Globalität und Komplexität der Zusammenhänge haben zur Folge, daß die Befunde noch umstritten sind. Hier können und sollen nicht die Details dieser "Klimadiskussion" zum Thema gemacht werden. Ich beziehe mich auf das, was inzwischen als Grundkonsens ausgemacht werden kann (vgl. z.B. Betz, Hein, 1988; WRI, IIFED 1987; Abrahamson 1989). Es ist zu erwarten, daß im Rahmen internationaler Verhandlungen früher oder später eine "Klimakonvention" verabschiedet wird mit dem Ziel, in einem festgelegten Zeitraum (15-25 Jahre) die Emissionen von Klimagasen weltweit um einen bestimmten Prozentsatz (20-25%) zu reduzieren. Eine der kritischen Fragen in diesem Zusammenhang ist, wie die damit verbundenen Lasten auf die einzelnen Länder verteilt werden sollen.

"Ihr habt uns den Schlamassel eingebrockt, jetzt müßt Ihr zahlen, um den Schaden zu beheben", so die indische Umweltministerin Maneka Gandhi auf der Londoner Ozonkonferenz im Juni 1990 (Krönig, 1990). Indien steht derartigen Abkommen grundsätzlich eher reserviert gegenüber und begründet dies mit dem Hinweis, daß solche Forderungen mit bestehenden Entwicklungsplänen konfligierten, die notwendigen Finanzmittel nicht verfügbar seien und eine technologische Mitverantwortung der Industrieländer für die Emissionen von Klimagasen in Indien und anderen Entwicklungsländern bestehe. Nur begrenzt tragfähig ist allerdings die These, Klimagasemissionen seien allein ein Problem der Industrieländer. Abbildung 1 verdeutlicht, daß aus Indien immerhin 2,2% der CO_2-Emissionen kommen: das Land lag damit 1982 weltweit an zehnter Stelle. Der Anteil der Entwicklungsländer insgesamt aber lag mit rund 13% weit unter dem Anteil der USA allein.

Die Fragestellung hier ist es, die Probleme der indischen Energiepolitik darzustellen und Perspektiven aufzuzeigen, die die indische Wirtschaft auf einen Weg bringen könnten, der sich dem Ziel einer Eindämmung des Ausstoßes von Klimagasen, insbesondere von Kohlendioxyd (CO_2), nähert, anstatt sich weiter zu entfernen. Dabei werden die Struktur der Energieversorgung, die Effizienz der Energienutzung und der Strukturwandel der indischen Wirtschaft in den Vordergrund gestellt.

Abb. 1

Weltweite CO₂ -Emissionen 1982

Länder	CO₂-Emissionen (Mill.t/Jahr)	Anteil (%)
USA	4 166	23,9
UdSSR	3306	19,0
Japan	831	4,8
BRD	666	3,8
Industrieländer insges.[1]	12637	72,4
China	1516	8,7
Indien	386	2,2
Mexiko	270	1,6
Brasilien	152	0,9
Entwicklungsländer insg.	2324	13,4
Andere	2456	14,1
Weltweit	17417	100,0

1) Inklusive Osteuropa
Quelle: Bach 1988

Vorab sei vermerkt, daß die globalen Umweltprobleme aus indischer Sicht nur ein - und zudem nur langfristig wirksamer - Faktor sind, der einen Anpassungsdruck auf die indische Wirtschafts und Energiepolitik ausübt. Kurz- und mittelfristig drängende Probleme, zu denen materielle Unterversorgung, Unterbeschäftigung, Zahlungsbilanzengpässe, Energieengpässe, aber auch eine sich gefährlich zuspitzende Umweltkrise gehören, warten auf eine Lösung. Eine Politik, die die indische Regierung ohne Rücksicht auf diese Probleme einseitig auf eine Senkung von Klimagasemissionen verpflichten würde, wäre in dieser Situation kaum realistisch. Es muß also um die Suche nach "Synergieeffekten" gehen, die allen diesen Problemen in möglichst hohem Ausmaß gerecht werden.

"Sustainable Development", im deutschen Sprachgebrauch als "dauerhafte", "nachhaltige" oder - vielleicht am treffendsten - "zukunftsfähige Entwicklung" tituliert, dient dabei als Leitbild für die Argumentation. Von der Brundtland-Kommission allgemein als "development that meets the needs of the present without compromising the ability of future generations to meet their own needs" definiert (WCED 1987: 43), ist der Begriff allerdings recht vage geblieben. Unterschiedliche Denkschulen, von den "cornucopian technocentrists" bis zu den "deep ecology ecocentrists" (vgl. hierzu u.a. Turner 1988 a; Pearce et al. 1988), belegen den Begriff mit verschiedenen und zum Teil widersprüchlichen Inhalten. Diese Debatte kann hier nicht im Einzelnen nachvollzogen werden.

Aus der Erkenntnis des Konfliktes zwischen "Wirtschaft und Umwelt" folgt aber nicht unmittelbar, daß ein trade off, gewissermaßen eine Wahlmöglichkeit, bestünde. Mit Blick auf Indien wäre eine Entwicklung ohne wirtschaftliches Wachstum angesichts der extremen Armut, der ungleichen Einkommensverteilung und nicht zuletzt der immensen armutsbedingten Umweltprobleme jenseits aller politischen wie ökonomischen Realitäten. "Zukunftsfähige Entwicklung" in Indien setzt eine neue Symbiose zwischen Mensch und Natur voraus, die ausdrücklich Wachstum mit einschließt. "A fixed relation between the rate of environmental pollution and the rate of economic growth would apply, if the consumption patterns, the uses of resources and the technological choices were not amendable to purposive change. Therefore, instead of questioning growth as such, one should actively explore alternative patterns of growth that minimize the negative ... environmental effects and the use of depletable resources. The challenge is to redefine the actual forms of economic growth, i.e., to redefine qualitative growth" (Simonis 1990: 14)

"Zukunftsfähige Entwicklung" wird hier also verstanden als "sustainable growth policy". "In principle, such an optimal policy would seek to maintain an 'acceptable' rate of growth in per capita incomes without depleting the national capital asset stock or the natural environmental asset stock... Such a comprehensive

Stephan Paulus

policy would be one that explicitly considered in one management framework all residuals, environmental media and feedback mechanisms between and among both residuals and media" (Turner 1988 b: 12).

2. Wirtschaftliche Entwicklung und Energieverbrauch Indiens

Abb. 2

Indiens Wirtschaft im Überblick (1987)
–Im Vergleich zu Entwicklungsländern insgesamt–

	Indien	Entwicklungsländer[1]
Bevölkerung (Mio)	795,5	3861,4
Bev.-Wachstum (%)	2,1	2,0
BIP/Kopf (US $)	300	700
Lebenserwartung	58	62
Jährl. Wachstumsrate 1980–1987 (%)		
BSP	4,6	4,0
Landw.	0,8	3,4
Industrie	7,2	5,1
Dienstleistungen	6,1	3,6
Pro Kopf-Einkommen (1965–87)	1,8	2,7
Primärenergieverbrauch/Kopf (kgoe)	208	503
Jährl. Zuwachsrate 1980–87 (%)		
Energieverbrauch	6,0	3,5
Energieproduktion	8,1	3,7

1) "Low Income" und "Middle Income Countries"
Quelle: Worldbank 1989

Abbildung 2 zeigt einige ausgewählte Grunddaten zur indischen Wirtschaft im Vergleich zu allen Entwicklungsländern. Mit einem Pro-Kopf-Einkommen von 300 US $ gehört Indien zu den "Least Developed Countries" (LLDC's). Relativ langsames gesamtwirtschaftliches Wachstum bis in die siebziger Jahre und vergleichsweise hohe Bevölkerungszuwächse hielten den Anstieg der Pro-Kopf-Einkommen gering. Seit Beginn der achtziger Jahre hat die wirtschaftliche Dynamik zugenommen und ist, wie die sektoralen Zuwachsraten zeigen, vor allem durch den Industrie-und den Dienstleistungssektor bedingt gewesen. Der Energieverbrauch pro Kopf ist im Vergleich zum Durchschnitt der Entwicklungsländer gering. Er beträgt sogar nur 4,2% dessen, was in Industrieländern üblich ist (4953 kgoe - Kilogramm oil equivalent; Weltbank 1989).

Abb. 3

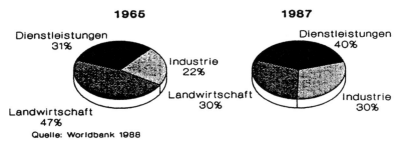

Wirtschaftsstruktur Indiens 1965 und 1987
-Anteile der Wirtschaftssektoren am BSP-

Der sektorale Strukturwandel ging, wie Abbildung 3 verdeutlicht, zu Lasten des Anteils der Landwirtschaft am Bruttosozialprodukt. Indiens Armutsprobleme allerdings wurden durch die zunehmende Industrialisierung und den Ausbau des tertiären Sektors nicht gelöst. Weiterhin leben ca. 300 Millionen Menschen unterhalb der Armutsgrenze. Insgesamt ist Indien wirtschaftlich und sozial durch extreme Disparitäten gekennzeichnet. Das Land gehört einerseits, gemessen am absoluten Produktionsvolumen, zu den zehn größten Industrieländern der Welt und produziert Satelliten, Computer und Kernkraftwerke. Andererseits gehen Millionen Menschen traditionellen Wirtschaftsformen nach und profitieren kaum von der wirtschaftlichen Entwicklung.

Die Problematik des Verhältnisses von wirtschaftlicher Entwicklung und Energieverbrauch, gerade auch hinsichtlich der Umweltund Klimaaspekte, wird durch Abbildung 4 verdeutlicht. Sie zeigt die Entwicklung des indischen Bruttosozialprodukts im Zeitraum von 1970-88 im Vergleich zum Primärenergieverbrauch und einigen ausgewählten energieintensiven Sektoren (Industrie, Rohstahl, Zement).

Danach war der wirtschaftliche Strukturwandel in Indien äußerst energie- und resourcenintensiv: die Wachstumsraten der genannten Sektoren und des Primärenergieverbrauchs lagen praktisch im gesamten Zeitraum über der Wachstumsrate des Bruttosozialprodukts. Eine Entkopplung von Wirtschaftswachstum und Energieverbrauch, wie sie beginnend mit den siebziger Jahren in westlichen Industrieländern und auch einigen Schwellenländern zu beobachten war (vgl.

Abb. 4

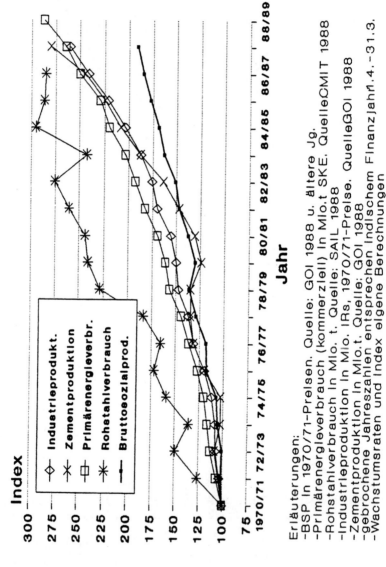

Resourcenintensives Wachstum
-Indien 1970/71-1987/88 (1970/71=100)-

Index

◇ Industrieprodukt.
✳ Zementproduktion
☐ Primärenergieverbr.
✳ Rohstahlverbrauch
● Bruttosozialprod.

Jahr

Erläuterungen:
-BSP in 1970/71-Preisen. Quelle: GOI 1988 u. ältere Jg.
-Primärenergieverbrauch (kommerziell) in Mio.t SKE. QuelleCMIT 1988
-Rohstahlverbrauch in Mio. t. Quelle: SAIL 1988
-Industrieproduktion in Mio. IRs, 1970/71-Preise. QuelleGOI 1988
-Zementproduktion in Mio.t. Quelle: GOI 1988
-gebrochene Jahreszahlen entsprechen indischem Finanzjahr1.4.-31.3.
-Wachstumsraten und Index eigene Berechnungen

hierzu: Jänicke et.al. 1989), hat in Indien nicht stattgefunden. Die Energieelastizität der indischen Wirtschaft lag 1985-87 mit einem Wert von 1,45 trotz eines
leichten Absinkens (1980-82 lag sie bei 1,62; GOI 1989: 35) immer noch vergleichsweise hoch. In Indien wird, gemessen in Einheiten des Bruttosozialprodukts, mit einer Einheit Energie nur 52% dessen produziert, was in Industrieländern üblich ist (PCRA 1988): ein weiterer Hinweis auf die hohe Energieintensität der indischen Wirtschaftsentwicklung.

Eine Fortsetzung dieser Entwicklung, auf deren Gründe noch eingegangen wird,
würde die indische Energiepolitik und auch die Umweltpolitik vor große Probleme stellen. Sie stünde auch einer Senkung der Emissionen von Klimagasen
(insbes. CO_2) und der Schonung natürlicher, vor allem nicht-regenerierbarer
Resourcen im Wege. Dies gilt umso mehr, als der Energieverbrauch pro Kopf,
vor allem unter den armen Bevölkerungsschichten, in der Zukunft noch ansteigt-
gen wird und muß.

3.   Probleme der Energieversorgung

3.1.   Kommerzielle Energieversorgung

Abb. 5

Der Energiesektor im 7. Fünfjahresplan
-staatliche Investitionen 1985-90 in Mrd. IRs-

	Investitionen[1]	Anteil (%)
Elektrizitätsgewinnung	342,7	64,3
darunter: Erzeugung	213,0	(62,2)
Verteilung	91,9	(26,8)
ländl.Elektrifizierung	21,1	(6,2)
Modernisierung	9,7	(2,8)
Sonstige	5,9	(2,0)
Öl u. Gas	125,3	23,0
darunter:Explor./Förderung	105,5	(84,1)
Raffnerie/Marketing	19,7	(15,9)
Kohle	74,0	13,5
Regen.Energiequellen	5,2	0,9
darunter: Biogas	1,9	(36,5)
Solarenergie	0,2	(3,8)
holzsparende Öfen	0,4	(7,7)
Entw./Demonstration	1,2	(23,1)
Sonstige	1,5	(28,9)
Energie Gesamt	548,2	100,0
7.Plan Gesamt	1 800,0	--

1) Wechselkurs 1985 ca. 4 IRs/1 DM, 1990 ca. 9 IRs/1 DM
Quelle: GOI 1985; eigene Berechnungen

Der Energiesektor hatte in der indischen Wirtschaftspolitik und Planung seit jeher hohe Priorität. Ähnlich wie in vorangegangenen Fünfjahresplänen gingen auch im gerade abgelaufenen 7. Plan über 30% der staatlichen Investitionen in diesen Sektor. Abbildung 5 gibt einen Überblick über die Mittelverteilung. Den Löwenanteil der Investitionen verschlingt die Elektrizitätserzeugung, wobei der Ausbau der Kraftwerkskapazitäten höchste Priorität hat. Dies ist wegen der akuten Angebotslücke verständlich, spiegelt aber auch die "Tonnenideologie" vieler indischer Planer wider. Die dringend notwendige Modernisierung der bestehenden Kraftwerke (sie arbeiten teilweise mit einem Wirkungsgrad von nur 10-15%; vgl. Economic Scene 1986: 19) wird dabei sträflich vernachlässigt. Der Rest der Finanzmittel fließt in die Öl-, Gas und Kohlegewinnung bzw. -verarbeitung. Obwohl seit einigen Jahren ein eigenes Ministerium zu Förderung alternativer Energiequellen existiert ("Department of Non-Conventional Energy Sources"), sind die hierfür bereitgestellten Mittel äußerst gering. Sie flossen außerdem zum größten Teil in Forschungs- und Demonstrationsprojekte, die bisher zu keinem nennenswerten Anstieg des Anteils alternativer Energiequellen am Gesamtenergieverbrauch geführt haben (s. Kapitel 4.4). Zählt man zu den Energieinvestitionen im engeren Sinne die Beträge hinzu, die in anderen Ministerien für energiepolitisch relevante Zwecke bereitgestellt werden (u.a. 0,38 Milliarden DM aus dem Etat des Forschungsministeriums u. Teile der ca. 1,2 Milliarden DM für Aufforstung), so beträgt der Anteil der Energieinvestitionen am Planvolumen ungefähr 32% und ist damit der mit Abstand größte Einzelposten.

Abb. 6

Energiebilanz Indiens 1987/88[1]
-Mio.t Erdöleinheiten (mtoe)-

	Kohle	Öl,Gas Derivate	Strom[2]	Gesamt	% Primär- energie	% End- energie	Zuwachs 1980-88 (%)
Primärenergieeinsatz	88,20	58,30	4,42	151,35	100,0	--	63,9
darunter: Importe	1,45	22,00	--	23,45	15,5	--	-2,9
Energieangebot nach Umwandlung	42,27	46,94	13,32	102,53	67,8	--	51,5
Nicht-energetischer Verbrauch	--	8,91	--	8,91	5,9	--	68,5
Endenergieverbrauch	42,27	38,03	13,32	93,62	61,9	100,0	48,7
darunter: Landwirtschaft	--	0,45	3,17	3,62	--	3,9	125,0
Industrie	39,31	7,29	6,50	53,10	--	56,7	48,3
Transport	2,96	20,44	0,33	23,73	--	25,3	39,4
Haushalte	--	8,83	1,96	10,79	--	11,5	68,1
Sonstige	--	1,03	1,36	2,39	--	2,6	35,3

1) Ohne nicht-kommerzielle Energie
2) Thermische Kraftwerke, Wasserkraft, Kernenergie
Quelle: TERI 1989 (hier vereinfacht u. zusammengefaßt); eigene Berechnungen

Abbildung 6 zeigt eine vereinfachte Energiebilanz Indiens. Standbein der Energieversorgung ist, gemessen am Primärenergieeinsatz, die Kohle (Stein- u. Braunkohle 58%). Die jährliche Förderung ist seit 1975 um über 80% angestiegen, wobei die heute bekannten Vorräte bei einem unterstellten Zuwachs der Förderung von 4% p.a. noch ca. 130 Jahre ausreichen werden. Viel ungünstiger ist die Situation jedoch bei Öl und Gas. Ihr Anteil an der Energieversorgung wurde seit 1975, bedingt durch die Erschließung beachtlicher Lagerstätten in Indien, deutlich angehoben (Ölförderung p.a. +259%, Gasförderung p.a. +384% seit 1975; vgl. TERI 1990: 32). Die bekannten und förderwürdigen Vorräte würden allerdings beim gegenwärtigen Förderniveau bei Öl noch knapp 20 Jahre, bei Erdgas knapp 50 Jahre ausreichen. Der Selbstversorgungsgrad bei der Ölversorgung, der in jüngster Zeit auf über 60% angestiegen war, könnte bei einem weiteren Anstieg des Ölverbrauchs nicht aufrechterhalten werden und würde über zunehmende Ölimporte zu zusätzlichen Zahlungsbilanzproblemen führen.

Verantwortlich für den überproportionalen Anstieg des Ölverbrauchs ist nicht nur die insgesamt höhere Energienachfrage. Der Übergang von Dampf- auf Diesellokomotiven, der starke Zuwachs im Straßenverkehr (s.u.), der Ausbau petrochemischer Industrien sowie die mangelhafte und unzuverlässige Stromversorgung zählen zu den Ursachen: Industriebetriebe betreiben zunehmend eigene Dieselgeneratoren, um die Produktion aufrechterhalten zu können (Stromerzeugung der Industrie 1985/86 2351 GWH, immerhin 1% der gesamten Stromerzeugung; TERI 1990: 88).

Die Verluste bei der Energieumwandlung sind seit 1980 überproportional angestiegen (1980/81 24 mtoe, 1987/88 48 mtoe; TERI 1990: 6 ff). Mangels ausreichender Pipelines werden beispielsweise über 30% des geförderten Erdgases abgefackelt. Auch bei der Übertragung und Verteilung der Elektrizität entstehen Verluste, die 21,5% der Stromerzeugung ausmachen, wofür (neben dem illegalen und schwer quantifizierbaren "Anzapfen" von Stromleitungen) vor allem die Überalterung und mangelnde Wartung der Übertragungsnetze verantwortlich sind.

Hauptursache für die hohen Verlusten ist aber die ineffiziente Stromerzeugung, vor allem bei der Verbrennung fossiler Energieträger. Nur knapp 31% der in thermischen Kraftwerken eingesetzten Primärenergie steht als Elektrizität zur Verfügung, was auf veraltete Kraftwerkstechnologien zurückzuführen ist. Thermische Kraftwerke sind aber nach wie vor das mit Abstand wichtigste Standbein der indischen Stromerzeugung (vgl. Abbildung 7), gefolgt von Wasserkraftwerken. Die Kernenergie spielt gegenwärtig noch eine untergeordnete Rolle (z. Zt. sind 3 Kernkraftwerke á 2 Blöke in Betrieb; Kapazität jeweils unter 250 MW; 5 weitere sind im Bau).

Abb. 7

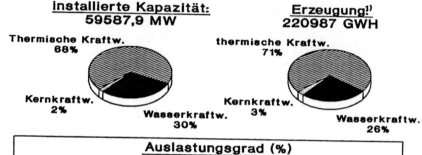

Indiens Stromerzeugung 1988/89
-Anteile in %-

Installierte Kapazität:
59587,9 MW

Thermische Kraftw. 68%

Kernkraftw. 2%

Wasserkraftw. 30%

Erzeugung:[1)]
220987 GWH

thermische Kraftw. 71%

Kernkraftw. 3%

Wasserkraftw. 26%

Auslastungsgrad (%)		
	1988/89	Rekordjahr
Wasserkraftw:	37,48	46,48 (1981/82)
therm.Kraftw:	44,19	47,86 (1987/88)
Kernkraftw:	49,78	49,78 (1988/89)
Durchschnitt:	42,33	44,96 (1975/76)

1) vorläufige Daten
Quelle: TERI 1990 u. CEA 1989

Der jährliche Auslastungsgrad der indischen Kraftwerke ist traditionell sehr niedrig (vgl. Abbildung 7). Bei Wasserkraftwerken hängt dies zum Teil mit den saisonal ungleichmäßigen Regenfällen und mit der Tatsache zusammen, daß Staudämme meist auch zur Bewässerung genutzt werden, was in der Verwendung der Wasserreserven je nach Saison Priorität hat. Der niedrige Auslastungsgrad der thermischen Kraftwerke hängt teilweise mit Engpässen bei der Kohleversorgung zusammen, wofür die Betreiber die staatlichen Eisenbahnen verantwortlich machen. Wegen Störfällen, Wartungsarbeiten und insgesamt recht ineffizientem Management sind sie, wie vor allem auch die Kernkraftwerke, häufig aber auch außer Betrieb. Gemessen am Strombedarf liegt die Angebotslücke bei ca. 10%.

Über die Hälfte der zur Verfügung stehenden kommerziellen Endenergie geht in den Industriesektor (vgl. Abbildung 5). Auch der Transportsektor (25,3%, aber 54% der Öl-/Gasenergie) und die privaten Haushalte (11,5%) haben hohe Anteile. Die Landwirtschaft, bisher mit einem Anteil von 3,9% eher marginal, wird durch zunehmende Mechanisierung und Bewässerung in der Zukunft noch erheblich zulegen, worauf auch die hohe Zuwachsrate seit 1980 (125%) hinweist.

3.2. Nicht-kommerzielle Energieversorgung

Die obige Darstellung hat die Nutzung nicht-kommerzieller Energiequellen wie Holz, Dung und landwirtschaftliche Abfälle völlig außer acht gelassen. Wie in den meisten Entwicklungsländern spielen sie in Indien eine große Rolle, wenn auch die Daten lückenhaft sind. Schätzungen zufolge wurden 1982 in indischen Haushalten 140 Millionen Tonnen Brennholz, 77 Millionen Tonnen Kuhdungfladen und 43 Millionen Tonnen landwirtschaftliche Abfälle verbraucht (CSE 1982: 148), meist zum Kochen, zur Warmwasserbereitung und zum Heizen.

Der Anteil nicht-kommerzieller Energiequellen an der gesamten Energieversorgung Indiens ist schwer zu quantifizieren. Er ist in den letzten Jahrzehnten zurückgegangen und liegt Schätzungen zufolge noch heute bei rund 50% der Endenergieversorgung. Der absolute Verbrauch steigt bisher noch an (vgl. TERI 1988: 24; Pendse 1989: 64; TERI 1990: 3). Nicht-kommerzielle Energiequellen decken drei Viertel des Energiebedarfs ländlicher Haushalte und knapp die Hälfte des Bedarfs städtischer Haushalte (CSE 1982: 149). Die nach wie vor sehr große Bedeutung dieser Energiequellen darf nicht darüber hinwegtäuschen, daß sie meist äußerst ineffizient genutzt werden. Die nutzbare Energieausbeute liegt in der Größenordnung von nur 6% (GOI 1985: II, 146).

Trotz staatlicher Subventionen geht die Substition nicht-kommerzieller Energiequellen vor allem durch Kerosin und LPG-Gas im Haushaltssektor und speziell in ländlichen Gebieten nur langsam voran. Brennholz wird, bei in jüngster Zeit drastisch steigenden Preisen, zunehmend gehandelt. Auch müssen Frauen häufig immer größere Wegstrecken zurücklegen, um ihren täglichen Bedarf an Holz zu decken. Dennoch werden knapp zwei Drittel des Brennholzes in ländlichen Gebieten (in Städten 15%) gesammelt und sind damit zwar nicht mit Geldausgaben, aber mit einem hohen Arbeitsaufwand verbunden. Unter den Bedingungen der Armut und Unterbeschäftigung ist die kostenfreie Selbstversorgung günstiger als der Kauf von Kerosin- bzw. Gasherden und der entsprechenden Brennstoffe. Traditionelle Verhaltensweisen und Versorgungsengpässe bei Kerosin und bei Gaszylindern tun ein Übriges, um den Substitutionsprozeß zu verlangsamen.

Bezieht man nicht-kommerzielle Energieformen in die Betrachtung der Energieversorgung mit ein, so ergibt sich ein völlig anderes Bild von der sektoralen Verteilung des Verbrauchs (vgl. Abbildung 8). Während die Haushalte nur 10% der kommerziellen Energie verbrauchen, liegt ihr Anteil am gesamten Energieverbrauch bei 50%, während die Anteile der übrigen Sektoren sich entsprechend verringern (Abweichungen zu Abbildung 5 erklären sich aus unterschiedlichen Quellen und Jahren). Wie in einem Entwicklungsland zu erwarten, ist damit der

Abb. 8

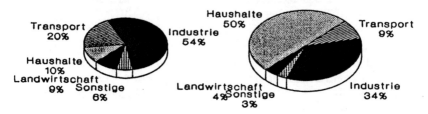

Indiens Gesamtenergieverbrauch
-Sektorale Verteilung 1982/83-

nur kommerz.Energie   **kommerz. u. nicht-kommerz.**

Transport 20%
Haushalte 10%
Landwirtschaft 9%   Sonstige 6%

Haushalte 50%
Industrie 54%
Landwirtschaft 4%   Sonstige 3%

Transport 9%
Industrie 34%

Quelle: Goldemberg 1987

Anteil am Energieverbrauch im hier noch relativ grundbedürfnisnahen Haushaltssektor wesentlich höher als in einem typischen Industrieland (Bundesrepublik: 29% bei steigender Tendenz; Umweltbundesamt 1989: 33). Trotz des geringen Industrialisierungsgrades ist aber in Indien der Anteil des industriellen Energieverbrauchs mit 34% relativ hoch und steigt weiter (Bundesrepublik: 29% bei sinkender Tendenz; Umweltbundesamt 1989: 33).

Abgesehen von der niedrigen Effizienz sind mit der umfangreichen Nutzung nicht-kommerzieller Energiequellen, vor allem dem Brennholz, große ökologische Probleme verbunden. Die Abholzung hat in Indien bedrohliche Ausmaße angenommen und ist mit Ursache für eine Kette von gravierenden Umweltproblemen, insbesondere der Verknappung von Grundwasser, der Bodenerosion, zunehmenden Überflutungen, der Versandung von Staudämmen usw. Von den 2,66 Millionen km^2 bebaubaren Landes (Gesamtfläche Indiens: 3,24 Millionen km^2) gelten 0,9 Millionen km^2 als soweit degeneriert, daß sie nicht mehr landwirtschaftlich nutzbar sind. Weitere 0,85 Millionen km^2 sind durch Abholzung, Bodenerosion, Versumpfung, Versalzung und andere Faktoren in ihrer Produktivität stark beeinträchtigt. Von den 0,67 Millionen km^2, die offiziell als Waldgebiete ausgewiesen sind, haben nur noch 0,28 Millionen km^2 eine Bodenbedeckung von mehr als 40% (Vohra 1987a: 3). Damit ist das 1952 gesetzte Ziel, wonach Indien eine geschlossene Waldfläche von 30% haben sollte, bei weitem verfehlt worden. Neuere Satellitenaufnahmen lassen befürchten, daß nur noch weniger als 10% Indiens bewaldet sind. Der Prozeß der Entwaldung geht ungebrochen voran: Jährlich werden ca. 1,5 Millionen Hektar abgeholzt, während nur 0,4 Millionen Hektar dauerhaft aufgeforstet werden (Vohra 1985: 27). Im Nordindischen Bundesstaat Himachal Pradesh ist die Waldfläche zwischen 1950 und 1982 von 38,5% auf 18% der Gesamtfläche zurückgegangen (CSE 1982: 37). In Andhra Pradesh werden jährlich 1,75 Millionen m³ Holz gefällt, während nur 0,77 m³ neu hinzukommen (Bowonder 1984: 8).

Mit dadurch bedingt fallen jährlich ca. 15 Milliarden Tonnen Boden der Erosion zum Opfer, wodurch - grob geschätzt - Kosten entstehen, die mit 10 Milliarden US $ etwas über 4% des indischen Bruttosozialprodukts ausmachen (Pachauri 1988: 14). Ausgedrückt in Bodennährwerten ist der Verlust in ganz Indien weit größer als die gesamte Zufuhr von industriell erzeugten, synthetischen Düngemitteln. Das Bett des Ganges ist bis 1982 um 0,5 m angestiegen, einer der Faktoren, die zur Folge haben, daß heute mehr als 40 Millionen Hektar, anstatt 20 Millionen Hektar im Jahr 1971, als durch Überflutungen bedroht gelten (CSE 1982: 4 ff.).

Brennholz macht knapp die Hälfte des Holzverbrauchs pro Kopf aus (TERI 1990: 112). Es wäre aber falsch, daraus zu schließen, daß die nicht-kommerzielle Nutzung von Brennholz Hauptursache der Abholzung ist. Noch beschränkt sich die ländliche Bevölkerung beim Holzsammeln soweit wie möglich auf trockene Zweige und tote Bäume. Die zunehmende Kommerzialisierung der Brennholzversorgung in den Städten und die anderen Nutzungsformen (Bauholz, Rundhölzer, Industriebedarf) sind viel eher für die Abholzung ganzer Waldflächen verantwortlich. Zum Beispiel hat die Papierindustrie die Bambuswälder in Südindien praktisch komplett aufgebraucht und bezieht ihre Rohstoffe inzwischen über tausende von Kilometern aus Assam im Nordosten des Landes. Allein für die Herstellung von Apfelkisten werden jährlich etwa 140.000 Bäume gefällt (CSE 1982: 37). In Neu-Delhi werden pro Jahr zwischen 7.500 und 12.500 Eisenbahnwagons Brennholz verbraucht. Der städtische Verbrauch insgesamt wird auf 14-20 Millionen Tonnen pro Jahr geschätzt - mit einem Wert, der mit über 5 Milliarden IRs die staatlichen Ausgaben für Wiederaufforstung im gesamten Zeitraum von 1950-1980 bei Weitem übersteigt (CSE 1985: 265 ff.).

Die Abholzung findet vor allem in Waldflächen statt, die von der öffentlichen Hand verwaltet werden (Bundesstaaten, Distrikte). Mangelnde Kontrolle, aber auch langfristige Nutzungsverträge mit zum Teil äußerst niedrigen Preisen,

Korruption und die Tatsache, daß Einnahmen aus der Forstwirtschaft eine
ergiebige Finanzquelle für die Bundesstaaten (die finanziell hauptsächlich auf
Zuweisungen der Zentralregierung angewiesen sind) sind, haben in ihrer Kombination zu diesem Raubbau geführt. Wälder, die über die dörfliche Selbstverwaltung genutzt werden, private und solche Wälder, die religiösen Schutz genießen (Tempelhaine etc.), sind in manchen Gegenden die letzten intakten Waldflächen. Staatliche Aufforstungsprogramme allein, selbst wenn sie massiv aufgestockt würden, sind schon aus diesem Grund keine Garantie für eine dauerhafte
Verbesserung der Situation.

Die Übernutzung der Holzresourcen, die schon heute zu einem bedrohlichen
Rückgang der Waldflächen führt, wird in einem Teufelskreis enden, wenn die
ländliche Bevölkerung gezwungen ist, mangels Masse nicht mehr vorwiegend
totes Holz zu nutzen, sondern selbst großflächig abzuholzen. Dieser Prozeß hat
bereits begonnen, zumal in jüngster Zeit wegen der Brennholzkrise auch landwirtschaftliche Abfälle auf dem Markt gehandelt werden und steigende städtische Brennholzpreise das illegale Handeln mit Holz für die ländlichen Armen
attraktiv macht.

4.   Perspektiven der indischen Energiepolitik

4.1   Wege aus der Energiekrise: Neue Prioritäten

Die bisherigen Ausführungen sollten gezeigt haben, daß sich Indien in einer
Energiekrise befindet, genauer in einer Öl-, Strom- und Brennholzkrise. Die
heute bekannten Ölreserven werden in weniger als zwanzig Jahren aufgebraucht
sein. Steigende Ölimporte werden die Zahlungsbilanzungleichgewichte weiter
vergrößern. Die Engpässe bei der Stromversorgung beeinträchtigen schon heute
die industrielle Produktivität spürbar. Ein Ausbau der Kapazitäten wird mit
einem ungeheuren Finanzaufwand verbunden sein, zumal in Indien die Ineffizienzen im Elektrizitätssektor zur Folge haben, daß zur Erzeugung von 1 KW
Strom eine installierte Kapazität von 8 KW notwendig ist (in den USA und in
Japan ist das Verhältnis 1/2; Mintzer 1988: 33). Zusätzliche Umweltbelastungen
durch thermische Kraftwerke, Wasserkraftwerke und Kernkraftwerke sind nicht
beliebig hinnehmbar (vgl. zu Luftqualitätsdaten: Paulus 1990). Die Übernutzung
der indischen Wälder hat schon heute Ausmaße erreicht, die zu gravierenden
Umweltproblemen führen.

Abb. 9

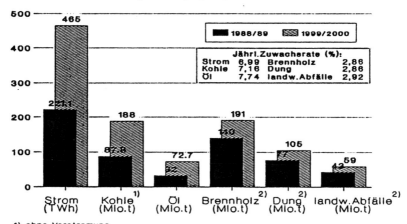

Indiens Energiebedarf im Jahr 2000
-Regierungsprojektionen-

1) ohne Verstromung
2) Daten für 1982 u. 2000
Quelle: CSE 1982; GOI 1985; TERI 1990; GOI 1990; eigeneBerechnungen

Wenn auch die indischen Planer die Problematik der Situation erkennen, liegt der Schwerpunkt der langfristigen Energiepolitik nach wie vor auf angebotsorientierten Strategien. Abbildung 9 zeigt anhand von Regierungsprojektionen, mit welchem Energiebedarf im Jahr 2000 gerechnet wird. Im Bereich der kommerziellen Energieträger liegen die durchschnittlichen jährlichen Zuwachsraten mit jeweils um 7% deutlich über dem erwarteten jährlichen Wirtschaftswachstum (5-6%, Landwirtschaft 2,4%, Industrie 7,8 %). Bei den nicht-kommerziellen Energieträgern wird mit etwas niedrigeren Wachstumsraten um knapp 3% gerechnet. Sollten diese Zahlen sich bestätigen, dürfte Indien bald an seine finanziellen, außenwirtschaftlichen und ökologischen Grenzen stoßen.

Die großen Explorationsanstrengungen der staatlichen Ölunternehmen mögen neue Reserven erschließen, aber selbst eine Steigerung der Förderung um jährlich knapp 8% dürfte mit Sicherheit zusätzliche Importe nötig machen. Heute, bei niedrigen Ölpreisen auf den Weltmärkten, machen Ölimporte 19% der indischen Exporterlöse aus (1980, vor Erschließung der indischen Ölfelder, waren es 78 %). Die Zahlungsbilanzsituation ist seit einigen Jahren angespannt und kann,

auch ohne zusätzliche Ölimporte, außer Kontrolle geraten. Vor allem deshalb
setzt die indische Regierung auf die heimische Kohle und auf den Ausbau der
Wasser- und Kernenergie. Doch auch hier gibt es Grenzen: Das hydroelektrische
Potential Indiens wird auf knapp 85.000 MW geschätzt und ist bei weitem nicht
ausgenutzt (Koshoo 1986: 155). Neben der heutigen Kapazität (vgl. Abbildung
10) sind Projekte mit einer Gesamtkapazität von knapp 22.000 MW im Bau. Die
Kontroversen um Großstaudämme wie Narmada legen jedoch nahe, daß die
Vernichtung umfangreicher, meist bewaldeter Flächen und vor allem die Umsiedlung hunderttausender Menschen in der Zukunft immer stärker zu einem
Argument gegen die staatlichen Ausbaupläne werden müssen. Die Kernenergie
wird in Indien als Verschlußsache behandelt. Der Ausbau von derzeit 1.330 MW
auf 10.000 MW in nur 10 Jahren erscheint jedoch wegen der ungelösten Entsor-
gungsprobleme, dem Kapital-und Zeitbedarf und vor allem wegen der nach
Ansicht von Fachleuten gravierenden Sicherheitsprobleme in indischen Kernkraftwerken unrealistisch.

Abb. 10

Indiens Kraftwerkskapazität im Jahr 2005
–Regierungsprojektionen (1000 MW)–

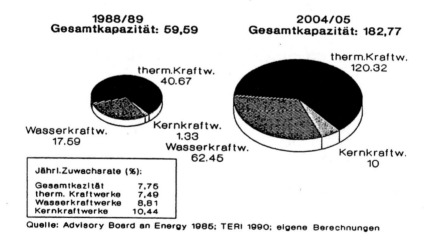

Abbildung 10 verdeutlicht, daß die Kraftwerkskapazitäten um jährlich 7,75%
ausgebaut werden müßten, wobei trotz des überproportionalen Zuwachses bei
Wasser- und Kernkraftwerken thermische Kraftwerke weiterhin den mit Abstand
größten Anteil an der Stromerzeugung haben sollen. Die im 7. Plan für den

Energiesektor vorgesehenen Investitionen (vgl. Abbildung 5) passen in dieses
Bild einer angebotsorientierten Energiepolitik. Der 7. Plan ging, trotz verbaler
Bekenntnisse zu Energieeinsparungen und zur Förderung alternativer Energiequellen, insgesamt von einer Fortsetzung des energieintensiven Wachstumspfa-
des aus.

Abb. 11

Energieintensität der indischen Wirtschaft
-1970/71-1986/87-

	Endenergieverbrauch[1] -mtoe-	BSP[2] -Mrd.IRs-	Intensität -kgoe/IRs-
1970/71	39,3	824,5	0,048
1975/76	51,8	940,4	0,055
1980/81	68,2	1222,3	0,056
1985/86	92,7	1560,8	0,059
1986/87	97,4	1623,3	0,060

1) Nur kommerzielle Energie
2) Bruttosozialprodukt zu 1980/81-Preisen
Quelle: TERI 1990

Abbildung 11 macht deutlich, daß die Energieintensität der indischen Wirtschaft
seit Beginn der siebziger Jahre nicht, wie in den meisten Industrieländern, abgenommen, sondern noch zugenommen hat. Die Elastizität des Energieverbrauchs
ist zwar leicht gesunken, liegt aber mit 1,45 immer noch sehr hoch. In vielen
Industrieländern liegt sie bei einem Wert unter eins und zum Teil unter Null, was
einer Entkopplung von Wirtschaftswachstum und Energieverbrauch gleichkommt.

Zum Teil ist die zunehmende Energieintensität der indischen Wirtschaft auf die
Substitution nicht-kommerzieller durch kommerzielle Energieträger zurückzuführen, ein häufig ins Feld geführtes Argument. Der Effekt läßt sich kaum quantifizieren, spiegelt aber eine notwendige und wirtschaftlich, sozial und ökologisch
richtige Entwicklung wider. Die Substitution erklärt aber nicht vollständig die
Beobachtung, daß die Energieintensität auf hohem Niveau ist und steigt: nicht-
kommerzielle Energiequellen werden fast ausschließlich im Haushaltssektor
eingesetzt (vgl. Kapitel 3.2). Die Energieintensität im Industriesektor aber, der
über 50% der kommerziellen Energie verbraucht, ist ebenfalls äußerst hoch und
im Zeitablauf nicht gesunken (s. Kapitel 4.2).

In vielen Ländern ist die Entkopplung auf eine Sättigung des Bedarfs an energieintensiven Gütern (Schwerindustrien etc.) zurückzuführen, verbunden mit einer
"Tertiärisierung" der Wirtschaft. Ein überproportionaler Zuwachs des Dienstleistungssektors hat in Indien durchaus stattgefunden (vgl. Abbildung 3), während
die Nachfrage nach schwerindustriellen Erzeugnissen (z.B. Stahl; vgl. Abbildung 4) noch nicht nachgelassen hat.

Dies spiegelt aber auch strategische Strukturentscheidungen indischer Regierungen in den fünfziger und sechziger Jahren wider, die bis heute nachwirken. Die
Auseinandersetzung zwischen Gandhianischen "small planners" und Nehru'schen
"big planners" ging in dieser Zeit zugunsten letzterer aus: ambitiöse Großprojekte wurden als fortschrittlich, schwerindustrielle Anlagen als die "neuen Tempel Indiens" angesehen. Die Doktrin der "big planners" bestand darin, "that if you
produced capital goods and steel, thus increasing the share of investment goods
in gross national product, that would automatically mean a higher savings rate
since you cannot eat steel" (Bhagwati 1970: 118). Tatsächlich fand aber ein
Überhang der Konsumgüternachfrage, also ein erzwungener Konsumverzicht
statt, mit der Folge rückläufiger Exporte und dadurch bedingt einem niedrigeren
Niveau an Investitionsgüterimporten. Die Folge dieser Politik der Maximierung
des Kapitalstocks waren nominell hohe Investitionsquoten, verbunden mit großen Ineffizienzen, die letztlich eine beachtliche Komponente von "Scheininvesti-
tionen" mit sich brachten. Dies ist der Hauptgrund für die, verglichen mit vielen
anderen asiatischen und lateinamerikanischen Entwicklungsländern, niedrige
Kapitalproduktivität in Indien, die wiederum trotz einer überdurchschnittlich
hohen Investitionsquote zu unbefriedigenden gesamtwirtschaftlichen Wachstumsraten führte (vgl. Bhatia 1988: 22).

Der allseits akzeptierte Exportpessimismus der indischen Planer diente in der
Frühphase der Industrialisierung als Begründung für eine rigide Importsubstitu-
tionspolitik mit extrem hoher effektiver Protektion der indischen Industrie, in der
die Wahl zwischen technologischen Alternativen zum Opfer der großen Zahl
wurde: Indien schlug den Weg der Vorwärtsintegration ein, produzierte unter
Inkaufnahme hoher Kosten praktisch alles selbst und entwickelte ein staatliches
Planungsinstrumentarium, das bis hinab zur Produktebene alle Entscheidungen
in die Hand nahm.

Es ist nicht zu übersehen, daß das vorherrschende indische Wachstumsleitbild
unmittelbar mit der hohen Ressourcen- und Energieintensität zusammenhängt -
ganz abgesehen von den ambivalenten wirtschaftlichen und sozialen Ergebnissen.
Auch wenn seit Beginn der achtziger Jahre eine Liberalisierung der Wirtschaft
eingeleitet wurde, die auf höhere Effizienz, schrittweise außenwirtschaftliche

Öffnung und steigende Wachstumsraten abzielt (vgl. hierzu: Paulus 1986, 1987), verschlangen die kapital- und energieintensiven Sektoren der indischen Wirtschaft (insbesondere Stahl, Zement, Düngemittel, Chemie und der Energiesektor selbst) auch im siebten Fünfjahresplan noch 70% der staatlichen Investitionen (GOI 1985). Ein Sinken des gesamtwirtschaftlichen marginalen Kapitalkoeffizienten (ICOR) von derzeit 5,97 auf etwa 2,5 (dies entspricht ungefähr brasilianischem Niveau) würde - so eine Projektion - Einkommenszuwächse pro Kopf von 8% statt zur Zeit um 3% ermöglichen (Bhatia 1988: 18). Ein solches "High-ICOR-Moratorium" würde jedoch ein Umschichten der Investitionsmittel von "harten" Sektoren in "weiche" Sektoren erfordern. Kommunikation, Bildung, Gesundheit, aber auch stärkere Investitionen in die Aufforstung, Bodenerhaltung, ländliche Infrastruktur etc. müßten zu diesem Zweck viel stärker als bisher in den Vordergrund rücken. Die Senkung der Kapitalintensität der indischen Wirtschaft entlang dieser Leitlinien hätte nicht nur positive Beschäftigungs- und Verteilungseffekte, sondern auch eine Senkung der Energieintensität zur Folge.

Ein weiteres wichtiges Feld der Umorientierung ist die Energiepolitik selbst, die bisher im wesentlichen auf den quantitativen Ausbau der Kapazitäten setzt (vgl. Abbildung 5). Eine Senkung der Umwandlungsverluste im Energiesektor hat dabei hohe Priorität (vgl. Kapitel 3.1). Die Erhöhung des Wirkungsgrades indischer Kraftwerke, sprich Modernisierung statt neuer Kapazitäten, die Instandhaltung und Verbesserung der Übertragungssysteme, eine Reduzierung der Menge abgefackelten Erdgases und die Veredelung der geförderten Kohle (sie hat einen sehr hohen Staubgehalt und führt so zu ungünstigen Verbrennungsverhältnissen; vgl. NPC o.Jg) fallen dabei unmittelbar ins Auge und setzen eine Umstrukturierung der Finanzmittel voraus. Auch die Preispolitik im Energiebereich ist ökonomisch ineffizient: administrierte und subventionierte Preise vor allem für Elektrizität haben technische Innovationen behindert, Energiesparen entgegengewirkt und zusätzlich den staatlichen Betreibern Mittel entzogen, die zur Modernisierung dringend notwendig wären (vgl. hierzu: Anandlingam 1983; Bhattacharyya 1984).

Von größter Bedeutung sind Maßnahmen zur Erhöhung der Effizienz bei der Energienutzung, deren Potential bedeutsam und bisher weitestgehend ungenutzt ist. In der Landwirtschaft zum Beispiel, die bisher nur einen kleinen Teil der Energie verbraucht, wurde schon 1983 ein Rationalisierungspotential von 30% geschätzt, zu dessen Realisierung Investionen in der Größenordnung von 6,5 Milliarden IRs notwendig wären. Die zusätzliche Bereitstellung der Energie, die hierdurch gespart würde, würde dagegen Investionen in Höhe von 18 Milliarden IRs erfordern, wobei Energiekosteneinsparungen von jährlich rund 4,1 Milliarden IRs nicht berücksichtigt sind (NPC 1983). Da die Mechanisierung und Bewässerung der indischen Landwirtschaft sich noch auf niedrigem Niveau befindet, sind Energieeinsparungen in diesem Sektor langfristig wichtig. Zunächst aber haben der Industrie-, der Transport- und der Haushaltssektor Priorität, die zusammen 84% der kommerziellen und 93% der gesamten Energie verbrauchen.

4.2 Industriesektor: Strukturwandel, Modernisierung und Senkung der Energieintensität

Die verarbeitende Industrie Indiens trägt 20% zum Bruttosozialprodukt bei (Industrie inkl. Bergbau u. Stromerzeugung 30%; vgl. Abbildung 3) und hatte 1983/84 mit einer Bruttowertschöpfung von 213,9 Milliarden IRs (CIER 1988) beachtliche Dimensionen erreicht (die Bruttowertschöpfung dürfte 1989/90 grob geschätzt bei 450 Milliarden IRs zu laufenden Preisen liegen; genaue Zahlen sind noch nicht verfügbar). Diese Zahlen berücksichtigen noch nicht die Wertschöpfung des "nicht-registrierten" Kleinindustriesektors, die 1983/84 auf 96,5 Milliarden IRs geschätzt wurde (CIER 1988). Seit Beginn der achziger Jahre, nicht zuletzt bedingt durch die einsetzende Wirtschaftsliberalisierung, verzeichnete der Industriesektor durchgängig höhere Wachstumsraten als die Gesamtwirtschaft. 1988/89 lag der reale Zuwachs bei 8,9%, während er im gerade abgelaufenen Finanzjahr 1989/90, nach Einbrüchen in einigen Branchen, mit 3,6% deutlich niedriger war (GOI 1990: 51).

Abb. 12

Industrielles Wachstum 1981/82-1989/90
-Index 1980/81 = 100-

SIC Code	Branche	Gewicht	Index 81/82	Index 89/90	durchschn. Wachstum (%)
20/21	Nahrungsmittel	5,33	113,5	144,2	3,0
22	Getränke,Tabak etc	1,57	104,3	105,1	0,1
23	Baumwollverarb.	12,31	99,7	111,3	1,3
25	Juteverarbeitung	2,00	95,7	84,1	-1,6
26	Textilprodukte	0,82	96,7	154,5	6,0
27	Holzverarbeitung	0,45	153,2	170,0	1,3
28	Papierverarbeitung	3,23	108,2	179,7	6,5
29	Lederwaren	0,49	128,1	179,7	4,3
30	Gummi, Kunststoffe etc	4,00	119,2	172,1	4,7
31	Chemie	12,51	116,9	237,7	9,3
32	Mineral.Grundst.	3,00	106,7	186,7	7,2
33	Metall.Grundstoffe	9,80	100,0	141,5	4,4
34	Metallverarbeitung	2,29	94,6	139,1	4,9
35	Maschinenbau	6,24	111,1	163,4	4,9
36	elektr. Geräte	5,78	103,9	398,7	18,3
37	Transport, Fahrz.	6,39	108,1	182,2	6,7
38	Sonstige	0,90	149,2	330,1	10,4
	Verarbeit. Industrie	77,11[1]	107,9	182,8	6,8

1) Gewicht Bergbau 11,46; Stromerzeugung 11,43; zusammen 100
Quelle: GOI 1990 u. ältere Jahrgänge; eigene Berechnungen

Abbildung 12 zeigt die durchschnittlichen jährlichen Wachstumsraten der einzelnen Branchen während der achziger Jahre. Bei fast allen "traditionellen" Industriezweigen (SIC-Code 20-29) war die Entwicklung demnach unterdurchschnittlich. Ausnahmen sind die Papierindustrie und die Textilbranche, die nach einer schweren Krise bis 1985 einen Tiefststand erreichte und seitdem aufgrund einer speziellen Wiederbelebungspolitik ("New Textile Policy") erste Anzeichen der Erholung zeigt. Starkes Wachstum verzeichneten elektrische Geräte, hier insbesondere Elektronik und langlebige Konsumgüter, die chemische Industrie und mineralische Grundstoffe (insbesondere Zement). Die Zuwächse in der Herstellung metallischer Grundstoffe waren vor allem durch die anhaltende Krise der indischen Stahlindustrie relativ niedrig.

Der Industriesektor Indiens verbraucht (vgl. Abbildung 6) mehr als die Hälfte der gesamten zur Verfügung stehenden Endenergie, 41% des Stroms (inkl. eigener Stromerzeugung 43%), mehr als 90% der Kohle (ohne Berücksichtigung der Kohle, die verstromt wird) und 19% der Erdölprodukte. Berücksichtigt man, daß praktisch der gesamte nicht-energetische Erdölverbrauch in die Industrie geht, steigt dieser Anteil sogar auf 42%. Diese Zahlen belegen, daß dieser Sektor von größter energiepolitischer Bedeutung ist.

Ein Zeichen dafür, daß die Frage der Energieeinsparung in Indien bisher vernachlässigt wurde, ist die Tatsache, daß es keine umfassenden Daten über den spezifischen Energieverbrauch der einzelnen Branchen aus neuerer Zeit gibt, was als Planungsgrundlage äußerst wichtig wäre. Die wenigen zur Verfügung stehenden Daten beziehen sich auf den Industriesektor insgesamt oder auf einige wenige Branchen:

Danach ist die Energieintensität der indischen Industrie insgesamt zwischen 1972/73 und 1982/83 um gerade 5,9% gesunken (vgl. PCRA 1989: 9). Dies legt nahe, daß zumindest die erste Ölkrise im Gegensatz zu vielen anderen Ländern kaum einen Effekt auf die Effizienz der Energienutzung hatte. Die sechs großen und ca. 200 Mini-Stahlwerke Indiens (Gesamtkapazität: 21,2 Millionen Tonnen) liegen mit ihrem spezifischen Energieverbrauch um 83% über deutschen und um 57% über US-amerikanischen Stahlwerken (TERI 1989: 29). Die Zementindustrie, die trotz hoher Zuwachsraten traditionell einen Engpaßfaktor darstellt, übertrifft deutsche Zementwerke gar um 140%, amerikanische um 110% und den Weltdurchschnitt noch um 30%. Hier hat sich die Situation allerdings mit der Schaffung neuer und modernerer Kapazitäten in den letzten Jahren etwas verbessert. Der Anteil des veralteten und ineffizienten Naßverfahrens liegt, gemessen an der Gesamtkapazität, aber noch immer bei ca. 40% (PCRA 1989: 9; TERI 1989: 32). Die Aluminiumindustrie, die mit ihrer Gesamtkapazität von 362.000 Tonnen den indischen Bedarf bei weitem nicht deckt, verbraucht pro Tonne 13% mehr Strom, als der Durchschnitt der Industrieländer (TERI 1989: 35).

Für andere Industriezweige lassen sich nur auf der Basis monetärer Größen, vor
allem des Anteils der Energiekosten an der Wertschöpfung (oder am Produktionswert), Aussagen machen. Dieser Indikator ist allerdings weit weniger aus-
sagekräftig als der spezifische Verbrauch, da sich in ihm Preisänderungen und
unterschiedliche Auslastungsgrade verzerrend wiederspiegeln. Abbildung 13
zeigt die Entwicklung für den Zeitraum von 1972/73 bis 1984/85. Die abgebilde-
ten Branchen Nahrungsmittel (20/21), Textil (23), Chemie (31), mineralische
Grundstoffe (32) und metallische Grundstoffe (33) kommen zusammen für 75%
des industriellen Energieverbrauchs auf. Erkennbar ist, daß nach beiden Ölkri-
sen die (monetäre) Energieintensität zeitweilig zurückging, um nach einigen
Jahren wieder auf ihr altes Niveau zurückzukehren. Gesondert wird die Entwicklung bei der Eisen- und Stahlindustrie (330) und der Aluminiumbranche (335)
gezeigt: während die Stahlindustrie, wenn auch auf hohem Niveau, die für alle
Branchen typische Entwicklung durchlief, stieg die Energieintensität der Aluminiumindustrie gewaltig an, was allerdings zum Teil mit einem überproportionalen Anstieg der Strompreise zusammenhängt. Für die Zementindustrie (324)
bestätigt die Abbildung das vorher schon gesagte: der Energiekostenanteil ist
durch den Ausbau der Kapazitäten und die damit verbundene Modernisierung

Abb. 13

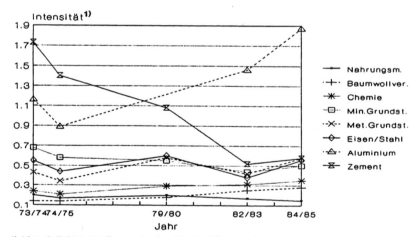

Energieintensität der Industrie
-ausgewählte Branchen 1973/74-1984/85-

1) hier definiert als Energiekosten/Wertschöpfung. Branchenbezogener
   Energieverbrauch in mtoe oder SKE nicht verfügbar.
   Quelle: TERI 1989

zurückgegangen. Bei aller Lückenhaftigkeit der verfügbaren Daten läßt sich nicht erkennen, daß seit Beginn der siebziger Jahre ein kontinuierlicher Trend zur Energieeinsparung und Effizienzerhöhung in der indischen Industrie eingesetzt hat, wie er in vielen anderen Ländern zu beobachten war.

Nach wie vor ist das Niveau des Energieverbrauchs sehr hoch und bietet ein erhebliches Potential zur Einsparung. In einer ersten größeren Studie zu dieser Frage hat im Jahr 1983 der "National Productivity Council" festgestellt, daß im Industriesektor insgesamt ca. 25% des Energieeinsatzes eingespart werden können. Die hierzu vorgeschlagenen Maßnahmen beziehen sich bei weitem nicht auf eine völlige Modernisierung auf den heutigen Stand der Technik. Sie beziehen sich im wesentlichen auf besseres "housekeeping", eine Veredelung der Brennstoffe, eine Optimierung der Verbrennungsprozesse, kleinere Veränderungen im Produktionsablauf und den Ersatz veralteter Aggregate, vor allem Öfen. Für das gesamte Maßnahmepaket wurde ein Investitionsbedarf von 36 Milliarden IRs ermittelt. Dagegen stehen Energiekostensenkungen von jährlich über 19 Milliarden IRs und, als rechnerischer Gegenposten, eingesparte Investitionen in Höhe von knapp 58 Milliarden IRs, die nötig wären, um die eingesparte Energie zusätzlich bereitzustellen (NPC 1983 I: 3). Auch in Indien ist demnach Energieeinsparung deutlich billiger als Investitionen in immer neue Infrastruktur zur Energieversorgung, selbst ohne Berücksichtigung externer Kosten.

In einer neueren Studie für einige energiepolitisch besonders relevante Industriebranchen bestätigt sich, daß das Einsparpotential auch Ende der achziger Jahre noch erheblich ist, wobei -ähnlich der Vorläuferstudie, s.o. - wiederum nicht der Stand der Technik als Referenzgröße angenommen wird. Abbildung 14 zeigt, daß unter diesen Vorzeichen gerade "traditionelle" Industrien, insbesondere die Zukerverarbeitung, die Glas-, Keramik-, Papier-und Textilindustrie zu den größten "Energieverschwendern" zählen.

Bedenkt man, um wieviel höher der spezifische Energieverbrauch in der indischen Schwerindustrie im Vergleich zu westlichen Standards ist (s.o.), so folgt, daß langfristig das Potential zur Energieeinsparung noch wesentlich höher sein muß, als diese Studien nahelegen, die ausdrücklich auf begrenzten und relativ kurzfristig umsetzbaren Modernisierungsmaßnahmen beruhen. Es wäre wichtig, daß die indische Regierung in ihrer Energie- und Industriepolitik dieses Gesamtpotential im Auge behält und die Weichen so stellt, daß die Entwicklung des Industriesektors in die gewünschte Richtung geht. Hierzu ist nicht nur ein Umdenken im Planungsapparat Voraussetzung (s.o.), auch gezielte energiepolitische

Abb. 14

Industrielles Energiesparpotential
-ausgewählte Branchen-

Branche	Energiekosten-anteil (%) [1]	Einspar-potential (%) [2]
Eisen u. Stahl	15,8	8-10
Kunstdünger	18,3	10-15
Textil	10,9	20-25
Zement	34,4	10-15
chem.Grundstoffe [3]	15,0	10-15
Papier	22,8	20-25
Aluminium	34,2	8-10
Schmelzereien	10,5	15-20
Petrochemie [3]	12,7	10-15
Keramik	33,7	15-20
Glass	32,7	15-20
Raffinerien	1,0	8-10
Zucker	3,4	70-80
Metallegierungen	36,5	8-10

[1] Anteil Energiekosten am Produktionswert
[2] bezogen auf Gesamtenergieeinsatz
[3] ausgewählte Unterbranchen
Quelle: Raghuraman 1989

Maßnahmen abseits des Ausbaus der Energieerzeugungskapazitäten sind notwendig: zu denken wäre an die Rationalisierung der Energiepreise, die seit langem gefordert, aber bisher mit Hinweis auf soziale Konsequenzen nicht umgesetzt wird. Ökonomische Anreize zur Energieeinsparung könnten viel umfangreicher und flexibler eingesetzt werden, als es bisher der Fall ist. Auch die mangelnde Autonomie der staatlichen Unternehmen, die im Energiesektor und in der Schwer- und Grundstoffindustrie weit verbreitet sind, hat sich, neben administrierten Preisen, negativ auf Modernisierungsinvestitionen ausgewirkt.

4.4 Verkehrssektor: Modernisierung und Umstrukturierung

Der indische Verkehrssektor ist in den letzten Jahren schnell gewachsen und trug 1985 5,4% zum Bruttosozialprodukt bei. Traditionell flossen 12-16% der Staatsinvestitionen in diesen Sektor, der - dadurch wird er energiepolitisch relevant -

heute über 25% der zur Verfügung stehenden Endenergie verbraucht. Der Anteil am Ölverbrauch liegt sogar bei 54% (vgl. Abbildung 6), eine Größenordnung, die sich in der Zahlungsbilanz deutlich bemerkbar macht.

Der Strukturwandel verlief in den letzten Jahrzehnten ähnlich wie in den meisten Industrieländern: bei schnellem Wachstum des Verkehrsaufkommens fand ein Trend hin zum Straßenverkehr und weg vom Schienenverkehr statt. Abbildung 15 zeigt die Entwicklung für den Bahn-, Straßen- und Luftverkehr seit 1970/71 (der Inlandsverkehr zu Wasser spielt praktisch keine Rolle) und macht deutlich, daß die Zuwachsraten sowohl im Güter-, als auch im Personenverkehr beim Straßentransport weit größer waren als bei den Eisenbahnen. Deren Anteil am Güterverkehr ist von 86% auf 72%, beim Personenverkehr sogar von 35% auf 22% gesunken. Der Luftverkehr ist stark gewachsen, ist aber, wie auch der Individualverkehr zur Straße, bisher noch ein Privileg der wohlhabenderen Stadtbevölkerung.

Abb. 15

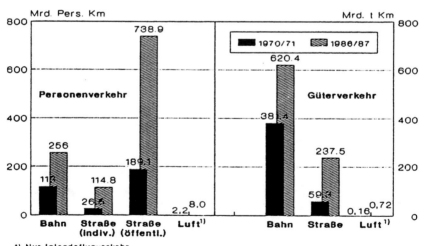

Verkehrsaufkommen Indiens 1970/71-1986/87

1) Nur Inlandsflugverkehr
Quelle: TERI 1990; Agraval 1989

Diese Entwicklung hängt nicht zuletzt mit der Struktur der staatlichen Investitionen im Verkehrssektor zusammen: während die Eisenbahnen noch bis in die sechziger Jahre rund 60% der für den Verkehrssektor bereitgestellten Mittel zur

Verfügung hatten, sank dieser Anteil später rapide ab und erreichte im 6. Plan (1980-85) mit nur 42% seinen Tiefststand. Erst mit dem 7. Plan wurden die Mittel wieder auf 55% aufgestockt. Das Schienennetz der indischen Eisenbahnen ist seit der Unabhängigkeit praktisch nicht vergrößert worden. Die Investitionen flossen in die dringend notwendige Renovierung der Gleise und vor allem in die Spuranpassung: hier liegt das britische Erbe in verschiedensten Spurbreiten, die je nach Region vorherrschen und den Langstreckenverkehr behindern. Ein weiterer Teil der Mittel floß in die Umstellung auf Diesellokomotiven und Elektrifizierung, die allerdings längst nicht abgeschlossen ist. Heute wie früher ist der Eisenbahnverkehr ein Engpassfaktor, wobei vor allem die Gleiskapazität überlastet ist. Weitere Probleme sind veraltete Logistik und ein Mangel an Güterwagons.

Diese Engpässe, gemeinsam mit dem schnell steigenden Transportvolumen, führten zu einer Verlagerung des Verkehrs auf die Straße. Begünstigt wurde dieser Prozeß durch einen massiven Ausbau des indischen Straßennetzes: während das Schienennetz praktisch unverändert blieb, verdreifachte sich das Straßennetz zwischen 1960 und 1985 auf eine Gesamtlänge von knapp 1,8 Millionen Km (TERI 1990: 176), wobei vor allem der Ausbau von geteerten Allwetterstraßen Priorität hatte. Die Preise von Dieselöl sind außerdem an den Kerosinpreis gekoppelt, der wiederum aus sozialen Gründen niedrig gehalten wird. All diese Faktoren und die verstärkte Herausbildung einer relativ wohlhabenden Mittelschicht in den indischen Großstädten äußerten sich in der Zunahme der Anzahl registrierter Kraftfahrzeuge: 1970/71 1,87 Mio., 1987/88 13,5 Millionen. Die Zahl der PKW's, LKW's und Busse verdreifachte sich in diesem Zeitraum, die Zahl der Motorräder und -roller aber ist heute über 14 mal höher als 1970 (TERI 1990: 176). Die Fahrzeugindustrie erlebte zur Mitte der achziger Jahre, vor allem durch Kooperationsverträge mit japanischen Unternehmen, einen Boom, der allerdings inzwischen zu Problemen bei den alteingesessenen Herstellern führt, die den Modernisierungszug verpasst haben und teilweise seit Jahrzehnten die gleichen Modelle mit entsprechend ineffizienten Motoren bauen. Der indische Fahrzeugmarkt war einer der ersten Märkte, die sich von einem starren Verkäufermarkt zu einem Käufermarkt entwickelt haben: die Lieferzeiten, die früher teilweise Jahre betrugen, sind praktisch verschwunden.

Der spezifische Energieverbrauch sowohl im Straßen-, als auch im Bahnverkehr wird zukünftig weiter sinken, weil sich effizientere Fahrzeuge und Lokomotiven nach und nach durchsetzen werden. Das Verkehrsaufkommen aber wird, bedingt durch Wirtschaftswachstum, Bevölkerungswachstum und die rasche Urbanisierung, kräftig ansteigen. Die öffentlichen Personenbeförderungssysteme (Bahn und Busse) sind schon heute völlig überlastet. Es kann kein Zweifel bestehen, daß auch der Individualverkehr, dessen absolutes Niveau heute noch relativ niedrig ist, weiter zunehmen wird. Vor allem im Güterverkehr ist aber die Energieeffizienz bei der Bahn wesentlich höher als im Straßenverkehr (in Indien um 83%, beim Personenverkehr um 6% im Vergleich zu Bussen; vgl. Goldemberg 1987: 265). Eine Erhöhung der Effizienz der einzelnen Transportsysteme (verbrauchsarme Motoren, verbesserte Logistik bei der Eisenbahn usw.) müßte daher zusätzlich durch eine aktive Verkehrsstrukturpolitik unterstützt werden, die den Trend der Verlagerung des Güterverkehrs von der Schiene auf die Straße eindämmt und die öffentlichen Personenbeförderungssysteme (Bahn und Busse, in Großstädten aber auch andere Nahverkehrssysteme) dem Bedarf anpaßt. Hierzu wäre es erforderlich, die im siebten Plan erkennbaren Ansätze zu einer Umschichtung der Investitionen langfristig zu sichern und zu forcieren, um speziell die Eisenbahnen weiter zu modernisieren und auszubauen.

4.6 Haushaltssektor: Substitution, Aufforstung und alternative Energiequellen

In Kapitel 3 wurde deutlich gemacht, daß die energiepolitische Bedeutung des Haushaltssektors äußerst groß ist, wenn der Verbrauch an nicht-kommerziellen Energiequellen mitberücksichtigt wird. Sein Anteil am Gesamtenergieverbrauch liegt um 50% und ist gekennzeichnet durch extreme Ineffizienz bei der Energienutzung. Der Haushaltssektor wurde in der indischen Energiepolitik lange völlig vernachlässigt. In der heutigen Situation spielt dabei der Energieverbrauch in modernen, städtischen Mittelklassehaushalten eher eine Nebenrolle. Aber auch hier gibt es eine Vielzahl von Einsparungsmöglichkeiten, wenn man etwa an die im internationalen Vergleich sehr ineffizienten indischen Kühlschränke und Klimageräte denkt. Eine Verbesserung in diesem Bereich ist vor allem deshalb wichtig, weil die Zahl dieser Haushalte erst in Zukunft Größenordnungen erreichen wird, die energiepolitisch relevant ist. Findet dieses Wachstum innerhalb der gegebenen Strukturen statt, wird auch dieser Bereich, gemessen am Gesamtenergieverbrauch, fühlbar werden.

Heute viel wichtiger ist der Energieverbrauch, der in der Masse der indischen Haushalte zum Kochen und zur Beleuchtung entsteht. In der quantitativen Planung hatte er, nicht zuletzt wegen der lückenhaften Daten über den immer noch dominierenden nichtkommerziellen Energieverbrauch, keinen Platz. Studien belegen, daß bei gleichem Einkommen der Energieverbrauch der ländlichen Haushalte höher liegt als der der städtischen Haushalte. Hierin spiegelt sich aber hauptsächlich das Effizienzgefälle wider: der Anteil höherwertiger Energiequellen wie Kerosin, LPG-Gas und Elektrizität ist in den Städten höher (Goldemberg et al. 1987: 231). Sollte der Anteil nicht-kommerzieller Energie speziell auf dem Land langfristig nicht gesenkt werden können und die Nutzungseffizienz nicht erhöht werden können, würde der Gesamtbedarf an Holz bis zur Jahrtausendwende auf ca. 316 Millionen Tonnen ansteigen und würde damit alle ökologischen Grenzen sprengen (Koshoo 1986: 149). Eine Substitution speziell des Brennholzes durch effizientere Energiequellen ist daher von größter Bedeutung. Hierbei werden auch längerfristig Subventionen, wie sie heute für Kerosin bestehen, nötig sein, um speziell den ländlichen Armen den Umstieg zu ermöglichen. Dies würde allerdings auch einen Ausbau der Verteilungsnetze (subventioniertes Kerosin ist in staatlichen "Fair Price Shops" erhältlich), die Beseitigung der Engpässe bei der Versorgung mit Gaszylindern und ein Ausbau der ländlichen Elektrifizierungsprogramme erfordern. Letztere waren in der Vergangenheit mit Problemen behaftet, weil sie nur halbherzig durchgeführt wurden und häufig darin endeten, daß die Lichter mangels Kaufkraft für Glühbirnen bald wieder ausgingen oder nur die wohlhabenderen Dorfbewohner in den Genuß eines Stromanschlusses kamen.

Abb. 16

Staatliche Aufforstungsprogramme 1950-1990

	aufgef. Fläche[1] -Mio. ha-	Ausgaben[1] -Mrd.IRs-	%-Gesamt- ausgaben	tats. Ausgaben -Mrd.IRs-
1950-1980	3,6	4,7	0,60	2,4
6.Plan (1980-86)	8,2	6,9	0,71	11,7
7.Plan (1986-90)	11,6	18,3	1,01	n.a.

1) geplant
Quelle: Kapoor 1990

All dies wird den großen Bedarf an Brennholz langfristig allenfalls eindämmen, aber nicht ersetzen. Schon beim heutigen Niveau des Holzverbrauchs findet ein Raubbau an den indischen Wäldern statt, der bald zu einer ökologischen Katastrophe führen wird, wenn nicht massive Aufforstungsprogramme die Lücken füllen. Abbildung 16 macht deutlich, daß erst seit Beginn der achziger Jahre in nennenswertem Umfang solche Programme durchgeführt wurden. Bis zum Beginn des 6. Fünfjahresplans waren die Maßnahmen zur Aufforstung vernachlässigbar und wurden zusätzlich nur zu durchschnittlich 50% implementiert. Erst der 6. und vor allem der 7. Plan stellten eine gewisse Trendwende dar, nachdem der damalige Premierminister Rajiv Gandhi die Wiederaufforstung zu einer "Volksbewegung" machen wollte.

Kernpunkt der staatlichen Maßnahmen ist das sogenannte "Social Forestry Programm". Es sieht vor, den kommerziellen Anbau von Holz ("farm forestry") zu fördern, Setzlinge an Kleinbauern zu verteilen und auf staatlichem Land, insbesondere entlang Kanälen und Straßen, Bäume zu pflanzen. Finanziert über das Landwirtschaftsministerium und z. T. das Ministerium für ländliche Entwicklung, war im Rahmen des 7. Plans vorgesehen, 1,8 Millionen Hektar Land aufzuforsten und 4 Milliarden Setzlinge zu ziehen und zu verteilen. Zusammen mit anderen Maßnahmen (Erhaltung von "sensitiven" Gebieten, "production forestry" für industrielle Zwecke, "waste land development" u.a.) erwartete man für die Programme des Landwirtschaftsministeriums eine Aufforstungsfläche von 5 Mio Hektar. Spezielle Programme für die übrigen Flächen weist der Plan nicht näher aus (Gesamtaufforstungsfläche: 11,5 Millionen Hektar).

Bisher war vor allem die "farm-forestry"-Komponente ein Erfolg, wenn man die bebaute Fläche als Kriterium heranzieht. Kritiker des Programms heben aber hervor, daß es an den Bedürfnissen der Bevölkerung vorbeigehe. Es werden in hohem Ausmaß schnellwachsende Bäume (v.a. Eukalyptus) angebaut, die nicht nur ökologisch problematisch sind, sondern vor allem auch primär als Rund- und Bauholz genutzt werden, weniger jedoch als Brennholz und Viehfutter. Auch ist festgestellt worden, daß es hauptsächlich wohlhabendere Bauern sind, die von dem Programm profitieren. Die ländlichen Armen, vor allem diejenigen, die auf das Sammeln von Brennholz angewiesen sind, profitieren kaum (CSE 1985:51ff.). Andererseits wurde dieses Programm primär zur Deckung des städtischen Holzbedarfs konzipiert und ist im Sinne einer Entlastung der natürlichen Wälder durchaus erfolgreich. Fraglich bleibt dabei allerdings, ob die Bezeichnung "Social Forestry Programme" angemessen ist. Zur Deckung des Brennholzbedarfs eines großen Teils der Bevölkerung wären andere Konzepte nötig, die bisher noch nicht ausreichend umgesetzt werden.

Die Planungskommission selbst geht davon aus, daß jährlich 1,5 Millionen Hektar allein zur Deckung des Brennholzbedarfs aufgeforstet werden müßten (GOI 1985: II 38). Andere Experten sprechen von 3,4 Millionen Hektar/Jahr und einem Finanzbedarf von 70 Milliarden IRs im 8. Fünfjahresplan, die notwendig wären, um einen weiteren Abbau der Wälder zu verhindern (Kapoor 1990). In einem Szenario, daß den ländlichen Brennholzbedarf anstatt des städtischen und industriellen in den Vordergrund stellt, kommt das "Centre for Science and Environment" zum Ergebnis, daß mit einem Finanzaufwand von 8-10 Milliarden IRs/Jahr 242 Millionen Tonnen Brennholz zur Verfügung gestellt werden könnten. Jeder Farmer würde 50 schnellwachsende Bäume an den Grenzen seines Landes, auf Dämmen und an Wegen anpflanzen, die im Turnus von 5 Jahren gefällt werden könnten. Weiterhin müßten 12 der 80 Millionen Hektar Brachlan-

des staatlicherseits aufgeforstet werden (CSE 1982: 155). Das Anlegen von
Grüngürteln um die Städte, Aufforstungsmaßnahmen durch holzverbrauchende
Industrien oder die Änderung von bestehenden Nutzungsverträgen zwischen
Bundesstaaten und (oft staatlichen) Industriebetrieben sind weitere Vorschläge,
die diskutiert, aber kaum aufgegriffen werden.

Insgesamt bleibt festzuhalten, daß die bisherigen Programme nicht nur in ihrem
Umfang nicht ausreichend waren, sondern auch mangelhaft implementiert wurden, einseitig auf den städtischen Bedarf ausgerichtet waren und viele der institutionellen Ursachen des Raubbaus wie insbesondere die Eigentumsregelungen
und Verwaltung nicht genügend berücksichtigt haben.

Zusätzlich zur Substitution durch kommerzielle Energieträger und zur AAufor-
stung besteht ein großes Potential zur Verwendung alternativer Energiequellen,
das bisher kaum genutzt wird. Zwar wurde 1982 dem Energieministerium das
"Department of Non-Conventional Energy Sources" angegliedert, das die Förderung dieser Energiequellen zum Ziel hat. Die Mittel, die diesem Department
zur Verfügung stehen, sind jedoch bescheiden und der Bedeutung dieses Sektors
nicht angemessen (vgl Abbildung 5). In den meisten Bereichen ist man über
Modellversuche und Entwicklungsprogramme nicht hinausgekommen. Der 7.
Plan bekennt sich ausdrücklich zur Rolle alternativer Energiequellen vor allem
im ländlichen Bereich, betont aber auch die Skepsis bezüglich der Möglichkeiten
und begründet dies mit hohen Kosten und geringer Nachfrage.

Am weitesten fortgeschritten ist die Nutzung von Biogas, die seit 1981 durch das
"National Project on Biogas Development" staatlicherseits gefördert wird. Bei
Beginn des 7. Plans wurde der Bestand an Biogas-Anlagen auf 356 000 geschätzt
(GOI 1985: II, 143). 1988 waren es 1,05 Mio., wobei bekanntermaßen ein beachtlicher Teil (offiziell 15%) außer Betrieb ist. Alle diese Anlagen sind Familienan-
lagen. Darüber hinaus existieren rund 400 Gemeinschaftsanlagen, die sich aufgrund von Betriebs- und Wartungsproblemen bisher nicht bewährt haben. Diese
Anlagen produzieren insgesamt schätzungsweise 1020 Millionen m³ Biogas und
17 Millionen Tonnen Dünger, was einer Erparnis von 3,7 Millionen Tonnen
Brennholz entspricht (Dayal 1989: 48). Es wird geschätzt, daß der Energiebedarf
von 16-22 Millionen Haushalten, die über 4 oder mehr Stück Vieh verfügen,
durch Biogas gedeckt werden könnte (das entspricht bis zu 120 Millionen Menschen; Dayal 1989: 40). Es existieren heute verschiedene Standardmodelle, die je
nach Standort eingesetzt werden könnten, wobei sich die Investionen von rund
600 DM/Anlage (davon ca. 30% als staatlicher Zuschuß) innerhalb von 2,5
Jahren amortisieren (Dayal 1989: 54 f.), wenn Marktpreise für Brennholz als
Opportunitätskosten angesetzt werden.

Holzsparende Kochstellen sind eine weitere Möglichkeit, in erheblichem Umfang Brennholz einzusparen und gleichzeitig Umwelt-und Gesundheitsschäden zu vermeiden. Gegenüber einem durchschnittlichen Wirkungsgrad von nur 6% bei den traditionellen Kochstellen, von denen es rund 112 Millionen in ländlichen Haushalten gibt, weisen sie einen Wirkungsgrad von 14-25% auf. Seit 1980 wird ihre Verbreitung durch Subventionen in Höhe von 50-80% vom Kaufpreis gefördert. Bis 1988 sollen 4,5 Millionen solcher Herde ("chulhas") installiert worden sein (Dayal 1989: 63). Weil die Subventionen direkt durch den Staat und nur zum Teil über Nicht-Regierungsorganisationen vergeben werden, erweist sich der Zugang zu diesen Hilfen und zum nötigen KnowHow aber als Problem. Durch Biogas und holzsparende Herde allein ließen sich bis zu 110 Millionen Tonnen Brennholz einsparen (Verbrauch 1982: 133 Millionen t; Goldemberg et al. 1987: 256 ff.).

Zusätzliche Elektrizität vor allem in den Gebirgsregionen könnte im Umfang von 5.000 MW durch kleine Wasserkraftwerke an Bewässerungssystemen und kleinen Flußläufen erzeugt werden. Solche "Minikraftwerke" (in indischen Statistiken mit einer Kapazität von bis zu 15 MW) gibt es bisher nur 89 Stück mit einer Gesamtkapazität von 171 MW. Weitere 87 Projekte sind im Bau (Kapazität: 198 MW), nochmals 255 in der vorläufigen Planung (Dayal 1989: 155).

Auch der Solarenergie wird in Indien ein großes Potential eingeräumt. Bisher spielt sie in der Praxis allerdings kaum eine Rolle. In 15.500 Dörfern wurden Versuche mit photovoltaischen Straßenbeleuchtungssystemen unternommen. Solarkraftwerke werden im Rahmen einiger weniger Pilotprojekte errichtet. Die kommerzielle Nutzung scheitert bisher an den hohen Investitionskosten für Solarzellen und ist nur in sehr abgelegenen Dörfern wirtschaftlich. Die Forschungsanstrengungen richten sich daher vor allem auf die Kostensenkung. Solarkocher haben sich bisher trotz Subventionen nicht bewährt (90.000 sollen im Gebrauch sein), da sie mit den Kochgewohnheiten konfligieren und wenig Akzeptanz finden. Solarenergie zur Warmwasserbereitung ist in Indien primär in Bergregionen relevant, bisher aber hauptsächlich von einigen wenigen Hotels und öffentlichen Gebäuden eingesetzt worden.

Andere alternative Energieformen, wie Wind-, Wasserstoff-, Ozean-und geothermische Energie wie auch Elektroautos sind noch im Versuchsstadium. Trotz der technischen und wirtschaftlichen Probleme, die bisher noch mit der Nutzung alternativer Energiequellen verbunden sind, ist ihr Potential in Indien äußerst groß und wird in der Energiepolitik nicht ausreichend berücksichtigt. Selbst ohne Berücksichtigung von externen Umweltkosten und langen Errichtungszeiten von

konventionellen Energieprojekten sind Biogas, Windenergie und kleine Wasserkraftwerke, gemessen an den Gesamtkosten/KWh schon heute wirtschaftlich.
Fast alle in Frage kommenden alternativen Energieformen, auch die Solarenergie, sind billiger als Kernenergie (vgl. Dayal 1989: 225; Reddy 1990: 1213). Eine
fühlbare Aufstockung der Mittel zur Verbreitung und Weiterentwicklung alternativer Energiequellen würde daher mittelfristig nicht nur ökologische, sondern
auch wirtschaftliche Erträge bringen.

5. Schlußfolgerungen: Indiens Beitrag zur Senkung der Emissionen von Klimagasen

Die bisherigen Ausführungen belegen, daß die indische Energiepolitik gefordert
ist, eine ganze Reihe von Problemen zu lösen. Hierzu gehören die adäquate
Versorgung von Bevölkerung und Wirtschaft mit Energie, aber auch die Sicherstellung der binnenund außenwirtschaftlichen Finanzierbarkeit und die mit der
Erzeugung und Nutzung von Energie verbundenen Umweltprobleme, also vor
allem der Abholzung, der Belastung von Luft und Atmosphäre und des Abbaus
erschöpfbarer Resourcen.

Offensichtlich ist eine rein angebotsorientierte und von anderen Politikfeldern
isolierte Energiepolitik hier nicht erfolgversprechend. Eine "zukunftsfähige"
Politik muß sich - wie in der Einleitung angedeutet - in den Dienst der Suche
nach Synergieeffekten stellen. Die oben skizzierten Zusammenhänge erfordern
zwingend eine Harmonisierung von Energie-, Industrie-, Agrar-, Verkehrsund
Umweltpolitik im Sinne einer "sustainable growth policy", die obige Ziele mit
einem angemessenen Wirtschaftswachstum in Einklang bringt. Im zweiten "Citizen's Report" über den Zustand der Umwelt in Indien, den das "Centre for
Science and Environment" 1985 veröffentlichte, heißt es daher zu Recht: "The
primary need is to redefine the role of the state" (CSE 1985: 395). Deutlich neue
Prioritäten, verbunden mit spürbaren Umschichtungen in den staatlichen Investitionsbudgets, könnten wie folgt zusammengefaßt werden:

Erstens eine Forcierung des Strukturwandels in eine Richtung, die die Entkoppelung von Wirtschaftswachstum und Energieverbrauch begünstigt. Die
intersektorale Dimension dieses Strukturwandels ließe sich mit dem Stichwort "High-ICOR-Moratorium" zusammenfassen und würde eine weit deutlichere Abkehr von der Politik der Maximierung des Kapitalstocks voraussetzen, als dies bisher der Fall war. Es ist dabei nicht zu erwarten, daß eine

solche Umorientierung zu Wachstums- oder Beschäftigungseinbußen führen würde (s. Kapitel 4.1). Die intrasektorale Dimension würde bedeuten, vor allem im Industriesektor gezielt diejenigen Branchen zu fördern, die relativ wenig energie- und umweltintensiv sind. Das Beispiel der indischen Software-Industrie zeigt, daß Indien selbst im Bereich know-how-intensiver Branchen ein beträchtliches Potential hat. Soll ein solcher Strukturwandel dauerhaft sein, erfordert er eine Rationalisierung der Subventionspolitik und der Energiepreise sowie eine Fortsetzung der außen- und binnenwirtschaftlichen Liberalisierung. Eine aktive Strukturpolitik wäre auch im Verkehrs- und im Agrarsektor vonnöten.

Zweitens, und mit dem ersten Punkt eng verknüpft, besteht ein immenser Modernisierungsbedarf. Auch in Indien bestätigt sich, daß eingesparte Energie weit billiger ist als zusätzlich erzeugte Energie. Effizienzerhöhungen bei der Erzeugung und Nutzung von Energie sind in großem Umfang möglich (vgl. Kapitel 3 u. 4), hatten bisher aber keine Priorität.

Drittens kann die Nutzung nicht-erschöpfbarer Energiequellen durch Förderung der Entwicklung und Verbreitung von alternativen Energieformen erheblich ausgeweitet beziehungsweise durch Aufforstung ökologisch stabilisiert werden (vgl. Kapitel 4.4). Hierdurch würde nicht nur der Abholzung entgegengewirkt, sondern auch der zusätzliche Bedarf an erschöpfbaren Energiequellen eingedämmt, der über die Substitution nicht-kommerzieller durch kommerzielle Energieformen entstehen würde. Die Tatsache, daß rund die Hälfte des indischen Energiebedarfs noch heute durch nicht-kommerzielle Energieträger gedeckt wird, spricht hier für sich selbst.

Viertens gibt es eine Reihe von institutionellen Reformen, die einen Beitrag zur Lösung der Energieprobleme Indiens leisten könnten. Hierzu zählt eine Reform der Nutzungs- und Eigentumsrechte für Waldflächen und Brachländer, wo sich die staatliche Verwaltung nicht bewährt hat. Als Alternative ist nicht nur an Privatisierung zu denken, sondern vor allem an dörfliche Verwaltungsstrukturen und Selbsthilfeorganisationen, wie sie zum Beispiel bei der Verwaltung von Wasserrechten in Maharashtra sehr erfolgreich sind ("pani panchayat"). Aber auch die geringe Autonomie der Staatsunternehmen, die vor allem im Energiesektor, in der Grundstoff- und Schwerindustrie tätig sind, begünstigt die weit verbreitete Ineffizienz.

Abb. 17

Emissionen von Klimagasen in Indien
-Schätzungen 1988 (Mio.t/Jahr)-

Quelle	CO_2	CO	CH_4	NO_2
Kohle	294	26	16	1,8
Erdöl	107	11	3	1,0
Erdgas	30	4	2	0,7
Brennholz	54	12	2	0,2
Biomasse	31	3	1	--
Gesamt	516	56	24	3,7

Quelle: Dave 1988

Der Austoß von Klimagasen ist dabei nur ein Kriterium von mehreren, das für die indische Regierung nicht allein auschlaggebend sein wird. Klar ist aber auch, daß Indien seinen Anteil an den weltweiten Emissionen von Klimagasen in den nächsten fünfzehn Jahren noch beträchtlich steigern wird, wenn die Projektionen der Planungskommission Realität werden. Damit wird auch der internationale Druck auf die indische Regierung zunehmen, dem sie sich auf Dauer nicht völlig entziehen können wird. Abbildung 17 zeigt die Struktur der Emissionen der wichtigsten Klimagase im Jahr 1988, wobei diese Daten den Charakter von Schätzungen haben. Eine zuverlässige Quantifizierung ist z. Zt. nicht möglich. Zur Illustration werden im folgenden dennoch auf der Basis dieser Zahlen einige Szenarien aufgezeigt, die zumindest einen groben Eindruck über den Spielraum zur Eindämmmung speziell der CO_2-Emissionen bis zum Jahr 2005 geben:

Szenario 1:

Bei einem unterstellten jährlichen Wirtschaftswachstum von 5% bis zum Jahre 2005 und Konstanz der Energieelastizität bei 1,45 würde der kommerzielle Energieverbrauch Indiens gegenüber dem Niveau von 1988 um insgesamt rund 180% ansteigen. Bei unveränderten Strukturen der Energieerzeugung und -verwendung würden die CO_2-Emissionen in ungefähr gleichem Ausmaß steigen und im Jahre 2005 bei rund 1,4-1,5 Mio.t liegen. Dieses Szenario spiegelt die ungünstigste Variante wider und beruht auf äußerst pessimistischen Annahmen.

Szenario 2:

Dieses Szenario geht von folgenden Annahmen aus, die oben diskutiert wurden:

a) Industrielles Wachstum von 7,8% p.a., so wie es im 7. Plan in der langfristigen Perspektive veranschlagt wird, und schrittweise Realisierung des Energieeinsparpotentials von 25% (vgl. Kapitel 4.2) bis 1995.

b) Landwirtschaftliches Wachstum von 2,4% p.a., wie im 7. Plan veranschlagt, und schrittweise Realisierung des Einsparpotentials von 30% (vgl. Kapitel 4.1) bis 1995.

c) Wachstum des Verkehrssektors um 7% p.a. und schrittweise Realisierung eines Einsparpotentials von 30% (vgl. Kapitel 4.3) bis 1995.

d) Zuwachs des kommerziellen Energieverbrauchs im Haushaltssektor um 5% p.a. und Halbierung der Nutzung nichtkommerzieller Energiequellen durch Substitution und höhere Effizienz (holzsparende Herde etc., vgl. Kapitel 4.4).

e) Zuwachs des Energieverbrauchs in sonstigen Sektoren um 5% p.a.

f) Reduktion der Umwandlungsverluste bei der Energieerzeugung um 30% durch Erhöhung des Wirkungsgrades der Kraftwerke, deutliche Senkung der Übertragungsverluste, reduziertes Abfackeln von Erdgas (vgl. Kapitel 3.1).

Unter diesen Annahmen würde sich unter Zugrundelegung der Zahlen von 1988 (vgl. Abbildungen 6 u.17) für das Jahr 2005 ein Endenergiebedarf von rund 230 Millionen Tonnen Erdöleinheiten ergeben. Der Primärenergiebedarf würde im gleichen Zeitraum um 120-130% auf 330-350 Millionen Tonnen Erdöleinheiten ansteigen. Die Energieelastizität wäre von heute 1,45 auf ein langfristiges Mittel von 1,16 gesunken. Die Emissionen von CO_2 wären, eine unveränderte Struktur der kommerziellen Energieerzeugung unterstellt, um 90-100% auf 990-1050 Millionen Tonnen p.a. gestiegen.

Diese Werte sind immer noch weit entfernt von einer absoluten Reduktion der CO_2-Emissionen, liegen aber schon deutlich unter den Status-Quo-Projektionen (vgl. Szenario 1).

Szenario 3

Die Annahmen, die diesem Szenario zugrundeliegen, reichen weiter, als bei Szenario 2:

a) Industrielles Wachstum von 6,5% p.a., also etwas niedriger, als in der indischen Wirtschaftsplanung vorgesehen, aber höher als das durchschnittliche Wachstum der Gesamtwirtschaft. Eine solche Entwicklung könnte u.a. durch das oben diskutierte "High-ICOR-Moratorium" erreicht werden. Weiterhin Realisierung eines Energiesparpotentials von 40% bis zum Jahr 2000. Dies würde, neben den in Szenario 2 unterstellten Maßnahmen, eine weitergehende Modernisierung und auch eine Forcierung der Umstrukturierung des Industriesektors erfordern: Rückgang des Anteils der energieintensiven Industrien zugunsten neuer, Know-How-intensiver Branchen.

b) Landwirtschaftliches Wachstum von 3,5% p.a., also etwas höher als in Szenario 2, und schrittweise Realisierung des Einsparpotentials von 30% bis zum Jahr 1995.

c) Wachstum des Verkehrssektors um 7% p.a. und schrittweise Realisierung eines Einsparpotentials von 35% bis 1995.

d) Zuwachs des kommerziellen Energieverbrauchs im Haushaltssektor um 3% p.a. und Reduktion der Nutzung nichtkommerzieller Energiequellen um 75%. Dies würde wegen des Bevölkerungswachstums nur geringe Substitutionseffekte erlauben und unterstellt eine volle Ausnutzung alternativer Energiequellen und wesentlich höhere Effizienz bei der Restnutzung von Brennholz und anderen Energiequellen.

e) Zuwachs des Energieverbrauchs in sonstigen Sektoren um 5% p.a.

f) Reduktion der Umwandlungsverluste in der kommerziellen Energieerzeugung um 40% bis zum Jahr 2005 durch grundlegende Modernisierungsmaßnahmen, Nutzung der Möglichkeiten der Kraft-Wärme-Kopplung etc.

Unter diesen Annahmen würde der Endenergieverbrauch Indiens bis zum Jahr 2005 auf rund 175 Millionen Tonnen Erdöleinheiten ansteigen. Der Primärenergiebedarf würde um 60-70% auf 240-255 Millionen Tonnen Erdöleinheiten wachsen. Die Energieelastizität würde auf ein langfristiges Mittel von 0,57 absinken. Die CO_2Emissionen würden, eine unveränderte Struktur der kommerziellen Energieerzeugung unterstellt, um 35-45% auf 690-740 Millionen Tonnen p.a. ansteigen.

Abb. 18

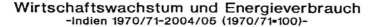
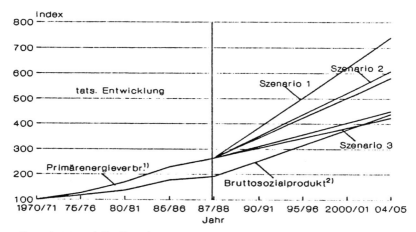

Wirtschaftswachstum und Energieverbrauch
-Indien 1970/71-2004/05 (1970/71-100)-

1) nur kommerzielle Energie
2) In Preisen von 1970/71
Quelle: vgl. Abbildung 4; eigene Berechnungen

Abbildung 18 zeigt überblicksartig, wie sich das Bruttosozialprodukt bei einer unterstellten Wachstumsrate von 5% p.a. im Verhältnis zum Primärenergieverbrauch bis zum Jahr 2005 unter den verschiedenen Annahmen entwikeln würde. Es wird deutlich, daß eine Entwicklung, die das Prädikat "zukunftsfähig" verdient, d.h. eine Entwicklung, die die Energieintensität senkt und damit auch die Emissionen von Klimagasen nachhaltig eindämmt, wesentlich davon abhängen, in welchem Ausmaß eine verbrauchsorientierte Energiepolitik verwirklicht wird. Die oben diskutierten Energiesparmaßnahmen vor allem im Industriesektor werden sich nur beschränkt auswirken. Erst in Kombination mit weitergehenden Modernisierungsmaßnahmen, die sich am Stand der Technik orientieren, und vor allem durch eine Forcierung des intersektoralen und intrasektoralen Strukturwandels lassen sich Ergebnisse erzielen, die zu einer graduellen Entkoppelung von Wirtschaftswachstum und Energieverbrauch führen. Die hier skizzierten Szenarien zeigen aber auch, daß eine absolute Reduktion des Ausstoßes von Klimagasen, wie sie Ziel einer internationalen Klimakonvention sein wird, noch weitergehendere Maßnahmen voraussetzen würde.Es ist daher zu erwarten, daß die indische Regierung bei ihrer reservierten Haltung gegenüber einem solchen Abkommen bleiben wird und umso höhere finanzielle Gegenleistungen verlangen wird, je deutlicher die eingeforderte Entkopplung sein wird. Umgekehrt ist aber auch klar, daß die indische Wirtschaftspolitik einen erheblichen Spielraum besitzt, durch geänderte Prioritäten eine Trendwende einzuleiten. Je früher eine solche Entwicklung einsetzt, desto deutlicher werden die Ergebnisse ausfallen.

Projektionen der indischen Planungskommission zeigen, daß eine Verlagerung der staatlichen Investitionen, die über 50% der Gesamtinvestitionen ausmachen, von "harten" Sektoren auf "weiche" Sektoren keineswegs mit Wachstums- oder Beschäftigungseinbußen verbunden wäre (vgl. Bhatia 1988: 17 ff.), sondern im Gegenteil neue Impulse geben würde.

Die skizzierten Szenarien beziehen nicht alle möglichen Maßnahmen ein, die zu einer Eindämmung der Emissionen von Klimagasen beitragen würden. Sie gehen beispielsweise von einer unveränderten Struktur der kommerziellen Energieerzeugung aus. Bekanntermaßen sind die Emissionen je nach Energieträger unterschiedlich: bei der Verbrennung von Kohle entstehen Emissionen, die um den Faktor 1,2 höher als bei Öl und um den Faktor 1,8 höher sind als bei Erdgas. Wasserkraft und Kernkraft sind (bezüglich der Klimagase) emmissionsfrei.

In gewissem Umfang werden Umstrukturierungen möglich sein. Vor allem die außenwirtschaftlichen Implikationen einer Verlagerung auf Erdöl und ökologische Probleme, die durch eine Ausdehnung von Wasser- und Kernkraft entstehen würden, wirken hier jedoch als Begrenzungsfaktoren, die eine spürbare Umstrukturierung zweifelhaft erscheinen lassen. Langfristig wird aber das Potential für regenerierbare Energiequellen weiter zu erforschen und zu nutzen sein.

Eine Aufstockung der Aufforstungsbemühungen in Kombination mit den hier skizzierten Maßnahmen zur Eindämmung der Nutzung von Brennholz und institutionellen Reformen bei der Nutzung der Wälder könnte eine weitere Entwaldung verhindern und, neben anderen ökologischen und sozialen Erträgen, über eine höhere Absorptionskapazität ebenfalls einen positiven Beitrag zur Eindämmung der CO_2-Emissionen leisten.

Zum Abschluß sei noch einmal auf das Wort von Irving Mintzer (World Recources Institute) verwiesen: "The quantity of energy a nation needs is largely determined by what it is trying to do". Trotz der unumstößlichen Tatsache, daß der Energieverbrauch pro Kopf der Bevölkerung im Vergleich zu Industrieländern noch verschwindend niedrig ist, wird auch Indien nicht darum herum kommen, seine Prioritäten zu überprüfen.

Literaturverzeichnis

Abrahamson, D.E.(Hg.)(1989): *The Challenge of Global Warming*, Washington D.C.

Advisory Board on Energy (1985): *Towards a Perspective on Energy Demand and Supply in India in 2004/05*, New Delhi

Agraval, A.N. (1989): *India - Economic Information Yearbook 1988-89*, New Delhi

Ahluwalia, I.J. (1985): *Industrial Growth in India - Stagnation in the Mid-Sixties*, New Delhi

Anandlingam, G. (1983): "Policy Incentives for Industrial Energy Conservation", Discussion Paper No. 02.83, Tata Energy Research Institute, New Delhi

Bach, W. (1988): "Modelling the Climatic Effects of Trace Gases: Reduction Strategy and Options for a Low Risk Policy", Paper presented at World Congress "Climate and Development", 7.-10. Nov. 1988, Hamburg

Betz, J., Hein, W. (1988): "Weltkongreß Klima und Entwicklung", In: *Nord-Süd aktuell*, 4. Quartal 1988, S. 525-527

Bhagwati, J. (1970): *India - Planning for Industrialisation*, London, New York, Bombay

Bhatia, V.G. (1988): *Alternative Strategy of Development - An Illustration for India*, Friedrich Ebert Stiftung, New Delhi

Bhattacharyya, A. (1984): "Application of Economic Principles in Energy Conservation", Discussion Paper No. 05.84, Tata Energy Research Institute, New Delhi

Bowonder, B. (1984): *Environmental Managment Problems in India*, Administrative Staff College of India, Hyderabad

CEA (1989): *Power Supply Position in the Country*, Vol. 17, No. 5, Central Electricity Agency, New Delhi

CIER (1989): *CIER's Industrial Data Book 1988-89*, Centre for Industrial and Economic Research, New Delhi

CMIT (1988): *Energy Scene in India*, Centre for Monitoring of Indian Trade, New Delhi

CSE (1982): *The State of India's Environment - A Citizens Report*, Centre for Science and Environment, New Delhi CSE (1985): *The State of India's Environment - The Second Citizens Report*, Centre for Science and Environment, New Delhi

Dave, J.N. (1988): "Policy Options for Developments in Response to Global Atmospheric Changes - Case Study for India for Green House Effect Gases", Paper presented at World Congress "Climate and Development", Nov. 7.-10. 1988, Hamburg

Dayal, M. (1989): *Renewable Energy - Environment and Development*, New Delhi
Economic Scene (1986): *Energy 2001*, Februar 1986, S. 18-32
GOI (1985): *Seventh Five Year Plan 1985-1990*, I u. II. Government of India, Planning Commission, New Delhi
GOI (1988): *Economic Survey of India*, Government of India, New Delhi
GOI (1989): *Seventh Five Year Plan - Mid Term Appraisal*, Government of India, Planning Commission, New Delhi
GOI (1990): *Economic Survey of India*, Government of India, New Delhi
Goldemberg, J., Johanson, T.B., Reddy, A.K.N., Williams, R.H. (1987): *Energy for a Sustainable World*, New Delhi
Jänicke, M., Mönch, H., Ranneberg, T., Simonis, U. (1989): "Structural Change and Environmental Impact", In: *Intereconomics*, Jan.-Feb. 1989
Kapoor, R.P. (1990): "Investments in Afforestation - Past Trends und Future Prospects". Paper presented at National Conference on "The Economics of Sustainable Use of Forest Resources", Centre for Science and Environment, New Delhi, 2.-4.4.1990
Koshoo, T.N. (1986): *Environmental Priorities in India and Sustainable Development*, Indian Science Congress Association, New Delhi
Koshoo, T.N. (1986): *Environmental Concerns and Strategies*, New Delhi
Krönig, J.: "Halbherzig gegen tödliche Gefahren", *Die Zeit*, 29.6.1990
Mintzer, I.(1988): "Reducing the Risks of rapid climatic changes: Energy choices for developing countries", Paper prepared for the World Congress "Climate and Development", Nov. 7-10, 1988, Hamburg
NPC (1983): *Report on Utilisation and Conservation of Energy*, I, II u. III. Inter-Ministerial-Working-Group, National Productivity Council, New Delhi
NPC (o. Jg.): *Technoeconomics of Utilisation of Run of Mine Coal Vis-A-Vis Beneficiated Coal in Large Thermal Power Stations*, I, II u. III. National Productivity Council, New Delhi
Pachauri, R.K. (1988): *Energy and Growth - Beyond the Myths and Myopia*, 10. Internationale Konferenz, International Association for Energy Economists, Luxemburg
Paulus, S. (1986): "Rajiv Gandhi's Wirtschaftspolitik - Der Weg ins 21. Jahrhundert", In: *Vierteljahresberichte Nr. 116*, Dez. 1986
Paulus, S. (1987): "Indien: Innenpolitische Krise und die Zukunft der Liberalisierungspolitik", VO-Papier, Friedrich-Ebert-SWtiftung, Bonn
Paulus, S. (1989): "Wirtschaftswachstum, Strukturwandel und Umweltpolitik in Indien - Ansatzpunkte für eine Ökologisierung von Wirtschaft und Gesellschaft", In: *Internationales Asienforum*, Vol. 20 (1989), No. 3-4, S. 231-262
PCRA (1989): *Energy Conservation - The Indian Experience*, Petroleum Conservation Research Association, New Delhi
PCRA (1988): *Energy Conservation - Task Before the Industry*, Petroleum Con-

servation Research Association, New Delhi

Pearce, D., Redclift, M.(Hrsg.): Special Issue "Sustainable Development", In: *Futures*, Vol. 20, No. 6, Dec. 1988

Pendse, D.R. (1989): *Statistical Outline of India 1988/89*, Bombay

Raghuraman, V. (1989): "Reducing Energy Intensity in Selected Indian Subsectors", Paper presented at International Conference on "India's Energy Consumption in the Year 2000 - Towards Delinking Economic Growth and Energy", 9.-10. Nov. 1989, New Delhi

Reddy, A.K.N. et al. (1990): "Comparative Costs of Electricity Conservation - Centralised and Decentralised Electricity Generation", In: *Economic and Political Weekly*, June 2, 1990

SAIL (1988): *Handbook of Statistics on Iron and Steel*, Steel Authority of India, New Delhi

Simonis, U.E. (1990): *Beyond Growth - Elements of Sustainable Development*, Berlin

TERI (1988): *Energy Policy Issues*, Vol. 4, Tata Energy Research Institute, New Delhi

TERI (1989): *Energy Intensity in the Indian Economy*, TEDDY Supplement, Tata Energy Research Institute, New Delhi

TERI (1990): *TERI Energy Data Directory and Yearbook 1989*, Tata Energy Research Institute, New Delhi

Turner, R.K.(Hrsg.)(1988 a): *Sustainable Environmental Managment - rinciples and Practice*, Boulder, Colorado

Turner, R.K. (1988 b): "Sustainability, Resource Conservation and Pollution Control: An Overview", In: Turner (1988 a)

Umweltbundesamt (1989): *Daten zur Umwelt 1988/89*, Berlin

Vohra, B.B. (1985): "The Greening of India", In: Bandyopadhyay, J. et al. (1985): *India's Environment - Crisis and Responses*, Dehra Dun

Vohra, B.B. (1987): *Care of Natural Resources - Still an Area of Great Neglect*, Second Mandyam Chatrapathy Rajamanar Memorial Oration, Bangalore

WCWCED (1987): *Our Common Future*, The World Commission on Environment and Development, Oxford, New York

Weltbank (1989): *Weltentwicklungsbericht 1989*, Bonn

WRI, IIFED (1987): *World Ressources 1987*, World Ressources Institute/International Institute for Environment and Development, New York

Optionen für die Technische Zusammenarbeit
im Energiesektor zur Minderung des CO_2-Ausstoßes

Deutsche Gesellschaft für Technische Zusammenarbeit (GTZ)
Abteilung 415 (Energie)

1. Einleitung

Vom vorindustriellen Zeitalter bis heute hat sich der Kohlendioxyd-Gehalt der Luft von ungefähr 270 ppm auf 350 ppm erhöht[1]. Dieser Anstieg wird nach allgemeiner Auffassung sowohl auf die weltweite Zunahme des durch Verbrennung fossiler Energieträger freigesetzten Kohledioxyds als auch auf die Vernichtung der Wälder zurückgeführt.

In diesem Aufsatz geht es ausschließlich um die erstgenannte Ursache des globalen CO_2-Anstiegs, d.h. um die energetische Seite des Problems, dessen Dimension quantitativ erfaßt werden soll. Eine quantitative Analyse ist allerdings nur mit Einschränkung möglich, da konsistente Zeitreihen über den Verbrauch fossiler Energieträger nur für *kommerzielle* Brennstoffe (Kohle, Erdölprodukte und Erdgas) vorliegen, nicht aber für traditionelle Energieträger (Feuerholz, Holzkohle und landwirtschaftliche Reststoffe), die in vielen Entwicklungsländern einen signifikanten, bisweilen sogar dominierenden Beitrag zur Energieversorgung leisten.

Tabelle Ia gibt einen Überblick über den Weltverbrauch an fossilen Energieträgern in den Jahren 1978 und 1988. Aus den jeweiligen Zahlen sind in Tabelle Ib die globalen CO_2-Emissionen für die genannten Jahre nach der Methode von Rotty und Marland (1986) abgeleitet. Danach erhält man den CO_2-Ausstoß in einer bestimmten Region, indem man die Primärenergieverbräuche von Kohle, Erdöl und Erdgas jeweils mit den Faktoren 1.05, 0.76 und 0.56 gewichtet und summiert.

Die Zahlen in Tabelle Ia und Ib (vgl. 2.1 [2]) lassen folgende Schlußfolgerungen zu:

1) Der Weltverbrauch an fossilen Brennstoffen Kohle, Erdöl und Erdgas ist im Zeitraum 1978 bis 1988 um durchschnittlich ca. 1.4% pro Jahr gestiegen.

252   GTZ - Energieabteilung

2) Im Jahre 1988 entfielen auf die westlichen Industrienationen fast 48% des Weltverbrauchs an fossilen Brennstoffen, auf die Entwicklungsländer (inkl. China) insgesamt 23% (ohne China 13%) und auf die UDSSR sowie andere sozialistische Länder etwa 26%.

3) Der Anteil der Industrienationen am Gesamtverbrauch fossiler Energieträger ist in den letzten 10 Jahren rückläufig (1978: 55%). Bei den Entwicklungsländern (inkl. China) verhält es sich umgekehrt (1978: 18%), während der Anteil sozialistischer Länder in etwa stagniert (1978: 25%). Ursache für diese Entwicklung in den letzten 10 Jahren ist, daß der Verbrauch fossiler Brennstoffe in den OECD-Ländern leicht abgenommen (um 0.05% p.a.), in den Entwicklungsländern aber deutlich zugenommen hat (um 4.26% p.a.). Die relativ hohe Zuwachsrate in den Entwicklungsländern entspricht ungefähr dem zweifachen Wert der Wachstumsrate der Bevölkerung in demselben Zeitraum.

4) Der Anstieg des Verbrauchs fossiler Energieträger in Entwicklungsländern seit 1978 verlief überdurchschnittlich hoch in Asien (ohne China + 6.4%, China + 4.8%).

5) Die genannten Anteile und Trends des Primärenergieverbrauchs lassen sich durchweg auf die $_2$-Emissionen übertragen. Eine Ausnahme ist China. Da China seinen Bedarf an fossilen Brennstoffen zu mehr als 85% aus Kohle deckt, eine Einheit Kohle aber fast den doppelten Emissionswert von Erdgas aufweist und im Vergleich zu Erdöl zu einem um 40% höheren CO_2-Ausstoß führt, hat China einen deutlich höheren Anteil an den globalen Kohlenstoffemissionen als am Weltverbrauch fossiler Brennstoffe.

6) Weltweit hat sich zwischen 1978 und 1988 der Gesamtausstoß von CO_2 um ca. 1.5% p.a. erhöht.

Die obigen Zahlen, die aus der BP-Statistical Review of World Energy (1989) abgeleitet worden sind, ließen sich durch Daten der Vereinigten Nationen ergänzen, die der Untersuchung von Rotty und Marland zugrunde liegen. Rotty und Marland beziffern den globalen CO_2-Ausstoß im Jahre 1978 auf 5020 Mio Tonnen - nur unwesentlich mehr als sich aus der BP-Statistik ergibt. Dem stehen 2299 Tonnen im Jahre 1958 gegenüber, was einem Anstieg um knapp 4% p.a. im Zeitraum 1958-1978 gleichkommt.

Es bleibt festzuhalten:

Von 1958-1978 haben die globalen CO_2-Emissionen im Durchschnitt um 4% p.a. zugenommen; seitdem hat sich die Wachstumsrate im Mittel auf 1.5% p.a. reduziert. Von diesem Rückgang sind allerdings die Entwicklungsländer nicht betroffen, deren CO_2-Ausstoß über den gesamten Zeitraum ungebremst angestiegen ist.

Im vorliegenden Papier werden Optionen für eine CO_2-Minderung im Energiesektor in Entwicklungsländern, die durch die Technische Zusammenarbeit abgedeckt werden können, aufgezeigt.

Zur Erarbeitung der einzelnen Optionen und des daraus zu entwickelnden Stra-
tegiepapiers der Technischen Zusammenarbeit ist es notwendig eine Länderauswahl zu treffen, sich Klarheit über die Regionale Verteilung der Problematik und
ihrer sektorellen Verteilung zu verschaffen. Anhand dieses generellen Überblicks
werden die dann realisierten bzw. realisierbaren Optionen schon von selbst deutlich.

Zur Länderauswahl führt die Überlegung, daß der Gesamtausstoß an Kohlenstoff sich nicht gleichmäßig auf alle Länder und Kontinente verteilt. Ähnlich wie
in den westlichen Industrienationen tragen einige Länder überproportional zur
CO_2-Produktion bei, während andere Länder, besonders in Afrika, weniger ins
Gewicht fallen.

Um welche Länder handelt es sich dabei und welche Sektoren sind besonders
beteiligt?

Grundsätzlich können bei einer empirischen Untersuchung nur die Entwicklungsländer berücksichtigt werden, über deren Energieverbrauch konsistente
Daten vorliegen. Energiebilanzen nach einheitlichem Format sind z. B. von der
IEA für insgesamt 74 Länder in Afrika, Lateinamerika, Asien, Mittlerer Osten
und Mittelmeerraum aufgestellt worden.

Eine Analyse von 54 ausgewählten Entwicklungsländern ergibt folgende regionale Verteilung:

1) Der Primärenergieverbrauch bezifferte sich 1986 auf ca. 80 Mio TOE (tons of
   oil equivalent) in den 19 untersuchten Ländern Afrikas, 280 Mio TOE in den
   15 lateinamerikanischen Staaten, 800 Mio TOE in den 13 ausgewählten
   Ländern Asiens und 80 Mio TOE in den 6 Ländern des Mittleren Ostens.
   Hierbei ist Südafrika ausgeschlossen. Es ist aber zu bemerken, daß Südafrika
   das Land auf dem afrikanischen Kontinent mit dem mit Abstand höchsten
   Konsum fossiler Brennstoffe ist. Der Verbrauch an Kohle, Erdöl und Erdgas
   belief sich 1986 auf rund 83 Mio TOE - mehr als der Verbrauch der 19 untersuchten Länder zusammengenommen.

2) Von den untersuchten Entwicklungsländern in Afrika weisen nur drei einen
   höheren Verbrauch an fossilen Brennstoffen als 10 Mio TOE auf: Ägypten,
   Algerien und Nigeria. Insgesamt entfallen auf diese drei Länder zwei Drittel
   des Verbrauchs der 19 Länder an Kohle, Erdöl und Erdgas. Die Mehrheit
   der afrikanischen Staaten verbraucht derzeit weniger als 1 Mio TOE p.a..

3) Den höchsten Verbrauch an fossilen Brennstoffen in Lateinamerika haben Mexiko, Brasilien, Argentinien und Venezuela. Weniger als 2 Mio TOE verbrauchen Bolivien, Guatemala, Jamaika, Panama, Paraguay und Uruguay.

4) In Asien liegt China mit 515 Mio TOE (1985) vorne, gefolgt von Indien (132 Mio TOE) und Südkorea (52 Mio TOE). Besonders niedrig ist der Verbrauch fossiler Brennstoffe in Nepal, Sri Lanka und Myanmar (Birma).

5) Die Länder des Mittleren Ostens werden von Saudi Arabien (1986 62 Mio TOE) dominiert. Von den restlichen Ländern erreicht kein Land außer Syrien einen Jahresverbrauch von mehr als 5 Mio TOE.

6) Entsprechend den Primärenergieverbräuchen ergibt sich ein signifikanter Beitrag zum CO_2-Problem allenfalls durch die Schwellenländer Lateinamerikas und Asiens. Letztendlich erzeugten 1986 die Länder Argentinien, Brasilien, Mexiko, Venezuela, China, Indien, Indonesien und Südkorea mehr als 80% des genannten Kohlestoffausstoßes in den untersuchten 54 Entwicklungsländern.

Die von der IEA abgeleiteten Energiebilanzen erlauben eine sektorale Aufteilung des Energieverbrauchs sowie eine Quantifizierung des von Kraftwerken verbrauchten fossilen Brennmaterials in den 54 Ländern:

- In den 19 afrikanischen Staaten entfallen auf die Industrie ca. 30% und den Transportsektor knapp 45% der Endnachfrage fossiler Brennstoffe. Der Haushaltsektor spielt eine untergeordnete Rolle. Fossile Brennstoffe, die von Kraftwerken verfeuert werden, erreichen nicht ganz die Größenordnung, die im Transportsektor verbraucht wird.

- Der Transportsektor hat in den 15 lateinamerikanischen Ländern ebenfalls den größten Anteil am Endenergiekonsum (ca. 45%), gefolgt von der Industrie (unter 40%). Kraftwerke verbrauchen insgesamt einen Brennstoffbetrag, der etwa 20% der Endenergienachfrage entspricht.

- Die Industrie ist mit fast 55% der Endenergienachfrage der wichtigste Verbraucher fossiler Brennstoffe in Asien. Auf den Verkehrssektor entfallen lediglich knapp 15%. Kraftwerke verfeuerten 1986 etwa 160 Mio TOE (75% davon Kohle), das sind etwas mehr als 25% der Endenergienachfrage.

- Vom Potential her bieten sich in den Ländern, die mehr als 80% des CO_2-Ausstoßes aller 54 analysierten Entwicklungsländer erzeugen, Energieeinsparmaßnahmen in der Industrie am ehesten in Asien an (China, Indien, Indonesien und Südkorea). In den lateinamerikanischen Staaten (Argentinien, Brasilien, Mexiko und Venezuela) müßten zusätzlich Maßnahmen im Transportsektor durchgeführt werden, um die CO_2-Emissionen spürbar zu senken (wenn dem Verlust der tropischen Wälder nicht Einhalt geboten werden kann).

Was heißt dies nun für die Technische Zusammenarbeit als Beitrag zur Minderung oder Lösung der sich stellenden CO$_2$-Prolematik?

Nach dem heutigen Wissens- und Erkenntnisstand stellt die Förderung der Rationellen Energieverwendung (REV) bei der Energieumwandlung und -verbrennung derzeit, d.h. kurz- und mittelfristig die wichtigste Option zur Minderung der CO$_2$-Emissionen dar. Das soll heißen, daß über den rationellen, optimalen Energieeinsatz der Primärenergieverbrauch auf das notwendigste Maß zurückgedrückt wird und die schon in der Betriebswirtschaftslehre unter dem Rationalitätsprinzip bekannte Vorgehensweise auch im Energiesektor Einzug findet. Maßnahmen des Haushaltens, der Generalüberholung von Anlagen und Neuanschaffung modernster Techniken können hier einen nicht unwesentlichen Beitrag leisten.

Auch der verstärkte Einsatz dezentraler Systeme zur Nutzung regenerativer Energiequellen kann fossile Energieträger zunehmend in gewissen Marktnischen ersetzen. Wegen der erforderlichen Detailuntersuchungen des Bedarfs nach Energiedienstleistungen und der mühsam voranschreitenden Verbreitung der Anlagen ist allerdings der Beitrag von RE-Systemen zur Minderung der CO$_2$-Emissionen nur mittel- bzw. langfristig zu erwarten. Schließlich können durch Beratung und Förderung im Bereich der Energiepolitik und -planung die für die Durchführung direkter Maßnahmen zur Verringerung der CO$_2$-Emissionen erforderlichen politischen bzw. organisatorischen Rahmenbedingungen geschaffen werden.

In den letzten Jahren sind auf beiden Gebieten, sowohl bei der rationellen Energieverwendung als auch bei dem Einsatz von Systemen zur Nutzung regenerativer Energiequellen, reichhaltige Erfahrungen in der Technischen Zusammenarbeit gemacht worden. Hierzu sei jedoch, ohne weitere Erläuterungen, auf die im Anhang angegebenen Veröffentlichungen verwiesen.

2.   Quantitative Dimensionen des CO$_2$-Problems

2.1   *Globale CO$_2$-Emissionen und regionale Verteilung*

Die weltweite Zunahme des durch Verbrennung kohlenstoffhaltiger Energieträger freigesetzten Kohlendioxids wird nachfolgend quantitativ für fossile und nichtfossile Energieträger erfaßt.

Tabelle Ia gibt einen Überblick über den Weltverbrauch an fossilen Energieträgern in den Jahren 1978 und 1988. Aus den jeweiligen Zahlen sind in Tabelle Ib die globalen CO_2-Emissionen für die genannten Jahre abgeleitet. Die Umrechnung von Energieverbräuchen auf CO_2-Emissionen ist stark abhängig von der Zusammensetzung der Brennstoffe. Näherungsweise wird zur Bestimmung des CO_2-Ausstoßes (gemessen in t CO_2) in einer bestimmten Region der Primärenergieeinsatz von Kohle, Erdöl und Erdgas jeweils mit den Faktoren 3.88, 2.81 und 2.07 gewichtet und summiert.

Tabelle Ia: Weltprimärenergieverbrauch 1978 und 1988 (in Mio TOE 3))

	1978 Summe	%	1988 Summe	%
OECD	3394.3	55.1	3376.3	47.6
Asien (ohne China)	232.1	3.8	431.5	6.1
China, VR	476,4	7.7	695.2	9.8
Afrika	126.5	2.1	189.2	2.7
Lateinamerika	249.5	4.1	330.0	4.6
Mittlerer Osten	115.6	1.9	192.3	2.7
UdSSR	1052.8	17.1	1298.1	18.3
Sonstige	510.7	8.3	584.9	8.2
Total	6157.9	100.0	7097.5	100.0

Quelle: BP (1989)

Tabelle Ib: Globale CO2-Emissionen 1978 und 1988 (in Mio t CO2)

	1978 Summe	%	1988 Summe	%
OECD	9753.6	52.8	9920.1	46.4
Asien (ohne China)	730.7	4.0	1383.8	6.5
China, VR	1735.3	9.4	2563.0	12.0
Afrika	404.4	2.2	588.7	2.8
Lateinamerika	691.1	3.7	898.7	4.2
Mittlerer Osten	304.5	1.7	506.2	2.4
UdSSR	3121.7	16.9	3585.7	16.8
Sonstige 4)	1715.7	9.3	1949.5	9.1
Total	18457.0	100.0	21395.7	100.0

Die Zahlen in Tabelle Ia und Ib lassen folgende Schlußfolgerungen zu:

1) Der Weltverbrauch an den fossilen Brennstoffen Kohle, Erdöl und Erdgas ist im Zeitraum 1978 bis 1988 um durchschnittlich ca. 1.4% pro Jahr gestiegen.

2) Im Jahre 1988 entfielen auf die westlichen Industrienationen fast 48% des Weltverbrauchs, auf die Länder Asiens (ohne Japan), Afrikas, Lateinamerikas und des Nahen Ostens zusammen 27,9% des Weltverbrauchs an fossilen Brennstoffen.

3) Der Anstieg des Verbrauchs fossiler Energieträger in Entwicklungsländern seit 1978 verlief mit 4.8% p.a. überdurchschnittlich hoch, während in OECD-Ländern kein Zuwachs zu verzeichnen ist.

Es wird davon ausgegangen, daß der Anteil der Entwicklungsländer am Gesamtprimärenergieeinsatz auf über 40% im Jahre 2060 steigen wird.

Die nichtfossilen CO_2-Emissionen werden hauptsächlich verursacht durch Brandrodung (ca. 12 Mrd t CO_2). Der Energieverbrauch von Holz, Torf und Biomasse betrug für das Jahr 1985 ca. 900 Mio TOE) mit einem CO_2-Ausstoß von ca. 2.6 Mrd t CO_2, der sich wie folgt aufteilt:

Asien	1.23 Mrd t CO_2
Afrika	0.27 Mrd t CO_2
Lateinamerika	0.62 Mrd t CO_2
Sonstige	0.48 Mrd t CO_2

2.2 CO_2-Emissionen in Entwicklungsländern

2.2.1   Fossile Energieträger

Grundsätzlich sollten bei einer empirischen Untersuchung alle Entwicklungsländer berücksichtigt werden, über deren Energieverbrauch konsistente Daten vorliegen. Energiebilanzen nach einheitlichem Format sind von der IEA für insgesamt 74 Länder in Afrika, Lateinamerika, Asien, Mittlerer Osten und Mittelmeerraum aufgestellt worden und zwar für den Zeitraum 1971-1987. Nicht alle dieser Länder sind im Entwicklungsländer-Verzeichnis des DAC, an dem sich die Bundesregierung orientiert, enthalten; für andere Länder, über die Energiestatistiken vorliegen, dürften TZ-Maßnahmen in absehbarer Zeit vorwiegend aus politischen Gründen nicht in Frage kommen. Die Anzahl der in die Untersuchung einzubeziehenden Länder wurde daher - insgesamt auf 54 - reduziert.

Im Anhang sind in Tabelle I und II Daten über den End- und Primärenergieverbrauch von Kohle, Petroleum und Erdgas in 54 ausgewählten Entwicklungsländern und den entsprechenden CO_2-Emissionen enthalten. Es ergibt sich folgendes Bild für die regionale Verteilung:

1) Von den untersuchten Entwicklungsländern in Afrika weisen nur drei einen höheren Verbrauch an fossilen Brennstoffen als 10 Mio TOE auf: Ägypten, Algerien und Nigeria. Insgesamt entfallen auf diese drei Länder zwei Drittel des Verbrauchs der 19 Länder an Kohle, Erdöl und Erdgas. Die Mehrheit der afrikanischen Staaten verbraucht derzeit weniger als 1 Mio TOE pro Jahr.

2) Den höchsten Verbrauch an fossilen Brennstoffen in Lateinamerika verzeichnen Mexiko, Brasilien, Argentinien und Venezuela. Weniger als 2 Mio TOE verbrauchen Bolivien, Guatemala, Jamaica, Panama, Uruguay und Paraguay.

3) In Asien liegt China mit 515 Mio TOE (1985) vorne, gefolgt von Indien (132 Mio TOE) und Südkorea (52 Mio TOE). Besonders niedrig ist der Verbrauch fossiler Brennstoffe in Nepal, Sri Lanka und Myanmar.

4) Die Länder des Mittleren Ostens werden von Saudi Arabien (1986 62 Mio TOE) dominiert. Von den restlichen Ländern erreicht kein Land außer Syrien einen Jahresverbrauch von mehr als 5 Mio TOE (wobei allerdings Irak und Iran nicht in die Untersuchung einbezogen wurden).

5) Ein signifikanter Beitrag zum CO_2-Problem wird von den Schwellenländern in Lateinamerika und Asien geleistet. Argentinien, Brasilien, Mexiko, Venezuele, China, Indien und Indonesien erzeugten 1986 ca 80% des gesamten Kohlenstoffoutputs in den untersuchten Entwicklungsländern.

Die Energiebilanzen erlauben folgende sektorale Aufteilung des Energieverbrauchs sowie eine Quantifizierung des von Kraftwerken verbrauchten fossilen Brennmaterials.

Afrika:

In den untersuchten Staaten entfallen auf die Industrie ca. 23% und den Transportsektor knapp 32% der Endnachfrage fossiler Brennstoffe. Der Haushaltssektor spielt eine untergeordnete Rolle (14%). Fossile Brennstoffe, die von Kraftwerken verfeuert werden, erreichen ca. 27%, sonstige 4%.

Lateinamerika:

Der Transportsektor hat den größten Anteil am Endenergieverbrauch (ca. 37%), gefolgt von der Industrie (ca. 31%). Kraftwerke verbrauchen insgesamt eine Brennstoffmenge, die etwa 17% des Endenergieeinsatzes entspricht, Haushalte und sonstige 15%.

Asien:

Die Industrie ist mit fast 43% der Endenergienachfrage der wichtigste Verbraucher fossiler Brennstoffe. Auf den Verkehrssektor entfallen lediglich knapp 11%. Kraftwerke verfeuerten 1986 ca. 160 Mio TOE (75% davon Kohle), das sind etwas mehr als 21% des Endenergieeinsatzes, Haushalte und sonstige 25%.

2.2.2 Nichtfossile Energieträger

Die Verbrauchsdaten für nichtfossile Energieträger beruhen weitgehend auf Schätzungen für einzeln Länder, so daß auf eine detaillierte Aufteilung in Ländergruppen verzichtet wird. Den überwiegenden Teil der Biomassenutzer bilden private Haushalte, wobei regional die Industrie ein Hauptverbraucher für Holz und Produktionsabfälle wie Kokosnußschalen oder Bagasse sein kann.

3. Rationelle Energieverwendung

Die Förderung der rationellen Energieverwendung stellt derzeit die wichtigste Option zur Minderung der CO_2-Emissionen dar. Rationelle Energieverwendung (REV) bedeutet im engeren Sinne die Einsparung von Energieträgern sowohl bei der Energieumwandlung (Kraftwerke, Dampfkesselanlagen etc.) als auch bei der Energieverwendung (Endabnehmer). Umfassender wird REV als optimale Nutzung des Energieeinsatzes unter verschiedenen Gesichtspunkten, wie Umwelt- und Ressourcenschutz, Kostenoptimierung, Minderung der Energieimporte, etc. definiert.

In Entwicklungsländern wird im allgemeinen ein weit höherer Primärenergieeinsatz für die Bereitstellung einer bestimmten Summe Endenergie bzw. Nutzenergie benötigt als in Industieländern. Die derzeitigen CO_2-Gesamtemissionen in Entwicklungsländern, die mehr als 23% ausmachen und die Prognosen der stark wachsenden Energiebedarfszunahme (4% p.a. von 1978 bis 1988) belegen die Notwendigkeit, REV-Maßnahmen intensiv zu fördern und umzusetzen.

Für die Entwicklungsländer selbst wird die Option "Verstärkte Rationelle Energieverwendung" mehr und mehr eine Voraussetzung, um das notwendige Wirtschaftswachstum, z.B. durch fehlende Versorgungssicherheit, nicht weiter zu gefährden. Nach Schätzung der Weltbank liegt die Finanzierungslücke in den 90er Jahren allein im Bereich der Kapazitätserweiterung in Kraftwerken bei US $ 115 Mrd in Devisen. Nur für den asiatischen Bereich soll die installierte Leistung in den nächsten 10 Jahren von heute 228 GW auf 472 GW ansteigen, um den Bedarf durch gestiegenes Bevölkerungs- und Wirtschaftswachstum zu decken. Neben der global zu sehenden und erforderlichen Minderung des CO_2-Ausstoßes werden durch REV beispielsweise folgende positive Effekte erzielt:

- *Reduzierung direkt wirkender Schadstoffe*

Schadstoffemissionen wie SO2, NOx, Staub werden in gleichem Maße wie CO_2 reduziert. Für Entwicklungsländer sind diese Emissionen weit gefährlicher als CO_2, da die Immissionskonzentrationen in vielen Ballungszentren bereits die zulässigen Konzentrationen weit übersteigen.

- *Verringerung der Energieimporte*

Für Ölimporte werden in nicht erdölproduzierenden Ländern bis zu 60% der Erlöse aus den Exporten ausgegeben. Dem Zahlungsbilanzdefizit wird durch Einsparungen hauptsächlich im Industrie- und Verkehrsbereich entgegengewirkt.

- *Energiebedarfsdeckung (Vermeidung von Versorgungsengpässen)*

Trotz hoher Investitionen für den Ausbau der Energieversorgung, hauptsächlich zum Bau neuer Kraftwerke, werden die Entwicklungsländer mehr und mehr mit Stromabschaltungen konfrontiert, die eine wirtschaftliche Entwicklung zusätzlich behindern. Durch REV-Maßnahmen kann man auf der Erzeugerseite über die Rehabilitierungsprojekte hinaus höhere jährliche Wirkungsgrade und höhere Zuverlässigkeiten der Anlagen zur Stromerzeugung und übertragung erreichen. Zusammen mit einer Minderung des Energiebedarfs bei den Stromabnehmern (hauptsächlich Industriebereich) wird die Versorgungssicherheit erhöht.

- *Steigerung der Konkurrenzfähigkeit von Unternehmen*

Die Optimierung der betrieblichen Energieversorgung hat eine Minimierung der Energiekosten an den Produktionskosten zur Folge. Die Investitionsentscheidungen orientieren sich auch bei REV-Maßnahmen an privatwirtschaftlichen Mechanismen.

Damit decken sich bei der Option REV die globale Forderung nach einer Minimierung des CO_2-Ausstoßes mit ökologischen und wirtschaftlichen Bedürfnissen der Entwicklungsländer.

Im folgenden werden die Energieverbräuche einschließlich der damit verbundenen CO_2-Emissionsmengen dargestellt und für die Hauptverbrauchssektoren Industrie und Kraftwerke die Möglichkeiten der Einsparmaßnahmen aufgezeigt. Der Haushaltssektor, der besonders in den Ballungsgebieten eine zunehmende Bedeutung gewinnt, wird nicht speziell untersucht, da die Strategien zur Förderung der REV-Maßnahmen sich inhaltlich mit den Darstellungen für den Industriesektor decken.

3.1   CO2-Einsparpotential in Entwicklungsländern

Aus den in Abschnitt 2 dargestellten CO_2-Emissionsmengen können über die Einsparpotentiale die in Entwicklungsländern möglichen CO_2-Reduktionsmengen für den konventionellen Energiebereich bestimmt werden.

Die Umrechnungsfaktoren von TOE auf CO_2 sind auf Grund des verschiedenen Energieträgermixes der dargestellten Sektoren unterschiedlich.

Dem *Industriebereich* kommt die größte Bedeutung bei der Durchführung von Maßnahmen zu, da er im Durchschnitt für ca. 40-50% des Gesamt-CO_2-Ausstoßes verantwortlich ist. Mit relativ geringen Investitionen können in vielen Entwicklungsländern 10% des Energiebedarfs eingespart werden. Weitere 10-15% können erzielt werden mit Investitionen, die eine Amortisationszeit von unter 2 Jahren aufweisen. Auch wenn für einzelne Industriebetriebe weit höhere Einsparraten realisiert wurden, kann für die CO_2-Abschätzung von einem maximalen, wirtschaftlich realisierbaren Minderungspotential von 20% ausgegangen werden. Dies ergibt eine Einsparung im Industriebereich von

160 Mio TOE bzw.
482 Mio t CO2

Im globalen Ausmaß entspricht dies 2,2% der CO_2-Gesamtproduktion.

Im *Kraftwerksbereich* gibt es ebenfalls große Einsparpotentiale, die stark von dem Kraftwerkstyp, der Ausführung der Kraftwerkskomponenten inklusive Meß- und Regelungstechnik, der Fahrweise sowie des Betriebsmanagements abhängen. Mit REV-Maßnahmen, die mit geringem Kapitaleinsatz durchführbar sind, kann der Primärenergieeinsatz um ca. 5-10% gesenkt werden. Eine Erhöhung des jährlichen Kraftwerkswirkungsgrades von 30% auf 33% ergibt beispielsweise 10% Energieeinsparung.

Das Einsparpotential im Kraftwerksbereich beträgt damit

11.7-23.2 Mio TOE bzw.
38-72 Mio t CO2.

Höhere Einspareffekte lassen sich durch Rehabilitierungsmaßnahmen bzw. Einsatz innovativer Kraftwerkskonzeptionen wie z.B. Kombikraftwerke erzielen, die hier nicht weiter diskutiert werden.

Die Minderung der Verluste bei der Stromverteilung, die im Durchschnitt Werte über 20% (bis zu 40%) erreichen, ist ein weiterer Angriffspunkt zur Reduzierung des Primärenergieeinsatzes und damit der CO_2-Emissionen. Dies kann ebenfalls nur mit größerem finanziellem Aufwand erfolgen.

Die *Haushalte* sind in den meisten Entwicklungsländern nur marginal am Verbrauch von Kohle, Öl und Gas beteiligt. Eine Ausnahme bildet wiederum China, das ca. 25% der Kohle im Hausbrand verfeuert. Das Einsparpotential ist beträchtlich, da große Mängel bei der Heizungstechnik (offene Feuer) und der Gebäudestruktur bestehen. Bei einer 30%igen Einsparung ergibt sich eine Energieeinsparung von

31,5 Mio TOE bzw.
122 Mio t CO_2.

Dies entspricht ca. 0,6% der globalen CO_2-Emissionen.

Eine zunehmende Bedeutung erhält der Haushaltsbereich beim Stromverbrauch, speziell in den wachsenden Metropolen der Entwicklungsländer. Die Klimatisierung von Bürogebäuden, Hotels etc. ist hierbei der Hauptverbraucher. Hier können ähnlich wie im Industriebereich 10-15% des Energieeinsatzes mit geringen Investitionen eingespart werden. Insgesamt ist in Entwicklungsländern im Rahmen von REV-Maßnahmen im Industrie-, Kraftwerks- und Haushaltsbereich ein Einsparpotential von 660 Mio t CO_2 denkbar. Dies entspricht etwa 3% des gesamten Weltausstoßes.

3.2   Hemmnisse bei der Umsetzung von REV

Auswertungen von REV-Programmen zeigen, daß sowohl in Industriestaaten als auch in Entwicklungsländern die wünschenswerte Allokation der Produktionsfaktoren Kapital, Arbeit, Energie und natürliche Ressourcen sich nicht durchgängig oder nur zögerlich einstellt. Zahlreiche Behinderungen führen dazu, daß Marktkräfte im Energiesektor nur schwach ausgeprägt sind oder zum Nachteil eines sich sonst dynamisch entwickelnden technischen Fortschritts überhaupt nicht wirken.

Energieeffiziente Lösungen und der Nachweis der ökonomischen Vorteilhaftigkeit reichen nicht aus, um eine allgemeine Verbreitung des REV Know-hows und Annahme durch die Verbraucher zu gewährleisten.

Die Hindernisse bei der Implementierung von Maßnahmen der rationellen Energieverwendung sind vielfältig und lassen sich in folgende Bereiche einteilen:

1. Ungünstige politische, wirtschaftliche und institutionelle Rahmenbedingungen, wie

   - nicht kostendeckende Preis- und Tarifgestaltungen für Brennstoffe und Strom

   - die wenig Anreize bietende Wirtschafts-, Steuer- und Importpolitik und

   - die schwerfällig operierenden und unzureichend ausgestatteten Institutionen

2. Fehlende bzw. unzureichende technisch/wirtschaftliche Expertise, um REV-Maßnahmen zu planen und im Betrieb umzusetzen

3. Fehlende oder inadäquate Finanzierungsinstrumente für REV-Investitionen.

Die Festlegung der Energiepreise unterhalb der volkswirtschaftlichen Kosten bietet wenig Anreize für Energieverbraucher in Industrie, Verwaltung und privaten Haushalten, über Einsparungen nachzudenken. Dennoch ist es wichtig, hervorzuheben, daß auch unter diesen Bedingungen Energieeinsparpotentiale identifizierbar sind. Konkurrierende Alternativen für Investitionen, wie die Erweiterung der Produktionskapazität, versprechen dann aber häufig größere Rückflüsse.

3.3 REV-Energiemanagement in der Industrie

3.3.1 Möglichkeiten und Strategien zur Reduzierung des Energieeinsatzes

Der Industriebereich ist, wie oben gezeigt, in den meisten Entwicklungsländern der größte Abnehmer von Elektrizität, Öl, Kohle und Gas. Durch Verringerung der Verluste, Erhöhung der Umwandlungs- und Prozeßwirkungsgrade und Einsatz moderner Produktionsverfahren können der Energiebedarf und damit auch die Energiekosten gesenkt werden. Die Höhe des Investitionsbedarfs und die Rentabilität hängen im wesentlichen von der Art der vorgeschlagenen Maßnahmen ab.

Mit organisatorischen und betrieblichen (Housekeeping) Maßnahmen ist in der Regel kein oder nur geringer Mittelbedarf verbunden. Die Grundlage hierzu kann ein Energiemanagementprogramm sein, das eine regelmäßige Registrierung der Verbrauchsdaten, vorbeugende Wartung und Instandhaltung, kontinuierliche Überprüfung und Messung energietechnischer Anlagen, Motivation und Training des Betriebspersonals enthält.

Beispiel:

In Kesselanlagen können durch Einbau von Meßgeräten und regelmäßige Wartung in Wartung in Entwicklungsländern im Durchschnitt 10% des Energieeinsatzes eingespart werden.

Nur für die Philippinen ergibt dies eine Einsparung von 700.000 t Öl p. a. oder 180 Mio DM.

CO_2 Minderung: 1,9 Mio t.

Wesentlich kostenintensiver ist die nächste Stufe der REV-Implementierung. Hierzu zählen die Optimierung von Prozeßabläufen, Abwassernutzung, Austausch bzw. Modernisierung von Anlagenkomponenten usw. Diese Maßnahmen bedürfen detaillierter Energie- und Wirtschaftlichkeitsuntersuchungen und können effizient nur durch intensive Beratung mit qualifiziertem Personal durchgeführt werden.

Beispiel:

Für die Trocknung von keramischem Grundmaterial wurden in einer philippinischen Firma 1,1 MW-thermisch benötigt. Dies entspricht einem Holzverbrauch von ca. 2.000 kg/h. Im Rahmen eines Energiekonzeptes konnte die gesamte Trocknungsenergie durch die Abgaswärme eines Dieselgenerators gedeckt werden.

Jährliche Einsparung: 2.000 t Holz/a - 95.000 DM/a

Amortisationszeit: unter 1 Jahr
CO_2-Reduktion: 3.800 t/a

Technologische Umrüstungen beanspruchen die größten finanziellen Mittel, besitzen jedoch die größten Möglichkeiten zur CO_2-Reduzierung. Moderne Energiewandlungs- und Produktionsanlagen sind energieoptimiert und können den spezifischen Energiebedarf bis zu 50% mindern.

Beispiel:

Herstellung von Zement

Beste Werte (in Deutschland)	4 GJ/t
Durchschnittswerte in EL	7-8 GJ/t
Gesamteinsparpotential	35-50%

Die verstärkte Nutzung der Kraftwärmekopplung für Industriebetriebe stellt eine weitere wichtige Option dar, die zudem einen Beitrag zur Minderung der Versorgungsengpässe liefern würde. Der Primärenergiebedarf bei einer zeitgleichen Nutzung von Strom und Wärme sinkt bei gleicher Endenergiebereitstellung um bis zu 25%.

Die Umstellung von Kohle bzw. Öl auf Gas ist dort zu fördern, wo Gasreserven längerfristig zur Verfügung stehen. Die Potentiale sind beträchtlich, da die Verbrennung von Kohle gegenüber Gas zu einem 1,4-1,5fachen CO_2-Ausstoß bei gleichem Energieinhalt führt. Gasreserven wurden inzwischen in vielen Entwicklungsländern entdeckt.

Die Strategien zur Förderung bzw. Umsetzung von REV können direkt aus den beschriebenen Problemfeldern abgeleitet werden. Sie gelten in gleicher Weise auch für die Förderung von REV-Maßnahmen in Büro- und Verwaltungsgebäuden. Im einzelnen sind dies:

a) Erhöhung der Energiepreise, um zumindest die Kosten der Energieversorgung zu decken. Hierdurch ergeben sich größere Rentabilitäten von direkten REV-Investitionen.

   Bei Energiepreissteigerungen sind die negativen Folgen für die wirtschaftliche Entwicklung sowie für die ärmeren Bevölkerungsschichten zu berücksichtigen.

b) Konsequente Durchführung einer Energiepolitik mit Informations- und Aufklärungskampagnen, steuerlichen Anreizen, Einführung von Energieeffizienzstandards, Einfuhrvergünstigungen für REV-Techniken usw.

c) Aufbau bzw. Stärkung von staatlichen und halbstaatlichen Institutionen, die die REV-Programme effizient umsetzen können. Hierzu gehören neben der Steigerung des praktischen Wissens der Ingenieure auch die entsprechende Ausrüstung mit Meßgeräten etc. Durch Seminare und Workshops wird eine Breitenwirkung erreicht.

d) Förderung privatwirtschaftlich orientierter Firmen im Consulting-Bereich und bei der Produktion von energiesparenden Techniken. Für größere Investitionen, die eine umfassende Planung und Betreuung erfordern, sind staatliche Träger in der Regel überfordert. Die Consulting-Wirtschaft ist der Mittler zwischen den Lieferanten, den Banken und den beratenden Firmen. Know-how Transfer kann durch deutsche Experten sowie durch Förderung von Firmenkooperationen wie Joint Ventures unterstützt werden.

e) Finanzierungskonzepte unter Einbindung von FZ-Institutionen und von lokalen Banken zur Bereitstellung der notwendigen Kreditlinien für die Umsetzung von größeren Investitionsmaßnahmen.

f) Zur Bewußtseinsbildung ist bereits an Schulen der notwendige schonende Umgang mit den Ressourcen zu vermitteln. Energiemanagement und die rationelle Energieverwendung sollten mit in die Lehrpläne von Ingenieur- und Wirtschaftsstudiengängen aufgenommen werden.

Die Umsetzung dieser Strategien ist eingebunden in einen gesamtgesellschaftlichen Prozeß, den es bei der Planung und Durchführung von REV-Projekten zu analysieren und zu berücksichtigen gilt. Die Zielgruppen können je nach festgestellten Mängeln staatliche Entscheidungsträger, Mitarbeiter von Beratungsinstitutionen, Consulting-Mitarbeiter, Betriebspersonal und Firmenmanagement sein.

TZ-Maßnahmen des REV-Projekts greifen an den Schwachpunkten dieses Prozesses an und liefern einen entscheidenden Beitrag zur Erreichung des Gesamtziels, eine CO_2-Reduzierung umzusetzen. Aus den vielfältigen Erfahrungen des REV-Projektes, das von der GTZ im Auftrag des BMZ durchgeführt wird, kristallisieren sich drei unterschiedliche Ansätze für REV-Projekte heraus, die den wirtschaftlichen, soziokulturellen und infrastrukturellen Bedingungen des Partnerlandes anzupassen sind.

Die folgende Einteilung von drei Projekttypen berücksichtigt die Notwendigkeit, daß nur eine kombinierte Vorgehensweise von staatlichen Stellen, Privatunternehmen und Banken eine nachhaltige Auswirkung zeigt:

Typ A: Förderung staatlicher Träger

Typische Aufgaben des staatlichen Trägers sind Umsetzung legislativer Maßnahmen, Verordnungen, Energiepreispolitik, REV-Ausbildung im Hochschulbereich, Seminare und allgemeine Öffentlichkeitsarbeit sowie die betriebliche Energieuntersuchung zur Abschätzung des Einsparpotentials. Maßnahmen dieser Art können nicht profitorientiert angeboten werden und erfordern eine langfristige Weichenstellung. TZ-Projekte, die solche staatlichen Träger beraten, können nur geringe direkte Energieverbrauchssenkungen in einem überschaubaren Zeitraum nachweisen. Allerdings sind Maßnahmen des Typs A eine Voraussetzung, um ein Klima zu schaffen, in dem privatwirtschaftlich orientierte REV-Ansätze gefördert werden können.

Typ B: Förderung privatwirtschaftlicher Beratungsunternehmen

Die Umsetzung von Investitionsvorhaben einschließlich der Planung, Ausschreibung, Baubetreuung usw. kann nachhaltig nur von privatwirtschaftlich orientierten Beratungsunternehmen durchgeführt werden. Mit TZ-Projekten gilt es, den Privatsektor so weit zu fördern und zu sensibilisieren, daß er eigenständig und profitabel REV-Serviceleistungen anbietet. Die Beratungsindustrie kann somit aus Eigeninteresse zum Förderer der REV-Philosophie werden. Die Erfolge bezüglich des Kosten-Nutzen Verhältnisses und der Energiekostensen-

kung sind bei diesem Projekttyp besser sicherzustellen und nachzuweisen. Um
einseitige Marktverzerrungen auszuschließen, sollte in der Praxis über einen
staatlichen Träger oder über Industrieverbände etc. mit der Privatindustrie
gearbeitet werden.

Typ C: Kombination von TZ- und FZ-Vorhaben

Dieser Projekttyp verbindet die notwendige Technische Zusammenarbeit mit
einer Finanzierungskomponente, die über FZ-Mittel der KfW oder anderer
Banken zur Verfügung gestellt werden muß. Hierbei wird die in vielen Entwicklungsländern sichtbare Lücke bei der Bereitstellung von Hartwährungen für die
Einfuhr energiesparender Techniken geschlossen. Vorrang vor Einfuhren sollte
jedoch lokal hergestellter Hardware gegeben werden, um weitere Impulse für die
wirtschaftliche Entwicklung zu geben. Dieser stark umsetzungsorientierte Projekttyp bedarf einer TZ-Vorlaufphase für die Etablierung eines Netzwerks
zwischen der Industrie, staatlichen Institutionen, privaten Beratern und Lieferanten.

Für Länder, die keinen Raum für privatwirtschaftliche Initiative ermöglichen,
muß beim Projekttyp C mit den entsprechenden staatlichen Planungseinheiten
zusammengearbeitet werden.

Ausgehend von den drei Projekttypen ist es erforderlich, Länder zu definieren,
die für die Umsetzung des REV-Konzeptes vorrangig in Frage kommen. Die
Auswahl hängt im wesentlichen von folgenden vier Faktoren ab:

- Anteil der Industrie am Gesamtenergiebedarf
  Schwellenländer haben einen wesentlich höheren Industrialisierungsgrad als
  LDC Länder, so daß hier die größten CO_2-Einsparpotentiale im Industriebe-
  reich liegen.

- Infrastrukturelle Organisationskapazität
  Hierzu zählen das Ausbildungsniveau der Ingenieure und Techniker und be-
  reits vorhandene staatliche oder private Institutionen und Verbände, die im
  Bereich der Energieberatung tätig sind.

- Ökonomische Rahmenbedingungen
  Bestimmende Größen für die rasche Implementierung und Akzeptanz von
  REV sind der Energiepreis, Einfuhrbestimmungen für REV-Techniken, För-
  derprogramme der Regierung sowie die Marktwirtschaft.

- Sozio-kulturelle Bedingungen
  Der Grad des Bewußtseins für den schonenden Umgang mit den Ressourcen
  sowie die Einsatzbereitschaft für die Förderung von REV sind bei Projekt-
  prüfungen ebenfalls zu untersuchen.

Aufbauend auf diesen Faktoren können in einem weiteren Schritt diejenigen Länder definiert werden, die prioritär durch TZ-Maßnahmen zu unterstützen sind. In Ländern mit schlechter infrastruktureller Organisationskapazität z.B. ist eine langfristige Vorgehensweise über den Aufbau von neuen Institutionen, Ausbildung und Re-gierungsberatung bei der Energiepolitik usw. vorzunehmen.

3.3.2. Empfehlungen

Die Empfehlungen beziehen sich hauptsächlich auf mögliche Aktivitäten der Industrieländer im Hinblick auf eine Unterstützung der Entwicklungsländer bei der Rationellen Energieverwendung. Ausgehend von den drei Projekttypen ist es erforderlich, Länder zu definieren, die für die Umsetzung des REV-Konzeptes in Frage kommen.

Hierbei ist zu unterscheiden zwischen den Zielen

- Maximaler Beitrag zur CO_2-Minderung geleistet und
- Energie wird in einem Land rationell eingesetzt.

Im ersten Fall sind Länder für REV-Projekte auszuwählen, die einen signifikanten Beitrag zum weltweiten CO_2-Problem leisten können wie z. B. China, Indien, Brasilien, Mexiko, Argentinien und Indonesien, die bereits 80% aller CO_2-Emissionen in Entwicklungsländern verursachen.

Im zweiten Fall würden all die Länder berücksichtigt, die nach festzulegenden Entscheidungskriterien wie z. B. Anteil der Industrie am Gesamtenergiebedarf, infrastrukturelle und ökonomische Rahmenbedingungen etc. besonders im REV-Bereich zu fördern sind.

Zur kurzfristigen Umsetzung von REV-Programmen sind zusätzliche Mittel (Grants) der Geberorganisationen bereitzustellen, die hauptsächlich für die Förderung privatwirtschaftlicher Beratungsunternehmen (Projekttyp B) eingesetzt werden sollen. Mit zusätzlichen FZ-Mitteln (Loans) könnten die Beratungsprojekte offensiv eine Modernisierung und REV-Implementierung in der Industrie fördern.

3.4   *REV-Energiemanagement im Kraftwerksbereich*

3.4.1   *Möglichkeiten und Strategien zur Reduzierung der CO_2-Emission*

Studien zur Leistungsfähigkeit der Energieversorgungsunternehmen (EVU) in Entwicklungsländern über die letzten 20 Jahre haben gezeigt, daß die Effizienz ihrer Arbeit im Trend abnehmend ist. Hohe spezifische Energiekosten zur Strombereitstellung und geringe Verfügbarkeit der Kraftwerke sind ein kennzeichnendes Merkmal geworden. Die Folgen sind große Mengen ungenutzt gebundenes Kapital und ein überdurchschnittlich hoher Primärenergieeinsatz, der einen hohen Schadstoffausstoß bedingt. (Der Energieeinsatz pro erzeugter Kilowattstunde (kWh) liegt bis zu 50% über den Werten vergleichbarer Kraftwerke im europäischen Raum).

CO_2-Minderung im Kraftwerksbereich kann erfolgen durch:

a) *Rationalisieren*, d.h. Verbesserung des Wirkungsgrades der Energiewandlung

b) *Umstellen*, d.h. Ersatz von CO_2-intensiven durch CO_2-schwache Prozesse

Zu a) Maßnahmen zur Situationsverbesserung zielen auf den technischen und organisatorischen Bereich eines EVU unter Berücksichtigung der vorgegebenen Rahmenbedingungen.

Hierzu zählen:

- adäquate Wartung und Reparatur von Kontroll- und Meßinstrumenten zur Überwachung der Verbrennungsvorgänge,

- regelmäßige und kontinuierliche Erfassung der Betriebsdaten und deren Auswertung zur Identifizierung von Schwachstellen,

- regelmäßige Speisewasseraufbereitung und Korrosionsbekämpfung für die Dampfkessel zur Vermeidung von Effizienzeinbußen und Leistungsabfall durch Überhitzung der Anlagen,

- Verbesserung der Brennstoffaufbereitung, um den permanenten Betriebsstörungen durch Schlacken und Rußbildung entgegenzuwirken,

- Erhöhung des Ausbildungsstandes sowie des Fachwissens und der Motivation des Betriebspersonals,

- Beseitigung der logistischen Probleme bei der Beschaffung von Ersatzteilen,

- Fahren der technischen Anlagen im optimalen Lastbereich.

Ein Maßnahmenkatalog mit dem Ziel einer *bis zu 10%igen Brennstoffersparnis* bei gleichbleibender Energiebereitstellung könnte wie folgt aussehen:

a) Verbesserung des Managementsystems für Wartung und Instandhaltung

b) Einführung eines Prozeßkontrollsystems, einschließlich aller Meßgeräte und begleitendem Training der Ingenieure und des Betriebspersonals

Beispiel:

In einem 150 MW-Kohlekraftwerk zur reinen Stromerzeugung mit einem Wirkungsgrad von 30% werden jährlich ca. 290.000 t Brennstoff verbrannt. Bei einer *Wirkungsgradsteigerung von 2%* könnte der *Brennstoffeinsatz um ca. 6% reduziert* werden. Das sind:

Brennstoffeinsparung: 17.400 t Kohle p. a.

CO_2-Minderung: 64.000 t CO_2 p. a.

Zu b) Der Ersatz CO_2-intensiver durch CO_2-schwache Prozesse kann zum einen durch Brennstoffumstellung (siehe Abschnitt 3.3.1) oder durch den Einsatz modernster Kraftwerkstechnik erfolgen. Der Einsatz neuer Kraftwerkstechniken mit höheren Wirkungsgraden (bis zu 50%) kann den Primärenergieeinsatz und damit den CO_2-Ausstoß bis zu einem Drittel der heutigen Werte senken. Nachteilig ist jedoch, daß die Umrüstung des Kraftwerkparks auf die neuen Techniken kapitalintensiv ist und nur langfristig einen Beitrag zur Verbesserung der Situation leisten kann. Auch wäre es verfehlt, neue Kraftwerkseinheiten zu installieren, solange noch brachliegende Reserven und/oder REV-Potentiale auf der Bedarfsseite auszuschöpfen sind, wie dies in den meisten Entwicklungsländern der Fall ist.

In einem Zeithorizont zusammengefaßte Strategien lassen sich somit wie folgt definieren:

Relativ kurzfristig lassen sich sogenannte nicht-investive Maßnahmen wie Information und Beratung durchführen. Betreiber von Versorgungsanlagen und Kraftwerksingenieure werden so in Richtung auf ein verbrauchsbewußtes Handeln hin sensibilisiert.

Mittelfristig kann durch die Beratung im technischen (Wirkungsgradsteigerung) und organisatorischen Bereich die Umsetzung von nichtinvestiven REV-Maßnahmen erhöht werden.

Langfristig wirkt der Einsatz moderner Technik bei Neuinstallationen und Rehabilitierungsmaßnahmen.

Die bei Neuinvestitionen zur Anwendung kommenden Normen, Richtlinien und Bauweisen sollten innerhalb eines Landes einheitlich sein. Die Verwaltung und Kontrolle von Planung, Bau, Betrieb und Tarifstruktur wird den entsprechenden Behörden erleichtert.

Eine weitere nur langfristig zu realisierende Maßnahme ist die Substitution des Brennstoffs durch einen Brennstoff geringerer Schadstoffabgabe. Hier ist es notwendig, die vorhandene Infrastruktur auf die Möglichkeit des Brennstoffwechsels hin zu untersuchen. Beim Neubau von Kraftwerkseinheiten ist eine entsprechende Überlegung schon bei der Planung zu berücksichtigen.

Die Umsetzung der Strategien durch die TZ kann, eingeteilt in Projekttypen, wie folgt erfolgen:

Typ A: Schulung des Betriebspersonals und des Kraftwerksmanagements für die Bereiche vorbeugende Wartung und Instandhaltung.

Typ B: Aufbau und Förderung eines internen/externen Beratungsservices für die regelmäßige Durchführung von Prozeßkontrolle, Analyse der aufgenommen Daten und Ausarbeitung von Empfehlungen für Energieversorgungsunternehmen und Kraftwerksbetreiber.

Typ C: Beratung und Fortbildung auf technischer und organisatorischer Ebene im Zuge eines Rehabilitierungsprojektes, um so die Nachhaltigkeit zu fördern.

Typ D: Beratung des Energieministeriums bzw. untergeordneter Behörden bei der Erarbeitung der Formulierung der Energiepolitik und Durchführung der Energieplanung (siehe auch Kap. 5).

REV-Maßnahmen für den Bereich Kraftwerke müssen nach dem Kraft-werks-typ, der Organisationsstruktur des Energieversorgungsunternehmens, dem Ausbildungsstand des Kraftwerkspersonals und der Erfolgsperspektive (Gesamteinsparungspotential und sozio-kulturelle Bedingungen) ausgewählt werden. Zur Länderauswahl sind zusätzliche Kriterien unter 3.3.3 zusammengefaßt.

3.4.2   *Empfehlungen*

Länder- und projektspezifische REV-Maßnahmen, wie sie zur Zeit schon im Sektor Industrie stattfinden, sollten pilothaft im Kraftwerksbereich ein durch Erprobung fundiertes, übertragbares Modell erarbeiten, in dem sowohl die technischen Möglichkeiten zur Reduzierung des Energieeinsatzes als auch die Überwindung der vielfältigen Hemmnisse, die eine kontinuierliche Implementierung von REV behindern, enthalten sind. Es ist unbedingt erforderlich beide Problemfelder zu betrachten und Lösungswege aufzuzeigen.

Dabei sollten mindestens drei Einzelmaßnahmen in verschiedenen Ländern mit verschiedenen Ansätzen durchgeführt werden, um exemplarisch aufzeigen zu können, wie der leidvolle Zyklus von Degradation und Rehabilitierung durchbrochen werden kann.

Beispielhaft sollte an je einem Kohlekraftwerk oder/und Schwerölkraftwerk der Betriebszustand systematisch erfaßt und die Mängel analysiert werden. In einem zweiten Schritt werden Maßnahmen (Beratung, Ausstattung mit Meß- und Auswertegeräten, Training etc.) zur Verbesserung der Ist-Situation durchgeführt. Ziel ist es dabei, den nachhaltigen Minderverbrauch und die Kosten-Nutzen Relation zu demonstrieren, insbesondere was die Finanzierung eines entsprechenden Beratungsservices (siehe 3.4.2., Typ B) für die regelmäßige Durchführung der Prozeßkontrolle und Analyse und Ausarbeitung der Daten betrifft.

4. Einsatz und Nutzung erneuerbarer Energiequellen

Zu den erneuerbaren Energien zählen neben den schon traditionell im großen Maßstab genutzten Energieträgern Biomasse (hauptsächlich Holz) und Wasserkraft neue RE-Systeme wie Solarenergie, die Windkraft und Biogas.

4.1 Beitrag der erneuerbaren Energien zur Reduzierung des CO_2-Ausstoßes

Der Beitrag der erneuerbaren Energiequellen zur Reduzierung des CO_2-Ausstoßes wird, abgesehen von der Wasserkraft, auch in den nächsten 20 Jahren nur marginal sein. Im folgenden werden die Potentiale der einzelnen RE-Systeme erläutert:

- *Sonnenenergie*

Das CO_2-Reduktionspotential je kWh durch photovoltaische Stromerzeugung liegt gegenüber einem vergleichbaren Kraftwerksmix eines Industrielandes bei 60-70%. Bei besonders guten Einstrahlungsverhältnissen ist eine Erhöhung dieser Werte bis 84% möglich.

Bei Installationen von 1 Mio PV-Kleinanlagen (Solar-Home-Systems) z.B. in China könnten ca. 14.000 TOE/a bzw. CO_2-Emissionen von rund 40.000 t/a eingespart werden.

- *Wasserkraft*

Die Nutzung der Wasserkraft eröffnet in weniger entwickelten Ländern noch große Einsatzpotentiale. Nach neuesten Schätzungen wird weltweit ein Ausbau erfolgen, der dem Einsatz von 0,38 Mrd TOE/a bzw. einer Vermeidung von ca. 1 Mrd t CO_2/a entspricht.

In Pakistan werden bis zum Jahre 2010 zusätzlich 8.700 MW Wasserkraft ans Netz gehen. Bei einer angenommenen Ausnutzung von 60% entspricht dies einer Vermeidung von 15 Mio TOE/a oder 43 Mio t CO_2/a bei einem Wirkungsgrad eines fossilen Kraftwerks von 30%. Das gesamte technisch ausbaubare Potential liegt bei 30.000 MW entsprechend 148 Mio t CO_2/a.

In China liegt das technisch ausbaubare Potential bei ca. 80000 MW, was einer Vermeidung von ca. 393 Mio t CO_2 gleichkommt.

- Windkraft

Das weltweite technisch umsetzbare Potential läßt sich für Entwicklungsländer nicht abschätzen.

1989 erzielten 2.800 Windkonverter in Dänemark eine Energiebereitstellung von 500 GWh. Dies entspricht einer Vermeidung von 375.000 t CO_2 und 25.000 t sonstiger Emissionen durch Verbrennung fossiler Brennstoffe.

- Biomasse, Biogas

Bei der Nutzung von Biomasse/Biogas wird, im Gegensatz zur Verbrennung von fossilen Energieträgern, kein zusätzliches CO_2 erzeugt, da es im natürlichen Kreislauf verbleibt. Dennoch kann die Nutzung von pflanzlichem Material die CO_2-Anreicherung in der Atmosphäre verstärken, wenn das Gleichgewicht zwischen Verbrennung und Nachwachsen von Pflanzen gestört wird. Die Pflege der Forstflächen als Speicher sowie ein sorgfältigerer Umgang mit dieser Ressource sind deshalb unerläßlich.

Geht man nun von der Voraussetzung aus, daß mit den derzeit propagierten Herdverbreitungsprogrammen eine durchschnittliche Brennholzersparnis von ca. 20% pro Herd erzielbar ist und daß es gelingt, bis zum Jahre 2020 in ca. 20% aller Haushalte in Entwicklungsländern solche Herdtypen zum Einsatz zu bringen, so ist (Anlage Tabelle III) damit eine Einsparungsquote von ca. 100 bis 115 Mio t CO_2 in Haushalten der Entwicklungsländer denkbar. Dies entspräche einer Minderung des Ausstoßes von CO_2 bei nichtfossilem Energieeinsatz im Haushaltsbereich um ca. 4%. Wenn es gelänge, verbesserte Herde in 50% aller Haushalte zu installieren, so ließe sich der CO_2-Ausstoß sogar um 10% verringern, wobei zwischen 255 und 285 Mio t CO_2 weniger in die Atmosphäre abgegeben würden.

Durch gezielte Maßnahmen in Tansania für den Einsatz brennholzsparender Herde werden aufgrund der Energieersparnis derzeit bereits Einsparungen von 1.000 t Rundholz pro Monat erzielt. Dadurch wird der Einschlag von 250 ha Miomba-Wald pro Jahr verhindert. Das entspricht einem um ca. 23.000 t pro Jahr geminderten CO_2-Ausstoß allein durch diese Maßnahme.

In Burkina Faso mit sehr geringem pro Kopf Holzverbrauch wurden während der letzten Jahre ca. 350.000 brennholzsparende Herde verschiedenster Typen eingesetzt. Unter günstigen Voraussetzungen ist mit diesen Herden eine CO_2-Einsparnis von ca. 100.000 t CO_2/a erreichbar. Dies entspricht etwa der doppelten Menge der eingesparten CO_2-Emissionen, die sich mit REV-Maßnahmen bei einem 150 MW-Kohlekraftwerk durch die Reduzierung des Primärenergiebedarfs um 5% erzielen läßt. Das Beispiel macht allerdings auch deutlich, wie schwierig eine CO_2-Einsparung in großem Stil mit RE-Systemen erreichbar ist.

In Indien sind derzeit ca. 100.000 Biogasanlagen installiert.
Bei einer Tagesproduktion pro Anlage von ca. 4 m^3 und einer 50%igen Verfügbarkeit der Anlagen ergibt dies eine jährliche Gesamtproduktion von 73 Mio m^3/Jahr entsprechend 44.000 TOE.

Der derzeit immer noch niedrige Ölpreis läßt die Annahme zu, daß die Installation von RE-Anlagen in hoher Stückzahl in nächster Zukunft ohne massive Förderung unwahrscheinlich ist.

Prognosen der Weltenergiekonferenz von Montreal (1989) haben den für das Jahr 2020 erwarteten Marktanteil dieser Systeme von früher genannten 6% auf realistische 1,5 bis 3% reduziert, wobei hier allerdings die Wasserkraft unberücksichtigt bleibt. Bei der Wasserkraft geht man von einer Verdoppelung der Nutzung bis zum Jahre 2020 aus (von 0,64 auf 1,21 bzw. 1,48 Mrd t SKE, jeweils ca. 7% des Primärenergieverbrauchs).

4.2   Sekundäreffekte der verstärkten RE-Nutzung auf die CO_2-Produktion

Der eigentliche technologische Nutzen der Einführung von RE-Systemen in ländlichen Räumen von Entwicklungsländern liegt heute darin, daß durch ihre zusätzliche Implementierung - trotz gestiegener Energienachfrage - ein Dämpfungseffekt beim Konsum traditioneller Energieressourcen eintritt. Die Nachfrage nach Holz und sonstiger Biomasse kann sogar leicht stabilisiert werden. Flankierende Maßnahmen im Forstbereich können zusätzlich zur Verstärkung von Rekultivierungsprozessen beitragen.

Die zusätzliche Installation von RE-Systemen erleichtert es somit, zusätzliche Energie in ökologisch schonender Vorgehensweise bereitzustellen. Moderne RE-Systeme erfüllen in hohem Maße die Anforderungen für eine umweltgerechte Energieversorgung. Sie produzieren beim Antrieb entweder überhaupt keine schädlichen Emissionen (Wind, Solar, Kleinwasserkraft) oder es wird darauf geachtet, daß durch ihre Nutzung eine Reduzierung von Abgasen bzw. eine Wiederverwertung von Abfällen sichergestellt ist. Ihr Einsatz verlangt vom Nutzer letztendlich die Umorientierung seiner Wirtschaftsweise und damit eine stärkere Ausrichtung auf Ressourcenschutz. Die langfristig daraus erwachsenden Effekte bewirken einen sorgsamen, verantwortungsvollen Umgang mit Energieressourcen und damit indirekt auch einen Beitrag zur Minderung von CO_2.

Neben diesen der Sensibilisierung eines geschätzten Umweltbewußtseins dienenden Sekundäreffekten sprechen für den Einsatz von RE-Systemen vor allem zwei weitere Argumente:

- Ihre besondere Eignung zur dezentralen Energieversorgung sowie
- die Berücksichtigung lokal verfügbarer Energieressourcen.

Sie dienen dadurch der Verbesserung der Lebensverhältnisse in energetisch schwer versorgbaren Regionen, der Eindämmung der Abwanderung aus solchen Räumen sowie einem allgemeinen sorgsameren Umgang mit natürlichen Ressourcen, deren Veränderung man selber beobachten kann.

4.3   *Entwicklungspolitische Bedeutung des Einsatzes von RE-Systemen und daraus erwachsende mittel- und langfristig wirksame Strategien*

Regenerative Energieressourcen können kurzfristig kaum als Substitutionsprodukt zur Milderung negativer Auswirkungen auf das Klima durch verstärkte Nutzung fossiler Energieträger beitragen. Mittel- und langfristig kann jedoch ein deutlich spürbarer Entlastungseffekt erwartet werden. Dies setzt allerdings voraus, daß sie in großen Stückzahlen, teilweise sogar in Form größerer Anlagen (Windparks, Solarkraftwerke etc.) verbreitet werden, um dadurch andere Sektoren der Energieproduktion spürbar zu entlasten. Nur hohe Implementierungszahlen können hier zu deutlich wahrnehmbaren Entlastungseffekten führen. Die bisher im Rahmen der TZ geförderten RE-Maßnahmen waren ihrem innovativen Charakter entsprechend zunächst eher punkthaft angelegt. Auch galt es, mit Pilotprojekten geeignete Systeme ausfindig zu machen und zu erproben. Hier muß nun in möglichst kurzer Zeit der Schritt zu einer stärkeren Breitenwirksamkeit gelingen.

Entwicklungsländer bieten durch ihre gegenwärtig typische Versorgungsstruktur (viele Regionen ohne ausreichende Versorgungsnetze) bereits heute bessere Voraussetzungen für auf dezentralen Einsatz ausgerichtete RE-Systeme als die Industrieländer. RE-Anlagen sind hier oftmals die einzige Möglichkeit, Energieversorgungsengpässe schnell zu beheben. Die Installation der dafür notwendigen großen Anzahl von RE-Systemen erfordert allerdings eine gewisse Zeit und bindet erhebliche Mengen Kapital.

Die Sensibilisierung unterschiedlichster Entscheidungsebenen für die Einsatzmöglichkeiten von RE hat dagegen unverzüglich zu beginnen, wenn ein Entlastungseffekt für sonstige Energieträger (mit CO_2-Produktion) möglichst bald eintreten soll. Der Nutzen von RE-Systemen muß politischen Entscheidungsträgern auf allen Ebenen bekannt sein, wenn von dort eine nachhaltige Förderung erwartet wird. Gerade auf Regierungsberatung sollte in Zukunft noch stärker Wert gelegt werden.

Die bisher mit TZ-Maßnahmen gemachten Erfahrungen erlauben ein zunehmend schnelleres und gezielteres Vorgehen bei der Implementierung von RE-Systemen. Es ist notwendig, diese Erfahrungen umfassend zu sammeln und auszuwerten.

Nur der am Bedarf orientierte Einsatz garantiert die entsprechende Akzeptanz durch die Zielgruppe. Technologietransfer ohne Anpassungsentwicklung muß in der Mehrzahl der Fälle zu Fehlschlägen führen. Bedarfsorientiertes Vorgehen ist deshalb bei allen zukünftigen Maßnahmen unbedingt erforderlich. Bedarfsanalysen müssen ein zentraler Kern aller Planungen zur RE-Implementierung werden. Sie sind allerdings zeitlich aufwendig und - gemessen an den denkbaren Investitionssummen - kostspielig.

4.4　Empfehlungen für weitere Maßnahmen

Wenn langfristig auf die RE aus umwelt- und energiepolitischen Gründen gesetzt werden muß, ist eine sofortige massive Förderung auf allen Interventionsebenen (FuE, Lehre, Technologietransfer, Preise, Kredite etc.) zwingend. Vorstellbar wäre dabei beispielsweise die gezielte Implementierung von:

- Solarsystemen z.b. in der VR China,

- Biogasanlagen z. B. in Indien,

- Kleinwasserkraftanlagen in dafür geeigneten Standorten Südostasiens und Lateinamerikas sowie

- ressourcensparender Biomassesysteme in Ländern Afrikas sowie Lateinamerikas.

Damit sollte zumindest exemplarisch in nächster Zukunft der Nachweis des entlastenden Effekts neuer und erneuerbarer Energien auf klimaführende Nebeneffekte der Nutzung fossiler Energieressourcen bei Kongruenz mit energiepolitischen Zielen erbringbar sein.

Neben den eigentlichen Verbreitungsprogrammen beginnen zur Zeit, gefördert durch den BMFT und den BMZ, drei Projekte zur Anpassung und Verbesserung von Solar- und Windsystemen deutscher Bauart an die Bedingungen in Entwicklungsländern. Es ist sicherzustellen, daß die in diesen Projekten erzielten Erfahrungen umgehend in Verbreitungsprogramme einfließen.

Grundsätzlich sollte jedem Projekt zur Implementierung von RE-Systemen zunächst *eine genaue Analyse des Bedarfs nach Energiedienstleistungen in der Projektregion* vorangestellt werden. Nur wenn die richtige Auswahl des geeigneten Systems getroffen wurde, ist auch sichergestellt, daß die fast noch wichtigeren Nebeneffekte (sorgsamerer Umgang mit den verfügbaren Ressourcen, Auswahl umweltschonender Technologien) eintreten und damit langfristig auch ein sinnvoller Beitrag der RE-Systeme gegen die weitere Erwärmung der Erdatmosphäre erreichbar wird.

5.   Energiepolitik und Energieplanung

5.1   *Stellenwert der Energiepolitik und -planung bei der Minderung des CO_2-Ausstoßes*

Energiepolitik und -planung haben die Aufgabe, den optimalen Einsatz von Ressourcen im Energiesektor zu gewährleisten. Ein wichtiges Teilziel dieser globalen Bemühungen ist es, den CO_2-Ausstoß zu mindern. Es ist kohärent mit dem Teilziel der Verbesserung der Wirtschaftlichkeit. Um dem CO_2-Ausstoß durch die bereits vorgestellten Optionen entgegenzuwirken, muß von staatlicher Seite sowohl ein günstiger politischer Rahmen als auch eine konsequente Planung zur Entwicklung des Energiesektors angestrebt werden. Einzelne Produzenten bzw. Konsumenten können alleine dieses Ziel nicht erreichen.

Gleichwohl ist auch wegen der vielfach mangelhaften staatlichen Infrastruktur, der teilweise dezentralen Strukturen im Energiesektor und des mobilisierbaren Entwicklungspotentials zur Eigeninitiative besonders in Entwicklungsländern die Einbindung des Privatsektors in die Energiepolitik bzw. -planung zur Minderung des CO_2-Ausstoßes unerläßlich.

5.2   *Energiepolitik*

Energiepolitische Maßnahmen, die dazu führen, den CO_2-Ausstoß zu verringern, können folgende Formen annehmen:

Ordnungspolitische Maßnahmen (z.B. Standards)

So kann bei der Energieumwandlung bzw. dem Energieverbrauch in einer Vielzahl von Sektoren der Umgang mit Energie und Energieträgern qualitativ und quantitativ beeinflußt werden. In der Regel wurden bisher die meisten Standards mit dem Ziel der Energieeinsparung oder Schadstoffminderung konzipiert. Die Durchsetzung solcher Maßnahmen weist allerdings einen großen Bedarf an qualifiziertem Fachpersonal in technischen, wirtschaftlichen und rechtlichen Bereichen auf.

Marktinstrumente (z.B. Preispolitik, Steuer, Auflagen, Subventionen)

Vornehmlich die Strompreise in Entwicklungsländern decken nicht einmal die ökonomischen Kosten der Energiebereitstellung, geschweige denn die Kosten der Umweltbeeinträchtigungen. Konkret für die den Treibhauseffekt bewirkenden Gase bedeutet dies, daß die umweltschonenden erneuerbaren Energiequellen und Investitionen zur Steigerung der Energieeffizienz mit verzerrenden und

damit ungünstigen Investitionskalkülen behaftet sind (vgl. Abschnitt 3.2). Hand-
lungsanreize, i.d.R. effizienter als Standards, tragen dazu bei, besonders die
negativen Auswirkungen kleiner Emissionsquellen zu mindern.

Förderung der Ausbildung, Training und Forschung

Ausbildung und Training bildet einen signifikanten Aufgabenbereich für die
Technische Zusammenarbeit. Sowohl in den Abschnitten 3.3.1 und 3.4.1 als auch
in Abschnitt 5.3.3 werden Optionen für Ausbildung und Training in Bezug auf
bestimmte Schlüsselaufgaben im Energiesektor dargestellt. In der Forschung
sind regionenspezifische Untersuchungen der Rahmenbedingungen für die Verbreitung von RE-Systemen und die Durchführung von REV-Maßnahmen von
zentraler Bedeutung.

Vor allem durch Beratung bei energiepolitisch entscheidenden Stellen eines
Landes wird die Umsetzung der Energiepolitik bewerkstelligt. Hierbei stehen die
Sensibilisierung der Entscheidungsträger und die Schaffung der nötigen Rah-
menbedingungen im Vordergrund. Konkrete Empfehlungen hierzu werden im
Abschnitt 5.4 dargestellt.

5.3   Energieplanung (Ansätze, Instrumente und Umsetzung)

Energieplanung in der Technischen Zusammenarbeit zielt insbesondere darauf,
eine Informationsbasis als angemessene Entscheidungsgrundlage für Investitionen und politische Maßnahmen im Energiesektor aufzubauen und durch entsprechendes Training und Instrumentenentwicklung Entscheidungsprozesse
nachhaltig zu institutionalisieren. Daher bildet die Energieplanung die Klammer,
in der sämtliche Energiesektormaßnahmen eingeliedert werden müssen, um die
gewünschte Entfaltung des Sektors in koordinierter Weise herbeizuführen.

Ein wesentliches Anliegen der Technischen Zusammenarbeit ist die Armutsbekämpfung, die sich in Energieplanungsansätzen auch widerspiegelt. Die Zielsetzung bei der Planung im Energiesektor konzentriert sich sekundär auf den Ausbau des Energieangebots und primär auf die Befriedigung der Bedürfnisse der
Endverbraucher (Endverbrauchsstrategie). Hier gilt es, Energiebedürfnisse zu
den geringstmöglichen Kosten zu erfüllen, wobei in zunehmendem Maße die
bisher externen Kosten der Umweltbeeinträchtigungen betriebswirtschaftliche
Beachtung zu finden haben.

Um im Energiesektor zu konkreten Projektansätzen zur Minderung des Treibhauseffekts zu kommen, muß nun das verfügbare Wissen länderweise speziell
aufbereitet werden, nachdem die Energieplanung und -statistik bisher primär
wirtschaftlich ausgerichtet war.

Dafür können erstens Instrumente wie *Energiebilanzen* herangezogen und modifiziert werden, um anhand energieträger- und sektorbezogener CO_2-Emissionswerte die Interventionsmöglichkeiten transparent aufzuzeigen. Ähnliches ist für verschiedene Länder in Tabellen I und II im Anhang dargestellt. Zweitens können die *Szenario- und Simulationstechnik* durch die Wahl der Zielfunktion (z.B. Verringerung des CO_2 Ausstoßes) das Potential und das Zusammenwirken verschiedener Maßnahmen im Energiesektor verdeutlichen. Drittens kann der Produktion von CO_2 und anderen Treibhausgasen im Rahmen einer *Umweltverträglichkeitsprüfung* besondere Beachtung geschenkt werden.

Trotz der globalen Natur des Problems des CO_2-Ausstoßes und des Bedarfs an internationaler Abstimmung, wird die Umsetzung von Gegenmaßnahmen zunächst einmal eine dezentrale (höchstens nationale) Aufgabe bleiben. Hinzu kommt, daß trotz der aus politischen Erwägungen als originäre Staatsaufgabe angesehenen Energieplanung wegen häufig begrenzter Eingriffsmöglichkeiten des Staates der Allgegenwart des Energieeinsatzes und eines dispersen Verbrauchsmusters die Mitwirkung des Privatsektors bei der Erstellung und Umsetzung der Energieplanung erforderlich ist. Gleichwohl ob es sich dabei um öffentliche oder private Organisationen handelt, konzentriert sich hier die Technische Zusammenarbeit auf *Trägerförderung*.

Die Erhöhung der Qualifizierung der Energieministerien oder kleinerer administrativen Einheiten zur Wahrnehmung energieplanerischer Aufgaben ist durch Training und Fortbildung des Personals erreichbar. Gleiches gilt für die Zusammenarbeit mit NROs zur Umsetzung der Energiepläne. Durch den Einsatz von Langzeitberatern wird dieser Ansatz derzeit in mehreren Ländern umgesetzt. Allerdings fand der CO_2-Ausstoß keine ausdrückliche Berücksichtigung (vgl. Abschnitt 5.3.2) in der bisherigen Planung, sondern ihm wurde hauptsächlich durch REV-Maßnahmen und Maßnahmen zur Verbreitung regenerativer Energieträger, die aus anderen Gründen aufgegriffen wurden, entgegengewirkt.

Durch die Entwicklung von *Energiemasterplänen* ist jedoch eine Informationsgrundlage und ein Instrumentenbündel geschaffen, das die qualitativen und quantitativen Wirkungen kurz- und längerfristiger Strategien zur Verminderung des CO_2-Ausstoßes aufzeigen kann.

5.4   Empfehlungen

Aus den Erfahrungen auf dem Gebiet der Energieplanung in mehreren Ländern
Afrikas und Lateinamerikas lassen sich folgende Empfehlungen ableiten, die
langfristig einen Beitrag zur Minderung des CO_2-Ausstoßes im Energiesektor
leisten können:

- Regierungsberatung auf hoher politischer Ebene sollte in denjenigen Ländern
  als erster Förderungsansatz im Energiesektor gewählt werden, wo Optionen
  zur CO_2-Minderung durch eine ungünstige Energiepolitik verhindert werden.
  In solchen Fällen muß den Marktkräften im Energiesektor in vielerlei Hinsicht
  stärker zum Durchbruch verholfen werden.

- Trägerförderung zum Aufbau von Planungseinheiten im Rahmen von Energie-
  planungsprojekten ist erst dann sinnvoll, wenn dem Energiesektor die genü-
  gende politische Anerkennung geschenkt wird (z.B. durch die o.g. Regierungsberatung) und dadurch ausreichend qualifiziertes Personal für eine fachliche
  Fortbildung zur Verfügung gestellt wird. Es geht darum, Planungsprozesse in
  Gang zu setzen und diese mittels Fortbildung, On-the-job-Training, der Erschließung lokalen Know-hows, usw. institutionell zu sichern.

- Ein integrierter Förderungsansatz unter Einbindung der FZ könnte wie folgt
  strukturiert sein: Untersuchungen des Energiebedarfs eines Landes und der
  einschlägigen Rahmenbedingungen können durch TZ-Mittel finanziert werden. Aufbauend auf den Ergebnissen dieser Forschung könnten anschließend
  FZ-Mittel dazu aufgewendet werden, eine Finanzierung bedarfsgerechter
  Anlagen zur Nutzung regenerativer Energieträger bzw. der REV-Maßnahmen
  zu gewährleisten.

- Durchführung von Einzelmaßnahmen zur systematischen Erfassung des Be-
  triebszustandes und Beratung bei der Optimierung des Ressourceneinsatzes in
  Kraftwerken, einschließlich der Demonstration der Finanzierbarkeit solcher
  Maßnahmen.

- Verstärkung der Querschnittsauswertungen und geberübergreifender Erfahrungsaustausch für Systeme für den Einsatz neuer und erneuerbarer Energien.

- Unterstützung von Projekten zur Implementierung von Systemen zur Nutzung
  neuer und erneuerbarer Energien durch Bedarfsanalysen nach Energiedienstleistungen zur stetigen und nachhaltigen Verbreitung dieser Anlagen.

- Information und Sensibilisierung von Energieplaner und Energienutzer zur
  Förderung der umweltverträglichen Nutzung regenerativer Energieressourcen.

- Förderung der Verbreitung von RE-Systemen in Partnerländern, wo die notwendige personelle Infrastruktur und Marktanreize bereits geschaffen sind.

- Stellung von Regierungsberatung auf hoher politischer Ebene, insbesondere dort, wo ungünstige energiepolitische Rahmenbedingungen die Umsetzung der o.g. Empfehlungen behindern.

- Förderung von Energieplanungseinheiten in Ländern, wo ausreichend qualifiziertes Personal für eine fachliche Fortbildung zur Verfügung steht.

6. Zusammenfassung

Zusammenfassend lassen sich verschiedene Optionen für einen Beitrag zur Minderung des CO_2-Ausstoßes im Energiesektor in Entwicklungsländern aufzeigen, die durch die Technische Zusammenarbeit abgedeckt werden können. Nähere Empfehlungen sind schon am Schluß der einzelnen Abschnitte 3,4 und 5 jeweils zu den Bereichen Rationelle Energieverwendung, Einsatz und Nutzung erneuerbarer Energiequellen und Energiepolitik/-planung gemacht worden, die im einzelnen hier nicht wiederholt werden sollen.

Aus langjährigen Erfahrungen mit zahlreichen Pilotprogrammen zur rationellen Energieverwendung, Programmen und Projekten zum Einsatz, Anpassung und Verbesserungen von Systemen zur Nutzung erneuerbarer Energiequellen und Projekten zur regionalen und nationalen Energieplanung im Rahmen der Technischen Zusammenarbeit lassen sich folgende Empfehlungen ableiten:

- Bereitstellung von Mitteln sowohl der Technischen als auch der Finanziellen Zusammenarbeit der Geberorganisationen zur sofortigen Umsetzung und Sicherstellung der Finanzierung von Programmen im Bereich der Rationellen Energieverwendung,

- Verstärkung der direkten Zusammenarbeit mit den Geberorganisationen mit dem Ziel der optimalen Kombinierung der Ressourcen zur Durchführung der konkreten Vorhaben,

- Verstärkung des Bewußtseins des Stellenwerts der Rationellen Energieverwendung und ihres volks- und betriebswirtschaftlichen Potentials bei Regierung und Industrie in Entwicklungsländern.

Anmerkungen:

1) Messungen am Mauna Loa-Observatorium in Hawaii haben einen Anstieg des Kohlendioxyd-Gehalts der Luft von 315 ppm auf 350 ppm während der letzten 30 Jahre nachgewiesen.
2) Diese Zahlen beinhalten jedoch den Energieverbrauch des Transportsektors, der im Ramen des für den Energiesektor konzipierten Papiers nicht weiter behandelt wird.
3) TOE = Tonnen Ölequivalent.
4) Sozialistische Länder (ohne China, UdSSR), Zypern/Gibraltar/Malta.

Literaturangaben

BMZ, GTZ (eds): *Sonderenergieprogramm 1982-1988 - Zwischenbilanz und Perspektiven* = Sonderenergieprogramm Materialien, Bd 5, Eschborn, 1989, S. 255

BMZ/GTZ: *Supraregional Pilot Programme - The Rational Use of Energy - Strategy, Concept, Activities and Achievements*, Eschborn, 1989

Fakhruddin Daghestani W. Gocht, Hani El-Mulki (eds): *Solar Energy Applications*, Amman, 1986, S. 483

Finck,H., Oelert, G.: *Investitionen im Energiebereich* = Schriftenreihe der GTZ, Nr. 133, Eschborn, 1983, S. 99

GTZ: *Masterplans for Electric Power Supply - Objectives and Methods*, Eschborn, 1980, S. 277

GTZ, CEB: *Third Regional Symposium Long-Term Power System Planning* Kolombo, Eschborn, 1988

GTZ, IPC: *Regenerative Energienutzung im Altiplano von Puno/Peru* =Schriftenreihe der GTZ, Nr. 182, Eschborn, 1986, S. 190

Heber. G. (u.a.): *Nutzungsmöglichkeiten alternativer Kraftstoffe in Entwicklungsländern* = Schriftenreihe der GTZ, Nr. 153, Eschborn, 1983, S. 163

Oelert, G., Auer, F., Pertz, K.: *Economic Issues of Renewable Energy Systems - A guide to project planning* = Sonderpublikation der GTZ,Nr. 185, 2. überarb. Auflage, Eschborn, 1988, S. 190

Pertz, Klaus J. (ed): *Policies for Rational Use of Energy*, Eschborn, Singapore, 1989, S. 189

Ramani, K.V. (ed): *Rural Energy Planning - Asian and Pacific Experiences*, Kuala Lumpur, 1988, S. 464

Anhang

(Aus editorischen Gründen wird Tabelle III vor den Tabellen I und II abgedruckt)

Tabelle III

	Weltenergiebedarf 1985	Weltenergiebedarf 2020 niedrige Schätzung	Weltenergiebedarf 2020 mittlere Schätzung		davon: Nachfrage nach nicht gehandelten Energieträgern (Torf, Holz, Biomasse) 1985 abs.	1985 %	2020 niedr. Schätz. abs.	2020 niedr. Schätz. %	2020 mittl. Schätz. abs.	2020 mittl. Schätz. %
SKE (Mrd. t)	10,96	16,5	19,3		1,25		1,57		1,85	
CO_2 (Mrd. t) (weltweit)	21	32,6	36,6		2,6		3,1		3,5	
Anteil CO_2 in EL (ca. 82 %*) des Verbrauchs traditioneller Brennstoffe) in Mrd. t	–	–	–		2,132	100	2,542	100	2,870	100
Einsatz verbesserter Herde (Brennstoffeinsparung 20 %) 100 % (CO_2 in Mrd. t)	–	–	–	V	1,706	80	2,034	80	2,296	80
				E	0,426	20	0,508	20	0,574	20
20 % verbesserte Herde (CO_2 in Mrd. t)	–	–	–	V	2,047	96	2,440	96	2,755	96
				E	0,085	4	0,102	4	0,115	4
50 % verbesserte Herde (CO_2 in Mrd. t)	–	–	–	V	1,919	90	2,288	90	2,583	90
				E	0,213	10	0,254	10	0,287	10

V = Verbrauch
E = Einsparquote

Quelle: Weltenergiekonferenz Montreal 1989, Berechnungen der SEP-Planung

GTZ - Energieabteilung

Tabelle I : Energieverbrauch ausgewählter Entwicklungsländer nach Sektoren (in '000 TOE), 1986

	(1) Industrie			(2) Verkehr			(3) Haushalte			(4) (1+2+3)		
	Kohle	Erdöl	Erdgas	Kohle	Erdöl	Erdgas	Kohle	Erdöl	Erdgas	Kohle	Erdöl	Erdgas
AFRIKA	2462	9794	3211	113	21869	0	-	-	-	-	-	-
Ägypten	611	4677	1523	0	4330	0	19	3252	40	630	12259	1563
Äthiopien1)	0	101	0	0	374	0	0	72	0	0	547	0
Algerien	541	476	1251	0	4460	0	0	1459	807	541	6395	2058
Benin1)	0	10	0	0	127	0	0	9	0	0	146	0
Elfenbeinküste1)	0	117	0	0	501	0	0	154	0	0	772	0
Gabun1)	0	87	1	0	256	0	0	51	0	0	394	1
Ghana1)	0	64	0	1	365	0	0	169	0	1	598	0
Kamerun1)	0	65	0	0	669	0	0	133	0	0	867	0
Kenia1)	50	302	0	3	928	0	0	259	0	53	1489	0
Kongo1)	0	18	0	0	215	0	0	45	0	0	278	0
Marokko	55	918	73	0	1133	0	0	582	0	55	2633	73
Mozambik1)	41	0	0	0	118	0	0	250	0	0	368	0
Nigeria	51	1427	200	1	5591	0	3	1639	0	55	8657	200
Sambia	270	195	0	3	230	0	4	26	0	277	451	0
Senegal1)	0	169	0	0	416	0	0	66	0	0	651	0
Simbabwe	779	73	0	105	518	0	35	16	0	919	607	0
Sudan1)	0	332	0	0	588	0	0	217	0	0	1137	0
Tansania1)	4	173	0	0	233	0	0	95	0	4	501	0
Tunesien	60	590	163	0	817	0	0	466	17	60	1873	180
LATEINAMERIKA	12001	33545	28751	8	89319	18	-	-	-	-	-	-
Äguador	0	573	0	0	2131	0	0	358	0	0	3062	0
Argentinien	107	2638	4153	0	9697	18	0	1569	4541	107	13904	8712
Bolivien	36	52	129	0	613	0	0	246	0	36	911	129
Brasilien	7519	12067	1848	6	30519	0	0	4000	150	7525	46586	1998
Chile	681	1093	65	0	2330	0	0	570	0	681	3993	65
Guatemala1)	0	104	0	0	416	0	0	165	0	0	685	0
Jamaica1)	0	729	0	0	302	0	0	121	0	0	1152	0
Kolumbien	1795	720	770	2	5026	0	179	683	37	1976	6429	807
Mexiko	1610	12747	12709	0	24447	0	0	6314	678	1610	43508	13387
Panama1)	0	114	0	0	372	0	0	77	0	0	563	0
Paraguay1)	0	22	0	0	458	0	0	50	0	0	530	0
Peru	107	1165	493	0	2320	0	0	968	0	107	4453	493
Trinidad/Tobago1)	0	1	2247	0	673	0	0	69	0	0	743	2247
Uruguay	0	196	1	0	451	0	0	127	5	0	774	6
Venezuela	146	1324	6336	0	9564	0	0	1693	431	146	12581	6767
ASIEN	230371	71151	22441	15704	65705	16	-	-	-	-	-	-
Bangladesh	74	95	1242	0	513	0	0	388	163	74	996	1405
Birma	143	379	708	0	705	0	0	14	0	143	1098	708
China2)	189035	37055	6468	11947	12030	16	105122	2429	1162	306104	51514	7646
Indien	30514	9516	4213	3756	18620	0	802	9701	23	35072	37837	4236
Indonesien	199	5909	5287	0	7666	0	0	5206	30	199	18781	5317
Malaysia	237	2261	855	0	3802	0	0	525	54	237	6588	909
Nepal1)	30	17	0	1	69	0	1	69	0	32	155	0
Pakistan	1542	926	3540	0	3804	0	6	1070	917	1548	5800	4457
Philippinen	588	1947	0	0	1749	0	0	623	1	588	4319	1
Südkorea	5565	10844	40	0	8223	0	11640	3585	93	17205	22652	133
Sri Lanka1)	1	122	0	0	753	0	0	182	0	1	1057	0
Thailand	341	1610	88	0	6985	0	0	523	0	341	9118	88
Vietnam1)	2102	470	0	0	786	0	0	173	0	2102	1429	0

(5) Endenergie3)			(6) Kraftwerke			(7) Summe (5+6)4)			(8) Primärenergie5)			
Kohle	Erdöl	Erdgas	Kohle	Erdöl	Erdgas	Kohle	Erdöl	Erdgas	Kohle	Erdöl	Erdgas	Summe
2996	43009	4204	1350	7966	9598	4346	50975	13802	4576	56193	19447	80216
657	12828	1564	0	4363	2655	657	17191	4219	736	19255	4306	24297
0	548	0	0	49	0	0	597	0	0	655	0	655
541	7064	2183	0	370	4379	541	7434	6562	541	8352	11533	20426
0	146	0	0	2	0	0	148	0	0	148	0	148
0	772	0	0	126	0	0	898	0	0	1027	0	1027
0	395	1	0	41	46	0	436	47	0	518	141	659
1	599	0	0	26	0	1	625	0	1	695	0	696
0	868	0	0	18	0	0	886	0	0	1653	0	1653
53	1489	0	0	112	0	53	1601	0	53	1672	0	1725
0	279	0	0	0	2	0	279	2	0	320	2	322
55	2983	73	562	1310	0	617	4293	73	621	4694	73	5388
41	368	0	0	121	0	41	489	0	41	489	0	530
67	8979	200	2	393	2017	69	9372	2217	69	9691	2719	12479
281	508	0	12	15	0	293	523	0	303	553	0	856
0	651	0	0	209	0	0	860	0	0	884	0	884
1236	728	0	774	7	0	2010	735	0	2148	735	0	2883
0	1138	0	0	98	0	0	1236	0	0	1289	0	1289
4	501	0	0	86	0	4	587	0	3	638	0	641
60	2165	183	0	620	499	60	2785	682	60	2925	673	3658
12196	155262	35115	4563	23242	12918	16759	178504	48033	19179	195018	65328	279525
0	3773	0	0	252	0	0	4025	0	0	4408	0	4408
107	15680	8968	502	3256	3752	609	18936	12720	877	21277	16244	38398
36	927	129	0	88	65	36	1015	194	36	1018	194	1248
7525	50274	2056	1336	2530	0	8861	52804	2056	9859	56845	2436	69140
688	4164	252	475	276	58	1163	4440	310	1306	4622	202	6130
0	685	0	0	330	0	0	1015	0	0	1091	0	1091
0	1153	0	0	581	0	0	1734	0	0	1841	0	1841
1977	7140	807	781	71	1683	2758	7211	2490	3130	9910	2483	15523
1610	50703	13387	1469	12120	2548	3079	62823	15935	3637	67582	22184	93403
0	564	0	0	244	0	0	808	0	3	958	0	961
0	530	0	0	1	0	0	531	0	0	548	0	548
107	4960	493	0	704	89	107	5664	582	185	5977	582	6744
0	743	2247	0	9	1001	0	752	3248	0	1473	4085	5558
0	938	9	0	29	0	0	967	9	0	1108	0	1108
146	13028	6767	0	2751	3722	146	15779	10489	146	16360	16918	33424
390186	180875	25303	121652	29342	8090	511838	210217	33393	528241	231088	41102	800431
74	1203	1464	0	372	952	74	1575	2416	74	1723	2553	4350
143	1098	708	15	105	219	158	1203	927	158	1306	927	2391
332583	66563	7700	75263	14066	496	407846	80629	8196	414410	89979	11048	515437
35072	37996	4305	37538	2709	1229	72610	40705	5534	80879	45257	5983	132119
199	18781	5317	1387	2364	61	1586	21145	5378	1615	24344	7549	33508
237	6605	909	0	2385	702	237	8990	1611	237	9119	3468	12824
32	155	0	0	20	0	32	175	0	32	175	0	207
1554	6580	4677	12	990	2081	1566	7570	6758	1562	7663	6932	16157
588	5393	2	677	2563	0	1265	7956	2	1261	8646	0	9907
17260	23789	133	4512	2947	77	21772	26736	210	23308	28916	145	52369
1	1057	0	0	2	0	1	1059	0	1	1159	0	1160
341	10226	88	1265	819	2273	1606	11045	2361	1619	11372	2497	15488
2102	1429	0	983	0	0	3085	1429	0	3085	1429	0	4514

Tabelle I : Energieverbrauch ausgewählter Entwicklungsländer nach Sektoren (in '000 TOE), 1986

	(1) Industrie			(2) Verkehr			(3) Haushalte			(4) (1+2+3)		
	Kohle	Erdöl	Erdgas	Kohle	Erdöl	Erdgas	Kohle	Erdöl	Erdgas	Kohle	Erdöl	Erdgas
Mittlerer Osten	1	13891	3439	0	19133	0	-	-	-	-	-	-
Jemen, AR1)	0	81	0	0	560	0	0	128	0	0	769	0
Jordanien1)	0	349	0	0	1142	0	0	313	0	0	1804	0
Libanon1)	0	98	0	0	1364	0	0	102	0	0	1564	0
Oman1)	0	10	590	0	581	0	0	416	673	0	1007	1263
Saudi Arabien	0	10921	2849	0	12719	0	0	1459	0	0	25099	2849
Syrien	1	2432	0	0	2767	0	0	521	0	1	5720	0

SUMME

1) Haushalte und alle Sektoren außer Industrie und Verkehr zusammengefaßt
2) 1985
3) incl. Handel/öffentlicher Dienst, Landwirtschaft, Sonstige Sektoren, ohne nichtenergetischen Verbrauch
4) ohne Raffinerien, statistische Abweichungen, Eigenverbrauch, Verluste
5) enthält Spalte 7 und alle Bereiche, die in Fußnote 4) ausgeschlossen worden sind (ohne nicht-energetischen Verbrauch)

Quelle: IEA (1989)

(5) Endenergie3)			(6) Kraftwerke			(7) Summe [5+6]4)			(8) Primärenergie5)			
Kohle	Erdöl	Erdgas	Kohle	Erdöl	Erdgas	Kohle	Erdöl	Erdgas	Kohle	Erdöl	Erdgas	Summe
1	40268	8144	0	11070	5343	0	51338	13487	0	56059	24419	80478
0	769	0	0	93	0	0	862	0	0	862	0	862
0	1804	0	0	870	0	0	2674	0	0	2777	0	2777
0	1564	0	0	1090	0	0	2654	0	0	2788	0	2788
0	1008	1263	0	156	857	0	1164	2120	0	1378	2738	4116
0	29141	6881	0	7651	4333	0	36792	11214	0	40250	21528	61778
1	5982	0	0	1210	153	0	7192	153	0	8004	153	8157
												1240650

Tabelle II : CO2-Emissionen ausgewählter Entwicklungsländer nach Sektoren (in '000 Tonnen Kohlenstoff), 1986

	(1) Industrie			(2) Verkehr			(3) Haushalte			(4) (1+2+3)		
	Kohle	Erdöl	Erdgas	Kohle	Erdöl	Erdgas	Kohle	Erdöl	Erdgas	Kohle	Erdöl	Erdgas
AFRIKA	2576	7492	1806	118	16730	0	-	-	-	-	-	-
Ägypten	639	3578	856	0	3312	0	20	2488	22	659	9378	879
Äthiopien1)	0	77	0	0	286	0	0	55	0	0	418	0
Algerien	566	364	703	0	3412	0	0	1116	454	566	4892	1157
Benin1)	0	8	0	0	97	0	0	7	0	0	112	0
Elfenbeinküste1)	0	90	0	0	383	0	0	118	0	0	591	0
Gabun1)	0	67	1	0	196	0	0	39	0	0	301	1
Ghana1)	0	49	0	1	279	0	0	129	0	1	457	0
Kamerun1)	0	50	0	0	512	0	0	102	0	0	663	0
Kenia1)	52	231	0	3	710	0	0	198	0	55	1139	0
Kongo1)	0	14	0	0	164	0	0	34	0	0	213	0
Marokko	58	702	41	0	867	0	0	445	0	58	2014	41
Mozambik1)	43	0	0	0	90	0	0	191	0	0	282	0
Nigeria	53	1092	112	1	4277	0	3	1254	0	58	6623	112
Sambia	283	149	0	3	176	0	4	20	0	290	345	0
Senegal1)	0	129	0	0	318	0	0	50	0	0	498	0
Simbabwe	815	56	0	110	396	0	37	12	0	962	464	0
Sudan1)	0	254	0	0	450	0	0	166	0	0	870	0
Tansania1)	4	132	0	0	178	0	0	73	0	4	383	0
Tunesien	63	451	92	0	625	0	0	356	10	63	1433	101
LATEINAMERIKA	12559	25662	16167	8	68329	10	-	-	-	-	-	-
Äquador	0	438	0	0	1630	0	0	274	0	0	2342	0
Argentinien	112	2018	2335	0	7418	10	0	1200	2553	112	10637	4899
Bolivien	38	40	73	0	469	0	0	188	0	38	697	73
Brasilien	7869	9231	1039	6	23347	0	0	3060	84	7875	35638	1123
Chile	713	836	37	0	1782	0	0	436	0	713	3055	37
Guatemala1)	0	80	0	0	318	0	0	126	0	0	524	0
Jamaica1)	0	558	0	0	231	0	0	93	0	0	881	0
Kolumbien	1878	551	433	2	3845	0	187	522	21	2068	4918	454
Mexiko	1685	9751	7146	0	18702	0	0	4830	381	1685	33284	7528
Panama1)	0	87	0	0	285	0	0	59	0	0	431	0
Paraguay1)	0	17	0	0	350	0	0	38	0	0	405	0
Peru	112	891	277	0	1775	0	0	741	0	112	3407	277
Trinidad/Tobago1	0	1	1263	0	515	0	0	53	0	0	568	1263
Uruguay	0	150	1	0	345	0	0	97	3	0	592	3
Venezuela	153	1013	3563	0	7316	0	0	1295	242	153	9624	3805
ASIEN	241083	54431	12619	16434	50264	9	-	-	-	-	-	-
Bangladesh	77	73	698	0	392	0	0	297	92	77	762	790
Birma	150	290	398	0	539	0	0	11	0	150	840	398
China2)	197825	28347	3637	12503	9203	9	110010	1858	653	320338	39408	4299
Indien	31933	7280	2369	3931	14244	0	839	7421	13	36703	28945	2382
Indonesien	208	4520	2973	0	5864	0	0	3983	17	208	14367	2990
Malaysia	248	1730	481	0	2909	0	0	402	30	248	5040	511
Nepal1)	31	13	0	1	53	0	1	53	0	33	119	0
Pakistan	1614	708	1991	0	2910	0	6	819	516	1620	4437	2506
Philippinen	615	1489	0	0	1338	0	0	477	1	615	3304	1
Südkorea	5824	8296	22	0	6291	0	12181	2743	52	18005	17329	75
Sri Lanka1)	1	93	0	0	576	0	0	139	0	1	809	0
Thailand	357	1232	49	0	5344	0	0	400	0	357	6975	49
Vietnam1)	2200	360	0	0	601	0	0	132	0	2200	1093	0

(5) Endenergie3)			(6) Kraftwerke			(7) Summe [5+6]4)			(8) Primärenergie5)			
Kohle	Erdöl	Erdgas	Kohle	Erdöl	Erdgas	Kohle	Erdöl	Erdgas	Kohle	Erdöl	Erdgas	Summe
3135	32902	2364	1413	6094	5397	4548	38996	7761	4789	42988	10935	58711
688	9813	879	0	3338	1493	688	13151	2372	770	14730	2421	17922
0	419	0	0	37	0	0	457	0	0	501	0	501
566	5404	1228	0	283	2462	566	5687	3690	566	6389	6485	13440
0	112	0	0	2	0	0	113	0	0	113	0	113
0	591	0	0	96	0	0	687	0	0	786	0	786
0	302	1	0	31	26	0	334	26	0	396	79	476
1	458	0	0	20	0	1	478	0	1	532	0	533
0	664	0	0	14	0	0	678	0	0	1265	0	1265
55	1139	0	0	86	0	55	1225	0	55	1279	0	1335
0	213	0	0	0	1	0	213	1	0	245	1	246
58	2282	41	588	1002	0	646	3284	41	650	3591	41	4282
43	282	0	0	93	0	43	374	0	43	374	0	417
70	6869	112	2	301	1134	72	7170	1247	72	7414	1529	9015
294	389	0	13	11	0	307	400	0	317	423	0	740
0	498	0	0	160	0	0	658	0	0	676	0	676
1293	557	0	810	5	0	2103	562	0	2248	562	0	2810
0	871	0	0	75	0	0	946	0	0	986	0	986
4	383	0	0	66	0	4	449	0	3	488	0	491
63	1656	103	0	474	281	63	2131	383	63	2238	378	2679
12763	118775	19745	4775	17780	7264	17538	136556	27009	20071	149189	36734	205994
0	2886	0	0	193	0	0	3079	0	0	3372	0	3372
112	11995	5043	525	2491	2110	637	14486	7152	918	16277	9134	26329
38	709	73	0	67	37	38	776	109	38	779	109	926
7875	38460	1156	1398	1935	0	9273	40395	1156	10317	43486	1370	55174
720	3185	142	497	211	33	1217	3397	174	1367	3536	114	5016
0	524	0	0	252	0	0	776	0	0	835	0	835
0	882	0	0	444	0	0	1327	0	0	1408	0	1408
2069	5462	454	817	54	946	2886	5516	1400	3276	7581	1396	12253
1685	38788	7528	1537	9272	1433	3222	48060	8960	3806	51700	12474	67980
0	431	0	0	187	0	0	618	0	3	733	0	736
0	405	0	0	1	0	0	406	0	0	419	0	419
112	3794	277	0	539	50	112	4333	327	194	4572	327	5093
0	568	1263	0	7	563	0	575	1826	0	1127	2297	3424
0	718	5	0	22	0	0	740	5	0	848	0	848
153	9966	3805	0	2105	2093	153	12071	5898	153	12515	9513	22181
408330	138369	14228	127309	22447	4549	535638	160816	18777	552804	176782	23112	752698
77	920	823	0	285	535	77	1205	1359	77	1318	1436	2831
150	840	398	16	80	123	165	920	521	165	999	521	1686
348048	50921	4330	78763	10760	279	426811	61681	4609	433680	68834	6212	508726
36703	29067	2421	39284	2072	691	75986	31139	3112	84640	34622	3364	122626
208	14367	2990	1451	1808	34	1660	16176	3024	1690	18623	4245	24558
248	5053	511	0	1825	395	248	6877	906	248	6976	1950	9174
33	119	0	0	15	0	33	134	0	33	134	0	167
1626	5034	2630	13	757	1170	1639	5791	3800	1635	5862	3898	11395
615	4126	1	708	1961	0	1324	6086	1	1320	6614	0	7934
18063	18199	75	4722	2254	43	22784	20453	118	24392	22121	82	46594
1	809	0	0	2	0	1	810	0	1	887	0	888
357	7823	49	1324	627	1278	1681	8449	1328	1694	8700	1404	11798
2200	1093	0	1029	0	0	3228	1093	0	3228	1093	0	4322

Tabelle II : CO_2-Emissionen ausgewählter Entwicklungsländer nach Sektoren (in '000 Tonnen Kohlenstoff), 1986

	(1) Industrie			(2) Verkehr			(3) Haushalte			(4) (1+2+3)		
	Kohle	Erdöl	Erdgas	Kohle	Erdöl	Erdgas	Kohle	Erdöl	Erdgas	Kohle	Erdöl	Erdgas
Mittlerer Osten	1	10627	1934	0	14637	0	-	-	-	-	-	-
Jemen, AR1)	0	62	0	0	428	0	0	98	0	0	588	0
Jordanien1)	0	267	0	0	874	0	0	239	0	0	1380	0
Libanon1)	0	75	0	0	1043	0	0	78	0	0	1196	0
Oman1)	0	8	332	0	444	0	0	318	378	0	770	710
Saudi Arabien	0	8355	1602	0	9730	0	0	1116	0	0	19201	1602
Syrien	1	1860	0	0	2117	0	0	399	0	1	4376	0

SUMME

Quelle: Tabelle II für Energieverbrauchsdaten, Umrechnungsmethode nach Rotty and Marland (1986), S. 474-90

Umrechnungsfaktoren
- Kohle: 1 TCE = 0.7 TOE
- Erdöl: 1 Tonne Rohöl = 1.02 TOE

Anteil des oxidierten Brennstoffs
- Kohle: 0.982
- Erdöl: 0.918
- Erdgas: 0.980

Kohlenstoffgehalt
- Kohle: 0.746 Tonnen/TCE
- Erdöl: 0.850 Tonnen/Tonne Rohöl
- Erdgas: 573.75 kg/TOE

| (5) Endenergie3) | | | (6) Kraftwerke | | | (7) Summe [5+6]4) | | | (8) Primärenergie5) | | | |
Kohle	Erdöl	Erdgas	Kohle	Erdöl	Erdgas	Kohle	Erdöl	Erdgas	Kohle	Erdöl	Erdgas	Summe
1	30805	4579	0	8469	3004	0	39274	7584	0	42885	13731	56616
0	588	0	0	71	0	0	659	0	0	659	0	659
0	1380	0	0	666	0	0	2046	0	0	2124	0	2124
0	1196	0	0	834	0	0	2030	0	0	2133	0	2133
0	771	710	0	119	482	0	890	1192	0	1054	1540	2594
0	22293	3869	0	5853	2436	0	28146	6306	0	30791	12105	42896
1	4576	0	0	926	86	0	5502	86	0	6123	86	6209

1074019

Die Bedeutung erneuerbarer Energiequellen für Entwicklung und Umwelt in der Dritten Welt

Georg Schäfer

1. Einleitung

Es gibt eine Reihe von Gründen, die dafür sprechen, sich im Rahmen einer umweltorientierten Entwicklungspolitik mit dem Energiesektor in den Entwicklungsländern zu befassen:

- Der Anteil der Entwicklungsländer am globalen Verbrauch fossiler Energieträger wird steigen. Damit wird der Beitrag dieser Länder zum weltweiten Kohlendioxidausstoß, d.h. zum Treibhauseffekt und seinen Klimafolgen, zunehmen.

- Viele Menschen in der Dritten Welt kochen und heizen mit Holz, Holzkohle, Ernterückständen und Dung. In der entwicklungspolitischen Diskussion der frühen 80er Jahre wurde der Brennholzverbrauch als zentrale Determinante für den Entwaldungsprozeß in der Dritten Welt angesehen.

- Große Infrastrukturprojekte im Energiebereich haben nachhaltige Auswirkungen auf die Umwelt. Zum Teil sind diese Auswirkungen eindeutig (z.B. Schadstoff-Emissionen eines thermischen Kraftwerks), zum Teil handelt es sich um sehr komplexe Folgewirkungen (z.B. ökologische Effekte eines großen Staudamms), deren abschließende Einschätzung nur aufgrund detaillierter und langwieriger Analysen erfolgen kann.

In dem hier vorgelegten Beitrag wird versucht, die Bedeutung erneuerbarer Energiequellen im Rahmen einer umweltorientierten Entwicklungspolitik zu bestimmen. Zu diesem Zweck werden zunächst die Energiesituation der Entwicklungsländer (Kapitel 2) sowie ihre ökonomischen, sozialen und ökologischen Folgen (Kapitel 3) analysiert. Auf dieser Grundlage werden entwicklungs- und umweltpolitische Kriterien für die Steuerung des Energiesektors abgeleitet (Kapitel 4) und der mögliche Beitrag erneuerbarer Energiequellen zur Energieversorgung der Entwicklungsländer diskutiert (Kapitel 5). Dem schließt sich eine detaillierte Betrachtung der verschiedenen erneuerbaren Energiequellen an (Kapitel 6-9). Dem Beitrag vorangestellt ist eine Zusammenfassung der wichtigsten Ergebnisse und Schlußfolgerungen.

2. Energiesituation der Entwicklungsländer

Anfang der 80er Jahre befanden sich die ölimportierenden Entwicklungsländer in einer doppelten Energiekrise:

- Die steigenden Kosten des wichtigsten fossilen Energieträgers Erdöl hatten zu einer starken Belastung der Zahlungsbilanzen und zu einer steigenden externen Verschuldung dieser Länder geführt. In der Folge wurde ihre Versorgung mit kommerzieller Energie sowie die Finanzierung der für ein nachhaltiges wirtschaftliches Wachstum notwendigen Investitionen und die Bereitstellung von Mitteln für soziale Zwecke schwer beeinträchtigt. Die starke Steigerung des Erdölpreises erfolgte nicht allmählich, sondern in zwei deutlich ausgeprägten Sprüngen (1973/74: Erdölboykott der OPEC; 1979/80: weitgehender Ausfall der iranischen Erdöllieferungen).

- In vielen Entwicklungsländern wurde ein rapide voranschreitender Entwaldungsprozeß und parallel dazu eine Verknappung der traditionellen Energieressource Brennholz spürbar. Die zunehmende Übernutzung der Holzbestände hat schwerwiegende soziale und ökologische Folgen. Sie ist vor allem ein Resultat des Bevölkerungswachstums, daneben aber auch darin begründet, daß der Entwicklungsprozeß bisher große Teile der ländlichen Bevölkerung ausschloß und somit ein Ausweichen auf kommerzielle Energieträger nicht erlaubte.

Die Entwicklungsländer decken fast 60% ihres *kommerziellen Primärenergieverbrauchs* durch Erdöl. Der Industrialisierungs- und Urbanisierungsprozeß begann in diesen Ländern in größerem Umfang erst in den 50er und 60er Jahren, also in der Zeit billigen Erdöls, und führte zu einer weitgehenden Festlegung auf diesen universell verwendbaren Energierohstoff. Im Durchschnitt der Entwicklungsländer sind die verschiedenen Wirtschaftssektoren wie folgt am Einsatz kommerzieller Primärenergie beteiligt: Landwirtschaft 5 %, Elektrizitätserzeugung 25%, Industrie 35%, Transport 25%, sonstige Dienstleistungen und Haushalte 10%.

Aus der Sicht der ölimportierenden Entwicklungsländer mit ihrer relativ schwachen Marktposition sind die Weltmarktpreise kommerzieller Energieträger unverrückbare Parameter, die ohne nennenswerte Möglichkeiten einer Beeinflussung akzeptiert werden müssen. Daher wurde den Entwicklungsländern Anfang der 80er Jahre empfohlen, sich den weltwirtschaftlichen Bedingungen anzupassen und

- die Energieplanung zu verbessern und in die gesamtwirtschaftliche Planung zu integrieren,
- importiertes Erdöl durch inländische (fossile und regenerative) Energiequellen zu substituieren),
- kommerzielle Energie einzusparen und den spezifischen Energieverbrauch zu senken,
- finanzielle Mittel in erheblichem Umfang für diese Maßnahmen zu mobilisieren.

Der starke Verfall des Erdölpreises in den Jahren 1985/86 machte diese Empfehlungen zunächst einmal zu Makulatur. Die vorherrschenden Energieverbrauchsmuster haben sich weiter verfestigt. Dies könnte sich für die Entwicklungsländer schon bald als fatal erweisen. Der niedrige Erdölpreis stimuliert die Nachfrage und dämpft das Angebot (nachlassende Explorations- und Fördertätigkeit). Daher wird der Erdölpreis mittelfristig wieder steigen. Die letzten beiden Jahrzehnte waren geprägt von starken Preisfluktuationen, wo ein langsamer aber stetiger Preisanstieg als Indikator für die Verknappung einer begrenzten Ressource wünschenswert gewesen wäre. Die tatsächliche Entwicklung hat die notwendigen Anpassungsprozesse eher behindert als gefördert.

Seit Mitte der 80er Jahre rückte der *Treibhauseffekt* zunehmend in den Mittelpunkt der Energiediskussion. In diesem Zusammenhang interessiert insbesondere die Entwicklung des Gesamtverbrauchs an fossilen Energieträgern. 1970 lag der globale Verbrauch fossiler Energieträger (Erdöl, Erdgas, Kohle) bei 6.500 Millionen Tonnen Steinkohleneinheiten (Mio. t SKE). Bis 1987 hatte er sich um 43% auf 9.300 Mio. t SKE erhöht. Während 1970 nur 22% des Gesamtverbrauchs (1.400 Mio. t SKE) auf die Dritte Welt (inkl. Volksrepublik China) entfielen, waren es 1987 bereits 32% (3.000 Mio. t SKE). Damit zeichnete die Dritte Welt für 57% des gesamten Verbrauchszuwachses verantwortlich. Der Anteil der Dritten Welt wird in der Zukunft weiter steigen.

Während die "erste Energiekrise" durch den Preisverfall des Erdöls vorübergehend entschärft wurde, setzt sich die "zweite Energiekrise" im Bereich *traditioneller Brennstoffe* unvermindert fort. Die FAO schätzt, daß gegenwärtig mehr als 2 Milliarden Menschen in der Dritten Welt auf Brennholz und Holzkohle sowie auf tierische und pflanzlichen Abfälle angewiesen sind, um ihren täglichen Koch- und Heizenergiebedarf zu decken. Der Gesamtverbrauch an Brennholz liegt bei 900 Mio. t SKE pro Jahr. Das entspricht einem Anteil von 23% am gesamten

Primärenergiekonsum der Entwicklungsländer. In einer Reihe von Ländern
haben traditionellle Brennstoffe sogar ein wesentlich größeres Gewicht. So liegt
der Anteil von Brennholz an der Primärenergiebilanz in vielen afrikanischen
Ländern südlich der Sahara bei mehr als 80%. Ohne grundlegende Veränderungen in den strukturellen Rahmenbedingungen wird der Brennholzbedarf auch in
Zukunft proportional zur Bevölkerungszahl ansteigen.

3. Wirtschaftliche, soziale und ökologische Folgen

Im Jahre 1970 betrug der Anteil der Energieimporte an den gesamten Güter-
importen der ölimportierenden Entwicklungsländer 5-10%. Im Zuge der beiden
Erdölpreissprünge war dieser Anteil dramatisch gewachsen und lag 1980 bei
3040%. Erst nach dem Erdölpreisverfall 1985/86 entspannte sich die Situation
wieder, und 1987 beliefen sich die Energieimporte nur noch auf 10-15% der
Güterimporte. Es steht außer Zweifel, daß die starken Erdölpreissteigerungen
mitverantwortlich waren für die großen *Leistungs- und Zahlungsbilanzdefizite* der
ölimportierenden Entwicklungsländer in den 70er Jahren und in der ersten
Hälfte der 80er Jahre. Die Leistungsbilanzdefizite wurden durch steigende
Kapitalimporte mit der Folge einer wachsenden *Verschuldung* im Ausland finanziert. Neben Zuschüsse und Kredite aus der öffentlichen Entwicklungshilfe
traten zunehmend auch kommerzielle Kredite.

Diese Mittel stammten im wesentlichen von den ölexportierenden Ländern mit
Leistungs- und Kapitalbilanzüberschüssen und wurden von den internationalen
Banken weitergeleitet und verwaltet. Dieser Vorgang wurde auch als "Recycling"
der Öl-Dollars bezeichnet, ja sogar gefeiert. Die fast kindlich anmutende Freude
über den banktechnisch reibungslos ablaufenden Kapitaltransfer von Überschuß-
in Defizitländer läßt sich heute kaum noch nachvollziehen.

Im Jahre 1982, als die ersten Entwicklungsländer in massive Schuldendienst-
probleme gerieten, hatte die Dritte Welt bereits einen Schuldenberg von 831
Mrd. US$ aufgetürmt. Bis zum Jahre 1988 stieg die externe Verschuldung der
Entwicklungsländer auf 1.320 Mrd. US$. Während 1981 noch ein Nettokapi-
talzufluß von 31 Mrd. US$ (Neukredite abzüglich Tilgungen und Zinszahlun-
gen) in die Entwicklungsländer erfolgte, mußte 1987 ein Nettokapitalabfluß von
20 Mrd. US$ registriert werden. An die Stelle eines Ressourcentransfers von den
reichen in die armen Länder ist die Umkehrung dieses Prozesses getreten - eine
entwicklungspolitische Perversität.

Die Erdöl- sowie die nachfolgende Verschuldungskrise haben tiefe Spuren im *wirtschaftlichen Wachstum der Dritten Welt* hinterlassen. Während das Bruttoinlandsprodukt (BIP) der Entwicklungsländer im Zeitraum 1965-73 um durchschnittlich 6,6% p.a. stieg, lag die Wachstumsrate im Zeitraum 1973-80 bei 4,9% p.a. und sank im Zeitraum 1980-85 auf 3,4% p.a. Erst nach dem starken Verfall der Erdölpreise war wieder ein leichter Anstieg zu verzeichnen: 4,6% p.a. im Zeitraum 1985-88.

Als Folge davon verlangsamte sich auch der Anstieg des Bruttosozialprodukts (BSP) pro Kopf in den Entwicklungsländern: 4,1% p.a. im Zeitraum 1965-73, 2,7% p.a. im Zeitraum 1973-80, 1,2% p.a. im Zeitraum 1980-85. In der ersten Hälfte der 80er Jahre hat das durchschnittliche Pro-Kopf-Einkommen in der Dritten Welt faktisch stagniert. In Afrika südlich der Sahara sowie in Lateinamerika einschließlich Karibik ist es sogar gesunken: -3,7% bzw. - 2,2% p.a. im Zeitraum 1980-85. Nicht umsonst werden die 80er Jahre im Hinblick auf diese beiden Weltregionen als "lost decade" bezeichnet.

Es sollte jedoch nicht der Fehler begangen werden, in den Verschuldungs- und Wachstumsproblemen der Entwicklungsländer allein eine Folge der Erdölpreisentwicklung zu sehen. Auch die erdölimportierenden Industrieländer wurden von den Erdölpreissprüngen hart getroffen. Sie haben sich jedoch relativ schnell und erfolgreich an die veränderten weltwirtschaftlichen Rahmenbedingungen angepaßt. Die Misere der Dritten Welt hat tieferliegende strukturelle Ursachen.

Dazu zählen die Monostruktur des Exports (Abhängigkeit der Exporterlöse der meisten Entwicklungsländer von ein oder zwei Rohstoffen), die starken Preisfluktuationen auf den Rohstoffmärkten, die sich verschlechternden terms of trade, die Abschottung der Märkte in den Industrieländern durch einen eskalierenden Zollschutz, die Agrarpolitik der Industrieländer, die politischen und gesellschaftlichen Verhältnisse in vielen der Entwicklungsländer. Alle diese Fragen stehen schon lange auf der internationalen Agenda. In keinem Bereich konnte bisher ein entscheidender Durchbruch erzielt werden. Die Partikularinteressen wirtschaftlicher Machtgruppen in den Industrieländern und der politischen Eliten in der Dritten Welt haben dies verhindert.

Nach Schätzungen der Weltbank leben derzeit ca. 900 Mill. Menschen in der Dritten Welt in absoluter Armut, d.h. am Existenzminimum oder unterhalb des Existenzminimums, sind also nicht in der Lage, ihren elementaren Bedarf an Nahrung, Kleidung, Wohnung, Gesundheitspflege und Bildung in ausreichendem Maße zu decken, d.h. ihre *Grundbedürfnisse* zu befriedigen. Diese armen Bevölkerungsschichten sind in besonderem Maße von der zunehmenden Verknappung traditioneller Brennstoffe betroffen. Brennholzmangel wird mehr und mehr zu einem konstituierenden Merkmal der Armut.

Die FAO schätzt, daß ca. 100 Millionen Menschen in der Dritten Welt ihren minimalen Energiebedarf nicht mehr decken können. Eine weitere Milliarde leidet unter bedrohlichem Mangel. Frauen und Kinder auf dem Lande müssen immer mehr Zeit aufwenden, um das tägliche Holzbündel zu sammeln. Die ärmeren Haushalte in den Städten müssen einen immer größeren Teil ihres Einkommens (bis zu 40%) für Brennstoffe aufwenden. In Extremfällen kostet das Feuer unter dem Topf bereits mehr als die Nahrungsmittel im Topf.

Anfang der 80er Jahre wurde der wachsende Brennholzverbrauch als zentrale Ursache dafür angesehen, daß die Waldbestände in der Dritten Welt in einem beängstigenden Tempo abnehmen. Die FAO gab damals den jährlichen Waldverlust in den Entwicklungsländern mit 100-150.000 km² an, das entspricht etwa der halben Fläche der Bundesrepublik Deutschland. Diese Zahl dürfte jedoch zu niedrig gegriffen sein. So wird davon ausgegangen, daß im laufenden Jahr 1990 allein der tropische Regenwald (ohne Berücksichtigung der anderen tropischen und subtropischen Vegetationszonen) um eine Fläche von 200.000 km² schrumpfen wird.

Auch wenn die Rolle des wachsenden Brennholzverbrauchs im Rahmen des *Entwaldungsprozesses* in der Dritten Welt nicht unterschätzt werden sollte, hat die Tropenwalddiskussion der vergangenen Jahre den Blick dafür geschärft, daß es auch andere, zum Teil schwerwiegendere Ursachen der Entwaldung gibt. Dazu zählen:

- die Ausdehnung der landwirtschaftlichen Nutzflächen für die Ernährung der wachsenden Bevölkerung und für die Produktion landwirtschaftlicher Exportgüter,

- die übermäßige Beweidung, insbesondere der Trocken- und Dornstrauchsavannen, durch große Viehherden, die die Vegetation zerstören und damit das Abspülen und Ausblasen der dünnen Humusschicht verursachen,

- die Durchführung großer Infrastrukturprojekte (Straßen, Staudämme etc.), für die in erheblichem Umfang Bäume gefällt werden müssen und die bisher noch weitgehend unberührte Waldgebiete der Besiedlung und Ausbeutung zugänglich machen,

- der Export tropischer Hölzer in die Industrieländer zur Erwirtschaftung dringend benötigter Devisen.

Die Ausdehnung der landwirtschaftlichen Nutzflächen ist sicherlich der wichtigste Faktor von allen, wichtiger noch als der wachsende Brennholzverbrauch. Dahinter steht als zentrale Determinante das ungebrochene Bevölkerungswachstum in der Dritten Welt. Die Entwaldung in den Entwicklungsländern ist demnach nur partiell ein Energieproblem. Es handelt sich vor allem um ein Bevölkerungs- und Landproblem. In der Folge des sich rapide beschleunigenden Entwaldungsprozesses kommt es zu sinkender Bodenfruchtbarkeit, zu Bodenerosion, zu schwerwiegenden Klimaänderungen und im Extremfall zur Zerstörung ganzer Ökosysteme (Desertifikation).

Die Verbrennung fossiler Brennstoffe und das dadurch freigesetzte Kohlendioxid zählen zu den Hauptursachen des *Treibhauseffekts* Mit dem Begriff Treibhauseffekt wird die zunehmende Konzentration einiger Spurengase in der Erdatmosphäre und der dadurch ausgelöste globale Temperaturanstieg bezeichnet. Dabei wird davon ausgegangen, daß die Emission von Kohlendioxid 50% der zu registrierenden Erwärmung verursacht, während der Rest auf andere Spurengase (Methan, Stickoxide, Fluorkohlenwasserstoffe, Ozon) entfällt. Diese Spurengase lassen die einfallende Solarstrahlung passieren, absorbieren jedoch die von der Erdoberfläche emittierte infrarote Strahlung. Die dadurch ausgelöste Aufheizung der Erdatmosphäre wird für die Periode 1880-2030 auf +1,4 - 4,3°C geschätzt. In der Folge dürften Klimaänderungen von bisher ungeahnten Ausmaßen eintreten (Verschiebung ganzer Klimazonen, Anstieg des Meeresspiegels etc.).

Durch die Verbrennung fossiler Brennstoffe (Erdöl, Erdgas, Kohle) werden jährlich weltweit 16.000 - 20.000 Mio. t Kohlendioxid freigesetzt. Davon entfallen gegenwärtig 27% auf die Dritte Welt (inkl. Volksrepublik China). Die spezifischen Kohlendioxid-Emissionen der verschiedenen fossilen Brennstoffe weichen voneinander ab. Das erklärt, warum der Anteil der Entwicklungsländer an den globalen Kohlendioxid-Emissionen etwas geringer ist als am globalen Verbrauch fossiler Energieträger. Setzen sich die gegenwärtigen Entwicklungstrends fort, so werden die Kohlendioxid-Emissionen bis zum Jahre 2000 um ca. 30% steigen und der Anteil der Entwicklungsländer auf ca. 40% zunehmen. Um den globalen Temperaturanstieg auf 1-2°C zu begrenzen, müßten u.a. die KohlendioxidEmissionen auf 50% ihrer heutigen Werte reduziert werden. Zu diesem Zweck wäre es notwendig, den Verbrauch fossiler Brennstoffe entsprechend zu drosseln.

Unklar ist noch, in welchem Umfang die fortschreitende Entwaldung zum Anstieg der Kohlendioxid-Konzentration in der Erdatmosphäre beiträgt. Man
schätzt, daß durch die Entwaldung zusätzlich bis zu 9.000 Mio. t Kohlendioxid
pro Jahr freigesetzt werden. Noch wichtiger ist jedoch, daß durch die Entwaldung die Absorptionskapazität der Biosphäre, d.h. die Fähigkeit, das einmal
freigesetzte Kohlendioxid wieder zu binden, drastisch reduziert wird und schließlich irreparablen Schaden erleidet.

4. Entwicklungs- und umweltpolitische Kriterien für die Steuerung des Energiesektors

Ausgehend von der gegenwärtigen Energiesituation der Entwicklungsländer und
ihren wirtschaftlichen, sozialen und ökologischen Folgen lassen sich eine Reihe
von Kriterien für die Steuerung des Energiesektors ableiten, die unter den folgenden Schlagworten zusammengefaßt werden können:

- Grundbedürfnisorientierung,
- technische Zuverlässigkeit,
- gesamt- und einzelwirtschaftliche Rentabilität,
- lokale Umweltverträglichkeit,
- globale Umweltwirkungen.

Grundbedürfnisorientierung: Unter entwicklungspolitischen Gesichtspunkten
haben energiepolitische Maßnahmen, die unmittelbar auf die Befriedigung der
elementaren Bedürfnisse ärmerer Bevölkerungsschichten zielen, absolute Priorität. Dabei handelt es sich konkret um die Bereitstellung von Energie für:

- Kochen und Heizen,
- Beleuchtung,
- ein Minimum an öffentlichen Dienstleistungen
  (Trinkwasserversorgung, Gesundheitsstationen, Schulen, Beratungsstellen).

Technische Zuverlässigkeit: Es sollten nur solche Energiesysteme zum Einsatz
kommen, die den Nachweis technischer Zuverlässigkeit erbracht haben. In den
letzten Jahrzehnten waren viele Entwicklungsländer eine Spielwiese für Bastler,
Tüftler und Erfinder jedweder Provenienz und die von ihnen propagierten Ein-
fachst- und Selbstbauanlagen. Hinzu gesellten sich Großunternehmen sowie die

staatliche Forschungs- und Technologiepolitik der Industrieländer mit glitzernden Hi-Tech-Produkten. Gerade im Energiesektor wurde fast jede neue Option ohne auch nur im Ansatz kritische Prüfung als die Lösung der Probleme der Dritten Welt verkündet. Etikette wie (je nach Weltsicht) "angepaßte Technologie" oder "Schlüsselinnovation" wurden geradezu inflationär verwendet. Die Ergebnisse dieser Anstrengungen lassen sich heute zu Hunderten als Entwicklungsruinen der zweiten Generation (nach den "weißen Elefanten" der 60er und frühen 70er Jahre) besichtigen. Bevor eine neue Energietechnik zur praktischen Nutzung angeboten wird, sollten Entwicklung, Test und Demonstration erfolgreich abgeschlossen sein.

Gesamt- und einzelwirtschaftliche Rentabilität: Es besteht heute weitgehender Konsens darüber, daß Entwicklung nicht mit wirtschaftlichem Wachstum gleichgesetzt werden kann. Die in den 60er Jahren gehegte Hoffnung, daß wirtschaftliches Wachstum zwangsläufig mit dem nachträglichen "trickle-down" der Früchte dieses Wachstums auf alle Bevölkerungsschichten verbunden sei, hat sich nicht erfüllt. Daraus kann jedoch nicht der Umkehrschluß gezogen werden, daß wirtschaftliches Wachstum für die Länder der Dritten Welt bedeutungslos oder gar kontraproduktiv sei. Angesichts des niedrigen *durchschnittlichen* Pro-Kopf-Einkommens und des hohen Bevölkerungswachstums in der Mehrzahl der Entwicklungsländer ist eine substantielle Verbesserung der Lebenssituation der Mehrheit der Bevölkerung ohne nachhaltiges und längerfristiges wirtschaftliches Wachstum nicht denkbar.

Energie als ein wichtiger Produktionsfaktor muß einen Beitrag dazu leisten, d.h. sie muß in ausreichendem Maße und zu angemessenen Kosten verfügbar sein. Energieprojekte und -programme werden daher zu Recht auch daran gemessen, ob sie gesamt- und einzelwirtschaftlich rentabel sind. Dabei ist die gesamtwirtschaftliche Rentabilität ausschlaggebend. Es ist Aufgabe des Staates, die wirtschaftlichen Rahmenbedingungen so zu gestalten, daß die gesamtwirtschaftliche Rentabilität schließlich auch ihren Niederschlag in einer entsprechenden einzelwirtschaftlichen Rentabilität findet.

Lokale Umweltverträglichkeit: Energieprojekte stellen wie andere Projekte auch einen Eingriff in die ökologische Ausgangssituation der Projektregion dar. Sie sind daher im Hinblick auf ihre lokale Umweltverträglichkeit zu untersuchen und zu beurteilen. Dies kann auf zweierlei Weise geschehen. Zum einen kann von der klassischen Kosten - Nutzen - Analyse ausgegangen werden. Für diese stellen positive oder negative Umweltwirkungen externe Effekte dar, die - soweit dies möglich ist - monetarisiert (d.h. in Geldgrößen ausgedrückt) werden und dann Eingang in die gesamtwirtschaftliche Rentabilitätsberechnung finden. Fällt die gesamtwirtschaftliche Rentabilität aufgrund von prognostizierten Umweltschäden negativ aus, so ist das Projekt abzulehnen. Die Weltbank hat dieses Verfahren in einzelnen Fällen praktiziert. Es ist insofern nur begrenzt anwendbar, als viele Umweltwirkungen nicht oder nur mit sehr zweifelhaften Methoden monetarisiert werden können. Als Alternative bietet sich an, die Umweltwirkungen eines Projekts qualitativ zu erfassen und zu einer Kategorisierung zu verdichten, die als eigenständiges Entscheidungskriterium neben die gesamtwirtschaftliche Rentabilität tritt.

Dieses Verfahren der Umweltverträglichkeitsprüfung wird seit 1988 im Rahmen der bilateralen finanziellen und technischen Zusammenarbeit der Bundesrepublik Deutschland praktiziert: Die Projekte werden je nach ihren Umweltwirkungen in sechs Umweltkategorien klassifiziert. Diese Kategorien beschreiben den umweltbezogenen Handlungsbedarf, von U0 (keine Belastungen zu erwarten) bis U3 (intensive Überwachung von Schutzmaßnahmen erforderlich) und U4 (nicht förderungswürdig aufgrund der ökologischen Belastungen). Diejenigen Vorhaben, die einen Beitrag zum Umwelt- und Ressourcenschutz leisten, werden unter der Kategorie UR erfaßt.

Der Nachteil einer derartigen qualitativen Erfassung der Umweltwirkungen eines Projekts besteht darin, daß das Verfahren viel Raum für subjektive Einordnungen bietet. Nur detaillierte und genau spezifizierte Checklisten und Anwendungsrichtlinien für die einzelnen Sektoren können sicherstellen, daß das Verfahren nicht zu legitimatorischen Zwecken mißbraucht wird und plötzlich alle Projekte die Unbedenklichkeitsbescheinigung U0 oder gar das Gütesiegel UR erhalten.

Globale Umweltwirkungen: Gerade Energieprojekte haben Umweltwirkungen, die sich nur zum Teil lokal erfassen und beurteilen lassen. Hier seien noch einmal die Stichworte *Entwaldung* und *Treibhauseffekt* genannt. Energieprojekte, die einen Beitrag zur Bekämpfung des Entwaldungsprozesses in der Dritten Welt leisten, können grundsätzlich als prioritär eingestuft werden. Dabei ist jedoch in jedem Einzelfall zu überprüfen, ob die vermutete oder behauptete Wirkung tatsächlich eintreten wird.

Schwieriger wird es, wenn man versucht, aus dem Treibhauseffekt Konsequenzen für die Beurteilung einzelner Energieprojekte zu ziehen. Ist eine photovoltaische Dorfstromanlage trotz wesentlich höherer Kosten grundsätzlich einer Dieselzentrale vorzuziehen, weil letztere Kohlendioxid emittiert? Wohl kaum, denn die Existenz einiger kleiner Dieselzentralen mehr oder weniger ist im Hinblick auf das globale Problem (Treibhauseffekt) bedeutungslos.

Zunächst einmal muß die globale Zielvorgabe (Reduktion der Kohlendioxid-Emissionen auf 50% des heutigen Niveaus) in regionale und nationale Zielgrößen "übersetzt" werden. Die Vorstellung, daß sich alle Länder zu einer linearen Verringerung ihrer Kohlendioxid-Emissionen (z.B. um 20% bis zum Jahre 2005) verpflichten, ist als entwicklungspolitisch absurd zu bezeichnen. Eine Quotenaufteilung muß dem unterschiedlichen Entwicklungsstand und -bedarf von Industrie- und Entwicklungsländern Rechnung tragen. Die Industrieländer werden nicht nur absolut, sondern auch relativ einen wesentlich größeren Beitrag zu leisten haben, um den Entwicklungsländern Raum für ihre Entwicklung zu geben. (Es stimmt mehr als bedenklich, daß sich die USA als größter Kohlendioxid-Emittent bei der diesjährigen Umweltministerkonferenz von 34 Teilnehmerstaaten aus Europa und Nordamerika im norwegischen Bergen auf keine Grenzwerte und Fristen für die Verringerung des Kohlendioxidausstoßes festlegen wollte.)

Die nationalen Zielgrößen müssen schließlich in sektorale und projektbezogene Vorgaben münden. Zum einen kann der Staat die nationale Quote durch Ge- und Verbote auf die verschiedenen Sektoren und Projekte aufteilen, wobei er den Maßnahmen mit dem günstigsten Kosten Wirkungsverhältnis den Vorzug geben sollte. Zum anderen kann der Verbrauch fossiler Brennstoffe über entsprechend hohe spezifische Verbrauchssteuern auf das gewünschte Niveau gesenkt werden. Eine dritte Möglichkeit bestünde in der Ausgabe von Berechtigungsscheinen bis zur Höhe der zulässigen Gesamtmenge an Kohlendioxid-Emissionen, die zwischen den Verursachern gehandelt werden. Die beiden letzten Verfahren haben den Vorteil, daß sie zwangsläufig zu einer Realisierung der kostengünstigsten Lösungen führen.

5. Möglicher Beitrag regenerativer Energiequellen

Welchen Beitrag können regenerative Energiequellen vor dem Hintergrund der diskutierten Kriterien für die Energieversorgung der Entwicklungsländer leisten? Anfang der 80er Jahre wurde davon ausgegangen, daß durch die verstärkte Nutzung regenerativer Energiequellen schon bald in größerem Umfang fossile Energieträger substituiert werden können. Diese Hoffnungen haben sich nicht erfüllt und werden sich auch in der nächsten Dekade mit hoher Wahrscheinlichkeit nicht erfüllen.

Abgesehen von der *Großwasserkraftnutzung* steht gegenwärtig keine technisch ausgereifte und ökonomisch vertretbare Großtechnologie in diesem Bereich zur Verfügung. Die *solare Wasserstofftechnologie* (d.h. der Einsatz von Solarstrom zur elektrolytischen Spaltung von Wasser in Sauerstoff und Wasserstoff, der anschließend wie die fossilen Energieträger transportiert, gelagert und verwertet werden kann) stellt eine grundsätzlich sowohl für Industrie- als auch für Entwicklungsländer interessante Alternative zur gegenwärtigen Erdölwirtschaft und ihren Folgen (Treibhauseffekt) dar. Sie steckt jedoch noch in den Kinderschuhen, und es wird - selbst nach optimistischen Schätzungen - noch mindestens zwei Jahrzehnte dauern, bis sie wirklich verfügbar ist.

Die überzogenen Erwartungen hinsichtlich einer schnellen Nutzbarmachung des regenerativen Energiepotentials waren Teil einer einseitig angebotsorientierten Politik, um der Krise im Bereich kommerzieller Energieträger Herr zu werden. Die Devise lautete, neue Energiequellen erschließen, um die Energieknappheit zu überwinden. Über Maßnahmen der *Energieeinsparung* wurde im Falle der Entwicklungsländer noch weniger nachgedacht als in den Industrieländern. Dabei liegen gerade hier die kurz- und mittelfristig mobilisierbaren Potentiale zur Reduktion bzw. Drosselung des Verbrauchs fossiler Energieträger und damit zur Bekämpfung des Treibhauseffekts.

Das mögliche Maßnahmenbündel reicht von einfachen Managementmaßnahmen (z.B. Abschalten von Beleuchtung und Klimageräten nach Arbeitsende) über Umrüstungen (z.B. verbesserte Brenner und Kessel in Industriebetrieben) bis hin zu grundsätzlichen Politik- und Investitionsentscheidungen (z.B. an tropische Verhältnisse angepaßte Bauformen anstelle von Gebäuden, die ein Maximum von Solarstrahlung absorbieren, um dann mit hohem Energieaufwand auf erträgliche Innentemperaturen herabgekühlt zu werden; Rehabilitierung und Ausbau von Bahn- und Schiffsverkehr anstelle der fast vollständigen Fixierung auf den Straßentransport). Voraussetzung zur Erschließung dieser Einsparpotentiale ist die Schaffung geeigneter politischer, institutioneller, rechtlicher und wirtschaftlicher Rahmenbedingungen.

Ein gutes Beispiel für die fast vollständige Ignorierung dieser essentiellen Faktoren sind die von den internationalen Finanzierungsinstitutionen (Weltbank etc.) initiierten Elektrizitätsausbauplanungen für einzelne Entwicklungsländer. Gesucht wird die kostenminimale Lösung, jedoch nur zwischen verschiedenen Angebotsalternativen: Öl-, Gas-, Kohle- Wasserkraftwerken. Die Alternative Drosselung des Nachfragewachstums durch technische und preisliche Maßnahmen (Einsatz von Energiesparlampen, progressiver statt degressiver Stromtarif, Abschalten nicht-prioritärer Verbraucher in Spitzen- und Zuschalten in Niedriglastzeiten, spezielle Spitzenlastund Leistungsbereitstellungstarife etc.) als in vielen Fällen billigere Variante im Vergleich zum kostspieligen Ausbau der Kraftwerkskapazitäten kommt in den Planungen, die ansonsten bis in die letzten Kosten-Nutzen-analytischen Details ausgefeilt sind, überhaupt nicht vor.

Anders war die Ausgangslage im Bereich *traditioneller Brennstoffe*. Hier besteht das Problem ja gerade darin, daß eine grundsätzlich erneuerbare Energiequelle (Holz) übernutzt und damit in ihrer Regenerationsfähigkeit bedroht wird. In diesem Bereich war genau das umgekehrte Extrem zu beobachten. Die entwicklungspolitische Diskussion und Praxis konzentrierte sich zunächst einseitig auf Einsparungsmaßnahmen (insbesondere energiesparende Herde) und vernachlässigte weitgehend die möglichen Maßnahmen zu einer Sicherung und Diversifizierung des Angebots.

Lediglich der Einsatz anderer regenerativer Energiequellen (*Kleinwasserkraft, Wind- und Solarenergie*) zur Substitution von Brennholz wurde kurzfristig erwogen, jedoch schnell wieder verworfen, da die betreffenden Systeme für die Bereitstellung von Koch- und Heizenergie zu teuer sind und für die Umwandlung in höherwertige Energieformen (mechanische und elektrische Energie) reserviert werden sollten.

Es besteht heute weitgehend Einigkeit darüber, daß die gegenwärtig verfügbaren Systeme zur Nutzung regenerativer Energiequellen insbesondere für *dezentrale Anwendungen* im ländlichen Raum geeignet sind. Damit läßt sich zwar kein nennenswerter Beitrag zur Entlastung der nationalen Energiebilanzen leisten - der ländliche Raum ist in der Mehrzahl der Entwicklungsländer nur mit 5-10% am gesamten kommerziellen Energieverbrauch beteiligt -, aber auf diese Weise können dennoch erhebliche Entwicklungsimpulse ausgelöst werden.

Die Erschließung dieses Potentials wird durch verschiedene Faktoren behindert. Der ländliche Raum im allgemeinen und die regenerativen Energiequellen im besonderen genießen in den Budgets staatlicher Institutionen und parastaatlicher Unternehmen keine Priorität. Eine funktionierende Infrastruktur für Produktion, Wartung, Distribution und Finanzierung muß erst noch aufgebaut werden. Der vielfach notwendige Import von Systemen und Systemkomponenten (z.B. Solarmodule) wird durch komplizierte Einfuhrregelungen und hohe Zoll- und Steuersätze behindert.

Nicht aufrechtzuerhalten ist hingegen der Vorwurf, der insbesondere von Verfechtern der Biogastechnologie Mitte der 80er Jahre erhoben wurde: Alle Energieträger werden subventioniert, nur die regenerativen Energiequellen nicht. Dieser Vorwurf ist Ausdruck von Wunschdenken und ignoriert die Realität in zweifacher Hinsicht.

Zum einen werden einzelne konventionelle Energieträger in vielen Entwicklungsländern mit spürbaren spezifischen Verbrauchssteuern belastet (z.B. Benzin
und Dieselöl). Zum andern ergeben sich bei der Nutzung regenerativer Energiequellen eine Reihe von objektiven Problemen. Die betreffenden Systeme sind in
der Regel *kapitalintensiv*. Im Vergleich zu konventionellen Systemen substituieren sie laufende Kosten (z.B. für Dieselöl) durch Investitionskosten. Diese
fallen wesentlich höher aus als bei vergleichbaren konventionellen Systemen, da
Energieströme mit einer relativ geringen Dichte gebündelt und nutzbar gemacht
werden sollen.

Die Investitionskosten schlagen bei Wirtschaftlichkeitsvergleichen um so stärker
zu Buche, je höher der Kalkulationszinssatz ist, der zur Anwendung kommt.
Daher hat es nicht an Versuchen gefehlt, für Projekte zur Nutzung regenerativer
Energiequellen einen besonders niedrigen Kalkulationszinssatz einzufordern.
Diese Versuche halten einer kritschen Würdigung unter inhaltlichen und methodischen Gesichtspunkten nicht stand. Fast alle Entwicklungsländerökonomien
zeichnen sich durch eine niedrige Sparquote und eine hohe Abhängigkeit von
Kapitalimporten aus. Der Produktionsfaktor Kapital ist knapp und sollte daher
nur in sehr produktive Verwendungen geleitet werden, d.h. in Verwendungen,
die eine relativ hohe Mindestverzinsung gewährleisten. Die internationalen Finanzierungsinstitutionen arbeiten je nach Entwicklungsland mit Kalkulations-
zinssätzen von real 8-12% p.a. Systeme zur Nutzung regenerativer Energiequellen können hier keine Ausnahme bilden und müssen sich gleichfalls an diesem
Kriterium messen lassen.

Welchen Einfluß hat die Nutzung regenerativer Energiequellen auf die Han-
dels- und Zahlungsbilanzen der Entwicklungsländer? Auch hier finden sich im-
mer wieder Aussagen, die mehr von Wunschdenken als von Realitätssinn zeugen.
Es kann keineswegs davon ausgegangen werden, daß es in jedem Fall zu *Devi-
seneinsparungen* kommt, weil importierte Erölprodukte substituiert werden.
Eine ganze Reihe von Systemen zur Nutzung regenerativer Energiequellen (z.B.
Windgeneratoren, photovoltaische Anlagen) implizieren einen erheblichen
Importbedarf, da die Systeme oder wichtige Systemkomponenten in den meisten
Entwicklungsländern nicht gefertigt werden können. Gerade nach erfolgreicher
Einführung derartiger Systeme, wenn die Anlagenzahl rasch ausgeweitet wird,
ergibt sich per Saldo eher eine Be- als eine Entlastung der Handels- und Zah-
lungsbilanz.

Es ist wichtig, sich diese limitierenden Faktoren vor Augen zu halten. Die Wech-
selbäder aus übertriebener Euphorie und anschließender um so größerer Frus-
tration haben der Nutzung regenerativer Energien in der Dritten Welt minde-

stens ebensosehr geschadet wie Ablehnung und Gleichgültigkeit vieler politischer und wirtschaftlicher Entscheidungsträger.

6. Brennholz, Holzkohle, pflanzliche und tierische Abfälle

Soweit die Übernutzung der Holzbestände in der Dritten Welt ein Energieproblem darstellt, bieten sich grundsätzlich folgende Lösungsmöglichkeiten an:

- Einsparung von Brennholz und Holzkohle, insbesondere durch die Verbreitung verbesserter Herde;
- Erhöhung des Brennholzangebots durch Aufforstungsmaßnahmen;
- regionaler Ausgleich zwischen Holzüberschuß- und -defizitgebieten;
- Substitution von Brennholz und Holzkohle durch andere Energieträger.

Die *Verbreitung verbesserter Herde* (Reduktion des spezifischen Brennholz- oder Holzkohleverbrauchs unter Laborbedingungen um bis zu 50%) ist eine theoretisch schnell wirkende und kostengünstige Maßnahme. Allerdings halten sich die praktischen Erfolge der seit Ende der 70er Jahre in großem Maßstab betriebenen Herdverbreitungsprogramme in engen Grenzen. Hinzu kommen grundsätzliche Begrenzungen dieser Option. Die Vorstellung, durch eine flächendeckende Verbreitung verbesserter Herde den Holzverbrauch in einer Region signifikant senken zu können, erweist sich schon bei einfacher logischer Überprüfung als Illusion.

Geht man z.B. davon aus, daß die Herdverbreitungsquote 70%, die Senkung des spezifischen Brennholzverbrauchs unter Feldbedingungen 30%, der Anteil des Brennholzverbrauchs der Haushalte am gesamten Brennholzverbrauch der Region 80% und der Anteil des Brennholzverbrauchs am gesamten Holzverbrauch der Region ebenfalls 80% beträgt (dies alles sind relativ hoch gegriffene Werte), so ergibt sich ein regionaler Holzeinsparungseffekt von 13,4% (0,7 x 0,3 x 0,8 x 0,8 x 100%). Dieser Effekt würde unter normalen Entwicklungsländerbedingungen innerhalb von 4 bis 5 Jahren durch das Bevölkerungswachstum wieder zunichte gemacht.

Bei dieser Betrachtung bleiben mögliche dynamische Reaktionen der Haushalte noch unberücksichtigt. Eine nachhaltige Senkung des spezifischen Verbrauchs erhöht nämlich die Attraktivität von Brennholz und Holzkohle als Kochenergiequellen. Als Folge kochen die Haushalte wieder mehr (durchaus erwünscht), und Haushalte, die bereits zu anderen Energieträgern (Kerosin, Flüssiggas) übergewechselt sind, machen diesen Schritt wieder rückgängig. Der bei statischer Betrachtung eintretende Einsparungseffekt wird auf diese Weise zum Teil oder sogar völlig kompensiert.

Diese Überlegungen machen deutlich, daß kein Weg an systematischen und nachhaltigen *Aufforstungsaktivitäten* vorbeiführt. Neben konventionelle und in der Regel relativ teure Ansätze (Brennholzplantagen) treten zunehmend Konzepte kommunaler Selbsthilfe und der Integration von Land- und Forstwirtschaft (agro-forestry). Diese Konzepte sind nicht nur billiger, sie befassen sich auch mit den anderen Aspekten des Holzproblems in der Dritten Welt (zunehmende und unangepaßte Landnutzung) und sehen eine direkte Beteiligung der unmittelbar Betroffenen vor.

In vielen Fällen kann auch durch einen *Ausgleich zwischen Holzüberschuß- und -defizitgebieten* ein Beitrag zur Entspannung der prekären Brennholzsituation geleistet werden. Bisher wird der Abfall aus kommerziellen Forstplantagen sowie aus unabwendbaren landwirtschaftlichen und infrastrukturellen Rodungsprojekten kaum für energetische Zwecke genutzt, sondern einfach vernichtet. Die meisten afrikanischen Länder könnten 50-100% ihres gegenwärtigen Brennholz- und Holzkohleverbrauchs durch die Nutzung dieser Potentiale decken. Die Transportentfernung zwischen den Überschuß- und Defizitgebieten stellt oftmals das entscheidende Hindernis dar. Hier bietet sich die Umwandlung in Holzkohle als Lösungsweg an, da Holzkohle aufgrund der höheren Energiedichte eine wesentlich günstigere Transportkostencharakteristik als Brennholz aufweist. Es ist jedoch streng zu unterscheiden zwischen der hier in Rede stehenden Holzkohleerzeugung mit effizienten Methoden (Backstein- und Stahlmeiler) und gesicherter Rohstoffversorgung (Abfallholz) und der gegenwärtig praktizierten Holzkohleerzeugung mit ineffizienten Methoden (Erdmeiler) und einer ungesicherten und ökologisch bedenklichen Rohstoffversorgung (natürliche Vegetation im Umfeld der großen Städte).

Die *Substitution von Brennholz und Holzkohle durch andere, vor allem fossile Energieträger* wurde bisher als möglicher Lösungsansatz weitgehend ausgeklammert. Das wurde sowohl mit den hohen Kosten fossiler Energieträger als auch mit der grundsätzlichen Problematik ihres Einsatzes (Treibhauseffekt) begründet.

Allerdings wäre eine Substitution von Biomassebrennstoffen durch Erdöl, Erdgas und Kohle im Hinblick auf den Treibhauseffekt zunächst einmal neutral, mittel- und langfristig wahrscheinlich sogar positiv (Entwaldung als wichtiger Faktor im Rahmen des Treibhauseffekts) und von der Größenordnung her nicht völlig außerhalb der Realität (900 Mio. t SKE pro Jahr, ca. 10% des gegenwärtigen globalen Verbrauchs an fossilen Energieträgern). Daher sollte dieser Ansatz zumindest für die städtischen Regionen (Substitution von Holzkohle und Brennholz durch Kerosin, Flüssiggas und in Ausnahmefällen auch Kohle, Erdgas und Elektrizität) ernsthaft erwogen werden.

In Regionen mit extremer Brennholzknappheit werden zunehmend pflanzliche Abfälle und Dung für das Kochen und Heizen verwendet. Diese würden besser als Düngemittel auf den Feldern verbleiben. Anders stellt sich die Situation im Falle von Industriebetrieben mit *Biomasseabfällen* (Bagasse, Kaffeepulpe, Sägespäne etc.) dar. Diese Abfälle können aufgrund fehlender alternativer Verwendungsmöglichkeiten problemlos einer energetischen Verwendung zugeführt werden. Dabei hat sich der Einsatz zur Bereitstellung thermischer Energie im eigenen oder in benachbarten Betrieben als im Regelfall vorteilhafteste Lösung erwiesen.

Zum Abschluß dieses Kapitels soll noch kurz auf zwei andere Optionen im Biomassebereich eingegangen werden:

- Biogasanlagen,
- Gasgeneratoren.

Biogasanlagen: Biogasanlagen stellen ein integriertes Energie-Dünger-System dar, bei dem durch anaerobe Vergärung von Exkrementen und/oder pflanzlichen Abfällen Methangas (Biogas) als Brennstoff und Faulschlamm als Dünger gewonnen wird. Wie kaum eine andere Technologie zur Nutzung regenerativer Energiequellen wurden Biogasanlagen in der ersten Hälfte der 80er Jahre mit stark ideologisch-weltanschaulichem Unterton und einer Massierung entwicklungspolitischer Superlative als Schlüssel zur Lösung der zentralen energetischen, ökologischen und landwirtschaftlichen Probleme der Dritten Welt propagiert.

Dabei wurden entscheidende Restriktionen für die Verbreitung von Biogasanlagen übersehen:

- Stallhaltung als unabdingbare Voraussetzung,
- mindestens 2 bis 4 Großvieheinheiten für den Betrieb einer Familienanlage,
- Wirtschaftlichkeit nur bei Substitution von kommerziellen Energieträgern (Kerosin, Flüssiggas).

Aufgrund dieser Restriktionen wird die Biogastechnologie auf eine kleine Minderheit wohlhabender Bauern beschränkt bleiben und nur einen infinitesimalen Beitrag zur Reduktion des Brennholzverbrauchs leisten können. Abgesehen von den Herkunftsländern (China, Indien) sind größere Verbreitungszahlen unwahrscheinlich. Bei Großanlagen für kommunale und industrielle Betreiber steht eindeutig der Entsorgungsaspekt im Vordergrund. Gemeinschaftsanlagen auf dörflicher Ebene scheitern an sozialen und technischen Problemen.

Gasgeneratoren: Es handelt sich um Systeme, bei denen Holz, Holzkohle oder pflanzliche Abfälle durch reduzierten Luftzutritt einer nur teilweise erfolgenden Oxidation unterzogen werden. Die dabei entstehenden brennbaren Gase wie Kohlenmonoxid und Wasserstoff werden in der Regel zum Antrieb eines Motors, d.h. zur Erzeugung mechanischer oder elektrischer Energie genutzt. Gasgeneratoren wurden vor allem in und zwischen den Weltkriegen als Notstandstechnologie entwickelt und eingesetzt.

Die bisherigen Erfahrungen im Rahmen der Entwicklungspolitik sind durchweg negativ. Die meisten pflanzlichen Abfälle und Holz sind nur nach entsprechend aufwendiger Konditionierung in Gasgeneratoren verwendbar. Der unter technischen Gesichtspunkten einfachste Fall (Einsatz von Holzkohle) erfordert ein integriertes und sehr teures System aus Brennholzplantage, Holzkohleproduktion und Gasgenerator und muß andernfalls (Verwendung von Holzkohle aus ungesicherten Quellen) als ökologisch kontraproduktiv eingestuft werden. Der weitere Einsatz von Entwicklungshilfegeldern für die Förderung von Gasgeneratoren läßt sich kaum legitimieren.

7. Biotreibstoffe

Im Gefolge der zweiten Erdölpreiskrise 1979/80 kam es zu einer kontroversen Diskussion über die Möglichkeiten und Chancen der Gewinnung von Flüssigtreibstoffen auf Pflanzenbasis (sog. Biotreibstoffe). Dabei können zwei Optionen unterschieden werden:

- Alkohol aus zucker-, stärke- und lignozellulosehaltigen Pflanzen (Zuckerrohr, Zuckerrüben, Mais, Kassava, Holz etc.) als Benzinsubstitut.

- Pflanzenöl (Baumwollsamen-, Erdnuß-, Sojabohnen-, Sonnenblumen-, Palm-, Rapsöl etc.) als Dieselölsubstitut.

Bezüglich beider Optionen gab und gibt es eine ganze Reihe von Test- und Demonstrationsvorhaben gerade auch in Entwicklungsländern. Die erste Option wurde darüber hinaus in Brasilien in großem Maßstab realisiert (Proalcool-Programm, Äthanol aus Zuckerrohr). Die Weltbank bescheinigte dem brasilianischen Alkoholprogramm in einer im Jahre 1980 vorgelegten Studie gesamtwirtschaftliche Rentabilität und begründete dies mit weiter steigendem Erdöl- und tendenziell sinkenden Zuckerpreisen.

In den folgenden Jahren bildete sich eine regelrechte Biotreibstoff-Phalanx aus Energie- und Agrarexperten heraus. Ausschlaggebend dafür waren zwei Überlegungen:

- Biotreibstoffe stellen eine "regenerative" Alternative zu den Erdölprodukten Benzin und Dieselöl und ihrer Dominanz im Transportsektor dar.
- Die Produktion von Biotreibstoffen könnte neben der Erzeugung von Nahrungsmitteln zur zweiten Aufgabe des Agrarsektors werden und diesem eine neue Schlüsselstellung zuweisen.

Die Biotreibstoff-Euphorie hat jedoch mit dem faktischen Scheitern des brasilianischen Alkoholprogramms, das sich schon vor dem Erdölpreisverfall 1985/86 als gigantischer Subventionsfall erwies, einen herben Dämpfer erhalten. Spätestens seit Mitte der 80er Jahre überwiegen die kritischen Stimmen, die die Erzeugung von Biotreibstoffen als energie-, agrar- und entwicklungspolitische Sackgasse einstufen.

Zum einen sind die Produktionskosten von Biotreibstoffen relativ hoch. Sie belaufen sich auf das drei- bis vierfache des gegenwärtigen Benzin- und Dieselölpreises. Zum anderen - und das ist entscheidend - ist die Biotreibstoffherstellung mit beträchtlichen Opportunitätskosten verknüpft. Die Erzeugung von Biotreibstoffen in großem Umfang geht notwendigerweise zu Lasten der Nahrungsmittelproduktion. Zum Teil werden Pflanzen und Pflanzenprodukte verwendet, die auch unmittelbar als Nahrungsmittel dienen könnten (insbesondere im Fall der Pflanzenöle). In jedem Fall werden landwirtschaftliche Flächen gebunden und der aktuellen oder potentiellen Nahrungsmittelerzeugung entzogen. Es ist kein Geheimnis mehr, daß die Weltnahrungsmittelproduktion möglicherweise schon im nächsten Jahrzehnt in eine kritische Phase eintreten wird (Bevölkerungswachstum, sinkende Bodenfruchtbarkeit, Klimaänderungen). Regionale Überschußprobleme aufgrund einer verfehlten Agrarpolitik (EG) kontrastieren nur scheinbar mit dieser Einschätzung. Der Agrarsektor sollte sich daher auf seine essentielle Rolle als Nahrungsmittelproduzent konzentrieren.

Bei den Biotreibstoff-Befürwortern haben diese Überlegungen zur Suche nach
solchen Pflanzen geführt, die auf marginalen Böden wachsen (also keine frucht-
baren Ackerflächen binden) und deren Produkte nicht unmittelbar für die
menschliche Ernährung geeignet sind. Vereinzelte Erfolgsmeldungen (z.B.
Purgiernuß auf den Kapverden) können nicht darüber hinwegtäuschen, daß das
einschlägige Potential sehr gering ist. Zudem drängt sich die Frage auf, ob die
betreffenden Pflanzen mit entsprechendem technischen und finanziellen Aufwand nicht doch auch für die menschliche Ernährung nutzbar gemacht werden
könnten.

8. Großwasserkraft und Geothermik

Die Entwicklungsländer verfügen über ein beträchtliches regeneratives Potential
zur Stromerzeugung in Form der Wasserkraft und - in wesentlich geringerem
Umfang - in Form der Geothermik. Im Jahre 1980 entfielen 41,3% der Elektrizi-
tätserzeugungskapazitäten der Entwicklungsländer auf Wasserkraftwerke und
0,2% auf geothermische Kraftwerke. Der Anteil dieser Kraftwerkstypen an der
Elektrizitätserzeugung in der Dritten Welt lag bei 46,1% bzw. 0,2%. Der Rest
wurde durch thermische Kraftwerke (Erdöl, Erdgas, Kohle) und ein geringer
Prozentsatz durch Kernkraftwerke bereitgestellt.

Die Entwicklungsländer verfügen über etwa die Hälfte des globalen Wasserkraftpotentials. Großwasserkraftwerke (> 1 MW) zählen zu den kostengünstigsten Stromerzeugungstechnologien mit spezifischen Kosten von weniger als
0,10 DM/kWh. Theoretisch könnten die Entwicklungsländer ihren Strombedarf
zu 100% aus Wasserkraft decken. Selbst wenn dies gelänge, bliebe jedoch die
daraus resultierende Verringerung des Verbrauchs an fossilen Energieträgern
und damit des Treibhauseffekts begrenzt. Nur ca. 13% des gegenwärtigen Verbrauchs an fossilen Energieträgern in der Dritten Welt entfallen auf die Elektrizitätserzeugung in thermischen Kraftwerken. Dies entspricht ca. 4% des globalen
Verbrauchs.

Tatsächlich hat sich der Anteil der Wasserkraftwerke an der Elektrizitätserzeugung in den Entwicklungsländern im vergangenen Jahrzehnt kaum erhöht.
Der forcierte Ausbau des Wasserkraftpotentials stößt auf eine Reihe von Hin-
dernissen:

- Das Wasserkraftpotential ist regional ungleich verteilt. Einige Länder verfügen
  über ein gewaltiges hydroelektrisches Potential, während der Strombedarf
  vergleichsweise gering ist (z.B. Nepal, Zaire).

- Viele der größeren Flüsse führen durch mehrere Staaten bzw. bilden die Grenze zwischen zwei Staaten. Ihre Nutzung zur Stromerzeugung erfordert komplizierte internationale Kooperationsabkommen (Aufteilung des Flußwassers, Standorte der Kraftwerke, Aufteilung der Investitionskosten, Eigentumsverhältnisse, Leistungsverteilung), die die Planung und Durchführung einschlägiger Projekte erschweren und verzögern.

- Große Wasserbauprojekte sind in der Regel multifunktional angelegt (Hochwasserschutz, Bewässerung, Elektrizitätserzeugung etc.) und oftmals muß sich die Stromerzeugung anderen Funktionen (insbes. Bewässerung) unterordnen.

- Wasserkraftwerke weisen relativ hohe fixe und niedrige variable Kosten auf. Sie entfalten ihre Kostenvorteile daher nur, wenn sie zur Abdeckung der Grundlast eingesetzt werden. D.h., es gibt systemtechnische und wirtschaftliche Obergrenzen für den Anteil der Wasserkraftnutzung an der gesamten Stromerzeugung.

- Der Bau von Wasserkraftwerken erfordert trotz unbestreitbarer Kostenvorteile im Grundlastbetrieb einen erheblichen Kapitaleinsatz (0,5 - 4 Mio. DM pro MW). Die Entwicklungsländer sind beim Ausbau ihres Wasserkraftpotentials weitgehend auf externe Finanzierungsquellen angewiesen, die aufgrund der Verschuldungskrise nur noch eingeschränkt zugänglich sind.

- Großwasserkraftprojekte in den Tropen und Subtropen erfordern in der Regel den Bau großer Staudämme, um die saisonalen Abflußschwankungen durch entsprechend dimensionierte Wasserspeicher auszugleichen. Dies stellt einen erheblichen Eingriff in das Flußsystem und den Wasserhaushalt der betreffenden Region dar. Hinzu kommt, daß größere Landflächen geflutet werden und damit einer anderweitigen Nutzung (Land-, Forstwirtschaft) bzw. Funktion (Naturschutz) entzogen werden. Die bisherigen Erfahrungen mit Großwasserkraftprojekten haben gezeigt, daß mit einer Fülle von negativen ökologischen, sozialen und ökonomischen Konsequenzen zu rechnen ist: Ablagerung der Sedimentfrachten im Stausee - die natürliche Bewässerung und Düngung am Flußunterlauf durch Überschwemmung mit Schlammablagerung wird unterbrochen, Bodenversalzung durch künstliche Bewässerung, Ansiedlung von Krankheitsüberträgern (Malaria, Bilharziose, Schistosomiasis), Umsiedlung oder Vertreibung ganzer Bevölkerungsgruppen etc.

Die Großwasserkraftnutzung ist in der entwicklungspolitischen Diskussion geradezu zum Präzedenzfall für Technikgigantomanie und ihre Folgen geworden. Damit soll nun keineswegs einem generellen Verzicht auf den Bau von

Großwasserkraftwerken das Wort geredet werden. Es muß jedoch konstatiert werden, daß ein Großwasserkraftprojekt *immer* einen entwicklungsund umweltpolitischen Problemfall darstellt, der einer sorgfältigen Prüfung aller Aspekte und intensiver begleitender Maßnahmen bedarf. In einzelnen Fällen wird man entsprechende Vorhaben aus ökologischen, sozialen oder ökonomischen Gründen ablehnen müssen. Aufgrund der hier aufgeführten Probleme wird der Anteil der Wasserkraft an der Stromerzeugung der Entwicklungsländer auch in Zukunft nicht nennenswert gesteigert werden können.

9.   Kleinwasserkraft, Wind- und Solarenergie

Bereits heute stehen eine Fülle von Kleinwasserkraft-, Wind- und Solarenergiesystemen für dezentrale Anwendungen in den ländlichen Regionen der Dritten Welt zur Verfügung. Wie bereits weiter oben ausgeführt, läßt sich damit zwar kein nennenswerter Beitrag zur Entlastung der nationalen Energiebilanzen leisten. Durch die Bereitstellung relativ geringfügiger Mengen mechanischer und elektrischer Energie kann jedoch ein substantieller Beitrag zur Verbesserung der Lebensbedingungen im ländlichen Raum geleistet werden, indem das Grundbedürfnis Beleuchtung befriedigt und ein Minimum an öffentlichen Dienstleistungen (Trinkwasserversorgung, Gesundheitsstationen etc.) sichergestellt wird.

Es würde den Rahmen dieses Beitrags sprengen, alle in diesem Bereich existierenden Optionen darzustellen und zu diskutieren. Die Ausführungen konzentrieren sich deshalb auf Technologien und Anwendungsfälle, die aufgrund der Erfahrungen des vergangenen Jahrzehnts als besonders erfolgversprechend eingestuft werden können:

- Dorfelektrifizierung mit Kleinwasserkraftwerken,
- Basiselektrifizierung mit photovoltaischen Solaranlagen und Kleinstwindgeneratoren im Batteriespeicherbetrieb,
- Trink- und Tränkwasserförderungen mit mechanischen Windpumpen und photovoltaischen Pumpsystemen.

In der Mehrzahl der Entwicklungsländer existiert kein flächendeckendes nationales Verbundnetz. Zur Elektrifizierung kleinerer Städte und größerer Dörfer werden deshalb Sekundärzentren mit autonomen Inselnetzen errichtet. In Abhängigkeit von der Potential- und Nachfragesituation erweisen sich *Kleinwasserkraftwerke* im Vergleich zu Dieselgeneratoren häufig als technisch und ökonomisch vorteilhaftere Lösung.

Es sollte jedoch nicht übersehen werden, daß die typische Nachfragecharakteristik ländlicher Sekundärzentren (geringe Grundlast und relativ ausgeprägte Nachfragespitze in den Abendstunden) die Einsatzmöglichkeiten von Kleinwasserkraftwerken (hohe Fixkosten) einschränkt. Es wäre daher wünschenswert, wenn in Zukunft stärker über Kombinationen aus Kleinwasserkraftwerk (für die Grundlast) und Dieselgenerator (für die Abendspitze) im Sinne einer Systemoptimierung nachgedacht würde.

Für den größten Teil der ländlichen Regionen in der Dritten Welt bestehen sowieso kaum Aussichten auf eine konventionelle Vollelektrifizierung (sei es nun durch Aufbau von Sekundärzentren oder durch Ausbau des nationalen Verbundnetzes) innerhalb der nächsten Generation. Die vorherrschenden dispersen Siedlungsstrukturen und die begrenzte individuelle Nachfrage führen zu einer extrem niedrigen räumlichen Lastdichte. Die Transmissions- und Distributionskosten sind aufgrund dieser Ausgangssituation in den meisten Fällen prohibitiv hoch.

Daher setzt sich zunehmend die Idee einer Basiselektrifizierung mit *photovoltaischen Solaranlagen* und *Kleinstwindgeneratoren* im Batteriespeicherbetrieb als Alternative zur konventionellen Vollelektrifizierung durch. Derartige Systeme bestehen aus einem photovoltaischen Solarmodul oder einem Kleinstwindgenerator, die den erzeugten Strom in eine Batterie einspeisen, mit deren Hilfe individuelle Verbraucher versorgt werden können (Beleuchtung und Medikamentenkühlung in Gesundheitsstationen, Beleuchtung in Schulen, Beleuchtung und Telekommunikation in Beratungsstellen, Beleuchtung und Radiogeräte in Haushalten).

Besonders erfolgversprechend ist der Einsatz von photovoltaischen Solarmodulen, da diese auch auf kleinsten Leistungs- und Energiebedarf ausgelegt werden können und da in den Tropen und Subtropen eine durchweg gute Potentialsituation herrscht (mittlere Globalstrahlung: 4,5 - 6 kWh/m^2 x d). Kleinstwindgeneratoren sind erst ab einer mittleren Windgeschwindigkeit von 5 m/s kostengünstiger als ein entsprechendes photovoltaisches Solarmodul. Das begrenzt ihre Einsatzmöglichkeiten auf einige Insel- und Küstenregionen mit extrem günstigen Windregimes.

Derartige Kleinstsysteme weisen zwar recht hohe spezifische Stromerzeugungskosten auf (2-3 DM/kWh), trotzdem sind sie bei einem Energiebedarf von weniger als 1 kWh pro Tag einem Benzin- oder Dieselgenerator vorzuziehen, da dieser eine bestimmte Leistungsuntergrenze (1-2 kW) nicht unterschreiten könnte und somit eindeutig überdimensioniert wäre.

Ein weiteres, sehr wichtiges und erfolgversprechendes Einsatzfeld für Wind- und Solarenergiesysteme ist die Trink- und Tränkwasserversorgung. *Mechanische Windpumpen* konkurrieren oberhalb eines hydraulischen Energieäquivalents von 200 m⁴/d (bis zu dieser Grenze reicht der Einsatzbereich von Handpumpen) mit Dieselpumpen und sind diesen bei einer mittleren Windgeschwindigkeit von mehr als 3 m/s und optimaler Auslegung in der Regel überlegen. Auch *photovoltaische Pumpen* sind schon heute für hydraulische Energieäquivalente von 200-500 m⁴/d eine ökonomisch attraktive Alternative zu Dieselpumpen.

Die Anwendungsfälle Trink- und Tränkwasserversorgung zeichnen sich durch einen relativ konstanten Wasserbedarf mit nur geringfügigen saisonalen Schwankungen aus. Demgegenüber ist der Anwendungsfall Bewässerung durch einen extrem saisonabhängigen Wasserbedarf mit hohen Spitzenbedarfsfaktoren gekennzeichnet. Daher ist dieser Anwendungsfall für Wind- und Solarenergiesysteme, die relativ hohe fixe und niedrige variable Kosten aufweisen und für die deshalb eine hohe Auslastung angestrebt werden sollte, generell nicht geeignet.

Bei Dieselpumpen hingegen variiert die wichtigste Kostenkomponente (Dieselöl) mit der Inanspruchnahme des Pumpsystems, und es bereitet zudem keine technischen Schwierigkeiten, auch kurzfristige extreme Bedarfsspitzen abzudecken. Wind- und Solarpumpen werden deshalb in größerer Zahl vor allem für die Trink- und Tränkwasserversorgung und nur in Ausnahmefällen für die Bewässerung zum Einsatz kommen.

Zusammenfassung

In diesem Beitrag ging es primär darum, die Bedeutung erneuerbarer Energiequellen für Entwicklung und Umwelt in der Dritten Welt abzuschätzen. Eine Reihe von Kriterien für die Steuerung des Energiesektors bildeten dabei den Ausgangspunkt, die unter den folgenden Schlagworten zusammengefaßt werden können:

- Grundbedürfnisorientierung,
- technische Zuverlässigkeit,
- gesamt- und einzelwirtschaftliche Rentabilität,
- lokale Umweltverträglichkeit,
- globale Umweltwirkungen (Entwaldung, Treibhauseffekt).

Anfang der 80er Jahre wurde davon ausgegangen, daß durch die verstärkte Nutzung regenerativer Energiequellen schon bald in größerem Umfang fossile Energieträger substituiert werden können. Diese Hoffnungen haben sich nicht erfüllt und werden sich auch in der nächsten Dekade mit hoher Wahrscheinlichkeit nicht erfüllen. Die kurz- und mittelfristig mobilisierbaren Potentiale zur Reduktion bzw. Drosselung des Verbrauchs an fossilen Energieträgern und damit zur Bekämpfung des Treibhauseffekts liegen auch für die Entwicklungsländer im Bereich der Energieeinsparung.

Die Entwaldung in der Dritten Welt ist nur partiell ein Energieproblem. Es handelt sich vor allem um ein Bevölkerungs- und Landproblem (Ausdehnung landwirtschaftlicher Nutzflächen etc.). Soweit die Übernutzung der Holzbestände in der Dritten Welt durch den wachsenden Brennholzbedarf verursacht wird, bieten sich grundsätzlich folgende Lösungsmöglichkeiten an:

- Einsparung von Brennholz und Holzkohle, insbesondere durch die Verbreitung verbesserter Herde;
- Erhöhung des Brennholzangebots durch Aufforstungsmaßnahmen;
- regionaler Ausgleich zwischen Holzüberschuß- und -defizitgebieten; - Substitution von Brennholz und Holzkohle durch andere, vor allem fossile Energieträger.

Biogasanlagen stellen ein integriertes Energie-DüngerSystem dar. Aufgrund verschiedener Restriktionen wird die Biogastechnologie jedoch auf eine kleine Minderheit wohlhabender Bauern beschränkt bleiben und nur einen infinitesimalen Beitrag zur Reduktion des Brennholzverbrauchs leisten können.

Die Gewinnung von Flüssigtreibstoffen auf Pflanzenbasis (sog. Biotreibstoffe) führt aufgrund der unmittelbaren oder mittelbaren Konkurrenz mit der Nahrungsmittelproduktion in eine energie-, agrar- und entwicklungspolitische Sackgasse.

Theoretisch könnten die Entwicklungsländer ihren Strombedarf zu 100% durch den Bau von Großwasserkraftwerken decken. Aufgrund der ökologischen, sozialen und ökonomischen Probleme derartiger Großprojekte, wird der Anteil der Wasserkraft an der Stromerzeugung jedoch nicht nennenswert gesteigert werden können.

Es besteht heute weitgehend Einigkeit darüber, daß die darüber hinaus verfügbaren Systeme zur Nutzung regenerativer Energiequellen (Kleinwasserkraft, Wind- und Solarenergie) insbesondere für dezentrale Anwendungen in den ländlichen Regionen der Entwicklungsländer geeignet sind. Damit läßt sich zwar kein nennenswerter Beitrag zur Entlastung der nationalen Energiebilanzen leisten, aber auf diese Weise können dennoch erhebliche Entwicklungsimpulse ausgelöst werden (nachhaltige Verbesserung der Lebensbedingungen im ländlichen Raum).

Literaturverzeichnis

Bach, W.: "Modelling the Climatic Effects of Trace Gases: Reduction Strategy and Options for a Low Risk Policy", Prepared for the World Congress Climate and Development, Hamburg, 1988

BMZ: *Umwelt und Entwicklung*, Materialien Nr. 77, Bonn, 1987

BMZ: *Umweltwirkungen von Entwicklungsprojekten, Hinweise zur Umweltverträglichkeitsprüfung (UVP)*, Bonn, 1987

BMZ: *Umweltverträglichkeitsprüfung in der bilateralen finanziellen und technischen Zusammenarbeit - Bericht über ein Jahr Erfahrungen mit dem neuen Verfahren*, Bonn, 1989.

BORDA: *Biogas, Handbuch zur Durchführung von Biogas-Programmen*, Bremen, o.J.

Borges, U. u.a.: *Proalcool, Analyse und Evaluierung des brasilianischen Biotreibstoffprogramms*, Saarbrücken, 1984

Erlbeck, R., Sepp, C.: *Herdleitfaden, Leitfaden für Programme zur Verbreitung brennholzsparender Herde*, GTZ/GATE, Eschborn, 1985

FAO: *Fuelwood Supplies in the Developing Countries*, Forestry Papers No. 42, Rome, 1983.

Hasselmann, K.: "Climate and Development, Scientific Efforts and Assessment - the State of the Art", Prepared for the World Congress Climate and Development, Hamburg, 1988

Heber, G. u.a.: *Nutzungsmöglichkeiten alternativer Kraftstoffe in Entwicklungsländern*, Schriftenreihe der GTZ, Nr. 153, Eschborn, 1983

KfW: *Energieprobleme der Entwicklungsländer*, Band 20/83, Frankfurt, 1983

Oelert, G., u.a.: *Economic Issues of Renewable Energy Systems*, Sonderpublikation der GTZ, Nr. 185, Eschborn, 1988

Pertz, K.: *Nutzung erneuerbarer Energiequellen in Entwicklungsländern*, Forschungsbericht des BMZ, Band 89, Köln, 1988

Priewe, J.: *Die Wirtschaftlichkeit angepaßter Technologien in Entwicklungsländern*. Veröffentlichung von GATE/GTZ, Braunschweig/Wiesbaden, 1989

Rady, H. M.: *Regenerative Energien für Entwicklungsländer*, Baden-Baden, 1987

Schwefel, D. (Hrsg.): *Soziale Wirkungen von Projekten in der Dritten Welt*, Schriftenreihe der DSE, Baden-Baden, 1987

U.N. Departement of International Economic and Social Affairs: *Statistical Yearbook*, New York, various years

Wicke, L.: *Umweltökonomie*, München, 1982

World Bank: *World Development Report*, Washington D.C., various years

Probleme der Förderung von Solarenergie-Technologien in Entwicklungsländern

Klaus Knecht

1. Einleitung

Unter dem Eindruck der Ölpreiskrisen der 70er Jahre begann in den Industrie- und Entwicklungsländern die verstärkte Suche nach alternativen Energieträgern. Besonders diejenigen Entwicklungsländer, die Nettoimporteure von fossilen Brennstoffen sind, haben unter diesen Ölpreisschocks gelitten und versuchen deshalb, eigene Energiequellen effizienter zu nutzen bzw. deren Anteil am Gesamtenergieangebot zu erhöhen. Die Notwendigkeit dieser Neuorientierung wurde dann auch auf der Konferenz der Vereinten Nationen im August 1981 in Nairobi über neue und erneuerbare Energiequellen betont, auf der der verstärkte Einsatz von regenerativen Energieträgern gefordert wurde. Eine Rückbesinnung auf die vom Menschen seit Jahrhunderten genutzten Energieressourcen Sonne, Wind, Wasser und Biomasse begann, und Forschungsaktivitäten zur Nutzung dieser Energiequellen wurden weltweit initiiert.

In diesem Kontext ist das *Philippinisch-Deutsche Solarenergieprojekt (PGSEP)* zu sehen. Es handelte sich dabei um ein vom Bundesministerium für wirtschaftliche Zusammenarbeit (BMZ) und vom Philippinischen Energieministerium gemeinsam finanziertes Forschungs- und Entwicklungsprojekt.[1] Dabei fiel die Wahl auf die Photovoltaik (PV), weil diese Technik besonders durch ihre Anwendung in der Raumfahrt[2] in kurzer Zeit sehr viel weiter entwickelt worden war. Gleichwohl steckte die terrestrische[3] Anwendung der direkten Umwandlung von Sonnenlicht in elektrische Energie noch in ihren Anfängen, aber die Prognosen für eine weitere schnelle Entwicklung schienen sehr günstig. So gab es bereits beachtliche Fortschritte in der Verbilligung der Herstellungsverfahren für Solarzellen und der Steigerung des Wirkungsgrades, und man glaubte an einen in naher Zukunft liegenden wirtschaftlichen Einsatz bei erdgebundenen Anwendungen.

Ziel des PGSEP war es, herauszufinden, ob sich Solartechnik in den Philippinen sinnvoll zur Erzeugung von elektrischem Strom und damit zur ländlichen Elektrifizierung einsetzen läßt. Gleichzeitig sollten möglichst viele Fachleute in diesem Bereich ausgebildet sowie unterschiedlich einsetzbare Solaranwendungen entwickelt werden (vgl. Schröer, 1988; S.2).

2. Der Einsatz solarer Energietechnologien in Entwicklungsländern. Das Beispiel Philippinen

Die Philippinen boten für ein solches Projekt günstige Voraussetzungen. Die Einstrahlungsverhältnisse erreichen auf den Philippinen mit 5 kWh/m²/Tag den doppelten Wert wie in der Bundesrepublik Deutschland. Überdies waren die Philippinen im Bereich der kommerziellen Energie fast vollständig abhängig von importiertem Öl, und mehr als die Hälfte ihrer gesamten Importausgaben entfielen auf die Ölimporte. Das Land war und ist also auf neue Energiequellen angewiesen.

Neue Technologien benötigen von der Entwicklung bis zur Reife und bis zu ihrer verbreiteten Anwendung sehr viel Zeit. Ein frühes "Einsteigen" der Entwicklungsländer ermöglicht diesen eine Beteiligung am internationalen Forschungsprozeß und eröffnet ihnen damit die Möglichkeit, die gesammelten Erfahrungen, sowohl in bezug auf die Technik als auch in bezug auf Wirtschaftlichkeit und soziale Akzeptanz, für die weitere Entwicklung im eigenen Lande optimal zu nutzen und den teilweise langwierigen Prozeß der Anpassung der Technologie an die Bedingungen des Landes in Angriff zu nehmen.

2.1 Die geographischen Besonderheiten der Philippinen

Bedingt durch die geographische Situation des Landes ist es nicht möglich, alle Haushalte über ein zentrales Elektrizitätsversorgungsnetz mit Strom zu versorgen. Die Philippinen sind eine Inselgruppe von mehr als 7.100 Inseln, wobei ca. 93% der gesamten Landmasse auf nur 11 Inseln entfallen. Ungefähr 2.500 Inseln sind besiedelt. Nur etwa 1/3 des Landes ist relativ flach, der weitaus größere Teil ist gebirgig. Dies bedeutet, daß es viele isolierte und dünn besiedelte Landstriche im bergigen Hinterland und auf den kleinen Inseln gibt. Der Einsatz konventioneller Energiesysteme aber ist in solchen Gebieten mit disperser Siedlungsstruktur aufgrund des kostspieligen Transports von Brennstoffen und der aufwendigen und teuren Übertragungs- und Verteilungssysteme meist nicht wirtschaftlich bzw. nicht finanzierbar.

2.2 Ansätze, Erfahrungen und Ergebnisse bisheriger Anstrengungen zur Verbesserung der Energiesituation in ländlichen Räumen

Bereits 1969 wurden in den Philippinen Pläne zur Elektrifizierung des ländlichen Raumes in Angriff genommen. Ein nationales Energieprogramm folgte Mitte der 70er Jahre und hatte zum Ziel, konventionelle und erneuerbare nationale Energiereserven aufzuspüren und zu nutzen und darüberhinaus Energie einzusparen. Das Programm zur Elektrifizierung der ländlichen Gebiete zielt überdies darauf ab, die sozio-ökonomische Entwicklung in abgelegenen Gebieten anzustoßen, indem es neue und verbesserte Möglichkeiten der Einkommenserzielung schafft, die Kommunikation und Mobilität fördert und das Bewußtsein und Selbstvertrauen der Menschen erweitert bzw. stärkt (vgl. Höfling, 1989; S.109). Die Aus- und Weiterführung dieses Programmes obliegt der National Electrification Administration (NEA) und den ihr unterstellten 118 Elektrizitätskooperativen. Ehrgeiziges Ziel dieses Programmes ist es, noch vor Ende dieses Jahrhunderts Elektrizität in alle Dörfer und Stadtteile zu bringen.

Seit Einführung des nationalen Energieprogrammes konnte die Abhängigkeit von importierten Brennstoffen auf ca. 61% verringert werden. Das Land hatte seine Kohle-, Wasser- und Biomasseressourcen entwickelt, Pionierarbeit auf dem Gebiet der Nutzung der Geothermik geleistet sowie Programme zur rationellen Energieverwendung in der Industrie und bei sonstigen Großverbrauchern an Energie eingeleitet. Die Anwendung verschiedener nichtkonventioneller Energiesysteme war zumindest experimentell erprobt und gefördert worden (vgl. Heruela, 1989; S.221), aber sowohl das nationale Energieprogramm wie auch das Elektrifizierungsprogramm für ländliche Gebiete waren nicht hinreichend auf die Bedürfnisse des ländlichen Sektors abgestellt. Zwar wurden 1977 und 1982 Untersuchungen über ländliche Haushalte durchgeführt und deren Energieverbrauchsmuster erfaßt, indes mündeten diese Erkenntnisse nicht in spezielle Programme für den ländlichen Sektor.

Hauptnutznießer des genannten Elektrifizierungsprogrammes waren viele bis dahin nicht elektrifizierten Städte und Dörfer im ländlichen Raum der zentraleren Regionen, nicht aber die tatsächlich abgelegenen Gebiete. Noch heute haben ca. 65% aller philippinischen Haushalte keinen Zugriff auf Elektrizität. Die im Rahmen dieses Programmes zusätzlich versorgten Haushalte wurden hauptsächlich über konventionelle Systeme versorgt: durch den Einsatz von Dieselgeneratoren oder durch Netzerweiterung. Dabei waren diese Lösungen oft unwirtschaftlich.

Das Energieministerium, jetzt Office of Energy Affairs (OEA), war sich dieses Mangels bewußt und initiierte durch seine Non-Conventional Resources Division (NCRD) spezielle Projekte im Bereich erneuerbarer Energiequellen (RE). Getestet wurden dabei Verfahren zur Verbesserung der direkten Verbrennung von landwirtschaftlichen Abfällen, die Erzeugung und Nutzung von Biogas, der Betrieb von Gasgeneratoren, die Möglichkeiten, Alkohol und Kokosnußöl als Substitute für Kraftstoffe zu nutzen, sowie der Einsatz und die Verbesserung von Solartrocknern und die Nutzungsmöglichkeiten von Windmühlen. Wenngleich diesen Pilotprojekten nicht immer der erhoffte Erfolg beschieden war, so gaben sie doch wichtige Hinweise auf die landesspezifischen Möglichkeiten einer Diversifizierung des Energieangebotes.

2.3 Energiesituation und Energiebedarf in abgelegenen ländlichen Gebieten ("remote areas")

Das Energieangebot im ländlichen Raum beschränkt sich hauptsächlich auf Brennholz und Holzkohle sowie auf menschliche und tierische Muskelkraft. Aus den genannten Untersuchungen von 1977 und 1982 war bekannt, daß die Aktivität mit dem höchsten Energieverbrauch in ländlichen Haushalten das Kochen ist (60 - 90%), wobei die eingesetzten Energiequellen (Brennholz, Holzkohle, pflanzliche Abfälle) meist sehr unwirtschaftlich genutzt werden: oftmals wird auf offener Feuerstelle ("Drei-Steine-Herd") gekocht.

Photovoltaische Umwandlungssysteme können aufgrund ihres geringen Energieoutputs jedoch nicht zur Lösung des Problems der Verknappung und Verteuerung fossiler Brennstoffe eingesetzt werden.

Eine Vielzahl der ländlichen Haushalte wirtschaftet auf Subsistenzbasis. Die (monetären) Einkommen sind dementsprechend gering. Obwohl keine genauen Zahlen vorliegen, kann aufgrund der Untersuchungen von 1982 angenommen werden, daß sie für die landwirtschaftliche Produktion nur ca. 0,03 BOE (barrels of oil equivalent) an kommerzieller Energie einsetzen.

Betrachtet man hingegen den Bedarf an Elektrizität in abgelegenen ländlichen Räumen, dann wird deutlich, daß hier die Photovoltaik Betriebsdaten der im ganzen Land verbreiteten Elektrizitätskooperativen über den Verbrauch an Elektrizität zeigten folgende Ergebnisse:

- der Verbrauch in "remote areas" bewegt sich hauptsächlich um 10 kWh/ Monat,
- ca. 75% der Haushalte brauchen Elektrizität täglich nur bis zu maximal 8 Stunden,
- hauptsächlich benötigt wird die Elektrizität für Beleuchtung, Fernseher und/oder Radio.

In Haushalten, die nicht an ein Verteilungsnetz angeschlossen sind, wird dieser Bedarf bislang durch Trockenbatterien, Autobatterien, Kerzen und Kerosin gedeckt.

3. Photovoltaik - Eine Option für die Elektrifizierung ländlicher Räume ?

3.1 Ländliche Nutzungsbereiche der Photovoltaik

Die Entscheidung, inwieweit photovoltaische Energiesysteme für die ländliche Elektrifizierung geeignet sind, hängt von der Beantwortung verschiedener Fragen ab. In der Vergangenheit hat sich gezeigt, daß gerade bei dispersen Siedlungsstrukturen die Kosten für Netzelektrifizierung unakzeptabel hoch sind. Viele Entwicklungsländer sind zunehmend weniger in der Lage, Netzerweiterungen in dünn besiedelte Räume zu finanzieren. Überdies blieben bei bisheriger Elektrifizierung die Wachstumseffekte im produktiven Bereich meist weit hinter den Erwartungen zurück. Aufgrund der dadurch weiterhin geringen Nachfrage nach Elektrizität können die Kosten der Netzerweiterung nicht über die Tarife gedeckt werden. Für viele kleine abgelegene Dörfer und besonders für die Vielzahl isolierter ländlicher Haushalte wird es deshalb in absehbarer Zeit keinen Netzanschluß geben.

Für ein Dorf mit 100 Haushalten wurde z.B. innerhalb des PGSEP in einer Modellrechnung nachgewiesen, daß photovoltaische Systeme dann zur Deckung des Elektrizitätsbedarfes wirtschaftlich eingesetzt werden können, wenn die Haushalte mehr als 17 km vom nächsten Versorgungsnetz entfernt liegen.

Eine andere Option wäre die Dorfstromversorgung auf Dieselbasis. Kostenvergleichsrechnungen ergaben dabei, daß photovoltaische Versorgungssysteme bei einem Tagesbedarf von unter 10 kWh i.d.R. günstiger sind. Preise und Transportkosten für Diesel sind hier die entscheidenden Parameter.

Als nächstes wäre zu prüfen, ob nicht die individuelle, absolut dezentrale Lösung mittels Solar-Home-Systemen (SHS)die kostengünstigste Variante der Elektrifizierung isolierter ländlicher Räume sein könnte.

Ein Solar-Home-System besteht meist aus einem 50-Watt-Modul[4], einem Ladekontrollgerät, einer 12 Volt-Batterie (100 AH) und 2 Leuchtstofflampen à 20 Watt. Ein derartiges System kostet zur Zeit in den Philippinen ca. DM 1.200,-. Mit einem solchen Modul stehen einem Haushalt pro Tag ca. 120 bis 150 Wh zur Verfügung. Stellt man diesem Angebot nun die Leistungsaufnahme verschiedener Verbraucher gegenüber (Transistorleuchte 8-18 W; Transistorradio 1-5 W; SW-Fernseher 15-50 W), dann können die zulässigen Betriebszeiten errechnet werden.

Durch Reihen- und Parallelschaltung mehrerer Module können auch kleine Handwerksbetriebe (Nähwerkstätten, Reparaturwerkstätten für Radios, Fernseher etc.) ausreichend mit Elektrizität versorgt werden. Bei höherem Bedarf müssen die Nachfrager auf kleine Dieselgeneratoren zurückgreifen. Dabei haben

Kostenvergleiche ergeben, daß bei Einzelstromversorgung mittels SHS diese einem Dieselgenerator bei einem Energiebedarf unter 0,9 kWh pro Tag generell (standortbedingt sogar bis 4,5 kWh pro Tag) überlegen sind. Bis heute aber ist in den *remote areas* die Zahl der Nachfrager, die einen höheren Elektrizitätsbedarf haben, als er mittels Solar-Home-Systemen gedeckt werden kann, verschwindend gering.

Eine weitere Möglichkeit, die es zu prüfen gilt, ist eine Dorfstromversorgung mittels PV-Zentralanlage. Dabei zeigt sich, daß die unterschiedlich große Nachfrage der einzelnen Haushalte dazu führt, daß die Haushalte mit geringer Nachfrage die Haushalte mit sehr hoher Nachfrage subventionieren, denn das Gesamtsystem muß ja auf den Spitzenbedarf ausgelegt sein. Da dieser Spitzenbedarf überdies abends und nachts anfällt, müssen neben den Modulen auch die Speicherkapazitäten auf diesen Spitzenbedarf hin ausgelegt sein. Diese Variante muß deshalb heute aus Kostengründen für die Dorfstromversorgung als ungeeignet angesehen werden.[5] Die individuelle Lösung mittels SHS ist die ökonomischere Variante.

In Gebieten, in denen die natürlichen Bedingungen es zulassen, Elektrizität mittels (Klein-)Wasserkraft oder Windgeneratoren zu erzeugen, sind diesbezügliche Kostenvergleichsrechnungen anzustellen.

3.2 Nachfragepotential nach SHS in remote areas

Es bleibt aber noch zu fragen, ob es in den *remote areas* überhaupt eine kaufkräftige Nachfrage nach SHS gibt. Die Ausgaben der Haushalte in diesen Gebieten für Kerzen, Kerosin und Batterien korrelieren deutlich mit deren Einkommen. Dabei zeigt sich, daß diese Ausgaben nur bei Haushalten ab einer bestimmten Einkommensgrenze in etwa den auf 20 Jahre[6] verteilten Anschaffungskosten für ein SHS entsprechen. Nur diese Haushalte mit relativ hohem Einkommen dürften überdies in der Lage sein, SHS bar bezahlen zu können. Die Gruppe, die unterhalb dieser Einkommensgrenze liegt, kann als potentielle Käufergruppe angesehen werden. Für sie müssen jedoch entsprechende Finanzierungsmodelle weiterentwickelt werden.

Eine dritte und große Gruppe ländlicher Haushalte wird hingegen auf absehbare Zeit nicht in der Lage sein, ein SHS zu erwerben. Für diese ärmeren Bevölkerungsschichten gibt es allerdings die Möglichkeit, ihre Batterien für den Betrieb eines Radios und für die Beleuchtung zu lokalen solaren Batterieladestationen zu bringen. Dies ist zwar nicht die kostengünstigere Variante, aber sie erlaubt den Haushalten mit sehr geringem Einkommen immerhin immer dann den Zugriff auf elektrische Energie, wenn sie gerade einmal über die notwendigen finanziellen Mittel verfügen. Sie sparen jetzt die früher oft tagelange An- und Abreise zur nächsten Insel oder zur nächsten größeren Stadt und die notwendige Wartezeit und können somit jetzt die Ladezeit produktiv nutzen.

Die oben skizzierten Vergleiche basieren weitgehend auf einzelwirtschaftlichen Berechnungsmethoden. Gleichwohl lassen sich auch eine Reihe gesamtgesellschaftlicher und individueller, zum Teil nichtökonomischer Vorteile für Solar Home Systeme anführen.

Die verbesserte Lichtqualität bedeutet eine Erhöhung der Lebensqualität. Die Abendstunden können produktiv genutzt werden. Die Lernbedingungen für Schüler werden dadurch verbessert, da diese während des Tages oft mitarbeiten müssen; ebenso werden die Informations-, Bildungs- und Unterhaltungsmöglichkeiten durch die Nutzung von Radio und Fernsehen erweitert. Die Belästigung durch gesundheits- und umweltgefährdende Rauchentwicklung und die Brandgefahr durch Kerosin und Kerzen entfallen. Der häufige Gebrauch von Trockenbatterien für Transistorradios führte bisher zu beachtlichen Umweltschäden, da diese nach Gebrauch achtlos weggeworfen werden und Boden und Trinkwasser mit Schwermetallen verseuchen. Der Einsatz von Solar Home Systemen ist also im doppelten Sinne präventiver Umweltschutz: Der Ausstoß von CO_2 kann (geringfügig) reduziert werden und Boden und Grundwasser werden weniger geschädigt.

Zusammenfassend kann gesagt werden, daß Solar Home Systeme für die Gruppe abgelegener ländlicher Haushalte mit dem höchsten Einkommen eine ökonomische und ihrem Bedarf entsprechende Lösung darstellen. Noch aber sind selbst in dieser Gruppe diese Systeme wenig verbreitet.

Sowenig sich in den industrialisierten Ländern eine neue, sinnvolle Technologie automatisch durchsetzt - was könnte sonst an Werbungskosten gespart werden! -, sowenig gibt es eine Automatik der Verbreitung bei solaren Energiesystemen. Aufklärung, Information, Werbung und Beratung sind in jedem Falle notwendig. Eine nähere Analyse der Gründe, die bisher eine stärkere Verbreitung von SHS verhinderte, verdeutlichte eine Reihe von Verbreitungshindernissen. Darauf wird im folgenden Abschnitt einzugehen sein. Dabei werde ich mich auf den Bereich der *Fortbildung* konzentrieren, da dies das Tätigkeitsfeld der Carl Duisberg Gesellschaft (CDG) im Rahmen der internationalen Zusammenarbeit darstellt und damit auch meinen Erfahrungshorizont primär bestimmt.

4. Die Bedeutung von Fortbildungsmaßnahmen für die Verbreitung solarer Energiesysteme

In einer ersten Fortbildungsmaßnahme, einem Seminar, an dem Entscheidungsträger aus den für die Energieplanung zuständigen Ministerien und Regionalbe-
hörden, aus Finanzierungsinstitutionen, Kooperativen, Universitäten und der
Industrie sowie Projektpersonal aus dem PV-Projekt auf Isla Verde teilnahmen,
wurden gemeinsam diese Hindernisse benannt und Maßnahmen und Strategien
entwickelt, die zu ihrer Überwindung führen sollen. Es wurde deutlich, daß für
jede Technologie eine eigene Strategie und entsprechende Maßnahmen initiiert
werden müssen. Die Teilnehmer kamen überein, daß für die Verbreitung von
photovoltaischen Systemen eine Strategie [7], die auf eine Verbreitung über den
Markt zielt, die geeignetste sei. Eine solche Strategie zielt vorrangig auf die
Schaffung günstiger Rahmenbedingungen für die Vermarktung des Produktes.
Dazu zählt auch die Auswahl und Förderung bzw. Beratung geeigneter Unternehmen. Als Träger der Verbreitung kommen am ehesten solche privaten Unternehmen in Frage, die bereits Vertriebsstrukturen im ländlichen Raum aufgebaut haben, dort evtl. über Filialen oder Ersatzteillager verfügen und bei den
ländlichen Verbrauchern Ansehen genießen. In vielen Bereichen müsse der Staat
jedoch fördernd und unterstützend tätig werden.[8]

Folgende Maßnahmen wurden als notwendig angesehen, um den Verbreitungsprozeß weiträumig anzustoßen:

1. Aufklärungs- und Sensibilisierungsmaßnahmen für alle Zielgruppen,
2. Installation einer größeren Zahl von Demonstrationsanlagen, die unter
   normalen Anwendungsbedingungen ihre Zuverlässigkeit und Wirtschaftlichkeit beweisen müssen,
3. Weiterentwicklung und Umsetzung verschiedener Finanzierungsmodelle,
4. Abbau jeglicher Form von steuerlicher Benachteiligungen für solare Ener-
   gietechnologien,
5. Transfer von know how durch joint ventures,
6. Organisation der Wartung von PV-Anlagen und Einrichtung von Ersatzteil-
   lagern in der Nähe der Anwender,
7. Einführung technischer Standards und einer strengen Qualitätskontrolle für
   Systeme und Systemkomponenten,
8. Verstärkung der Zusammenarbeit im Bereich Forschung und Technologie.
   (vgl.   Gocht 1989, S.310f.).

In Gebieten also, in denen der Staat aufgrund fehlender finanzieller Mittel in
absehbarer Zeit keine Energieumwandlungssysteme zur Erzeugung von Elektrizität und keine Verteilungsnetze installieren kann, bleibt die Elektrifizierung

mittels PV-Systemen auf individueller Basis oft die einzige, meist aber die wirtschaftlichere und sicherlich umweltschonendste Option. Die geforderten staatlichen Unterstützungsmaßnahmen müssen so konzipiert sein, daß sie die Vermarktungsanstrengungen privater Unternehmen erleichtern und ergänzen.

4.1 Welcher Fortbildungsbedarf läßt sich aus dem skizzierten Maßnahmenkatalog ableiten?

Die Beschreibung der notwendigen Maßnahmen zur Erreichung des angestrebten Verbreitungsprozesses von photovoltaischen Systemen war nur ein erster Schritt. Für die CDG aber stellt sich die Frage, wie Fortbildung gestaltet werden muß, damit diese einen Beitrag zur Durchsetzung der intendierten Maßnahmen leisten kann. Dabei muß nicht nur der Fortbildungsbedarf, den man hier vereinfacht als Differenz zwischem dem als notwendig erachteten Wissen und Können und dem derzeitigen Wissen und Können der Zielgruppen fassen kann, analysiert werden - es müssen vielmehr auch die entsprechenden Fortbildungsangebote vorhanden sein oder neu geschaffen werden. Zielgruppen, die aufgrund ihrer Vorbildung für Fortbildungsmaßnahmen in Frage kommen und zur Erreichung des angestrebten Zieles einen wesentlichen Beitrag leisten können, müssen identifiziert, und mit einer geeigneten Partnerinstitution muß eine partizipative Zusammenarbeit vereinbart werden. Die einzelnen Maßnahmen müssen logisch und zeitlich aufeinander abgestimmt, d.h., zu einem Fortbildungsprojekt verdichtet werden.

Mit der Umsetzung des in Manila ausgearbeiteten Maßnahmenkatalogs wurde bereits begonnen:

Zu 1.: Ein Sensibilisierungs- und Informationsprogramm für höchste Entscheidungsträger aus dem Office of Energy Affairs, der National Electrification Administration (die für die ländliche Elektrifizierung zuständig ist) und für Manager aus Elektrizitätskooperativen wurde in Form einer 1-wöchigen Informationsreise durch die Bundesrepublik Deutschland bereits durchgeführt. Die Teilnehmer gewannen dabei einen guten Überblick über die Leistungsfähigkeit und die Leistungsgrenzen photovoltaischer Systeme und über den Stand der Technik. Die gegenwärtigen Preise und die erwartete Preisentwicklung für Wafer, Solarzellen und Module wurden intensiv diskutiert. In Gesprächen mit hochrangigen Vertretern aus Länderministerien erfuhren die Teilnehmer über staatliche Förderprogramme für den Einsatz regenerativer Energiesysteme in der Bundesrepublik Deutschland; die Besichtigung konkreter Anwendungen (auf der Insel Fehmarn und in Kobern-Gondorf) zeigten, daß auch hier engagierte Anstrengungen unternommen werden, photovoltaische Systeme zu testen und zu verbessern.

Weitere Sensibilisierungsmaßnahmen und Informationsveranstaltungen sollten
für lokale bzw. regionale Entwicklungs- und Energieplaner sowie für solche
Entscheidungsträger, die über die Verwendung der benötigten finanziellen Mittel
bestimmen, durchgeführt werden.

zu 2.: Im Zusammenhang mit Demonstrationsprojekten ist es notwendig, daß
eine größere Anzahl an Fachpersonal so fortgebildet ist, daß es in der Lage ist,
geeignete Standorte für diese Demonstrationsanlagen (Nähe zu den potentiellen
Nutzern, Betrieb unter realen, dort gegebenen Bedingungen) auszuwählen.
Dabei müssen die Standorte mit der betroffenen Bevölkerung einvernehmlich
abgeklärt sein, die potentiellen Nutzer müssen über Vor- und Nachteile und vor
allen Dingen über die finanziellen Belastungen als Folge der Entscheidung für
eine der geeigneten Technologien, beraten werden. Überdies muß dieses Fachpersonal dazu befähigt werden, den technischen Betrieb sowie die notwendigen
Wartungs- und Reparaturdienste (vgl. Pkt. 6) zu gewährleisten. Die Kosten für
die Installation solcher Demonstrationsanlagen müßten vom Staat, eventuell
unterstützt von lokalen und internationalen Produzenten und ggfs. von internationalen Geberorganisationen aufgebracht werden.

Zu 3.: Oberste Entscheidungsträger aus Finanz- bzw. Energiebehörden müssen
dafür sensibilisiert und Fachkräfte aus Finanzinstitutionen dazu in die Lage
versetzt werden, geeignete Finanzierungsmodelle (Refinanzierungsmodelle für
private Vertriebsunternehmen[9], für Kooperativen und ggf. NGO's; Anschaf-
fungsdarlehen für ländliche Haushalte) zu entwickeln und umzusetzen. Bisherige
Widerstände gegen die Vergabe von Krediten für den Kauf von SHS können nur
überwunden werden, wenn auch dieser Personenkreis über die technische Leistungsfähigkeit und die Wirtschaftlichkeit dieser Technologiesysteme aufgeklärt
ist.

zu 4.: Der Abbau von Importzöllen für Systemkomponenten, verbilligt das
Gesamtsystem. Werden zum Schutz der inländischen Produktion weiterhin
Importzölle für solche Systemkomponenten, die im eigenen Land produziert
werden können, aufrechterhalten, dann muß der Staat strenge Qualitätsanfor-
derungen für die vor der ausländischen Konkurrenz geschützen, lokal produzierten Komponenten festlegen und deren Einhaltung überwachen. Der Staat muß in
diesem Falle auch ein Mitspracherecht bei der Preisgestaltung haben.

Die Zusammenhänge zwischen Zöllen, Subventionen, Preisen, Schutz lokaler
Produktion, Qualitätsgarantien für den Verbraucher, Auswirkungen auf Zahlungsbilanz und Beschäftigtenzahlen und die Beförderung technischen Wissens
etc. müssen erkannt sein. In Seminaren können diese Zusammenhänge mit
Vertretern der verschiedenen Interessengruppen aufgearbeitet werden.

Zu 5.: Im Rahmen von Dialog-Maßnahmen kann der Erfahrungsaustausch zwischen Nutzern und in- und ausländischen Produzenten gefördert werden, um eine optimale Anpassung der Systeme an die Erfordernisse der Verbraucher zu erreichen. Fachkräfte privater Vertriebsunternehmen sollten in den Bereichen Marketing und Finanzierung fortgebildet bzw. beraten werden. Im technischen Bereich müssen sie dazu befähigt werden, eine Komponentenauswahl nach Qualitätsgesichtspunkten zu treffen, falls diese Unternehmen nicht nur den Vertrieb sondern auch den Aufbau von Solar-Home-Systemen übernehmen.

Zu 7.: Um diese Maßnahme umzusetzen, können philippinische Fachkräfte z.B. in der Bundesrepublik Deutschland exemplarisch die Arbeitsweise, Aufgaben und Organisation der technischen Überwachungsvereine kennenlernen. Diese Fachkräfte können dann auch staatliche Stellen bei der unter 4. geforderten Festlegung und Einhaltung von Qualitätsnormen beraten und unterstützen.

Die Personen, die zu dem in Pkt. 2 angesprochenen Fachpersonal fortgebildet und die Aufgaben gemäß Pkt. 6 des Maßnahmenkataloges übernehmen sollten, können aus NGO's, den Affiliated Noncon ("Non-conventional") Energy Centers oder aus Elektrizitätskooperativen kommen, zum Teil können auch lokale Handwerker in das Fortbildungsprogramm einbezogen werden. Die beiden letztgenannten Institutionen sind übrigens deutlicher Ausdruck der großen Eigenanstrengungen, die die Philippinen im Bereich der ländlichen Elektrifizierung bisher unternommen haben. Die Affiliated Noncon Energy Centers (ANEC's) werden von universitären Fakultätsmitgliedern geführt. Sie wurden von der Non-conventional Ressources Division im Auftrag des Office of Energy Affairs in strategisch wichtig gelegenen Universitäten bzw. landwirtschaftlichen Fachhochschulen eingerichtet, um auf die Region bezogene ländliche Energieprogramme unter Beteiligung der betroffenen Bevölkerung zu planen, zu implementieren und zu überwachen. Die in diesen ANECes Beschäftigten sollen durch Fortbildung in die Lage versetzt werden, im Rahmen von integrierten Entwicklungsprogrammen für den ländlichen Raum den Einsatz von RE-Technologien zu fördern. Sie sollen dabei das technische Fachwissen, das von potentiellen und tatsächlichen Anwendern von nichtkonventionellen Energiesystemen benötigt wird, zur Verfügung stellen. Überdies müssen sie technisch so fortgebildet werden, daß sie PV-Systeme planen und assemblieren können. In einem nächsten Schritt sollte dann ein Teil dieses Fachpersonals zu Trainern fortgebildet werden, die ihrerseits dann wieder lokale Vertrauenspersonen zu Beratern bzw. lokale Handwerker zu Fachkräften für Wartungs-, Installations- und evtl. Reparaturarbeiten fortbilden.

Die Elektrizitätskooperativen sind gemeinnützige, nicht gewinnorientierte, sich im Eigentum der Mitglieder befindliche, öffentliche Versorgungsunternehmen. Sie haben primär administrative Funktionen, sind aber auch zuständig für Energieplanung, Energieberatung, Installation, Betrieb und Wartung von kleinen Insel-Versorgungsnetzen sowie für die Abrechnung.

Im Rahmen des Verbreitungsprogrammes von PV-Systemen könnten diese Kooperativen folgende Aufgaben übernehmen: Zwischenfinanzierung ("Revolving Funds") von Solar Home Systemen für individuelle Nutzer, Zwischenfinanzierung oder Implementierung und Betrieb von Batterieladestationen, Energieplanung, Beratung der Nutzer, Organisation und Aufbau von Wartungs- und Reparaturdiensten. Um diese Aufgaben in größerem Umfange übernehmen zu können, müssen die Manager der Kooperativen für diese Zielsetzung (durch "Awareness-Programme") verstärkt gewonnen werden; dem technischen Führungsstab muß das für den Einsatz von RE-Technologien erforderliche technische und ökonomische Know-how zur Verfügung gestellt werden.

Ergänzend zu einer Strategie, die auf die Verbreitung über den Markt durch rein private Vertriebsunternehmen zielt, könnte zusätzlich, je nach Region, ein weiteres Verbreitungsprogramm in Angriff genommen werden, das die Verbreitung hauptsächlich über die eben genannten Institutionen und NGO's organisiert. Dieses Programm kann dabei die erstgenannte Strategie unterstützen und gleichzeitig eine Verbreitung innerhalb der ländlichen Haushalte mit geringerem Einkommen befördern.

4.2 Konzeption für ein Fortbildungsprojekt zur Verbreitung von Solar Home Systems

Die bisher genannten Beispiele zeigen einen Ausschnitt möglicher Fortbildungsmaßnahmen, die helfen können, Verbreitungshindernisse zu überwinden. Auch auf der Ebene der Zielgruppen ist hier nur ein Teil benannt. Ein Fortbildungsprojekt, das zeitlich, personell und finanziell immer beschränkt sein wird, muß folglich von Anfang an und in Abstimmung mit den Partnern in den Philippinen Schwerpunkte setzen. Ein solches Projekt könnte, vereinfacht zusammengefaßt, darauf abzielen,

a) Entscheidungsträger aus obersten Energiebehörden für das skizzierte Programm zu gewinnen, damit diese ihren Einfluß gelten machen um alle Benachteiligungen von RE-Technologien abzuschaffen (Abbau von Zöllen für notwendige Importe von Systemkomponenten, gleiche Subventionen wie für andere Brennstoffe, Zuschüsse für umweltfreundliche Technologien anstelle der Sozialisierung von Umweltkosten im Falle konventionelle Energieumwandlung),
b) Manager aus privaten Vertriebsunternehmen, aus Kooperativen und Leiter der ANECes zur Planung und Management solcher Verbreitungsprogramme zu befähigen,
c) Fachpersonal aus diesen Institutionen und NGO's zu Beratern fortzubilden,
d) technisches Personal zu Trainern für lokale Handwerker auszubilden,

e) Investitionen (vgl. Pkt.8 des Maßnahmenkataloges) verstärkt in Forschung und Entwicklung zu lenken, um die Systemkomponenten verbessern und um über eine bessere Qualität und eine höhere Flexibilität der Systemanpassung lokal produzierter Komponenten die Importabhängigkeit weiter reduzieren zu können. Eine Zusammenarbeit mit deutschen Forschungseinrichtungen in Kombination mit entsprechenden Praktika in Entwicklungsabteilungen deutscher Industriebetriebe muß deshalb fester Bestandteil des Fortbildungsprojektes sein.

f) Darüber hinaus sollte die deutsche Industrie für eine Zusammenarbeit in Form von Joint-ventures mit lokalen Produzenten sensibilisiert werden, um den lokalen Produzenten das technische Know-how für die Produktion von qualitativ hochwertigen Systemkomponenten zu vermitteln und sie in die Lage zu versetzen, Systeme optimal an die Bedingungen ihres Landes anzupassen und um sie bei der Vermarktung der Systeme zu unterstützen.

Ein so angelegtes Fortbildungsprojekt muß immer darauf abzielen, ausreichend Fachkräfte aus geeigneten Institutionen so fortzubilden, daß diese in der Lage sind, den Verbreitungsprozeß eigenständig weiter zu befördern.

Zusammenfassung

Seit ca. 20 Jahren unternehmen die Philippinen verstärkt Anstrengungen, die Elektrizitätsversorgung des ländlichen Raumes zu verbessern. Neue und erneuerbare Energiequellen sind erschlossen worden, und Technologien zur Nutzung dieser Energiequellen wurden in Zusammenarbeit mit internationalen Institutionen der Entwicklungszusammenarbeit getestet und weiterentwickelt. Die Elektrifizierungsrate konnte deutlich gesteigert werden, allerdings fast ausschließlich zum Nutzen größerer Dörfer und Stadtrandgebiete. Überdies wurde diese Elektrifizierung meist durch den Einsatz konventioneller Energieumwandlungstechnologien erreicht: nämlich durch Netzerweiterung oder mittels Dieselgeneratoren.

Für *kleine Dörfer und abgelegene Haushalte in ländlichen Gebieten* sind diese technischen Lösungen dagegen meist unwirtschaftlich. Für die Gruppe von Haushalten in diesen Gebieten, die über ein relativ gutes Einkommen verfügen, bietet sich die Elektrifizierung auf individueller Basis mittels sogenannter *Solar-Home-Systeme* an. Diese solare Energietechnologie arbeitet technisch zuverlässig, Verbesserungen sind aber bei den nachgeschalteten Geräten (Verbrauchern) und bei lokal produzierten Systemkomponenten notwendig.

Verschiedene Verbreitungshindernisse hemmten bisher eine angemessene Verbreitung dieser Systeme. Leistungsfähigkeit und -grenzen sowie die Wirtschaftlichkeit dieser Technologie sind weder den potentiellen Käufern noch den lokalen und regionalen Entwicklungs- und Energieplanern ausreichend bekannt. Effektive Verbreitungsstrukturen auf privater Ebene sind noch nicht aufgebaut, der Zugang ländlicher Haushalte zu Krediten ist äußerst limitiert und aufgrund der bisher geringen Nachfrage ist auch das Preisniveau noch abweisend hoch. Um diese Hindernisse abbauen zu können ist ein Bündel von Maßnahmen erforderlich, auf die im Einzelnen eingegangen wurde. *Fortbildung und Beratung* können dabei entscheidend mithelfen diese Maßnahmen zu initiieren und umzusetzen.

Anmerkungen

1) Die Projektdurchführung oblag auf deutscher Seite der GTZ, in deren Unterauftrag die ITW-Ingenieurberatung GmbH für die Projektausführung verantwortlich war.
2) Solarzellen liefern den benötigten Strom für Satelliten.
3) Die Entwicklungsarbeiten für den terrestrischen Einsatz von Solarzellen wurden in der Bundesrepublik Deutschland 1975 aufgenommen.
4) Gleichfalls angeboten werden 20-Watt und 100-Watt Module.
5) Eine völlig andere Situation ergibt sich, wenn das Speicherproblem entfällt, wenn also die mittels eines PV-Kraftwerkes erzeugte Energie direkt in ein bestehendes Netz, das eine große Nachfrage bedient, eingespeist werden kann. Dieser Anwendungsfall kann in der Zukunft noch durchaus interessant werden.
6) Für die einzelnen Systemkomponenten werden i.d.R. folgende Lebensdauer unterstellt: Solarmodul: 20 Jahre, Batterie: 3 Jahre, Laderegler: 10 Jahre, Leuchten: 3 bis 5 Jahre.
7) Eine Strategie ist ein komplexes System von eindeutig beschriebenen Zielen und solchen Maßnahmen und Aktivitäten, die notwendig sind, um die beschriebenen Ziele zu erreichen (vgl. Gocht: Workshop IV in: ders. 1989, S. 309).
8) Diese Forderung kann damit begründet werden, daß eine Elektrifizierung ländlicher Haushalte mittels SHS, wie in Kapitel 3 beschrieben, positive gesamtgesellschaftliche Effekte hat. Hinzu kommt, daß hierbei die Nutzer selbst die Investitionskosten zahlen.
9) Hier sollte der Staat großzügige (und zweckgebundene) Refinanzierungsmöglichkeiten zu günstigen Konditionen zur Verfügung stellen, damit diese ihren Kunden in remote areas für den Kauf von SHS entsprechend günstige Ratenzahlungsbedingungen anbieten können.

Literaturverzeichnis

BMFT: *Erneuerbare Energien für die Dritte Welt*, Bonn, 1990

BMZ: *Programm der Bundesregierung für die Zusammenarbeit mit Entwicklungsländern auf dem Gebiet der Energie*. Materialien Nr. 70, Bonn, 1983

P. de Bakker: "Economics of PV-Systems in the Philipines", in: Gocht 1989, S.189-195

F.F. Diederich: "State of the Art and Development Prospects of Photovoltaics with Special Reference to Future Economies of Scale", in: Gocht 1989, S.55-73

W. Gocht u.a.(Hrsg.): *Solar Energy Technology Dissemination*. Proceedings of the International Seminar on Strategies and Measures for the Dissemination of Solar Energy Systems in Rural Areas of South East Asia, Baden-Baden, 1989

K. Haars: *Dezentrale ländliche Energieversorgung durch Photovoltaik*, Einzelgutachten zum Programmpapier: Technologien zur Nutzung regenerativer Energien in Entwicklungsländern. Eschborn, 1987

C.S. Heruela: "The Philippine Rural Energy Supply and Demand", in: Gocht 1989, S.219-246

H. Höfling: "Quality and Quality Controls for PV Systems", in: Gocht 1989, S.125-135

H. Höfling: "Rural Electrification in the Philippines", in Gocht 1989, S.107-123

Office of Energy Affairs: *The Philippine Medium-Term Energy Plan 1988-1992*. Manila, 1989

K. Pertz: *Nutzung erneuerbarer Energiequellen in Entwicklungsländern*, Forschungsbericht des BMZ, Band 89, Köln, 1988

Philippine-German Solar Energy Project: *A Market for PV in the Philippines*, Quezon City, 1988

R. Schröer: "Solarenergienutzung. Beispiel Philippinen", in: *Sonnenenergie, Zeitschrift für regenerative Energiequellen und Energieeinsparung*, Heft 5, 1988

H.G. Thissen: "Technische Zusammenarbeit bei Erneuerbaren Energien am Beispiel der Philippinen", in: *Zeitschrift für Energiewirtschaft, Recht, Technik und Umwelt*, Heft 4, 1990

Teil IV:

Nutzung der Regenwälder

Wald, Forstwirtschaft und Klimaveränderung

Eberhard F. Bruenig

1. Einführung

Nach dem heutigen Stand der Klimaforschung kann mit Sicherheit gesagt werden, daß menschliche Tätigkeiten im jetzt zuendegehenden Jahrtausend, vor allem aber in diesem Jahrhundert, die Erdatmosphäre verändert haben. Eine der Auswirkungen ist eine Erhöhung der mittleren Temperatur der Erdatmosphäre unabhängig von den naturbedingten Schwankungen. Die natürlichen Klimaschwankungen haben in der Menschheitsgeschichte eine politik- und kulturprägende Rolle gespielt. Rezente Beispiele aus Mitteleuropa sind die kulturelle Blüte im warmen Hochmittelalter und umgekehrt der Niedergang mit Hexenjagd und Revolutionen im naßkalten 17. und 18. Jahrhundert. Umgekehrt verursacht der Mensch Klimaveränderungen, die aber im Gegensatz zu den natürlichen Schwankungen nicht umkehrbar sind. Derzeit verlaufen sie irreversibel in Richtung Erwärmung der Erdatmosphäre und Ozeane. Ursachen sind die Veränderungen der Erdoberfläche durch Rodung und Be- und Entwässerung, und Veränderungen der Erdatmosphäre durch Verschmutzung. Die Veränderungen der Chemie und Optik der Atmosphäre durch Spurengase spielen eine besonders nachhaltig wirksame Rolle. Vor allem wirksam sind anthropogenes Kohlendioxid, das bei allen Verbrennungsvorgängen entsteht, Methan, das in Feuchtgebieten, Sümpfen und bewässerten Feldern und im Magen von Wiederkäuern gebildet wird, Ozon, Lachgas (Distickstoffoxid, das aus stickstoffgedüngten Feldern abgegeben wird) und halogenisierte Kohlenwasserstoffe[1].

Hinzu kommt die Treibhauswirkung von Wasserdampf in der Atmosphäre. Wasserdampf leistet 65% des globalen Treibhauseffektes. Das Meereswasser wird durch die wärmere Luft aufgeheizt und verdunstet mehr. Bei einer Verdoppelung des CO_2-Gehaltes der Atmosphäre werden sich die Verdunstung und Niederschläge um 7-10% erhöhen. Der höhere Wasserdampfgehalt der Atmosphäre wird den Treibhauseffekt verstärken. Der Anstieg der Meerestemperaturen und des Wasserdampfgehaltes kann heute schon beobachtet werden. Messungen auf Majuro, 7°N im Pazifik, zeigen von 1965 bis 1984 eine lineare Zunahme des Wasserdampfgehaltes um 20%. Seit Beginn des Jahrhunderts hat die Ozeantemperatur um 0.6 - 0.7° zugenommen und nähert sich in den Äquatorialtropen der magischen Grenze von 27.5°, oberhalb der die Bildung hochreichender Schauerwolken rasch ansteigt. Messungen der Strahlungsbilanz über dem Meer von Satelliten aus haben bestätigt, daß eine Wasserdampfzunahme in der

Erdatmosphäre insgesamt die Treibhauswirkung verstärkt. Die positiven und sich aufschaukelnden Rückkoppelungseffekte zwischen Treibhauswirkung, Meerestemperatur, Wasserdampfgehalt, Schauerwolken, Lufttemperatur, ist ein alarmierendes Symptom einer kommenden Klimakatastrophe, die vor allem die äquatoriale Tropenzone schwer treffen wird (Näheres siehe bei Flohn, Anmerkung 1).

Die Auswirkungen der hierdurch und durch die Zunahme des Wasserdampfgehaltes in der Atmosphäre verursachten Klimaveränderungen auf die Wälder der Feuchttropen und auf unsere heimischen Wälder und die aussichtsreichsten Vorsorgestrategien haben überraschend vieles gemeinsam.

2. Das Waldökosystem und die Atmosphäre

Der Kohlendioxidgehalt der Atmosphäre lag Anfang des 19. Jhd. bei 260 ppm (2000 Milliarden Tonnen), er liegt heute um 350 ppm (2700 Mrd. t) und steigt zunehmend steil an und übersteigt inzwischen alles, was an natürlichen Schwankungen während der vergangenen 150.000 Jahren vorgekommen ist. Der geschätzte Kohlenstoffgehalt in der lebenden Biomasse der Biosphäre liegt etwa in der gleichen Größenordnung wie der heutige Gehalt der Atmosphäre, das meiste auch heute noch in Wäldern (über 80%, davon etwa zwei Drittel im tropischen Regenwald).

Der Kohlenstoffhaushalt und die Kohlendioxidbilanz in Urwäldern aller Klimazonen ist über große Flächen und längere Zeiträume (Jahrhunderte) in einem dynamisch pulsierenden Gleichgewicht von Aufbau (Verjüngung, Wachstum) und Abbau (Sterben, Vermodern, Verbrennen). Der tropische immergrüne Feuchtwald (tropischer Regenurwald) ist wie alle Urwälder weder Quelle noch Senke, solange das Klima sich nicht langfristig ändert. Er wird zur Quelle langfristig durch klimabedingtes Zusammenschrumpfen (Trocken- und Eiszeiten!) und zur Senke in Zeiten der Erholung und Ausbreitung. Ähnliches gilt auch für die Nadelwälder im hohen Norden. Kurzfristig wird der Urwald zur Quelle von Kohlendioxid und anderen klimawirksamen Spurengase durch den Menschen. Holznutzung stört das pulsierende Gleichgewicht auch bei Kahlschlag nur vorübergehend. Ganz anders ist es bei der Rodung. Waldrodung zur Umwandlung in Acker, Weide und Plantage verändert nicht nur den Umsatz an Wärme und Wasser (Landverdunstung) an der Bodenoberfläche dauerhaft (Einzelheiten siehe bei Flohn, 1988/89), sondern entläßt große Mengen Kohlendioxid und andere Spurengase in die Atmosphäre. Im tropischen Regenurwald setzt Brandrodung im groben Durchschnitt je Hektar Rodungsfläche etwa 100 t C oder

367 t CO_2 im Brand frei und ungefähr die gleiche Menge in den Folgejahren durch Verrotten nicht verbrannten Holzes und durch Humusabbau. Außerdem werden Stickstoffoxide, Methan und andere Spurengase freigesetzt. Die später meist nachfolgende Brachevegetation baut zwar gleichzeitig einen C-Vorrat auf. Dieser Vorrat wird aber immer wieder zur erneuten Bestellung mit Ackerfrüchten verbrannt. Schließlich entsteht als Endphase eine Grassavanne oder Gesträpp mit höchstens 10% des C-Vorrats des Urwalds. Die 90% Differenz ist die Nettoabgabe an CO_2 in der Atmosphäre. Etwa die Hälfte verweilt dort langfristig und erhöht die Treibhauswirkung. Die Endphase ist auf mindestens 1 Milliarde Hektar in den Tropen erreicht.

3. "Abholzung" oder nachhaltige Holznutzung im tropischen Regenwald

Die Holznutzung im tropischen Urwald erfolgt grundsätzlich in folgenden Grundformen:
- vom Bedarf bestimmte, einzelbaumweise, manuelle Holzwerbung von Spezialhölzern, das sogenannte "creaming" der traditionellen Waldnutzung durch einheimische Bauern und Kleinunternehmer;

- selektiver Einschlag, das sog. "selective logging", marktgängige, industrielle Massensortimente werden mit meist übermechanisierter, sorglos angewendeter Exploitationstechnik mit extrem hohen Holzverlusten und extremen Schäden an Boden und Bestand gewonnen;

- Abholzung, das sog. "clear felling" ist zwar selten aber umso destruktiver, lokal z.B. in Pupua-Neuguinea angewendet zur Gewinnung maximaler Mengen von Industrieholzmasse, meist für die Platten- und Holzstofferzeugung in Japan;

- planmäßige Einzelbaumnutzung im Rahmen eines geregelten Systems naturnahen Waldbaus und auf Nachhaltigkeit gerichteter Bewirtschaftung, das sog. "selection-silviculture management" wird seit mehr als einem Jahrhundert erforscht und entwickelt, und hat sich wo es angewendet worden ist bewährt, wurde aber in den letzten Jahrzehnten vom Holzrausch der reinen Exploitationsunternehmen überrollt.

4. Tropenwaldexploitation und Biosphäre

Je nach Art und Weise der Nutzungseingriffe unterschiedlich sind die Auswirkungen auf das Waldökosystem und die Biosphäre.[2] Ebenso unterschiedlich sind auch die Mengen des durch Holznutzung freigesetzten Kohlendioxids und anderer Spurengase. Ebenso unterschiedlich sind Verlauf und Mengen der erneuten Bindung im Nachfolgebestand. In der Praxis erfolgt heute die Nutzung ganz überwiegend im reinen Exploitationsbetrieb des "selective logging". Hierbei werden zwischen 10 und 50 t Holzmasse je ha entnommen, mindestens die doppelte Menge Stamm- und Kronenholz im Schlag zurückgelassen. Durch schlechte Fälltechnik und sorglos-rücksichtsloses Rücken und Abtransportieren werden noch einmal die gleiche Menge Biomasse im verbleibenden Bestand zerstört. Insgesamt sind es je nach Hiebsstärke etwa 30 bis 150 t x ha^{-1} Holzmasse, die im Laufe von einigen Jahren verrotten. Der verbleibende stehende und lebensfähige Holzvorrat wächst jährlich netto um etwa 5 bis 10 t x ha^{-1} zu. Nach etwa 30 bis 50 Jahren wird also die Urwaldvorratshöhe wieder erreicht, wenn nicht infolge extremer Schäden an Boden und Bestand die Erholung sehr viel langsamer verläuft oder durch Waldbrände überhaupt verhindert wird. Die Differenz zwischen dem ursprünglichen Biomassevorrat im Urwald und dem sich langsam aufbauenden Vorrat im Folgebestand geht vorerst oder dauerhaft als CO_2 in die Atmosphäre. Etwa die Hälfte davon verweilt in der Atmosphäre langfristig, die andere Hälfte im Ozean oder durch Photosynthese gebunden.

Wenn man davon ausgeht, daß das tatsächliche Nutzholzaufkommen aus dem tropischen Feuchtwald mindestens 250 Mill. m^3 beträgt[3], die von vermutlich 4 bis 5 (vielleicht auch 6) Mill. ha geerntet werden, so ergibt sich eine Gesamtmenge von jährlich verrottender organischer Substanz in der Größenordnung von 500 Mill. t Trockensubstanz, oder 225 Mill. t Kohlenstoff oder etwa 800 Mill. t Kohlendioxid (wenn die ganze Trockenmasse veratmet würde, was aber nicht geschieht). Dieser Maximalabgabe aus der Holznutzung steht die jährliche Nettobindung in den Nachfolgebeständen gegenüber. Langfristig und großflächig wird sich der Biomassevorrat in den naturnah nachhaltig bewirtschafteten Tropenwäldern auf einem Niveau von etwa 75 bis 85% des Biomassevorrats im ursprünglichen Urwald einpendeln. Die Differenz entspricht der langfristigen, mittleren Nettoabgabe von Kohlenstoff an die Atmosphäre bei Umwandlung des Urwaldes in nachhaltigen Wirtschaftswald.

Sehr viel schwerwiegender sind der Brutto- und Nettoeintrag aus den mindestens 10-15°(-> 20) Mill. ha, die jährlich im Urwald gerodet werden (2 bis 3 Mill. ha sind davon Holzeinschlagsflächen) und aus den etwa 50 (-> 60) Mill. ha Bracheflächen, die jährlich gebrannt werden und einer laufenden Degradation unterliegen. Diese Spurengasquellen sind aber gering verglichen mit den Einträgen aus Verkehr, Kraftwerken, Industrie und Hausbrand und tragen zum Gesamteintrag von CO_2 von derzeit 6 bis 7 Mrd. t C oder rund 20 Mrd. t CO_2 höchstens 15-25% bei.

5.   Kohlendioxidbindung als Waldfunktion

Die klimabedrohende CO_2-Krise der Atmosphäre ist politisch aktuell, eminent akut und real bedrohlich. Man hört und liest deshalb heute viel über die Möglichkeiten der Kohlendioxidfestlegung in der Pflanzenmasse. Neuaufforstungen sollen als Mittel zum Schutz von Klima und Atmosphäre dienen. Als Ausgleichsmaßnahme sollen sie den Kohlendioxidausstoß neuer Kraftwerke kompensieren. Meist als Schnellwuchsplantagen konzipiert, sollen sie gleichzeitig und gleichsam so nebenbei Brennstoff und Holzmasse erzeugen. Erleben wir also eine Wiederbelebung der Kielwassertheorie[4]. aus politischer Opportunität aber diesmal umgekehrt mit der Produktionsfunktion im Schlepptau der globalen Klimavorsorge als primärer Waldfunktion?

Im Jahr 1972 beauftragte der Bundesminister für Ernährung, Landwirtschaft und Forsten eine Sachverständigengruppe "Forstwirtschaft" des Ausschusses "Entwicklung und Zusammenarbeit der Forst- und Holzwirtschaft" über Wert und Grenzen der Leistungen des Waldes für Wirtschaft, Mensch und Umwelt in der Bundesrepublik Deutschland zu berichten. Der Bericht "Forstwirtschaft und Umwelt in der Bundesrepublik Deutschland" wurde erstellt, aber nie veröffentlicht. Er blieb "im Dschungel widerstreitender Interessen lediglich dem internen Gebrauch bei der Gesetzgebung" im BML vorbehalten. Hiervon nicht entmutigt erstellte eine kleine Arbeitsgruppe 1975 eine erste Sozialbilanz des bundesdeutschen Waldes auf Anregung und mit Unterstützung durch die Arbeitsgemeinschaft deutscher Waldbesitzerverbände, Bonn. Die Leistungsbilanz weist ein Verhältnis der Wertleistung der Produktionsfunktion zur Klimaschutzfunktion (Bestandes- und Landschaftsklima) von 2 : 1 aus. Hat inzwischen das Kohlendioxidproblem dies Verhältnis so grundlegend geändert, daß forstwirtschaftliche Maßnahmen primär helfen sollen, die entstehende globale Klimakatastrophe zu mindern oder zu verhindern, während nun die Produktionsfunktion im Kielwasser nachschwimmt?

6.   Die Klimakatastrophe und der Wald

Analysen von Luftblasen in Eiskernen haben gezeigt, daß der CO_2-Gehalt der Atmosphäre und ihre Temperatur in den vergangenen 150.000 Jahren synchron geschwankt haben. Seit 200 Jahren nimmt der Gehalt der Atmosphäre an Kohlendioxid, aber auch an Methan, zu. Seit 100 Jahren beginnen die Gehalte die Grenzen der natürlichen Schwankungen der letzten 150.000 Jahre nach oben zu überschreiten. Seit 30 Jahren nimmt der Anstieg dramatisch zu und wird begleitet von einer drastischen Zunahme anderer klimawirksamer Substanzen. Dabei spielt auch die NOx-Emission aus Verkehr, Waldbränden, Düngung und stick-stoffbindenen Pflanzen eine zunehmend bedrohliche Rolle und belastet Boden und Atmosphäre (Ozonproblem!). Die synchrone Steigerung der mittleren Temperatur der Erdatmosphäre ist heute schon erkennbar und statistisch nachweisbar. über die regionalen Temperaturänderungen herrscht weniger Sicherheit. Es ist wahrscheinlich, daß die mittlere Jahrestemperatur in den nächsten 70 Jahren im Bereich der heutigen Bundesrepublik um + 3° C ± 1.5° C, in der tropischen Regenwaldzone wahrscheinlich sogar noch mehr ansteigen wird. Die Veränderung von Niederschlag und Luftfeuchte ist noch nicht eindeutig bestimmbar, aber es ist zu vermuten, wenn nicht wahrscheinlich, daß die klimatischen Folgen der globalen Temperaturerhöhung sein werden für:

(a)   Mitteleuropa

- größere Trockenheit, Wasser wird knapper und die Luft trockener werden;

- variableres Klima, Wetterextreme nehmen zu, vor allem die Häufigkeit und Schwere von Orkanen, Überschwemmungen, Dürren, Hitzewellen.

Die Folgen wären für den Wald Rückgang der Zuwachsleistungen, Zunahme der ökologischen Belastungen, Zunahme primärer klimabedingter (Sturmschaden, Schneebruch) und biologischer Schäden (tierische und pflanzliche Schädlinge) und sekundärer Folgeschäden nach Klimaextremen, Zunahme der Tendenz zu Säureschüben im Boden (verstärkter Abbau von Auflagehumus in feucht-warmen Perioden) und erhöhte Schadstoffschäden an Blättern und Nadeln, allgemeine Zunahme der biotoxischen Wirksamkeit von toxischen Substanzen. Die heute schon beschämend und beunruhigend hohen jährlichen Schadholzanfälle (Hauptursachen: Sturm, Schnee, Dürre, Schädlinge, derzeit aber noch kaum "neuartige" Waldschäden) werden drastisch zunehmen.

Die Schnelligkeit dieser zu erwartenden Temperatursteigerung übersteigt alles, was die Vegetation bisher erlebt hat. Die natürliche Anpassung durch Wanderung oder genetische Änderung und sogar die Züchtung sind zu langsam, um als Anpassungsstrategien Aussicht auf Erfolg zu haben. Eine Temperaturerhöhung um 5°C würde die klimatischen Vegetationszonen um etwa 500 km nach Norden und 500 m in die Höhe verschieben. Die Folge sind unmittelbare Destabilisierung und physiologische Anfälligkeit in einer breiten Zone am Südrand der Waldzonen und in den Tieflagen (erhöhte Veratmung, geringere Nettoproduktivität, Dürreschäden, Feuergefährdung), während die natürliche Ausbreitung der Arten nach Norden oder in die oberen Höhenstufen bestenfalls 100 km, beziehungsweise 100 m in 100 Jahren schafft.

(b)   Feuchttropen

- Erhöhung der Temperatur der Meeresoberfläche bis über die magische Schwelle von 27°;

- Zunahme der Verdunstung an den Oberflächen des Meeres und des Landes (vor allem aus Wald, bewässerten Flächen und Sümpfen;

- Erhöhung der Luftfeuchte (Wasserdampf) und folglich erhebliche Verstärkung der Treibhauswirkung;

- Erhöhung der jährlichen Niederschläge und Verstärkung der Intensität der einzelnen Niederschlagsereignisse (Gewitterstürme, Schauerregen, monsunale Orkane), vor allem in den ozeanischen Gebieten der Tropen;

- Verstärkung der Wucht tropischer Wirbelstürme (Taifun, Hurrikan);

- Zunahme der Häufigkeit extremer, großräumiger Wetteranomalien ("El Niño" Anomalie der südpazifischen Oscillation mit Auswirkungen bis Alaska, Kanada, Europa, Einzelheiten siehe bei Flohn, 1988/89);

- Zunahme der Häufigkeit und Schwere von Dürreperioden, vor allem in den Regionen, "in denen die anthropogene Veränderung der natürlichen Vegetation besonders groß ist (land- wirtschaftlich genutzte Anbaugebiete!)" (Flohn, 1988/89, S. 188);

- entgegen früheren Ansichten starkes Ansteigen der Lufttemperatur in der unteren (0-3) und mittleren (3-9 km Höhe) Troposphäre, insgesamt größere Labilität der tropischen Atmosphäre.

Die Folgen der Klimaveränderungen gefährden die landwirtschaftliche Erzeugung ganz allgemein. Die Zunahme der Wetterextreme und das Ansteigen des Meeresspiegels gefährden vor allem die Reisproduktion in den riesigen dicht bevölkerten, deltaischen Küstenebenen im tropisch-subtropischen China, in Indochina, Bangladesch und Malaysia-Indonesien. Der tropische Regenwald wird destabilisiert durch erhöhte Veratmung, verstärkte Umsatzgeschwindigkeit chemischer und biologischer Prozesse am und im Boden, verstärkte Auswaschung und Erosion der Böden, physiologische Belastungen durch vermehrte Dürren. Die frühere Meinung, daß Stabilität und Wuchsleistungen des tropischen Feuchtwaldes kaum und im Vergleich zu Europa deutlich weniger von der

Klimaveränderung betroffen und beeinträchtigt werden, wird durch die neueren Erkenntnisse der Klimaforschung nicht bestätigt und deutlich infrage gestellt. Die Folgen der Klimaveränderung für die Vegetation an den nördlichen und südlichen Trockengrenzen des tropischen Feuchtwaldes werden lokal und regional sehr unterschiedlich sein und bleiben vorerst insgesamt noch unbestimmt und kaum abschätzbar. Umso besser bekannt ist der Anteil, den umgekehrt die Waldzerstörung in den Tropen durch die Brandrodung zur Veränderung von Erdatmosphäre und Globalklima beiträgt (Deutscher Bundestag, 1990).

7. Umweltbewußtsein und politisches Verhalten

Die natürliche Umwelt war im Bewußtsein der Europäer ursprünglich die von Gott geschaffene, verläßliche und unwandelbare Natur. Katastrophen, Dürre, Flut, Unwetter und Pestilenz waren vereinzelte Vorgänge und göttliche Heimsuchungen. Heute sehen wir die natürliche Umwelt als unverläßlich, wandelbar und vom Menschen verändert. Diese Veränderungen bringen die Umwelt als ein zusammenhängendes Ganzes in das Bewußtsein der Menschen. Die unbestimmbare zukünftige Gestaltung verlangt Vorsorge und Faktoren in der veränderlichen Umwelt[5].

In der Politik steht einem Überangebot an leeren Worthülsen und pathetischen Erklärungen vorerst noch ein Mangel an wirksamen Maßnahmen gegenüber. Abhilfe ist bisher praktisch nur lokal und zu wenig wirkungsvoll erfolgt. Es fehlt an Handlung. Es genügt nicht Bewußtsein der Probleme zu wecken. Politischer Wille zur Lösung und Mut und Macht zur Umsetzung sind gefragt. Unabdingbar und dringend sind:

- vor allem anderen ein drastisches und rasches Zurückfahren der Emissionen von CO_2, FCKW, NO_x, polyzyklischen KW, vor allem Einstellen des Verbrennens fossiler Brennstoffe zur Erzeugung von Energie und Industrieprodukten, eine durchgreifende Verkehrsreform, Verbesserung der Fertigungstechnologien in der Industrie, Zurückfahren von Düngerverwendung und Massentierhaltung (Stickstoff, Methan), und vor allem eine Änderung des Verhaltens der Verbraucher in den Industrienationen;

- rasches Zurückfahren der Brandrodung durch Verbesserungen der landwirtschaftlichen Bodennutzung und Schutz der verbliebenen Tropenwaldfläche durch wirksame und nachhaltige Reform des Landeigentums, ausgewogene Raumordnung und Entwicklung des Binnenmarktes für land- und forstwirtschaftliche Produkte;

- in den Tropen unverzügliche Durchsetzung des Prinzips der Nachhaltigkeit bei der Nutzung der verbleibenden Wirtschaftswaldfläche mit einem konkreten Zeitplan;

- vollständiger Schutz ausreichender Flächenanteile des Tropenwaldes in geeigneter Flächengröße und Verteilung;

- in der heimischen Forstwirtschaft zielstrebige Förderung der von der Wissenschaft seit Jahrzehnten geforderten Anpassung an die sich verändernde natürliche und wirtschaftliche Umwelt, vor allem durch geeignete forstpolitische Maßnahmen zur Verbesserung der Belastbarkeit und Anpassungsfähigkeit der bestehendern Waldbestände durch geeignete Baumartenwahl, Baumartenmischungen und Bestandesstrukturen, mit dem Ziel insgesamt die Leistungsfähigkeit und Leistungen des Waldes zu verbessern und zu sichern.

Die einstimmige und verbindliche Entscheidung aller Tropen- und Industrieländer, die Mitglied der International Tropical Timber Organization (ITTO)[6] sind, auf der 8. Ratssitzung in Bali am 23. Mai 1990 bis spätestens zum Jahr 2000 eine nachhaltige Bewirtschaftung in allen Tropenwälder einzuführen, aus denen Holz exportiert wird, ist ein wichtiger Schritt in die richtige Richtung. Die Tropenwaldberichte der Bundesregierung der Enquete Kommission des Bundestages "Vorsorge für den Schutz der Erdatmosphäre" geben der Bundesregierung die notwendige Grundlage für rasches und wirksame Handeln, um dieses Ziel in partnerschaftlicher Zusammenarbeit mit den Erzeugerländern zu erreichen. Entscheidendes politisches Handeln ist nunmehr gefragt, und dies nicht nur in den Tropenländern.

8. Sind Aufforstungsstrategien eine wirksame Abhilfe?

Neuaufforstungen und Wiederaufforstungen werden als Beitrag zur Klimaerhaltung empfohlen, weil sie dauerhaft Kohlendioxid binden. Die Frage stellt sich, in welchem Umfang derartige forstwirtschaftliche Maßnahmen zum Ausgleich des atmosphärischen CO_2-Haushaltes wirklich beitragen können. Die folgenden Angaben geben in einem sehr groben Raster einen Eindruck von den Größenordnungen. Eine kritisch-zusammenfassende Darstellung der Genauigkeit und auch der Verläßlichkeit der Angaben verschiedener Autoren über CO_2-Mengen und Flächengrößen der Senken und Quellen finden sich im deutschen Schriftum vor allem in den Berichten der Enquete-Kommission des Bundestages "Vorsorge zum Schutz der Erdatmosphäre" zum Thema CO_2-Haushalt und zum Thema Tropenwald.

Es werden derzeit jährlich dem Kohlendioxidvorrat der Erdatmosphäre netto und langfristig dort verweilend mindestens 6 bis 7 Gigatonnen[7] Kohlenstoff oder etwa 20 bis 25 Gigatonnen Kohlendioxid hinzugefügt, davon stammen mindestens 1 bis 2 Gigatonnen Kohlenstoff oder 20 bis 30% aus der tropischen Brandrodung. Diese Emissionen nehmen derzeit in den Tropen, vor allem aber in den Industrieländern (Jahrhundertvertrag, Verkehrszunahme, Energiepolitik in Indien und China) ebenso weiter zu, wie die Emissionen der anderen klimawirksamen Spurengase.

Die Aussichten, durch Kompensationspflanzungen diesen Eintrag durch dauerhafte CO_2-Bindung auszugleichen, sehen wie folgt aus:

(a)   *Tropen*

Die Nettoprimärproduktion (durchschnittliche jährliche Anreicherung im Ökosystem von der Kultur bis zum Abflachen der Wachstumskurve im Alter von 30 - 50 Jahren) in Aufforstungen mit schnellwachsenden Baumarten liegt auf mittleren Standorten je Hektar bei 20 t Trockensubstanz. Dies bindet ungefähr 30 t Kohlendioxid[8]. Weitaus höhere Werte werden oft angegeben, sind aber utopisch.

Zur Kompensation von einer Tonne Kohlendioxid werden daher mindestens 0.033 Hektar Aufforstungsfläche benötigt. Zur Kompensation nur von den etwa 3.7 Mrd. t CO_2 oder 1 Mrd. t C, die durch die tropische Brandrodung jährlich mindestens freigesetzt werden, wären also etwa 12 Mill. ha Aufforstung notwendig. Bei 2 Mrd. t C 24 Mill. ha. Diese Aufforstung müßte sofort in einem Jahr und mit rasch wachsenden, ertragsstarken Baumarten erfolgen. Diese Aufforstung könnte dann für etwa 30 - 50 Jahre eine wirksame Nettobindung von Kohlendioxid leisten. Danach gleichen sich Kohlenstoffaufnahme und -abgabe aus. Eine Kompensation in der Größenordnung der derzeitigen (aber ansteigenden) globalen Emission von 6 bis 7 Gigatonnen würde entsprechend die Aufforstung von 70 bis 80 Mill. Hektar erfordern. Diese Bestände belasten aber gleichzeitig die Atmosphäre mit NO_2 (Ozon!), soweit sie aus stickstoffbindenden Baumarten aufgebaut werden! Die Kosten einer derartigen Kompensationsaufforstung von 70 bis 80 Mill. Hektar liegen bei 200 bis 300 Milliarden DM allein für die Kulturbegründung! Hinzu kommen die jährlichen Kosten, etwa in Höhe von 50 Mrd. DM für die Pflege (Reinigen, Läutern, Düngen) und den Schutz gegen Schädlinge, Feuer und Mensch. Dabei bleibt das Risiko groß, das Ziel nicht zu erreichen. Bisher sind die Erfahrungen in der Regenwaldzone mit großflächigen Aufforstungen mit schnellwachsenden Baumarten eher entmutigend. Hundert Jahre Anbau von Gummi (Hevea brasiliensis) als Monokultur zeigen deutlich die ökologischen Probleme (Bodendegradation, Schädlinge) und hohen laufenden Kosten für Forschung, Entwicklung und Bewirtschaftung, die zur Erhaltung von Monokulturen nötig sind. Es ist höchst unwahrscheinlich, daß selbst bei größten Anstrengungen unter dem "Tropical Forest Action Plan, TFAP" der Weltbank und FAO mehr als 3 bis 5 Mrd. DM jährlich für die Anlage der Kompensationsaufforstungen in den nächsten 15 Jahren zur Verfügung stehen werden. Diese insgesamt 45 bis 60 Milliarden DM reichen nur für die Aufforstung von bestenfalls 20 Millionen Hektar, das heißt, nur ein Viertel der erforderlichen Fläche, und sie erfolgen nicht sofort. Diese Aufforstung würde obendrein mindestens 200 bis höchstens 500 Mill. m^3 Industrie-Massenholz auf den mit diesen Sortimenten ohnehin schon überfüllten Weltholzmarkt werfen.

Wenn das Ziel nur die Kompensation der Emission von Kohlendioxid aus der tropischen Entwaldung durch Brandrodung ist, müssen für jeden Hektar gebrannten Urwaldes mindestens 10 bis 25 Hektar Ödland aufgeforstet werden. Das Arbeitseinkommen im traditionellen Brandhackanbau von Reis liegt je Hektar zwischen DM 200 und bestenfalls 500 und sinkt im Laufe wiederholter Bestellung schließlich auf Null ab. Die Kompensationsaufforstung von nur 10 ha kostet je nach den örtlichen, sozialen und natürlichen Standortsbedingungen zwischen 15.000 und 30.000 DM, also ein Vielfaches der Wertschöpfung aus dem traditionellen Landbausystem.

Der "Tropical Forest Action Plan" der FAO und Weltbank hat als vorrangige Ziele für die Aufforstungen die Kompensation der durch Brandrodung verursachten Waldverluste und die Versorgung mit Nutzholz und Brennholz. Hierbei ergeben sich folgende Probleme:

- vor allem in den Feuchttropen (Regenwaldzone) ist die Plantagenwirtschaft ökologisch nicht nachhaltig und ökonomisch für die Erzeugung von Massenholzsortimenten nicht attraktiv;

- es werden vorrangig leicht anzubauende schnellwachsende Exoten (Eucalyptus, Gmelina, Albizia, Acacia, Kiefern) als Monokulturen angebaut, die ökologische Risiken mit sich bringen und ausschließlich geringwertiges Industriemassenholz produzieren statt wie im naturnahen Waldbau vorwiegend traditionelle, hochwertige Holzsorten, sog. "Werthölzer" oder "Edelhölzer";

- die landwirtschaftlichen Baumplantagen haben gezeigt, das Monokulturen in den Regenwaldtropen technisch anspruchsvoll, ökologisch instabil und auf die Dauer teuer sind und sich nur lohnen, wenn verschiedene Produkte (z.B. Gummilatex und Holz) erzeugt werden oder ein lukrativer heimischer Markt für gringwertiges Holz vorhanden ist;

- für die infrage kommenden Baumarten (schnellwachsende Massenerzeuger) und Holzsorten (Industrieholzabschnitte, Späne) und ihre Erzeugnisse (Zellulose, Papier, Platten, leichtes Konstruktionsholz) ist der internationale Markt außerordentlich konkurrenzintensiv und schnell übersättigt, während in der Regel der lokale Markt für diese Erzeugnisse wenig aufnahmefähig und preislich unattraktiv ist;

- Brennholz ist im ländlichen Raum in den Regenwaldgebieten selten ein marktgängiges, wirtschaftlich attraktives Gut und die Aufnahmefähigkeit der städtischen Märkte ist vorerst begrenzt (niedriger Ölpreis, in weiterer Zukunft Solarenergie). Obendrein ist zu berücksichtigen, daß Brennholz und Holzkohle keine unbedingt umweltfreundlichen alternativen Energie- und Wärmequellen sind, weil die Verkohlung und die Verbrennung photochemisch und klimatisch aktive Spurengase in die Atmosphäre entläßt wenn nicht spezielle Technologien angewendet werden, was in den Tropen für den Hausbrand im ländlichen Raum kaum oder nur sehr langfristig möglich sein wird.

(b) *Bundesrepublik*

Wenn unterstellt wird, daß sofort 1 Millionen Hektar aus der landwirtschaftlichen Nutzung ausscheidende Fläche mit leistungsstarken, rasch wachsenden Baumarten aufgeforstet werden, so würden hierdurch maximal 15 Millionen t Kohlendioxid jährlich gebunden. Selbst diese sehr optimistische Schätzung ergibt eine Senkengröße, die im Vergleich zu den Emissionsmengen global und in der Bundesrepublik verschwindend klein und klimatisch völlig unbedeutend ist. Sie ist global und national ein winziger Tropfen auf einen sehr großen heißen Stein. Dabei ergeben sich aber folgende Probleme:

- diese rasch wachsenden Plantagen verbrauchen sehr viel Wasser und Wasser wird in Zukunft immer knapper werden;

- die für diese Plantagen geeigneten Baumarten sind dürreempfindlich (Pappel, Weide) und Dürren werden im Zuge der Klimaveränderung zunehmen;

- die maschinelle Ernte ist besonders auf Feuchtstandorten bodenbelastend, die manuelle Ernte sehr teuer;

- mindestens 12 bis 16 Mill. m^3 Industrieschwachholz drängen nach Erreichen der Hiebsreife jährlich zusätzlich auf den ohnehin für die Sortimente schwachen Markt, der kurzfristig aus den Aufforstungen in den tropischen bis warmgemäßigten Klimazonen, langfristig aus den Schadholzanfällen aus Waldrückgang und -schäden infolge von Klimaveränderungen in der borealen Nadelwaldzone übersättigt werden wird.

Die Klimawirksamkeit derartiger Aufforstungen in der Bundesrepublik ist gleich Null, die ökologischen und ökonomischen Bedenken und Risiken erheblich. Aufforstungen außerhalb des Waldes müssen nach ganz anderen Bestimmungsgründen und Grundsätzen und für ganz andere, landwirtschaftspolitische, betriebswirtschaftliche und landschaftspflegerische Ziele, erfolgen. Das globale Klima kann zur Rechtfertigung von Schnellwuchsplantagen auf ausscheidender landwirtschaftlicher Nutzfläche ebensowenig herhalten, wie der Importüberschuß der Europäischen Gemeinschaft und der Bundesrepublik Deutschland auf dem Holzsektor.

9. Verbesserung und Anpassung im bestehenden Wald in der Bundesrepublik

Der sehr hohe Anteil an Schadholz am jährlichen Holzaufkommen aus den Wäldern in der Bundesrepublik zeigt, daß hier ein Problem besteht. Die zu erwartenden Belastungen durch die Klimaveränderung verstärken das Problem. Rasche und wirksame Anpassungsstrategien sind gefordert. Die Grundzüge derartiger Strategien zur Steigerung der ökologisch-ökonomischen Leistungsfähigkeit, Stabilität und Anpassungsfähigkeit sind bekannt. Ziel dieser Strategien ist nicht nur die Vorsorge für die mit Sicherheit zu erwartenden Klimaveränderungen, sondern auch Vorsorge für die ständigen Veränderungen des wirtschaftlichen Umfelds und der Ansprüche der Gesellschaft an den Wald. Vor allem ist der Weltholzmarkt außerordentlich veränderlich und diese Veränderungen sind nicht mit Sicherheit voraussagbar. Ganz allgemein sollte das Grundprinzip für die Anpassung eines so dynamischen und nur schwer und bedingt von außen steuerbaren Ökosystems, wie es der Wald ist, an eine sich vielfältig und nur ungefähr voraussehbar sich ändernde natürliche, wirtschaftliche, soziale und politische Umwelt sein, sich den Weg zu wählen, der die größte Wahrscheinlichkeit hat, am wenigsten falsch zu sein. Für den Wald bedeutet das vor allem:

- Kosten niedrig halten,
- natürliche Risiken vermindern,
- vielseitig verwendbare Produkte erzeugen.

In den bestehenden Wäldern ist ein gangbarer Weg der ökologischen und ökonomischen vorsorglichen Anpassung der Aufbau von naturnahen Beständen nach biokybernetischen Grundregeln. Dies erscheint sehr theoretisch, ist aber sehr praktisch und bedeutet:

- standortgerechte und naturnahe Mischbestände wo immer der Standort dies zuläßt;

- Unabhängigkeit der Teile des Systems, z.B. Erziehen gesunder, vitaler, stabiler Einzelbäume und Baumgruppen oder -schichten;

- Bevorzugung wärme- und dürretragender Baumarten und Herkünfte, z.B. Stiel- und Traubeneiche, Roteiche, Linde, Nußbaumarten, Wildkirsche, geeignete Herkünfte von Rot- und Schwarzkiefer, Douglasie und Tannenarten;

- Bevorzugung von Qualitätserzeugung und vielseitig verwendbaren Edel- und Buntlaubhölzern vor Massenholzerzeugung und Schnellwuchsbaumarten;

- Nutzen der natürlichen Dynamik der Waldvegetation (Vorwald von Lichtbaumarten über den reich gemischten Zwischenwald zum Hauptwald aus vorwiegend schattenertragenden Baumarten) in einer Form von Sukzessionswald und Baumartenfolgen, ähnlich der Fruchtfolge in der Landwirtschaft, um die Flexibilität und Diversität zu steigern und ökologische und finanzielle Kosten zu senken

- hohe Artenvielfalt an Pflanzen und Tieren im Ökotop (Waldbestand) zur Verbesserung der Regenerierbarkeit des Systems;

- hohe Artenvielfalt durch Mannigfaltigkeit der Waldbestände im Gesamtökosystem (Forstbetrieb, Landschaft) zur Verbesserung der landschaftsökologischen und wirtschaftlichen Leistungsfähigkeit;

- hohe Vorräte an pflanzlicher und tierischer Biomasse bei gleichzeitig hohen Raten an Biomasseumsatz (Recycling), dazu Erhaltung hoher biologischer Aktivität am und im Boden durch bodenpflegliche Maßnahmen (artenreiche Streu, Humuspflege);

- hohes Maß an Bindung von Energie (photochemische Bindung) in einem komplexen Kronendach und ensprechend hohes Maß an Energiefluß im System;

- hohes Maß an Selbstregulierung durch Vielfalt an Arten und Organisation des Ökosystems;

- breite Optimierung der Produktion (z.B. vielseitig verwendbares Starkholz guter Qualität verschiedener Baumarten), kein engefaßtes Produktionsziel.

Die Vorteile dieser Strategie in einer sich ändernden natürlichen, wirtschaftlichen und sozialen Umwelt liegen auf der Hand:

(1) *Allgemein*: Anpassungsfähigkeit der forstlichen Produktion an wechselnde Marktbedingungen, hohes Maß an ökologischer (Selbstregulierung) und ökonomischer (Kosten: Nutzenrelation, Flexibilität, Liquidität) Stabilität und Flexibilität.

(2) *Klimabezogen*: Ausgeglichener Wasserhaushalt durch entsprechend günstigeren Bestandesaufbau und Bodenzustand, größere Widerstandsfähigkeit und Anpassungsfähigkeit der Bäume des Bestandes gegen Belastungen durch Klimaextreme und Klimaänderungen (Sturm, Wärme, erhöhte Bodentemperaturen, größere chemische Aktivität in der wärmeren Atmosphäre, hohe Lufttrockenheit und langandauernde Dürren mit hohen Wassersättigungsdefiziten, Störung des temperaturabhängigen Ablaufs des Zyklus Winterruhe - Sommeraktivität und der dynamischen Gleichgewichte zwischen Forstschädlingen : Räubern : Vegetation : Wetter infolge von Temperaturerhöhung und Veränderungen des jahreszeitlichen Klimaablaufes).

Zur Verbesserung der ökologischen Funktionalität wird vielfach als Alternative empfohlen, Waldbestände aus der Bewirtschaftung ganz herauszunehmen und sich selbst zu überlassen. Das Ziel ist es, eine natürliche autogene Entwicklung einzuleiten, um die durchweg vom Menschen gestalteten Bestände (Kunstforsten) in einen naturnäheren Zustand zu bringen. Die entscheidende Frage ist hierbei, wie weit oder wie nahe ein Waldbestand vom standörtlich Natürlichen entfernt ist, das heißt von dem was sich am jeweiligen Standort durch natürliche

Sukzession und Evolution ohne Mensch und Eiszeiten entwickelt haben würde. In der Regel wird die Antwort sein, daß die Ferne von der potentiell natürlichen Vegetation infolge der Auswirkungen von Eiszeiten (Artenverlust) und Mensch so groß ist, daß das für eine Renaturierung notwendige pflanzliche und tierische Artenreservoir am Standort und im Umfeld fehlt. Folglich wird ein naturnäherer Zustand unserer Waldbestände schneller, billiger und sicherer erreicht werden, wenn die Umformung der Bestände durch waldbauliche Maßnahmen beschleunigt und gelenkt wird. Dies ist zielgerechter und sinnvoller als Stillegung.

Die neuartige Drohung der unmittelbar anstehenden, raschen Klimaveränderung verschärft das Problem und erfordert eine vom Forstmann geleitete, zielorientierte und vorsorgliche Anpassung unserer Wälder an die sich ändernden Standortbedingungen. Dabei muß wie bei den neuartigen Waldschäden klar erkannt werden, daß forstliche Vorsorge das Schlimmste vielleicht verhüten oder verzögern, das Problem aber nicht lösen kann.

10. Vorsorge im tropischen Regenwald

Die Erkenntnis der Notwendigkeit der vorsorglichen Erhaltung des Regenwaldes zur Klimapflege ist keine Erfindung unserer Zeit[9]. Was unsere Zeit auszeichnet ist, daß durch wissenschaftliche Erkenntnisse frühere Vermutungen und Hypothesen heutige Gewissheit wurden. Die Erhaltung des tropischen Regenwaldes, wenn auch nicht notwendigerweise überall im jungfräulichen Zustand (was immer das bedeuten mag), aber überall und auf ausreichender Fläche in einem ökosystemar funktionsfähigen Zustand, ist heute anerkanntes und vorrangiges Ziel der Entwicklungspolitik.

Primäres Ziel dieser Politik muß vorerst sein ein möglichst hohes Bewaldungsprozent zu sichern. Danach folgen die Ziele der Gestaltung und Bewirtschaftung dieser Waldfläche. Die ökologischen und ökonomischen Belastungen, die sich aus der Klimaveränderung ergeben, setzen da ganz konkrete Vorgaben. Zu schützen sind Boden, Bodenleben, Wasserhaushalt und Landschaftsklima. Es besteht die Gefahr, daß Landstriche in den Tropen unbewohnbar werden, wenn dies nicht gelingt. Abhilfe erfordert zu allererst Änderung des Lebensstils in den weltverschmutzenden Industrienationen. Dann allerdings ist auf das Allgemeinwohl gerichteter politischer Wille und Durchsetzungsvermögen der Regierungen in den Tropenländern zur Verbesserung von Land- und Forstwirtschaft gefordert. Die Probleme, die der Erhaltung des Regenwaldes entgegenstehen, haben primär ihre Wurzeln im politischen Umfeld und nicht in der auswärtigen Verschuldung, der Armut, der ohne Zweifel dramatisch-kritischen Bevölkerungsexplosion oder gar im Tropenholzexport.

Vorsorge im technisch-forstlichen Bereich im Tropenwald gestaltet sich nach den gleichen Grundgesetzlichkeiten wie wir sie für die Wälder Mitteleuropas kennen. Schwerpunkte einer Vorsorgestrategie im Tropenwald müssen sein:

- Erhaltung des Reichtums und der Mannigfaltigkeit der Mischung von Pflanzen- und Tierarten im naturnahen Wirtschaftswald. Dies erfordert nicht nur boden- und bestandschonende Erntetechnologie, sondern auch Zurückhaltung bei waldbaulichen Eingriffen (Begiften "unerwünschter" Baumarten) und bei der oft propagierten und forcierten Vermarktung der "lesser-known species". Diese Arten können bei ausreichender Wüchsigkeit wertvolle Nutzholzarten werden, wenn Tropenholz aus Naturwald knapp werden wird, und sie tragen zur Artenvielfalt und Anpassungsfähigkeit der tropischen Wirtschaftswälder bei;

- ausreichend große und gut plazierte und verteilte Schutzwälder, Naturwaldreservate, Nationalparke, Wildtier- und Biospärenreservate als "Genpool", Lebensraum und Landschafts-, Natur- und Artenschutzwald;

- Einrichtung ökologisch und wirtschaftlich funktionsfähiger Pufferzonen um die Reservate herum;

- keine Monokulturen mit anspruchsvollen, vor allem nicht mit exotischen Baumarten unvorhersehbaren Verhaltens;

- in Südostasien sollten Baumarten, die sich in der Dürre der El Niño-Anomalie 1983 als besonders dürreertragend gezeigt haben, in Naturverjüngung gefördert und ihre Einführung in anderen Regionen geprüft werden. Wissenschaftliche Forschungen über die physio-ökologischen Grundlagen des Wachstumsverhaltens, vor allem der Trockenheitserträgnis und der Bodenansprüche, und die Möglichkeiten der Vermehrung und des Anbaus dieser Baumarten und von entsprechenden Baumarten in anderen Regionen sind dringend notwendig.

11. Allgemeine Vorsorgegrundsätze für den Aufbau und Erhaltung von Wald und Waldbeständen

Die Lage und der Zustand der natürlichen und bewirtschafteten Wälder in den Tropen und in Europa befriedigen durchweg nicht oder wenig. Die Naturwälder der Tropen sind durch die landwirtschaftliche Expansion und die Klimaänderungen gefährdet. Rasche und wirksame Vorsorgemaßnahmen sind gefordert. Vor-

rangig und unabdingbar ist die Einstellung der Verschmutzung der Welt durch
die Industrienationen und des landwirtschaftlichen Raubbaus an Wald und
Boden in den Entwicklungsländern. Vorsorge in der tropischen Forstwirtschaft
bedeutet heute wie schon vor 100 Jahren lange vor der anthropogenen Klimaveränderung, wenn auch damals aus anderen Gründen, vor allem:

- Konsolidierung und Verbesserung der Leistungen der Landwirtschaft als
  unabdingbare Rahmenbedingung;

- integrierte Landnutzungsplanung zur Sicherung der Schutz- und Nutzfunktionen des Waldes;

- gesetzliche und reale Sicherung ausreichender Flächen von Wirtschaftswald
  und absolutem Schutzwald;

- rasche Überführung der reinen Holzexploitationsbetriebe in Nachhaltsbetriebe
  mit naturnaher Waldbewirtschaftung für die Erfüllung vielfältiger Schutz- und
  Nutzfunktionen und Erhaltung der Funktions- und Leistungsfähigkeit des
  Waldökotops;

- Verbesserung der Stabilität und der Anpassungsfähigkeit, heute besonders
  auch als Vorsorge gegen die Auswirkungen der Klimaveränderung, durch
  Vielfalt der Pflanzen- und Tierarten und durch leistungsstarke und stabile
  Bestandesstrukturen;

- Anlage von Baumplantagen ausschließlich auf schon entwaldeten Flächen als
  Pionierwald - als erste Stufe einer Sukzessionsfolge zum naturnahen Wald; auf
  keinen Fall Rodung von Sekundärwald und exploitiertem Wald zur Anlage von
  Baumplantagen, sondern ausschließlich Überführung und Anreicherung durch
  Einbringen von ökologisch für Standort und Bestand geeigneten Baumarten.

In der Bundesrepublik erfordert die Vorsorge gegen die Folgen der Klimaveränderung vor allem die ohnehin wegen des "Saueren Regens" dringend notwendige
Erhaltung einer hohen biologischen Aktivität im Boden. Notwendig ist weiterhin
die Verbesserung der Stabilität der Bestände gegen Sturmbelastung und Schnee-
druck, die Verbesserung des Wasserhaushaltes von Boden und Bestand durch
Bodenpflege und Baumartenwahl, die Vermehrung und Sicherung der Artenvielfalt und die sich daraus ergebende Verbesserung der Vitalität des Gesamtsystems (Ökotop = Bestand und Ökosystem = Landschaft). Um dies zu erreichen
ist es notwendig, daß die Waldbestände nicht ertragstafelkonform als "Masten-
fabriken" betrieben werden, sondern daß sie standortspezifisch so gestaltet werden, daß

- die Einzelbäume ausreichenden Wuchsraum haben, um gesund, wüchsig und vital zu sein;

- die Bestände stammzahlmäßig locker bestockt sind (weniger aber stärkere Bäume) und gerade dadurch hohe Vorräte an Stammholz und Biomasse besitzen und auch bei Belastung behalten (weniger Abgänge durch Sturm, Schnee, Dürre, Sekundärschäden);

- die lockere Bestockung im oberen Kronendach eine günstige Ausnutzung des Lichtes in allen Bestandeschichten erlaubt;

- die artenreiche, reichliche Streu und gute Durchlichtung die Bodenaktivität fördert.

Der sich notwendig ergebende relativ große, stets aber zielorientierte Weitstand der Bäume verursacht angeblich eine Verschlechterung der Holzqualität. In Wirklichkeit ist dies nicht der Fall, wenn folgende Bedingungen erfüllt sind:

- die für die Werterzeugung überwiegend verantwortlichen Elitebäume (Zukunftstämme für den Endbestand) wachsen von der Begründung bis zum Ende der Phase der Bildung des weitringigen, leichten, sog. juvenilen Holzes (ca. 10 Jahre in Brusthöhe, 15 Jahre in 6 - 8 m Höhe) möglichst rasch und ungehemmt von Konkurrenz;

- noch vor Abschluß dieser juvenilen Phase werden die besten, wüchsigsten Elitebäume als Zukunftsstämme ausgesucht, markiert und stufenweise geastet;

- um den etwa 10 bis 15 cm breiten weitringigen Kern des juvenilen Holzes werden zwangsläufig wegen der großen Kreisfläche, die mit Photosyntheseprodukten versorgt werden muß, trotz hohen Kreisflächenzuwachses relativ enge Jahrringe angelegt;

- gestaffelte Durchforstung verhindert später zu starken Abfall der Jahrringbreiten im jungen und mittelalten Bestand und erhält den Unterstand an Kräutern, Strauch- und Baumarten, und damit den angestrebten guten Bodenzustand bis in die späte Altersphase hinein.

12. Schlußfolgerung

Die Veränderungen von Atmosphäre und Klima sind ganz überwiegend die Folge der Aktivitäten der Bevölkerung in den Industrienationen. Der Wandel beginnt auf immer schnellere Touren zu kommen. Die Zeit läuft uns buchstäblich davon. In den Tropen ist ein Ende der resourcenvergeudenden traditionellen Landwirtschaft nicht in Sicht. Die landwirtschaftliche Front der Waldzerstörung durch einheimischen Brandrodungshackbau und spekulative Landnahme schreitet unvermindert voran. In vielen Gebieten nimmt die Entwaldung durch industriellen Plantagenanbau und Weide sogar noch zu. Die ökologische und ökonomische Problematik von Monokulturen für die Holzzucht zeigt sich immer offensichtlicher sowohl in Europa als auch in den Tropen. Die Waldzerstörungen in den Tropen und in den borealen Nadelwäldern verändern das Klima vor allem lokal und regional. Die globalen Auswirkungen der Zerstörung der Wälder in den Tropen sind dagegen im Vergleich zur Auswirkung der Emissionen aus den Industrieländern relativ gering. Die globalen Klimaveränderungen schlagen auf den Tropenwald zurück. Temperaturerhöhung und Veränderungen des Wasserhaushalts und der Windsysteme belasten den Wald und gefährden Stabilität und Funktionsfähigkeit. Waldrückgang und Bodenerwärmung in den borealen Nadelwaldzonen führt zu Veränderungen der Chemie und Physik der Atmosphäre, die noch nicht abschätzbare rückgekoppelte Aufschaukelungsprozesse ingang setzen wird, die sich global auswirken werden.

Zur Erhaltung von Wald und Klima sind rasche Vorsorgemaßnahmen notwendig. Die Wirksamkeit forstwirtschaftlicher Maßnahmen für die Erhaltung des Weltklimas ist gering, dafür umso größer und wichtiger für die Erhaltung des Landschafts- und Regionalklimas. So liefert die Verdunstung aus dem Kongoregenwald einen wesentlichen Anteil der Niederschläge in der Sahelzone. Die Erhaltung des Regenwaldes zum Teil als absolut geschützter Urwald und zum Teil als nachhaltig bewirtschafteter Wirtschaftswald ist daher vor allem im ökologischen und wirtschaftlichen Interesse der Tropenwaldländer selbst. In allen Klimazonen müssen die Wälder vorsorglich auf die steigenden und neuartigen Belastungen aus der Klimaveränderung unverzüglich vorbereitet werden.

Wiederaufforstung und Neuaufforstung können keinen nennenswerten Beitrag zur Erhaltung des Weltklimas leisten. Energie- und Biomasseplantagen in Mitteleuropa sind nicht nur ein klimatischer, sondern auch ein ökologischer und ökonomischer Holz- und Irrweg. Neu- und Wiederaufforstungen in den Tropen als Kompensation für die landwirtschaftliche Waldzerstörung sind nach Flächenumfang und Biomassebildung zu gering und daher klimatisch unwirksam. In den Tropen und in Europa werfen Monokulturen und Schnellwuchsplantagen erhebliche ökologische und ökonomische Probleme auf. Statt abenteuerlicher und bedenklicher Experimente mit nachwachsenden Rohstoffen und Klimaschutzplantagen sind Strategien der Vermeidung und Vorsorge gefragt, die die Probleme an den kausalen Wurzeln des Übels lösen. Die Wurzeln liegen aber vor allem in den Tropen, aber auch in den Industriestaaten, in den machtpolitischen Rahmenbedingungen und Interessenverfilzungen zwischen Politik und Wirtschaft. Solange den Politikern in Europa und in den Tropen Eigenständigkeit, Wille und Mut fehlt, diese Rahmenbedingungen zu verbessern, sind Maßnahmen zur Vermeidung von Emissionen und zur Verbesserung der Bodennutzung in Land- und Forstwirtschaft nicht durchsetzbar. Es ist zu befürchten, daß diese Pattsituation solange bestehen bleibt, bis die Not in der Katastrophe zur Handlung zwingt. Es ist sehr fraglich, ob dann die Maßnahmen noch greifen werden. Es bleibt trotz allem zu hoffen, daß die rationale und weitgehend sachliche Analyse und die konkreten Maßnahmenkataloge der Berichte der Enquete Kommission des Bundestages von der Bundesregierung genutzt werden wird, nationale und internationale Maßnahmen zur Vorsorge auszulösen, bevor es zu spät ist.

Anmerkungen

1) Eine umfassende, sehr fundierte, anschauliche und allgemeinverständliche Darstellung zum Thema anthropogene Klimaveränderung ist das Kapitel "Ändert sich unser Klima?" von H. FLOHN im *Mannheimer Forum 88/89*, Boehringer Mannheim, S. 135-189; weitere Angaben finden sich im Sonderheft "Ist eine Klimaveränderung unausweichlich?" mit 6 Beiträgen von BACH, BRUENIG, DEGENS, FLOHN, KEMPE, SPITZY, *Umschau 85.* Jhg., 1989, Heft 3, S. 152-159, und in FLOHN, H., "Der Wasserhaushalt der Erde, Schwankungen und Eingriffe", *Naturwissensch.*, 60:340-348.

2) Eine allgemein verständliche Zusammenfassung des Standes der Erfahrungen und der wissenschaftlichen Kenntnisse gibt der Arbeitsbericht "Die Erhaltung, nachhaltige Vielfachnutzung und langfristige Entwicklung der Tropischen, Immergrünen Feuchtwälder (Regenwälder)". Institut für Weltforstwirtschaft und Ökologie, Hamburg, 1989, 112 S. Eine erweiterte englische Fassung ist in Vorbereitung. Weitere Angaben finden sich im Tropenwaldbericht der Bundesregierung "Schutz und Bewirtschaftung der Tropenwälder", Bonn, 1990 und vor allem im Tropenwaldbericht der Enquete Kommission "Vorsorge zum Schutz der Erdatmosphäre" des Bundestages, Bonn, 1990, Drucksache 11/7220.

3) Es besteht der durch Untersuchungen erhärtete Verdacht, daß sowohl auf dem heimischen Holzmarkt als auch im Export nach Japan und anderen asiatischen Ländern zwischen 50 und 100% mehr Holzmenge umgesetzt

werden, als in den Einschlägen verbucht und statistisch erfaßt werden. Ein Hinweis hierauf und Einzelheiten über Holzaufkommen und Holzverwendung finden sich im Arbeitsbericht (siehe Fußnote 2).

4) Die Kielwassertheorie besagt, daß die fachgerechte, ordnungsmäßige Holzerzeugung (Produktionsfunktion) in der Forstwirtschaft alle anderen Waldfunktionen (Schutz, Erholung) für die Wirtschaft und Gesellschaft gleichsam im Kielwasser mitschwimmend automatisch miterfüllt.

5) Weiterführende Schriften über die Entwicklung des Umweltbegriffs und über die Bestimmungsgründe der Umweltwahrnehmung, auch speziell in Bezug auf den Wald, findet sich bei L. KRUSE (1989): "Die Umwelt als gesellschaftliches Konstrukt: OIKOS, Milieu, Soziotop", in: Ruprecht-Karl Universität (Hrsg.), *Ökologie: Krise, Bewußtsein, Handeln*, Heidelberg, Heidelberger Verlagsanstalt; Graumann, C. F. (1990): "The environment: social construction and physiological problems", in H.T. HIMMELWEIT & G. GASKELL (eds.): *Social psychologie*, London, Sage Publications.

6) Berichte sind zu erhalten von der International Tropical Timber Organisation, 8F, Sangjo, Boeki, Center Building, 2, Yamashita-Cho, Naka-ku, Yokohama, Japan.

7) Gigatonne = 1 Millarde Tonnen.

8) 1 t Holztrockenmasse enthält ca. 0.45 t Kohlenstoff und produziert 1.65 t CO_2 beim vollständigen Verbrennen.

9) Die Forderung nach Erhaltung des tropischen Regenwaldes zur Klimavorsorge ist über hundert Jahre alt. Der italienische Botaniker Beccari forderte sie für Sarawak schon in den 80er Jahren des vorigen Jahrhunderts, Prof. F. Heske forderte schon 1931 für das Kongobecken Erhaltung des Waldes aus klimatischer Vorsorge. Seine Vermutung, daß die Zerstörung des west- und zentralafrikanischen Regenwaldes diesen selbst und die nördlich anschließende Sahelzone austrocknen wird, bestätigt sich heute in dramatischer Weise (Bruenig, E.F., 1990, "Conservation of nature and natural resources in the Kerangas forests of Sarawak", *Malaysian Nature Society Bulletin*, im Druck; Heske, F., 1931, Vorlesungsmanuskript; Flohn, H., siehe Fußnote 1).

Ausgewählte Hinweise auf Veröffentlichungen zum Thema, die weitere Literaturhinweise erhalten.

Baumgartner, A., & Bruenig, E.F. (1978): "Tropical forests and the biosphere", Kap. 2, S. 33-60, in: Unesco, 1978: *Tropical forest ecosystems*, a state-of-knowledge report prepared by Unesco/UNEP/FAO, Natural Resources Research, XIV, Paris Unesco

Bruenig, E.F. (1985): "Deforestation and it's ecological implications for the rainforests in Southeast Asia", Proc. Symp. F.R.I. and IUCN, Kepong 1.-2.83, IUCN Commission on Ecology Papers No. 10, IUCN, 1985, from: *The Environmentalist* Vol. 5, 1985, Supplement: 17-35.

- (1986): "Aspects of current forestry practice and silvicultural trends in West Germany affecting fresh waters", in: SOLBE, J.F. de L.G. (ed.): *Effects of Land Use on Fresh Waters, Agriculture, Forestry, Mineral Exploitation, Urbanization, Chister,* Ellis Horwood, 1986, Kapitel 25, S. 378-397.

- (1986) "Wald und Holzproduktion: muß die Holzerzeugung gesteigert werden", *AFZ* 42, 20: 501-503, 1986, mit Schneider, T. W. und Ollmann, H.

- (1987): "The forest ecosystem: tropical and boreal", *Ambio*, 16, 2-3: 68-79.

- (1987): "Tropical forest areas as a source of biological diversity," European Conference on Biological Diversity - a challenge to Science, the Economy and Society, Dublin, 4.-6. März, 1987 (Tagungsbericht im Druck).

- (1987): "Die Entwaldung der Tropen und Auswirkung auf das Klima", *Forstwissenschaftliches Centralblatt*, Hamburg/Berlin 106 (1987), S. 263-275.

- (1989): *Die Erhaltung, nachhaltige Vielfachnutzung und langfristige Entwicklung der tropischen immergrünen Feuchtwälder,* Arbeitsbericht, Bundesforschungsanst. Forst- und Holzwirtsch., Hamburg, Institut für Weltforstwirtschaft und Ökologie, 15.2.1989

Cannell, M.G.R., Grace, J., Booth, A. (1989): "Possible impacts of climatic warming on trees and forests in the United Kingdom: a review", *Forestry*, 62, 4:337-364.

Deutscher Bundestag (1990) Zweiter Bericht der Enquéte-Kommission "Vorsorge zum Schutz der Erdatmosphäre" zum Thema "Schutz der tropischen Wälder", Bonn, Drucksache 11/7220, 24. Mai 1990

Die Umschau (1985), Heft 3, Schwerpunktthema: Forschung, Entwicklung, Technologie Ist eine Klimaänderung unausweichlich? 6 Beiträge von Bruenig, Degens, Kampe, Spitzy, Flohn, Bach

Flohn, H.: "Der Wasserhaushalt der Erde, Schwankungen und Eingriffe", *Naturwissensch*. 60:340-348.

Grassl, H. (1990): "Die Bedeutung der tropischen Regenwälder für das Klima", *Allgemeine Forstzeitschrift*, 1990, H. 1-2, S. 6-8.

Minzert, I. (1988): "A warming world: challenges for policy analysis", *Economic Impact*, 1988/4:6-12

Schönwiese, C.D. (1988): "Der Einfluß des Menschen auf das Klima", *Naturwissenschaftliche Rundschau* 41, 10:387-390

SCOPE Series (Munn, R.E., ed. in chief), Nr. 16: "Carbon Cycle Modelling", 1981; Nr. 23: "The Role of Terrestrial Vegetation in the Global Carbon Cycle", 1984; Nr. 38: "Ecotoxicology and Climate", 1989, ISBN 0-471-90262-4

Stromdiskussion (1989), Sammlung von 36 Aufsätzen und Literaturverzeichnis zum Thema "Weltklima in Gefahr"? Strom-DISKUSSION, Frankfurt, Stresemannallee 23

Erhaltung des Regenwaldes und ländliche Migration: Zielkonflikte am Beispiel Indonesiens

Karl Fasbender

Die in mehreren Beiträgen bereits ausführlich dargelegte Bedeutung tropischer Regenwälder sowie die komplexe Problematik ihrer Erhaltung beschrieb Bundesminister Klein am 20.1.1989 im Bundestag wie folgt: "Die bislang unaufhaltsam und mit wachsender Geschwindigkeit fortschreitende Vernichtung der tropischen Regenwälder ist eine Gefährdung der ganzen Menschheit. Die brennenden Urwälder sind das grelle Alarmsignal für die gigantische Umweltkatastrophe, die in Lateinamerika, Afrika und Asien stattfindet. ... Alle Ursachen - Brandrodung durch Wanderbauern, Großgrundbesitzer oder Bodenspekulanten, der Holzeinschlag zur Gewinnung von Brennmaterial, zur Schaffung von Verkehrs- oder Energieeinrichtungen, zum Eigenverbrauch oder zum Export - wurzeln darin, daß sich die Bevölkerung der südlichen Erdhälfte seit Ende des Zweiten Weltkrieges auf nunmehr 4 Milliarden mehr als verdoppelt hat. Ernährungssicherheit und Industrialisierung, beides unabdingbare Entwicklungsnotwendigkeiten, gehen auf Kosten der Umwelt."[1]

Damit ist auch der Zielkonflikt zwischen Armutsbekämpfung, wirtschaftlichem Wachstum und dem ökologischen Erfordernis der Erhaltung tropischer Regenwälder aufgezeigt. Im folgenden soll dieser Zielkonflikt im Hinblick auf die Nutzung tropischer Wälder für landwirtschaftliche Zwecke am Beispiel Indonesiens diskutiert werden. Da Großgrundbesitz in Verbindung mit Bodenspekulation hier - im Gegensatz zu Lateinamerika - (noch) keine nennenswerte Bedeutung hat, konzentrieren sich die Ausführungen auf Kleinbetriebe und den Wanderfeldbau, der seit einiger Zeit durch die interinsulare autonome Migration sowie die staatlich geförderte Transmigration eine neue Dimension erhalten hat.

Bevölkerungspolitische Ausgangssituation

Bei einer Landfläche von rund 1,9 Mio. km^2 hat Indonesien eine Gesamtbevölkerung von mehr als 175 Mio. Einwohnern. Dies entspricht einer Gesamtbevölkerung von über 93 Einwohnern pro Quadratkilometer.[2] Im Vergleich dazu beträgt die Bevölkerungsdichte in der Bundesrepublik Deutschland knapp 250.

Die interinsulare Bevölkerungsverteilung ist allerdings durch erhebliche Ungleichgewichte geprägt. So hat die Insel Java - einschließlich Madura -, auf der etwa zwei Drittel der Gesamtbevölkerung lebt, nur einen Anteil von 6,9% an der gesamten Landfläche. Die Bevölkerungsdichte liegt damit bei 800 Einwohnern/km². In einigen ländlichen Räumen Zentral-Javas leben bereits mehr als 1000 Einwohner pro Quadratkilometer. Bereits Ende dieses Jahrzehnts dürfte diese Bevölkerungsdichte dem Durchschnitt großer Teile Javas entsprechen. Nicht ganz so ausgeprägt ist die Bevölkerungskonzentration auf Bali. Aber auch auf dieser Insel leben bereits mehr als 500 Einwohner auf einem Quadratkilometer.

Betrug die Gesamtbevölkerung dieser sogenannten Inneninseln 1930 noch 44 Mio. Menschen, beträgt sie nunmehr rund 110 Mio. Einwohner. Dies bedeutet eine Bevölkerungdichte von knapp 700 Einwohnern/km². Auf den Außeninseln leben dagegen weniger als 35 Einwohner pro km². Aber auch hier stellt sich die Situation unterschiedlich dar. So beträgt die Bevölkerungsdichte in Sumatra 74, in Kalimantan (Borneo) 15 und in Irian Jaya (West-Irian) 4 Einwohner je Quadratkilometer.

Die sich durch die Bevölkerungskonzentration auf den Inneninseln ergebenden wirtschaftlichen Probleme wie Armutsbeseitigung, Bereitstellung produktiver Arbeitsplätze (2 Mio. p.a.) und Erreichung eines angemessenen Lebensstandards lassen sich nur im Rahmen eines entwicklungspolitischen Gesamtpaketes lösen. Elemente dieses Pakets sind - ohne Anspruch auf Vollständigkeit - Maßnahmen zur Förderung von Landwirtschaft, Klein- und Mittelindustrie, zur Anwendung arbeitsintensiver Technologien, zur Entwicklung von Infrastruktur sowie zur Förderung ländlicher und urbaner Regionen insgesamt. Maßnahmen zur Familienplanung bzw. zur Reduzierung des Bevölkerungswachstums gehören zweifellos zu den wesentlichen Elemente.

In allen genannten Bereichen hat die indonesische Regierung erhebliche Anstrengungen unternommen. So wurde beispielsweise die jährliche Wachstumsrate der Bevölkerung von 2,3% auf 1,9% reduziert. Für Java wird bis 1993/94 eine weitere Verminderung der Anstiegsrate um 0,2 Prozentpunkte auf 1,5% angestrebt. Aber auch wenn alle Entwicklungsmaßnahmen greifen, wird bereits aufgrund der Bevölkerungsstruktur zumindest in der nächsten Dekade auf den Inneninseln der Druck zur Migration auf die Außeninseln anhalten. Dies gilt um so mehr, als hier vielfach Arbeitskräfte fehlen, um die vorhandenen wirtschaftlichen Ressourcen und Einkommensmöglichkeiten nutzen zu können.

Da die entsprechenden Siedlungsströme die Erreichung der wirtschafts- und sozialpolitischen Zielsetzungen Indonesiens erleichtern, förderten alle Regierungen seit 1950 - wie zuvor bereits die holländische Kolonialregierung - die Umsiedlung im Rahmen von Transmigrationsprogrammen.

Sozioökonomische Zielsetzungen der Transmigration

Eigentlicher Anlaß der organisierten Umsiedlung waren - wie bereits erwähnt - die ungleichgewichtige Bevölkerungsverteilung und die daraus resultierenden entwicklungspolitischen Probleme. Dementsprechend strebt die indonesische Regierung durch die Transmigration vor allem vier Teilziele an, nämlich

- die Minderung des Bevölkerungsdrucks und des Arbeitskräfteüberhangs auf Java,

- die Besiedlung bevölkerungsarmer Regionen und Verringerung der dortigen Arbeitskräfteknappheit,

- die Nutzung der natürlichen Ressourcen auf den Außeninseln sowie

- die Hebung des Lebensstandards insgesamt, insbesondere aber der umgesiedelten Armutsgruppen.

Von den anderen, mehr allgemeinpolitischen Teilzielen sind 'Nation Building' und 'Sicherung der Grenzen' hervorzuheben. Da diese - umstrittenen - Zielkomponenten die Problematik des in diesem Beitrag untersuchten Zielkonfliktes nicht direkt berühren, können sie im folgenden vernachlässigt werden.[3]

In der Anfangsphase der Transmigration - unter Präsident Sukarno - hatten die bevölkerungspolitischen Probleme Javas eindeutig Priorität. Da Familienplanung als Instrument der Bevölkerungspolitik abgelehnt wurde, hoffte man, durch Umsiedlungsmaßnahmen - angestrebt wurde zeitweise die Migration von 1,5 Mio. Menschen pro Jahr - die Bevölkerung Javas konstant, zumindest aber ihre Anstiegsraten in engen Grenzen zu halten. Diese Zielvorstellung erwies sich als unrealistisch. Allein im Zeitraum von 1961 bis 1988 wuchs die Bevölkerung Javas um 42 Mio. Einwohner. Heute wird die Transmigration lediglich als ein - wenn auch wichtiger - Mosaikstein im Rahmen einer komplexen Gesamtkonzeption angesehen.

Tabelle 1

Quantitative Zielerreichung der Transmigration
in Indonesien nach Planungsperioden, 1953 - 1994

| Planungsperiode | Indonesien | | |
	Geplante Transmigration	Realisierte Transmigration	Ziel- erreichung
	– Durchschnittliche Personen- zahl pro Jahr –		– in v.H. –
1953–1957	1 Mio.	27.743	2,8
1956–1960	400.400	28.434	7,1
1961–1968	195.000	21.305	10,9
	– Durchschnittliche Familien- zahl pro Jahr –		– in v.H. –
Repelita I:			
1969/70–1973/74	20.000	7.887	39,4
rev. Ziel	7.600	7.887	103,8
Repelita II:			
1974/75–1978/79	50.000	16.118	32,2
rev. Ziel	21.600	16.118	74,6
Repelita III:			
1979/80–1983/84	100.000	107.095	107,1
Repelita IV:			
1984/85	125.000	101.888	81,5
1985/86	135.000	166.347	123,2
1986/87	150.000	172.859	115,2
1987/88	165.000	163.947	99,3
1988/89	175.000	145.109	82,9
Insgesamt	150.000	150.030	100,0
Repelita V:			
1989/90	27.000	26.533	98,3
1990/91–1993/94	130.750	.	.

Quelle: Informationen des MINISTRY OF TRANSMIGRATION,
Jakarta

Insgesamt wurden im Rahmen der Transmigration von 1961 bis 1988 knapp
3 Mio. Javaner umgesiedelt (vgl. Tabelle 1).[4] Dies entspricht etwa 7% der realisierten Bevölkerungszunahme. Betrug die Transmigration im Durchschnitt der
60er Jahre nur 1,5% und in den 70er Jahren 4,5% des Bevölkerungszuwachses,
erreichte sie in den 80er Jahren allerdings bereits eine Größenordnung von etwas

über 20%. Damit sind im letzten Jahrzehnt rund 12-15% der auf Java auf den Arbeitsmarkt drängenden Erwerbspersonen durch die Transmigration absorbiert worden. Unter Berücksichtigung der Nachkommen von Transmigranten dürften sich diese Anteile gegenwärtig nur geringfügig, mittelfristig aber durchaus nennenswert erhöhen. Die Bedeutung der Migration insgesamt kann jedoch erst richtig ermessen werden, wenn man die autonome - also nicht staatlich geförderte - Umsiedlung in die Betrachtung einbezieht. Diese erreicht nach Schätzungen der Weltbank mehr als den doppelten Umfang der Transmigration.

Auf den Außeninseln umfaßt die Transmigration rund 5% der dortigen Bevölkerung, die Migration insgesamt also über 15%. Allerdings konzentrieren sich die Wanderungsbewegungen auf einzelne Provinzen, vor allem auf Lampung, Bengkulu, Jambi und Süd-Sumatra sowie auf Zentral-Kalimantan, Zentral- und Süd-Ost-Sulawesi.

Insgesamt beträgt der Anteil von Transmigrationsland an der landwirtschaftlichen Nutzfläche der Ansiedlungsprovinzen 12-14%. Etwa 17% (1985) der Reisproduktion der Außeninseln entfällt auf Transmigrationsbetriebe. Der Anteil von Gemüse und anderen einjährigen Kulturen läßt sich schwer einschätzen, dürfte aber wesentlich höher liegen. Da seit Mitte der 80er Jahre im Rahmen der Transmigration verstärkt Baumkulturen wie Kokos und Kautschuk angepflanzt werden, ist bei den entsprechenden Produkten in den nächsten Jahren mit stark ansteigenden Beiträgen zu rechnen. Bei der wirtschaftlichen Beurteilung ist auch zu berücksichtigen, daß auf den dünn besiedelten Inseln Maßnahmen der harten und sozialen Infrastruktur vielfach durch die Transmigration erst ermöglicht und wirtschaftlich sinnvoll wurden.

Insgesamt hat die Transmigration - verstärkt unter Berücksichtigung der autonomen Migration - also durchaus fühlbar zur Minderung der aus der - weiterhin - zunehmenden Bevölkerungsdichte Javas resultierenden Probleme und zur Regionalentwicklung auf den Außeninseln beigetragen. Damit dürften auch beachtliche Impulse auf die Erhöhung des Lebensstandards zu verzeichnen sein. Dies gilt insbesondere für die Transmigranten selbst, die vor Ausreise zu etwa 80% in relativ ärmlichen Verhältnissen lebten. Zumindest bei 63% der Befragten war lt. einer empirischen Erhebung von 1982 das Hauptmotiv zur Umsiedlung eindeutig die absolute Armut.[5]

Bestätigt wurden die entsprechenden Aussagen durch Kontrollfragen. Obwohl fast alle potentiellen Transmigranten durch landwirtschaftliche Tätigkeiten Einkommen erzielten, der Agrarsektor für mehr als die Hälfte der Befragten die wichtigste und für ein Drittel die ausschließliche Einkommensquelle darstellte, besitzt die typische Transmigrationsfamilie kein oder nur wenig Landeigentum.

So hatten über 70% der Befragten keinen Landbesitz. Etwa 12% verfügten über eine Fläche von weniger als 0,10 ha. Nur 2% der Befragten bewirtschafteten mehr als einen Hektar Land. Rund 33% der Haushalte nannten eine Hütte, ca. 23% ein Fahrrad ihr Eigentum. Dagegen dürfte der Besitz von Nähmaschinen (ca. 5%) und von Motorrädern (ca. 3%) bereits als "Wohlstandsindikator" anzusehen sein, auch wenn die Anschaffungen oftmals nur mit Hilfe von Eltern und Geschwistern ermöglicht wurden.

In der neuen Heimat betrug das durchschnittliche Haushaltseinkommen nach einer vom Biro Pusat Statistik mit Unterstützung der Weltbank durchgeführten Erhebung in sieben Ansiedlungsprovinzen 58.000 Rp (in Preisen von 1985). Im Vergleich dazu beträgt das Subsistenzeinkommen ca. 30.000 Rp. Bei rund 50.000 Rp wird die sogenannte Armutslinie überschritten.[6] Diese Aussage wird durch empirische Analysen des HWWA (1987) in Ost-Kalimantan bestätigt. In neun untersuchten Dörfern betrug das Durchschnittseinkommen pro Monat knapp 84.000 Rp. In fünf der neun Dörfer konnte mit einem durchschnittlichen Haushaltseinkommen von mehr als 100.000 Rp sogar ein Einkommensniveau erreicht werden, das bereits erlaubt, relativ differenzierte Bedürfnisse zu befriedigen. Allerdings erreichten rund 22% der Befragten nicht oder nur knapp das erforderliche Existenzminimum.[7]

Wenn die genannten Durchschnittszahlen auch zum Teil erhebliche Abweichungen verbergen, kann doch festgestellt werden, daß die Transmigration im Rahmen der Entwicklungsbemühungen für die Innen- und Außeninseln ein wesentliches und zumindest für das nächste Jahrzehnt auch unverzichtbares Element darstellt. Unabhängig davon bewirkt die Situation Javas einen derart immensen Push-Faktor zur Migration auf die Außeninseln, daß auch ohne staatliche Förderung die autonome Migration für sich genommen ein wesentlicher Bestandteil der Besiedlung der Außeninseln bleiben wird. Bei Einstellung der Transmigration würden allerdings einem Großteil der Armutsgruppen Javas die Entwicklungschancen auf den Außeninseln vorenthalten werden. Auch würde die indonesische Regierung auf ein wichtiges Instrument zur Lenkung der Migrationsströme verzichten.

Ökologische Implikationen der Migration

In den Aussiedlungsregionen, insbesondere auf Java, gehen von der Transmigration - weitgehend unbestritten - positive Impulse hinsichtlich der Lösung umweltpolitischer Probleme aus. Oft werden ökologische Rehabilitierungsmaßnahmen - wie Aufforstungsmaßnahmen - durch die Migration erst ermöglicht. Umsiedlungswünschen aus erosionsgefährdeten Gebieten oder von Naturkatastrophen betroffenen Regionen wird daher bei der Siedlerauswahl besondere

Priorität eingeräumt. So entfiel im Rahmen des vierten Fünfjahresplans (Repelita IV: 1984/85-1988/89) etwa ein Viertel der javanischen Transmigranten auf Regionen mit Erosionsproblemen.[8]

Die ökologischen Implikationen der Migration auf den Außeninseln fanden erst Anfang der 80er Jahre besondere Aufmerksamkeit. Von den vielfachen Gründen sind hervorzuheben:

- Den Regenwäldern wurde nicht nur von Experten, sondern auch von der Weltöffentlichkeit zunehmende Bedeutung beigemessen.

- Die Ausweitung des Holzeinschlags ging mit der Ausweitung der Transmigration einher.

- Die potentiellen Naßreisgebiete - das traditionelle Siedlungsland - wurden knapper, so daß Transmigranten und autonome Siedler mehr und mehr Waldgebiete nutzbar machten.

So heißt es beispielsweise in verschiedenen Stellungnahmen: "Transmigration, as it is presently being carried out, is leading to the permanent and effectively irreversible destruction of vast areas of tropical forest."[9] Secrett schreibt: "The programme's negative impact on sensitive forest eco-systems in the Outer Islands has accelerated as the settlement targets have escalated."[10]

Die ökologische - und ökonomische - Dimension der indonesischen Waldbestände wird bereits durch die Größenordnungen verdeutlicht. Rund 107 Mio. Hektar (1984) bzw. etwa 63% des Staatsgebietes sind bewaldet. "Fast drei Viertel dieser Gebiete bedeckt tropischer Regenwald, der Welt reichstes Ökosystem, dessen schnelle Vernichtung weltweit ernste Probleme aufwirft. Indonesiens Anteil an diesem System beträgt 10% auf die gesamt Vegetationszone bezogen und etwa die Hälfte von Südostasien; 50% des tropischen Hartholzexports für die Industrieländer stammen aus Indosien."[11]

Von der gesamten Waldfläche sind 29% als Schutzwald bzw. als Parks und Reservate klassifiziert. Rund 45% der Fläche sind für den Forsteinschlag - auf knapp der halben Fläche mit Einschränkungen - vorgesehen. Die verbleibenden 26%, zum Großteil bereits stark durchforstet und zum Teil insbesondere an Straßen und Flüssen - auch schon von Kleinbauern illegal genutzt, kommen für die Umwandlung für landwirtschaftliche und andere Zwecke in Frage.[12] Diese Flächen - klassifiziert als "Conversion Forest" - sind somit unter anderem auch potentielles Transmigrationsland. Auf den Außeninseln stehen etwa 27,5 Mio. ha "Conversion Forest" zur Verfügung. Dies entspricht etwa 16% der Fläche der Außeninseln bzw. einem Viertel des dort vorhandenen Waldbestandes (vgl. Tabelle 2).

Tabelle 2

Tabelle 2: Forstbestände nach Provinzen auf den Außeninseln im Vergleich zu dem während Repelita III (1979/80-1983/84) für Transmigration bereitgestelltem Land, in 1.000 ha

Aufnahmeregion/ Provinz	Provinz- fläche	Forst- fläche	Conversion Forest	in 1.000 ha	Bereitgestelltes Transmigrationsland			
					Anteil an der Forstfläche		Anteil an der Conversion Forest	
					30 v.H.	50 v.H.	30 v.H.	50 v.H.
Aceh	5.539	3.282	192	17	0,1	0,2	2,7	4,5
Nord-Sumatra	7.168	3.526	253	13	0,1	0,2	1,5	2,5
West-Sumatra	4.230	2.942	437	9	0,1	0,1	0,6	1,0
Riau	9.456	6.546	1.754	58	0,2	0,3	1,0	1,7
Jambi	5.100	2.614	1.013	38	0,3	0,5	1,1	1,9
Süd-Sumatra	10.278	4.028	1.186	171	1,0	1,6	4,3	7,2
Bengkulu	1.978	992	193	23	0,6	1,0	3,6	6,0
Lampung	3.200	1.244	0	100	2,4	4,0	-	-
SUMATRA	46.949	25.174	5.028	429	0,4	0,7	2,6	4,3
West-Kalimantan	14.600	7.695	1.508	25	0,1	0,1	0,5	0,8
Zentral-Kalimantan	15.300	10.997	3.000	48	0,1	0,2	0,5	0,8
Süd-Kalimantan	3.700	2.029	284	37	0,5	0,8	3,9	6,6
Ost-Kalimantan	21.224	15.951	3.500	26	0,0	0,1	0,2	0,4
KALIMANTAN	54.824	36.672	8.292	136	0,1	0,2	0,5	0,8
Nord-Sulawesi	2.751	1.583	699	7	0,1	0,1	0,3	0,5
Zentral-Sulawesi	6.803	4.165	335	30	0,2	0,3	2,7	4,5
Südost-Sulawesi	3.814	2.190	699	36	0,2	0,5	0,5	0,8
Süd-Sulawesi	6.292	3.351	259	12	0,1	0,2	4,2	7,0
SULAWESI	19.660	11.289	1.992	85	0,2	0,3	1,3	2,1
Molukken	8.572	5.096	436	15	0,1	0,1	1,0	1,7
Irian Jaya	41.066	28.816	11.775	13	0,0	0,0	0,0	0,1
ANDERE PROVINZEN	49.638	33.912	12.211	28	0,0	0,0	0,1	0,1
Insgesamt	171.071	107.047[a]	27.523[b]	677	0,2	0,3	0,7	1,2

a   Durchschnittlicher Anteil der Wald- an der Provinzfläche: 63 %.
b   Durchschnittlicher Anteil des Conversion Forest an der Provinzfläche: 16 %.

Quelle: FAO/WORLD BANK COOPERATIVE PROGRAM, Indonesia Forestry Project, Working Paper 1, October 1985, zitiert in: WORLD BANK, Indonesia, The Transmigration Program in Perspective, Washington D.C. 1988, S. 98.

Anlaß zur Besorgnis gibt vor allem die rasche Durchforstung bzw. Abholzung der Wälder sowie deren Umwandlung in Nutzfläche. So sind von 1950 bis 1987 rund 49 Mio. ha durchforstet bzw. umgewandelt worden. Die jährliche "deforestation rate" beträgt 0,6 bis 1,0 Mio. ha. Im Vergleich dazu wurden zwischen 1979 und 1984 nur 250.000 ha wieder aufgeforstet. Bei Beibehaltung des derzeitigen Nutzungsausmaßes werden in 30 Jahren alle Konzessionsgebiete - sie entsprechen fast der oben genannten Fläche für Nutzwald (production and conversion forest) - zumindest einmal - selektiv durchgeforstet sein.[13] Wenn sich diese Form des Holzeinschlags auch weniger nachteilig als Kahlschläge auswirken, ist es doch unstrittig, daß auch diese Form der Waldnutzung Tropenwälder sehr stark degradieren kann. Selbst bei leichten Eingriffen werden die Ökosysteme erheblich beeinträchtigt.[14]

Als Hauptproblem stellt sich damit eine ökologiegerechte Forstnutzung, einschließlich Wiederaufforstung. Aber auch die Bereitstellung landwirtschaftlicher Nutzflächen, insbesondere für Transmigranten und autonome Migranten, wird zunehmend ein Problem. So werden nach Prognosen von USAID im Zeitraum von 1985 bis 2000 zwischen 6,4 und 11,9 Mio. ha zusätzliche landwirtschaftliche Nutzflächen benötigt, vor allem zu Lasten des "Conversion Forest".

Der Anteil der Transmigration an der Reduzierung der Waldbestände ist schwer quantifizierbar. Nach Angaben des Transmigrationsministeriums wurden während Repelita III etwa 30% der staatlich geförderten Transmigranten in durchforsteten - Waldgebieten angesiedelt. Die Weltbank unterstellt alternativ einen höheren Prozentsatz - bis 50%. Demzufolge wurden 203.000 bis 338.500 ha Waldfläche für die Transmigranten bereitgestellt. Dies entspricht 0,2 bis 0,3% der gesamten Waldfläche bzw. 0,7-1,2% des "Conversion Forest" auf den Außeninseln (vgl. Tabelle 2). Die Transmigranten erhalten in der Regel 2-2,2 ha Nutzfläche pro Haushalt.

Die Bedarfsschätzungen für den Zeitraum von 1985 bis 2000 schwanken - je nach unterstellter künftiger Transmigrationsentwicklung - zwischen 368.000 ha und 2,75 Mio. ha für staatlich geförderte Umsiedler. Der Environmental Defense Fund geht unter Berufung auf eine gemeinschaftliche Forststudie (1985) des International Institute For Environment And Development (IIED) und drei indonesischer Ministerien sogar von bis zu 3,3 Mio. ha aus.[15] Aufgrund der inzwischen eingetretenen Entwicklung in Repelita IV sowie der absehbaren Zielsetzungen dürfte dieser Flächenbedarf allerdings als überhöht anzusehen sein. Unabhängig davon schätzt USAID den Flächenbedarf für autonome Umsiedler auf 1,28 Mio. ha.[16] Demnach werden für die Migration insgesamt in den Jahren 1985 bis 2000 zwischen 1,64 und 4,0 Mio. ha von Forstland in landwirtschaftliche Nutzflächen umgewandelt werden - für lokale Bevölkerung und Neusiedler. Dies entspricht 6-14% des "Conversion Forest" bzw. 1,5-3,7% der gesamten Waldfläche der Außeninseln.

Die ohne Anspruch auf Vollständigkeit aufgeführten Informationen machen bereits deutlich, daß die rasche Reduzierung und Beeinträchtigung der Waldbestände und die davon ausgehenden negativen Wirkungen auf das Ökosystem in vielen Regionen bereits bedrohliche Ausmaße angenommen haben bzw. bei unveränderter Politik annehmen werden. Ursächlich hierfür sind viele Faktoren wie die Nutzung der Waldbestände für die Holzwirtschaft, die Erschließung von Flächen für Bergbau, Ölwirtschaft und Infrastruktureinrichtungen sowie die Umwandlung von Wald für landwirtschaftliche Zwecke. Transmigration und autonome Migration stellen in diesem Gesamtzusammenhang nur einen, keineswegs aber zu vernachlässigenden Faktor dar.

Ökonomischer und ökologischer Zielkonflikt

Der Zielkonflikt, den die indonesische Regierung zu lösen hat, wird bereits durch die wenigen Informationen deutlich. Aufgrund des niedrigen Entwicklungs- und Einkommensniveaus erscheint es unrealistisch, von ihr einen uneingeschränkten Verzicht auf Nutzung der indonesischen Regenwälder zu fordern. Beyer meint, daß es auch nicht möglich sein wird, "den gesamten Bestand tropischen Regenwaldes zu erhalten. Eben dies letztlich zu fordern, muß der indonesischen Seite schlichtweg als Arroganz westlicher Industrienationen erscheinen, die - aufgrund der eigenen verheerenden Waldschäden und Umweltzerstörungen überhaupt - nur den Erhalt wenigstens der grünen Lungen in der Dritten Welt reklamieren, ohne nach der Sozialverträglichkeit solcher Forderungen, also ihren Auswirkungen auf die Armen, zu fragen.[17] Kebschull argumentiert, daß die manchmal in Industrieländern erhobenen eigennützigen Forderungen, die Regenwälder zu konservieren, um das Klima nicht zu schädigen, von indonesischer Seite eigentlich mit der Forderung nach Kompensationszahlungen für alternative - kostspieligere - Lösungen von Entwicklungsproblemen beantwortet werden müßten.[18] Die Enquete-Kommission schlägt diesbezüglich vor: "Um die Verschuldungsprobleme vieler Tropenwaldländer nicht weiter zu verschärfen, sollte Kapital in größerem Ausmaß als bisher in Form nicht rückzahlbarer Zuschüsse auch für Tropenwaldländer, die nicht zur Gruppe der ärmsten Entwicklungsländer gehören, bereitgestellt werden."[19]

Folgt man dem Kern dieser Argumentation, ist ein Weg zur Minderung des Zielkonfliktes zwischen Ökonomie und Ökologie bereits aufgezeigt. Aber auch unterhalb dieses relativ teuren Vorschlages zur Konfliktminderung gibt es zahl-

reiche Maßnahmen, die ergänzend und/oder alternativ zur Zielharmonie beitragen können. Hierzu zählt die Erhaltung der Primärwälder bei nachhaltiger
Bewirtschaftung - dies schließt Aufforstungsmaßnahmen ein - der Sekundärwälder. Die folgenden Ausführungen konzentrieren sich auf die Reduzierung negativer Wirkungen landwirtschaftlicher Nutzung von Transmigration und auto-
nomer Migration.

Dies betrifft zunächst die sachgerechte Auswahl von Siedlungsland, verbunden
mit einem Nutzungsverzicht für Potenin Primärwäldern. Der Environmental
Defense Fund fordert diesbezüglich, daß sich die Auswahl der Transmigrations-
gebiete stärker auf die ökologische und ökonomische Rehabilitierung von Gebieten mit Alang-Alang-Grasland und Sekundärwald konzentrieren sollte. Die
Transmigration sollte zum Instrument der ökologischen Rehabilitierung und
Entwicklung werden, selbst wenn dies eine Reduzierung der quantitativen Ziele
und eine Erhöhung der Kosten bedeutet.[20]

Hinsichtlich der Auswahl von Transmigrationsland entsprechen die Bestimmungen bereits den Forderungen vieler Umweltschutzorganisationen. "So verbietet
eine Verordnung von 1979 die weitere Urwaldrodung zu Umsiedlungszwecken.
Jetzt sollen zuerst 20 Mio. ha Alang-Alang-Grasland für Umsiedlung genutzt
werden, das jährlich um 150.000 ha durch Entwaldung, Feuer und Brandro-
dungswirtschaft zunimmt, sowie die ausgedünnten Sekundärforste (d.h. Wälder,
die auf ehemaligem Urwald gewachsen sind); ..."[21] Primärwälder dürfen also
nicht als Siedlungsland genutzt werden. Allerdings ist auch festzustellen, daß
Vorschriften und Realität - noch auseinanderklaffen. Verläßliche Zahlen über
Repelita IV in dieser Periode müßte die Bestimmung aufgrund der relativ langen
Vorbereitungszeit für Siedlungsprojekte fühlbar wirksam geworden sein - liegen
dem Autor jedoch noch nicht vor.

Mindestens ebenso wichtig wie die Auswahl von Transmigrationsland ist die
Erschließung von geeigneten Siedlungsflächen für autonome Migranten. Da dies
bisher nur in Ausnahmefällen geschieht, siedeln diese Menschen in zwar zugäng-
lichen, oft aber erosionsgefährdeten Gebieten. Die Integration dieser Flächen in
eine Landnutzungs- oder Regionalplanung steht zudem meist noch aus.

Der wohl wichtigste Beitrag der Transmigration zur Minderung des Zielkonflikts
zwischen Ökonomie und Ökologie ist die Gewährleistung von nachhaltigen
Betriebs- bzw. Farmsystemen. Nur durch derartige Systeme wird sichergestellt,
daß den Siedlerfamilien zur Verfügung gestelltes Land langfristig landwirtschaftlich genutzt werden kann. Damit wird vermieden, daß die Siedler aus Java und
Bali, die traditionell nicht zum Wanderfeldbau bzw. zur Shifting Cultivation

neigen, aus ökonomischen Gründen gezwungen sind, nach drei bis fünf Jahren neue Gebiete durch Brandrodung zu erschließen. Diese Form der Landnutzung, die von einem Großteil der Lokalbevölkerung auf den Außeninseln angewandt wird, ist zwar betriebswirtschaftlich sinnvoll, gesamtwirtschaftlich und ökologisch aber bei einer steigenden Zuwanderung äußerst bedrohlich. Letztlich bedeutet sie, daß eine Familie in einer Generation nicht 2-3 ha, sondern 10-20 ha bewirtschaftet und damit erheblich zu einer betriebswirtschaftlich nicht notwendigen Reduzierung des Waldbestandes beiträgt. Dies gilt um so mehr, als autonome Migranten aus Gründen der Arbeitserleichterung dazu neigen, steile Hänge durch Brandrodung zu erschließen. Gerade diese Hangflächen sind aber der Bodenerosion besonders stark ausgesetzt.

Die aus ökologischen Gründen unabdingbare Nachhaltigkeit der derzeitigen Betriebs- und Farmsysteme für die Transmigration in Upland Areas bzw. Waldgebieten wird aber vielfach in Frage gestellt. So befürchten verschiedene Umweltschutzorganisationen "... the destabilised populations from unsuccessful sites are causing further widespread environmental damage, as the settlers abandon their failed sites and lay waste the surrounding vegetation."[22] USAID stellt hinsichtlich der Transmigrationsprojekte in Irian Jaya fest: "The agricultural program (presently food crops) is dependent upon soil fertility, proper land clearing and preparation, sufficient land appropriate agricultural inputs, and access to markets."[23] Dies sei zwar in vielen Fällen, nicht aber in der Mehrzahl der Projekte in Irian Jaya gegeben.

Den Kritikern geht es - meist - weniger um grundsätzliche Zweifel an der Nachhaltigkeit von Transmigrationsprojekten in Upland Areas, sondern um Zweifel an den derzeit angebotenen - meist auf einjährigen Nahrungsmittelkulturen basierenden - Farmmodellen. Daß diese Zweifel nicht ganz unbegründet sind, zeigen empirische Analysen des HWWA in Ost-Kalimantan.[24]

Untersucht wurden die Siedlungen Rimbayu I bis VI, deren Besiedlung im Zeitraum von 1982 bis 1986 erfolgte. Die Ortschaften, die hinsichtlich Lage, Verkehrsanbindung sowie ethnischer Struktur ausgeprägte Unterschiede aufweisen, dürften für viele in den 80er Jahren in Hochland- bzw. Waldgebieten realisierte Projekte repräsentativ sein. Demnach betrieben knapp ein Viertel der Haushalte auf mehr oder weniger großen Flächen (durchschnittlich auf 1,2 ha) Shifting Cultivation. Hiervon entfielen etwa drei Viertel auf traditionell nicht mit dieser Anbautechnik vertraute Javaner. Erstaunlicherweise zeigte sich aber, daß die meisten der "shiftenden" Haushalte nicht - wie vielfach angenommen - zu den ärmeren Siedlerschichten zählten, die durch abnehmende Ernteerträge auf ihren

Äckern zur Shifting Cultivation gezwungen wurden. Vielmehr zeichnete sich diese Siedlergruppe durch überdurchschnittliche wirtschaftliche Dynamik und überdurchschnittliche Einkommen aus.

Die These, daß die Siedler bereits nach zwei bis drei Jahren durch abnehmende Ernteertäge zur Shifting Cultivation gezwungen werden, konnte somit nur sehr bedingt durch die HWWA-Erhebung verifiziert werden. Insgesamt deuten die Informationen darauf hin, daß ein dauerhafter Anbau auf relativ armen Böden in Hochlandgebieten von den Siedlern angestrebt wird und auch durchaus möglich ist, standortgerechte Farmsysteme vorausgesetzt. So sahen beispielsweise zwei Drittel der befragten "Shifter" in der Anlage bzw. Ausdehnung von mehrjährigen Kulturen, wie Kokospalmen, die beste Möglichkeit, ihr künftiges Einkommen zu sichern und zu erhöhen. Mehr als ein Drittel dieser Farmer hatte bereits größere Dauerkulturen angelegt und damit die Aufgabe ihrer Shifting-Praktiken eingeleitet.

Daß viele der Siedler die Wirtschaftsform des Wanderfeldbaus nicht als dauerhaft, sondern als vorübergehende Phase ansehen, dürfte im Untersuchungsgebiet nicht zuletzt auf das indonesisch-deutsche Projekt 'Technical Cooperation for Area Development (TAD)' zurückzuführen sein. So unterstützte TAD die Siedler durch den ökonomischen und ökologischen Erfordernissen angepaßte Farmsysteme - die auf einer Kombination von subsistenz- und marktbezogenem Mischanbau basieren - sowie durch Förderungsmaßnahmen beim Anbau mehrjähriger Baumkulturen.

Tarrant, Barbier, Greenberg stellen diesbezüglich fest: "The East Kalimantan provincial government, supported by West German consultants, has been seeking means of overcoming some of the economic and production limitations to annual crop production in the transmigration program. They are developing an integrated farming systems approach based upon mixed perennial and annual crop systems, agroforestry, rotations with cover crops, mulching, and various soil conservation strategies. Their emphasis is on identifying farmers' constraints and tailoring agricultural systems to meet individual needs while integrating sectors (e.g. agriculture, marketing, and health)... The East Kalimantan program illustrates some of the additional costs, research, extension and training required to make the transmigration program sustainable."[25] Hierzu schreibt Beyer, das integrierte Farmsystem "kombiniert Subsistenzwirtschaft mit marktbezogener Produktion. Einheimische und Umsiedler sollen sowohl für den eigenen Bedarf benötigte Nahrungsmittel als auch Verkaufsfrüchte produzieren, mit denen Kapital für Konsum und Investitionen erwirtschaftet werden kann. Tierhaltung und Fischereiwirtschaft komplementieren das betriebliche Engagement."[26]

Wichtig erscheint, daß Farmsysteme dieser Art nicht nur bei Transmigranten, sondern auch bei autonomen Zuwanderern und lokalen Siedlern Anwendung finden. Nur dann ist langfristig ein angemessener Lebensstandard der ländlichen Bevölkerung zu gewährleisten und das Problem der Shifting Cultivation, verbunden mit Brandrodung und unnötiger Waldzerstörung, in den Griff zu bekommen.

Zur Minderung der Tropenwaldvernichtung durch Siedler ist daher den diesbezüglichen Forderungen der Enquete-Kommission uneingeschränkt zuzustimmen, insbesondere

"- die Entwicklung und Verbesserung standortangepaßter, dauerhafter landwirtschaftlicher Anbaumethoden unter verschiedenen Klima- und Bodenbedingungen der Tropen bei besonderer Berücksichtigung der kulturellen Akzeptanz und Sozialverträglichkeit ...

- die Durchführung systematischer Untersuchungen über ökologisch erwünschten Mischanbau und Agrarforstwirtschaft unter besonderer Berücksichtigung der gegenseitigen Beeinflussung verschiedener Nutzpflanzen."[27]

Durch Entwicklung und Multiplizierung von Maßnahmen dieser Art sowie eine ökologiegerechte Landnutzungsplanung, verbunden mit der Rehabilitierung degradierter Flächen, kann der Zielkonflikt zwischen Regenwalderhaltung, Armutsbekämpfung und der erforderlichen Bereitstellung landwirtschaftlicher Nutzflächen zwar nicht aufgehoben, aber doch entscheidend gemindert werden. Viel Zeit für Maßnahmen zur rechtzeitigen Minderung dieses Zielkonflikts verbleibt aufgrund des Bevölkerungsdrucks auf den Inneninseln allerdings nicht.

Anmerkungen

1) Deutscher Bundestag, "Klima und Artenschutz durch Erhaltung der tropischen Regenwälder", 120. Sitzung vom 20.1.1989.

2) Vgl. hierzu und im folgenden Bappenas: *Repelita V, Indonesia's Fifth Five Year Development Plan 1989/90-1993/94. A summary*, Jakarta, o. J., sowie Biro Pusat Statistik, *Statistical Pocket Book*, Jakarta, versch. Jge.

3) Vgl. Fasbender, K., Erbe, S.: *Transmigration in Indonesia*, UB-HWWA-Report No.11, Bielefeld, Hamburg, 1989, S. 19 ff.

4) Vgl. hierzu und im folgenden ausführlicher: Fasbender, K., Erbe, S.: *Towards a New Home: Indonesia's Managed Mass Migration - Transmigration between poverty, economics and ecology*, Hamburg, 1990, S. 59 ff.

5) Vgl. Kebschull, D.: *Transmigration in Indonesia*, Hamburg, 1986, S. 74 ff.

6) Vgl. World Bank: *Indonesia, The Transmigration Program in Perspective*, Washington D.C., 1988, S. 18 ff.

7) Vgl. Fasbender, K., Erbe, S.: *Towards a New Home*, a.a.O., S. 211 ff.

8) Vgl. Biro Pusat Statistik: *Environmental Statistics of Indonesia 1989*, Jakarta, 1989.

9) Survival International et al., "Open letter to Mr. Clausen, Retiring President of the World Bank, and Mr. Conable, President Elect", in: *The Ecologist*, Vol. 16, No. 2/3, 1986, S. 58.

10) Secrett, C.: "The Environmental Impact of Transmigration", in: *The Ecologist*, Vol. 16, No. 2/3, 1986, S. 81.

11) Goodland, R.: "Umweltpolitische Entwicklungen in Indonesien", in: *Aus Politik und Zeitgeschichte*, Bd. 33-34/85 vom 17.8.1985, S. 7.

12) World Bank: *Indonesia, Transmigration Program in Perspective*, a.a.O., S. 97 ff. und S. 213.

13) Die Einschlagrate wird auf rund 45 m^3/ha geschätzt. Vgl. hierzu und im folgenden die USAID-Studie von Tarrant, J., Barbier, E., Greenberg. R. J. et al.:*Natural Resources and Environmental Management in Indonesia: An Overview*, Jakarta, Oktober 1987, S. 25 ff. und 3-10 ff.

14) Vgl. Deutscher Bundestag: Zweiter Bericht der Enquete-Kommission 'Vorsorge zum Schutz der Erdatmosphäre' zum Thema "Schutz der tropischen Wälder", Drucksache 11/7220 vom 24.5.1990, S. 235.

15) Vgl. Environmental Defense Fund, Schreiben an Mr. Barber Conable, President, *The World Bank* vom 10.10.1986.

16) Tarrant, J., Barbier, E., Greenberg, R. J. et al.: *Natural Resources and Environmental Management in Indonesia*, a.a.O., S. 3-10 f.

17) Beyer, U.: *Ein Volk zieht um*, Frankfurt, 1988, S. 57

18) Die Argumentation von Kebschull bezieht sich auf die Transmigration, gilt aber für die Nutzung des Waldbestandes insgesamt. - Vgl. Kebschull, D.: *Transmigration - Indonesiens organisierte Völkerwanderung*, Bonn, 1984, S. 31.

19) Deutscher Bundestag: "Schutz tropischer Wälder", a.a.O., S. 25.

20) Vgl. Environmental Defense Fund: "Schreiben an Mr. Barber Conable", a.a.O. - Diese Forderungen decken sich weitgehend mit den Vorschlägen von 6 indonesischen Umweltorganisationen. Vgl. Network for Forest Conservation in Indonesia, Indonesian enwironmental Forum et al., Schreiben an Mr. Barber Conable, President of the World Bank, vom 11. September 1986.

21) Goodland, R.: *Umweltpolitische Entwicklungen in Indonesien*, a.a.O., S. 9. - Vgl. hierzu und im folgenden auch Fasbender, K., Erbe, S.: *Towards a New Home*, a.a.O., S. 161 ff.

22) Survival International, "Open Letter to Mr. Clausen", a.a.O., S. 58.

23) USAID, "Transmigration in Irian Jaya", *Mimeo* vom 31.10.1980.

24) Weitere 40% der Befragten nutzten Land außerhalb der ihnen zugewiesenen Fläche - oft kleine Naßreispotentiale. Vgl. hierzu ausführlicher: Erbe, R.: *Landnutzung in Transmigrationsgebieten aus ökonomischer und ökologischer Sicht*, UB-HWWA-Report No. 10, Bielefeld, Hamburg, 1990, S. 61 ff.

25) Tarrant, J., Barbier, E., Greenberg, R. J. et al: *Natural Resources and Environmental Management in Indonesia*, a.a.O., S. 3-29 f.

26) Beyer, U.: *Ein Volk zieht um*, a.a.O., S. 101.

27) Deutscher Bundestag: "Schutz tropischer Wälder", a.a.O., S.471.

Teil V:

Umweltverträgliche Landwirtschaft

"Nachhaltige Entwicklung" - eine Herausforderung für die Land- und Forstwirtschaft in Lateinamerika

Ernst A. Brugger

1. Das Phänomen: viel Potential und wenig Entwicklung

Lateinamerika ist reich an natürlichen Ressourcen[1]. Von allen Entwicklungsregionen besitzt es den mit Abstand größten Waldbestand, der immer noch 48% der Fläche Lateinamerikas und 60% der Weltreserven an tropischen Wäldern ausmacht. Die biogenetische Vielfalt ist deshalb in Lateinamerika besonders groß. Nur 8.7% der Fläche Lateinamerikas werden landwirtschaftlich genutzt, während über 12% als sehr geeignet für eine intensive agrare Nutzung beurteilt werden. Rund 35% sind für die Landwirtschaft insgesamt nutzbar. Flächenmäßig wichtiger als die Landwirtschaft ist aber die weitgehend extensive Viehwirtschaft, die rund 27% der Gesamtfläche beansprucht[2].

Die ausgedehnten Quell- und Fluß-Systeme erklären, weshalb Lateinamerika wenig Frischwasserprobleme kennt: Über 1/4 der Weltressourcen liegen in diesem Kontinent. Das größte Fluß-System der Welt, aber auch ihre trockenste Wüste, befindet sich in Lateinamerika: Es ist ein Kontinent voller Ressourcen und mit großer Diversität.

Und dennoch hat Lateinamerika nicht jene Entwicklung durchgemacht, die viele zu Beginn der 60er Jahre erwartet hatten[3]. Die 80er Jahre gelten als "verlorene Dekade", ist doch das reale Pro-Kopf-Einkommen während dieser Periode auf den Stand von 1970 abgesunken. Die landwirtschaftliche Produktion hat während dieser Zeit um rund 25% zugenommen, praktisch parallel zur Zunahme der Bevölkerung.

Die Bevölkerungszahl beträgt zu Beginn der 90er Jahre 440 Mio. Pro km^2 sind dies rund 20 Bewohner, ähnlich wie in Afrika, aber rund sechsmal weniger als in Asien. Große Landreserven mit zum Teil guter Qualität sind auszumachen.

Weshalb dieses große natürliche Potential und diese kleine Entwicklungsdynamik? Diese Frage erhält erhöhtes Gewicht, wenn die menschlichen Potentiale und Talente mitberücksichtigt werden: Von allen Entwicklungsregionen besitzt Lateinamerika die am besten ausgebildete Bevölkerung mit der längsten Lebenserwartung und der geringsten Kindersterblichkeit. Fehlte es allenfalls am Transfer von finanziellen Ressourcen oder technischem Know-how? Die Statistiken erzählen eine andere Wahrheit: Keine andere Entwicklungsregion erhielt soviel finanzielle und technische Transfers wie Lateinamerika[4].

Als erster Versuch einer Antwort soll folgende These dienen:

Im Vergleich zum Potential entwickelte sich Lateinamerika wenig dynamisch und dauerhaft, weil merkantilistische Strukturen sowohl ökonomische Bremsen als auch ökologischen Raubbau verursachten.

Besonders illustrative Einsicht bietet hierfür die Land- und Forstwirtschaft[5].

2. Kolonisierung und Urbanisierung als Folge der aktuellen Landnutzung

Die aktuelle Landnutzung in Lateinamerika ist nach wie vor geprägt durch drei Charakteristika:

- Nutzung von nur ca. 1/4 der potentiellen Nutzungsfläche;
- Dominanz von extensiv betriebenen Latifundien (Großbetrieben);
- Vielzahl von Minifundien (Kleinstbetrieben) mit häufiger Fehlnutzung des Bodens.

Besonders schwerwiegende Effekte löst die *Landbesitzstruktur* aus[6]: In keiner andern Entwicklungsregion ist die Kombination von Größt- und Kleinstbetrieben so extrem wie in Lateinamerika. In Brasilien besitzen 2% der Landeigentümer über 60% der landwirtschaftlichen Produktionsfläche. Gleichzeitig besteht ein - statistisch nicht erfaßtes und auch kaum erfaßbares - Dickicht von weitgehend informellen Kleinstbetrieben. Wahrscheinlich gehören über 50% der Landwirtschaftsbetriebe zu dieser Kategorie der informellen "MICROS" mit vielleicht 1-3 ha im Durchschnitt[7]. Ähnliche Daten liegen für Peru, Ecuador und Bolivien vor. Nur in wenigen Ländern ist eine gleichmäßige Besitzverteilung entweder aus geschichtlichen Gründen (z.B. Costa Rica) oder aufgrund einer zumindest quantitativ teilweise geglückten Landreform (z.B. Mexiko) zu konstatieren. "Landreform" ist für Lateinamerika jedoch ein mit schlechter Erinnerung gespicktes Konzept. Aus gut bekannten Gründen hat sie in der Regel weder die quantitativen noch qualitativen Ziele erreicht[8].

Größtbetriebe (Latifundien) wären dann eher tragbar, wenn ihre Flächenproduktivität über dem Durchschnitt liegen würde. Dies ist nicht der Fall, im Gegenteil. Die extrem extensive Nutzung senkt die Tragfähigkeit des Landes auf künstliche Weise. Nicht optimale Bodennutzung, sondern extensive Viehwirtschaft ist die Regel. Viele Studien demonstrieren in aller Deutlichkeit, dass dieses Nutzungskonzept weder betriebswirtschaftlich noch volkswirtschaftlich und schon gar nicht ökologisch Sinn macht[9]. Extrem intensive Nutzung vermindert das Risiko, sichert aber das Eigentum. Niedrige Steuern auf Landbesitz und daraus hervorgehenden Erträgen verstärken den Anreiz für dieses Konzept des "Besitzes ohne Unternehmensdynamik". Diese Struktur verhindert letztlich den Zugang zum Produktionsfaktor Boden für viele Menschen, die unternehmerische Initiativen und Talente hätten.

Aber auch *Kleinstbetriebe* (Minifundien) sind ökonomisch und ökologisch nicht dauerhaft. Ausnahmen im andinen Hochland bestätigen die Regel, daß je kleiner der Betrieb, desto größer die Gefahr der Fehlnutzung des Bodens ist. Die kurzfristige Existenzsicherung hat absoluten Vorrang[10]. Länger-fristige unternehmerische Perspektiven machen rational keinen Sinn. In der Regel fehlt dazu jede institutionelle Sicherheit, wie beispielsweise ein anerkannter Landtitel. Große Mobilität und Rotation der Besitzverhältnisse ist die Folge.

Die *Folgen* dieser Kombination von Latifundien und Minifundien (bzw. das Fehlen von funktionsfähigen Klein- und Mittelbetrieben) sind verheerend für die wirtschaftliche und ökologische Entwicklungsdimension:

- Einerseits entsteht eine Art künstlicher Bevölkerungsdruck, der sich in der *Migration in neue Kolonisationsgebiete* entlädt. Trotz geringer Bevölkerungsdichte und erheblichen, verfügbaren Agrarland-Reserven, verschiebt sich die landwirtschaftliche Frontlinie aggressiv weiter. Folge ist *Abholzung*. Lateinamerika weist die weltweit größte Rodungsrate mit 1.3% pro Jahr auf. Dies ist doppelt soviel wie in Asien und 50% mehr als in Afrika[11]. Die Intensität ist in Zentralamerika mit rund 3% besonders hoch. In absoluten Zahlen sind dies in Lateinamerika rund 11 Mio. ha jährlich im Durchschnitt der 80er Jahre. Trotz zunehmend konsequenteren Gegenmaßnahmen der Regierungen, hat der Rhythmus bisher nicht abgenommen. Der *ökologische Schaden* ist besonders groß, weil die anschließende Bodennutzung den ökologischen Voraussetzungen in der Regel nicht angepaßt ist. Rund 1/4 der gerodeten Flächen verlieren nach durchschnittlich drei Jahren ihre Fruchtbarkeit wegen Auslaugung und Erosion![12] Mittelfristig wirkt sich der ökologische Raubbau verheerend aus. Die dadurch verursachte CO_2-Emission allein im brasilianischen Amazonasgebiet trägt 15% zur CO_2-Weltproduktion bei. Die Waldrodung führt auch zu keinem ökonomisch sinnvollen Resultat. Nur ca. 10% des geschlagenen Holzes werden genutzt, die restlichen 90% verbrannt. Die heutige Waldnutzung in Lateinamerika ist eine ökonomische Katastrophe. Repetto[13] kommt in seiner sorgfältigen Analyse zum Schluß, daß allein Brasilien dadurch ca. 3 Mrd. US$ netto verliert; für ganz Lateinamerika wäre der ökonomische Verlust auf 5-7 Mrd. jährlich zu schätzen. Dieser wirtschaftliche Schaden wird angesichts der steigenden Preise für wertvolle Hölzer weiter ansteigen: Bei Opportunitätsbetrachtung dürfte der wirtschaftliche Schaden in wenigen Jahren ein Vielfaches der oben genannten Zahlen betragen. Anders formuliert: Eine enorme Chance wird vertan, nämlich die sorgfältige und nachhaltige Nutzung eines immer knapperen Gutes, das rasch im Preis steigen wird.

- Anderseits führt der künstliche Bevölkerungsdruck zur *Migration in die Städte*. Vor allem die jungen Menschen sehen wenig Chancen und Perspektiven auf dem Land. Obwohl sie über die negativen Aspekte des urbanen Lebens sehr wohl informiert sind, wähnen sie dort mehr Chancen und Möglichkeiten. Folge ist die im Weltvergleich höchste *Urbanisierungsquote und -rate*[14].

Die Agglomerationen von Mexiko City und São Paulo werden im Jahr 2000 je rund 25 Mio. Einwohner haben. Insgesamt weist Lateinamerika bereits heute mit 70% den höchsten Urbanisierungsgrad aller Entwicklungsregionen auf. Die Zuwachsraten der Stadtbevölkerung haben zwar von 4.4%(!) für den Zeitraum 1955-1960 auf 3.0% für 1985-1990 abgenommen, aber sie liegen um das 2.5fache über jener der Landbevölkerung. Diese Diskrepanz ist das Resultat von verpaßten Chancen auf dem Land, von unattraktiven Produktionsstrukturen in der Land- und Forstwirtschaft. Konsequenz ist eine zur Hälfte ungeplante Urbanisierung mit entsprechenden ökologischen und ökonomischen Folgen. Ökologische Probleme durchziehen alle lebenswichtigen Bereiche wie Luft, Wasser, Lebensmittelqualität, Abfälle, Gesundheit: Die anstehenden Probleme sind von alarmierendem Ausmaß[15], halten aber die Immigration nicht ab. Aber auch ökonomisch sind Monster wie Mexiko City oder São Paulo keineswegs mehr effizient. Die negativen externen Effekte sind außerordentlich hoch, führen aber mangels Alternativen noch zu keiner Stadtflucht und Dezentralisierung.

So zeichnet sich für Lateinamerika ein Entwicklungspfad ab, der deutlich negative ökologische und ökonomische Folgen hat. Er entspricht in keiner Weise dem Konzept einer nachhaltigen Entwicklung, wie es weltweit und auch von lateinamerikanischen Regierungen und Institutionen gefordert wird[16]. Weder ökonomischer Mehrwert wird dauerhaft geschaffen, noch ökologische Substanz bewahrt oder gar vergrößert.

Eine der Hauptursachen für diesen sicher nicht nachhaltigen Entwicklungsweg ist eine tiefgreifend ungenügende Potentialentwicklung und -nutzung in der Land- und Forstwirtschaft. Welches sind die dahinterliegenden Gründe?

3. Ökonomische Bremsen und ökologischer Raubbau durch Merkantilismus

Für ein tiefer reichendes Verständnis der aktuellen Struktur der Land- und Forstwirtschaft in Lateinamerika ist eine Analyse der "vested interests" von Bedeutung. Viele Studien kommen zu einem weitgehend ähnlichen Ergebnis[17].

- Der *Zugang zu Produktionsfaktoren* im land- und forstwirtschaftlichen Bereich ist schwierig und teuer. Die marktwirtschaftlichen Regeln sind weitgehend außer Kraft gesetzt. Für den Kleinbauer ist Landerwerb, Kreditzugang und Know-how-Transfer außerordentlich schwierig und kostenintensiv. Er zieht deshalb die Informalität vor, er sinkt ab in die Subsistenzwirtschaft seines Mikrobetriebs.

- Aber auch die *Vermarktung* von Inland- und Exportprodukten ist nicht einfach. Die logistischen Strukturen sind ungenügend, der Transport teuer und riskant, die Lagermöglichkeiten ungenügend. Noch tiefgreifender wirkt sich allerdings die Reglementierung des Marktzugangs durch staatliche und halbstaatliche Institutionen aus. Verschiedene Register, Bewilligungen, Qualitäts- und Quotenkontrollen liegen als Barrieren auf dem Weg zum Konsumenten. Für den Kleinproduzenten ist dies in der Regel zu schwierig, zu teuer, zu anspruchsvoll.

Weshalb sind sowohl Produktionsfaktoren als auch Konsumentenmärkte nicht offen, sondern kontrolliert, geschützt für einige wenige? Auf den ersten Blick ist es der große, aber unfähige und unwillige Staat, der Initiativen verunmöglicht und bremst. Es ist seine immense Bürokratie, die aus eigenen Interessen die Gesetze, Normen, Regeln und Bewilligungen weiter verdichtet. Der Staat verursacht auf diese Weise hohe Transaktionskosten; von den dadurch entstehenden Transaktionsgewinnen profitiert aber nicht nur eine tiefreichend korrupte

Staatsbürokratie, sondern auch jener Teil der privaten Unternehmerschaft, der sich in dieses protektionistische System integriert. Kontrollierte Märkte bedeuten für den so geschützten Unternehmer höhere Nettopreise und mehr Sicherheit. Dies hat seinen Preis: Auf verschiedenen Wegen fließt ein Teil dieses privaten Transaktionsgewinnes zurück an die staatliche Bürokratie.

Resultat ist eine eigentliche Pfründenwirtschaft, ein merkantilistisches, frühkapitalistisches System. Es hat mit einer modernen, sozialen Marktwirtschaft nichts zu tun. Zwei Folgen sind unmittelbar registrierbar: Einerseits führt Merkantilismus zu ökonomischer Ineffizienz in den Unternehmen und in der gesamten Volkswirtschaft; andererseits schließt er die Türen für Eigeninitiativen von jungen Kleinunternehmern; er erstickt sozusagen die land- und forstwirtschaftliche Kleinbetriebsstruktur im Keim ihrer potentiellen Entwicklung[18]. Für den Bereich der Forst- und Holzwirtschaft zeichnet dies Repetto genau nach: Die Zerstörung der tropischen und subtropischen Wälder wird nicht so sehr durch die Forstwirtschaft verursacht, sondern ist "das Ergebnis schlechter Planung, falscher Politik (...)"[19]. Die Regierungen der meisten Länder vermitteln völlig absurde Signale an die Marktteilnehmer: niedrige Konzessionsgebühren, Landtitelvergaben nur für gerodete Flächen, keine Steuern auf geschlagenem Holz, nur kurzfristige Schlaglizenzen. Folge ist eine kurzfristig ausgerichtete Holzindustrie, die durch Subventionen vor Wettbewerb geschützt ist, durch perverse Investitionsanreize nur den kleinsten Teil des geschlagenen Holzes wirklich nutzt. Unter den gegebenen Rahmenbedingungen verhält sie sich völlig rational, wenn auch aus ökologischer und volkswirtschaftlicher Sicht falsch. Nur ganz wenige Entwicklungsländer ziehen wirtschaftlichen Profit aus der Forst- und Holzwirtschaft. In einem Bereich mit weltweiten komparativen Vorteilen wirkt sich ihr institutionelles Arrangement ökologisch und ökonomisch auf absurde Weise negativ aus.

Resultat ist schließlich, daß keine Chancenvielfalt auf dem Lande entsteht. Folge ist eine völlig rationale, wenn auch verzweifelte Migration in neue Kolonisationsgebiete oder in die Stadt. Nicht nur wirtschaftlich und sozial sind die Konsequenzen verheerend, sondern - wie oben aufgezeigt - auch ökologisch. So führen merkantilistische Strukturen sowohl zu ökonomischer Unterentwicklung als auch zu ökologischem Raubbau auf dem Land und großen Umweltproblemen in den Städten. Der lateinamerikanische Entwicklungsweg ist deshalb nicht nachhaltig, nicht "sustainable".

4. Stoßrichtungen für Reformen

Nachhaltige Entwicklung würde bedeuten, dass in Lateinamerika ein neuer Weg eingeschlagen wird, der ökonomische und ökologische Wertvermehrung kombiniert. Nur so wäre zu gewährleisten, daß künftige Generationen nicht eine wesentlich schlechtere Ausgangslage für ihre eigene Entwicklung vorfinden werden[20]. Welches sind die wesentlichen strategischen Stoßrichtungen für die Erreichung bzw. Annäherung an diese Zielsetzung in Lateinamerika?

a) Angelpunkt für ökologisch nachhaltige Entwicklung in Lateinamerika ist eine grundsätzliche *Neuorientierung der Land- und Forstwirtschaft*. Nur mit einer besseren - und damit langfristiger orientierten - Nutzung von heute bewirtschafteten und potentiell bewirtschaftbaren Flächen ist eine Produktionsintensität erreichbar, die sowohl ökonomischen als auch ökologischen Nutzen stiftet. Die Förderung von privaten Klein- und Mittelbetrieben ist dabei von zentraler Bedeutung, das Aufbrechen der dominierenden Minifundien- und Latifundienstruktur dafür Voraussetzung. Letztlich kann dies nur mit einer konsequenten Öffnung der Märkte gelingen. Dies impliziert einen wesentlich offeneren Zugang zu Produktionsfaktoren - insbesondere Boden, Kapital, Know-how - für alle jene Menschen, die Fähigkeit und Willen zur wirtschaftlichen Eigeninitiative haben. Schaffung von Möglichkeiten, von Chancengleichheit auf dem Lande ist der "archimedische Punkt" für nachhaltige Entwicklung in Lateinamerika.

b) Öffnung von Märkten und Schaffung von ähnlichen Startchancen für alle rufen nach tiefgreifender *institutioneller Reform*. Ein Aufbrechen des merkantilistischen Systems bedeutet Abbau protektionistischer Strukturen, Vereinfachung von administrativen Abläufen, einfachere Regeln und Normen, verläßliche Gerichtsbarkeit. Besonders wichtig ist die Gewährleistung und praktikable Handhabung des Eigentumsrechtes[21]. Nur sichere Landtitel für Bauern und Waldbesitzer in Kleinund Mittelbetrieben können mittel- bis längerfristige Investitionen bewirken. Denn ohne dokumentiertes Eigentum ist das bewirtschaftete Land keine Hypotheken wert; ohne Hypotheken ist aber der formale Kredit praktisch verunmöglicht. Informelle Kredite jedoch sind zu kurzfristig und - vor allem - rund fünf bis zehnmal so teuer wie jene des formalen Finanzierungssystems.

Wirtschaftliche und ökologische Nachhaltigkeit ist nicht erreichbar ohne Zuverlässigkeit und Dauerhaftigkeit institutioneller Arrangements und der darauf basierenden Wirtschaftspolitik. Vertrauen in die Rahmenbedingungen ist Voraussetzung für mittel- bis langfristige Investitionen, ein gerade für die

Land- und Forstwirtschaft wichtiger Zusammenhang, sofern nachhaltige Entwicklung als Ziel feststeht. Im forst- und holzwirtschaftlichen Bereich ist dies sogar eine notwendige, wenn auch nicht hinreichende Voraussetzung für eine nachhaltige Nutzung der Naturressourcen.

c) Optimale Landnutzung bedeutet einen der herausforderndsten *Innovations-prozesse*: welche Technik, welches Produkt, welche Organisationsform eignet sich für eine effiziente Produktion und Vermarktung, welche neuen Möglichkeiten bieten sich an? Nachhaltige Entwicklung ist eine Strategie mit der größtmöglichen Herausforderung. Der Weg ist lang, und wir stehen alle erst am Anfang. Viele Fragen sind ungeklärt, und gleichzeitig drängt die Zeit. Der wahrscheinlich erfolgreichste Innovationsprozeß geschieht durch Lernen aus praktischen Erfahrungen. Dies setzt eine offene Risikobereitschaft voraus.

d) Risikobereitschaft allein genügt nicht. Programme und Projekte der ersten Phase benötigen besonders ausgeprägt *Risikokapital*. Gerade im land- und forstwirtschaftlichen, auch im agroindustriellen und holzwirtschaftlichen Bereich, ist echtes Risikokapital selten. Mehr privatwirtschaftliches Engagement ist dafür dringend nötig. Ein Beispiel: ECOS, eine private internationale Risikokapitalgesellschaft, koinvestiert in Projekte solchen Charakters in Lateinamerika[22]. Die ersten Erfahrungen gerade im land- und forstwirtschaftlichen Bereich sind ermutigend.

Die oben formulierten Stoßrichtungen bedeuten eine ökonomische und institutionelle Reform mit positiven Auswirkungen auf die Umwelt in Lateinamerika. Sie bremsen die negativen Migrationsströme und geben den auf dem Lande Ansässigen mehr Möglichkeiten zu Eigeninitiativen und damit zu Einkommen.

Initiativen von unten zugunsten einer nachhaltigen Entwicklung benötigen in der Regel eine *Partnerschaft* von außen. Internationale Entwicklungshilfe-Institutionen sind in der Regel erstrangige Ansprechpartner. Bei allem guten Willen löst ihr Geldfluß leider meistens kontraproduktive Effekte aus. Die Kontrolle der Zentralbanken (und damit der Regierungen) über die z.T. großen Summen kann sich nicht positiv auf die oben dargestellte institutionelle Reform auswirken. Im Gegenteil: Bestehende Strukturen werden zementiert, da Entwicklungshilfe auch volle Akzeptanz der bestehenden institutionellen Arrangements bedeutet. Nur eine wesentliche Neuorientierung der Entwicklungszusammenarbeit könnte zu den hier beschriebenen institutionellen Reformen beitragen. Programme und Projekte der nachhaltigen Entwicklung sind dabei zu erspüren, professionell zu planen, konsequent zu realisieren und im Sinn eines offenen Lernprozesses permanent zu evaluieren.

Leider ist zu befürchten, daß gerade diese neue Ausrichtung der Entwicklungszusammenarbeit nicht gelingen wird. Das Thema Umwelt wird nämlich auch im
Eigeninteresse der Geber vor allem die Geldflüsse der traditionellen Kanäle
vergrössern. Die Notwendigkeit einer Wende, einer Ausrichtung auf private
Initiativen, auf echte Selbstverantwortung der Menschen in der Dritten Welt wird
(noch?) nicht gespürt. Dazu wäre ein neues Verständnis der Rolle des Staates
nötig, auch bei den Geberländern. Entwicklungszusammenarbeit muß mit weniger Staat auskommen; mehr direkte Verantwortung muß in die Dritte Welt
verlegt werden; mehr lokale und private Verantwortung ist eine notwendige
Voraussetzung für eine nachhaltige Nutzung der Ressourcen.

4. Auf dem Weg zu einem neuen Paradigma

Die bisherigen Entwicklungsparadigmen sind in Lateinamerika tot. Weder
Merkantilismus noch Marxismus, weder Militarismus und schon gar nicht Popu-
lismus haben zu wirtschaftlicher Entwicklung und nachhaltiger Nutzung ökologischer Ressourcen geführt[23]. Allgemeine Ernüchterung und Bescheidenheit ist zu
spüren. Die großen Theorien haben den Weg zur dauerhaften Entwicklung mehr
verstellt als geebnet.

"Nachhaltige Entwicklung" stößt als neues Paradigma in dieses Vakuum. Die
Gefahr ist groß, daß wiederum ein herausragendes Konzept nicht laufen lernen
und dann langsam wachsen kann. Zu groß mag der Erwartungsdruck, die Ver-
zweiflung, der Drang zu neuen Ufern sein. Der Anspruch dieses neuen Paradig-
mas ist ungewöhnlich groß. Er wird geradezu gigantisch mächtig dort, wo traditionelle Strukturen und Verhaltensweisen dominieren: in der Land- und Forstwirtschaft. Ein Paradigma ist nur so gut, wie die Realität darauf reagiert. Anders
formuliert: Nur Erfolge auf diesem neuen Entwicklungspfad bringen weitere
Erfolge. Pragmatische Initiativen vor dem theoretisch konzeptionellen Hintergrund müssen Platz greifen, Raum schaffen für das notwendige Lernen aus
Erfahrung und das wünschbare Kommunizieren über erfolgreiche Fälle. Eine
neu orientierte, der privaten Initiative Platz schaffende und klare, kontinuierliche Rahmenbedingungen prägende Entwicklungszusammenarbeit kann hierzu
Wesentliches beitragen.

388   Ernst A. Brugger

Anmerkungen

1) Vgl. *World Resources 1990-1991, A guide to the global environment*, Hrsg. World Resources Institute New York, Oxford, 1990, insbes. S. 33-48.
2) Eingehende Information in: *Our own Agenda*, Hrsg. Latin American and Caribbean Commission on Development and Environment, Washington, 1990, S. 5-18.
3) Stellvertretend für viele Analysen: *Wirtschaftskrise und Anpassungspolitik in Lateinamerika*, Institut für Iberoamerika-Kunde, Handbuch 1990 (Heft 4).
4) Vgl. *Entwicklungsbericht der Weltbank*, Ausgabe 1990.
5) Ähnlich starke empirische Belege liegen vor für den Bereich der industriellen Klein- und Mikrobetriebe; vgl. de Soto, Hernando: *El otro Sendero*, Bogota, 1986.
6) Interessante und weltweit vergleichende Angaben dazu in *World Resources 1990-1991*, vgl. Anm. 1 sowie in den tiefer reichenden Statistiken des World Resources Institutes.
7) Schätzung aufgrund von statistischen Angaben der Latin American and Caribbean Commission on Development and Environment, vgl. auch Anm.2.
8) Thiesenhusen, William (Hrsg.), *Searching for Agrarian Reform in Latin America*, Boston, Massachusetts, 1989.
9) Brugger, Ernst A.: *Regionale Strukturpolitik in Entwicklungsländern*, Diessenhofen, 1981.
10) Riding, Alan: "The Struggle for Land in Latin America", in: *The New York Times*, March 26, 1989.
11) *World Resources 1990-1991*, vgl. Anm. 1, S. 101-120.
12) Dramatische Schilderung in *Our own Agenda*, vgl. Anm. 2, S. 19-26. Ebenso für Bolivien in: *Bolivia, Medio Ambiente y Ecología Aplicada*, La Paz, 1990.
13) Repetto, Robert: "Die Entwaldung der Tropen: ein ökonomischer Fehlschlag", in: *Spektrum der Wissenschaft* 2/90, S.3-10.
14) Fritsch, Bruno: *Menschen - Umwelt - Wissen*, Zürich und Stuttgart, 1990, S. 203-230.
15) Das Beispiel von Mexiko City sprengt die Vorstellungskraft; vgl. *Programa Integral contra la Contaminación Atmosférica*, Ciudad de México, 1990.
16) Vgl. z.B. *Our own Agenda*, Anm. 2.
17) Theoretisch fundiert in: Borner, S., Weder, B., Brunetti, A.: "Institutional Obstacles to Latin American Growth and Proposals for Reform", Manuskript, Basel 1990.
Ergebnisse zusammengetragen und interpretiert in: FUNDES/ILD, *Subdesarrollo Político y Reforma de las Instituciones*, 1991 (in Vorbereitung).
18) Vgl. Brugger, Ernst A.: "Entorno institucional y legal y la dinámica y estabilidad de pequeñas empresas", Manuskript, Santiago, 1990.

19) Repetto, Robert, 1990, S. 6, vgl. Anm. 13.

20) The World Commission on Environment and Development, *Our Common Future*, New York, 1987.

21) Janvry, Alain de, García, Raul: "Rural Poverty and Environmental Degradation in Latin America, Causes, Effects and Alternative Solutions", Manuskript, Rom, 1988.

22) ECOS investiert in Projekte nachhaltiger Entwicklung in Lateinamerika. Zwei Voraussetzungen sind zentral: einerseits die Optimierung von ökonomischer und ökologischer Zielsetzung, andererseits die gemeinsame Realisierung mit lokalen Partnern.

23) Krauze, Enrique: "El otro milagro", *La Vuelta* Nr. 32, Mexiko, 1990.

Der standortgerechte Landbau -
Potential einer ökologischen Entwicklungsstrategie

Kurt Egger / Susanne Rudolph

Ökologische Entwicklungsstrategie? Ist dies nicht eine contradictio in adjecto? - Spätestens seit dem Bericht der Weltkommission für Umwelt und Entwicklung (WCED) und der Forderung einer "nachhaltigen Entwicklung" (sustainable development), ist die Frage neu gestellt.[1]

Ökologie und Ökonomie - die Nachhaltigkeit stabiler, natürlicher Ökosysteme und die sozio-ökonomische Entwicklung des Menschen bildeten seit jeher eher Antipoden als eine Synthese. So ist die stabile Nachhaltigkeit etwa einer natürlichen Klimaxvegetation höchst produktiv und destruktiv zugleich. Die sich im Kreislauf befindliche Biomasse entzieht sich einer rein produktiven Nutzung durch den Menschen - es sei denn auf Kosten von Nachhaltigkeit - bis hin zur Destruktion. Die Vernichtung der Regenwaldökosysteme ist hierfür ein allseits bekanntes Beispiel. Der Aufstieg des Menschen, seine sozio-ökonomische Entwicklung dagegen, läßt sich vorrangig als Wegentwicklung oder Emanzipation von den natürlichen Lebensbedingungen darstellen. Die Beherrschung der Natur und die Schaffung einer eigenen technisch-urbanen Umwelt sind die hervorstechenden Merkmale menschlichen Fortschritts. Soziosphäre und Biosphäre streben mit fortschreitendem Ausbau der Technosphäre immer mehr auseinander.[2] Das Ausmaß, die Geschwindigkeit und die Komplexität, in denen sich dieser Prozeß vollzieht, wurde und wird weitgehend immer noch als "Fortschritt" empfunden. Dies gilt nicht nur für Industrieländer, sondern auch, begünstigt durch Technologietransfer, für Länder der sogenannten "3. Welt".

Erst in jüngster Zeit, da diese Auseinanderentwicklung globale Dimensionen und Konsequenzen angenommen hat, werden die Tendenzen kritisch beurteilt, ja als "Rückschritt" empfunden. Angesichts globaler Umweltprobleme, wie Klimaveränderungen, drohender Meeresspiegelanstieg und der unwiederbringlichen Vernichtung biologischer Diversität, wird das Auseinanderklaffen von ökologischer Nachhaltigkeit und ökonomischer Entwicklung als nicht mehr tragbar, bzw. als nicht tragfähig, eingestuft. Mit dem erwähnten "Brundtland-Bericht" hat die Weltkommission für Umwelt und Entwicklung einen bislang einmaligen Versuch unternommen, die Fülle von Faktoren und Ursachen und mögliche Lösungswege der globalen Umweltkrise zu sammeln und Wechselwirkungen aufzuzeigen.

Dennoch bleibt die politische Forderung einer "nachhaltigen Entwicklung" weit-gehend unklar. Oder wie es ein Mitarbeiter der Weltbank ausdrückte:"..., I think that sustainable development is a contradiction in terms, as long as development is equivalent to growth".[3]

Was fehlt, sind weniger praktische Einzelbeispiele oder positive normative Ver-lautbarungen - sondern eine integrale, beides verbindende ganzheitliche Theorie. Dies kann, soll nicht eine häufig zu beobachtende Ebenenreduktion wiederholt werden, nur am konkreten Fall und durch alle Systemebenen hindurch geleistet werden. Dies ist Gegenstand der folgenden Darstellung. Denn nirgendwo ist der Weg zu einem allgemeinen Ökologiedenken, zu einer Theorie der "nachhaltigen Entwicklung", so offen wie im Bereich der Landwirtschaft - das Beziehungsge-flecht zwischen wirtschaftlicher Produktion, Energieverbrauch und Klimaverän-derungen so gut interdisziplinär aufgearbeitet, wie für den standortgerechten Landbau.

1.   Der standortgerechte Landbau

1.1.   Ursprünge

Zwei Faktoren spielten bei der Entstehung des standortgerechten Landbaus eine Rolle, die hier kurz rekapituliert werden sollen:

- das wachsende Umweltbewußtsein und seine Politisierung seit Anfang der 70er Jahre und die parallel dazu verlaufende Ausweitung der Ökosystemfor-schung;
- das Scheitern der sogenannten "Grünen Revolution".

Schon Anfang der 60er Jahre setzte zunächst durch populärwissenschaftliche Publikationen die Initialzündung für eine Umweltdebatte ein, die 1972 mit dem Erscheinen des 1. Berichts an den "Club of Rome" ihre eigentliche Breitenwir-kung zeigte.[4] Der im Anschluß daran beginnende Politisierungsprozeß der Umweltproblematik, ihr institutioneller Niederschlag in der Einrichtung von Umweltbehörden jedoch, gehört zu den Erfolgen der UN-Umweltkonferenz, die vom 15. - 16. Juni 1972 in Stockholm stattfand. Seitdem werden Umwelt und Entwicklung als zwei miteinander eng verknüpfte Problemfelder gesehen. Schon damals bildete die gemeinsame Bewußtwerdung der Ökologieprobleme in Indu-strie- wie Entwicklungsländern eine besondere Schwierigkeit. Doch "die Tat-sache, daß das Umweltproblem international aufgegriffen wurde, mußte Indu-strienationen wie Entwicklungsländer gleichermaßen zu einer Repräsentation ihrer Interessen zwingen, da hier möglicherweise "Weichenstellung" für die künftige Verteilung von Macht- und Marktchancen vorgenommen wurden"[5]. Nicht nur die Einrichtung nationaler Umweltbehörden und neuer internationaler Institutionen - wie etwa UNEP (1972) und ICRAF (1977)[6] - ist als direkte Konsequenz dieser Konferenz zu betrachten. Wesentlich für die Entstehung des standortgerechten Landbaus war ebenso der Aufbruch innerhalb von Wissenschaft und Forschung mit dem Ziel, das vorhandene ökologische Datenmaterial zur Verfügung zu stellen, und Defizite für eine gezielte praktische Anwendung aufzuarbeiten. Neue interdisziplinäre Wege zwischen Sozial- und Naturwissenschaften galt es zu beschreiten. Die aufgrund der Initialwirkung des Internationalen Biologischen Jahrs, das offiziell von 1967 - 1973 stattfand, einsetzende Ökosystemforschung bezog sich erstmals konzeptionell nicht nur auf natürliche, sondern auch anthropogene, sprich naturnahe und urbane Ökosysteme.[7] Damit war der Weg frei für einen interdisziplinären Arbeitsansatz, der den Menschen als Gestalter **und** Bestandteil eines Gesamtökosystems miteinbezieht.

Einen anderen wesentlichen Faktor bei der Hinwendung zu den ökologischen Problemen der Entwicklungsländer bildete das Scheitern der sogenannten "Grünen Revolution". Immense Anstrengungen waren unternommen worden, dem Hunger in den Ländern der "3. Welt" durch industrielle und mechanisierte Agrarwirtschaft, mineralische Düngung, Hochleistungssaatgut, Bewässerung und chemischen Pflanzenschutz zu begegnen. Diese "Grüne Revolution" zeigte zunächst beeindruckende kurzfristige Erfolge. Die mit hohem finanziellem Investitionsaufwand betriebene Agrartechnik schlug aber schon bald in ungewünschte Effekte um. Kulturelle Fremdorientierung, Abbau gewachsener Sozial- und Wirtschaftsstrukturen mündeten schließlich in eine völlige Außenabhängigkeit. Ein Aufschauklungsprozeß zwischen immer mehr Bedarf an importierten Produktionsmitteln (Chemie, Saatgut, Maschinen...) und finanziellen Verpflichtungen setzte ein. Neben diesen wirtschaftlich-sozialen Problemen kam erstmals die direkte Verknüpfung mit ökologisch unangemessener Agrartechnologie zum Vorschein. Der hohe Pestizid- und Düngereinsatz, die Reinkultursysteme der Hochertragssorten verhindern die Etablierung stabiler Agrarökosysteme in den Tropen. Die einer aggressiven Witterung ausgesetzten, humusarmen Böden können trotz hoher technologischer Inputs den klimatischen und erosionsfördernden Prozessen des Raums nichts entgegensetzen. Mehr noch, bei einem Verbrauch von etwa 18% aller weltweit verfügbaren fossilen Brennstoffe für die Pestizid- und Düngerproduktion werden nicht erneuerbare Energieressourcen vernichtet, deren Nutzen hochfragwürdig ist und unwiederbringlich verlorengeht.[8]

Bereitschaft und politischer Wille, den globalen Umweltproblemen in Industrie-
und Entwicklungsländern gemeinsam entgegenzutreten und die einsetzende
Kritik an umweltschädigenden Technologien führten zu ersten Entwürfen einer
umweltgerechten Ökoentwicklung.[9] Eine konsequente Umsetzung, von der
abstrakten Theorieebene bis zur praktischen Anwendung, vollzog sich jedoch
zunächst hauptsächlich für den Bereich der ländlichen Entwicklung in der
"3. Welt". Durch interdisziplinäre Bemühung von Sozialwissenschaftlern und
Ökologen konnten Elemente einer umfassenden Ecodevelopmenttheorie Eingang in die anwendungsbezogene Methode des standortgerechten Landbaus oder
Ecofarmings finden. Eine praktische Unterstützung von Seiten der Sozialwissenschaften, die, bis weit in die 80er Jahre hinein durch eine marxistische Systemkritik der Theorieebene verhaftet blieben, vollzog sich jedoch nur unzureichend. So
blieb für urbane Systeme und industrielle Bereiche eine praktische Umsetzung
zunächst weitgehend aus.[10] Auch für rurale Systeme in den Entwicklungsländern
ist das Zusammengehen von sozial- und naturwissenschaftlichen Theorien noch
keineswegs als ideal zu bezeichnen - so ist eine gesellschaftswissenschaftliche
Erklärung für die Phänomene der Bodendegradation bislang noch nicht erfolgt.[11]

Für den standortgerechten Landbau oder Ecofarming ist die Situation hingegen
günstiger. Dies nicht so sehr weil die übergeordnete Theorie des Ecodevelopment als weniger abstrakt oder unvollkommen zu bezeichnen wäre, sondern weil
hier von Anfang an eine praktische Synthese im Anwendungsbereich gesucht
wurde. Die daraus ableitbaren sozioökonomischen Implikationen sind es nicht
zuletzt, die eine nähere Betrachtung des Ecofarming lohnend machen.

1.2.   Ecofarming und Agroforstwirtschaft

Die Anfänge des Ecofarming oder standortgerechten Landbaus lassen sich auf
das Jahr 1974 zurückführen. Damals wurde im Rahmen deutscher Entwicklungshilfe nach neueren ökologischen Lösunswegen für die Region der Usambaraberge in Tanzania gesucht[12].

Bei der Entwicklung eines methodischen Arbeitsansatzes kamen drei Faktoren
zum Tragen:
- die Integration traditioneller Landnutzungsformen;
- eine Anlehnung an die natürliche Vegetation des Standorts;
- der Miteinbezug moderner agrarwissenschaftlicher Forschung.

Diese Suche nach produktivitätsorientierten und nachhaltigen Anbaumethoden
zeigte zunächst ein überraschendes Ergebnis. In den Usambarabergen existierten
noch permanente, traditionelle Landnutzungsmethoden, die nicht nur sehr haus-

hälterisch und bewahrend mit den lokalen Ressourcen umgingen, sondern auch eine 10-20fach höhere Bevölkerungszahl (200 - 400 Einwohner pro km^2)mit Nahrung versorgen konnten.[13] Diese meist unter steigendem Bevölkerungsdruck und durch Jahrhunderte lange Adaptation entstandenen Anbauverfahren sind durch Baumüberbau, Mischkultursysteme und organische Bodenpflege (Mulchung) charakterisiert. Der ausländische Experte wurde hier erst einmal selbst zum Lernenden traditionell gewachsenen, ökologischen Wissens. Heute verfügen wir über eine ganze Palette klimatographisch und sozio-kulturell verschiedener autochthoner Anbausysteme.[14] Diese Faktoren einer kulturellen Evolution bilden die wesentlichste Quelle eines methodischen Entwurfs, der auch als Ecodesign bezeichnet wird.

Weitere Elemente werden aus der Vegetation des Gebiets abgeleitet. Ursprüngliche Klimaxgesellschaften sind - wie besonders gut für den Regenwald untersucht - ökologisch stabil. Die Nachhaltigkeit beruht dabei weitgehend auf geschlossenen Stoffkreisläufen. Was den tropischen Böden aufgrund hundertfach schneller ablaufender chemischer Verwitterung an Restmineralgehalt fehlt, wird durch organischen Mineralrückfluß und pflanzliche Verrottung ausgeglichen.[15] Solche Systeme sind produktiv und destruktiv zugleich und für die Produktionsinteressen des Menschen zunächst nutzlos - es sei denn, auf Kosten ihrer Nachhaltigkeit. Die landwirtschaftlichen Produktionssysteme herkömmlicher Agrartechnik - wie etwa ein Weizenfeld - sind als Sukzessionsvegetation für die landwirtschaftliche Produktion nutzbar, aber ökologisch instabil und verlangen einen hohen Pestizid- und Düngereinsatz. Die Frage war nun, ob sich die positiven Aspekte beider Systemtypen verbinden ließen, d.h. die Nachhaltigkeit der Standortvegetationssysteme und eine hohe, für den Menschen nutzbare Produktion. Dabei zeigte sich, daß wesentliche Komponenten, Strukturen und Funktionen der Klimaxvegetation auf landwirtschaftliche Systeme übertragbar sind. Denn, "wenn es dem Menschen gelingt, eine naturnahe Vegetation so zu gestalten, daß sie reich an Pflanzen ist, die für ihn verwertbar sind, kann er in einem diversifizierten System mit annäherungsweiser Simulation der natürlichen Vegetationsform mehr erwirtschaften als in einem unentwickelten, monokulturähnlichen System".[16] So ergibt sich die Möglichkeit einer produktiv geordneten Vielfalt statt produktiver Vereinfachung, mit Baumüberbau, geschloßenen Stoffkreisläufen und einer dem Standort gemäßen Pflanzenauswahl.

Dieses Ecodesign ist aber weder ein reines "zurück zur Natur" noch gar ein ausschließliches "zurück zur Vergangenheit". In der Synthese des Methodenansatzes tritt ein weiteres Element hinzu: das der modernen Agrarforschung. Hierbei geht es um den Einsatz angepaßter Technologien, wie der Einführung geeigneter Geräte, einer dosierten Anwendung anorganischen Düngers, sowie um

Maßnahmen zur Förderung einer biologischen Schädlingsbekämpfung. Natürlich dienen solche Vorgehensweisen vorrangig einer Steigerung der Ertragsproduktivität, doch was oft vergessen wird: angepaßte Technologien entwickeln sich nur mit den Benutzern und aus der jeweiligen Zielgruppe heraus. Dies kann durch praxisbegleitende Forschung gefördert werden, die eigentliche Adaptation aber verlangt eine Verschränkung ökologischer und gesellschaftlicher Prozeße.[17] Erst durch die Partizipation aller Beteiligten kommt es zur Umformung und Ausprägung des Methodenangebots - ein Vorgang, der gerade von sozialwissenschaftlicher Seite mißverstanden wurde und daher im Folgenden näher erläutert werden soll.[18]

Elemente autochthoner Anbauformen, der natürlichen Vegetation und moderner Landnutzung werden im Ecodesign modellhaft in einer Synthese zusammmengefaßt. Auf Modellfeldern wird dieser Ansatz gezeigt und dient als Grundlage eines gemeinsam mit den beteiligten Bauern und Bäuerinnen durchgeführten Optimierungsprozesses.[19] Das Methodenangebot ist also keineswegs starr vorgegeben, es wird erst durch die Zielgruppe herausgearbeitet. Die jeweils spezifischen, lokalen sozioökonomischen Faktoren sind dabei nicht bloß "Rahmenbedingungen", - sie bilden die eigentliche prägende Kraft bei der Ausformung des Methodenansatzes.

Modelle sind immer eine mehr oder minder starke Vereinfachung - dies gilt ganz besonders für das Ecodesign. Der Entwurf ist dadurch offen für die Adaptation im Detail (für die spezifischen Bedürfnisse des Einzelbetriebs), und anpassungsfähig für zukünftige Veränderungen. Es bleibt Raum für eine kreative, positive Energien freisetzende Eigengestaltung durch die Beteiligten.[20] Dadurch eröffnet sich eine Identifikationsmöglichkeit mit dem neuen System, die allerdings von einer weiteren Grundvoraussetzung abhängt: Die Beratung muß hinnehmen, daß sich ihr Angebot in der Hand der Bauern erheblich wandelt.[21]

In der Vorgehensweise, Baum- und Straucharten mit dem Anbau von Feldfrüchten zu verschränken - also eine Kombination von Land- und Forstwirtschaft anzustreben - entspricht der standortgerechte Landbau den wesentlichen Elementen dessen, was seit Ende der 70er Jahre als Agroforstwirtschaft bezeichnet wird. Durch Anregung des "International Development Research Centre" (IDRC) in Ottawa entstand 1977 ein Programm, um der zerstörerischen Wirkung des "shifting cultivation" in den Tropen entgegenzuwirken.[22] Auch hier dienten traditionelle, nachhaltige Systeme als Beispiel, sozioökonomische und soziokulturelle Faktoren sollten miteinbezogen werden. Wichtigstes Ergebnis dieser Untersuchung war jedoch die Aufforderung, das Arbeitsfeld der Agroforstwirtschaft zu institutionalisieren. Dies wurde zur Geburtsstunde des "International Council for Research in Agroforestry" (ICRAF), das 1978 in Nairobi seine Arbeit aufnahm.[23] Seitdem ist auf internationaler Ebene die Verbreitung der Agroforstwirtschaft kräftig vorangetrieben worden. Dennoch blieb, wie sich bald herausstellte, die Frage offen, ob unter Agroforstwirtschaft eine wertneutrale Wissenschaft und Technik oder auch ein vielversprechendes Instrument einer sozialen Entwicklungsstrategie zu sehen ist, die selbstverständlich normative Elemente enthielte.[24] Die Widerstände gegen letzteres sind vielfältig. Man hat den Eindruck, daß aus der Praxis kommende Anstöße zur Theoriebildung befürchtet werden, die rein ökonomistische Leittheorien in Frage stellen könnten.[25]

Eine im Rahmen des Ecofarmings umgesetzte Agroforstwirtschaft ist beides, standortgerechter Pflanzenbau und eine standortgerechte, den lokalen Verhältnissen angepaßte Entwicklungsstrategie: ein Optimierungsprozeß der modellhaften Vorlage des Ecodesigns in den Händen der beteiligten Bäuerinnen und Bauern.

1.3. Funktionierende Prototypen

1975 ergab sich die Möglichkeit, die zuvor geschilderten Erfahrungen der Usambaraberge auf Projektebene miteinzubringen und zu einem praxisreifen Methodenansatz zu entwickeln. In einem Projekt der GTZ in Nyabisindu, Rwanda gelang es durch zahlreiche Demonstrations- und Experimentierfelder ein neues, ökologisch orientiertes Anbausystem zu entwerfen.[26] Rwanda ist ein zentralafrikanisches Bergland. Hohe Bevölkerungsdichte, erosionsgefährdete Steilhänge und der Mangel an nichtagraren Produktionssektoren zwingen zu einer intensiven Subsistenzwirtschaft. Hauptanbaufrüchte der Projektregion sind Bohnen, Sorgho, Bananen, Süßkartoffeln und Maniok; zusätzlich wird für den Weltmarkt Kaffee produziert. Rinder und Ziegen dominieren in der Viehhaltung, meist noch in erosinsfördernder Weidehaltung. Feldarbeit und Brennholzbesorgung gehören zu den traditionellen Aufgaben der Frau.[27] - Bei dem methodischen Entwurf eines stabilen Landbausystems für diese Region wurden folgende Elemente entwickelt:

- *Integration von Bäumen im Feldbereich.*

An der Oberkante von Erosionsschutzgräben werden Baumreihen gepflanzt und stabilisieren so das Ende jeder Terrasse. Die von den Bauern bevorzugten Baumarten sind Grevillea robusta, Maesopsis eminii, Cedrella seriulata - aber auch Papaya und Avocado können eingesetzt werden. Obst, Bau-und Brennholz können bei einer Menge bis max. 300 - 400 Bäume/ha gewonnen werden.[28] Die Bäume bilden dabei die oberste Etage des stufenartigen Agroforstsystems. Ihre Wurzeln werden zum Feldbereich nach etwa 2 Jahren zurückgekappt, so daß keine Konkurrenz um Nährstoffe mit den Feldkulturen entsteht. Die zum Einsatz kommenden Baumarten verfügen über einen aufrechten Wuchs und wenig ausladende Äste. So bildet sich ein parkartiger lichter Baumüberbau.

- *Erosionsschutzgräben und Hecken.*

In Rwanda ist die Anlage von parallel zu den Höhenlinien verlaufenden Erosionschutzgräben bereits als Regierungsprogramm vorgeschrieben. An ihrer Oberkante werden zusätzlich zu den Bäumen Heckenlinien aus stickstofffixierenden Leguminosensträuchern befestigt (Leucaena leucocephala, Calliandra callothyrsus). Die Hecken erfüllen dabei eine Reihe von Mehrfachfunktionen. Sie fixieren Stickstoff, liefern Viehfutter und stellen zusätzliches Feuerholz zur Verfügung. Die Hauptleistung dieser in Doppelreihe gepflanzten Büsche ist die durch ihre langen Pfahlwurzeln gewährleistete Stabilisierung der Terassenkante.

- *Mischkulturen und schonende Kulturpflege.*

Für die Gestaltung des Feldfrüchteanbaus ergeben sich mehrere Möglichkeiten: vertikale Zonierung, horizontale Staffelung (entweder zeitlich als multiple cropping oder räumlich als intercropping).[29] Hierbei erwies sich eine Mischkultur aus Süßkartoffel, Soja und Mais als besonders günstig. Ihr bis zu 40% höherer Kollen, Bohnen und Körnerertrag hat wesentlich zur Anerkennung des Ecofarmingansatzes auch auf Regierungsebene beigetragen.[30] Die Feldkulturen bilden somit den "Unterbau" des Systems - äquivalent zur Krautzone einer natürlichen Klimaxvegetation. Zusätzlich können kriechende Leguminosen, wie Dolichos lablab oder Mucuna utilis die Aufgabe von Bodenbedeckern ("lebender Mulch") übernehmen.

- *Intensivgründüngung durch einjährige Buschbrache.*

Die Intensivbuschbrache aus verholzenden Leguminosensträuchern (Tephrosia vogelii, Cajanus cajan, Crotalaria lachnophora) kann 10 - 25 Tonnen mehr Trockenmasse pro Hektar und Jahr produzieren. Dabei werden 150 - 300 kg Stickstoff fixiert und die tiefen Wurzeln bedingen einen für Humusaufbau günstigen Bodenaufschluß.Gleichzeitig wird leichtverarbeitbares Brennholz zur Verfügung gestellt und eine Viehfutterreserve geschaffen.[31] Die Sträucher bewirken im Mittelbereich der Anlage, ergänzend zu den Bäumen, eine erhebliche Verbesserung des Mikroklimas und fördern das Wasserrückhalte-vermögen des Bodens. Durch regelmäßigen Blattfall, insbesondere in der Trockenzeit, wird der Oberboden darüber hinaus strukturell verbessert.

- *Integration der Tierhaltung.*

Die in Agroforstsystemen verstärkt anfallende Blattgrünmasse von Bäumen und Sträuchern kann den Futteranbau bei Viehstallhaltung entscheidend ergänzen. Es wurde ein mit einfachen Mitteln zu erstellender Tiefstall entwik-kelt. Dadurch wird für das System zusätzlicher organischer Dünger verfügbar und der Gefahr einer Überweidung wirkungsvoll entgegengewirkt.

- *Moderne Produktionshilfen.*

Hier kommen Maßnahmen einer kombiniert organisch-anorganischen Dün-gung, der biologische Schädlingsbekämpfung, der dosierte Einsatz von Pflan-zenschutzmitteln, sowie einfache Geräte zum Einsatz. Ihre ökologische und sozioökonomische Akzeptanz wird dabei von Standort zu Standort von allen Beteiligten geprüft.

Wie sich diese 6 Elemente zu einem Gesamtsytem verbinden lassen verdeutlicht Abbildung 1.

Dieser Ecofarmingansatz oder standortgerechter Landbau , zunächst für Ostafri-ka entwickelt, fand in den folgenden Jahren vielfach Eingang in Projekte der ländlichen Entwicklung. 1978 - 1982 in ein Sahelprogramm der GTZ, 1979 - 1981 in die ökologische Arbeitsgruppe eines Weltbankprojekts in Kamerun, 1983 wiederum in ein Projekt der GTZ, diesmal in Togo, sowie in jüngster Zeit (seit 1987) in einen schweizerischen Projektansatz für Madagaskar. Weitere Bezüge bestehen zum "Bamaenda - Modell" in Kamerun[32], zum interdisziplinären For-schungsbereich der "agroecology" sowie zu Arbeitsansätzen nichtstaatlicher Entwicklungsprogramme (Brot für die Welt), um nur einige wichtige zu nennen . Eine intensive Weiterführung des Arbeitsansatzes von Nyabisindu ergab sich 1985, diesmal wieder in Rwanda, mit Hilfe Baden-Württembergs durch das "Projet d'Intensification Agro - Silvo - Pastoral" (PIASP) in Mugusa.

Abb. 1. Ideal gegliederter Kleinbetrieb mit typischen Anbauelementen

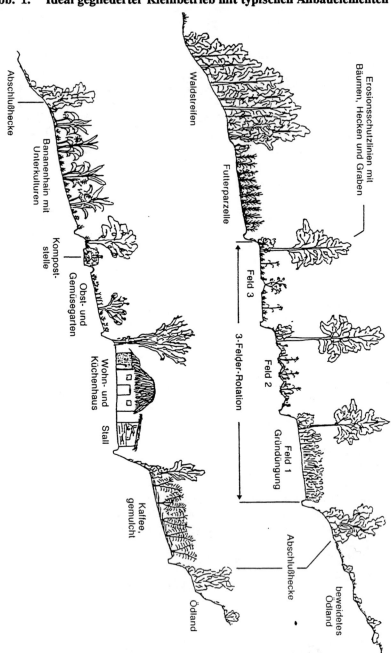

Hier konnte nun direkt mit dem bereits erarbeiteten Ecodesign eingesetzt werden. Ein bereits bestehendes Modellfeld war vorhanden, desgleichen in Ecofarming geschulte einheimische Berater, und von Bauern und Experten gemeinsam erarbeitete Beratungsmaterialien. Dies war ein entscheidender Zeitgewinn für die Anfangsphase und schaffte die Möglichkeit sich noch offenen Fragen der Forschung, auch jenseits rein pflanzenbaulicher Probleme, zuzuwenden. Jetzt konnten soziokulturelle Determinanten gegenüber den ökonomischen an Gewicht gewinnen - übrigens in Übereinstimmung mit einer internationalen Tendenz. 1988 ergab sich für das Projekt PIASP die Möglichkeit bei der Formulierung soziokultureller Entwicklungsstrategien direkt mitzuarbeiten.[33] Einige Kernaussagen dieser unter dem Stichwort der "lokalen Aktion" zu fassenden Arbeit seien hier erläutert.

- Projektausstattung und Organisation.

Das Projekt wurde in Ausstattung und Organisation bewußt klein gehalten. Der Aktionsradius wurde auf eine ländliche Gemeinde beschränkt, da sich ab einer bestimmtem Projektgröße direkte Partizipationsbeziehungen kaum dauerhaft erhalten lassen.[34] Die Erfahrungen zeigten, daß damit einerseits ein besserer Informationsaustausch zwischen bäuerlichen Familien und dem Projektmanagement möglich ist, andererseits wird die Entwicklungsdynamik, die nun erfreulicherweise von den gemeindeinternen Gruppenprozessen getragen wird, in ihrer Gangart oft langsamer als von noch vorherrschenden Projektplanungen und Evaluierungsmethoden erwartet wird. Hier wird der Erfolg nach äußeren Kriterien gemessen, soziokulturelle Entwicklung ist schwer meßbar.[35]

- Partizipation

Bei der Entwicklung partizipatorischer Arbeitsweisen stand die Zusammenarbeit mit den bestehenden kommunalen Gruppen im Vordergrund. Eigens durch das Projekt geschaffene Initiativen wurden zwar prinzipiell nicht ausgeschlossen, dennoch erschien ein solches Vorgehen wenig Gewähr für eine nachhaltige - auch über das Ende der Projektarbeit hinausgehende - Wirkung zu geben.[36] Ziel war es, sich möglichst überflüssig zu machen, d.h. die bestehenden sozialen Strukturen "katalytisch" zu fördern, aber nicht zu bestimmen. Dafür gab es auf Gemeindeebene vielfältige Ansatzpunkte:

- durch Kooperation und Mitarbeit bei den land- und forstwirtschaftlichen Programmen der kommunalen Gruppen,
- durch Zusammenarbeit mit Schulen,
- durch Frauenarbeit im Rahmen bestehender Ernährungs- und Hygieneprogramme,

- durch stärkeren Miteinbezug nichtstaatlicher Organisationen (NGOs), wie
kirchliche Gruppierungen, innerhalb der Gemeinde.

Über diese Kommunikationswege erfährt der methodische Arbeitsansatz vielfältige Adaptationen. So kann sich der Maßnahmenkatalog zur organischen Bodenpflege bei Familien mit extrem wenig Land von der saisonalen Buschbrache weg
stärker auf die Seite der Mistdüngung verschieben - Angehörige kommunaler
Gruppen interessieren sich für schnellwachsende Bäume als Alternative zum
Eukalyptus in staatlichen Aufforstungsprogrammen - Lehrer und Schüler wünschen Möglichkeiten zum Ausprobieren verschiedener Anbauformen - Bäuerinnen schätzen die wegsparende Integration von verholzenden Büschen für den
täglichen Brennholzbedarf - NGOs interessiert das Beratungsmaterial für die
selbständige Arbeit.

2.   Potential einer ökologischen Entwicklungsstrategie

2.1. Ökologische Potentiale

Welche Faktoren spielen bei der Berücksichtigung der ökologischen Vorrausset-
zungen des jeweiligen Raums eine Rolle und welche Potentiale lassen sich dadurch freisetzen? Hier sind 3 Faktoren zu betrachten: Diversität, Komplexität
und Stabilität.

Diversität

Dies betrifft sowohl genetische Diversität, als auch Arten- und Biotopvielfalt. So
können Gemische von lokalen Bohnensorten aufgrund ihrer genetisch bedingten
Antwortvielfalt Witterungsschwankungen weitgehend ausgleichen und sind den
kleinräumigen Bedingungen hervorragend angepaßt.[37] Dies gilt auch für die
Resistenz gegenüber Schädlingsbefall. Artenreiche Mischanbausysteme, die in
ihrem Stufenaufbau vielfältige Lebensräume stellen, unterstützen diese Wirkung.
Gleichzeitig trägt eine stockwerkartige Biotopvielfalt zur Verbesserung des
Mikroklimas bei (Schattenwirkung, Dämpfung von Starkregen, Wasserrückhal-
tung im Wurzelbereich).

Potentiale: Für den einzelnen Bauer bedeuteten diese Leistungen: weniger
Gefahr eines Ernteausfalls und ein billiger, keine Außenabhängigkeit verursa-
chendender Pflanzenschutz - also ökonomische Sicherheit und Autonomie.

Global gesehen, kommt zusätzlich der Erhaltung genetischer Diversität eine immer stärkere Rolle zu. Die in - situ Bewahrung genetischer Ressourcen erhält die Möglichkeiten für die Adaptionen und Züchtungen von morgen.[38]

Komplexität

Auf Produktivität hin geordnete Vielfalt stellt einen wechselwirkungsreichen Komplex dar - nicht nur ein Nebeneinander von Elementen. Dies sichert eine ganze Reihe von Leistungen:
- so findet eine ständige Nährstoffrückfuhr durch Laubfall statt,
- hangparallel gezogene Heckenlinien stoppen die Abtragung des Oberbodens und führen zu einer allmählichen Terrassenbildung,
- verholzende Leguminosensträucher dienen der Stickstoffanreicherung, Wasserrückhaltung und Humusbildung des Bodens. Die einzelnen Elemente erbringen multiple Leistungen in struktureller und funktioneller Hinsicht.

Potentiale: Die Komplexität des Systems bedeutet kurzfristig gesehen einen höheren manuellen Arbeitseinsatz, der sich allerdings rasch nach Etablierung der Selbstregulationskräfte in Form von Arbeitserleichterungen auszahlt, z. B. durch Erosionschutz. Boden, oft das einzige Kapital, wird so erhalten, einem "Kapitaltransfer" in tiefere Hanglagen wirksam vorgebeugt.[39]

Global und überregional: Bei hinreichend flächendeckender Verbreitung solcher Systeme übernehmen diese Aufgaben der urspünglichen Vegetation: Wasserhaushalt und Klimaregulation und CO_2 Festlegung. Man könnte sogar sagen, sie sind der einzig mögliche Ersatz für großflächig verlorengegangene Waldgebiete.

Stabilität

Diversität und Komplexität derartiger Anbausysteme führen zu stabilen Ökosystemen. Wichtigster stabilitätherbeiführender Faktor ist hierbei der Mensch: von seinem gestalterischen Wirken hängt die Nachhaltigkeit des so geschaffenen Humanökosystems ab.

Potentiale: Die Erhaltung von genetischer Diversität, Arten- und Biotopvielfalt, geschlossene Stoffkreisläufe und ein geschützer Boden, bedeutet die Bewahrung erneuerbarer und nichterneuerbarer Ressourcen. Es ist ein Offenhalten für die Optionen der Zukunft - für eine weitere Entwicklung. Bei fortschreitender

Erosion des Bodens und der genetischen Ressourcen wäre der Verlust irreversibel, ein möglicher Nutzen und Beitrag für den kulturellen Entwicklungsprozeß nicht mehr verfügbar. Stabilität, bzw. Nachhaltigkeit ist daher eine Determinante uneingeschränkter Entwicklung.

2.2. Soziokulturelle Potentiale

Welche Potentiale können nun bei einem Einbezug soiokultureller Faktoren wirksam werden? Hierbei sind drei Aspekte zu berücksichtigen: kulturelle Vielfalt, Partizipation und qualitatives Wachstum.

- Kulturelle Vielfalt

Die Vielfalt kulturell gewachsenen Wissens umfaßt Kenntnisse zur standortbezogenen Pflanzenauswahl, Methoden der organischen Bodenpflege - um nur einige physische Aspekte zu nennen. Das wichtigste Element dieses traditionellen Erfahrungsschatzes aber ist die Verbindung physischer Information mit metaphysischen Inhalten. Baum und Blume sind auch Heilpflanze und Träger magischer Bedeutungen, ihr Anbau oder die Verwendung assoziiert Glück oder Mißgunst, usw.

Potentiale: Ein Erhalten dieses einheitlichen Wissens bedeutet Identität. Das Wirksamwerden dieser Ganzheit ermöglicht eine Identifikation mit dem jeweiligen Lebensraum. Die Vielfalt kultureller Bezüge ist daher ein entscheidender Faktor für die Bewahrung der Landschaft durch den Menschen.

- Partizipation

Autochthonie und Kontinuität bewirken einen in Geschwindigkeit und Form den jeweiligen Grundbedürfnissen angepaßten Entwicklungsprozeß. Kulturelle Evolution, statt technologische Revolution ist hier das Ziel! Dies ist der entscheidende Unterschied dieses entwicklungstheoretischen Ansatzes zur "Grünen Revolution": die Entwicklung aus dem Vorhandenen, d.h. Achtung und Bewahrung kultureller Traditionen, das Vermeiden von "Entwurzelung" und Identitätsbrüchen mittels angemessener Technologien. Kulturelle Vielfalt und Identität beinhalten dabei jeweils spezifische Werte und Vorstellungen über die Ordnung der Welt. Bei einer rücksichtsvollen Entwicklungshilfe von außen, die ihre Rolle als "outsider"[40] offen zugesteht, wird Raum geschaffen für die Entfaltung kultureller Werte. Durch Partizipation werden diese Werte raumwirksam, d.h. durch Aufbau von Ordnung, sich selbstregulierender Vernetzungen, zum Ausdruck gebracht. Dies betrifft gesellschaftliche und natürliche Systeme, den Einzelnen wie die Gruppe.

Potentiale: Es ist zunächst bemerkenswert, daß es sich hierbei um bislang kaum genutzte Ressourcen handelt: die humanen Ressourcen individueller und gruppenspezifischer Kreativität. Die Freisetzung dieser Potentiale - teils als Dialog und Auseinandersetzung mit neuen Inhalten, teils in Form eines "Erinnerns" an eigenes Kulturgut (Autochthonie) - ist abhängig von einem weiteren unzureichend genutzten Potential: dem guten Willen, vom Machtverzicht auf Seiten derer, die die kulturelle Entwicklung weitgehend zu beherrschen versuchen, statt sie "katalytisch" zu fördern. Durch letztes wäre Entscheidendes zu gewinnen: sich selbst tragende, stabile Teilsysteme - eine entscheidende Vorrausetzung für die Stabilität einer Welt.

Qualitatives Wachstum

Die durch kulturelle Vielfalt und Partizipation wirksam werdenden ordnenden Werte und kreativen Kräfte eröffnen den Weg zu diversivizierten Produktionssystemen. Bei ihrer Gestaltung werden neben Ertragssteigerung auch andere, zumindest gleichwertige, Entwicklungsziele deutlich, wie: höhere Bedürfnisbefriedigung, Steigerung der Lebensqualität, ökonomische Sicherheit. Agroforstsysteme werden nicht zuletzt aufgrund dieser qualitativen Leistungen von den Menschen mitgetragen.

Potentiale: Die Schaffung hoch geordneter diversifizierter Produktionssysteme verlangt kurzfristig gesehen einen relativ hohen Arbeitsaufwand, langfristig wird aber ein nachhaltiges Humanökosystem geschaffen. Qualitatives Wachstum ist daher eine Determinante wirkungsvoller Nachhaltigkeit.

2.3. *Das Potential einer nachhaltigen Entwicklung*

In den ersten beiden Abschnitten dieses Kapitels wurde aufgezeigt, wie die ökologischen Faktoren Diversität, Komplexität und Stabilität im Zusammenspiel mit den soziokulturellen Faktoren kulturelle Vielfalt, Partizipation und qualitatives Wachstum die Potentiale Nachhaltigkeit und Entwicklung freisetzen. Dabei ist es kein Zufall, das sich soziokulturelle Aspekte bislang nur eher in Form eines Entwurfs theoretisch fassen lassen: eine übergeordnete Theorie steht bislang noch aus. Eine synthetische Zusammenfassung des Wechselverhältnisses zwischen ökologischen und soziokulturellen Faktoren wäre dazu ein erster Schritt und soll daher im Folgenden versucht werden.

**Abb. 2   Schema einer soziokulturellen Entwicklungsstrategie
des Ecofarmings**

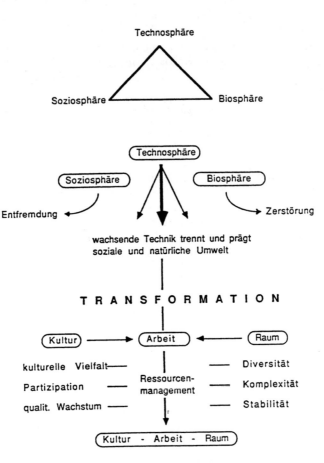

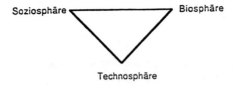

Zu Beginn dieser Untersuchung wurde die Krise unserer Umwelt als fortschreitende Auseinanderentwicklung von Soziosphäre und Biosphäre gedeutet. Die Technosphäre - eigentlich rein instrumental und den beiden anderen Systemen zugeordnet - überwölbt als eigendynamische Megastruktur gesellschaftliche und natürliche Systeme. Sie dominiert durch ihre eigene "Systemrationalität" - ein der Rationalität adäquater Vernunftshorizont ist aber nur der Soziosphäre zuzuordnen. Eine unkontrolliert wachsende technische Welt trennt und prägt die soziale und natürliche Umwelt in der Weise, daß sie Verknüpfungen auflöst und gewachsene Strukturen gefährdet. Diese bedeutet innerhalb der Soziosphäre eine zunehmende Entfremdung - für die Biosphäre letztendlich Zerstörung. Es liegt nahe, die verlorengegangenen Strukturen durch stabile, vielseitig rückgekoppelte gesellschaftliche und natürliche Systeme neu zu knüpfen und hierbei im Bereich der Technosphäre einzusetzen. Abb. 2. soll diesen Transformationsprozeß verdeutlichen.

Durch die geschilderten Faktoren Diversität, Komplexität, und Stabilität - sowie kulturelle Vielfalt, Partizipation und qualitatives Wachstum, werden Raum und Kultur in die, nun Lebensraum schaffende und bewahrende, Arbeit zurückgeholt. Arbeit wird damit zu einem Ressourcenmanagement[41]. Dieser Begriff hat sich in den letzten Jahren als Summe dessen herausgebildet, die prägende, eine nachhaltige Umwelt schaffende, Tätigkeit des Menschen betrifft. Es werden durch Ressourcenmanagement wieder kleine in sich vernetzte Einheiten geschaffen. Kultur, Arbeit und Raum sind hier wieder aufeinander bezogen, diesmal in der Form, daß die Technosphäre, ihrem instrumentalen Charakter gemäß durch gesellschaftliche Werte und Normen gelenkt und an den Bedingungen der Biosphäre orientiert wird.

3. Fazit

Wie am Beispiel des standortgerechten Landbaus aufzeigbar, läßt sich durch Ressourcenmanagement eine nachhaltige Entwicklung vollziehen. Dies beruht auf folgenden, nichtaustauschbaren Leitwerten:

- Bei der Einflußnahme über die Technosphäre spielt der jeweilige Zeithorizont eine entscheidende Rolle. Nichterneuerbare Ressourcen - wie z.B. auf fossilen Brennstoffen beruhende Inputs in der Landwirtschaft - sind nur zulässig falls sie zum nachhaltigen Aufbau erneuerbarer Ressourcen beitragen.

- Die Teilsysteme Bevölkerung/Gesellschaft - Technik/Wirtschaft - Umwelt/Ressourcen, sind miteinander verknüpft. Die Berücksichtigung der Interessen nur eines Teilsystems ist unzureichend und gefährdet das Gesamtsystem.

- Bei dem zu vollziehenden Interessenausgleich kommt der Soziophäre die entscheidende Rolle zu. Hier, und nur hier, wird der Verantwortungshorizont wirksam, kann Interessenausgleich durch eine normengeleitete politische Kultur vollzogen werden. Getragen von der Erkenntnis, daß die Umwelt des Menschen nicht mehr die Störfaktoren seiner Tätigkeit absorbiert - d.h. eine nachhaltige Umwelt selbst geschaffen werden muß, will er sich weiterentwikkeln.

Anmerkungen

1) World Commission on Environment and Development (WCED), (1987): *Our common future*, Oxford.
2) Kassas, M. (1989): "The Three Systems of Man", in: *Environmental Conversation*, Vol. 16, No. 1, S. 7-11.
3) Mc Neely, J. (1989): "The Greening of the World Bank: IUCN Members Engage the Bank in Dialogue on Biological Diversity", in: *IUCN Bulletin*, Vol. 20, No. 1-3, S.28.
4) Meadows, D. L. (Hrsg) (1972): *Die Grenzen des Wachstums*, 1. Bericht des Club of Rome zur Lage der Menschheit, Stuttgart.
5) Küppers, G., Lundgreen, P., Weringart, P. (1978): *Umweltforschung - die gesteuerte Wissenschaft? Eine empirische Studie zum Verhältnis von Wissenschaftentwicklung und Wissenschaftspolitik*, Frankfurt.
6) Egger, K. (1982): "Zehn Jahre nach Stockholm. Das Umweltprogramm der Vereinten Nationen (UNEP) in seinem politischen Umfeld", In: *Vereinte Nationen* 4/82, S. 113-116.
7) Ellenberg, H. (1973): *Ökosystemforschung*, Berlin, Heidelberg.
8) Glaeser, B. (Ed.),(1986): *The Green Revolution Revisted*, London.
9) Sachs, I. (1980): *Strategies de l'ecodéveloppement*.
10) Glaeser, B. (1979): "Ökonomische Konsequenzen ökologisch orientierter Landwirtschaft in Ostafrika", in: Elsenhans, H. (Hrsg.): *Agrarreform in der Dritten Welt*, Frankfurt, New York, S. 262.
11) Blaikie, P., Brookfield, H. (eds.)(1987): *Land degradation and society*, London, New York.
12) Egger, K., Glaeser, B. (1975): *Politische Ökologie der Usambaraberge in Tanzania*, Bensheim: Schriftenreihe der Kübel-Stiftung.
13) Egger, K. (1975): "Traditioneller Landbau in Tanzania - Modell ökologischer Ordnung?", *Scheidewege* 5 (2), S. 269 -295.
14) Fernandes, E. C. M., Oktingati, A., Maghembe, J. (1984): "The Chagga homegardens: a multistoried agroforestry cropping system on Mt. Kilimanjaro (Northern Tanzania)", in: *Agroforestry Systems*, Vol. 2, No. 2, S. 73.

Richards, P. (1985): *Indigenous Agricultural Revolution. Ecology and food production in West Africa*, London, Melbourne.

15) Weischet, W.(1977): *Die ökologische Benachteiligung der Tropen"*, Stuttgart.

16) Müller-Sämann, K. M. (1986): *Bodenfruchtbarkeit und Standortgerechte Landwirtschaft. Maßnahmen und Methoden im Tropischen Pflanzenbau*, Schriftenreihe der GTZ, No. 195, Eschborn, S. 419.

17) Egger, K. (1987): "Ein Weg aus der Krise. Möglichkeiten des ökologischen Landbaus in den Tropen", in: Heske, H. (Hrsg.): *"Ernte - Dank"? Landwirtschaft zwischen Agrobusiness, Gentechnik und traditionellen Landbau*, Gießen, S. 84.

18) Lachenmann, G. (1987): "Ökosysteme ohne Menschen? Kritik des Ecodevelopmentkonzepts", in: *Der Überblick*, (2), S. 59-61.

19) Rudolph, Susanne (1990): *Untersuchungen zum Aufbau optimaler Agroforstsysteme in Rwanda. Eine humanökologisch - interdisziplinäre Analyse*, Frankfurt, (in Druck).

20) Laszlo, E. (1988): *Die inneren Grenzen der Menschheit*, Rosenheim, S. 67 ff.

21) Egger, K.: siehe Anmerkung 17, S. 90.

22) Bene, J. G., Beall, H. W., Cote, A. (1977): *Trees, food and people: land management in the tropics*, IDRC, Ottawa.

23) King, K. F. S. (1987): "The history of agroforestry", in: Steppler, H. A., Nair, P. K. R. (Eds): *Agroforestry: a decade of development*, ICRAF, Nairobi, S. 2-11.

24) Hoskins, M. W. (1987): "Agroforestry and the social milieu", in: Steppler, wie Anm. 23, S. 1919 - 203.

25) Speit, R. (1988): "Die Weltbank auf dem Ökotrip? Möglichkeiten und Grenzen umweltfreundlicher Entwicklungspolitik", in: *Der Überblick*, 3/88, S. 62.

26) Egger, K. (1982): *Methoden und Möglichkeiten des "Ecofarming" in Bergländern Ostafrikas*, Gießener Beiträge zur Entwicklungsforschung, Reihe 1, Bd. 8, S. 69-96, Gießen.

27) Gregoretti, T., Fraddosio, A. (1983): *Rapport et conclusion de l'enquete sur la role de la femme dans le milieu rural*, Butare, Rwanda.

28) Neumann, I. (1984): "Vom Nutzen der Bäume in der kleinbäuerlichen Landwirtschaft tropischer Bergländer", in: Rottach, P. (Hg.): *Ökologischer Landbau in den Tropen*, Karlsruhe, S. 250-262.

29) Beets, W.C. (1982): *Multiple cropping and tropical farming systems*.

30) Janssens, M. J. J., Mpabanzi, A., Neumann, I. (1984): *Les cultures associeés au Rwanda*, Bulletin Agricole du Rwanda.

31) Prinz, D. (1986): "Möglichkeiten der Erhöhung der Flächenproduktivität in kleinbäuerlichen Anbausystemen der Tropen durch Formen gelenkter Brache", in: *Göttinger Beiträge zur landwirtschaftlichen Forstentwicklung in den Tropen und Subtropen*, (12), S. 21-56.

32) Prinz, D., Rauch, F. (1987): "The Bamanda model. Development of sustainable land-use system in the highlands of West Cameroon", in: *Agroforestry Systems*, 5, S. 463-474.

33) nach projektinternen Dokumenten.

34) Fischer, K. M., Mühlenberg, F., u.a. (1981): *Ländliche Entwicklung. Ein Leitfaden zur Konzeption, Planung und Durchführung armutsorientierter Entwicklungsprojekte*, Forschungsberichte des BMZ, Bd 14, München, Köln, London.

35) v.d. Ohe, W., Hilmer, R., u.a. (1982): *Die Bedeutung soziokultureller Faktoren in der Entwicklungstheorie und -praxis*, Forschungsberichte des BMZ, Bd. 29, München, Köln, London.

36) wie Anm. 35.

37) Boeckmann, B. (1989): "Die genetische Vielfalt - Seiten aus dem " Buch des Lebens"", in: *bio - land*, Okt./89, S. 21-24.

38) Wilson, H. (Ed)(1988): *Biodiversity*, Washington.

39) Blaikie, wie Anm. 11.

40) Chambers, R. (1983): *Rural Development: Putting the last first*, London, Lagos, New York.

41) Clark, W.C., Munn, R.E. (Eds.) (1986): *Sustainable Development of the Biosphere*, IIASA, Laxenburg, Austria. Cambridge, London, New York.

Teil VI:

Industrieabfälle

Der Müllkolonialismus verändert sein Gesicht:
Neue Entwicklungen im weltweiten Abfallhandel

Andreas Bernstorff

Anfang der achtziger Jahre hat auf dem Weltmarkt eine neue Branche den Plan betreten: der Internationale Müllhandel. Er vertreibt eine Ware mit negativem Marktwert: giftige Rückstände aus den Wohlstandsgesellschaften der Welt. Er trifft auf die Situation notorischen Devisenmangels und zunehmender Verelendung in der Dritten Welt, aber auch in Osteuropa und der Sowjetunion, deren Verhältnis zu den reichen Ländern immer offenkundiger Züge des klassischen Nord-Süd-Verhältnisses annimmt. Er bedient sich neuerdings auch zu seiner Rechtfertigung des Mangels an Energieressourcen in vielen Regionen der Welt.

Müllexport steht in einer Reihe von "Gefahrenexporten" in die arme Welt: Pestizidhandel und -produktion, Export gefährlicher Güter und die Verlagerung umweltgefährdender Produktionsprozesse.[1]

Die ersten massiven Müllexporte fanden ihren Weg von den USA nach Mexiko, und Mitte der achziger Jahre war bereits Afrika entdeckt. 1988 landeten die ersten Lackschlämme von Mercedes-Benz in der Türkei.[2] Nur wenige Länder sind an diesem Export bisher beteiligt: Australien, Neuseeland, Japan, die USA, die skandinavischen Länder, die Niederlande, die Schweiz, die Bundesrepublik, Österreich und Italien. Es handelt sich genau um diejenigen Gesellschaften, die in den letzten beiden Jahrzehnten bei hohen Wachstumsraten das Entstehen neuer ökologischer Gruppierungen, Verbände und Parteien erlebten - Opposition in neuer Qualität.

Die breite gesellschaftliche Diskussion über Umweltfragen erzwang immer schärfere Auflagen zur Behandlung und Beseitigung von Abfällen; immer mehr Abfallarten wurden als umweltschädlich erkannt und als "toxic", "hazardous" oder "Sondermüll" eingestuft. Rechnete man bis 1988 mit einer jährlichen Giftmüllproduktion von fünf Millionen Tonnen in der Bundesrepublik, so liegen die

Schätzungen nach Inkrafttreten einer neuen "TA Sonderabfall" (Technische
Anleitung zur Behandlung von Sonderabfällen) für 1991 zwischen elf und acht-
zehn Millionen. Entsprechend sind die Kosten einer geregelten Abfallwirtschaft
gestiegen, in den USA seit 1975 um einen Faktor 5,2.[3]

Gleichzeitig blockieren NIMBY-Gruppen (Not In My Backyard), Bürgerinitiativen und Umweltverbände die Einrichtung von Deponien, den Bau von Ver-
brennungs-, Behandlungs- und Recyclinganlagen. Dies hat in den USA zu einem
landfill-ban, einem Moratorium beim Bau von Deponien geführt. In der BRD
gibt es ganze Bundesländer, die für die Behandlung von Giftmüll praktisch keine
Anlagen haben.[4]

Die mangelnde Vorsorge von Wirtschaft und Verwaltungen in den Industriestaaten rächt sich nun - an den Armen dieser Welt. Im Rücken der Umweltbewegung
haben sich nämlich der klassischen Koalition von Industriebetrieben, Verwaltungen und Entsorgern ganze Heerscharen von Abfallmaklern, Financiers und
Consultings hinzugesellt, die alles über die Grenzen drücken, was hierzulande
"gut und teuer" - teuer zu entsorgen - ist.

Das neue Umweltbewußtsein führt geradewegs in den Müllkolonialismus. Die
neue Reinlichkeit der Reichen verwandelt die Erfolge der Ökologiebewegung
der Metropolen in Lasten für die armen Länder. Bereits 1988 hatten 68 Nicht-
OECD-Staaten Giftmüll-Angebote aus Industriestaaten erhalten und zum Teil
angenommen.[5] Im selben Jahr dokumentierte Greenpeace 150 Müllexportpro-
jekte aus Industriestaaten in die Dritte Welt und in die Ostblockländer mit einem
Gesamtangebot von über 20 Mio. Tonnen und einem realen Export 1986-88 über
sechs Millionen, wobei häufig übersehen wird, daß der Löwenanteil in die DDR
ging.[6] Im Februar 1991 sind über tausend Fälle weltweit dokumentiert.[7]

1988 war "das Jahr der Italiener". Italienischer Giftmüll wurde im Libanon, in
Rumänien, an der türkischen Schwarzmeerküste, in Nigeria und Venezuela
gefunden, in vielen Ländern der Welt abgewiesen, und die Irrfahrten der berüch-
tigten Schiffe wie Zanoobia, Karin B. oder Deepsea Carrier wurden von der
Weltpresse verfolgt.[8]

Müll "in die Wüste"

Bisher hatten die Makler und Exporteure in der westlichen Öffentlichkeit regelmäßig argumentiert, sie wollten grundwassergefährliche, wasserlösliche Stoffe in
"einsamen Wüstengebieten" entfernter Weltregionen lagern, wo sie keinen
Schaden anrichten könnten. Es stellte sich aber heraus, daß die konkreten Pro-

jekte meist zwar auf tropische oder subtropische Gebiete zielten, aber fast immer in menschenreichen Küstengebieten endeten: Tahiti, Puerto Cabello/Venezuela, Koko/Nigeria, Libanon, Donaudelta/Rumänien, türkische Schwarzmeerküste.[9]

Giftmüll wurde in den Empfängerländern als Dünger, Baumaterial, Straßenbelag und Füllmaterial zur Landgewinnung in Meeresbuchten eingesetzt oder für ein paar Dollar Miete einfach abgeladen - Praktiken, die schließlich einen Aufschrei der Weltöffentlichkeit verursachten.

1987 hatten sich die Vereinten Nationen des Themas angenommen und deren United Nations Environmental Programme UNEP organisierte vorbereitende Verhandlungen zu einer Weltkonvention in Budapest, Caracas, Genf, Luxemburg und schließlich Basel.

Die letzten UNEP-Verhandlungen über die schließlich so genannte Basler Konvention zur Kontrolle des grenzüberschreitenden Verkehrs mit Sonderabfällen und ihrer Beseitigung im Frühjahr 1989 (UNEP/IG.80/3) waren noch begleitet von immer neuen Enthüllungen über Verschiebeprojekte aller Art in aller Herren Länder. Danach gab es eine Ruhephase - oder nur ein Nachlassen des Medieninteresses am Thema? *Auf jeden Fall disponierte die Branche um.*

Die Konvention von Basel: Legalisierung des Müllhandels

Die im März 1990 von 115 Staaten beschlossene "Basler Konvention" überträgt im wesentlichen bestehende Richtlinien der EG und der OECD auf den weltweiten Handel; vor allem verlangt sie "prior informed consent", die schriftliche Zustimmung eines Empfängerlandes zu einem geplanten Mülltransport. Durchgesetzt wurde die Anmeldepflicht beim Konventionssekretariat, das mittlerweile in Lausanne eingerichtet wurde und eine - hilfweise staatliche - Re-Import-Pflicht für illegale oder fehlgeschlagene Exporte, die keinen Empfänger fänden. Gegen diese Vorschriften hatten die westlichen Industriestaaten und Japan opponiert.

Nicht durchgesetzt werden konnte ein vor allem von den Afrikanern gefordertes Exportverbot aus Industriestaaten in Dritte-Welt-Länder sowie die Bedingung, daß Exportmüll im Empfängerland auf technisch gleichem Niveau behandelt werden muß wie beim Absender (equal standard) - nur ordnungsgemäß und umweltverträglich muß es sein, wer immer das definiert. Die Konvention toleriert bestehende Müllgeschäfte, die sich nicht den Bedingungen der Konvention fügen, auch mit Nicht- Unterzeichnerstaaten. Damit sind die laufenden Exportschienen legalisiert. Praktiken, die der Ächtung durch die Weltöffentlichkeit anheimgefallen waren, wurden in Basel mit einem legitimierenden Paragraphenwerk umgeben.

Hierauf hatte besonders die Bundesrepublik wegen ihrer Lieferungen auf die Skandaldeponien Schönberg, Vorketzin und Schöneiche in Mecklenburg und Brandenburg, aber auch im Hinblick auf Geschäfte mit weiteren "entsorgungsbereiten Nationen" gedrungen. Die USA wollten bei ihren Exporten nach Mexiko und Kanada nicht behelligt werden und Japan möchte in Südostasien sein Geschäft ungestört verrichten.

Alle beteiligten afrikanischen Staaten verweigerten die Zustimmung, weil sie sich von dieser Konvention keinen wirksamen Schutz versprachen. Die Organisation für Afrikanische Einheit OAU erarbeitete eine eigene Konvention, die den gesamten Kontinent für Müllieferungen sperren und Anfang 1991 in Bamako/ Mali beschlossen werden soll. (Südafrika und Marokko sind nicht Mitglieder der OAU !)

"Basel" war im Juli 1990 von etwa 80 Staaten gezeichnet, aber nur von fünf Ländern ratifiziert und kann voraussichtlich nicht vor 1992 in Kraft treten. Bonn hat am 10.10.90 gezeichnet und wollte noch im selben Jahr ratifizieren, woraus aber nichts wurde.[10]

Der neue Weg: Müllöfen in die Dritte Welt

Die Strategie des kruden "dumping" tritt nach Basel und angesichts erfolgreicherer Bemühungen zur Eindämmung internationaler Müllgeschäfte weltweit zurück und ist nur noch in wenigen Projekten erkennbar.

Seit Sommer 1989 wurden bei der Umweltschutzorganisation Greenpeace an die 40 neue Projekte für die Dritte Welt und fast 80 für Osteuropa registriert, die meist unter den Flaggen "Recycling", "thermische Nutzung" und "Technologietransfer" segeln. Verbrennungsanlagen für Hausmüll und auch Giftmüll, die gleichzeitig Energie liefern, sollen zu günstigsten Bedingungen in Südafrika, Angola, Sierra Leone, Libyen, Marokko, Israel, Argentinien, Paraguay, Mexiko, der Dominikanischen Republik, Estland, Polen, CSFR und Ungarn installiert oder sogar an sie "verschenkt" werden. Solche "Recyclinganlagen" werden weltweit angeboten und einheimischer Müll aus den armen Ländern soll mitverarbeitet werden.

Die Notwendigkeit auch von Exportverboten solcher Anlagen schließlich wird besonders deutlich am Beispiel Lateinamerika:

Da sollen Batterien und Pestizidreste aus hessischen Haushalten in argentinische Verbrennungsanlagen verschifft werden, die nur auf dem Papier existieren, da wird ein Müllkraftwerk projektiert für ein Land, Paraguay, das am größten Staudamm der Welt Itaipú, soviel Strom produziert, daß es ihn in andere Staaten (z.B. Uruguay) exportieren muß. Für fruchtbarste Flußtäler werden "fertilizer"-Programme mit US-amerikanischem Hausmüll projektiert. Angesichts der aktuellen Angebote tun sich für Lateinamerika "potentiell unbegrenzte Dollarquellen" auf.[11] Die Konditionen gehen dabei meist, wenn nicht von 100%, dann doch von 80%, zwei Dritteln oder mindestens der Hälfte Exportmüll auf zehn Jahre Laufzeit aus.

Verbrennungsanlagen sind nach 15-17 (Maschinenteil) bzw. 20 Jahren (Gebäude) steuerlich abgeschrieben, aber ohne ständige Wartung nach spätestens zehn Jahren ineffizient: die Drehrohre der Öfen verbacken und werden sprunghaft abgasträchtiger; sie müssen aufwendig repariert werden und sind für die Betreiber wirtschaftlich nicht mehr interessant. Die gegenständliche "Lebensdauer" dieser Öfen ist, sieht man von ihrer Umweltverträglichkeit und Effizienz ab, dagegen viel länger und wird von den Anbietern mit bis zu dreißig oder gar vierzig Jahren angegeben.

In keinem Projekt dieser Art fehlt die Bedingung, daß die Rückstände aus den diversen Verbrennungs-, Energie- und Recyclingprojekten im jeweiligen Land verbleiben müssen: problematische Schlacken und hochgiftige Flugaschen und Filterstäube - falls denn überhaupt gefiltert wird. Das sind in der Regel 15-30 % der angelieferten Müllmengen, für die es wiederum kein know-how und keine vorbereiteten Ablagerungsplätze gibt.

Das Motiv solcher Angebote ist natürlich, emissions- und abfallrechtliche Vorschriften in Industriestaaten mit starken Umweltbewegungen und die daraus resultierenden Kosten der Müllbehandlung zu umgehen. Ärmeren Ländern soll der Import fortschrittlicher Technologie vorgespiegelt werden, um am Ende die Forderung nach Abfallvermeidung und Umstellung der Produktion auf "Saubere Technologien" in den reichen Ländern kostensparend zu umgehen.

Zur Ökonomie des internationalen Müllhandels

Die volkswirtschaftliche Bedeutung von Müllexporten läßt sich bisher nicht schlüssig beurteilen, weil

1. der wahre Umfang der Abfallströme nicht bekannt ist und wir höchstwahrscheinlich nur auf der sprichwörtlichen "Spitze des Eisbergs" herumturnen,
2. es in Wirklichkeit auch in der Bundesrepublik, in der die Müllentsorgung eine hoheitliche Aufgabe von Ländern und Kommunen ist, immer noch keine "geordnete Abfallwirtschaft" im strikten Sinne mit einheitlichen Gebühren gibt, die es erlauben würden, über Preisvergleiche und Mengenabschätzungen zu einer halbwegs zuverlässigen Aussage zu gelangen und
3. die zuständigen Landesverwaltungen auf Anfragen aus "datenschutzrechtlichen Gründen" weder die stark differenzierten Preise noch die aktiven Firmen nennen und infolgedessen weder das Bundesumweltministerium noch das Umweltbundesamt über verläßliche Daten verfügen.

Es ist deshalb immer nur über illustrative Beispiele möglich, Kostenersparnisse durch den Müllexport (im Vergleich zur lokalen Entsorgung) und damit auch potentielle Gewinnspannen und konkrete Profite bei Exportunternehmungen abzuschätzen.

Beispiel 1: Türkei - Deutschland - Frankreich

Mit behördlicher Genehmigung für den Export zusammengemixte Lackschlämme, verbrauchte Lösemittel, Altöl und Sägespäne (50%) aus Baden-Württemberg sollten 1988 zum Preis von DM 40,-/t als "Ersatzbrennstoffe" an ein türkisches Zementwerk verkauft werden. Nach öffentlichen Protesten und dem Rücktransport der ersten Lieferung von Izmir zum Stuttgarter Hafen ordnete das gleiche Regierungspräsidium, das vorher die Mischprozedur erlaubt hatte, die Verbrennung in einer deutschen Sondermüllverbrennungsanlage an. Kosten: 820,- DM/Tonne.

Abzüglich der Misch- und Transportkosten von maximal 140 Mark pro Tonne winkte hier ein Gewinn von mindestens 700 DM/t oder 70 Millionen DM für die insgesamt bereits genehmigten 100.000 Tonnen innerhalb weniger Jahre für die Umgehung der westdeutschen Inlandsvorschriften. Das Entsorgungsunternehmen setzte allerdings gerichtlich eine neue Exporterlaubnis nach Paris durch, wo die Verbrennung nur ein Sechstel so teuer ist, nämlich 120 DM/t, was bei 100.000 Tonnen immer noch einer Kostenersparnis von 12 Mio.DM entspricht.

Die genehmigten Abgaswerte für Stäube und Schwermetalle in französischen Müllöfen sind zufällig sechsmal so hoch wie in bundesdeutschen Anlagen. Mit einer gegebenen Geld-Umsatzmenge (den etwa 70 Mio.DM, die die Entsorgung in Deutschland kosten würde) lassen sich also durch Giftmüllexport selbst innerhalb der EG 36-fache Schadstoffemissionen erzeugen[12].

Beispiel 2: Deutschland - Polen

150 Tonnen überlagerte Farben der US Army in kaputten Dosen, Eimern und Fässern sollten im Mai 1990 aus Rheinland-Pfalz als wiederverwertbare Rohstoffe für 166 DM/t nach Polen verkauft werden. Nachdem der polnische Zoll per Zufall den ersten LKW aufgriff und zurückschickte, weil er stank und leckte, endete die ganze Ladung bei einer Landesgesellschaft zur Giftmüllentsorgung, die jetzt Verbrennungskosten von 1420 DM/t tragen und geltend machen wird. Der zu erwartende Gewinn bei diesem Geschäft betrug 230.000 Mark für drei bis vier Lastwagenfuhren[13].

Beispiel 3: Deutschland - Deutschland

Die Berliner Stadtreinigung BSR zahlte seit 1979 42,32 DM/t an die Stasi-Firma INTRAC für die Ablagerung von Giftmüll im brandenburgischen Umland. Die westdeutschen Kosten hätten je nach Abfallart für Deponierung oder Verbrennung 300-1200 DM/t betragen. Die DDR Staatssicherheit nahm durch Giftmüllimporte in den letzten 15 Jahren mindestens drei Milliarden Westmark ein.

Beispiel 4: USA - Guinea-Bissau

1988 verhandelte die Regierung von Guinea-Bissau über einen Vertrag mit US-amerikanischen und westeuropäischen Firmen, nach dem innerhalb der nächsten fünf Jahre fünfzehn Millionen Tonnen Giftmüll zum Preis von US$ 40/t im Land endgelagert werden sollte. Die potentielle Gesamtsumme von 600 Mio.US$ entsprach dem vierfachen jährlichen Bruttosozialprodukt des Landes, das gleichzeitig 300 Mio.US$ Auslandsschulden hatte. Die US-amerikanischen und westeuropäischen Exporteure hätten damit durch Vermeidung national vorgeschriebener Entsorgungskosten eine Ersparnis von 87-97% der Inlandskosten (vgl. den oben genannten Preis von 300-1200 DM/t) erreicht - die enormen Gewinne, die in einem solchen Geschäft stecken, sind absehbar.

Beispiel 5: Deutschland - Paraguay

Die staatliche paraguayische Zementfabrik in Vallemi sollte 7,5 Millionen Dollar
für die Verbrennung europäischer "Ersatzbrennstoffe" erhalten. Der deal war
von einem paraguayischen Honorarkonsul der Strössner-Administration in
Düsseldorf eingefädelt worden, der in der BRD und der Schweiz Müllfirmen
betreibt.

Giftmüll oder Armut ?

Damit stellen die reichen Industriestaaten die armen Länder immer wieder vor
eine Alternative, die man zugespitzt "Giftmüll oder (Verschärfung der) Armut"
formulieren könnte. Die genannten Zahlen führen zu dem bisher nicht widerleg-
ten Schluß, daß ähnliche Profite sonst nur mit Drogen-, Waffen-, Menschenhan-
del oder Währungs- und Immobilienspekulation erzielbar sind, keinesfalls mit
üblichen wirtschaftlichen Tätigkeiten, wie die Entsorgungswirtschaft und die
Verwaltungen gemeinhin glauben machen wollen.

Die Tatsache, daß 1988 die BRD, die Niederlande und die Schweiz jeweils ein
Fünftel ihrer Sonderabfälle zu "Dumpingpreisen" exportierten, die BRD mindestens eine von fünf Millionen Tonnen, legt den Schluß nahe, daß hier bereits eine
volkswirtschaftlich bedeutsame Dimension erreicht ist, die sich aber wegen
Datenmangels bisher nicht im einzelnen belegen läßt.

Der Export nach Übersee, Osteuropa oder sogar in Länder innerhalb der EG
wird aber - soviel ist bereits klar - zur stärksten Bremse für die Forderung nach
Abfallvermeidung in der Produktion.

Müllkolonialismus verhindert technischen Fortschritt

Destilliert man die Herausforderung der westlichen Ökologiebewegung "at its
best", reduziert man sie auf die Forderung nach Kreislauf-orientiertem, nachhaltigem Wirtschaften, was Produktionsverzicht und -verbote ebenso einschließt wie
"saubere Produktion" (clean production technology), und schaut man dann auf
die Potentiale in den Bereichen Abfallvermeidung und Entgiftung von Produktion und Konsum, so wird sehr schnell klar, daß die inzwischen fast alltägliche
Ökologiedebatte allein im ingenieurtechnischen Bereich Möglichkeiten geschaffen hat, die vor zwanzig Jahren undenkbar waren und noch vor fünf Jahren von
der herrschenden Politik schlichtweg abgestritten wurden.

Heute werden Reduktionspotentiale von 20 bis 90 Prozent bei bestimmten Giftmüllarten von Landesregierungen angegeben und zum Ziel der Politik erklärt, die bislang als grüne Spinnerei abgetan wurden.[14]

Solange es aber möglich ist, Kunststoff-Gummi-Schwermetallgemische (Shredderabfall von Autos) jenseits der nationalen Grenzen im Straßenbau oder in billigen Müllöfen mit einer Abgasreinigungsleistung von nur einem Bruchteil westdeutscher Anlagen loszuwerden - solange wird sich kein Produzent hierzulande Gedanken machen müssen über andere Produkte, über Entgiftung der Produktion und über "De-Produktionstechniken", die eine weitgehende Wiederverwertung von Einzelkomponenten möglich machen.

Auch die Entwicklung von Sanierungstechnologien für Altlasten, die kurz vor der "Marktreife" stehen, wird nicht konsequent durchgesetzt, solange sich Siemens oder die Bundespost wallisischer Steinbrüche oder holländischer Verbrennungsanlagen bedienen können, um ihre verseuchten Baustellen schnell abzuräumen.

Die vom Gesetzgeber erlaubten Exporte von Lösemitteln behindern die Weiterentwicklung von Destillationsverfahren im Inland und verzögern die möglichen und allgemein als notwendig anerkannten Änderungen in der Verfahrenstechnik.

Dies alles geschieht nur, weil die Wohlstandsgesellschaften einer Neuordnung ihres Produktionssystems sich angeblich nicht gewachsen zeigen. Sie wählen den billigsten, den schäbigsten Weg, den Weg des Müll-Kolonialismus.

Für die armen Länder ist das doppelt schlimm: die Technologie, die sie importieren, bleibt auf einem Stand, der nach neuen Erkenntnissen eine umfängliche nachgeschaltete Entsorgungsstruktur erfordert, die sie sich nicht leisten können. Mit anderen Worten: eine Maschinenfabrik nach westlichem Standard bekommt zwar eine Abwsserkläranlage mitgeliefert, aber die Klärschlämme werden in die Berge gekippt. Die Fabrik, die keine Kläranlage braucht, wird nicht entwickelt, weil bei offenen Grenzen in den Metropolen der Müllnotstand jederzeit nach außen abgewälzt werden kann.

Die Dritte Welt kann aber, und das ist eine ermutigende Erfahrung der letzten zwei Jahre, im Bündnis mit den Umweltbewegungen der Metropolen die Kraft finden, das Schlimmste zu verhindern.

Die Organisation für Afrikanische Einheit OAU - Versuch des eigenen Wegs

Die OAU hat sich im Juni 1989 für eine eigene Konvention entschieden. Alle Müllimporte einschließich radioaktiver Abfälle aus Industriestaaten in irgendein Mitgliedsland sollen verboten werden. Trotz der Schwierigkeiten mit einigen Mitgliedstaaten konnte alle Beteiligten auf der letzten Arbeitssitzung der OAU in Addis Abeba im Dezember 1989 sich auf einen Konventionsentwurf dieses Inhalts einigen, der auch Atommüll aus Afrika heraushalten würde.

Die beiden Delegierten, die während des UNEP-Prozesses am deutlichsten afrikanische Interessen vertreten hatten (Senegal und Sudan) sind allerdings mittlerweile UNEP-Berater und vertreten gleichzeitig ihre Länder bei der OAU. Sie setzten sich gegen OAU-Regeln ein, die "schärfer als Basel" sind und wollten Atommüllhandel ausklammern. Bisher stießen sie mit ihrer Position auf einhellige Ablehnung. (Südafrika und Marokko sind nicht in der OAU!)[15]

Lomé IV - der erste Schritt zu einem weltweiten Verbot

Der erste weltweit bedeutende Erfolg gegen den internationalen Müllhandel wurde im Dezember 1989 in Lome, der Hauptstadt von Togo, erzielt. Hier verabschiedeten zum vierten Mal seit 1975 zwölf EG-Staaaten und die meisten ihrer ehemaligen Kolonien, die AKP-Staaten (Afrika, Karibik, Pazifik) ein Finanz- und Handelsabkommen.

"Lome IV" enthält in seinem Paragraphen 39 erstmals eine Bestimmung über internationale Müllgeschäfte: jeder Müllexport aus EG-Ländern in die AKP-Staaten ist verboten. Im Gegenzug verpflichten sich die AKP-Staaten, auch keine Abfälle aus Nicht-EG-Ländern anzunehmen. Damit sind über die Hälfte aller Staaten der Welt für die Müllhändler rechtlich gesperrt. Erstmals wird in einer internationalen Konvention die Verschiebung radioaktiver Abfälle verboten. Erstmals auch verpflichtet sich hier die EG als Staatenorganisation - nach mehrfachen Vorstößen aus dem Europäischen Parlament - zu einem Exportverbot in bestimmte Länder. Lome IV sollte noch 1990 in Kraft treten.[16]

Der nächste logische Schritt wäre nun ein Exportverbot in die übrigen fünfzig Dritte-Welt-Länder in Lateinamerika, Asien und dem Mittleren Osten. Dies sind genau die Weltregionen, auf die sich die Planungen der Müllmakler zur Zeit konzentrieren.

Die Rechtslage auf dem Weltmarkt

Von insgesamt 82 Staaten der Welt wissen wir, daß sie auf irgendeine Weise die Einfuhr gefährlicher Abfälle (meist: hazardous waste) in ihr Territorium verbieten oder verbieten wollen: 76 haben bereits nationale Importverbote, die meisten von ihnen werden zusätzlich durch Lome IV oder OAU-Zugehörigkeit völkerrechtlich geschützt (werden). (s. ANHANG I) 64 Staaten haben im November 1990 die London Dumping Convention gezeichnet, die das Ablassen von Müll in territoriale Gewässer und die Verbrennung von Abfällen in ihren Gewässern und von ihren Territorien aus verbietet. (s. ANHANG II)

Keine Importverbote haben bisher 100 Staaten, darunter der "Klub der Reichen" der Welt, im wesentlichen die 24 OECD-Vollmitglieder. Ihre Territorien - außer denen von Frankreich, Großbritannien und Belgien - sind gleichzeitig am wenigsten durch Müllimporte gefährdet, sie sind Netto-Exporteure bzw. importieren überhaupt nicht (eben wegen der hohen nationalen Entsorgungskosten).

Die große Mehrzahl der durch keinerlei formalrechtliche Vorkehrungen geschützten Länder und Territorien liegt aber in Asien, dem Pazifik, Osteuropa und im Gebiet der Südafrikanischen Union ("homelands" und völkerrechtlich nicht anerkannte "Staaten").

In vielen dieser Länder sind Müllimporte kein Thema,
- weil sie keinen fremden Müll bekommen, es nicht gemerkt haben oder irgendeine Macht sie daran hindert, darüber zu sprechen oder
- oder weil sie nicht an internationalen Foren teilhaben, auf denen sie einen Standpunkt dazu entwickeln müssen, oder beides.

Israel und Südafrika sehen den Giftmüllimport neuerdings als eine Option zur Devisenschöpfung. Ein Projekt zur "Aufarbeitung" von bayrischer Aluminiumschlacken bei Eilat war vom israelischen Wirtschaftsministerium auf eine "Liste vorrangiger Projekte" für 1990 gesetzt worden, konnte aber bereits im Vorfeld verhindert werden.[17] Seit 1986 werden im Tal der Tausend Hügel im südafrikanischen Natal Quecksilberabfälle aus den USA in einer Anlage verarbeitet, die die Umgebung verseucht und Menschen krank macht.[18]

Pretoria versuchte auch, in seiner von Namibia umgebenen Enklave Walvis Bay Verbrennungsanlagen für Importmüll zu plazieren. Nachdem über solche Projekte in Südafrika eine öffentliche Diskussion entbrannt ist und die Regierung an einer Neuformulierung ihrer Importpolitik arbeitet und aktuell alle Projekte bremst, preschen die ersten, von Pretoria als unabhängig deklarierten aber

völkerrechtlich nicht anerkannten "homelands" Transkei und Ciskei vor und
wollen auch gegen den Willen der Regierung an Müllimporten verdienen.[19] Ein
Importverbot zu erwirken, ist deshalb hier zur Zeit nicht leicht.

In einigen Länder Osteuropas - mit oder ohne Importverbot - wird zur Zeit eine
rasante Lobby-Arbeit für Müllimporte aus dem Westen betrieben und diese
Länder haben auch schon viele Lieferungen erhalten. In Polen gingen seit An-
fang 1989 mindestens 67 Angebote westlicher Firmen über 22 Millionen Tonnen
Giftmüll und Krankenhausabfälle, Haus- und Atommüll, Chemikalien und Nicht-
-Eisenmetalle, Kabel- und Elektronikschrott ein. 70.000 Tonnen aus der BRD,
Österreich und Schweden fanden ihren Weg über die Grenzen. 72 westliche
Firmen waren im Spiel, davon über die Hälfte aus Westdeutschland.[20]

Eine Reihe südpazifischer Staaten werden von US-amerikanischen Firmen
massiv zu Müllimporten gedrängt, bekannt sind zehn Großprojekte in der Region im Gesamtvolumen von ....Tonnen. Einige Länder, so die Marshall-Inseln,
sind konkret gefährdet.[21]

Über viele asiatische Staaten liegen Hinweise vor, angesichts derer Greenpeace
ihnen raten würden, sich des Problems anzunehmen. Sicher ist, daß Taiwan und
China in großem Umfang schadstoffhaltige Schrotte und Plastik aus Übersee mit
Methoden "recyceln", die in den Herkunftsländern längst verboten sind. Ein
Kindergarten nahe einer Bleischmelze für importierte Batterien und andere
Metallabfälle bei der Stadt Keelung/ Taiwan mußte wegen Schwermetallemis-
sionen 1990 geschlossen werden. 31 von 64 Arbeitern hatten nach US-Normen
dreifach überhöhte Bleiwerte im Blut, bei den untersuchten Kindern waren es 23
von 36.[22]

Ein ähnlicher Fall von "sham-recycling" mit europäischen Zinkstäuben, die mit
anderen Metallen versetzt worden waren, wurde 1988 in Santos/Brasilien bekannt.[23]

Indien verarbeitet große Mengen an Abfällen aus der Nichteisen-Metallurgie
(Zink, Kupfer u.a.).

Natürlich gibt es in jedem Land der Welt Leute, die an Müllimporten verdienen
oder verdienen wollen. Sie tun dies entweder in Zusammenarbeit oder mit
ausdrücklicher Billigung der Politik, im Schatten wohlwollender oder ohnmächti-
ger Politiker oder auch gegen deren erklärte Meinung oder gegen die Gesetze.
Das Ziel muß aber sein, alle internationalen Müllgeschäfte weltweit für illegal zu
erklären, damit ihre Bekämpfung sich auf klare Rechtsgrundlagen berufen kann.

Die für die Exportgenehmigungen zuständigen bundesdeutschen Länderbehör-
den sind mit der Beurteilung von Müllhandelsprojekten häufig überfordert. Sie
wissen vielfach nicht einmal, welche Länder der Welt Abfallimporte gestatten
und welche nicht. Um ihnen allen, den Polizei- und Zolldienststellen, Journalisten, Umweltverbänden und Bürgerinitiativen in Deutschland die Beurteilung
von Exportprojekten zu erleichtern, hat Greenpeace eine vorläufige Liste derjenigen Länder zusammengestellt, in die es nach nationalem oder Völkerrecht
bereits jetzt oder demnächst verboten ist, Abfälle zu exportieren (s.
ANHANG I).

Anmerkungen

1) Zur genaueren Einordnung s. White, Allen, Stockholm Environment Institute und Strohm, Laura, Fletcher School at Tufts University, Arling-
   ton/MA: "Export of Hazardous Waste and Waste Management Technologies", unveröfftlichtes Manuskript, vorgetragen beim Kongreß "Export of
   Hazardous Technologies to Eastern Europe and Third World Countries",
   Luxembourg, 15.11.1990.
2) Porterfield, Andrew (Center for Investigative Reporting): "U.S. exporting
   toxic waste", *San Francisco Examiner*, 14.2.1988 und:
   Tageszeitung/Berlin 2.2. und 3.3.1988, *Stuttgarter Zeitung* 13. und 24.2.1988,
   2000 - Ikibene Dogru (ein inzwischen verbotenes türkisches Wochenmaga-
   zin), Istanbul 6.3.1988: "Kursunlu tuvalet kagidi alir miziniz?" <Wollen Sie
   ein Klopapier mit Blei?> und *Cumhuriyet* (Tageszeitung in Istambul)
   25.3.1988.
3) Vgl. White, Strohm, a.a.O. (Anm.1).
4) Vgl. z.B. Ministerium für Umwelt, Baden-Württemberg: "Sonderabfallkon-
   zept 2000", Stuttgart, September 1990.
5) Vgl. United Nations Environmental Programme UNEP, Antwort der Regierungen auf eine UNEP-Umfrage, Nairobi/Genf 1989.
6) Vgl. Vallette, Jim: *The International Waste Trade - A Greenpeace Inventory*,
   Washington 1988, erweiterte Auflage (nur deutsch) Vallette, Bernstorff: *Der
   Internationale Müllhandel*, Basel, März 1989.
7) Vgl. Vallette, Jim, in Vallette/Bernstorff et al.: *Der internationale Müllhandel*, 5. (internationale) Aufl., Washington, Brüssel, Hamburg, Februar 1991.
8) Vgl. z.B. du Viviers, Roelant: *Les navires de poison*, Paris, 1989.
9) Dazu liegen zahlreiche Veröffentlichungen vor, vgl. zusammenfassend:
   Vallette, Bernstorff 1989 (Anm. 7); für Afrika: Centre Europe-Tiers Monde
   CETIM, Ceppi, Jean Philippe, de Diesbach, Roger et al.: *Nos déchets toxi-
   ques. L'Afrique a faim - voilà nos poubelles*, Lausanne, März 1989; Richter,
   Roland: "Afrika im Zeichen der Giftmüllimporte", in: Institut für Afrikakun-
   de (Hrg.), *Afrika Jahrbuch* 1988, Opladen, 1989.

10) Vgl. Portas, Pierre, Coordinator, Interim Secretariate of Basel Convention: "Update list of signatures/ratifications", Lausanne, 18.7.90, an Greenpeace International.
"Trafico del Basura Toxica VII" (Handel mit Giftmüll) - achtteilige Artikelserie, *Ultima Hora*, 18. - 28. April 1990. Greenpeace Deutschland hat hierzu einen weiteren Rechercheberich (60 S.) erstellen lassen, der ab Januar 1991 verfügbar ist.

11) Vgl. dazu die unter Anm. 2 angegebenen Quelle.

12) Vgl. Landtag von Rheinland-Pfalz, Anfrage Nr.2658 Dr.Harald Dörr (Grüne) 28.11.90.

13) Vgl. Ministerium für Umwelt, Baden-Württemberg a.a.O (Anm. 3).

14) Vgl. Dokumentation bei Greenpeace Deutschland, Hamburg, Vorsetzen 53, A.B.

15) Vgl. Zu Lomé IV vgl. die Artikel von Joachim Betz und Carola Donner-Reichle in: *Nord-Süd aktuell*, Nr. 2/1990. 16) Vgl. dazu *Jerusalem Post*, 19.10.1989, *Tageszeitung* 20.10.1989, *Frankfurter Rundschau*, 6.11.1989. 17) Vgl. Valette a.a.O. (Anm. 8).

18) Vgl. *Inter Press Service International News (IPS)*, Johannesburg, 30.11.1990; "Environment: Industrial Poison to be sold in South Africa" (Koch, Eddie).

19) Vgl. Bernstorff, Andreas, Puckett, Jim: *POLEN: die Müllinvasion*, Ein Greenpeace-Dossier, 45 S., englisch, polnisch, deutsch, Warschau/Brüssel, 11.10.90, (aktualisiert A.B.).

20) Vgl. Stone, Lesley, Leonard, Ann, Costner, Pat: *Admiralty Pacifics Proposal to Dispose of U.S. Municipal Garbage in the Marshall Islands*, A Greenpeace Report (31 S.), Washington, June 1989.

21) Dokumentiert von KQED-TV, San Francisco/Centre for Investigative Reporting, gesendet am 2.10.90: "Global Dumping Ground", und Center for Investigative Reporting & Moyers, Bill: *Global Dumping Ground The International Traffic in Hazardous Wastes*, Seven Locks Press, Washington D.C., 1990, S. 70-77).

22) Vgl. die Fallstudie "Produchimica" in Puckett, Bernstorff et al.: *European Waste Trade* (200 S.) - A Greenpeace Dossier, erscheint voraussichtlich Mitte 1991)

ANHANG I

Im- und Exportverbote für gefährliche Abfälle:

Regelung nach: Staat	Lome IV	OAU	National
Ägypten		x	
Äquatorial-Guinea	x	x	x
Äthiopien	x	x	x
Afghanistan			
Albanien			
Algerien		x	x
Andorra			
Angola	x	x	x
Anguilla/Karibik			
Antarktis	Internationales Importverbot (Basel)		
Antigua & Barbuda/Karibik	x		x
Argentinien			x
Arktis	Internationales Importverbot?		
Australien			
Bahamas	x		x
Bahrein			
Bangla Desch			x
Barbados/Karibik	x		x
Belgien			
Belize/Mittelamrika	x		x
Benin	x	x	x
Bhutan/Südasien			
Birma			
Bolivien			
Bophutatswana/Südafr			
Botswana	x	x	x
Brasilien			
Brunei			
Bulgarien			x
Burkina Faso	x	x	x
Burundi	x	x	x
Chile		(nur Dekret:	x)
China-Taiwan			
China-Volksrep			
Costa Rica			
Dänemark			
Deutschland			
Dschibouti	x	x	x
Dominica/Karibik	x		x
Dominikanische Republik	x		x
Elfenbeinküste	x	x	x
El Salvador			
(EG, Europ. Parlament, angestrebt: Exportverbot in Dritte Welt)			
Fidschi	x		x
Finnland			
Frankreich			
Gabun	x	x	x
Gambia	x	x	x
Ghana	x	x	x
Grenada	x		x
Griechenland			

Andreas Bernstorff

Großbritannien/ Nordirland etc.			
Guatemala			x
Guinea	...x	x	x
Guinea-Bissau	x	x	x
Guayana	x		x
Haiti	x		x
Honduras			
Indien			
Indonesien			x
Irak			
Iran			
Irland			
Island			
Israel			
Italien	Exportverbot in Nicht-EG u. Nicht-OECD-Länder		
Jamaika	x		x
Japan			
Jemen Arab Rep			
Jemen Dem Volksrep			
Jordanien			
Jugoslawien			x
Kambodscha			
Kanada			
Kamerun	x	x	x
Kapverden	x	x	x
Katar/Vorderasien			
Kenia	x	x	x
Kiribati/Ozeanien	x		x
Kolumbien			
Komoren/Afrika	x	x	x
Kongo	x	x	x
Korea Dem Volksrep			
Korea Republik (Süd)			
Kuba			
Kuwait			
Laos			
Libanon			x
Liechtenstein			
Luxembourg			
Lesotho	x	x	x
Liberia	x	x	x
Libyen		x	x
Madagaskar	x	x	x
Malawi	x	x	x
Malaysia			
Malediven/Süd-Asien			
Mali	x	x	x
Malta			
Marokko			
Marshallinseln/Pazifik			
Mauretanien	x	x	x
Mauritius/Südostafrika	x	x	x
Mexiko	(außer für Recyclingzwecke:)		x
Mikronesien/Pazifik			
Monaco/Europa			
Mongolische Volksrep			
Mozambik	x	x	x
Namibia	x		
Nauru/Ozeanien			
Nepal			
Neuseeland			
Niederlande	(Exportverbot in versch. Regionen)		
Niger	x	x	x

Nigeria	x	x	x
Nikaragua			
Norwegen	(Exportverbot in versch. Regionen)		
Österreich			
Oman			
Pakistan			
Palau/Pazifik			
Panama			x
Papua Neuguinea	x		x
Paraguay			x
Peru			x
Philippinen			x
Polen			x
Portugal			
Ruanda	x	x	x
Rumänien			
Saint Christopher			
& Nevis/Karibik	x		x
(= St Kitts/Nevis)			
Saint Lucia/Karibik	x		x
Saint Vincent &			
Grenadinen/Karibik	x		x
San Marino/Europa			
Sao Thome & Principe	x	x	x
Salomonen/Ozeanien	x		x
Sambia	x	x	x
(Samoa s. Westsamoa)			
Saudi Arabien			–
Schweden			
Schweiz			
Senegal	x	x	x
Seyschellen	x	x	
Sierra Leone	x	x	x
Simbabwe	x	x	x
Singapur			
Somalia	x	x	x
Sowjetunion			
Spanien			
Sri Lanka			
Südafrika			
Sudan	x	x	x
Surinam	x		x
Swaziland	x	x	x
Syrien			
Tansania	x	x	x
Thailand			
Togo	x	x	x
Tonga/Ozeanien	x		x
Trinidad & Tobago	x		x
Tschad	x	x	x
Tschechoslowakei			
Türkei			x
Tunesien		x	
Tuvalu/Ozeanien	x		x
Uganda	x	x	x
Ungarn			?
Uruguay			x
Vanuatu/Süd-Pazifik	x		x
Venezuela			x
Vereinigte Arabische Emirate			

Vereinigte Staaten von Amerika
Westsamoa   x   x
Zaire   x   x   x
Zentralafr Republik   x   x   x
Zypern

insg.	180	69	49	75

(Diese Liste ist wahrscheinlich nicht vollständig und vielleicht enthält sie Fehler, für deren Korrektur wir dankbar wären. Hier fehlt noch eine Liste der 80 oder mehr Länder, die die Basler Konvention bisher unterzeichnet haben.)

Anhang II

Bei ihrem 13. Treffen in Mexiko haben die Vertragspartner der London Dumping Convention LDC, die das Ablassen und Einleiten von Abfällen in Meere und die Verbrennung auf See regelt, im Oktober 1990 beschlossen, daß folgende Länder keinen Giftmüll mehr an Nicht-Vertragsstaaten liefern dürfen:

Afghanistan, Argentinien, Australien
Belgien, Bjelorussische SSR
Chile, China, Costa Rica
Dänemark, DDR (?), Deutschland (BRD), Dominikanische Republik
Elfenbeinküste (Cote d'Ivoire)
Finnland, Frankreich,
Gabun, Griechenland, Guatemala
Haiti, Honduras
Island, Irland, Italien
Japan, Jordanien, Jugoslawien
Kanada, Kapverden, Kenia, kiribati, Kuba
Libien (Libysche Arabische Volksrepublik)
Malta, Mexiko, Marokko
Nauru, Niederlande, Neuseeland, Nigeria, Norwegen
Oman
Panama, Papua-Neu-Guinea, Philipinen, Polen, Portugal
Saint Lucia, Salomonen, San Marino, Schweden, Schweiz, Seychellen, Spanien, Südafrika, Surinam
Tunesien
Ukrainische SSSR
Vereinigte Arabische Emirate, Vereinigtes Königreich (GB)
UdSSR, Ungarn, USA
Zaire

Alle hier nicht genannten Staaten dürfen von den genannten LDC-Unterzeichnern nicht mit Müllfuhren bedacht werden.

Industrielle Abfallprobleme in Tansania:
Der Beitrag von "appropriate technologies"

Karin Gauer / Hans Sutter

1. Einleitung

Industrielle Abfallprobleme und Entwicklungsländer werden meist im Zusammenhang mit dem "Giftmüllexport" genannt. Die Mengen an Industrieabfällen, die jährlich aus Industrieländern in die Dritte Welt verbracht werden, sind nicht bekannt; grobe Schätzungen sprechen von 20 Millionen Tonnen. Zwar weiß man, daß in der Dritten Welt keine geeigneten Anlagen zur Beseitigung des Sondermülls der Industrieländer existieren, doch bildet dies bisher kein Hindernis für die Verbringung der Abfälle. Erste Anzeichen sprechen dafür, daß viele Regierungen von Entwicklungsländern über die Abfallimporte besorgt sind und Gegenmaßnahmen ergreifen wollen. Die Organisation Afrikanischer Einheit (OAU) verabschiedete Ende Mai 1988 in Addis Abeba eine Resolution, die das "Abladen von Atom- und Industriemüll als Verbrechen gegen Afrika und die afrikanische Bevölkerung" verurteilt. Folgerichtig beschlossen die 66 AKP-Länder auf Druck der afrikanischen Mitgliedsstaaten dann in den Verhandlungen um das Lome IV-Abkommen im Dezember 1989 mit den EG-Staaten ein gegenseitiges Handelsverbot für Giftmüll.

Die weltweite Diskussion über den Giftmülltransport hat weitgehend verdrängt, daß auch industrielle Abfallprobleme bestehen, die von den Entwicklungsländern als Folge ihrer Industrialisierungsprozesse selbst verursacht sind: Es entstehen Abwässer und Sonderabfälle, für die keine Beseitigungsmöglichkeiten existieren. Diese Rückstände werden meist direkt in die Gewässer eingeleitet oder unkontrolliert abgelagert, wodurch aussickernde Schadstoffe in das Grundwasser gelangen können. Beide Beseitigungsarten bedrohen damit die gesamte Wasserversorgung der Länder.

Industrielle Umweltprobleme von Entwicklungsländern werden vorwiegend im Zusammenhang mit importierten Industrien wie z.B. die chemische Industrie gebracht. Hierbei wird vernachlässigt, daß auch auf einheimischen Rohstoffen basierende Industrieverfahren (z.B. Gerbereien, Textilherstellung, Brauereien) zu starken Umweltbelastungen führen.

Die finanziellen Beschränkungen von Entwicklungsländern verbieten in der
Regel den Weg, der von Industrieländern bei der Lösung industrieller Umweltprobleme in der Vergangenheit eingeschlagen wurde. Der traditionelle Ansatz
wird allgemein als "end-of-pipe-Lösung" bezeichnet. Er besteht im wesentlichen
darin, die Umweltbelastungen durch separate, der eigentlichen Produktion nachgeschaltete Anlagen der Luftreinhaltung, Abwasserbehandlung und Abfallbeseitigung zu reduzieren. Als Nachteile dieser Lösungskonzeption sind zu nennen:
hohe Kosten, Verschwendung von Ressourcen und Verlagerung von Emissionen
von einem Umweltmedium in das andere. Für Entwicklungsländer besser geeignete Lösungsansätze basieren auf den jetzt auch von den Industrieländern favori-
sierten sogenannten "low-waste-Verfahren", die letztlich das Ziel verfolgen,
Reduzierungen der Abfallmengen mit Materialeinsparungen zu verbinden und
damit ökonomische und ökologische Vorteile simultan zu erreichen. Dieser
Ansatz erscheint darüber hinaus für viele Entwicklungsländer unter ökonomischen Gesichtspunkten der einzig mögliche zu sein, da umweltverträgliche Besei-
tigungsverfahren nur zu hohen Kosten realisierbar sind. Wie können derartige
Konzepte ("appropriate technologies") für Tansania aussehen?[1]

2.   Umweltpolitische Rahmenbedingungen in Tansania

Die tansanischen Industriebetriebe, die sich vorwiegend der Weiterverarbeitung
einheimischer Rohstoffe wie Baumwolle und Sisal sowie der Nahrungsmittelher-
stellung und der Lederverarbeitung widmen, weisen mit wenigen Ausnahmen
einen durchschnittlichen Auslastungsgrad von 25 bis 30% auf. Die 1967 nach der
Unabhängigkeit unter Präsident Nyerere vollzogene Verstaatlichung der Industrie prägt auch weiterhin die Volkswirtschaft Tansanias. Die meisten para-staat-
lich organisierten Betriebe müßten nach betriebswirtschaftlichen Kriterien längst
geschlossen sein und produzieren nur deshalb weiter, weil sie in den Genuß
staatlicher Subventionen gelangen.

1987 wurde die Auslandsverschuldung des ostafrikanischen Landes auf 3,5 Milli-
arden US$ geschätzt. Tansania sieht sich heute unter Präsident Ali Hassan
Mwinyi gezwungen, die vom IWF geforderten Strukturanpassungen durchzuführen, die Präsident Nyerere unter Aufbietung seines politischen Einflusses und
Nutzung seines in der Dritten Welt bekannten Charismas verweigert hatte. Sie
beinhalten nicht nur eine Revision der herrschenden Subventionspraxis und eine
Reduktion des tertiären Sektors, sondern auch eine signifikante Abwertung des
Schillings. Angesichts der Auslandsschulden, mit denen Tansania nach Jahren
ökonomischer Experimente, aber auch durch den massiven Fall der Preise für

seine Hauptexportgüter wie Kaffee, Baumwolle, Sisal, Tee und Cashewnüsse konfrontiert ist, läßt sich die wirtschaftspolitische Strategie von Präsident Nwinyi wie folgt skizzieren[2]:

- Abkehr von zentralstaatlichen Planungsvorhaben und Einsatz marktwirtschaftlicher Instrumente zur Steigerung der volkswirtschaftlichen Produktion,
- Anreizsysteme für die landwirtschaftliche Produktion durch Liberalisierung der Vermarktungsstrategien, d.h. kein staatlicher Aufkaufzwang zu festgelegten Preisen,
- verstärkte Ausrichtung auf die Rehabilitierung der vorhandenen Industrien mit dem Ziel, den Auslastungsgrad in den nächsten Jahren auf 60% zu erhöhen,
- offensive Ausschöpfung der in Tansania vorhandenen Potentiale an natürlichen Ressourcen,
- Mobilisierung der vorhandenen qualifizierten Man-Power und Maßnahmen zur Verringerung des "Brain-drains" von Fachleuten in die Nachbarländer durch Verbesserung der Arbeits- und Gehaltsbedingungen.

In diesem wirtschaftspolitischen Kontext spielen die Forderungen nach "appropriate technologies", Produktivitätssteigerungen und die Vermeidung von Umweltbelastungen und volkswirtschaftlichen Einbußen durch Umweltgefährdungen eine entscheidende Rolle.

Seit September 1983 hat bei der Formulierung und Durchsetzung von Umweltpolitik in Tansania der "National Environment Management Council of Tanzania" (NEMC) eine zentrale Funktion. Bereits in den 70er Jahren bestand eine "Environmental Protection Management Section" innerhalb des "Ministry of Lands, Water Housing and Urban Development", dessen erklärte Aufgabe es war, sich Kenntnisse über Umweltbelastungen zu verschaffen, die aus Planungsaktivitäten des Ministeriums resultierten. Darüber hinaus sollten Lösungskonzepte für die Wasserversorgung, Abwasser- und Abfallbehandlung in den schnellwachsenden tansanischen Städten erarbeitet werden. Zur Forcierung einer dezidiert nationalen Umweltpolitik wurde am 10. September 1983 unter der Ägide von Staatspräsident Julius Nyerere vom tansanischen Parlament die Etablierung des NEMC beschlossen. Der "Act to Provide for the Establishment of the National Environment Management Council" legte durch das Parlament die Funktionen des NEMC fest, dessen Director-General direkt vom Präsidenten der Republik Tansania ernannt wird.

Der NEMC wurde per Gesetz unter anderem zu folgenden Aufgaben verpflichtet[3]:

- er sollte eine Umweltpolitik entwickeln und für deren Vollzug Sorge tragen,
- als Vermittler zwischen den verschiedenen Regierungsstellen fungieren, die gegenwärtige und zukünftige Politik der Regierung unter dem Gesichtspunkt von Umweltauswirkungen einschätzen und Umweltlschutzmaßnahmen initiieren,
- dazu beitragen, Standards, Normen und Kriterien für eine Umweltvorsorgepolitik zu entwickeln und zu verbreitern,
- die Umweltsituation zu erfassen, Trends zu diagnostizieren und eine Dokumentation über die ökologische Situation in Tansania zu führen,
- den Umweltschutz zum Bestandteil von Erziehungs- und Ausbildungsprogrammen zu machen und das Umweltbewußtsein in der Bevölkerung zu heben,
- die Öffentlichkeit zu informieren und Kenntnisse zu verbreitern, die dazu beitragen, daß Technologien entwickelt und angewandt werden, die die Umweltbelastungen vermeiden bzw. verhindern.

Obwohl der NEMC dem "Ministry of Lands, Water, Housing and Urban Development" weiterhin angegliedert blieb, verfügte er über einen vom Parlament verabschiedeten eigenen Haushalt, wobei Präsident Nyerere damit rechnete, daß internationale Geberinstitutionen in Zukunft das Budget des NEMC wesentlich aufstocken würden. Noch bevor der NEMC im September 1983 seine Arbeit aufnahm, fand die Frage nach der Reduktion von Produktionsabfällen durch eine bessere Bewirtschaftung von Hilfs- und Betriebsrohstoffen das Interesse des "Ministry of Industries and Trades". Anfang 1983 organisierte das Ministerium mehrere Treffen, an denen Unternehmer und Produktionsmanager diverser Industriezweige Tansanias mit dem Ziel teilnahmen, Maßnahmen darzustellen, die in der Vergangenheit dazu beigetragen haben, Importe von Technologien, Hilfs- und Betriebsstoffen zu verringern. Ergebnis dieser Treffen war, daß Beispiele bekannt wurden, wo Unternehmer ihre Anlagen verändert haben, um andere, importsubstituierende Güter herzustellen. Darüber hinaus wurden Ideen ausgetauscht, deren praktische Umsetzung darauf abzielte, für Abfälle neue Verwertungsmöglichkeiten zu finden. Erklärte Stoßrichtung dieses Gedankenaustausches war es, in Tansania bereits vorhandene und zukünftige Wege und Verfahren zu finden, um Devisen zu sparen und gleichzeitig die desolate Produktionsauslastung der tansanischen Industrie zu heben und somit die innerbetriebliche Stoff- und Energiebilanz positiver zu gestalten.

Im Vordergrund der Bemühungen von 1983 stand somit die Materialeinsparung aus rein wirtschaftlichen Gründen. Heute versucht man diesen Ansatz mit Umweltaspekten zu verbinden, denn geringerer Materialverbrauch bedeutet nichts anderes als weniger Emissionen in die Umwelt. Ein erster Schritt bei diesem Versuch, Ökonomie und Ökologie in Einklang zu bringen, waren die Untersu-

chungen des NEMC, bei denen der Produktionsprozeß nicht nur von der Input-
seite betrachtet werden sollte, sondern ebenso der Output, d.h. die Abfallbe-
standteile, die bis dato kaum Beachtung innerhalb der betriebswirtschaftlichen
Kalkulation fanden. Auf diese Art sollte der von Präsident Nyerere an den
NEMC formulierte Auftrag, sich einen Überblick über die Umweltbelastungen
durch industrielle Aktivitäten zu verschaffen, zumindest in dem Bereich der
Abwasser- und Abfallbelastungen in Angriff genommen werden.

Mitte 1984 begann der NEMC mit ersten systematischen Untersuchungen über
die industriell verursachten Umweltbelastungen in Tansania. Insbesondere ist es
dem schwedischen "Principal Environmental Adviser" des NEMC zu verdanken,
daß fast 3 Jahre lang landauf und landab die tansanischen Industriebetriebe
besucht und ihre Produktionsprozesse im Hinblick auf Gefährdungen der Umwelt untersucht wurden. Das Erkenntnisinteresse des NEMC beschränkte sich
dabei nicht nur auf die Datenerhebung zur Erstellung einer Situationsanalyse.
Mit der Untersuchung verband der NEMC zugleich eine umweltpolitische
Bewußtwerdungskampagne, in deren Verlauf die Produktionsmanager aber auch
die verantwortlichen städtischen Genehmigungs- und Aufsichtsbehörden angeregt wurden, sich über Lösungsalternativen Gedanken zu machen. In einigen
Fällen konnten konkrete Schritte benannt werden, um Umweltrisiken durch
unkontrollierte und fahrlässige Einleitung von toxischen Abfällen in die Oberflächengewässer zu vermeiden. Einschränkend muß an dieser Stelle vermerkt
werden, daß die Ratschläge des NEMC nur in Ausnahmefällen in die Tat umgesetzt wurden, und der NEMC bis heute noch nicht über Regelungsinstrumente
verfügt, die die Industrie zur Aufgabe umweltriskanter Praktiken verpflichten
können.

Die Vollzugsdefizite, die der NEMC zu beklagen hat, erscheinen dann verständ-
licher, wenn man sich die vorher geschilderte ökonomische Situation Tansanias
vergegenwärtigt. Umweltschutzinvestitionen, die sich nicht unmittelbar und
kurzfristig in einer Produktionssteigerung niederschlagen, können unter den
gegebenen Bedingungen kaum mit einer finanziellen Unterstützung aus dem
Staatshaushalt rechnen.

3.   Abfallwirtschaftliche Analyse der Industriebetriebe

3.1   Methodischer Ansatz

Bei den für Tansania repräsentativen Betrieben handelte es sich um zwei Textilfabriken, eine Brauerei, eine Gerberei und eine Fabrik zur Herstellung von
Speiseöl. Dabei zeigte sich, daß der "Stand der Produktionstechnik" in Bezug auf

die Verfahrenstechnologie sowie hinsichtlich der Behandlung von Abfällen und
Abwässern in den einzelnen Unternehmen höchst unterschiedlich ist und das
vorhandene Gefälle die Gleichzeitigkeit differierender Produktionsniveaus in
Tansania widerspiegelt. Beispielsweise verfügt die erst 1983 mit Geldern des
europäischen Entwicklungsfonds errichtete und von europäischen Betriebsmana-
gern geleitete Morogoro Canvas Mill (MCM) über ein Abwasserbehandlungssy-
stem, das weitgehend bundesdeutschen Anforderungen entspricht, während in
der Textilfabrik in Dar Es Salaam keinerlei Vorrichtungen für eine Abwasserbehandlung existieren.

Daraus leitet sich die Frage ab, welche Kriterien für die Definition von "appropriate technologies" für Industrieunternehmen in Tansania gewählt werden
müssen und wodurch sie sich insbesondere unter dem Aspekt des "low-waste-Ansatzes" auszeichnen müssen. Zur Abteilung dieser spezifischen Begriffsdefinition
sowie zur Identifikation ihrer technischen Komponenten wurde bei der produk-
tionstechnischen Analyse der Untersuchungsbetriebe von folgendem methodischen Ansatz ausgegangen:[4]

Abb. 1

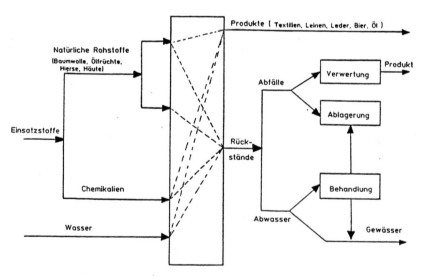

Abb. 1: Stofffluß tansanischer Betriebe.

Alle Produktionsbetriebe benutzen als Produktionsbasis einheimische Rohstoffe: Die Textilfabriken verarbeiten tansanische Baumwolle; die Speiseölfabrik nutzt diverse Ölfrüchte wie Sonnenblumenkerne oder Baumwollsaat; die Gerberei verarbeitet Häute tansanischer Rinder, Schafe und Ziegen. Selbst die Brauerei findet in Sorghum (eine Art Hirse) ein einheimisches Grundsubstrat für die Bierproduktion. (Abb. 1)

Neben diesen natürlichen Ressourcen des Landes werden als weitere Einsatzstoffe zumeist importierte Chemikalien unterschiedlichster Art verwandt: Die wichtigsten Chemikalien in der Gerberei sind Chrom(III)-Salze als Einsatzstoffe des eigentlichen Gerbprozesses. Die Speiseölfabrik nutzt Natriumhydroxid zur Neutralisierung der Fettsäuren, und Bleichmittel finden in der Verbesserung und Vereinheitlichung der Farbgebung Verwendung. Die Textilfabrik setzt Chemikalien zur Merzerisierung und Färbung des Garns ein. Sogar die Brauerei kann auf Chemikalien nicht verzichten: sie nutzt sie z.B. als Filter zur Raffination des Bieres. Ein weiterer wichtiger Einsatzstoff in allen Produktionen ist Wasser, das lediglich in dem Brauverfahren im Produkt verbleibt, während es in allen anderen Prozessen als Abwasser anfällt.

Verallgemeinernd können für die Rückstandsbildung, d.h. für die Entstehung von Abfall und Abwasser, zwei Ursachen als wesentlich genannt werden:

a) Diejenigen Rohstoffbestandteile, die nicht in das Produkt eingehen und folglich als Rückstände den Prozeß verlassen müssen. In der Gerberei zählen dazu u.a. Haare und Fette der Rohhäute und Chemikalien, die während des Behandlungsprozesses benötigt werden. Bei der Textilherstellung umfassen diese Komponenten alle Bestandteile der Baumwolle, die in den ersten Produktionsstufen entfernt werden in Form von Staub, Baumwollklumpen etc. Bei der Ölextraktion sind dies alle Teile der Ölfrucht, die nicht als flüssiger Ölbestandteil ausgepreßt werden können, d.h. Schale und Fruchtkuchen.

b) Die zweite Quelle für die Rückstandsbildung sind die überschüssigen Chemikalien und die Hilfsstoffe, die während des Produktionsprozesses nicht zum Inhaltsstoff des Produkts werden, wie z.B. Chrom und Natriumsulfat beim Gerbprozeß, und deshalb zwangsläufig als Rückstand anfallen.

Wie in Abb. 1 dargestellt, können die Rückstände, d.h. alle nicht in das Produkt eingehenden Bestandteile der Einsatzstoffe, entweder als Abwasser oder als Abfall beseitigt werden. An dieser Stelle muß gesagt werden, daß die Beseitigung von Abfällen durch direkte Einleitung in die Oberflächengewässer eine weitverbreitete Methode der Entsorgung darstellt, nicht zuletzt deshalb, weil bislang in

Tansania keine Möglichkeit zur umweltgerechten Ablagerung von Industrieabfällen gegeben ist. Dies führt auch dazu, daß die Abfälle aus der Abwasserbehandlung nicht abgelagert, sondern ihrerseits wiederum in die Flüsse eingeleitet
werden. Möglichkeiten zur Verbesserung der Situation bestehen deshalb vor
allem darin, die anfallenden Rückstände hinsichtlich Menge und Gefährlichkeit
zu reduzieren bzw. die dennoch anfallenden Rückstände einer Verwertung
zuzuführen, indem sie als Rohstoff für nachgelagerte Produktionen genutzt
werden.

Die Komponenten, die hier unter a) subsumiert sind, bilden unter der Voraussetzung einer gegebenen Technologie diejenigen Rückstände, die nicht vermieden werden können, da sie integraler Bestandteil der verwendeten Rohstoffe
sind. Bei ihnen stellt sich die Frage, ob und wie sie entweder ökonomisch verwertet werden können oder teuer beseitigt werden müssen, um die Umwelt nicht zu
beeinträchtigen. Während der Besuche zeigte sich, daß durchaus Verwendungsmöglichkeiten für Rückstände bekannt und vorhanden sind, und daß z.B. auch
die Abwasserbelastung in erheblichem Maße durch Verwertung dieser Rückstände verringert werden könnte.

Enstehung und Menge der unter b) genannten Komponenten können in gewissem Grade direkt durch das Produktionsmanagement beeinflußt werden. Die
entstehende Abfallmenge oder die Verunreinigung des Abwassers kann prinzipiell durch Kreislaufprozesse verringert werden. Darüber hinaus sorgt ein besseres "house-keeping", d.h. eine sorgfältigere Verwendung von Chemikalien
während des Produktionsvorganges für eine Verringerung der Umweltbelastung.

Es zeigt sich, daß in einigen Betrieben die oben beschriebenen Maßnahmen
bereits in gewissem Umfang realisiert werden: z.B. wird die Natronlauge, die
zum Merzerisieren eingesetzt wird, aus ökonomischen Gründen in beiden Textilfabriken wieder zurückgewonnen. Ein Recycling von Textilfarben findet hingegen
ausschließlich in der Canvas Mill statt, während in Dar Es Salaam die überschüssigen Farbstoffe unmittelbar in den Fluß geleitet werden.

In Anwendung des in Abb. 1 dargelegten Methodenschritts wurden im Verlauf
des Workshops für alle untersuchten Betriebe konkrete Lösungsoptionen erarbeitet, die zum Abschluß des Seminars als Empfehlungen verabschiedet wurden.

Eine detaillierte Darbietung der Lösungskonzepte wird nur für die Gerberei
gegeben. Die Begrenzung auf die Untersuchung der Gerberei begründet sich
nicht nur aus dem erreichten Konkretionsgrad der Ergebnisse, sondern am
Beispiel der Gerberei wird das Problem der räumlichen Emissionsverlagerung

von Industrie- in Entwicklungsländer deutlich: Die umweltbelastenden ersten Fertigungsstufen der Lederverarbeitung verbleiben im Ursprungsland der Rohstoffe, während die "sauberen" Fertigungsstufen der Lederhäute zu Konsumgütern in Industrieländern durchgeführt werden.

3.2   Das Beispiel Gerberei

Aufgrund seines hohen Viehbestandes ist Tansania reich an Rohstoffen für die Lederherstellung. Diese Ressource wird bislang nur teilweise genutzt, obwohl die Nachfrage der Industrieländer nach Leder hoch ist und voraussichtlich auch in naher Zukunft ein stabiler oder gar steigender Bedarf an Leder zu verzeichnen sein wird. Bis vor wenigen Jahren wurden Häute und Felle in den Industrieländern verarbeitet. Angesichts der damit einhergehenden gravierenden Umweltbeeinträchtigungen (Gerüche, hygienische Probleme, Einsatz von toxischen Substanzen etc.) wurden die ersten Stufen des Fertigungsprozesses in zunehmendem Maße in die Entwicklungsländer verlagert. So ist in der Bundesrepublik Deutschland die Anzahl ledererzeugender Betriebe von ca. 300 im Jahr 1960 auf ca. 90 im Jahr 1988 zurückgegangen. Die Auslagerung umweltbelastender Produktionsstufen wird dabei erheblich begünstigt durch das Fehlen von Umweltstandards in den Entwicklungsländern bzw. durch die weniger strengen Anforderungen an den Arbeitsschutz und dem Mangel an kontrollierten Umweltvorschriften. Angesichts dieser Voraussetzungen ist es für Industrieländer attraktiv, die ersten Prozeßstufen in diesen Ländern anzusiedeln. Andererseits wird die Produktionsverlagerung ohne Zweifel von den Entwicklungsländern begrüßt, da die Herstellung von verarbeitungsreifem Leder den Wert ihrer Exportproduktion erhöht.

Die Lederherstellung gliedert sich in drei Arbeitsbereiche:[4]

1. vorbereitende Arbeiten in der Wasserwerkstatt,
2. der eigentliche Gerbprozeß,
3. Veredelung des gegerbten Leders (Zurichtung).

Die Arbeiten in der Wasserwerkstatt führen von der Rohhaut zur Blöße, die im wesentlichen das Kollagenfasergewebe enthält. In der Weiche wird die Haut auf den ursprünglichen Quellungszustand zurückgebracht und in den folgenden Operationen des Äscherns und Beizens wird die Lederhaut isoliert und aufgeschlossen und somit für die Gerbung vorbereitet.

Durch Gerben mit mineralischen, pflanzlichen und synthetischen Gerbstoffen
sowie Fettgerbstoffen wird das lederbildende Eiweiß der tierischen Haut - das
Kollagen - so verändert, daß es nicht mehr fäulnisfähig ist. Bei der Mineralger-
bung werden Chrom-III-Salze zugegeben. Über 90% der heute hergestellten
Leder sind chromgefärbt. In der Fettung wird die Geschmeidigkeit, Zähigkeit
und Wasserdichtigkeit reguliert. Das Produkt der 2. Fertigungsstufe wird als
wet-blue-Leder bezeichnet. Die weiteren Operationen des Färbens und Zurich-
tens geben dem Leder das besondere Aussehen und vermitteln ganz wichtige
Gebrauchseigenschaften.

Die Stoff-Flüsse der Lederherstellung zeigt Abb. 2. Insbesondere werden in den
ersten beiden Prozeßstufen zur Bearbeitung der Häute verschiedene Chemikalien eingesetzt. Von dem eingesetzten Chrom verbleibt nur ein Teil im Leder,
der Rest verläßt überwiegend mit dem Abwasser den Prozeß. Alle eingesetzten
Hilfsstoffe gelangen über feste und flüssige Rückstände in die Umwelt. Als
gefährliche Stoffe im Abwasser sind hierbei Sulfid, Chrom-III und organische
Halogenverbindungen zu betrachten. Ebenso fallen alle Bestandteile der Rohhäute mit Ausnahme des Kollagens, das die Hauptkomponente des Leders bildet, als feste Rückstände an (z.B. Haare, Fette etc.).

Abb. 2

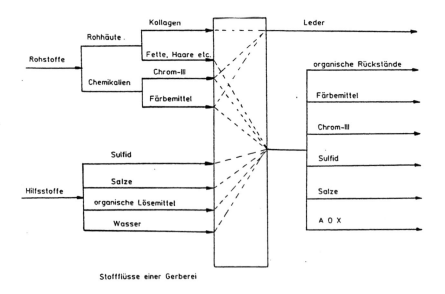

Stoffflüsse einer Gerberei

Die im Rahmen des Workshops untersuchte Gerberei in Morogoro wurde 1978 in Betrieb genommen. Die Ausrüstung stammt aus Bulgarien; der Aufbau und die Unterweisung des Personals erfolgte ebenso durch bulgarische Fachleute. Zwei weitere Gerbereien befinden sich in Moshi und Mwanza, zusätzlich existieren noch einige kleinere Betriebe an unterschiedlichen Standorten des Landes. Sie sind alle im Dachverband der "Tanzania Leather Associated Industries" vereint. Die untersuchte Gerberei beschäftigt derzeit 260 Arbeitnehmer im Einschichtbetrieb und dies 25 Tage im Monat. 1984 arbeiteten noch 325 Beschäftigte im Zweischichtbetrieb im Werk. Die ursprünglich intendierte Kapazität für "wet-blue"-Gerben betrug 1.000 Rinderhäute und 3.000 Felle von Ziegen und Schafen pro Produktionstag. 1983 belief sich die Kapazitätsauslastung auf 45%. Wegen der betriebsuntüchtigen Färbetrommeln werden gegenwärtig keine Felle mehr verarbeitet. In den verbleibenden funtionsfähigen Trommeln können maximal 450 Häute pro Tag verarbeitet werden; die aktuelle Produktionsziffer geht indes von lediglich 300 Häuten täglich aus, was 20% der ursprünglich installierten Kapazität der Anlage entspricht.

Für die Gerberei in Morogoro war zu Beginn eine Abwasserbehandlungsanlage vorhanden. Das Abwasser wurde nach einer betriebsinternen Vorbehandlung (Chromfällung, Rechen, Neutralisation, Flockung, Belüftung, Absatzbecken) einer biologischen Nachbehandlung in Oxidationsteichen unterworfen. Diese Teiche überschwemmten jedoch regelmäßig während der Regenzeit und die Abwasser gelangten in den Fluß. Seit letztem Jahr gibt die Fabrik ihr Abwasser direkt an neue Oxidationsteiche ab, die von der Gerberei und der Canvas-Mill gemeinsam genutzt werden. Eine Vorbehandlung der Gerbereiabwässer wird jedoch nicht mehr durchgeführt, da die Vorbehandlungsanlage nicht mehr funktionstüchtig ist.

Das Abfallaufkommen besteht vorrangig aus Fleisch- und Hautabfällen und Lederverschnitten. Eine Wiederverwertung dieses Materials fand bislang nicht statt. Alle Abfälle werden innerhalb des Betriebsgeländes bzw. in unmittelbarer Umgebung gelagert und verursachen erhebliche Umweltbelästigungen. Bislang wurden auch keinerlei innerbetriebliche Maßnahmen zur Reduzierung des Anfalls flüssiger und fester Rückstände vorgenommen. D.h., es gibt keine Kreislaufführung des Wassers, ebenso werden keinerlei Chemikalien zurückgewonnen.

Zur Verbesserung der gegenwärtigen Situation wurden für die Gerberei in Morogoro von den Teilnehmern und Experten folgende Vorschläge erarbeitet:

Die Abwässer aus der Gerberei müssen wegen des Chrom- und Sulfidgehalts einer kontrollierten Vorbehandlung unterzogen werden. Diese Vorbehandlungsanlagen umfassen Vorrichtungen zur Sulfidoxidation sowie zur Abscheidung von

Chrom. Nach der Vorbehandlung müssen die Abwässer in einem weiteren Schritt biologisch behandelt werden. Generell gilt für die Abwasserbehandlung, daß Überwachungssysteme eingerichtet werden müssen, die zuverlässig die Einhaltung des Reinigungsvorganges überwachen und sicherstellen.

Es wurde angeregt, die betriebsuntüchtigen Vorbehandlungsanlagen der Gerbereien in Mwanza zu rehabilitieren und gleichzeitig dafür Sorge zu tragen, daß der Gerbereibetrieb in Moshi umgehend mit einer Vorbehandlungsanlage ausgestattet wird. Alle in Planung befindlichen neuen Gerbereien sollten verpflichtet werden, nicht ohne funktionstüchtige Vorbehandlungsanlage ihren Betrieb aufzunehmen.

Aus ökonomischen und ökologischen Gesichtspunkten wurde empfohlen, den hohen Chromgehalt des Abwassers durch Recyclingmethoden zu verringern. Dies kann durch Installieren einfacher Maßnahmen in den vorhandenen Gerbereibetrieben dadurch erreicht werden, in dem die verbrauchte Lösung durch Vorrichtungen aufgefangen und zur Wiederverwendung aufbereitet wird.

Als begleitende Maßnahmen zum Schutz vor Umweltbelastungen aus der Gerberei wurde dringend geraten, für die Ablagerung der gefährlichen Gerbereiabfälle eine Deponie zur Verfügung zu stellen. Diese Deponie sollte für die Beseitigung aller in der Region anfallenden Sonderabfälle geeignet sein und die Sicherheitsstandards für Sonderabfalldeponien erfüllen.

Anhand eines Pilotprojektes wurde bereits nachgewiesen, daß sich die Fleischabfälle tansanischer Gerbereien gut für die Herstellung von Klebemitteln eignen. Zur Abklärung der Wirtschaftlichkeit dieses Verwendungszweckes sollten weitere Untersuchungen initiiert werden. Die Verschnittabfälle der Gerberei sind geeignete Rohstoffe zur Herstellung von Kunstleder. Zur Nutzung dieses Potentials ist indes notwendig, daß die Kunstlederfabrik, die seit einiger Zeit im Bau ist und deren Baufortschritte nur schleppend erfolgen, schnellstmöglich fertiggestellt wird. Die Verwendung der Verschnitte als Ausgangsbasis für die Kunstlederherstellung würde allen Gerbereien Tansanias eine attraktive Möglichkeit geben, diese Produktionsabfälle in ökonomisch und ökologisch sinnvoller Weise zu verwerten.

Im Anschluß an den Workshop wurden von den Produktionsmanagern der Morogoro Tanneries nachstehende Kostenkalkulation vorgelegt:

Für das Chrom-Recycling veranschlagen sie 220.000 US$; die Kosten für die Rehabilitierung der Vorbehandlungsanlage belaufen sich auf 19.000 US$; die Bereitstellung von Finanzmittel in Höhe von insgesamt 239.000 US$ könnte demzufolge einen umweltfreundlichen Betrieb der Anlage gewährleisten.

4. Kriterien für die Definition von "appropriate technologies" in Tansania

Die Kriterien sind zum einen Ergebnis der Unternehmensbesuche als "praktisches Lernfeld", andererseits widerspiegeln sie den Diskussionsstand innerhalb des NEMC.

Als zentraler, methodischer Zugang für die Definition von "appropriate technologies" wird die Ablehnung einer umweltpolitischen Strategie gesehen, die als "end-of-pipe-Philosophie" die Umweltpraxen der Industrieländer maßgeblich prägte. Am Beispiel der ungelösten Probleme innerhalb der Gerberei im Hinblick auf die ökonomisch und ökologisch effiziente Behandlung von Rückständen, konnte eindrucksvoll nachgewiesen werden, daß der Einsatz prozeßnachgeschalteter Anlagen der Abfall-/Abwasserreinigung im Sinne der "end-of-pipe-technology" für die Lösung der industriellen Abfallprobleme Tansanias versagt hat. Dagegen wird für die Forcierung einer Problemlösung plädiert, die sich als "low-waste-Ansatz" umschreiben läßt und die Anwendung von Vermeidungstechnologien in Form von Kreislaufführungen oder produktionsinternen Verwertungskaskaden beinhaltet. Als Gründe für die Favorisierung dieses "low-waste-Ansatzes" im Gegensatz zur "end-of-pipe-Technology" können genannt werden:

- Ökonomisch: durch innerbetriebliche Verwertungsverfahren zur Nutzung von Rückständen als Einsatzstoffe werden billige Materialquellen erschlossen und gleichzeitig Beseitigungskosten eingespart.

- Ökologisch: Die Verringerung und Vermeidung von Emissionen jeglicher Art an der Quelle (source reduction) reduzieren das Volumen umweltgefährdender Komponenten und schließen zudem die Verlagerung von Emissionen aus einem Umweltmedium ins andere aus. Die Verringerung des Roh- und Hilfsstoff- und Energieinputs trägt zu Einsparungen von knappen Ressourcen bei.

- Administrativ: Betriebsinterne Verwertungskonzepte begrenzen den staatlichen Genehmigungs- und Kontrollaufwand, der durch die Einhaltung von Grenz- und Richtwerten sowie Entsorgungsverfahren verursacht ist.

Als zweites Definitionskriterium legt der NEMC ausdrücklich Wert auf die Feststellung, daß neue Industrieprojekte den europäischen Umwelt- und Sicherheitsstandards entsprechen müssen. D.h. in Bezug auf die Gerberei, daß die durch die Lederverarbeitung verursachten Umweltbeeinträchtigungen auf ein Maß reduziert werden müssen, das sich orientiert an den Anforderungen an Umwelt, Arbeits- und Sicherheitsschutz in den Industrieländern.

Realistischerweise wurden diesen Anspruchskategorien im Verlauf der Diskussionen im Workshop auf das in Tansania unter den gegebenen Verhältnissen "Machbare" reduziert. Diese "Abstriche" von den oben genannten Leitideen führten schließlich zu einer Definition von "appropriate technologies", die als verallgemeinerungsfähig gelten kann und die nachstehenden prinzipiellen Eigenschaften beinhalten:

a) bezüglich ihrer Operationalität:
   - keine "highly sophisticated" Technologien, d.h Ablehnung von automatisch gesteuerten und kontrollierten Prozeßverfahren, da diese technisch zu kompliziert sind; die notwendige Infrastruktur nicht gegeben ist (z.B. garantierte Stromversorgung); die Ersatzteilproblematik ungelöst ist und die Abhängigkeit von Importen aus den Industrieländern festgeschrieben wird.

b) Low-cost-Verfahren
   - Es ist weitaus realistischer, low-cost-Verfahren der Abfall-/Abwasserbeseitigung zu installieren, die einen Wirkungsgrad von lediglich 75% aufweisen, als den Ehrgeiz zu entwickeln, eine 95%ige Rückstandsentsorgung mit 10-fach höheren Investitions- und Betriebskosten anzustreben.

c) Standortaspekte
   - Die situationsadäquaten Lösungsansätze differieren in Bezug auf ländliche und städtische Gebiete: in ländlichen Gebieten können platzintensive Teiche zur Abwasserreinigung eingesetzt werden, während die städtischen Ballungszentren Lösungen erfordern, die die unkontrollierte Einleitung und Verschmutzung der Abwasseranlagen durch die umliegende Bevölkerung ausschließen.   -

5. Ein Fazit

Dieser Ansatz wird inzwischen von internationalen Organisationen wie UNDP und UNEP verfolgt mit dem erklärten Ziel, die ökonomischen und technischen Rahmenbedingungen der Entwicklungsländer im Rahmen ihrer Industrialisierungsbestrebungen besser zu berücksichtigen. Unter dem Titel "waste minimization" erschien Anfang 1989 eine Dokumentation der UNEP, in der Beispiele der industriellen Abfallvermeidung zur Diskussion gestellt wurden. Ebenso hat sich die 1987 in der Folge einer UNIDO-Konferenz über "Hazardous Waste Management, Industrial Safety and Emergency Planning" gegründete "International Association for Clean Technology, IACT zur Aufgabe gemacht, den Wissenstransfer zwischen Industrie- und Entwicklungsländern zu fördern und zur Internationalisierung umwelttechnologischer Präventivstrategien beizutragen. Die systematische Verfolgung dieses Ansatzes würde bedeuten, daß die Entwicklungsländer in der Anwendung von Umwelttechnologien nicht den gleichen Prozeß und die gleichen Fehler der Industrieländer vollziehen würden, sondern einen unter ökologischen und ökonomischen Aspekten vorteilhafteren Industrialisierungspfad beschreiten würden.

Anmerkungen

1) Die Beantwortung dieser Frage stand im Mittelpunkt eines Workshops, der im Oktober 1988 in Dar Es Salaam und Morogoro - zwei wichtigen industriellen Standorten in Tansania - stattfand und tansanische Produktionsmanager, Umweltfachleute staatlicher Institutionen sowie deutsche Umweltexperten zusammenführte. Bereits Ende 1986 wurde dieser Workshop, dessen Titel "Appropriate Technologies to Reduce Waste in Selected Industries in Tanzania" die spezifische Zielsetzung reflektiert, durch den "National Environment Management Council of Tanzania" (NEMC) initiiert. Zur Realisierung wandte sich der NEMC an die "Carl Duisberg Gesellschaft" (CDG), deren Berliner Fachgruppe "Natürliche Ressourcen" im Auftrag des Bundesministeriums für wirtschaftliche Zusammenarbeit (BMZ) umweltrelevante Fortbildungsmaßnahmen (Seminare und Langzeitstipendienprogramme) für Fachleute aus Ländern der Dritten Welt durchführt.
2) Vgl. Bruser, A.: L'économie tanzanienne a la croisée des chemins, in: Le Courrier, Nr. 110, Juli/August 1988, S. 42 f.
3) Gesetzblatt der United Republic of Tanzania, No. 19, 1983, S. 191 ff.
4) Vgl. Sutter, H.: Vermeidung und Verwertung von Sonderabfällen, 2. Aufl., Berlin 1988.
5) Vgl. Hinweise und Erläuterungen zur 25. Abwasser VwV über Mindestanforderungen an das Einleiten von Abwasser in Gewässer: Lederherstellung, Pelzveredelung, Lederfaserstoffherstellung, vom 3.3.1983.

Teil VII:

UNCED 92 -

Die Konferenz der Vereinten Nationen über Umwelt und Entwicklung

UNCED 92 - Chancen für einen neuen Nord-Süd-Dialog?

Hans H. Lembke

1. Süd-Nord-Ordnung oder globale Gemeinsamkeit?

Es ist seit Ende der 80er Jahre wieder trendgerecht, in Diskussionen über internationale Entwicklung auch globale, strategische Fragen aufzugreifen - nach einem Jahrzehnt, in dem das entwicklungspolitische Denken vornehmlich von Krisenmanagement und Problemparzellierung geprägt war. Umwelt ist ein zentrales Thema dieses "neuen Globalismus". Die Entscheidung der Vereinten Nationen, für 1992 eine globale Konferenz zu "Umwelt und Entwicklung" (UNCED) einzuberufen, markierte den Beginn einer Globalisierung der Umweltaußenpolitik. Nachdem dieser Politikbereich anfänglich auf Belange der Industrieländer eingeengt war, werden jetzt immer stärker eine globale Problemwahrnehmung und globale Lösungsansätze gefordert. Zentrale Umweltprobleme werden als gemeinsame Herausforderung von Industrie- und Entwicklungsländern gesehen.

Wie wird sich das Feld der Akteure in dieser erweiterten internationalen Umweltpolitik strukturieren, welche Rolle werden insbesondere Entwicklungsländer darin spielen? Das Spektrum möglicher Konstellationen auf der staatlichen Ebene wird in der Diskussion durch zwei Thesen umrissen. Die erste These läßt eine bipolare Struktur erwarten; sie besagt, daß die weitere Entfaltung der Umweltaußenpolitik eine Neuauflage der Nord-Süd-Konfrontation bringen wird, den Konflikt zwischen Erster und Dritter Welt. Zu dieser These hat sich die Süd-Kommission um Julius Nyerere bekannt: (auch) die internationalen Umweltfragen sollten in dieser bipolaren Struktur angegangen werden; die Süd-Kommission hält sie sogar für besonders geeignet, die Notwendigkeit einer neuen Süd-Nord-Ordnung deutlich zu machen.

Die entgegengesetzte These hat die Weltkommission für Umwelt und Entwicklung (WCED, "Brundtland-Kommission") in die Diskussion gebracht: Das Wesen der neuen globalen Probleme liegt nicht in der Verschärfung von Dichotomien zwischen dem reichen und dem armen Teil der Menschheit sondern in der Diskrepanz zwischen den wachsenden Ressourcenansprüchen der Menschen insgesamt und ihrer natürlichen Ressourcenbegrenzung. Eine bipolare Konfliktstrategie ist in dieser Lage unfruchtbar, da sie die Diskussionen und Verhandlungen auf Verteilungsfragen, also auf Beziehungen innerhalb der Erdbevölkerung zuspitzt, obwohl es in Wirklichkeit um eine neues Verhältnis der gesamten Erdbevölkerung zu ihren natürlichen Lebensgrundlagen geht. Freilich wirft die Bestimmung eines neuen Verhältnisses zwischen Ansprüchen und globalen Ressourcen Verteilungsfragen auf; diese aber haben nicht notwendigerweise eine Nord-Süd-Dimension und sie sind vor allem gegenüber der eigentlichen Herausforderung zweitrangig.

Daß die Aussicht auf eine Neuauflage des Nord-Süd-Konflikts gegenwärtig in der Dritten Welt eine solche Bewegung erzeugt - und den Gemeinsamkeitsappellen soviel Mißtrauen entgegengebracht wird -, ist nicht zuletzt damit zu erklären, daß sich die Industrieländer in ihrem bisherigen Umweltverhalten, aber auch in ihren bisherigen Ansätzen zur internationalen Umweltpolitik keineswegs vorbildlich an ökologischen Globalerfordernissen orientiert haben. So wird ihnen vorgeworfen, die Seerechtskonvention, die eine sehr weitreichende Umweltschutzkomponente hat, aus durchsichtigen Eigeninteressen heraus zu blockieren. Auch die umweltpolitischen Alleingänge der Industrieländer in den 80er Jahren, nachdem Stockholm 1972 zunächst die Weichen für ein globales Herangehen gestellt hatte, waren nicht vertrauensbildend. Und die hohe Priorität für die tropischen Regenwälder - ausgedrückt etwa in der Entschließung der G 7 auf dem Houston-Gipfel - erschien vielfach als ein Versuch, in der Klima-Diskussion von der eigenen Hauptverantwortung abzulenken und sich dabei nicht zu scheuen, auch fundamentale Regeln nationalstaatlicher Souveränität in Frage zu stellen.

2.   Entwicklungsländer in der internationalen Umweltpolitik

Bei näherer Betrachtung des Gegenstandes erscheinen allerdings die Aussichten, die "Umweltfrage" zum Angelpunkt einer neuen Blockkonfrontationsstrategie zu machen, als wenig erfolgversprechend. Dies zumindest ist der Eindruck, den ein Überblick zur neueren Entwicklung der internationalen Umweltpolitik in einer Reihe von Konfliktfeldern vermittelt.[1] Eine kurze Zusammenstellung dieser Erfahrungen mag dies hier noch einmal verdeutlichen.

Die Frage der *Meeresverschmutzung* eignet sich nicht als Kristallisationskern für eine Blockbildung und wäre eine schwache "Waffe" in den Händen der Entwicklungsländer. Abgesehen von Ausnahmekonstellationen mit der Gefahr von "Umweltverbrechen" - man denkt an den Irak im zweiten Golfkrieg - haben Entwicklungsländer wenig Störpotential, da sie nicht die Hauptverschmutzer sind oder ihre Emissionen sich für Industrieländer kaum auswirken. Der Versuch, die Frage auf der Ebene des Nord-Süd-Dialogs anzugehen, im Rahmen also der Seerechtskonvention, ist praktisch gescheitert. Die Tatsache, daß die Entwicklungsländer dort inzwischen zu Zugeständnissen, insbesondere beim Tiefseebergbau bereit sind, um das Vertragswerk zu verwirklichen, läßt sicherlich nicht auf einen Zuwachs ihrer Verhandlungsmacht schließen, der angesichts des erhöhten umweltpolitischen Interesses auf Seiten der Industrieländer hätte erwartet werden können.

Durch die Initiative der UNEP wurde das Problemfeld des Meeresumweltschutzes regional aufgespalten. Damit war die globale Ebene verlassen und der Kreis der Verhandlungspartner im wesentlichen auf Entwicklungsländer beschränkt. Eine Ausnahme stellten lediglich das Mittelmeer- und das Karibikprogramm dar: Dort war die Nord-Süd-Dimension zumindest potentiell von Bedeutung - man denke etwa an die Interessen der EG im Mittelmeer und an das Potential für "inter-issue linkages" bei umweltpolitischen Verhandlungen. Nicht zu übersehen ist auch, daß die meisten Entwicklungsländer "ihr" Regionalmeerabkommen, wohl auch in der Hoffnung auf Entwicklungshilfe, bereits unterschrieben haben, eine gemeinsam abgestimmte Verweigerungshaltung also keine aktuell relevante Option mehr darstellt.

Ebensowenig haben die Entwicklungsländer in der Frage der *Giftmüllexporte* eine kollektive Verhandlungsmacht aufbauen können. Zu heterogen waren auch in diesem Falle die Interessenlagen; sie ließen allerdings eine regionale Blockbildung - der Afrikaner - zu. Die OECD-Länder gaben im Zuge des Verhandlungsprozesses das "agenda setting" nicht aus der Hand, und sie konnten ihre zentralen Vorbehalte ohne größere Zugeständnisse durchsetzen: kein generelles Exportverbot und keine Festschreibung der Entsorgungsstandards im Zielland. Mit ihrer Initiative zu einem wesentlich schärferen Regime haben die afrikanischen Staaten die OECD-Länder nicht herausfordern können. Der Versuch, die Industrieländer umweltpolitisch beim Wort zu nehmen und an ihrem Glaubwürdigkeitsanspruch zu packen, scheiterte an den massiven Interessen, diese Form der Externalisierung ökologischer Kosten zumindest mittelfristig noch zu erhalten.

Die Auseinandersetzungen und Regelungen zur Nutzung der *Antarktis*-Ressourcen waren von vornherein kaum in die Nord-Süd-Dimension einzuordnen. Was die Mitgliedstaaten des Antarktisvertrages zusammengebracht hat, war ein Bündel besonderer geographischer und historischer Faktoren; sie bewirken, daß die Konfliktlinien, die zwischen einzelnen Vertragsparteien entstanden sind, quer zu der Trennungslinie zwischen Industrie- und Entwicklungsländern verlaufen.

Zwar gab es unter den Mitgliedstaaten aus der Dritten Welt in der Tendenz eine deutliche Mehrheit für die Rohstoffnutzungsoption - in diesem Falle bemerkenswerterweise in Koalition mit Industrieländern, die im Nord-Süd-Verhältnis üblicherweise eine "hard-liner"-Position vertreten. Die große Mehrheit aller Entwicklungsländer dagegen hat auf UN-Ebene deutlich gemacht, daß sie für die Ressourcenerhaltungsoption eintritt und daß sie die besonderen Ansprüche der Vertragstaaten auf diesen Kontinent ohnehin nicht anerkennt.

Das Antarktis-Regime ist ein Beispiel für eine regional begrenzte Zusammenarbeit, in der die nationalen Interessen weitgehend unabhängig von Blockzugehörigkeiten artikuliert werden. Die Interessen von Indien und Argentinien etwa sind kaum in Einklang zu bringen. Und ebensowenig lassen sich zwischen den spezifischen Interessen der USA und Frankreichs Gemeinsamkeiten ausmachen: Die französische Regierung - so ist zu vermuten - hat die Antarktisfrage nicht zuletzt unter dem Aspekt betrachten, daß sie eine Chance bot, Frankreichs umweltpolitisches Image aufzubessern und die Spannungen mit Australien und internationalen Umweltorganisationen in der Frage der Mururoa-Atomtests abzumildern. Aufschlußreich für die Interessen-Analyse ist auch die Haltung Norwegens: In den Debatten um eine Neue Weltwirtschaftsordnung ein exponierter "Gleichgesinnter" und in die Antarktisproblematik von Beginn an involviert, hat dieses Land es erkennbar vermieden, seine ansonsten prononcierten Positionen zum Nord-Süd-Verhältnis auf die Antarktisfrage zu übertragen.

Die *Tropenwaldproblematik* hat sicherlich zur Polarisierung zwischen Nord und Süd in Umweltfragen beigetragen, insofern als sie die umweltpolitische Glaubwürdigkeit der Industrieländer aus der Sicht des Südens beeinträchtigt hat. Aus dieser Perspektive konnte der Eindruck entstehen, daß die führenden Industrienationen dieses Thema aus recht eigensüchtigen Gründen auf die Agenda gebracht haben, ohne nähere Konsultation mit Entwicklungsländern und den zuständigen UN-Organisationen. Es wird ihnen die Absicht unterstellt, den Handlungsdruck an den eigenen Problemen vorbei auf ein Aktionsfeld in den Entwicklungsländern lenken und dort nur einen unzureichenden Anteil an den Kosten übernehmen zu wollen. Mißtrauen erregt auch der Vorstoß zu einem Sonderprojekt für Brasilien; er mag an die Strategie der Einzelfallösungen in der Verschuldungsfrage erinnern, die vereinzelt im Süden aufkeimende Hoffnungen auf ein Schuldnerkartell schnell hatte zusammenbrechen lassen.

Bisher ist das Interesse einiger führender Industrieländer - darunter die Bundesrepublik - an einer Forstkonvention im Süden kaum auf Resonanz gestoßen, und im UNCED-Vorbereitungsprozeß wurde der Vorschlag anfangs eher hinhaltend behandelt. Daran könnte der Versuch eines wirklich globalen Übereinkommens scheitern; die nächstliegende Variante - für das Abkommen zunächst nur Brasilien, Zaire und vielleicht noch eine Handvoll weiterer Entwicklungsländer zu gewinnen - wäre jedoch kaum zu verhindern. Dann aber könnten finanzielle und andere Anreize noch weitere Entwicklungsländer zum Beitritt bewegen.

So ist es sicherlich taktisch nicht unklug, wenn viele Entwicklungsländer sich weit stärker für eine Konvention zum Erhalt der *Artenvielfalt* engagieren. Sie sehen hier, wohl zu Recht, größere Chancen, dem Norden eine gemeinsame Position entgegenzusetzen und die Interessen einiger Industrieländer am Naturschutz - auch die Regenwalderhaltung ließe sich einbeziehen - nicht nur mit finanziellen Forderungen zu verknüpfen, sondern auch neue Fragen wie Zugang zu Biotechnologie und Lizenzen für Genmaterial verhandelbar zu machen.

Die Ergänzung des *Ozon-Abkommens* durch einen Mechanismus für Ressourcentransfer ist vielfach als ein großer Verhandlungserfolg "der" Entwicklungsländer interpretiert worden. Auf den ersten Blick scheint dieses Zugeständnis tatsächlich die These von der "Umwelt als Waffe" zu bestätigen, die Erwartung, daß die Entwicklungsländer en bloc - geeint durch die Aussicht auf massiven Ressourcentransfer - ihre Mitwirkung am globalen Umweltschutz solange verweigern könnten, bis der Norden zu ausreichend hohen Transferleistungen bereit wäre.

Auf den zweiten Blick ist jedoch unverkennbar, daß nicht "die", sondern nur einige wenige fortgeschrittene Entwicklungsländer Leistungen aus dem Fonds erwarten können, und daß diese Zahlungen weit unterhalb der Forderungen bleiben, die im Verlaufe des Prozesses von Vertretern der - wenigen in der Sache engagierten - Entwicklungsländer geäußert wurden. Der Fonds wird, zumindest in seiner gegenwärtigen Form, nicht etwa Kompensationszahlungen für den Verzicht auf zukünftige ozonschichtgefährdende Emissionen leisten - so würde er praktisch allen Ländern offenstehen -, sondern die Zahlungen werden strikt an Konversionsprojekte gebunden sein, und ein Drittel der Mittel ist allein für China und Indien reserviert. Mit dieser Zweckbindung, Ausstattung und Sonderregelung aber ist der Fonds für die große Mehrzahl der Entwicklungsländer ohne unmittelbares Interesse. Er begünstigt eher ein Konkurrenzdenken als die Blockbildung, und es ist recht fraglich, ob sich unter diesen Bedingungen das Abkommen zu einem wirklich globalen entwickeln kann.

Verfechter der These von der "Umwelt als Waffe" werden allerdings argumentieren, daß die eigentliche Probe auf die umweltpolitische Verhandlungsmacht des Südens noch aussteht. Dann - in den Verhandlungen zu einer globalen *Klima-Konvention* - wird es nicht mehr nur darum gehen, daß neben den Industrieländern auch noch die fünf bis zehn wichtigsten Entwicklungsländer mitwirken, sondern es wird sich für die Industriestaaten mit vitalen Interessen an der Konvention die Aufgabe stellen, diesmal eine Vielzahl von Entwicklungsländern - und armen osteuropäischen Ländern - zum Beitritt zu bewegen.

Daß die Zahl der betroffenen - oder interessierten - Entwicklungsländer im Falle der Klima-Konvention weit größer ist als in allen anderen genannten Bereichen, hat verschiedene Ursachen. Zum einen hat das UN-System hier sehr früh die Initiatorenrolle übernommen, und schon aus diesem Grunde wurde der Kreis der zu beteiligenden Länder sehr weit gezogen. Begünstigt wurde dies durch die - sicherlich absichtsvolle - Wahl eines umfassenden Problemlösungsansatzes; anstelle einer denkbaren Eingrenzung auf die wichtigsten, energiebedingten CO_2-Emissionen wurde die Problematik der Treibhausgase in der vollen Breite angegangen, einschließlich der Bereiche Absorption, Anpassungen und Schadensausgleich. Bei dieser Problemdefinition ist es kaum noch möglich, irgendein Land als nicht betroffen auszuklammern.

Somit sind die Entwicklungsländer in der Mehrheit, und sie stellen potentiell einen Block mit bedeutender Stimmenmajorität dar. Für die Tendenz, daß sich diese Mehrheit zu einem Block formt, gibt es gegenwärtig durchaus Anzeichen, und diese Entwicklung wird sicher durch eine neue Version des Kolonialismus-Vorwurf gefördert: Die Industrieländer würden mit ihrem Versuch, eine weltweite Begrenzung der CO_2-Emissionen festzuschreiben, die Entwicklungsländer auf einem Energie-Niveau festhalten wollen, das ein Herauswachsen aus dem Stadium der Armut und Unterentwicklung nicht zuließe. Diesen Vorwurf haben auf internationalen Bühnen bereits zahlreiche Entwicklungsländervertreter erhoben, und die Brisanz der Frage wird auch an den auffallend zahlreichen Statements aus Industrieländern deutlich, in denen das Recht auf Entwicklung bestätigt und als Ausweg aus dem Dilemma ein grundlegender Technologiewandel gefordert wird. Alle vorliegenden Konzepte zur Verteilung von Reduktionspflichten sehen zudem eine Vorzugsregelung für Entwicklungsländer vor. Der Vorwurf bleibt dennoch im Raum, und die Positionen könnten sich ähnlich verhärten wie in den 70er Jahren, als die vom Norden propagierte Grundbedürfnisstrategie von vielen Regierungen im Süden als entwicklungshemmendes Ablenkungsmanöver zurückgewiesen wurde.

Es gibt auf der anderen Seite gewichtige Faktoren, die einer Blockbildung entgegenstehen. Zum einen ist grundsätzlich fraglich, ob der solchermaßen breit angelegte Verhandlungsansatz überhaupt durchzuhalten sein wird. Einer Strategie der Blockbildung und der Maximalforderungen seitens der Entwicklungsländer könnten die wichtigsten Industrieländer mit einer Konvention im Alleingang begegnen, die zwar der langfristigen Problementfaltung nicht gerecht, aber doch einen erheblichen Teil des innenpolitisch erzeugten Handlungszwangs auffangen würde. Gegendruck ließe sich zudem auf anderen Beziehungsfeldern aufbauen, etwa im Bereich des Handels.

Ein zweiter, die Blockbildung hemmender Faktor liegt sicherlich in der zu erwartenden Zweckbindung jeglicher Nord-Süd-Transfers, die im Rahmen einer Klima-Konvention vereinbart werden könnten. Bisherige Erfahrungen lassen nicht erwarten, daß die entscheidenden Industrieländer einem System von Pauschalzahlungen ihre Zustimmung gäben; vielmehr werden sie darauf bestehen, daß die Leistungen in Projekt- oder allenfalls Programmform erfolgen. Je nach Ausgestaltung der Zweckbindung wird dann aber die von manchen Entwicklungsländern vermutlich noch erhoffte Gleichverteilung der Leistungen, etwa nach dem Schlüssel der Bevölkerungszahl, ersetzt durch ein Verteilungsprinzip, nach dem zunächst einmal Länder mit großen (kohlenwasserstoffbasierten) Kraftwerkskapazitäten, Industriefeuerungsanlagen und bedeutendem Straßenverkehr, eventuell auch solche mit großem Absorptionspotential für Treibhausgase und vielleicht noch einige wenige überflutungsgefährdete Länder auf der Empfängerliste stünden. Eine große Zahl insbesondere ärmerer Entwicklungsländer müßte befürchten, weitgehend leer auszugehen, abgesehen vielleicht von Projekten in Landwirtschaft, Forstwirtschaft, Ressourcenschutz und regenerativer Energie, die nichts grundsätzlich Neues darstellten und deren "Zusätzlichkeit" ("additionality") daher zweifelhaft erschiene.

Eine solche Perspektive würde die Blockbildung sicherlich nicht begünstigen. Sie würde allerdings den Interessen einiger fortgeschrittener Entwicklungsländer entgegenkommen. Und nur für solche Länder, auch dies wird schrittweise deutlich werden, hat die Universalformel vom technologischen Wandel ("leapfrogging") zumindest einen gewissen Realitätsgehalt, während sie für die stärker zurückgebliebenen Länder eher fragwürdig ist: Neue, treibhausneutrale Technologien können - da üblicherweise im Besitz privater Unternehmen führender Industrieländer - nicht qua Regierungsverordnung transferiert werden. Die besten Zugangschancen haben auch hier wieder teilindustrialisierte Länder, die unternehmensstrategisch interessant sind und Mindestvoraussetzungen hinsichtlich Handhabungs- und Wartungskapazität erfüllen.

Welche Schlußfolgerung ist aus dem Gesamtbild der Erfahrungen zu ziehen? Zu erwarten ist sicherlich, daß die Strategie der Blockkonfrontation im UNCED-Prozeß zahlreiche Anhänger finden wird. Die These, der Norden wolle seine und die von ihm verursachten globalen Umweltprobleme auf dem Rücken des Südens lösen, ist eingängig und nicht ohne wahren Kern. Die Tendenz, die globalen

Umweltfragen in die Nord-Süd-Dimension einzuordnen,[2] wird weiter durch die
im Süden verbreitete Auffassung gestärkt, die Strukturprobleme der Entwicklungsländer könnten nur im Rahmen einer Neuordnung der Nord-Süd-Beziehungen angegangen werden. Die Umweltfrage erscheint vielen als der einzig
verbliebene Angelpunkt, an dem eine solche Neuauflage des Nord-Süd-Dialogs
festzumachen wäre - nachdem dies an anderen globalen Fragen, insbesondere
der Verschuldungskrise, gegenüber den Industrieländern nicht durchzusetzen
war. Damit ist keinesfalls auszuschließen, daß die Konferenz in Rio de Janeiro -
ähnlich UNCTAD IV in Nairobi - in einen langwierigen, zähen Verhandlungsprozeß einmünden wird, in dem die - oder eine große Gruppe der - Entwicklungsländer lange und entschlossen an Maximalforderungen und Blockkonfrontation festhalten könnten.

Daß sie damit Erfolg hätten, ist nach Abwägung aller heute bekannten Faktoren
jedoch wenig wahrscheinlich. Die Vorstellung, es könne sich auf Seiten der Entwicklungsländer eine ausreichende kollektive Verhandlungsmacht herausbilden,
die sie befähigte, die Agenda der anstehenden umweltpolitischen Verhandlungen
zu bestimmen und weitreichende inter-issue linkages - vor allem zu Entwicklungshilfe, Technologietransfer und Handel - durchzusetzen, erscheint aus heutiger Sicht wenig realistisch.

So könnte sich auch in der Umweltfrage die - für den Süden bittere - Erfahrung
wiederholen: Entwicklungsländer als Block haben in einem Nord-Süd-Konflikt
kaum mehr als ein Störpotential. Sie können dem Norden allenfalls Negativ-
summen-Spiele aufzwingen, also Veränderungen auslösen, die am Ende beiden
Parteien schaden. Ihre Macht reicht aber nicht aus, um Verteilungskämpfe -
Nullsummen-Spiele - zu ihren Gunsten zu entscheiden und vermutlich auch nicht
dazu, die Industrieländer zu kurzfristig kostenträchtigen, langfristig aber allseitig
vorteilhaften Veränderungen zu bewegen.[3]

Auf den Umweltbereich übertragen heißt dies: Entwicklungsländer können sich -
zum Schaden aller - dem globalen Umweltschutz verweigern; ihre Chancen, sich
diese Weigerung durch massiven Ressourcentransfer abkaufen zu lassen, sind
jedoch gering. Und die Erwartung, sie könnten - Positivsummenspiel - die Gegenmacht aufbringen, um die Widerstände im Norden gegen ökologischen Umbau zu überwinden - etwa durch das Aufzwingen einer Ressourcensteuer, die
gleichzeitig zur Finanzierung des Umweltschutzes im Süden eingesetzt würde -
ist auf Hoffnung gebaut, kaum aber durch eine nüchterne Politik-Analyse abzu-
stützen.

Betrachtet man im Lichte dieser Bewertungen noch einmal die Verhandlungen
um die Ozon-Abkommen, so ist in diesem Prozeß bereits das Muster zu erkennen, nach dem auch zukünftige Verhandlungen ablaufen könnten: nicht im Sinne

der irreführenden Interpretation, hier habe die Dritte Welt mit kollektiver Verweigerungshaltung ein zentrales Zugeständnis erzwingen können, sondern als Ergebnis einer realistischen Sicht dieses Prozesses und seiner Ergebnisse. Tatsächlich blieb auch in diesem Falle die Definitionsmacht - "agenda setting", Bestimmung des Verhandlungstempos, selektive Einbeziehung von Ländern außerhalb des Kernkreises - stets in den Händen führender Industriestaaten. Die Herausforderung von Seiten der Entwicklungsländer ließ sich relativ mühelos durch Kooptation und selektive Zugeständnisse auffangen.

Dabei ist das globalökologische Ergebnis dieses Prozesses - aller Kritik engagierter Umweltschützer zum Trotz - durchaus als ein Fortschritt zu bezeichnen, auch dies könnte beispielhaft werden. Berechtigt ist diese Kritik dennoch, insofern als sie sich gegen zwei gravierende Schwachpunkte des Abkommens richtet. Zum einen erwies sich die gemeinsame Verpflichtung aller Staaten gegenüber der "Gemeinsamen Zukunft" als nicht verbindlich genug, um wirklich drastische Einschränkungen ohne Ausnahmen, Übergangsfristen und Sonderregelungen zu erlauben. Und zum zweiten wurden die Anpassungsforderungen an den technologischen Möglichkeiten der führenden Industrieländer ausgerichtet. Während sie dort also kalkulierbare Umstellungen bedeuten, sind die Erwartungen an die übrigen, insbesondere die Entwicklungsländer in ihren Konsequenzen weit weniger deutlich absehbar.

3.   Die Bedeutung dezentralisierter Verantwortung

Auf die Ausgangsfrage zurückgreifend: Das Feld der (staatlichen) Akteure in den anstehenden umweltaußenpolitischen Verhandlungsrunden könnte sich anfangs zwar bipolar - in der Nord-Süd-Dimension - ausformen, letztendlich aber dürfte sich ein unipolares Muster herausbilden. Prägend wären dann nicht Nord-Süd-Gegensätze, und auch das Eine-Welt-Modell der Brundtland-Kommission bliebe auf absehbare Zeit eine Vision. Den Kurs bestimmte auch in der internationalen Umweltpolitik die G 7 - nicht die G 77.[4]

Wie stellen sich unter diesen Bedingungen die Aussichten für die Verwirklichung der WCED-Botschaft dar, für den globalen ökologischen Umbau in Richtung auf nachhaltige Entwicklung zur Sicherung der gemeinsamen Zukunft? Können die Interessenlagen in einer solchen "unipolaren" Struktur auch nur ansatzweise die außerordentliche Dynamik hervorbringen, die ein solcher Kurswechsel verlangte?[5] In einer bipolaren Struktur wäre zumindest hypothetisch vorstellbar, daß diese Dynamik durch (externe) Gegenmachtbildung erzwungen würde: Die Entwicklungsländer könnten die vom Norden aufgeworfenen Umweltfragen auf

die Forderung nach einer Angleichung der Lebensstile zuspitzen,[6] nach der
Formel "The rich must live simpler so that the poor can simply live."[7] Eine
einschneidende Ressourcensteuer könte - weiterhin hypothetisch - der Mechanismus sein, über den der Norden gezwungen würde, den ressourcenintensiven
Entwicklungspfad zu verlassen, und über den der Süden die Mittel erhielte,
allgemeine Grundbedürnisbefriedigung durchzusetzen und die Engpässe auf dem
Weg zum "sustainable development" aufzubrechen. In einer unipolaren Struktur
scheidet diese Möglichkeit der externen Gegenmachtbildung (definitionsgemäß)
aus. Die Kraft, um Widerstände gegen grundlegenden Wandel zu überwinden,
müßte intern aufgebracht werden: sei es dadurch, daß sich die Umweltprobleme
zu unausweichlichen Sachzwängen verschärften oder aber dadurch, daß sich eine
interne, "dezentrale" Gegenmacht bildete, die ein Ausweichen vor radikalen
Anpassungen - etwa durch Problemverlagerung in die Peripherie - blockierte.

Hinsichtlich der Unausweichlichkeit des umweltpolitischen Handlungsdrucks
ist - nach vorliegenden Erfahrungen - die folgende Einschätzung naheliegend:

"... examples suggest, that things will get worse before they get better: because,
on past evidence, only a sense of clear and present danger or a palpable ca-
tastrophe can motivate voters in democracies to sacrifice. (...) Political mechanisms need a strong stimulus to produce the countervailing response, and this
is just what we cannot afford to wait for in the case of the environment."[8]

Eine angemessene Wahrnehmung der globalen Umweltprobleme wird durch
zwei Phänomene behindert: erstens die Gefahr, daß die Schäden erst im Stadium
der Irreversibilität einschneidend spürbar werden, und zweitens das schiere
Ausmaß der Bedrohung, das dazu verleiten kann, die Probleme angesichts ihrer
Unfaßbarkeit schlicht zu leugnen.[9] Hoffnungen, daß eine wirklich problemge-
rechte Sicht der globalen Umweltgefahren sich noch rechtzeitig durchsetzen
kann, sind dennoch nicht unbegründet. Eine wesentliche Stütze dieser Hoffnungen ist die technologische Revolution in Informations- und Kommunikations-
technik. Sie könnte etwa - unter günstigen sozio-politischen Rahmenbedingungen
- das Informations- und Bildungspotential der Medien in einem solchen Maße
steigern, daß der klassische Schutzmechanismus für freie Güter, das langfristige,
aufgeklärte Eigeninteresse an der Erhaltung der natürlichen Lebensgrundlagen
zur Geltung käme - auch über die eigene Generation hinaus.[10]

Interne Gegenmacht - vor allem von Umweltschutzorganisationen und Bürgerinitiativen - und die Dezentralisierung der Verantwortung für die Umwelt haben
für die Herausbildung des nationalen Umweltschutzes im OECD-Raum zweifellos eine prägende Rolle gespielt; die Erwartungen, daß sich dies im globalen

Umweltschutz wiederholen könnte, sind hochgesteckt und sie stützen sich auf bemerkenswerte Erfolge von Umweltorganisationen in verschiedenen Fällen internationaler Kooperation. In der "WCED-Philosophie" ist dem nichtstaatlichen Sektor von Beginn an eine hohe Bedeutung gegeben worden, die Vorstellung reflektierend, daß wesentliches Moment für den Strategiewandel eine soziale Bewegung für nachhaltige Entwicklung sein müsse, deren Mitglieder sich als ökologische Avantgarde in ihrem jeweiligen Bereich der "Einen Welt" verstehen sollten.[11] Die wichtigsten Strö-mungen dieser Bewegung sollten umwelt- und entwicklungsbezogene NRO, eine Community einschlägig kompetenter Wissenschaftler und eine ökologisch aufgeschlossene Unternehmerschaft sein. Diese Sichtweise ist in den UNCED-Vorbereitungsprozeß übernommen, dort noch verstärkt und weiter entfaltet worden.[12] Besondere Anstrengungen richten sich darauf, die Wirtschaft ("corporate level") für die Mitarbeit im UNCED-Prozeß zu gewinnen und das breitgefächerte Spektrum der NRO durch möglichst viele Mitglieder aus Entwicklungsländern anzureichern.

Insgesamt wäre es unbegründet, den Industrieländern a priori die Fähigkeit abzusprechen, die Entscheidungskraft für einen ökologischen Umbau im Rahmen einer globalen Umweltpolitik aus sich heraus, ohne externen Druck aufzubringen. Die umweltpolitische Bilanz der OECD-Staaten über die vergangenen 20 Jahre ist beeindruckend. Sie rechtfertigt Zuversicht, allerdings nicht Selbstzufriedenheit und Übergang zum Routinehandeln: Mit dem Einstieg in die globale Umweltpolitik ist eine neue Phase erreicht, in der sich die Herausforderungen in bisher nicht gekannter Größenordnung stellen.[13] Von den OECD-Ländern wird erwartet, daß sie ihr eigenes Haus ökologisch in Ordnung bringen, daß sie aber darüber hinaus - aufgrund ihrer Führerschaft und zunehmender Interdependenzen unabweisbar - ihre technologischen und finanziellen Kapazitäten auch für den Umweltschutz in der "Peripherie" einsetzen.

Diese zweite Aufgabe "außer Haus" blieb hier bisher außer Betracht; im Blickpunkt stand die Frage, ob die Industrieländer aus sich heraus die Kraft aufbringen werden, die primär von ihnen hervorgerufenen Ursachen globaler Umweltgefährdung zu beseitigen. In Zukunft werden sich jedoch die Anteile an der Verursachung beträchtlich in Richtung auf die ärmeren Länder verschieben und damit rücken die Erfolgsbedingungen und -aussichten des Umwelt- und Ressourcenschutzes im Süden zunehmend ins Blickfeld globaler Umweltpolitik.

Unter einem Aspekt stellen sich die Erfolgsaussichten dort günstiger dar: Ein externer Druck, ökologische Anpassungen vorzunehmen, ist zweifellos gegeben, aus Sicht vieler Entwicklungsländer sogar im Übermaß (Vorwurf des "Öko-Diktats" an den Norden). Bei genauerem Hinschauen fällt jedoch nicht nur auf, daß der externe Anpassungszwang bisher oft in inkonsistenter Weise ausgeübt wird.[14] Ebenso deutlich tritt hervor, daß die internen Erfolgsbedingungen in Entwicklungsländern komplizierter sind und daß die Problembewältigungskapazität schwach und nicht einfach über Know-How- und Finanztransfers aus dem Norden erweiterbar ist.

Nationale - und auch regionale - Umweltschutzpolitik in der Ersten Welt war auch deshalb so erfolgreich, weil schon der Zugriff auf eine relativ kleine Zahl großer Emittenten - Kraftwerke, metallurgische Komplexe, große Chemieanlagen - entscheidende Verbesserungen der Umweltsituation ermöglichte. Hinzukam, daß aufgrund stürmischer Technologieentwicklung und immerhin mäßigen Einkommenswachstums die geforderten technischen Umstellungen relativ rasch zu verwirklichen waren und die vom Endverbraucher geforderten "Opfer" gering blieben. In Entwicklungsländern dagegen sind es oft die Millionenheere kleiner Verursacher - Bauern, Bewohner der Elendssiedlungen, Kleinindustriebetriebe -, die das Gros der Schäden bewirken, und der Verzicht auf die Übernutzung zentraler Ressourcen - Land, Wasser - wäre in vielen Fällen eine Frage des Überlebens, nicht einfach eine Komforteinbuße. Daß der Wandel zum "sustainable development" Ressourcen in beträchtlichem Umfang bindet,[15] wird sich in Entwicklungsländern viel einschneidender bemerkbar machen, als in den reichen, fortgeschrittenen Ländern.

Entwicklungsländer-Regierungen, die unter diesen Bedingungen eine Umweltpolitik durchsetzen wollen,[16] müssen also eine weit größere Zahl und Vielfalt von Verursachern erreichen und sie haben mit größerem Widerstand der Betroffenen zu rechnen.[17] Hinzu kommt, daß die institutionellen Anforderungen, die sich etwa aus einer Konvention über Treibhausgase, über Artenschutz und Regenwalderhaltung ergäben, in Entwicklungsländer vielfach auf schwache, disintegrierte Staatsapparate träfen. Zehn Jahre außeninduzierte Strukturanpassungspolitik im ökonomischen Bereich haben die Leistungsfähigkeit der staatlichen Administrationen stark in Anspruch genommen und nicht immer gestärkt. Und schließlich sind auch die vorherrschenden sozio-strukturellen und sozio-politischen Bedingungen eher umweltfeindlich: Konstellationen, in denen eine entschlossene Umweltpolitik auf Allianzen politisch bedeutender gesellschaftlicher Gruppen bauen kann, sind in Entwicklungsländern selten anzutreffen.[18] Den Regierungen diese fehlende Unterstützung mittels Finanztransfers aus dem Norden zu erkaufen, wäre noch nicht die Lösung des Problems. Es geht nicht nur um die Überwindung von politischem Widerstand sondern um die aktive Mitwirkung der Millionen Verursacher am Umweltschutz, ihren Verhaltenswandel in Richtung auf ihre Rolle als "Umweltmanager".

4. Wachsende Komplexität als Chance

Wo also liegen - zusammengefaßt - trotz aller Beschränkungen die Chancen für globale Umweltpolitik? In einem Nord-Süd-Dialog über eine neue ökonomische und ökologische Weltordnung, darin, daß erdumspannende Konferenzen unter der Prämisse globaler Einigkeit ökologische Verantwortung weltweit organisieren könnten? Es wird zu Recht bezweifelt, ob globale Verhandlungen angesichts der sich für die 90er Jahre abzeichnenden Machtstrukturen der geeignetste Ansatz sind, um an komplexe, globale Probleme heranzugehen; der UNCED-Prozeß könnte diese Zweifel in nachhaltiger Weise bestätigen.[19]

Dies würde bestehende Tendenzen verstärken, auch für "erdpolitische" Probleme Lösungsansätze zu suchen, die unterhalb der globalen Verhandlungsebene liegen - in der Hoffnung, daß diese nicht doch den immanenten Nachteil aufweisen werden, zu kurz zu greifen. Die Chancen für solche sub-globalen Ansätze haben sich in den letzten Jahren verbessert, paradoxerweise mit wachsender Komplexität in den internationalen Beziehungen. Die zunehmende Unterschiedlichkeit von Interessenlagen unter den Entwicklungsländern, aber auch innerhalb der OECD und im aufgelösten RGW, machen Koalitionen innerhalb der ehemaligen Blockgrenzen und über sie hinweg möglich. Anlässe für solche Allianzen häufen sich in dem Maße, wie Probleme grenzüberschreitender Natur in immer größerer Zahl auftauchen; jüngste Beispiele sind neben dem Umweltbereich die Armutsmigration, Flüchtlingsströme, der Drogen- und der Waffenhandel, Terrorismus in Luft- und Seeverkehr, Geiselnahmen, Sicherheit von Atomkraftwerken und die Verbreitung von AIDS.

Beide Faktoren - Auflösung der Blöcke und Anwachsen der internationalen Agenda - schaffen eine bisher kaum gekannte Flexibilität für internationale Konfliktregelung und gemeinsame Problembewältigung. Im Umweltbereich begünstigen sie die Erarbeitung eines Flickenwerks aus partiellen internationalen Übereinkünften - die möglicherweise einzig erfolgversprechende Problemlösungsstrategie in einer Situation, wo eine globale Herangehensweise den bestehenden Machtstrukturen nicht gerecht wird.[20] Beispiele für eine solche flexible Koalitionsbildung waren etwa die Verhandlungen zu den Ozon-Abkommen und zum Antarktisvertrag. Zwar sind in beiden Fällen die gefundenen Lösungen nur "second best", aber sie sind offen für Nachbesserung, auch für eine Erweiterung des Mitgliederkreises - etwa über inter-issue linkages und Sonderregelungen - und vor allem halfen sie, gegenseitige Blockierung und damit unvertretbaren Zeitverlust zu vermeiden.

Auch in einer Welt, die von den führenden Industrieländern dominiert wird, bleiben Entwicklungsländer also nicht auf die Alternativen eingeengt, fruchtlose Blockkonfrontation zu betreiben oder aber sich mit passivem Mitspielen begnü-

gen zu müssen. "Divisions within the two blocs ... point to the possibility of con-
structing trans-bloc coalitions of like-minded states as the most probable means
of effectively addressing global issues. Similarly, the increasing potential of is-
sue-linkage and the consequent complexity of negotiations imply that bilateral
discussions, or those between small groups of industrialized and Southern countries, may offer the best prospect for making progress."[21]

Diese Möglichkeiten stehen sicherlich nicht allen Entwicklungsländern in gleicher Weise offen; allerdings sind sie auch nicht auf die NICs oder wenige mili-
tärpolitisch wichtige Entwicklungsländer beschränkt. Die Aufzählung aktueller
Problemfelder von Umwelt bis AIDS hat illustriert, daß heute auch solche Länder - individuell oder in kleinen Gruppen Gleichgesinnter - ein Verhandlungspo-
tential besitzen, die zu den NWWO-Runden nur in ihrer Eigenschaft als G 77-
Mitglied Zugang erhalten hatten.

Diese Chancen gilt es zu erkennen und zu nutzen, Anlaß zur Euphorie geben sie
nicht. Zwar rechtfertigen sie die Hoffnung, daß auf ihrer Grundlage ein Beziehungsnetz für internationale Umweltkooperation entstehen könnte, das vielen
Entwicklungsländern ein "profiliertes Mitspielen" erlaubte; sie blieben nicht
darauf beschränkt, allein ihr Störpotential einzusetzen. Unberechtigt wären
allerdings Erwartungen, daß sich auf diesem neuen Feld internationaler Zusammenarbeit die Verhandlungsmacht zwischen den staatlichen Akteuren wesentlich
anders verteilen könnte als in herkömmlichen Bereichen, wie etwa dem Handel.
Und es bleibt die Frage, ob die zwischenstaatliche Umweltkooperation nicht
gegenwärtig vor einem Dilemma steht: Der vielleicht allein systemgerechte,
globale Ansatz erscheint auf absehbare Zeit als nicht praktikabel, während der
praktikable Ansatz des Flickenwerks sich als längerfristig nicht systemgerecht
erweisen könnte.

Anmerkungen

1) Vgl. etwa H.H. Lembke: *"Umwelt" in den Nord-Süd-Beziehungen. Machtzuwachs im Süden, Öko-Diktat des Nordens oder Globalisierung der Verantwortung?*, Berlin (Deutsches Institut für Entwicklungspolitik) 1991, Kapitel 2.
2) "Governments of developing countries and others with a major role in
   drafting this resolution (Resolution der 44. UN-Generalversammlung zu
   UNCED, d.V.) left little doubt that they see major North-South dimensions
   to both problem and solution. ... the resolution stresses that the burden of
   action rests most heavily on the industrial countries, which are the most

responsible for current problems and most able to finance remedial measures." J.G. Speth: "Coming to Terms: Toward a North-South Compact for the Environment", in: *Environment*, Bd. 32, 1990, H. 5, S. 41.

3) Den folgenden Einschätzungen ist uneingeschränkt zuzustimmen: "If North-South relations are reduced to a power struggle, then the asymmetrical nature of the relationship suggests that the South will lose most - although it may succeed in creating a negative-sum game in which all parties are worse-off." J. Ravenhill: "The North-South balance of power", in: *International Affairs*, Bd. 66, 1990, H. 4., S. 742; und: "In all fairness, however, it must be added, that nuisance value on its own seems unlikely to lead to a permanent increase in the developing countries' room of manoeuvre since it is too negative a factor and may also be transitory. It can only act as an incentive to the developed countries not to ignore the developing countries." o.V.: *A World of Difference. A new framework for development co-operation in the 1990s. Policy document*. Den Haag 1991, S. 66.

4) Dies heißt nicht, daß unter den Industrieländern Interessengleichheit und Konfliktfreiheit herrschen wird; sicherlich wird diese Staatengruppe in sich multipolar strukturiert sein (vgl. dazu etwa J. Galtung: "History accelerating: Cassandra or Polyanna, two scenarios for Europe", in: *IFDA Dossier*, 1990, H. 79, S. 59 - 70).

5) Die Skepsis auf den Punkt gebracht: "This one world system is heavily biased towards western institutions and values... Are they enough in themselves, sufficiently geared to the future, to the ecological base, to those who seemed doomed to a marginal existence under the present economic system?", o.V.: *A World* ..., a.a.O., S. 69.

6) "Is the moral one that points to 'one world, two life styles?'...I do not think that this is a sound answer. I think that the logic of the environmental debate points to the need for a revolution of life styles in the industrialized countries themselves so as to provide a model that can be pervasive, that can be valid throughout the world as a whole." G. Corea: "Global stakes require a new consensus", in: *IFDA Dossier* 78, 1990, S. 85.

7) T. Trainer: "A rejection of the Brundtland Report", in: *IFDA Dossier*, 1990, H. 77, S. 81.

8) G. Prins: "Politics and the environment", in: *International Affairs*, Bd. 66, 1990, H. 4, S. 728.

9) "...too big to handle and, being invisible and intangible, it called for an act of imagination and abstract reasoning." Ebenda, S. 729.

10) "The challenge in international politics is therefore to get information made fully active and use every aspect of modern communications (...) to force an act of collective, public imagination." Ebenda, S. 729.

11) Vgl. etwa die Darstellung "The Brundtland Commission" in: *Brundtland Bulletin*, Juni 1991, H 12.

12) Ein wichtiger Meilenstein war die von der ECE und Norwegen veranstaltete europäische "Conference on the follow-up of the WCED Report" (Bergen 1990), zu der ausdrücklich Wissenschaftler, NRO, Jugendorganisationen, Gewerkschaften und Vertreter der Wirtschaft geladen waren. Letztere traten dort mit einer "Industry Agenda for Action" hervor, in der sie sich u.a. mit den Themen "sustainable industry" und "sustainable energy" auseinandersetzten.

13) "Die globalen ökologischen Herausforderungen lassen die diplomatischen Probleme noch einmal um eine Größenordnung schwieriger werden. Eine neue Dimension der Nord-Süd-Auseinandersetzung steht ins Haus." E.U. von Weizsäcker: *Erdpolitik*, Darmstadt 1989, S. 204.

14) Etwa: Ressourcenschutzprojekte in der Entwicklungshilfepolitik und gleichzeitige Verweigerung einer Schuldenlösung, die zum "mining" der natürlichen Ressourcen zwingt.

15) "So I feel that one has to be frank and admit that sustainable development will require more rather than less resources. In my view sustainable development will only be possible if there is a reform and reorganization of the whole international monetary system to transfer substantial, even massive, resources to Third World countries so as to make it possible for them to grow and preserve and avoid damage to the environment at the same time." G. Corea: "Global stakes ...", a.a.O., S. 84.

16) Die umweltpolitischen Kernaufgaben in Entwicklungsländern sieht J.G. Speth (World Resources Institute) in: "Far-reaching initiatives ... to stop forest destruction, establish and manage biological reserves, pursue environmentally sustainable energy strategies, and conserve land and water resources for food production. Pursuing this ambitious agenda will require leaders to take steps with political and social risks, such as land tenure reforms, major efforts to curb population growth and improve the lot of the rural poor, and adoption of cutting-edge technologies that can leapfrog the destructive industrialization patterns of the North." J.G. Speth: "Coming to Terms ...", a.a.O., S. 18 f.

17) ("...especially in the less developed countries, the behavioral changes required to conserve the environment will require a major social effort, both because many actors are likely to be involved and because for most of them the innovations required will be costly. Such is the case, when environmental policies catch up with migrant herdsmen in the Sahel, goat-breeders in Central America, farmers in grain belts and irrigators everywhere." J.D. Montgomery: "Environmental management as a third-world problem", in: *Policy Sciences*, Bd. 23, 1990, H. 2, S. 166 ff.

18) Vielmehr gilt: "The dash-for-growth at any cost coalition of developers, urban interests and the military tends to be dominant in the politics of most LDCs; those domestic groups most concerned with the environment - abori-

ginal groups, often very small Green movements and some sectors of the scientific community - are marginalized at best." J. Ravenhill: "The North-South balance ...", a.a.O., S. 741.

19) "A major test of the global approach will occur in the June 1992 UN Conference on Environment and Development. If this fails to deliver more than confrontation and/or well-meaning platitudes, then the credibility of the global negotiations will be severely strained." J. Ravenhill: "The North-South balance ...", a.a.O., S. 747.

20) "The crafting of mutually beneficial dynamic relationships cannot wait for the emergence of a brilliant universal accord; it must emerge from a series of what Saburo Okita called 'creative patchworks'". I.L. Head: "South-North dangers", in: *Foreign Affairs*, Bd. 86, 1990, H. 3, S. 86.

21) J. Ravenhill: "The North-South balance ...", a.a.O., S. 747. In demselben Sinne spricht Speth von "complementary policy-making: Such economic and environmental initiatives can be combined in many ways to spur concerted action between North and South. Perhaps the most successful steps will be those in which one country or region reciprocates positive steps taken unilaterally by another. As mutual confidence and concern grow, the process can spread." J.G. Speth: "Coming to Terms ...", a.a.O., S. 20.

22) Wiederum ist hier nur die staatliche Ebene angesprochen. Längerfristige Hoffnungen richten sich auf die nicht-staatlichen Akteure, ihren Beitrag zu einem "globalen Diskurs" und zur Dezentralisierung der Verantwortung.

'Sustainable Development' als öko-soziale Entwicklungsalternative?

Anmerkungen zur Diskussion südlicher Nichtregierungsorganisationen im Vorfeld der UN-Konferenz "Umwelt und Entwicklung"

Karin Stahl

Die globale ökologische Krise wie auch die öko-soziale Krise in der Dritten Welt mit ihren Bedrohungspotentialen für die weitere Entwicklung auch der "entwik-kelten" Welt und für die Überlebensfähigkeit des gesamten Globus haben die vorherrschenden "nördlichen" Entwicklungsmuster in Frage gestellt. Die Debatte darüber, was denn unter Entwicklung überhaupt noch zu verstehen ist, und welche ökologisch wie auch sozial tragfähigen Entwicklungsstile in Zukunft umge-setzt werden müssen, um das Überleben von Mensch und Natur zu gewährlei-sten, hat sich im Vorfeld der UN-Konferenz über "Umwelt und Entwicklung" (UNCED) intensiviert. Die für 1992 in Brasilien geplante UN-Konferenz steht für den Versuch, die vielfältigen Beziehungen zwischen Entwicklungsstilen, sozialer Verelendung und Überfluß einerseits und Umweltzerstörung bzw. -er-haltung andererseits herauszuarbeiten. Allgemeines Ziel dieser Konferenz ist es, Maßnahmen zu vereinbaren, die der fortschreitenden Umweltzerstörung und zunehmenden Verarmung Einhalt gebieten, und einen politischen Konsens aller Regierungen der UN-Staatengemeinschaft über künftige Entwicklungswege herzustellen. Nach dem Willen der UNO sollen erstmals auch Nichtregierungs-organisationen (NRO) aus Nord und Süd an den inhaltlichen Debatten der Konferenz und an der Ausarbeitung eines ökologisch und sozial tragfähigen Entwicklungskonzeptes beteiligt und damit in den politischen Konsens einbezo-gen werden. Ob dies angesichts erheblicher Interessenwidersprüche zwischen Nord und Süd, zwischen Nichtregierungsorganisationen und Regierungsvertre-tern und zwischen Regierungen und NRO innerhalb der jeweiligen Interessens-blöcke gelingen kann, soll an dieser Stelle nicht weiter erörtert werden.[1]

Zumindest oberflächlich betrachtet scheint es, als habe man ein sozial- und ökologieverträgliches Entwicklungskonzept bereits gefunden, das darüber hinaus auch noch konsensfähig ist. Das Schlagwort von der "nachhaltigen" oder "dauer-haften Entwicklung" ("sustainable development") ist spätestens seit dem Abschluß des Brundtland-Berichtes der Weltkommission für Umwelt und Entwicklung von 1987 zu einem neuen Schlüsselbegriff in der entwicklungspolitischen Diskussion geworden. Das Begriffspaar ist gerade auch im Vorfeld von UNCED zu einem Slogan für eine andersgeartete, ökologisch tragfähige Entwicklung avanciert und beherrscht die Debatten. Man redet nicht nur von "nachhaltiger Entwicklung", sondern auch von "nachhaltiger Landwirtschaft", "nachhaltiger Industrialisierung", "nachhaltiger Lebensweise" etc., ja sogar von "nachhaltigem Wachstum". Die Proliferation des Begriffs "nachhaltig" oder "sustainable" droht, das Konzept von "sustainable development" zu einer inhaltsleeren Floskel werden zu lassen.[2] Dies gilt um so mehr, als die Formulierung eines ausgereiften Konzepts "nachhaltiger Entwicklung" bisher noch aussteht. Hinter dem Begriffspaar verbergen sich vielmehr unterschiedliche Definitionen und eine Vielzahl von Interpretationen und Strategien. Der Brundtland-Bericht von 1987 formulierte eine sehr allgemein gehaltene Definition von "sustainable development", die zumindest einen gewissen Grundkonsens ausdrückt:

"Dauerhafte Entwicklung ist Entwicklung, die die Bedürfnisse der Gegenwart befriedigt, ohne zu riskieren, daß künftige Generationen ihre eigenen Bedürfnisse nicht befriedigen können."[3]

Darüber hinausgehende Versuche, "nachhaltige Entwicklung" mit Inhalt zu füllen und entsprechende Entwicklungsstrategien zu benennen, offenbaren aber erhebliche Differenzen. Sie reichen von Konzepten einer "ökologischen Modernisierung" bis hin zu Konzepten einer "strukturellen Ökologisierung". Während der Ansatz der "ökologischen Modernisierung", zu dem auch der Brundtland-Bericht gerechnet werden kann, davon ausgeht, daß nachhaltige Entwicklung durch eine Reformierung und "ökologische" Modernisierung (z.B. Einsatz umweltfreundlicher Technologien) des bestehenden Wachstums- und Zivilisationsmodells erreicht werden kann, stellen die Vertreter des Konzeptes einer "strukturellen Ökologisierung" den Wachstumsmythos und das vorherrschende westliche Zivilisationsmodell grundsätzlich in Frage.[4]

Uneinigkeit besteht auch darin, welche Gewichtung der ökologischen bzw. der sozialen Entwicklung in dem Konzept von "dauerhafter Entwicklung" zukommt. Vertreter der Dritten Welt haben zum Beispiel am Brundtland-Bericht kritisiert, daß dieser einseitig auf die ökologische Krise des Überflußmodells der Industriestaaten zugeschnitten sei und folglich die Frage nach einer "nur" ökologisch tragfähigen Entwicklung in den Vordergrund stelle. Das Problem der Armut und der wachsenden sozialen Verelendung breiter Bevölkerungsgruppen in der Dritten Welt finde nur in seiner funktionalen Zuordnung zu ökologischen Problemen, d.h. als Verursacher von ökologischen Schäden Berücksichtigung. In Reak-

tion auf die ökologische "Einseitigkeit" des Brundtland-Berichtes hat die lateinamerikanische Kommission für Entwicklung und Umwelt ihre eigene Agenda
definiert, in der die sozialen Entwicklungsprobleme der Region neben den
ökologischen Zerstörungen und Gefährdungen eine gleichgewichtige, wenn nicht
gar vorrangige Bedeutung erhalten. Ihr Verständnis von "nachhaltiger Entwicklung" rückt entsprechend die soziale Verelendungsproblematik in den Vordergrund:

"Es wird keine nachhaltige Entwicklung in Lateinamerika und der Karibik
geben, solange fast die Hälfte seiner Bevölkerung unter den Bedingungen extremer Armut lebt. Die ökologische Tragfähigkeit unserer Entwicklung muß der
menschlichen Entwicklung klare Priorität einräumen. Dies ist zusammen mit der
rationellen Nutzung der natürlichen Ressourcen eine zentrale strategische Linie,
der jedes weitere Engagement untergeordnet werden muß."[5]

Die Gewichtung von sozialer bzw. Umweltkrise, von sozialen und/oder ökologischen Entwicklungsbedürfnissen gehört auch auf den UNCED-Vorbereitungs-
konferenzen zu einem der Hauptkonfliktlinien zwischen Industriestraaten und
Entwicklungsländern.[6] Diese Nord-Süd-Auseinandersetzungen beschränken sich
aber nicht nur auf die staatlichen Akteure, die Vertreter der Gruppe 77 einerseits und der G 7 andererseits, sondern finden sich auch zwischen nördlichen und
südlichen Nichtregierungsorganisationen (NRO). In ihrer häufig nur punktuellen
Orientierung auf ein spezifisches ökologisches Problemfeld (Erhaltung der
Regenwälder, Schutz der Wale, Biotechnologie etc.) zeigen verschiedene nördliche Umweltgruppen häufig nur wenig Verständnis für die Entwicklungsbedürf-
nisse ihrer südlichen Counterparts. Daß der sozialen Entwicklung in einem
Konzept "dauerhafter Entwicklung" auch von südlichen NRO eine zentrale
Bedeutung eingeräumt wird, verdeutlicht die Definition des "Green Forum",
einer Umweltbewegung aus den Philippinen:

"Das 'Green Forum' definiert 'sustainable development' als eine Entwicklung, die
nicht für Störungen durch selbst erzeugte Kräfte anfällig ist, welche die Umweltzerstörung jenseits tolerierbarer Grenzen treiben, die Ressourcen erschöpfen
und die sozialen Ungleichheiten bis zu dem Punkt explodierender politischer
Konflikte verschlimmern."[7]

Positiv gewendet finden sich in der Erklärung des "People's Forum on UNCED"
von 1991 folgende Elemente für "nachhaltige Entwicklung":

"Wirkliche, basisorientierte 'nachhaltige Entwicklung' ist sozial gerecht, umweltverträglich, wirtschaftlich lebensfähig und kulturell angepaßt und gründet in
einer ganzheitlichen Wissenschaft."[8]

Im folgenden sollen die wesentlichen Bausteine einer sozial und ökologisch nachhaltigen Entwicklung zusammengefaßt und systematisiert werden, die in den Analysen, Diskussionen, Resolutionen und Positionspapieren südlicher NRO und öko-sozialer Bewegungen im Vorfeld der UN-Konferenz "Umwelt und Entwicklung" erkennbar sind. Dabei handelt es sich ebensowenig wie in der nördlichen entwicklungstheoretischen und -politischen Diskussion um eine einheitliche, ausgereifte und ausdifferenzierte globale Entwicklungsstrategie von "nachhaltiger Entwicklung". Angesichts der verschiedenartigen geographischen Bedingungen in den Ländern der Dritten Welt, ihrer unterschiedlichen Entwicklungsstandards und -probleme, der kulturellen Vielfalt und der verschiedenen kulturellen Traditionen wäre eine solche Entwicklungsstrategie auch kaum geeignet, auf die spezifischen Bedürfnisse und Gegebenheiten der einzelnen Länder und Regionen Rücksicht zu nehmen. Die vorhandenen Entwürfe beschränken sich vielmehr weitgehend auf allgemeine Zielvorstellungen, deren Umsetzungsstrategien bis auf wenige Ausnahmen offenbleiben. Es lassen sich aber bestimmte konzeptionelle Eckpfeiler einer "nachhaltigen Entwicklung" ausmachen, die trotz vieler abweichender Positionen in Einzelfragen als Grundkonsens südlicher NRO über notwendige Elemente einer alternativen, sozial *und* ökologisch dauerhaften Entwicklung gelten können.

1.   "Sustainable development" als Alternative zum nördlichen Wachstums- und Konsummodell

Aus der Perspektive südlicher NRO stellt sich die ökologische Krise nicht primär als eine Umweltkrise dar, die durch Armut verschärft wird, sondern als eine umfassende sozio-ökologische Krise, die auf eine grundlegende Krise des dominanten "nördlichen" Entwicklungs- und Zivilisationsmodells mit seinen verschwenderischen Produktions- und Konsummustern, seiner inhärenten grenzenlosen Wachstumsorientierung und der diesem Modell zugrunde liegenden ungleichen Weltwirtschaftsordnung verweist. Sie führen zu Recht an, daß die Industriestaaten mit nur 20% der Weltbevölkerung ca. 80% der Weltressourcen verbrauchen und auch 80% des Schadstoffausstoßes verursachen.[9] Da ein Großteil der natürlichen Ressourcen, die in der Dritten Welt ausgebeutet wurden und werden und die bereits erschöpft bzw. kontaminiert sind, für die Aufrechterhaltung der verschwenderischen Konsumstandards im Norden verbraucht werden, fordern südliche NRO von UNCED, primär über eine grundlegende ökologische Strukturanpassung in den Industriestaaten zu verhandeln. Nicht die Entwicklungsländer, sondern die Industriestaaten seien in erster Linie verpflichtet, ihr verschwenderisches Wirtschaftsmodell zu ändern. Dies um so mehr, da eine solche Strukturanpassung im Norden auch die Verwirklichung "nachhaltiger Entwicklung" im Süden erheblich erleichtern wird.

"Es ist unannehmbar, der Dritten Welt zu predigen, angepaßte Technologien einzuführen oder einen einfachen Lebensstil beizubehalten, während die Völker in den reichen Nationen damit fortfahren, die Weltressourcen zu zerstören, indem sie Luxusgüter mit kapitalintensiven Technologien produzieren. Die Ressourcen- und Umweltprobleme in der Dritten Welt resultieren aus ihrer Eingliederung in ein Weltsystem, in dem die Dritte-Welt-Staaten abhängige Komponenten sind, deren Ressourcen von den Industrien und Handelshäusern der reichen Welt ausgeplündert und verbraucht werden. Die weltweiten Umweltprobleme sind daher vernetzt, aber die Wurzeln liegen in den reichen Ländern, die als erste Priorität ihre hohen Konsumraten kürzen müssen, um ihren verschwenderischen Verbrauch der Weltressourcen zu reduzieren. Das Industriesystem selbst, seine Wirtschaft, Technologie und Kultur muß vollständig umgestaltet werden, sowohl in dem kapitalistischen wie in dem sozialistischen Norden."[10]

Folgende Elemente einer "nördlichen" Strukturanpassungspolitik werden gefordert: eine drastische Reduzierung des Schadstoffausstoßes, der für den Treibhauseffekt verantwortlich ist; die Identifizierung und den Abbau von Konsummustern und Lebensstilen "nördlicher" Zivilisationen, die die globale Umwelt gefährden; eine drastisch reduzierte Produktion und Nutzung von toxischen Chemikalien und ein Exportverbot solcher Substanzen und radioaktiver Abfälle in Entwicklungsländer; Verabschiedung einer Konvention für Multinationale Konzerne, die diese weltweit zur Einhaltung umweltverträglicher Produktionsstandards verpflichtet, um die Auslagerung schadstoffintensiver Industrien in Entwicklungsländer zu verhindern; Transfer von umweltfreundlichen Technologien in die Dritte Welt zu Vorzugsbedingungen etc.[11]

Nicht nur Regierungsvertreter, sondern auch nördliche NRO müssen sich in den UNCED-Verhandlungen vor allem von afrikanischen NRO den Vorwurf gefallen lassen, das nördliche Wirtschaftsmodell nicht wirklich ändern zu wollen, sondern allenfalls kosmetische Reparaturen vorzuschlagen. In der Frage künftiger Entwicklungswege zeigen sich in dem UNCED-Prozeß Nord-Süd-Spannungen auch in den Reihen der Nichtregierungsorganisationen.

"Viele nördliche NROs haben bisher einen technokratischen Ansatz verfolgt mit Slogans wie: 'das Prinzip: der Verschmutzer zahlt', 'Wachstum mit Nachhaltigkeit', 'Energieeinsparung' etc. Dies sind in erster Linie Zusatzpolitiken, die nicht den Kern des Problems berühren. Sie sind im wesentlichen regulierende Maßnahmen, die zum Ziel haben, die negativen Effekte des dominanten Produktionssystems auf die Umwelt und das menschliche Leben in einem nur quantitativen Sinne zu reduzieren. Sie werden aber die vorherrschenden Produktionssysteme, Institutionen und Strukturen nicht grundlegend ändern."[12]

NRO aus der Dritten Welt befürchten, daß im Sinne einer lediglich für den Süden propagierten "nachhaltigen Entwicklung" eine Welt mit zwei Lebensstilen festgeschrieben werde. "Einer für die entwickelten Länder, die weiterleben, wie sie es die letzten 150 Jahre gewohnt sind, und ein anderer für die Entwicklungs-

länder, vielleicht weniger umweltschädlich, aber nicht gleichwertig dem Lebensstil der entwickelten Länder, sondern eher eine Art Gandhi'sche Lebensweise für
Asien, Afrika und Lateinamerika."[13]

In ihrer Forderung nach einem radikalen Strukturwandel des "nördlichen"
Wachstumsmodells beschränken sich die südlichen NRO nicht wie ihre Regierungsvertreter darauf, Veränderungen lediglich vom Norden einzuklagen. In
einer Art "ökologischen Dependenztheorie"[14] weisen sie zwar den externen
Faktoren, d.h. dem Kolonialismus und den post-kolonialen Dominanz- und
Abhängigkeitsstrukturen, durch die das nördliche Entwicklungsmodell mit seinen
zerstörerischen Auswirkungen auf traditionelle Kulturen und Wirtschaftsweisen
dem Süden aufgezwungen wurde, die Hauptverantwortung für die öko-soziale
Krise in der Dritten Welt zu. Sie wenden sich aber gleichermaßen gegen ihre
eigenen "nördlich" gesinnten Eliten, die als Transmissionsriemen für die Durchsetzung des sozial wie ökologisch nicht angepaßten nördlichen Entwicklungsmo-
dells dienten. Darauf weisen besonders vehement vor allem afrikanische und
asiatische NRO hin.

"Die nördlichen Mächte haben den Übergang vom Kolonialismus in die post-ko-
loniale Zeit auf eine Weise gemeistert, daß sie, indem sie das westliche Modell
von Entwicklung, Kultur und Lebensstil auf die neuen unabhängigen Länder
übertrugen, in Wirklichkeit ihre Kontrolle über die Nutzung der weltweiten
Ressourcen verstärken konnten. Der Prozeß der "internationalen Kooperation"
wurde vor allem dazu benutzt, dieses Modell zu verbreiten und die Dritte Welt
"an die Kandarre" zu nehmen. ...

Dritte-Welt Eliten tragen zu dem Problem bei, indem sie die verschwenderischen
Konsumstandards des Nordens annehmen, sein unausgewogenes und umweltzer-
störerisches Entwicklungsmodell implementieren und ihre Ersparnisse und
Investitionen durch Kapitalflucht ins Ausland überführen."[15]

Südliche NRO betonen die Notwendigkeit, auch gegen ihre eigenen Eliten ein
eigenständiges Entwicklungsmodell durchzusetzen, das auch den bisherigen
Entwicklungsbegriff radikal in Frage stellt.

"Der Begriff von Entwicklung, der in unseren Gesellschaften vorherrscht, verknüpft die Ideen von Fortschritt, Wohlstand und Verbesserung der Lebensverhältnisse in einem unilinearen, evolutionistischen Sinn, wobei die Völker nach
einer Skala klassifiziert werden können, die von Rückständigkeit zu Fortschritt,
von Tradition zur Moderne oder auch von Unterentwicklung zu Entwicklung
zeigt. ... Die unilineare Entwicklung, die wir kennen, ist der Versuch, ein Ideal
von Gesellschaft vielen anderen Gesellschaften aufzuzwingen, die dadurch ihr
Selbstbestimmungsrecht, ja sogar ihre Legitimität und ihr Existenzrecht verlieren. ... Die geschichtliche Erfahrung zeigt die soziale und ökologische Unverträglichkeit dieses Entwicklungsprojekts."[16]

Doch welche andersgeartete Entwicklungsoption soll der unilinearen Entwick-
lungsideologie entgegengesetzt werden? Hinsichtlich ihrer Grundprinzipien
besteht weitgehend Einigkeit. Die alternative Entwicklung soll auf einer Strategie
der Grundbedürfnisbefriedigung und der 'self-reliance', auf der Selbstbestim-
mung der Völker und Minderheiten, auf kultureller Pluralität und Partizipation,
auf dem Recht auf Umwelt wie dem Recht, in Frieden, Sicherheit und Würde zu
leben, und auf sozialer und internationaler Gleichheit basieren.[17] Welche vor
allem wirtschaftlichen Ordnungsmodelle und Steuerungsinstrumente dieser
Entwicklung zugrunde liegen sollen, darüber besteht Unklarheit oder gehen die
Meinungen auseinander. Bei einigen NRO findet sich Kapitalismuskritik oder
zumindest Kritik an "der spezifischen Art, in der sich der Kapitalismus entwickelt
hat", an der ihm eigenen Profitproduktion und Wachstumslogik und an der Anwendung "kapitalistischer Rationalität bei der Nutzung natürlicher Ressourcen".[18] Andere NRO plädieren für die Förderung konkurrenzkapitalistischer
Strukturen auf der Basis privater Kleininvestoren und Familienbetriebe, ohne die
ihnen innewohnende Entwicklungsdynamik zu problematisieren. Am weitesten
ausgearbeitet ist hier das Modell eines "Kommune-zentrierten Kapitalismus" des
philippinischen "Green Forum", das auf privaten Haushalten und den Gemeinden
als den grundlegenden wirtschaftlichen Einheiten beruht und konkurrenzkapita-
listisch-marktwirtschaftliche mit planwirtschaftlich-regulierenden Elementen
verbindet.[19] (Zu diesen sog. "Bio-Regionen" vgl. Abschnitt 6).

Daneben gibt es jedoch eine Reihe von übereinstimmenden Positionen. Gemeinsam wenden sich die südlichen NRO gegen jegliche Art der Monopolbildung,
seien sie staatliche oder private, in- oder ausländische Monopole, da diese unge-
rechte Verteilungsstrukturen befördern. Sie fordern entsprechend die Auflösung
bereits bestehender Wirtschaftsmonopole. Ebenso weisen sie die Ideologie des
"freien Marktes" und die ungebremsten freien Marktkräfte als alleinige Regulierungsmechanismen einer "nachhaltigen Entwicklung" zurück.

"Mechanismen des "freien Marktes" führen unter den Bedingungen einer extrem
ungleichen Machtverteilung zwischen Reich und Arm zu Monopolen und nicht
zu freien demokratischen Unternehmen, wie jeder kleine Bauer oder die indigenen Völker, die von einer Großplantage eines Multinationalen Konzerns oder
von einer großen Holzfirma verdrängt wurden, bezeugen können."[20]

"Wir weisen die Meinung explizit zurück, daß eine ungehemmte freie Konkurrenz, die nicht durch die Regierung reguliert wird, als ein automatischer Regula-
tor der wirtschaftlichen Aktivitäten funktionieren kann."[21]

Zweifel bestehen auch hinsichtlich des uneingeschränkten Wachstumsmythos,
den sich angesichts der sozialen Verelendung und wirtschaftlichen Unterentwicklung gerade auch die Regierungsvertreter aus der Dritten Welt zueigen gemacht
haben und in den UNCED-Vorverhandlungen einklagen. Zwar vertritt auch die

Mehrheit der südlichen NRO die Meinung, daß in den Ländern der Dritten Welt
ein wirtschaftliches Wachstum zur Überwindung der sozialen Misere notwendig
ist, doch weisen sie die Ideologie vom "Wachstum um jeden Preis" zurück.
"Nachhaltige Entwicklung" und ein nur quantitatives Wachstum werden als zwei
unvereinbare Größen angesehen. "Entwicklung ist nicht wirtschaftliches Wachstum, sondern Lebensqualität."[22]

Wie ein anderes, an Lebensqualität orientiertes qualitatives Wachstum aussehen
und gemessen werden könnte, darauf bleiben die NRO weitgehend eine Antwort
schuldig. Eine alternative Berechnungsmethode von Nationaleinkommen und
wirtschaftlicher Entwicklung, die auf den Einkommen privater und kommunaler
Haushalte basiert und in der die Nutzung von Gemeingütern wie Wald, Wasser
etc. einbezogen ist, hat das philippinische "Green Forum" entwickelt.[23] Alternative Berechnungsmethoden, die auf eine "In-Wert-Setzung" von Natur hinauslaufen, sind jedoch auch unter südlichen NRO umstritten (vgl. unten).[24] Bei anderen NRO finden sich Hinweise, unter welchen sozialstrukturellen Bedingungen
Wachstum und "nachhaltige Entwicklung" vereinbar werden könnten.

"Es ist verständlich, daß in der Dritten Welt Wachstum oberstes Ziel der Wirtschaft ist. Was nicht wünschbar ist, ist die Art des Wachstums, die auf der
Grundlage einer ungleichen Verteilung von Ressourcen, Wohlstand und Einkommen vonstatten geht. Dies führt dazu, daß die Früchte des Wachstums
weitgehend einer Minderheit zufallen. Dies erhöht die Ungleichheit innerhalb
des Dritte-Welt-Landes und bürdet der armen Bevölkerungsmehrheit zusätzlich
zu der Ungleichheit auf internationaler Ebene noch die Folgen von Ungleichheit
auf nationaler Ebene auf."[25]

2. "Sustainable development" als Plädoyer für eine Neue Weltwirtschafts- ordnung

Die Forderungen südlicher NRO nach einer grundlegenden ökologischen Strukturanpassung im Norden schließen eine Veränderung auch der weltwirtschaftlichen Rahmenbedingungen, d.h. der ungleichen ökonomischen wie politischen
Weltordnung, auf der das "nördliche" Konsummodell basiert, ein. Aus der Perspektive des Südens blockiert die ungleiche Weltwirtschaftsordnung die Verwirklichung einer eigenständigen, sozial und ökologisch nachhaltigen Entwicklung in
der Dritten Welt.

"Die Diagnose der sozio-ökologischen Krise darf die Analyse der in der Weltordnung enthaltenen politischen und wirtschaftlichen Ungleichgewichte nicht
ausblenden. In einem internationalen Kontext, der durch Auslandsverschuldung,
ungleiche 'terms of trade' und eine anhaltende finanzielle Krise des Staates
gekennzeichnet ist, werden die Nationen eindeutig in ihrer Kapazität beschnitten,

urbane Umweltbedingungen oder die Sicherheit und Gesundheit der Arbeiter am Arbeitsplatz zu regulieren, um so zum Wohl der Bevölkerungsmehrheit beizutragen. Es ist ebenfalls notwendig, sich kritisch mit der neoliberalen Strategie der Weltmarktintegration ... auseinanderzusetzen. Indem das Kapital von der staatlichen Regulierung entkoppelt wird, verhindert diese Strategie, daß eine soziale Kontrolle über die von privaten Kapitalinteressen verursachten Schäden einer ungezügelten Nutzung der Umwelt etabliert wird."[26]

Südliche NRO kritisieren an dem bisherigen Verhandlungsprozeß zu UNCED, daß dort nur die Symptome einer fehlgeleiteten Entwicklung, wachsende Umweltzerstörung und Verelendung, durch verschiedene Einzelmaßnahmen und "Schönheitsreparaturen" gelindert werden sollen, ohne ihre externen und weltwirtschaftlichen Ursachen auch nur zu benennen, geschweige denn verändern zu wollen. Sie sind sich in ihrer Einschätzung einig, daß eine Lösung der Armuts- und Umweltprobleme nur unter veränderten weltwirtschaftlichen Rahmenbedingungen und durch die Überwindung militärischer und politischer Dominanzbeziehungen zwischen Nord und Süd möglich ist. Die Forderungen nach grundlegenden Reformen des Weltwirtschaftssystems und des internationalen Finanzsystems, repräsentiert durch den Internationalen Währungsfond (IWF) und Weltbank, nehmen in allen Erklärungen südlicher NRO breiten Raum ein.[27] Unter dem Vorzeichen "nachhaltiger Entwicklung" haben die südlichen NRO die Debatte um eine Neue Weltwirtschaftsordnung, die die entwicklungspolitische Diskussion der 70er Jahre beherrschte, wieder aufgegriffen.

In Anlehnung an die Erklärungsmuster der ebenfalls in den 70er Jahren vorherrschenden Dependenztheorien wird das Verhältnis zwischen Nord und Süd, zwischen Zentrum und Peripherie seit der Kolonialzeit als ein Dominanz-, Ausbeutungs- und Gewaltverhältnis begriffen, das sich auch heute noch fortsetzt. Dieses Gewaltverhältnis hat nicht nur zur Zerstörung eigenständiger Produktionsweisen der indigenen Völker geführt, sondern auch zur Ausbeutung und Erschöpfung von Rohstoffen, zu Umweltzerstörung, zur Auslaugung von Böden durch monokulturelle Plantagenwirtschaft, zu wirtschaftlicher Abhängigkeit und sozialer Verelendung. Heute äußert sich das Dominanzverhältnis unter anderem in fortgesetzten Versuchen des "Nordens", sein Wachstums- und Überkonsumtionsmodell auf Kosten des Südens fortzusetzen und die Folgeschäden umweltzerstörerischer Entwicklung auf die Länder der Dritten Welt abzuwälzen. Dies manifestiert sich unter anderem in der Aufrechterhaltung des Rohstoffexport-Fertigwarenimportmodells für die meisten Entwicklungsländer, im Export von toxischen Abfällen in die Dritte Welt, in der Auslagerung von schadstoffintensiven Industrien in die Dritte Welt, in den von Weltbank und Währungsfond auferlegten neoliberalen Strukturanpassungsprogrammen mit ihren sozial- wie umweltpolitisch nachteiligen Folgen, in dem Nettokapitaltransfer aus der Dritten

Welt in die Industriestaaten durch sinkende "terms of trade" für Rohstoffexporte
und steigende Schuldendienste etc..[28] Im Sinne eines global verstandenen Konzepts von "sustainable development" fordern südliche NRO u.a. als notwendige
Reformmaßnahmen des Weltwirtschaftssystems,

"b) ein Aktionsprogramm zu formulieren zur Verbesserung der nachteiligen
und sich verschlechternden 'terms of trade'. ...
c) den Wert von Rohstoffen aus der Dritten Welt zu erhöhen, der die Knappheit
sowie soziale und ökologische Werte widerspiegeln soll. ...
d) Mechanismen gegen die Kapitalflucht aus dem Süden in den Norden festzulegen
e) Mechanismen zu etablieren, die das Verschuldungsproblem der Dritten Welt
in einer Weise regeln, die nicht auf Kosten der Armen geht. Dies bedeutet,
die von Weltbank und IWF zur Zeit geforderten Strukturanpassungspolitiken
und -programme zu überprüfen oder zu annullieren.
f) die Expansion des Handels, der Investitionen und des Technologietransfers
zwischen Ländern der Dritten Welt zu erleichtern.
g) ... Das Prinzip des "Freihandels" muß abgeschwächt und ausbalanciert werden
im Hinblick auf die Notwendigkeit des Südens, die Kontrolle über die nationale Entwicklungspolitik ausüben und eigenständige Kapazitäten aufbauen zu
können..
h) Ein neues Handelsregime ist erforderlich, das eine autonome Entwicklung im
Süden eher fördert als behindert ...
i) Es bedarf einer effektiveren Regulierung des Verhaltens Multinationaler
Konzerne und seiner Auswirkungen auf den Gebieten von Investitionen,
Handel und Finanzierung, Technologie, Gesundheit, Umwelt und Armut. ...
j) Die internationalen wirtschaftlichen Institutionen wie die Weltbank, der IWF
und GATT müssen demokratisiert werden. ..."[29]

Zwar sind sich alle NRO einig, daß als Voraussetzung für eine "nachhaltige"
Entwicklungspolitik im Süden die erdrückende Schuldenlast der Entwicklungsländer erleichtert werden muß, doch findet sich hier kein einheitliches Konzept,
wie dies zu geschehen hat. Afrikanische NRO gehen mit ihrer Forderung nach
einem bedingungslosen Schuldenerlaß am weitesten.[3] Lateinamerikanische NRO
vertreten wiederum ein eigenes Konzept. Der ökonomisch-finanziellen Schuld
der Entwicklungsländer an die Industriestaaten wird eine ökologische und soziale
Schuld gegenübergestellt, die die Industriestaaten durch ihre vielfältigen Formen
der ökologischen und sozialen Ausplünderung der Dritten Welt seit der Kolonialzeit akkumuliert haben. Es wird davon ausgegangen, daß, wollte und könnte
man diese Schuld quantifizieren und gegeneinander aufrechnen, die ökono-
misch-finanzielle Schuld der Länder der Dritten Welt bereits abgegolten sei. Die
Legitimität der ökonomisch-finanziellen Schuld der Entwicklungsländer und
damit der weiteren Rückzahlungsverpflichtungen werden daher angezweifelt. Die
Regierungen Lateinamerikas werden aufgefordert, ihre Schuldzahlungen so
lange einzustellen, bis eine gemeinsame Schuldenstrategie gefunden und über die
Legitimität der Schuld entschieden sei. Das Schuldzahlungsmodell "Schulden
gegen Natur" wird angesichts der noch nicht geklärten Legitimitätsfrage von
vielen NGOs ebenfalls verworfen.[31]

Um die chronischen Finanzierungsengpässe der Entwicklungsländer zu überwinden, sollen außerdem neue, zusätzliche finanzielle Mittel für Umwelt- und Armutsprogramme in der Dritten Welt bereitgestellt werden. Diese sollen nicht über die von den Industriestaaten kontrollierten etablierten Finanzierungsinstitutionen (Weltbank), sondern über einen neu zu gründenden, demokratisch kontrollierten "Grünen Fond" verteilt werden.

"Jeder 'Grüne Fond', der aufgebaut wird, muß auf dem Prinzip des UN-Systems 'ein Land, eine Stimme' basieren. ... Die Demokratisierung von Finanzierungsmechanismen ist entscheidend für den Aufbau demokratischer Prinzipien, die die Art der Ressourcennutzung anleiten und den Schutz der Umwelt ermöglichen können."[32]

Darüber hinaus wenden sich die südlichen NRO gegen die soziale wie ökologische Bedrohung, die von der bestehenden ungleichen Weltordnung mit ihren hohen Rüstungsausgaben, militärischen Abschreckungspotentialen und kriegerischen Konflikten ausgeht. Als politische Voraussetzung einer "dauerhaften Entwicklung" plädieren sie für eine drastische Reduktion der Militärausgaben sowie für umfassende Abrüstungsmaßnahmen und fordern

"ein Ende der Militarisierung als Mittel, um nationale und internationale Konflikte zu lösen; eine globale Abrüstung, um die von Krieg, Waffen und Militärbasen ausgehende Bedrohung für menschliches Leben und für die Umwelt zu eliminieren; eine Umschichtung der Militärbudgets für Sozial-, Gesundheits- und Umweltprogramme."[3]

Aus der Perspektive südlicher NRO werden die aufgeführten internationalen Reformen als unerläßliche Voraussetzung angesehen, um auch ihnen selbst erst einmal einen Handlungsspielraum zu eröffnen, Reformen auf nationaler Ebene im Sinne einer ökologisch und sozial tragfähigen Entwicklung durchzusetzen.

"Wenn auf internationaler Ebene ein gerechteres Nord-Süd-Gleichgewicht bestehen würde, würde es für NROs aus dem Süden erheblich leichter oder gar erst möglich, eine genuine Partizipation des Volkes in dem Bemühen um eine sozial gerechte und umweltverträgliche Entwicklung zu erreichen."[34]

Ob und inwieweit südliche NRO eigene umwelt- und sozialpolitische Aktivitäten in ihren Ländern entfalten können, hängt aber auch davon ab, ob die eigenen Eliten und Machthaber bereit sein werden, sozial gerechte Verteilungs- und demokratische Machtstrukturen einzuführen. Die erdrückenden externen Abhängigkeiten und die Forderung nach Veränderung der externen Rahmenbedingungen von Entwicklung haben den meisten südlichen NRO nicht den Blick für notwendige interne politische, wirtschaftliche und soziale Reformen verstellt.

"Für die Probleme, mit denen der Süden heute konfrontiert ist, können nicht nur
der Kolonialismus, die post-kolonialen Ungerechtigkeiten des Weltsystems oder
der Norden und seine multilateralen Entwicklungsagenturen verantwortlich
gemacht werden. Ein großer Teil der Probleme wird auch vom und innerhalb des
Südens erzeugt. Auch wenn die Entwicklung und Zukunftsaussichten von Dritte-Welt-Staaten in großem Maße von niedrigen Rohstoffpreisen, externer Verschuldung und anderen, auf ungerechten Stukturen basierenden Problemen
eingeschränkt werden, so haben auch die Regierungen in vielen südlichen Ländern eine fehlerhafte Wirtschafts- und Sozialpolitik betrieben. Viele dieser
Fehler resultieren daraus, falsche Ratschläge befolgt zu haben, die von internationalen Entwicklungsagenturen gegeben (oder sogar aufgezwungen) wurden.
Aber es gibt außerdem viel zu viele Beispiele von Machtmißbrauch, Habgier,
Korruption und Größenwahn politischer Führer, die zur Abzweigung von Regie-
rungsgeldern auf private Bankkonten von Politikern im Ausland, zu Prestigepro-
jekten statt zu Ausgaben, die die Bedürfnisse des Volkes befriedigen, und zu
nationaler Mißwirtschaft geführt haben."[35]

3.   "Sustainable development" als soziale Entwicklung

Angesichts der zunehmenden sozialen Verelendung in der Dritten Welt liegt für
die meisten südlichen NRO das Schwergewicht einer "nachhaltigen" Entwicklung
nicht primär auf der Überlebenssicherung zukünftiger Generationen, d.h. auf
einer "nur" ökologisch verträglichen Entwicklung, sondern gleichermaßen auf der
Sicherung des Überlebens der gegenwärtigen Generation, d.h. auf einer sozialen
Entwicklung. Umweltkrise und soziale Krise in der Dritten Welt werden als zwei
Seiten derselben Medaille betrachtet, die eng miteinander verknüpft sind und
dieselben Ursachen haben.

"Viele Regierungserklärungen haben jüngst die Armut als eine der Hauptursachen für Umweltzerstörung hervorgehoben. Andere Quellen hingegen betonen
die Notwendigkeit, zuerst die Armut zu bekämpfen, da sie diese für wichtiger als
die Umweltprobleme erachten. Keine dieser Sichtweisen versteht, daß Armut
und Umweltzerstörung Blätter desselben Baumes sind. Sie resultieren aus der
Art, wie sich der Kapitalismus in den letzten beiden Jahrhunderten entwickelt
hat, indem er Reichtum konzentrierte, die natürlichen Ressourcen überausbeute-
te, Ungleichheiten produzierte, die Harmonie zwischen den Aktivitäten ländlicher Gemeinden und der Natur zerstörte, Elemente der Natur privatisierte und
die globale Umwelt verseuchte. ..."

Indem sie von ihrem Land vertrieben werden, wurden und werden kleinbäuerli-
che Familien ihrer ökologischen Bedingungen für ihr Überleben beraubt. Zwei
Prozesse werden gleichzeitig in Gang gesetzt: i) die Ausbreitung entwaldeter
Flächen, um für chemisch betriebene, landwirtschaftliche Großprojekte Platz zu
machen, die den Boden auslaugen, das Wasser verseuchen etc. ii) der ländliche
Exodus von landlosen Bauern. ...

Während die chemische Landwirtschaft expandiert, entsteht gleichzeitig Armut und wird die städtische Umwelt beeinträchtigt. Wenn man daher die engen Beziehungen zwischen den Mechanismen, die Armut und Umweltzerstörung erzeugen, bedenkt, wird es unmöglich, diese beiden Probleme separat zu behandeln."[36]

Diese Position verdeutlicht auch die enge Verwobenheit von sozialen Bewegungen und Umweltbewegungen, von sozialen Konflikten und Umweltkonflikten in der Dritten Welt. Viele der Umweltbewegungen sind aus sozialen Kämpfen um die Kontrolle der natürlichen Ressourcen als Überlebensbedingung, um Zugang zu Trinkwasser, für bessere Arbeitsbedingungen, gegen den Einsatz schadstoffhaltiger Substanzen und damit verbundene Gesundheitsrisiken am Arbeitsplatz etc. entstanden. Umwelt stellt in diesem Zusammenhang ein Element der Lebens- und Arbeitsbedingungen von Menschen dar. Der Kampf für die Erhaltung der natürlichen Lebensgrundlagen ist daher Ausdruck eines sozialen Konflikts, der die Gesellschaft vor die Notwendigkeit sozialer Reformen und politischer Konfliktregulierung stellt. Um diesen Zusammenhang deutlich zu machen, sprechen südliche NRO daher häufig von der öko-sozialen Krise.

Hier wird ein Unterschied zu den vorherrschenden Diskussionen des Nordens über "dauerhafte Entwicklung" und vor allem zu den nördlichen Positionen und den UNCED-Dokumenten, die in den bisherigen Vorbereitungskonferenzen der UN-Konferenz "Umwelt und Entwicklung" eingebracht wurden, deutlich. Zwar wurde auch dort in Übereinstimmung mit dem Konferenzdokument "Report on Poverty and Environmental Degradation" eine Beziehung zwischen wachsender Verarmung und Umweltzerstörung in den Entwicklungsländern anerkannt.[37] Mit dem Schlagwort der "armutsbedingten Umweltzerstörung" wird aus nördlicher Sicht die sich verschärfende Armuts- und Verelendungsproblematik in der Dritten Welt jedoch lediglich als ein weiterer Faktor betrachtet, der zur Umweltzerstörung beiträgt. Maßnahmen zur Beseitigung der Armut sind für den Norden daher vor allem in ihrer funktionalen Zuordnung zu Umweltzerstörung bzw. -erhaltung von Relevanz.

Konfrontiert mit der ungleichen Gewichtung von Umwelt- und Entwicklungsthemen im UNCED-Prozeß und der auch von nördlichen Umweltgruppen häufig artikulierten künstlichen Trennung von Umwelt und Entwicklung gaben afrikanische Nichtregierungsorganisationen ihrer Befürchtung Ausdruck, daß, indem die Umweltprobleme aus ihrem sozialen und Entwicklungszusammenhang herausgelöst werden, die UN-Konferenz in Rio letztlich keinen nennenswerten Beitrag zur Lösung der Massenarmut in der Dritten Welt leisten wird:

"Es ist für uns wichtig ... zu zeigen, daß die Umweltzerstörung von dem wirtschaftlichen Ruin und der Marginalisierung ganzer Völker begleitet wird. Der Tod von Menschen als Resultat der Armut kann nicht von der Umweltzerstörung getrennt werden. ... Man darf nicht zulassen, daß die UN-Konferenz von den Grünen vereinnahmt wird, die sich nur wenig für Unterentwicklung interessieren.... Wenn der Nord-Süd-Konflikt weiter verdrängt statt offen analysiert wird, werden die Umwelt und das Ökosystem bewahrt werden, während Menschen weiterhin vor Hunger und Armut sterben."[38]

Der künstlichen Trennung von sozialer Verelendung und Umweltzerstörung setzen südliche NRO ein ganzheitliches, philosophisch-ethisch geprägtes Verständnis von Umwelt und ihrer "nachhaltigen Entwicklung" entgegen. Dies bezieht den Menschen als Teil der Natur in die Umwelt mit ein und geht davon aus, daß veränderte Beziehungen der Menschen zur Natur und zu den lebenserhaltenden Ökosystemen auch veränderte Beziehungen zwischen den Menschen und gerechte Sozialsysteme zur Voraussetzung haben.

"Die Umwelt ist die Totalität von Leben, die Biosphäre, die den Menschen mit einschließt. In Harmonie mit der Umwelt zu leben, drückt die Beziehung aus, die auf der Erkenntnis basiert, daß die Umwelt nicht für die Ausbeutung durch den Menschen da ist. Dies fordert die kulturelle Arroganz des Nordens heraus, die auf Eroberung und Unterwerfung der Umwelt durch fortgeschrittene Technologien gründet. ... Umwelt sollte nicht einseitig mit der Erhaltung von Bäumen und Tieren assoziiert oder auf Fragen der Artenvielfalt, des Klimas, von saurem Regen und Treibhauseffekt reduziert werden, die Symptome einer umfassenderen Malaise darstellen. Eine ganzheitliche Sichtweise von Umwelt schließt ein alternatives ökologisches Denken ein - Wertsysteme, Normen, Haltungen, Lebensstile, institutionelle Strukturen und Modelle sozio-politischer Organisation. Umweltbelange erfordern einen totalen Wandel in den zwischenmenschlichen Beziehungen."[39]

Aus dieser ökosystemischen Perspektive werden soziale Verelendung und die ungleichen sozio-ökonomischen Strukturen (national wie international), die diese hervorrufen, als Teil des globalen Umweltproblems eingestuft und als unvereinbar mit einer "nachhaltigen Entwicklung" betrachtet. Daraus leitet sich neben den geforderten Reformen auf internationaler Ebene die Notwendigkeit sozialer Strukturreformen innerhalb der Länder der Dritten Welt als eine weitere wesentliche Bedingung für "sustainable development" ab.

Mit welchen Maßnahmen und in welche Richtung soziale Veränderungen hin zu sozialer Gerechtigkeit durchgeführt werden sollen (Agrarreform, andere Maßnahmen sozialer Umverteilung, Sozialprogramme, Enteignungen, staatliche Reformen oder soziale Aktion oder Revolution) und welche gesellschaftspolitischen Optionen in dem ganzheitlichen Konzept von "sustainable development" mittransportiert werden (soziale Marktwirtschaft, demokratischer Sozialismus?) bleibt bis auf wenige Ausnahmen ungeklärt und unausgewiesen. Übereinstimmung besteht hinsichtlich der Notwendigkeit einer Agrarreform, die das Überleben der ländlichen Gemeinden sichern und das Vordringen agro-industrieller Plantagenproduktion eindämmen soll. Den ländlichen Kommunen sollen u.a. folgende Rechte zuerkannt werden:

"Ihre Rechte auf das Land, von dem sie abhängen, sollen respektiert und gesichert werden. Dies muß durch die Absicherung von gewohnheitsrechtlichen Systemen von Landbesitz und -nutzung, durch eine umfassende Agrarreform, einschließlich der Umverteilung von Land, erreicht werden.

Ihre Rechte, das Land, Wasser und andere Ressourcen, von denen sie abhängen, zu kontrollieren, müssen respektiert und abgesichert werden. Sie sollten die entscheidende Stimme bei der Formulierung von Politiken in Bezug auf die Nutzung von Ressourcen in ihrem Gebiet haben."[40]

An dem bisherigen UNCED-Prozeß wird kritisiert, daß

"die zentrale Frage der Agrarreform vermieden wird, obwohl allgemein bekannt ist, daß die ungleiche Landverteilung und die verzerrten Pachtsysteme eng mit dem internationalem Handel und den Entwicklungshilfe-Beziehungen zusammenhängen und eine direkte Auswirkung auf Landnutzung, Armut und Umweltzerstörung haben."[41]

Außerdem wird ein breit angelegtes Beschäftigungsprogramm im Umweltsektor für die Marginalisierten in der Dritten Welt gefordert, das über eine Konsumsteuer für die Wohlhabenden dieser Welt finanziert werden und sowohl zur Linderung der Armut wie auch zur Regeneration der Umwelt beitragen soll.[42] Ein solches Sozialprogramm berührt die grundlegenden sozialstrukturellen Ungleichheiten jedoch kaum. Soll es nicht langfristig wirkungslos bleiben, muß es von weiteren sozialen Reformen und wirtschaftlichen Maßnahmen begleitet sein, die eine auch sozial nachhaltige Entwicklung stützen. Doch hier bleiben die Konzepte weitgehend auf der Ebene allgemeiner und eher vager Aussagen von self-reliance und Grundbedürfnisbefriedigung stehen. Übereinstimmend werden jedoch die gegenwärtigen wirtschaftlichen Strukturanpassungsprogramme, die den Ländern der Dritten Welt infolge ihrer Verschuldung von Weltbank, IWF und ihren Gläubigerstaaten, d.h. den Industriestaaten, auferlegt worden sind, abgelehnt, da diese die sozialen Probleme und die strukturelle Ungleichheit noch verschärft haben und einer ökologisch wie sozial nachhaltigen Entwicklung zuwiderlaufen.[43]

4. "Sustainable development" als ökologisch tragfähige Entwicklung

Angesichts der Hauptverantwortung des Nordens für die ökologische Krise gehen südliche NRO wie auch ihre Regierungen von dem Prinzip geteilter Verantwortung zwischen Nord und Süd und entsprechend unterschiedlicher Rechte und Pflichten für umweltpolitische Maßnahmen aus. Ebenso wie das Schlagwort von der "gemeinsamen Verantwortung" als ideologisch und die Hauptverantwortung der Industriestaaten verschleiernder Begriff abgelehnt wird, wird auch die

vom Norden in die Debatte eingebrachte Definition von natürlichen Ressourcen
in der Dritten Welt, v.a. der Artenvielfalt und Wälder, als "globale Gemeingüter"
zurückgewiesen. Südliche NRO befürchten, daß mit solchen Konzepten die
globale Umweltkrise vor allem auf den Süden abgewälzt werden soll.

"Wir nehmen ... mit großer Sorge zur Kenntnis, daß die Einführung von Konzepten der "globalen Gemeingüter" und des "gemeinsamen Erbes der Menschheit"
ohne einen entsprechenden Schutz der Rechte der ländlichen Bevölkerung eine
erhöhte Kontrolle des Nordens (speziell Multinationaler Konzerne) über die
natürlichen Ressourcen des Südens zur Folge haben wird. Das Konzept der
"lokalen Gemeingüter", das gerecht und ökologisch ist, war Bestandteil fast aller
Gesellschaften im Süden. Dies wurde von dem Konzept des Staatseigentums
unterhöhlt, das den Weg ebnete für den nördlichen Zugang zu den Ressourcen
des Südens. Der wachsende Druck, die natürlichen Ressourcen wie Wälder und
Artenvielfalt als "globale Gemeingüter" zu behandeln, wird eine endgültige
Erosion der lokalen Kontrolle bewirken und die nationale Souveränität unter-
laufen."[44]

Die Vorstellungen und Forderungen südlicher NRO hinsichtlich eines ökologischen Umbaus der Wirtschaften setzen entsprechend der größeren Verantwortung des Nordens zuerst auf der internationalen Ebene an. Vom Norden werden
drastische Einschränkungen des Ressourcenverbrauchs und des Schadstoffausstoßes verlangt. Zur Bekämpfung der globalen Umweltprobleme (Klimaveränderung, CO_2-Ausstoß, Ozonloch) wird daher ein ungleich größeres Engagement
der Industriestaaten erwartet. Darüber hinaus werden die Versuche, globale
Umweltschäden (CO_2-Emission, Ozonloch), die in erster Linie von den Industriestaaten erzeugt worden sind, vor allem durch Maßnahmen in der Dritten
Welt (z.B. Naturschutzzonen unter internationaler Kontrolle, Nutzungsverbot
von Regenwäldern) zu begrenzen, mehrheitlich zurückgewiesen. In den Klima-
schutzverhandlungen, in denen auf der Grundlage vorhandener Waldzonen, der
sogenannten CO_2-Senken, Nutzungsrechte für die Atmosphäre ausgehandelt
werden, fordern südliche NRO gleiche Rechte für jeden Bürger. Dies bedeutet,
die zur Verhandlung stehenden Emissionsrechte nicht länderbezogen, sondern
bevölkerungsbezogen festzulegen.[45]

Entwicklungsländer sollen für freiwillig ergriffene Maßnahmen zum Schutz der
Ressourcen (z.B. Moratorium für die kommerzielle Abholzung tropischer Wälder) und den dadurch entstehenden Verlust an Einkommen finanziell entschä-
digt werden. Globale Regelungen nach dem Prinzip "Wer verschmutzt, zahlt"
werden mit Skepsis betrachtet, da sie einen Freibrief für die Industriestaaten
bedeuten, wie bisher, nur etwas teurer, weiterzuwirtschaften und die Schäden auf
die Dritte Welt abzuwälzen. Im Sinne einer "nachhaltigen Entwicklung" wenden
sich südliche NRO ebenfalls gegen die fortgesetzten Versuche des Nordens,
toxische Abfälle in die Dritte Welt zu exportieren oder Industrien mit hohem

Schadstoffausstoß bzw. veraltete, umweltschädliche Technologien und Produktionsanlagen in die Dritte Welt auszulagern. In diesem Zusammenhang werden auch alle Versuche, noch nicht erprobte biotechnologische Verfahren in die Dritte Welt zu exportieren oder dort zu testen, verurteilt. Im Rahmen des GATT sollen ökologische Schutzklauseln für den Welthandel aufgenommen werden. Diese sollen es ermöglichen, ein Exportverbot für natürliche Ressourcen bzw. ein Importverbot für gefährliche Stoffe bei gesundheitlichen und Umweltrisiken zu verhängen. Begrüßt wird ein generelles Exportverbot für toxische Abfälle und solche Stoffe, die im Ursprungsland verboten sind. Die geforderten Schutzklauseln sollen auch verhindern, daß im Rahmen des GATT das Recht auf geistiges Eigentum und das Patentrecht auf alle Formen des Lebens und den Artenreichtum ausgedehnt und dieser damit zum Objekt kommerzieller Vermarktung durch Multinationale Konzerne mit den entsprechenden Folgen für Umwelt und "biologische" Abhängigkeit degradiert wird.[46]

Umweltprobleme werden aber nicht nur als hausgemachte Probleme des "Nordens" betrachtet. Ein ökologischer Umbau der Wirtschaften und Gesellschaften des "Südens" ist aus der Sicht südlicher NRO ebenfalls dringend geboten. Als gravierende Umweltprobleme werden die Bodenerosion und -versalzung durch chemieintensive landwirtschaftliche Nutzung und Entwaldung, die Verseuchung von Flüssen und Küstengewässern durch Industrie und ungeklärte Abwässer, Luftverschmutzung durch Industrieanlagen und Verkehr in den städtischen Ballungszentren, die Ausrottung der Biodiversität, die Entwaldung und die Ausbreitung der städtischen Ballungszentren und Slums wie auch speziell in Lateinamerika die Drogenproduktion und Drogenbekämpfungsmaßnahmen bezeichnet.

Die Maßnahmen, die auch auf nationaler Ebene dringend geboten sind, umfassen folgende Bereiche: Einführung und Vereinheitlichung einer nationalen Umweltschutzgesetzgebung; Einsparungen bei der Nutzung endlicher Ressourcen und die verstärkte Nutzung erneuerbarer Rohstoffe; Energieeinsparung, der Einsatz erneuerbarer Energiequellen und ein Verbot von Atomenergie; die Ausweitung organischer, ökologischer und biologischer Methoden in der Landwirtschaft; Maßnahmen gegen die Zerstörung tropischer Wälder und zum Schutz der Artenvielfalt sowie zur Behebung bereits verursachter Umweltzerstörungen (z.B. Aufforstungsprogramme); die Umrüstung industrieller Anlagen hinsichtlich Ressourcenverbrauch und Schadstoffausstoß; die Einführung alternativer Technologien in allen Bereichen von Energie, Transport, Industrie, Abfallbehandlung etc..[47]

Angesichts von veralteten, energie- und schadstoffintensiven Produktionsanlagen und Technologien, die in den meisten Ländern der Dritten Welt genutzt werden, wird das Potential einer solchen ökologisch-technologischen Modernisierung

noch als hoch eingestuft. Gleichzeitig warnen südliche NRO jedoch vor der
Überbewertung einer solchen technologischen Modernisierung wie auch vor dem
Mythos, daß vor allem der Norden die Kapazitäten für die Entwicklung umwelt-
freundlicher Technologien besitzt.

"Wir stehen an einem Scheideweg menschlicher Geschichte, der einen radikalen
Wandel unserer Denkweise von Natur und Technologie erfordert. Dazu gehört,
die Annahme in Frage zu stellen, daß Technologie nur im Norden entwickelt
wird und nur über Technologietransfer in den Süden gelangen kann. Dies ist eine
radikale und auf kulturellen Vorurteilen basierende Sichtweise von Natur und
Gesellschaft, da der Süden seine eigene Erfindungskraft, Fertigkeit und Kreativität besitzt."[48]

Diese gilt es weiter auszubilden durch eine entsprechende umweltgerechte
Erziehung und Ausbildung, durch die Anknüpfung an traditionelle Techniken
und durch den Aufbau eigener Forschungsprogramme zur Entwicklung ökologischer Technologien und Verfahrensweisen.

Es wird hervorgehoben, daß ein nachhaltiges, umweltgerechtes Wirtschaften
erheblicher staatlicher Interventionen und Regulierungen bedarf und nicht den
viel beschworenen heilenden Kräften des freien Marktes überlassen werden kann
(vgl. oben). Umweltverträgliches Wirtschaften wird daher auch mit den vom
Internationalen Währungsfond aufoktroyierten neoliberalen wirtschaftspolitischen Maßnahmen zur Strukturanpassung als unverträglich erachtet. Meinungs-
unterschiede bestehen jedoch darin, inwieweit Marktmechanismen bzw. ökonomische Instrumente für einen ökologischen Umbau genutzt werden können. Die
Diskussionen darüber machen sich vor allem an der Frage von Umweltsteuern,
der Internalisierung von Umweltnutzung, Umweltverbrauch und Umweltbelastung in die Produktionskosten und Produktpreise sowie an der Entwicklung
alternativer Berechnungsmethoden für das Bruttosozialprodukt, in denen Natur
als Kostenfaktor enthalten ist, fest. Einige südliche NRO befürworten die Anwendung solcher Instrumente und haben - wie schon erwähnt - selbst alternative
Berechnungsmethoden für das Bruttoinlandsprodukt entwickelt.[49] Andere NRO
wiederum lehnen solche Ansätze ab, da sie langfristig die kapitalistische Rationalität und die Verwertung von Natur und allen Formen des Lebens förderten und
festigten.

"Mechanismen wie die Besteuerung von Umweltverschmutzung mit Emissions-
quoten für die Verschmutzer, d.h. Verschmutzungslizenzen, oder wie die Inkor-
poration des Werts natürlicher Elemente oder der verletzten Umweltrechte in
Produktionskosten können kurzfristig einen hemmenden Effekt haben, aber sie
sind nicht geeignet, die Logik des Marktes dahingehend zu verändern, die Umweltzerstörung zu stoppen. Es stellt sich auch die Frage nach den sozialen Konsequenzen dieser zusätzlichen Kosten. ... Falls die gegenwärtige Dynamik fortge-

setzt wird, wird die Weitergabe dieser Kosten an die Gesellschaft das Ausmaß des Ausgeschlossenseins und der Ungleichheit hinsichtlich des Zugangs zu den Früchten des 'grünen Marktes' nur erhöhen.

In welcher Form auch immer, Marktmechanismen lassen als Förderer einer ausgeglicheren Beziehung zwischen Gesellschaft und Umwelt viel zu wünschen übrig. Im Gegenteil legitimieren sie das Recht, die Umwelt zu schädigen und sie durch die Nutzung von Lizenzen, Steuern und Tarifen etc. zu kommerzialisieren. ... Soviel die ökonomischen Mechanismen einer nachhaltigen Entwicklung auch die Auswirkungen von Produktion und Konsumtion auf die Umwelt reduzieren können, so bleiben hier doch Probleme der ökonomischen Rationalität verhaftet, die vor allem anderen Gegenstand politischer Entscheidungen der Gesellschaft sein sollten."[50]

5. "Sustainable development" als Rückbesinnung auf das kulturelle Erbe und die Produktionsmethoden der indigenen Bevölkerungsgruppen

Die grundlegende Kritik an der ökologischen wie sozialen Unverträglichkeit des nördlichen Zivilisationsmodells und seiner technologischen Modernisierungen zeigt, daß dieser Weg "nachholender Entwicklung" für die Dritte Welt nicht mehr gangbar ist. In ihrer Suche nach alternativen Wegen von Entwicklung, die Ökonomie und Ökologie miteinander versöhnen können, haben viele südliche NRO damit begonnen, sich auf die traditionellen Wirtschaftsweisen der ländlichen und indigenen Bevölkerungsgruppen zurückzubesinnen. Die Wirtschaftsformen der indigenen Völker und ihre kulturellen Werte wurden nicht nur mit dem Vordringen der westlichen "Zivilisation" weitgehend verdrängt, sondern es wurde damit auch das Wissen um solche Wirtschaftsweisen und deren andersartige Technologien und Nutzungsweisen von Natur zerstört. Im Sinne einer alternativen, nachhaltigen Entwicklung gilt es nun, diese Traditionen und Werte wiederzubeleben und darauf aufbauend andere Wirtschaftsformen und Technologien (agrarwirtschaftliche Anbaumethoden, Heilmittel etc.) zu entwickeln.

"Die Kenntnisse und das Wissen der indigenen Bevölkerung des Südens hat die Überlebensfähigkeit der Umwelt über Jahrhunderte hinweg garantiert. Die Welt sollte daher auf diese Quellen zurückgreifen, um die aktuelle Krise zu überwinden, gegen die die Staaten des Nordens nur wenig ausrichten können."[51]

Außer den Appellen, sich auf diese Produktionsformen und Technologien zurückzubesinnen, sowie den Forderungen, die Rechte der indigenen Bevölkerung auf ihren traditionellen Lebensraum und ihre Autonomie abzusichern, findet sich jedoch wenig Konkretes. Unklar bleibt, inwieweit indigene Technologien und Produktionsmethoden weiterentwickelt und der heute notwendigen Massenproduktion angepaßt werden können. Unklar bleibt auch, welches Wissen gefördert werden soll. Außerdem werden die häufig sehr hierarchisch organisierten Gesellschaften indigener Völker nicht problematisiert und aus der Diskussion ausgeklammert. Es fehlt insgesamt eine gründliche Auseinandersetzung mit den eigenen Traditionen. So entsteht der Eindruck einer Heile-Welt-Idealisierung, daß alle Gesellschaftsformen und Wirtschaftsweisen, die vor der Kolonisierung der Dritten Welt bestanden, ökologisch tragfähig und sozial gerecht waren. Die vereinfachte Darstellung des "Vorher" verstärkt diesen Eindruck der Schwarz-Weiß-Malerei.

"In der Dritten Welt lebten die Menschen vor der kolonialen Herrschaft und der Einpflanzung westlicher Systeme in sich relativ selbstversorgenden Gemeinschaften, pflanzten Reis und andere Rohstoffe, fischten und jagten für ihre Ernährung und stellten Güter für Wohnraum, Kleidung und andere Bedürfnisse in Kleinindustrien her, die lokale Ressourcen verarbeiteten und indigene Fertigkeiten nutzten. Die Produktionsweise und der Lebensstil waren ebenfalls in Harmonie mit ihrer natürlichen Umwelt."[52]

Solche Heile-Welt-Konstruktionen sind sicher nicht dazu geeignet, die notwendige Rückbesinnung auf und kritische Auseinandersetzungen mit den eigenen kulturellen Traditionen und deren Produktionsformen, Technologien und Sozialstrukturen zu befördern.

6. "Sustainable development" als dezentralisierte, partizipatorisch-demokratische Entwicklung

Um den geforderten sozialen und ökologischen Umbau der Gesellschaft in die Wege zu leiten und abzusichern, daß dieser nicht an den Bedürfnissen der Bevölkerung vorbeiläuft, räumen südliche NRO den politischen Rahmenbedingungen von "sustainable development" hohe Priorität ein. Diese erhalten angesichts der autoritären Herrschaftsmethoden, der Repression und der Verletzung der Menschenrechte unter den autoritären Regimen und Militärdiktaturen in Afrika, Asien und Lateinamerika wie auch angesichts des Machtungleichgewichts zwischen Nord und Süd auf internationaler Ebene ein um so größeres Gewicht. In allen Stellungnahmen südlicher NRO spielt die Frage der politisch-wirtschaftlichen Entscheidungsgewalt und der Entscheidungsträger von Entwicklung daher eine zentrale Rolle. Dahinter verbirgt sich die Einsicht, daß politische Macht- und Rechtlosigkeit sowie fehlende Einflußmöglichkeiten der von "Entwicklung" betroffenen Bevölkerung auf die politischen und entwicklungspolitischen Entscheidungen zu einem großen Teil für die öko-soziale Krise in der Dritten Welt verantwortlich sind.

"In der Umwelt- und Entwicklungspolitik entscheiden die Reichen und Mächtigen, was produziert wird, wie produziert wird, wer von dem Produkt profitiert und wieviel es kostet. Mit anderen Worten, innerhalb der bestehenden internationalen Ordnung kontrollieren die Reichen und Mächtigen die Strukturen, die Institutionen, Prozesse, Technologien, Mechanismen und Instrumente von wirtschaftlicher, politischer und kultureller Macht. Aus südlicher Sicht muß die Macht auf die Machtlosen übertragen werden. Solange die Macht nicht denen entzogen wird, die die Umwelt- und Entwicklungskrise verursacht haben, solange sind alle anderen Anstrengungen kosmetische Reparaturen und gehen an den Ursachen der Krise vorbei."[53]

Um eine sozial gerechte und ökologisch verträgliche Entwicklung auch auf politischer Ebene abzusichern, werden "nachhaltige" politische Strukturen, d.h. demokratische und partizipatorische Entscheidungsstrukturen als politische Determinanten für "sustainable development" gefordert. Das Verständnis südlicher NRO von Demokratie als partizipatorischer Demokratie setzt sich aber explizit von den nur formal-demokratischen Forderungen der Industriestaaten, die an die Vergabe von Entwicklungshilfe geknüpft werden, ab und geht ebenfalls über das "pluralistische Elitemodell repräsentativer Demokratie" hinaus, das z.B. in der gegenwärtigen Demokratisierungsdebatte Lateinamerikas vorherrscht.[54] Die Vorstellungen von partizipatorischer Demokratie zielen vielmehr auf die Verwirklichung der Rechte der Individuen und der ländlichen und indigenen Gemeinschaften, über ihre eigene Umwelt und Entwicklung selbst zu bestimmen, auf die breite Beteiligung der Bevölkerung und sozialer Bewegungen an den politischen und wirtschaftlichen Entscheidungen und letztlich auf die Herstellung sozialer Gerechtigkeit und einer umweltgerechten Entwicklung.

"Die Bewegung hat die technokratische Vision von Gesellschaft in Frage gestellt und das Prinzip der "partizipatorischen Demokratie" hervorgehoben. Dies beinhaltet, daß es nicht genug ist, das Recht zu haben, einmal alle paar Jahre einige politische Führer für das Parlament zu wählen und diesen dann zu erlauben, mit Hilfe ihrer Bürokraten und Technokraten alle Entscheidungen zu treffen. Im Gegenteil bedeutet dies, daß alle Bürger das Recht haben, sich an den Entscheidungsprozessen zu beteiligen, die ihr Leben und ihre Ökosysteme täglich berühren. Das Recht des einzelnen auf Umwelt ist heute als ein grundlegendes Menschenrecht anerkannt. ...

Die Partizipation der Bevölkerung im Entscheidungsprozeß über die Nutzung der natürlichen Ressourcen ist eine Voraussetzung für eine ökologisch nachhaltige und sozial gerechte Entwicklung. ...

Zugang zu Informationen der Regierung, das Recht, die Regierungen vor Gericht zu stellen wie auch die Rechenschaftspflicht von Regierungen sind wesentliche Bedingungen für eine sinnvolle Ausübung des Rechts auf Partizipation."[55]

Unter dem Stichwort "people's empowerment" soll die Durchsetzung partizipatorischer politischer Modelle letztlich der "Befähigung" der Bevölkerung dienen, die Kontrolle über ihren Lebensraum zu übernehmen und ihre Entwicklung eigenverantwortlich zu bestimmen. Die allgemeine Dichotomie von Volk und politischen Eliten/Führern, die diesen Modellen zugrundeliegt, läßt jedoch eine genauere Analyse der Klassenverhältnisse, der relevanten sozialen und politi-

schen Akteure, der Handlungsspielräume und der notwendigen institutionalisierten Kanäle politischer Willensbildung vermissen. Auch ein partizipatorisches
Konzept von Demokratie bedarf institutioneller Absicherungen und darf nicht
auf der Ebene von Mobilisierung und Spontaneität stehenbleiben.

Soweit über eine solche Institutionalisierung von Willensbildung nachgedacht
wird, orientiert sich diese an basisdemokratischen Modellen. In allen Konzepten von partizipatorischer Demokratie weisen die NRO den lokalen Gemeinden
und insbesondere den Gemeinschaften indigener Völker als den untersten Entscheidungsträgern einen besonderen Stellenwert zu. Partizipatorische Demokratie muß ihre Rechte auf ihr angestammtes Gebiet, auf ihre Wälder, Flüsse
und anderen natürlichen Ressourcen sowie ihre Entscheidungsgewalt und lokale
Autonomie hinsichtlich der Kontrolle über diese Ressourcen respektieren und
absichern. Die Verwirklichung von partizipatorischer Demokratie impliziert
daher eine Abkehr von zentralistischen Staatsmodellen als Motor von Entwicklung und die basisdemokratisch organisierte Dezentralisierung der politischen
Strukturen und des staatlichen Systems.

"Die Zentralisierung von Macht ist einer der Hauptgründe für Armut. Die Zentralisierung von Reichtum in den städtischen Zentren und die Marginalisierung
der Bevölkerung in den ländlichen Gebieten ist Ausdruck der Ungleichheit von
Macht zwischen Zentrum und Peripherie. Um die Armut in der Peripherie zu
beseitigen, sollte die Entscheidungsgewalt auf die kleinste Ebene des Ganzen
übertragen werden und die Entscheidungsfähigkeit auf dem Subsidiaritätsprinzip
basieren. Dies beinhaltet die Anerkennung der indigenen Völker als ursprüngliche Gemeinden und der prioritären Rechte der lokalen Bewohner auf ihre natürlichen Ressourcen. Auf diese Weise wird 'Empowerment' der lokalen Gemeinden die Grundlage des staatlichen Systems von 'sustainable development'."[56]

Ausgehend von den lokalen Gemeinden als unterster Einheit wirtschaftlicher
und politischer Organisation haben afrikanische und asiatische NRO Modelle
wirtschaftlich-gesellschaftlicher Organisation entwickelt, die auf "Bio-Regionen"
bzw. auf "ökologischen Zonen" und "Bio-Distrikten" beruhen.[57] Als ökologische
Zonen werden natürliche, kulturelle und wirtschaftliche Einheiten und Ökosysteme bezeichnet, die ihre "eigene interne und natürliche systemische Integrität und Ökonomie" aufweisen. "Dies meint die natürliche Tragfähigkeit des
Systems: des Wasserkreislaufs, der geologischen Integrität, des biologischen
Gleichgewichts, der Biodiversität, des Ernährungskreislaufs etc."[58] Solche Öko
Zonen besitzen daher einen hohen Grad an Selbstversorgung und kultureller
Identität. Unterste Organisationseinheit dieser Bio-Distrikte sind die Gemeinden. Der organisatorische Zusammenschluß der Gemeinden und auf nächst
höherer Ebene der Bio-Distrikte und Zonen in größere regionale Einheiten
erfolgt auf der Basis der Freiwilligkeit nach dem Prinzip der freien Assoziation.

Dies erinnert ideengeschichtlich an die gesellschaftspolitischen Vorstellungen von der freien Assoziation der Kommunen, die in Ablehnung zentralstaatlicher Ordnungsmodelle von der europäischen anarchistischen Bewegung des 19. und frühen 20. Jahrhunderts formuliert wurden. Zwar wird die gesellschaftliche Organisation nach Öko-Zonen nicht von allen südlichen NRO als unvereinbar mit der bestehenden nationalstaatlichen Organisation und den damit verbundenen räumlichen Grenzen betrachtet,[59] doch finden sich auch, vor allem bei afrikanischen NRO Konzepte, die auf eine Auflösung des Nationalstaates als organisatorischer Einheit hinauslaufen.

"Eine 'Bio-Region' bezeichnet einen Raum mit einer natürlichen und kulturellen Identität. Statt der künstlichen Grenzen des Nationalstaates gibt es bio-regionale Grenzen, die seit Generationen überlebt haben, auch wenn sie durch ausländische Mächte ... beseitigt wurden. ...

Eine bio-regionale Identität und Vernetzung ist durch Selbstversorgung und die Verfolgung des eigenen kulturellen Modells als Leitfaden für weiteres Handels charakterisiert: Einheit in Vielfalt (das Gegenteil der wirtschaftlichen, kulturellen und ökologischen Homogenität des nördlichen Modells, das auf der Konzentration von Macht basiert); Beziehungen mit anderen Bio-Regionen auf unterschiedlichen Ebenen (lokal, regional, national, kontinental und international) als gleichgewichtige Beziehungen, die auf Ausgleich von Macht basieren. Diese Netzwerke transzendieren die modernen territorialen Grenzen und befördern den Aufbau alternativer geopolitischer Beziehungen, die nicht auf Nationalstaaten gründen.

Wir glauben, daß nachhaltige Entwicklung nur in einer bio-regionalen Weltordnung verwirklicht werden kann ... ."[60]

Um eine solche, idealistisch anmutende Weltordnung aufbauen oder auch nur die viel bescheideneren Ansätze von partizipatorischer Demokratie verwirklichen zu können, wird es erforderlich, auch die zentralisierten Entscheidungsstrukturen und die Machtkonzentration auf internationaler Ebene abzubauen. Solange in den Zentralen Multinationaler Konzerne oder von Weltbank und IWF entwicklungspolitische Entscheidungen getroffen und Vorgaben gemacht werden, die die Regierungen und die Bevölkerung in der Dritten Welt kaum beeinflussen können, die aber erheblichen Einfluß auf die Entwicklungsmöglichkeiten und -projekte im Süden haben, werden die Partizipationsmöglichkeiten und das Selbstbestimmungsrecht auf nationaler Ebene an ihre Grenzen stoßen. Die südlichen NRO fordern daher, partizipatorische und demokratische Entscheidungsstrukturen auch auf den Bereich der internationalen Beziehungen auszudehnen. Dies gilt besonders für die Entwicklungs- und Finanzagenturen (IWF, Weltbank etc.), in denen die Industriestaaten aufgrund ihrer wirtschaftlichen Stärke das Entscheidungsmonopol besitzen.

"Internationale Demokratie ist genauso notwendig wie nationale Demokratie. ...
Die Hauptwirtschaftsakteure, einschließlich der Transnationalen Konzerne, der
internationalen Banken, der Weltbank, des IWF und des GATT müssen hinsichtlich ihres Verhaltens und ihrer Wirkung überprüft werden. Diese Institutionen, deren Entscheidungen unser Leben, einschließlich der Umwelt- und
Entwicklungsaspekte, so stark beeinflussen, sollten gegenüber der Öffentlichkeit
in sehr viel stärkerem Ausmaß rechenschaftspflichtig sein. Der Entscheidungsprozeß in diesen Institutionen muß sich für öffentliche Partizipation und Kontrolle öffnen. Nicht nur südliche Regierungen, sondern auch lokale Gemeinschaften in unseren Ländern müssen Gelegenheit haben, bei der Entwicklung von
Programmen und der Überwachung ihrer Auswirkungen mitzuwirken."[61]

Letztlich wird es südlichen NRO als Interessengruppen auch darum gehen, ihre
eigenen Einflußmöglichkeiten auf nationale wie internationale Umwelt- und
Entwicklungsentscheidungen zu erhöhen und ihren Einflußbereich auszudehnen.

7. Schlußbemerkung

Die analysierten Bausteine einer sozial wie ökologisch tragfähigen Entwicklung
zeigen, daß aus der Perspektive des Südens das Konzept von "sustainable development" als ein globales Entwicklungskonzept angelegt ist. Die sozio-ökologische Krise in der Dritten Welt wird als globales Phänomen analysiert, deren
wesentliche Ursachen in dem dominierenden Modernisierungsmodell des Nordens und in den ungleichen Verteilungsstrukturen des bestehenden Weltwirtschaftssystems zu suchen sind. Damit sind die Forderungen an "nachhaltige
Rahmenbedingungen" und an eine Neue Weltwirtschaftsordnung (auch in den
UNCED-Verhandlungen) wieder auf die Tagesordnung gesetzt. Südliche NRO
bleiben jedoch nicht bei einer nur externen Schuldzuweisung stehen, sondern
klagen ebenfalls interne sozio-politische Strukturreformen ein, die zu sozialer
Gerechtigkeit und demokratisch-partizipatorischer Entscheidungsstrukturen
beitragen sollen. Diese werden als wesentliche Voraussetzung auch einer ökolo-
gisch tragfähigen Entwicklung eingestuft. Ziel ist der ökologische *und* soziale
Umbau der Gesellschaft und Wirtschaft und die Entwicklung andersartiger
Wirtschaftsformen, die auch die vorherrschenden Prinzipien ökonomischer
Rationalität in Frage stellen. Die Konzeptionalisierungsversuche südlicher NRO
von "sustainable development" gehen damit weit über die systemimmanenten
Ansätze "ökologischer Modernisierung" hinaus. Sie bezeichnen im Gegenteil
wichtige Strukturelemente einer konkreten Utopie von alternativer Entwicklung.

Die Globalität und Allgemeinheit vieler Aussagen offenbaren aber auch noch
viele Ungereimtheiten. Der ländliche Bias vieler Konzepte hat angesichts des
ländlichen Exodus sicherlich seine Berechtigung, doch werden die Umwelt- und
sozialen Probleme der industriellen Ballungszentren häufig ausgeblendet. Dies

macht sich auch daran fest, daß intakte Strukturen ländlicher Gemeinschaften, die die Grundlage einer alternativen Entwicklung bilden sollen, in den städtischen Slums nicht mehr vorhanden sind. Dies wird jedoch nicht thematisiert. Insgesamt bleibt das Verhältnis von Agrarproduktion und Industrieproduktion ungeklärt. Ebenso unklar bleibt die Ausdifferenzierung zentraler, regionaler und lokaler Aufgaben und das Verhältnis der verschiedenen Ebenen zueinander. Wer vertritt das Gesamtinteresse, wie wird es artikuliert und letztlich (auch gegen die lokalen Interessen?) durchgesetzt? Dies verdeutlicht eine Schwäche der politischen Analyse, die auf einer vereinfachten Dichotomie Volk-Eliten beruht und von einem klassenharmonistischen Modell der Einheit des Volkes ausgeht. Das lokale Interesse verkörpert so immer auch das Gesamtinteresse, wenn die lokalen Gemeinschaften über ihre Entwicklung selbst bestimmen können. Daß verschiedene Interessengruppen und Klassengegensätze auch innerhalb der lokalen Gemeinschaften oder zwischen ihnen bestehen und Konflikte auslösen können, wird nicht thematisiert. Dadurch entsteht bisweilen aber der Eindruck einer Idealisierung lokaler Gemeinschaften und ihrer Beziehungen zueinander.

Anmerkungen

1) Zum Nord-Süd-Konflikt über Umwelt und Entwicklung vgl. K. Stahl: "Der Nord-Süd-Konflikt um 'Umwelt und Entwicklung', in: *epd-Entwicklungspolitik* 1/2, Januar 1992, b-x; H.H. Lembke: *"Umwelt" in den Nord-Süd-Beziehungen. Machtzuwachs im Süden, Öko-Diktat des Nordens oder Globalisierung der Verantwortung?*, Deutsches Institut für Entwicklungspolitik, Berlin 1991.

2) Zur Kritik an dem Begriffspaar "sustainable development" vgl. W. Sachs: "Zur Archäologie der Entwicklungsidee", in: *epd-Entwicklungspolitik* 10, Okt. 1989; I.C.M. Carvalho (IBASE): "Os mitos do desenvolvimento sustentável", in: *Política Ambiental*, PG 75, Nov./Dez. 1991, S. 17-21.

3) V. Hauff (Hrsg.): *Unsere gemeinsame Zukunft. Der Brundtland-Bericht der Weltkommission für Umwelt und Entwicklung*, Greven 1987, S. 46.

4) Zu dieser Differenzierung vgl auch H.J. Harborth: *Dauerhafte Entwicklung statt globaler Selbstzerstörung*, Berlin 1991, S. 85ff.

5) *Comisión de Desarrollo y Medio Ambiente de America Latina y el Caribe, Nuestra Propia Agenda*, BID/UNDP, New York 1990, S. 53; eine ähnliche Gewichtung findet sich auch in CEPAL: *El desarrollo sustentable: Transformación productiva, equidad y medio ambiente*, Santiago de Chile 1991.

6) Vgl. Stahl: "Der Nord-Süd-Konflikt.." a.a.O.; Lembke: *'Umwelt' in den Nord-Süd-Beziehungen* a.a.O.

7) Green Forum: *An Alternative Development Economics*, Manila 1991.

8) International People's Forum 91, 13-17 October, Bangkok, Thailand, Resolution of the 1991 People's Forum on UNCED, S. 1.

9) Vgl. South Centre: *Environment and Development, Towards a Common Strategy of the South in the UNCED Negotiations and Beyond*, Genf 1991, S. 4; M. Khor: "Third World Network", Intervention at UNCED Plenary Session on Agenda 21/Financial Resources, Genf, August 1991, S. 4.

10) M. Khor: "The Global Environmental Crisis: a Third World Perspective", *Third World Network Briefing Papers for UNCED*, Paper No. 5, August 1991, S. 11.

11) Vgl. South Centre: *Environment and Development*, a.a.O., S. 12f.; vgl. auch Statement to UNCED from 38 environment and development NGOs from 25 countries, drafted at a meeting in Penang, Malaysia, 25-30 July, 1991; *Encuentro de los Andes, Declaración de los Andes*, Las Leñas, Mendoza (Argentina), 19 de Abril de 1991.

12) SONED on UNCED: A Southern Perspective on the Environment and Development Crisis, Southern Networks for Development (SONED), Africa Region, Genf/ Nairobi 1991, S. 42.

13) G. Corea: "Replicable Lifestyles", in: CONGO Planning Committee for UNCED (Hrsg.): *Can the Environment Be Saved Without A Radical New Approach To World Development?*, Genf 1991, S. 6.

14) Zum Begriff vgl. W. Hein: "Konflikte um globale Umweltprobleme", in: *Nord-Süd aktuell*, 2, 1991, S. 260.

15) M. Khor: "North-South relations revisited in light of UNCED", Third World Network, *Briefing Papers for UNCED*, Paper No. 8, Penang, August 1991, S. 31.

16) Carvalho (IBASE): "Os mitos do desenvolvimento..", a.a.O., S. 17f.

17) Vgl. "Agenda Ya Wananchi" der internationalen NGO-Konferenz in Paris vom 17.-21. Dezember 1991, Präambel; vgl. auch SONED on UNCED, a.a.O., 60.

18) IBASE Position Paper on the Preparatory Forum of Brazilian NGOs on UNCED-92, 1991, 1,3; vgl auch M. Khor: "The Global Environmental Crisis", a.a.O., S. 8f.; Conferencia Latinoamericana y Caribeña de ONGs, 1-3 Octubre 1991, Sao Paulo, Brasil, Punkt 2.

19) Vgl. Green Forum: *An Alternative Development Economics*, a.a.O.

20) M. Kalaw: "Statement of Green Forum-Philippine's position", UNCED PREPCOM III, 20/8/1991.

21) Green Forum: *An Alternative Development Economics*, a.a.O., S. 26; zur Marktkritik vgl auch Carvalho (IBASE): "Os mitos do desenvolvimento", a.a.O.; Khor: "The Global Environmental Crisis", a.a.O.; *Declaración de los Andes*, a.a.O., Comisión 1; NGO Poverty and Affluence Working Group, UNCED Plenary Session on Trade and Economic Instruments, Thursday Afternoon, August 29, 1991.

22) SONED on UNCED, a.a.O., 60; vgl. auch Agenda Ya Wananchi, a.a.O., Präambel

23) Vgl. Green Forum: *An Alternative Development Economics*, a.a.O.

24) Vgl. die Kritik von Carvalho (IBASE): "Os mitos do desenvolvimento", a.a.O.
25) Khor: "The Global Environmental Crisis", a.a.O., S. 10.
26) IBASE Position Paper on the Preparatory Forum, a.a.O., S. 2; vgl. auch Khor: "North-South Relations Revisited", a.a.O.
27) Vgl. u.a. die Stellungnahmen der NGO Working Group on Poverty and Affluence auf der Dritten UNCED-Vorbereitungskonferenz "UNCED Fails on Poverty", M. Khor: "Third World Network, Contributions to an Alternative Agenda 21 on Poverty", Genf, August 1991; *Declaración de los Andes*, a.a.O.; Conferencia Latinoamericana y Caribeña de ONGs, a.a.O.; Statement to UNCED from 38 environment and development NGOs, a.a.O.
28) Vgl. u.a. Corea: "Replicable Lifestyles", a.a.O.; Khor: "North-South Relations revisited", a.a.O.
29) Khor: "Third World Network, Contributions to an Alternative Agenda 21" a.a.O, S. 1f.
30) Vgl. SONED on UNCED, a.a.O., 46
31) Vgl. Declaración de los Andes, Comisión 1, a.a.O.; Conferencia Latinoamericana y Caribeña de ONGs, a.a.O.;
32) Vandana Shiva: "Why the World Bank cannot be trusted with environment protection and sustainable development", *Third World Network Briefing Papers for UNCED*, No. 9, August 1991.
33) SONED on UNCED, a.a.O., 47; Vgl. auch Conferencia Latinoamericana y Caribeña de ONGs, a.a,O., 10; Agenda Ya Wananchi, a.a.O., S. 3.
34) Khor: "Third World Network, Intervention at UNCED", a.a.O., S. 9.
35) Khor: "North-South Relations revisited", a.a.O., S. 30f.; vgl. auch Conferencia Latinoamericana y Caribeña de ONGs, a.a.O., Punkt 2.
36) H. Acselrad (IBASE): "NGOs and the UNCED Process", Paper Presented at the NGO Conference "UNCED and the European Community: How to Reach Sustainable Development", Amsterdam, 12.10.1991, S. 2.
37) Vgl. United Nations General Assembly, A/CONF. 151/PC/45.
38) S.M. Bengu: "The Content and the Process of Preparations of the United Nations Conference on Environment and Development", in: SONED on UNCED, a.a.O., S. 49ff.
39) SONED on UNCED, a.a.O., 29; vgl. auch Declaración de Las Leñas, a.a.O., Comisión 6.
40) International People's Forum 91, a.a.O., S. 2.
41) Ebenda.
42) Vgl. Agenda Ya Wananchi, a.a.O., S. 24 (x).
43) Vgl. Ch. Abugre: "Africa's Development Crisis: A Critique of Structural Adjustment Programme, a Need for Structural Transformation", *Third World Network Briefing Papers for UNCED*, Paper No. 11, Genf, August 1991.

44) Statement to UNCED from 38 environment and development NGOs a.a.O.
45) Vgl. S. Paulus: "Nord-Süd-Gegensätze beim globalen Klimaschutz", in: - *Maracujá*, 7. Okt. 1991, sowie die Position von A. Agarval/S. Narain: *Global Warming in an Unequal World - A Case of Environmental Colonialism*, Centre of Science and Environment, New Delhi 1991; vgl. auch Conferencia Latinoamericana y Caribeña de ONGs, a.a.O., Punkt 4.
46) Vgl. Declaración de Las Leñas, a.a.O.; Conferencia Latinoamericana y Caribeña de ONGs, a.a.O.; Statement to UNCED from 38 environment and development NGOs, a.a.O.; Agenda Ya Wananchi, a.a.O.
47) Vgl. Anm. 46.
48) Vandana Shiva: "Transfer of Technology", *Third World Network Briefing Papers for UNCED*, Comment No. 8, Genf, August 1991, S. 1.
49) Vgl. Green Forum: *An Alternative Development Economics*, a.a.O., S. 10f.
50) Carvalho (IBASE): "Os mitos do desenvolvimento", a.a.O., S. 19.
51) Agenda Sur, 1991, S. 2.
52) Khor: "The Global Environmental Crisis", a.a.O., S. 2.
53) SONED on UNCED, a.a.O., S. 20.
54) Vgl. B. Töpper: "Die Frage der Demokratie in der Entwicklungstheorie", in: *Peripherie*, 39/40, Dez. 1990, S. 127-161.
55) Agenda Ya Wananchi, a.a.O., S. 7, 16.
56) Kalaw: "Statement of Green Forum-Philippines Position", a.a.O.
57) Vgl. Green Forum: *An Alternative Development Economics*, a.a.O., S. 30f; SONED on UNCED, a.a.O., S. 31f.
58) Green Forum: *An Alternative Development Economics*, a.a.O., S. 33.
59) Vgl. a.a.O.. Die Ökozonen sollen hier innerhalb der Staatsgrenzen gebildet werden. Dies ist im Falle des Inselstaates Philippinen auch leicht vereinbar.
60) SONED on UNCED, a.a.O., S. 31.
61) Khor: "Intervention at UNCED Plenary Session", a.a.O., S. 6f.

Die Autoren

Prof. Dr. Arnim Bechmann
Professor am Institut für Landschaftsökonomie der Technischen Universität
Berlin

Andreas Bernstorff
Leiter der Kampagne "Internationaler Müllhandel" der Umweltorganisation
Greenpeace

Prof. Dr. Eberhard F. Bruenig
Professor für Weltforstwirtschaft an der Universität Hamburg

Prof. Dr. Ernst A. Brugger
Titularprofessor an der Universität Zürich, Präsident der Consulting ECOS,
Niederurnen/Schweiz

Prof. Dr. Kurt Egger
Professor am Botanischen Institut der Universität Heidelberg

Dr. Brigitte Fahrenhorst
Wissenschaftliche Mitarbeiterin am Institut für Landschaftsökonomie der Technischen Universität Berlin

Dr. Karl Fasbender
Forschungsgruppenleiter für Regionale und sektorale Wirtschaftsstrukturen am
HWWA-Institut für Wirtschaftsforschung

Dr. Karin Gauer
Projektleiterin für den Bereich "Industrieller Umweltschutz" der Carl Duisberg
Gesellschaft/Berlin

Dr. Bernhard Glaeser
Projektleiter im Forschungsschwerpunkt Technik-Arbeit-Umwelt am Wissenschaftszentrum Berlin für Sozialforschung (WZB)

Dr. Hans-Jürgen Harborth
Akad.Oberrat am Seminar für Wirtschaftswissenschaften der RWTH Aachen

Dr. Wolfgang Hein
Wissenschaftlicher Angestellter am Institut für Allgemeine Überseeforschung
des Deutschen Übersee-Institut/Hamburg

Dr. Cord Jakobeit
Wissenschaftlicher Mitarbeiter am Institut für Internationale Politik der Freien Universität Berlin

Dipl. Vw. Klaus Knecht
Projektleiter innerhalb der Fachgruppe "Natürliche Ressourcen" der Carl Duisberg Gesellschaft (CDG) für den Bereich "Regenerative Energiequellen".

Dr. Edith Kürzinger-Wiemann
Wissenschaftliche Mitarbeiterin am Deutschen Institut für Entwicklungspolitik

Dr. Hans H. Lembke
Wissenschaftlicher Mitarbeiter am Deutschen Institut für Entwicklungspolitik

Jutta Nachtigäller
Mitarbeiterin des Instituts für Allgemeine Überseeforschung des Deutschen Übersee-Instituts/Hamburg

Stephan Paulus
Bis 1990 Mitarbeiter der Friedrich-Ebert-Stiftung in Indien

Dr. Elmar Römpczyk
Mitarbeiter der Consultora EFES (Friedrich-Ebert-Stiftung), Santiago de Chile

Dr. Susanne Rudolph
Wissenschaftliche Assistentin am Botanischen Institut der Universität Heidelberg

Dipl. Vw. Georg Schäfer
Berater für die Nutzung regenerativer Energiequellen in Entwicklungsländern, gegenwärtig Mitarbeiter der Deutschen Gesellschaft für Technische Zusammenarbeit (GTZ) in einem Solarenergieprojekt im Senegal.

Dr. Hans-Peter Schipulle
Umweltbeauftragter im Bundesministerium für Wirtschaftliche Zusammenarbeit

Prof. Dr. Udo Ernst Simonis
Forschungsprofessor im Forschungsschwerpunkt Technik-Arbeit-Umwelt des Wissenschaftszentrum Berlin für Sozialforschung (WZB)

Dr. Karin Stahl
Wissenschaftliche Mitarbeiterin in der Planungs- und Grundsatzabteilung der Arbeitsgemeinschaft Kirchlicher Entwicklungsdienst (Stuttgart)

Dr. Hans Sutter
Leiter der Abteilung Chemische Industrie, Abfallbeseitigung beim Umweltbundesamt/Berlin

Dr. Detlev Ullrich
Wissenschaftlicher Referent im Deutschen Zentrum für Entwicklungstechnologien (GATE) der GTZ

Dr. Manfred Wöhlcke
Wissenschaftlicher Referent an der Stiftung Wissenschaft und Politik (Ebenhausen)

BENNO ENGELS (Hrsg.)
Die sozio-kulturelle Dimension wirtschaftlicher Entwicklung in der Dritten Welt
1994. ISBN 3-926953-18-7, 337 S., DM 36,00

FRIEDRICH VON KROSIGK/ PIERRE JADIN
Die französischen Überseegebiete. Paradoxien eines Entwicklungsexperiments.
1994. ISBN 3-926953-28-4, IX + 296 S., DM 34,00

ROLF HANISCH/ RODGER WEGNER (Hrsg.)
Nichtregierungsorganisationen und Entwicklung: Auf dem Wege zu mehr Realismus.
1994. ISBN 3-926953-27-6, 255 S., DM 28,00

WOLFGANG HEIN (Hrsg.)
Umbruch in der Weltgesellschaft - auf dem Wege zu einer "Neuen Weltordnung"?
1994. ISBN 3-926953-26-8, X + 490 S., DM 38,00

REINHART KÖßLER
Postkoloniale Staaten. Elemente eines Bezugsrahmens.
1994. ISBN 3-926953-24-1, 260 S., DM 28,00

BARBARA GRABOW-VON DAHLEN
Handelspolitik der Bundesrepublik Deutschland gegenüber Entwicklungsländern
1994. ISBN 3-926953-23-3, XII + 277 S., DM 28,00

MICHARL BRZOSKA (Hrsg.)
Militarisierungs- und Entwicklungsdynamik. Eine Exploration mit Fallbeispielen zu Algerien, Iran, Nigeria und Pakistan.
1994. ISBN 3-926953-22-5, 348 S., DM 35,00

WOLFGANG HEIN
Autozentrierte agroindustrielle Entwicklung. Eine Strategie zur Überwindung der gegenwärtigen Entwicklungskrise?
1994. ISBN 3-926953-21-7, XVIII + 365 S., DM 32,00

JOACHIM BETZ
Agrarische Rohstoffe und Entwicklung. Teewirtschaft und Teepolitik in Sri Lanka, Indien und Kenia.
1993. ISBN 3-926953-20-9, XII + 360 S., DM 32,00

RODGER WEGNER
Nichtregierungsorganisationen und Entwicklungshilfe. Einführung und systematische Bibliographie.
1993. ISBN 3-926953-19-5, 147 S., DM 26,00

ULRICH MENZEL
Geschichte der Entwicklungstheorie. Einführung und systematische Bibliographie.
1993. 2. erw. Aufl., ISBN 3-926953-17-9, VII + 375 S., DM 28,00

BENNO ENGELS (Hrsg.)
Perspektiven einer neuen internationalen Handelspolitik
1993. ISBN 3-926953-16-0, 271 S., DM 28,00

BENNO ENGELS (Hrsg.)
Weiterentwicklung des GATT durch die Uruguay-Runde?
1993. unveränd. Nachdr., ISBN 3-926953-15-2, 205 S., DM 28,00

WOLFGANG HEIN (Hrsg.)
Umweltorientierte Entwicklungspolitik
1993. unveränd. Nachdr. d. 2. erw. Aufl., ISBN 3-926953-13-6, XI + 497 S., DM 38,00

ALPHONS STUDIER (Hrsg.)
Biotechnologie: Mittel gegen den Welthunger?
1993. unveränd. Nachdr., ISBN 3-926953-07-1, 318 S., DM 28,00

RAINER TETZLAFF (Hrsg.)
Perspektiven der Demokratisierung in Entwicklungsländern
1993. unveränd. Nachdr., ISBN 3-926953-12-8, XVII + 287 S., DM 28,00

KHUSHI M. KHAN (Hrsg.)
Die ärmsten Länder in der Weltwirtschaft
1992. ISBN 3-926953-14-4, VIII + 264 S., DM 28,00

WERNER MIKUS
Industrielle Kooperation zwischen EG- und Andenpaktländern
1992. ISBN 3-926953-10-1, 250 S., DM 28,00

ALEXANDER SCHENZ
Der EG-Agraraußenhandel mit der ASEAN
1992. ISBN 3-926953-08-X, 281 S., DM 32,00

BENNO ENGELS (Hrsg.)
Das vereinte Deutschland in der Weltwirtschaft
1991. ISBN 3-926953-09-8, 336 S. DM 32,00

ROLF HANISCH/ CORD JAKOBEIT (Hrsg.)
Der Kakaoweltmarkt
Band I: Weltmarkt, Malaysia, Brasilien
1991. ISBN 3-926953-06-3, 509 S. DM 32,00
Band II: Afrika
1991. ISBN 3-926953-04-7, 390 S. DM 32,00

BENNO ENGELS (Hrsg.)
Handelsförderung für Entwicklungsländer
1989. ISBN 3-926953-03-9, 226 S. DM 28,00

KHUSHI M. KHAN
Nord-Süd-Dialog: Ende oder Wende?
1989. ISBN 3-926953-02-0, 284 S. DM 28,00

BERNHARD DAHM/ WOLFGANG HARBRECHT (Hrsg.)
ASEAN und die Europäische Gemeinschaft
1988. ISBN 3-926953-01-2, 205 S DM 28,00

BENNO ENGELS (Hrsg.)
Importe aus der Dritten Welt
1987. ISBN 3-926953-00-4, V + 202 S., DM 28,00

Zu beziehen durch:
**Deutsches Übersee-Institut
Neuer Jungfernstieg 21
20354 Hamburg**
Tel.: (040) 35 62 593
Fax : (040) 35 62 547